Ostasiatischer Verein e.V.

German Asia-Pacific Business Association

in Zusammenarbeit mit
der Frankfurter Allgemeine Zeitung
GmbH Informationsdienste,
dem Institut für Asienkunde Hamburg und
dem Australien-Neuseeland-Südpazifik-
Verein e.V.

ASIEN
PAZIFIK

Wirtschaftshandbuch 1994

39. Ausgabe

APA

Träger
BDI, DIHT, OAV

**Eine Publikation des
Asien-Pazifik-Ausschuß der Deutschen Wirtschaft**

Ostasiatischer Verein e.V. (OAV) Telefon: (040) 34 04 15
Neuer Jungfernstieg 21 Telefax: (040) 34 18 15
D-20354 Hamburg Telex: 211 728 oavh d

**Australien-Neuseeland-
Südpazifik Verein e.V.**

Inv.-Nr. 94/A3679

Alle Rechte für Übersetzung, Nachdruck oder Wiedergabe auf fotomechanischem Wege, auch von einzelnen Teilen, vorbehalten.

**Anzeigenannahme
und Gesamtherstellung** Haas-Rosemeyer + Partner GmbH
Internationale Wirtschaftsberatung Hannover
Telefon (05 11) 91 17-1 60
Telefax (05 11) 91 17-2 95

Druckherstellung Th. Schäfer Druckerei GmbH, Hannover

Das in den Tabellen und Übersichten enthaltene statistische Material ist zum Teil Berichten der deutschen diplomatischen und konsularischen Vertretungen, Unterlagen des Bundesministeriums für wirtschaftliche Zusammenarbeit, Veröffentlichungen des Statistischen Bundesamtes, der Bundesstelle für Außenhandelsinformationen und dem Hamburger Welt-Wirtschafts-Archiv entnommen. Das ausländische Material stammt u.a. aus den nationalen Statistiken und den Veröffentlichungen des Internationalen Währungsfonds. Aufgrund der Fülle des statistischen Materials sind Abweichungen in Einzelpositionen einer Größe möglich.

ISBN-No. 3-929950-01-4

INHALTSVERZEICHNIS

Vorwort	6
Der Australien-Neuseeland-Südpazifik Verein e.V. (ANV)	12
Der Ostasiatische Verein e.V. (OAV)	13
Geschäftsstelle des ANV und OAV	14

Gesamtüberblick und Entwicklungsaspekte

"Herausforderung des Westens: Asiens Aufstieg in der Weltwirtschaft"	15
Ostasienhandel 1991-1993	42
Die Haushalte des BMZ 1992-1994	52

Einzelländerdarstellung

Australien	55
Bangladesch	80
Bhutan	102
Brunei	117
China (VR)	129
Hongkong	157
Indien	178
Indonesien	199
Japan	224
Kambodscha	254
Korea, Dem. VR	272
Korea, Republik	286
Laos	310
Macau	327
Malaysia	340

INHALTSVERZEICHNIS

Mongolei	366
Myanmar (Birma)	390
Nepal	412
Neuseeland	433
Philippinen	450
Singapur	476
Südpazifische Inselländer	498
Sri Lanka	513
Taiwan	526
Thailand	548
Vietnam	572
Mitarbeiter am Wirtschaftshandbuch	592

Es reicht nicht, die Sprache ferner Märkte zu beherrschen. Man muß ihre Menschen verstehen.

Die Experten der WestLB bringen Ihnen die Wachstumsregion Ostasien näher.

Um im Fernen Osten erfolgreich zu sein, muß man seinen gewohnten Standpunkt ändern. Und Ostasien als Mitte der Welt begreifen. Dort ist es für den Erfolg jeder Strategie entscheidend, sensibel auf Mentalitäten zu reagieren. Dabei kann die WestLB für Sie zum wichtigen Begleiter werden. Unsere Ostasien-Beratung hilft Ihnen mit ihrem Informations- und Kontaktnetz, Menschen und Märkte im Fernen Osten besser zu verstehen. Und damit öffnen sich Ihnen die Türen, die reinem Business-English verschlossen bleiben.

WestLB
Die Westdeutsche Landesbank

Vorwort

Seit seiner Gründung im Jahre 1900 sieht der Ostasiatische Verein die Förderung der Wirtschaftsbeziehungen mit dem asiatisch-pazifischen Raum als seine Aufgabe an.

Seinerzeit gegründet von Handelsfirmen aus Hamburg und Bremen ist er heute eine bundesweite privatwirtschaftliche Institution. In ihm vereinigen sich Sachkenntnis und Erfahrungen über die einzelnen Länder der asiatisch-pazifischen Region in den Bereichen Handel, Produktion und Dienstleistungen. Er ist nicht nach Branchen, sondern nach Länderbereichen gegliedert. Diese Arbeit schlägt sich in sechzehn Länderausschüssen wie z. B. für Japan, Indien, China oder Vietnam und vier bilateralen Gremien nieder. Über 850 Mitglieder bringen einerseits ihre Sachkunde ein und nutzen andererseits das Informations- und Serviceangebot des Vereins.

Um auf den fernen Märkten erfolgreich zu sein, bedarf es detaillierter Kenntnisse über Geschichte, Mentalität, politische und ökonomische Entwicklungen sowie über die Praxis der Geschäftsabläufe in den einzelnen Ländern. Diese Kenntnisse vermittelt der Ostasiatische Verein zusammen mit dem von ihm mitgegründeten ASIEN-PAZIFIK Institut für Management. Darüber hinaus ist er eine wichtige Plattform für persönliche Begegnungen.

Der Bericht über die wirtschaftliche Entwicklung in der asiatisch-pazifischen Region wird hiermit zum 39. Male seit Kriegsende vorgelegt. Das ursprünglich als internes Vereins-Jahrbuch konzipierte Kompendium erscheint nunmehr als Wirtschaftshandbuch in Kooperation mit der Frankfurter Allgemeine Zeitung GmbH Informationsdienste und soll über die Mitglieder hinaus einem weitergefaßten interessierten Kreis dienen. Um es für die Praxis aktuell verwendbar zu machen, werden die Ausführungen durch Beiträge der deutschen Auslandshandelskammern bzw. der Delegiertenbüros der Deutschen Wirtschaft ergänzt.

Erstmalig wird das vorliegende Handbuch als offizielles Informationsmittel des Asien-Pazifik-Ausschusses der Deutschen Wirtschaft zu dessen Konferenz im April 1994 in Bangkok vorgelegt.

Besonderer Dank gilt dem Institut für Asienkunde und dem HWWA Hamburg, Hamburger Institut für Wirtschaftsforschung für die Unterstützung bei der Erstellung der Länderberichte. In erfreulicher Weise ergänzen sich in dieser Zusammenarbeit die praxisnahe Wissenschaft und die unmittelbaren Erfahrungen unserer Mitglieder.

Der Dank des Vorstandes gilt ferner in besonderer Weise den Botschaftern und konsularischen Vertretungen der Staaten des asiatisch-pazifischen Raumes in der Bundesrepublik Deutschland, dem Auswärtigen Amt mit seinen diplomatischen und konsularischen Vertretungen in der asiatisch-pazifischen Region, dem Bundeswirtschaftsministerium, dem Bundesministerium für wirtschaftliche Zusammenarbeit, den Spitzenverbänden der deutschen Wirtschaft, dem Statistischen Bundesamt, der Bundesstelle für Außenhandelsinformationen, den deutschen Auslandshandelskammern und den Delegiertenbüros der Deutschen Wirtschaft in der vom Ostasiatischen Verein betreuten Region sowie dem Senat der Freien und Hansestadt Hamburg.

Ostasiatischer Verein e.V.

Konsul Edgar E. Nordmann
Vorsitzender

RA Hans-Bernd Giesler
Geschäftsführendes
Vorstandsmitglied

Hamburg, im März 1994

Vorwort

Das hier vorliegende Wirtschaftshandbuch Asien-Pazifik 1994 wurde in seiner nunmehr 39. Ausgabe maßgeblich vom Ostasiatischen Verein und dem Institut für Asienkunde im Stiftungsverbund Deutsches Übersee-Institut erstellt, die beide ihren Sitz in Hamburg haben. Gerade auch diesen Einrichtungen ist es zu danken, daß Hamburg über seine Funktion als der wichtigste europäische Hafen im Handel mit Asien hinaus seine besondere Verbundenheit und Attraktivität für Unternehmen und Vertretungen aus dem asiatisch-pazifischen Raum bewahrt hat und ausbauen konnte.

Die wirtschaftlichen Beziehungen zu den aufstrebenden Nationen des asiatischen Kontinents haben in Hamburg lange Tradition. Für viele Unternehmen aus Ländern des Fernen Ostens ist Hamburg heute das Operationscenter für ganz Europa. Zahlreiche Messen und Ausstellungen aus Asien werden jedes Jahr in Hamburg abgehalten und unterstreichen die engen und freundschaftlichen Kontakte zu den Staaten dieser Region.

In den vergangenen Jahren hat der Ostasiatische Verein nicht nur seine bundesweite Bedeutung festigen können, sondern durch zahlreiche Aktivitäten in Zusammenarbeit und mit Unterstützung der Hansestadt Einrichtungen für Europa nach Hamburg holen können. So wurden u.a. das Sekretariat der Europe-China Business Association und das Vietnam Euro Trade Center in Hamburg eröffnet. Diese Aktivitäten, wie auch das Engagement des Ostasiatischen Vereins im Asien-Pazifik-Ausschuß der Deutschen Wirtschaft, sind Schritte auf dem Weg zu einer stärkeren Koordinierung der Interessen der privaten Unternehmen bei der Erschließung dieses wichtigen Zukunftsmarktes.

Der asiatisch-pazifische Raum und vor allem Südost- und Ostasien sind die dynamischsten Wachstumsregionen der Weltwirtschaft. Der Standort Hamburg wird, auch für die asiatischen Staaten, künftig noch eine größere Bedeutung im internationalen Handel gewinnen. Entscheidend dafür ist Hamburgs zentrale Lage in Europa. Die Hansestadt bildet ein wichtiges Bindeglied zwischen dem Weltmarkt und den Märkten Europas. Hamburg ist heute und in Zukunft nicht nur Europas "Tor zur Welt", sondern auch Asiens Tor zur Bundesrepublik und zu Europa.

Die aktuellen, gut aufbereiteten und leicht zugänglichen Informationen über die Länder Asiens und des Pazifiks in diesem Wirtschaftshandbuch werden für viele Unternehmen, die sich neu oder verstärkt in dieser wichtigen Region engagieren wollen, hilfreich sein. Die persönliche Erfahrung und den Rat von Experten im Einzelfall kann und soll es nicht ersetzen.

Die Politik kann und wird sich stets dafür einsetzen, gute Rahmenbedingungen für Handel und wirtschaftliche Zusammenarbeit zu schaffen, die Bereitschaft des Unternehmers, Risiken bei der Erschließung neuer Märkte einzugehen und sein Gespür für die sich bietenden Möglichkeiten, kann sie nicht ersetzen.

Prof. Dr. Erhard Rittershaus
Wirtschaftssenator der Freien und Hansestadt Hamburg

Vorwort

Angesichts der tiefgreifenden Veränderungen in der Welt sind jetzt konsequente Entscheidungen und klare Konzepte in Politik und Wirtschaft erforderlich, um dem stärker werdenden Wettbewerb aus neuen Industrieregionen, besonders im asiatisch-pazifischen Raum, erfolgreich begegnen zu können und damit den Platz Deutschlands als dynamische Industrieregion im 21. Jahrhundert zu behaupten.

Die Bundesregierung hat mit dem Bericht zur Zukunftssicherung des Standortes Deutschland ein umfassendes Konzept vorgelegt, durch das die Wettbewerbsfähigkeit des Standortes Deutschland gesichert werden soll.

Der asiatisch-pazifische Raum ist eine gewaltige Herausforderung an die Innovationsfähigkeit unserer Unternehmen und unserer Wirtschaftspolitik. Die Dynamik dieses Raumes ist enorm. Er bietet unserer Wirtschaft bereits heute und für die Zukunft große Chancen. Die Globalisierung der Märkte, die zunehmende weltwirtschaftliche Interdependenz und die hohe Beweglichkeit des Kapitals haben den internationalen Wettbewerb um die Unternehmensstandorte weiter verstärkt. Hieraus müssen wir Konsequenzen ziehen. Es geht darum, daß sich Wirtschaft und Politik Hand in Hand den neuen großen Herausforderrungen der Wachstumsmärkte im asiatisch-pazifischen Raum stellen.

Die Bundesregierung hat mit ihrem Konzept für die Asienpolitik auch nach außen deutlich gemacht, daß der Asien-Pazifik-Raum ein neuer Schwerpunkt in der deutschen Außenwirtschaftspolitik ist. Das Konzept enthält vor allem Vorschläge für die Maßnahmen in der Außenwirtschaftspolitik, aber auch in der wissenschaftlich-technologischen Zusammenarbeit, der Umweltpolitik, der Entwicklungspolitik und der Bildungs-und Kulturpolitik.

Der im September 1993 gegründete Asien-Pazifik-Ausschuß der Deutschen Wirtschaft spielt eine zentrale Rolle für die erfolgreiche praktische Durchführung unserer Konzeption.

Als eine der drei Trägerorganisationen dieses Ausschusses, macht der Ostasiatische Verein e.V. mit dem vorliegenden Wirtschaftshandbuch seine detaillierten Kenntnisse über Geschichte, Mentalität, die politischen und wirtschaftlichen Entwicklungen sowie über die Praxis der Geschäftsabläufe in der sehr differenzierten Asien-Pazifik-Region einem breiten Publikum zugänglich. Damit leistet der OAV einen wichtigen, praktischen Beitrag für die Intensivierung unserer Wirtschaftsbeziehungen zu dieser Region.

Dr. Günter Rexrodt
Bundesminister für Wirtschaft

DER AUSTRALIEN-NEUSEELAND-SÜDPAZIFIK VEREIN E. V.

Stand: März 1994

Mitglieder des Vorstands

Vorsitzender

Dr. John Henry de La Trobe
Vorsitzender des Beirats
Hamburg-Südamerikanische Dampfschiff-
fahrtsgesellschaft Eggert & Amsinck
Ost-West-Str. 59
20457 Hamburg
Tel. (040) 37 05 22 11
Telefax (040) 37 05 22 09

Stellvertretende Vorsitzende

Joachim Braasch
Geschäftsführer
a. hartrodt (GmbH & Co.)
Högerdamm 35
20097 Hamburg
Tel. (040) 239 03 83
Telefax (040) 239 03 19

Gerd le Bell
c/o Blohm + Voss AG
SMO6
Hermann-Blohm-Str. 3
20457 Hamburg
Tel. (040) 319 25 73
Telefax (040) 31 19 33 78

Schatzmeister

Peter Freiherr von Kap-herr
Joh. Berenberg, Gossler & Co.
Neuer Jungfernstieg 20
20354 Hamburg
Tel. (040) 349 62 45
Telefax (040) 35 21 35

Geschäftsführendes Vorstandsmitglied

Hans-Bernd Giesler
Rechtsanwalt
Australien-Neuseeland-Südpazifik Verein e.V.
Neuer Jungfernstieg 21
20354 Hamburg
Tel. (040) 34 04 15
Telefax (040) 34 18 15

Weitere Vorstandsmitglieder

Horst Hörtelmann
Honorarkonsul von Papua-Neuguinea
Hörtelmann Project GmbH
Wendenstr. 4
20097 Hamburg
Tel.(040) 23 41 10
Telefax (040) 23 69 99 24

Otto-Christian Ramdohr-Meyer
Docke & Co. Exportmarketing &
Projectconsulting GMBH
Mackenstedter Str. 16
28816 Stuhr
Tel. (04206) 60 16
Telefax (04206) 61 17

Herbert Scholdei
T. Port (GmbH & Co)
Kontorhaus Großmarkt
Lippeltstr.1
20097 Hamburg
Tel. (040) 30 10 00 77
Telefax (040) 30 10 00 44

Heinrich E. Zimmermann
Geschäftsführer
German-Australian Chamber
of Industry and Commerce
2nd floor, St. Andrew's House
464 Kent Street
P.O. Box A 980
Sydney, N.S.W. 2000
Tel. 0061(2) 261 44 75
Telefax 0061(2) 267 38 07

DER OSTASIATISCHE VEREIN E.V.

Stand: März 1994

Mitglieder des Präsidiums

Vorsitzender

Konsul Edgar E. Nordmann
Honorarkonsul von Malaysia
Nordmann, Rassmann GmbH & Co.
Kajen 2
20459 Hamburg, Tel. (040) 36 87-272
Telefax (040) 36 87-425

Stellvertretende Vorsitzende

Carl-Heinz Illies
C. Illies & Co
Valentinskamp 18
20354 Hamburg, Tel. (040) 3 59 03-211
Telefax (040) 3 59 03-245

Hans Jakob Kruse
Vorstandssprecher
Deutsche Zentrale für Tourismus
Auguststr. 3
22095 Hamburg
Tel. (040) 220 23 10

Henning Melchers
C. Melchers GmbH & Co.
Schlachte 39/40
Postfach 10 33 29
28195 Bremen, Tel. (0421) 17 69-230
Telefax (0421) 17 69-315

Oswald Putzier
Jebsen & Jessen (GmbH & Co) KG
Lange Mühren 9
Postfach 10 33 29
20095 Hamburg, Tel. (040) 30 14-200
Telefax (040) 32 70 91

Heinz Arno Wascheck
Vorstandsmitglied
BfG-Bank AG
Mainzer Landstr. 16-24
60283 Frankfurt/M., Tel. (069) 25 86-006
Telefax (069) 25 86-073

Schatzmeister

Meinhard Carstensen
Vorstandsmitglied
Dresdner Bank AG
Jürgen-Ponto-Platz 1
60329 Frankfurt/M., Tel. (069) 2 63-2442
Telefax (069) 2 63-7008

Geschäftsführendes Vorstandsmitglied

Hans-Bernd Giesler
Rechtsanwalt
Ostasiatischer Verein e.V.
Neuer Jungfernstieg 21
20354 Hamburg, Tel. (040) 34 04 15
Telefax (040) 34 18 15

Weitere Präsidiumsmitglieder

Wolfgang Gordian
Vorstandsmitglied
Helm AG
Nordkanalstr. 28
20097 Hamburg, Tel.(040) 23 75-10 02
Telefax (040) 23 75-1845

Gerd C. Kade
Präsident
Außenhandelsvereinigung des
Dentschen Einzelhandels e.V.
Mauritiussteinweg 1
50676 Köln, Tel. (0221) 21 66 17
Telefax (0221) 24 39 65

Horst Kramp
Mitglied des Vorstandes
Schering Aktiengesellschaft
Müllerstr. 170-178
13353 Berlin, Tel. (030) 4 68-23 28
Telefax (030) 4 68-53 09

DER OSTASIATISCHE VEREIN E.V.

Konsul
Dr. Rolf-Dieter Lorenz-Meyer
Konsul von Singapur
Pers. haft. Gesellschafter
Arnold Otto Meyer
Ballindamm 1-3
20095 Hamburg, Tel. (040) 3 02 99-283
Telefax (040) 3 02 99-319

Prof. Dr. Robert Zinser
Vorsitzender des Deutsch-Koreanischen
Wirtschaftskreises
Marbacher Str. 7
67071 Ludwigshafen-Oggersheim
Tel. (0621) 68 28 82
Telefax (0621) 68 28 72

Dr. Jürgen Oberg
Direktor
Siemens AG
Wittelsbacher Platz 2
80333 München, Tel. (089) 2 34-4188
Telefax (089) 2 34-2167

Geschäftsstelle

GESCHÄFTSFÜHRENDES VORSTANDSMITGLIED DES OAV UND ANV	RA Hans-Bernd Giesler
ASSISTENTIN DER GESCHÄFTSLEITUNG	Renate Gruhlke-Umland
LÄNDERREFERENTEN	
Ostasien China, Hongkong, Korea (Nord und Süd), Macau, Mongolei, Taiwan	Dr. Hans van Ess
Südostasien Brunei, Indonesien, Kambodscha, Laos, Malaysia, Philippinen, Singapur, Thailand, Vietnam	Andreas Gosche
Australien, Neuseeland und Südpazifik	
Japan	Carsten Güntner
Indischer Subkontinent (Südasien) Bangladesch, Bhutan, Indien, Myanmar, Nepal, Sri Lanka	Wolfgang Niedermark
IMPORTFÖRDERUNG	Werner Graf v. der Schulenburg Tel. (040) 35 62-508
INFORMATIONSVERMITTLUNG (APOLDA)	Anke-Maria Berg Tel. (040) 35 62-505

Herausforderung des Westens: Asiens Aufstieg in der Weltwirtschaft

Dr. Rüdiger Machetzki

"Bis jetzt ist Japan mit jeder Krise, die es meisterte, stärker geworden - Handels- und Kapitalliberalisierung, Aufwertung des Yen, Ölkrise. Es war fähig, jede Krise als Sprungbrett für weiteres Wachstum zu nutzen, weil es große Fertigkeiten in der Handhabung von Krisen besitzt und schneller in der Innovation als der Westen ist. Ein nach vorn gerichtetes Vorgehen bei Problemen ist das Geheimnis wirkungsvollen Krisenmanagements."

(Kano Yoshikazu, früherer Präsident des japanischen Research Institute on the National Economy)

I Vom Optimismus in Asien - die Zukunft wird besser

Kein Zweifel, die bisherige Entwicklungsbilanz spricht dafür: Die Japaner sind "Krisenfresser". Andere asiatische Gesellschaften haben sich - nach eigenem Dafürhalten und nach allen sichtbaren Erfahrungen - ebenfalls der Profession der "crisis eaters" angeschlossen. "Gefahr-Chance" ist die (chinesische) Schriftzeichenkombination, die in den nordostasiatischen Sprachen für das Wort "Krise" steht (chin. *weiji* korean. *wigi*, japan. *kiki*). Sich im nationalen wirtschaftlichen Krisenmanagement auf die Chancen zu konzentrieren, ohne die Gefahren zu verdrängen, das ist es, was unter einem "nach vorn gerichteten Vorgehen bei Problemen" verstanden wird. "Alles ist richtig, auch das Gegenteil, nur eins ist immer falsch: zwar, aber", so behauptete schon Kurt Tucholsky.

Japan und die nordostasiatischen Schwellenländer sind die großen Vorbilder für Asien. "Look East", nicht länger nach Westen, heißt es deshalb seit Jahren in Malaysia und ganz Südostasien. Im Westen gebe es in der Zwischenzeit zu viele Meinungsführer, die dem Wort "Abendland" einen völlig neuen Sinn verleihen und überall die "Dämmerung" hereinbrechen sehen. Ein optimistisches Welt- und Lebensgefühl hat sich in der ASEAN-Gemeinschaft ausgebreitet, ein Bewußtsein, das allmählich auch die indisch-südasiatische Landmasse zu erfassen scheint.

Der Schweizer Dramatiker Max Frisch hat sinngemäß pointiert: Eine Krise kann ein produktiver Zustand sein, man müsse ihr nur den Beigeschmack der Katastrophe nehmen. Das sei eine asiatische Maxime, würde man heute in Singapur, Seoul oder Kanton kommentieren und fragend hinzufügen: Was ist eine Krise? Eine Krise gibt es nur, wenn die Betroffenen glauben, sie hätten eine, sonst nicht.

"Good News! Asia Is Happy!", so lautete die Botschaft des Asian Wallstreet Journal vom 7. August 1993. In den ausgehenden siebziger Jahren hatten amerikanische Sozialwissenschaftler einen "Misery Index" erstellt, um den Niedergang der eigenen Wirtschaftsgesellschaft statistisch zu dokumentieren. Der spätere Präsident Reagan setzte diesem Index während seines auf nationalen Optimismus ausgerichteten Wahlkampfes die berühmte "economy of joy" entgegen. 1993 haben sich Hongkonger Meinungsforschungsunternehmen von der Idee inspirieren lassen und für neun asiatische Länder einen "Happiness Index" erarbeitet. Insgesamt wurden knapp 8.600 städtische Erwachsene befragt, wie es um ihr Glücksbefinden bestellt sei. Von einer Ausnahme abgesehen erreichte der Anteil derer, die sich als "sehr unglücklich" einstuften, in keinem Land mehr als einen Prozentpunkt. Nur Japan erlaubte sich 6%. Das bei weitem reichste Land Asiens ist zugleich auch sein "unglücklichstes". Zudem waren elf von zwölf Unglücklichen Männer und nur eine Frau. Diejenigen, die sich "sehr glücklich" bzw. "weitgehend glücklich" fühlen, machten in allen Ländern - Ausnahme wiederum Japan (nur 70%) - mehr als 80% aus. "Glauben Sie, daß Sie im nächsten Jahr noch glücklicher sein werden?", war die Grundfrage des zweiten Teils des demoskopischen Happiness-Unternehmens. 50-65% gaben sich überzeugt, 1994 noch glücklicher zu werden.

Wenn die bekannte These, daß die Hälfte der Wirtschaft Psychologie sei, wirklich gültig ist, dann bieten sich dem wirtschaftlichen Fortschritt in Asien wahrhaft günstige Voraussetzungen. Der riesige Kontinent besitzt den idealen Nährboden für sich selbst erfüllende Prophezeiungen. Wird also das 21. Jahrhundert - wie überall zu lesen - ein asiatisches Jahrhundert? Fest steht zumindest, daß immer mehr Asiaten von Tokyo bis Neu Delhi wie selbstverständlich von dem Gedanken fasziniert sind, daß sich die Zukunftszentren der Welt nach mehreren "Jahrhunderten des westlichen Zwischenspiels" wieder in den Osten verlagern.

Diese grundlegenden Annahmen von der Welt von morgen gewinnen ihre subjektive Überzeugungskraft aus den großen weltwirtschaftlichen Veränderungen der letzten drei Jahrzehnte. Bis in die sechziger Jahre hinein ist Asien, so die heute gängige Formel in Japan, "weltwirtschaftliches Brackwasser" gewesen. Gunnar Myrdals weltbekanntes Opus Magnum "Asian Drama" (1968) galt als das Standardwerk für die "Untersuchung der Armut (asiatischer) Nationen". Überall wurde damals "Entwicklungsversagen" registriert. 1993 veröffentlichte die Weltbank einen umfangreichen Untersuchungsbericht unter dem Titel "The East Asian Miracle", d.h. eine Untersuchung zum neuen Wohlstand der asiatischen Nationen. John Page, Leiter des Untersuchungsteams, faßte die auf 389 Seiten dargelegten Ursachen des gewaltigen Wandels der asiatischen Weltregion in einem Satz zusammen. Das "Wunder" sei eigentlich gar kein Wunder, es ließe sich ziemlich einfach erklären: Die Menschen in diesen Wirtschaften haben einfach härter gelernt, härter gearbeitet und mehr gespart als die Menschen in anderen Ländern. Seit den sechziger Jahren habe das gesamtwirtschaftliche Wachstum im pazifischen Asien dreimal so hoch gelegen wie in Lateinamerika und in Südasien und fünfmal so hoch wie in Afrika.

Der Hinweis auf die relativ geringe Dynamik in Südasien erzwingt einige Anmerkungen zum geographischen Oberbegriff "Asien". Es ist kein Zufall, daß die internationale Diskussion um das Werden einer neuen Weltwirtschaftsregion in ihren beiden Anfangsjahrzehnten vornehmlich als Diskussion um Länder geführt wurde, die in der Asia-Pacific Region liegen. Es ging in erster Linie um jene asiatischen Staaten, die der Organisation der Asia-Pacific Economic Cooperation (APEC) angehören. Man registrierte ein unaufhaltsames Anwachsen wirtschaftlicher Aktivitäten zwischen Singapur und San Francisco, zwischen Tokyo und Sydney.

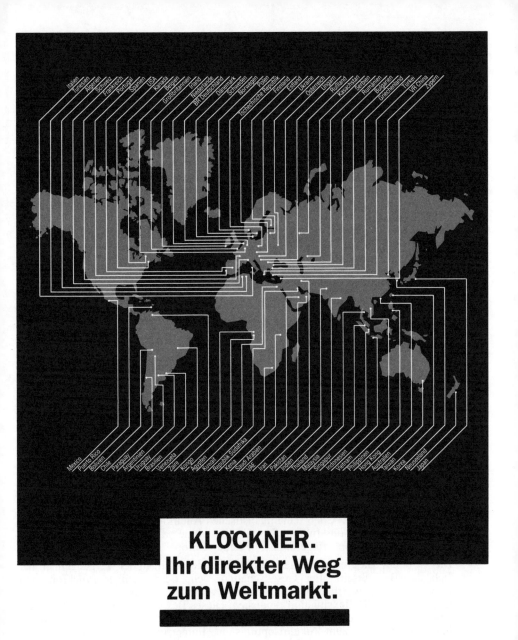

KLÖCKNER.
Ihr direkter Weg zum Weltmarkt.

Weltweit — kundennah. So präsentiert sich Klöckner in mehr als 60 Ländern der Erde. Mit eigenen Firmen, Niederlassungen und Stützpunkten. Unsere Bereiche: Stahl, Rohstoffe, Chemie, Umwelttechnik, Energie, Werkzeugmaschinen, Mobile Bauten, Industrieanlagen. Weltweiter Handel und industrielle Dienstleistungen.
Wo Leistung entscheidet, ist Klöckner vor Ort.
IHR PARTNER AUF DEN MÄRKTEN DER WELT.

KLÖCKNER & CO
AKTIENGESELLSCHAFT

KLÖCKNER & CO AKTIENGESELLSCHAFT · Klöcknerhaus · Neudorfer Str. 3-5 · D-47057 Duisburg · Telefon (02 03) 307-0 · Telefax (02 03) 307-50 00

Andere Akteure kamen später hinzu, zuletzt die küstennahen Wirtschaftsterritorien des chinesischen Subkontinents mit mehr als 200 Millionen Bewohnern.

Verkürzt gesagt: Es existiert bis heute ein eindeutiges wirtschaftliches "Ost-West Gefälle" in Asien. Ausgangsgebiet des "asiatischen Wunders" war Nordostasien. Von hier aus strahlten die Erfolge auf die südostasiatischen Länder, insbesondere die ASEAN-Staaten über, und in jüngster Zeit gibt es unterschiedlich klare Anzeichen, daß es auch auf dem südasiatischen Teilkontinent zu einer neuen "Stimulusdiffusion" kommt, so der bewährte Fachausdruck des großen Historikers Arnold Toynbee. Er beschrieb damit geschichtliche Vorgänge, in denen die Leistungen einzelner Zivilisationen die Konkurrenten zwangen, auf die gewaltigen Herausforderungen mit neuen Energien zu antworten. Es geht also nicht um die bloße Fähigkeit zum "Kopieren", die man Japan und anderen asiatischen Aufsteigern in der Vergangenheit etwas herablassend zugestand. Reines Nachahmen hat noch niemals zu dauerhaften Erfolgen geführt. In abgewandelter Form ließe sich sagen: Was du ererbt hast von den Rivalen, erwirb es, um es zu besitzen - "From Imitators to Innovators". Wenn die Herausforderung wächst, weicht der Mensch ihr aus, oder er wird klüger und stärker. So ist es in Asien.

Die bisherigen Erfolge lehren die Asiaten die Nützlichkeit des Optimismus, mehr noch den Glauben an die Gestaltbarkeit der besseren Welt. Fortschritt ist positiv, und der technologisch-wirtschaftliche Wandel ist sein Instrument. "What Mankind Can Dream ... Technology Can Achieve" verbreiten beliebte Poster mit bunten, zuweilen traditionellen Bildmotiven. Das ist Ausdruck eines neuen, vom Westen abweichenden Lebensbewußtseins. Man darf diesen Tatbestand in seiner Bedeutung für das Wirtschaften nicht unterschätzen. Die Länder Asiens empfinden sich heute zunehmend als eigenständig, stark und dem Westen gewachsen, wenn nicht gar überlegen, und weil das so ist, bildet sich ein neues Grundmuster gegenseitiger globaler Wandlungszwänge heraus.

Alle Gesellschaften - auch die westlichen - stehen vor einer Zwangswahl, die eigene Lernfähigkeit zu erhöhen oder - im Jargon des Radrennfahrens - "nach hinten durchgereicht zu werden". Die heutigen Gesellschaften - die westlichen wie die östlichen - haben nicht mehr die Möglichkeit, dieser Herausforderung grundsätzlich auszuweichen. Die wirtschaftlichen Zwänge haben weltweit zu einem relativen Verlust an nationaler Autonomie geführt. Selbst ein so riesiges Land wie China mußte erkennen, daß seine maoistischen Autarkie-Ideale mit Notwendigkeit ins Entwicklungsabseits führen. Das gleiche würde wahrscheinlich auch für eine von vielen Westeuropäern geforderte "Festung Europa" gelten.

Das ist in der Tat eine völlig neue Situation in der Welt. In der Vergangenheit hat sich das Bewußtsein aller Gesellschaften mehr oder weniger synchron zum Bewußtsein der westlichen Gesellschaften verändert. Etwas übertrieben könnte man von einer "Reflexsituation" sprechen. Dieses Bewegungsmuster scheint nicht länger gültig. In dem Maß, in dem sich im Westen Zukunftspessimismus breitmacht, neigt Asien zum Zukunftsoptimismus. Immer mehr Akteure möchten aufsteigen, sich ihren Platz an der Sonne erobern. Und dabei bleiben die Bedenken vor dem Ozonloch eindeutig im Rahmen des Vernunftgebotenen.

Der internationale Modernisierungsprozeß ist unaufhaltsam und seiner Natur nach offen. Niemand weiß, wohin er in Zukunft führen wird. Sein Ende ist zur Zeit weder theoretisch noch praktisch vorstellbar. Man ist sich in Asien deshalb sicher,

**Während Sie
vor Ort gebunden sind ▼ ▼ ▼**

**▶ ▶ ▶ haben wir
Ihr Auslandsgeschäft fest im Griff.**

Denn Sie wissen, daß die Hamburgische Landesbank sich mit ihrem umfassenden Know-how für Ihr Im- und Exportgeschäft stark macht. Wir finanzieren, transferieren, wickeln ab und knüpfen für Sie obendrein noch wertvolle Kontakte. Dabei arbeiten wir mit eigenen Niederlassungen in London und Hong Kong und nutzen Korrespondenzbanken in aller Welt. Reden Sie mit uns, wenn Sie sich finanziell frei bewegen wollen. Hamburgische Landesbank. Ihr individueller Berater.

Gerhart-Hauptmann-Platz 50 · 20095 Hamburg · Tel. 040/33 33 26 61

daß das im Westen so häufig beschworene "postmoderne Dasein" nichts anderes ist als ein psychologisch bedingtes "Ermüdungsphänomen". Vielleicht wird der Modernisierungsdrang eines fernen Tages, wie alle anderen menschlichen Prozesse, an Schwung verlieren, aber angesichts der heute vor allem in Asien herrschenden Entwicklungsdynamik wird eine solche Situation mit Sicherheit nicht während der nächsten zwei, drei Jahrzehnte eintreten. Immer mehr Asiaten sind überzeugt, die westliche Entwicklungsrichtung der letzten beiden Jahrzehnte manifestiere nicht eine neue Überlegenheit gesellschaftlichen Nachdenkens, sondern sei vielmehr als "Dekadenzerscheinung" zu verstehen - Stichwort: "Redeveloping Countries". Es entsteht die nicht geringe Gefahr, daß westliche Unternehmen von derartigen Negativbeurteilungen nicht unberührt bleiben und kaum wieder gut zu machende Ansehensverluste erleiden, was einer "immateriellen" Schwächung ihrer technologisch-organisatorischen Wettbewerbsstärke gleichkäme. Eine Stimme wie die des konservativen japanischen Politikers Ishihara Shintaro hat unter denen, die die politisch-wirtschaftlichen Geschicke in asiatischen Ländern lenken, großes Gehör gefunden:

"Eine ganze Reihe von Weißen glaubt wahrscheinlich, daß die moderne Zivilisation, die in Europa entstanden ist, noch lebendig und wohlauf ist. Das ist eine Sache des persönlichen geschichtlichen Urteils, aber meiner Ansicht nach nähert sich diese Zivilisation klar ihrem Ende, wenn sie nicht schon am Ende ist. Meine Botschaft lautet daher, daß es keinen Sinn macht, das psychologische Gepäck eines Zeitalters weiterhin mit sich zu schleppen, das bereits in der Vergangenheit verschwindet."

Chinesische Denker haben vor allem in der langen Zeit ihrer großen nationalen Demütigung immer wieder Trost in der stereotypen Vorstellung gesucht, daß alle für den universellen Aufstieg des Westens wichtigen Erfindungen auch in China gemacht worden seien, zumeist sogar früher. Das ist in einem eng formalen Sinn großenteils wahr, aber letzten Endes dennoch unmaßgeblich. Entscheidend war und ist nicht die Erfindung selbst, sondern der Wille der Gesellschaft, sie wirtschaftlich-kommerziell zu nutzen. Das bedingt die grundlegende Bereitschaft, insbesondere der Eliten, Bestehendes aufzugeben und sich auf Neues auszurichten. Daran sollte man sich im Westen erinnern, wenn es immer wieder scheinbar beruhigend heißt, in Asien sei bisher nichts für die Weltwirtschaft Wesentliches erfunden worden, alles habe man vom Westen übernommen.

In Japan und seit einigen Jahren auch in den nordostasiatischen Schwellenländern reagiert man auf solche Einwände konsequent selbstbewußt nach dem Motto "Na und!". Erläuternd wird ergänzt, daß zwar "in den frühen Tagen der Industrie die Wettbewerbsfähigkeit allein durch die Fähigkeit bestimmt wurde, neue Technologien zu entwickeln", daß jedoch in der Zwischenzeit "die Fähigkeit, Informationen zu sammeln und die finanzielle Kapazität, in Anlagen und Ausrüstungen zu investieren, die entscheidenden Bestimmungspunkte der Wettbewerbsfähigkeit geworden" seien. Anders gesagt: Es ist nicht die Erfindung, die über das wirtschaftliche Schicksal entscheidet, sondern die Fähigkeit und die Kampfbereitschaft, die Ergebnisse von Forschung und Entwicklung, seien sie das Resultat eigener oder fremder Bemühungen, kommerziell zu nutzen und auf dem Weltmarkt gegen harte Konkurrenz durchzusetzen. Dazu eine japanische Autorität (Moritani Nasanori, Nomura Research Institute):

"Technologie ist nur ein Mittel. Die Kriterien, nach denen wir technologische Stärke bewerten, sollten dadurch bestimmt werden, wie gut die Mittel die Zwecke erfüllen, für die sie eingesetzt werden. Technologie ist kein Sportwettbewerb. Was sind die besonderen Züge der Technologie Japans, und wie sollten sie bewertet werden? Sowohl Japan als auch Amerika sind technologisch stark. Wie auch immer die Fähigkeiten Japans vor fünfzehn oder zwanzig Jahren aussahen, jetzt ist die technologische Stärke der Industrie in Japan in keiner Weise der in den Vereinigten Staaten unterlegen. Die Unterschiede liegen in der Natur und Richtung des technologischen Vorstoßes in den beiden Ländern.

Japans Technologie ist auf die Massenproduktion von Hochqualitätsgütern zu geringen Kosten ausgerichtet. In dieser Hinsicht hat das Land brillante Erfolge erzielt, weil es seine besonderen Stärken voll eingesetzt hat. Die Frage, der wir jetzt gegenüberstehen, ist, ob dies allein auch weiterhin genügen wird. Wenn wir uns Amerika ansehen, dann sehen wir ein unbestreitbares Potential für technologische Entwicklungen dank der amerikanischen Neigung zum Experimentieren und dem Willen, neue Grenzen zu suchen. Aber wie ist dieser Zug zu bewerten? Es kann nicht geleugnet werden, daß er Teil dessen ist, was das technologische Potential Amerikas ausmacht, aber wie nützlich ist er bei der Wiederbelebung der amerikanischen Industrie und Gesellschaft? Das ist die entscheidende Frage, auf die wir unsere Aufmerksamkeit konzentrieren müssen. Wir sollten uns deshalb nicht darüber Sorgen machen, ob ein langsamer Start in der Grenztechnologie der Zeit der japanischen Industrie einen Todesstoß versetzt, sondern ob wir unbegrenzt unsere Praxis fortsetzen können, uns so zu bewegen, daß wir selbst dann, wenn wir zu Beginn zurückliegen, in der Lage sind, bis zu dem Zeitpunkt aufzuholen, da die Technologie kommerzialisiert wird."

II Märkte der Gegenwart: Zentren der Hochtechnologie

Japan hat es vorgemacht, andere asiatische Wirtschaftsgesellschaften sind seinem Weg gefolgt. Nicht zuletzt deswegen wird die Stegreifformel von den großen "asiatischen Zukunftsmärkten" bei jeder wohlfeilen Gelegenheit angepriesen. Tatsächlich sind diese Märkte nicht (nur) Zukunftsmärkte, sondern vor allem Gegenwartsmärkte, und sie sind bereits die Märkte des letzten Jahrzehnts gewesen. Wesentliche Veränderungen zeigen sich zur Zeit in der Natur dieser Märkte.

Zum einen haben sie sich in der gegenwärtigen weltwirtschaftlichen Rezessionsphase als ausgesprochen "rezessionsfest" erwiesen. Mit Ausnahme Japans herrscht überall ein andauerndes gesamtwirtschaftliches Wachstum in einer Größenordnung von mehr als 4% vor. Erstmals hat China mit seinem gewaltigen Importbedarf einen Großteil des "konjunkturellen Einbruchs" verhindert, der ansonsten unvermeidlich gewesen wäre. Malaysische Außenhandelsfachleute haben eingestanden: "Bei dieser negativen weltwirtschaftlichen Entwicklung wären wir noch vor zehn Jahren den Berg runtergerutscht." Zum anderen müssen die "Anforderungsprofile" dieser Märkte neu bewertet werden. Bis Mitte der achtziger Jahre boten sich die meisten asiatischen Länder in erster Linie unter dem Gesichtspunkt günstiger Produktionskosten (niedrige Arbeitskosten, geringe Regulierungsdichte, relativ effiziente Wirtschaftsverwaltungen und produktionsfreundliches gesellschaftliches

Umfeld) als vorteilhafte Produktionsstandorte an.Von diesem Muster wurden auch die ausländischen Investitionsströme geleitet. In der Zwischenzeit hat sich die Situation jedoch unübersehbar gewandelt.

Die japanische Wirtschaft war die erste, die diesen Wandel erkannte und zumindest den pazifischen Teil Asiens als eine Wirtschaftsregion definierte, in der sich die eigene technologisch-wirtschaftliche Zukunft maßgeblich entscheiden werde. Zukunftsmärkte sind die Märkte Asiens, weil sie bereits heute unterschiedlich anspruchsvolle Hochtechnologiemärkte sind und dieser Trend wird sich unaufhaltsam Bahn brechen. Nur wer auf diesen Märkten mit modernen Erzeugnissen zu reüssieren vermag, wird auf Dauer auch auf den eigenen Märkten den Erfolg wahren. Das ist die harte Lehre, um die auch westliche Unternehmen und ihre Wirtschaftsgesellschaften nicht herumkommen werden.

Mit dem Heranwachsen der Märkte für hochwertige industrie- und konsumtechnologische Erzeugnisse ist ein anderes, neuartiges Phänomen in ersten Ansätzen spürbar geworden. Man kann von einer Tendenz zu "qualifizierter Niedriglohnarbeit" sprechen. EDV-Software-Spezialisten, Elektronikingenieure, Maschinenkonstrukteure and andere gut ausgebildete Fachkräfte sind in Asien zu Einkommensbedingungen tätig, die in ihren eigenen Gesellschaften zwar als lukrativ gelten, aber an westlichen Standards gemessen oft nur ein Drittel ausmachen. Das zieht - nach der Verlagerung von Produktionsvorgängen - nahezu zwangsläufig auch eine Verlagerung von Teilen der Forschungs- und Entwicklungstätigkeit westlicher Unternehmen in den asiatischen Raum nach sich. Das "asiatische Angebot" liegt vor.

Der japanische Autor Omae Kenichi war der erste, der den entscheidenden weltwirtschaftlichen "Qualitätsumbruch" voraussagte. Zu Beginn der achtziger Jahre erregte er mit seiner These von der "Macht der Triade" Aufsehen. Für viele Unternehmen ist die Prophezeiung dieser These in der Zwischenzeit schmerzliche Wahrheit geworden. In verkürzter Form forderte Omae alle Unternehmen, die sich mit der Erzeugung weltweit absetzbarer Produkte befassen, dazu auf, ihre Präsenz auf allen drei großen Teilmärkten der Weltwirtschaft - USA, Westeuropa und Japan - aus- bzw. aufzubauen. Eine solche "Triadenpräsenz" werde die unabdingbare Voraussetzung der eigenen langfristigen Unternehmenszukunft sein. Omae scheint sich nur in einem Punkt geirrt zu haben: Nicht Japan allein, sondern das gesamte pazifische Asien reift rasant zu einer neuen, relativ eigenständigen Weltwirtschaftsregion heran.

Noch zu Beginn der siebziger Jahre lag der Anteil des innerregionalen Wirtschaftsaustausches der neun pazifisch-asiatischen Länder - China, Hongkong, Indonesien, Korea, Malaysia, Philippinen, Singapur, Taiwan und Thailand - bei deutlich weniger als 20%. Bis heute ist er auf über 30% angewachsen. Schließt man Japan mit ein, so ergibt sich ein innerregionaler Anteil von weit über 40%.

Es spricht alles dafür, daß man auf längere Sicht einen innerregionalen Verflechtungsanteil von 60% erreichen wird, was der gegenwärtigen Intensität im Westeuropäischen Wirtschaftsraum gleichkäme.

Weiterhin erscheint es sehr wohl möglich, daß in der längerfristigen Zukunft die "Wirtschaftswelt des Chinesentums" deutlich größere Impulse auf die Weltwirtschaft ausstrahlen wird als der "Gegenwartsgigant" Japan. Der "Drei-China-Markt" (VR China, Hongkong, Taiwan) hat in der Zwischenzeit ein Handelsvolumen von

Auf dem Sprung... in den Fernen Osten.

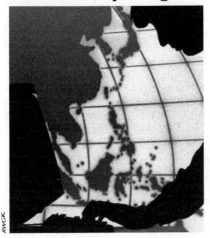

Landesbank Hessen-Thüringen.

Die Helaba Frankfurt ist aufgrund ihrer Finanzkraft, Erfahrung und des umfassenden Spektrums von Produkten und Dienstleistungen in allen Sparten des Bankgeschäfts eine der ersten Adressen Deutschlands. Seit vielen Jahren ist sie ein kompetenter Partner für die Abwicklung von Im- und Exportgeschäften. Und angesichts der Dynamik und wachsenden Bedeutung des fernöstlichen und pazifischen Wirtschaftsraumes auf dem Sprung: Im Herbst 1994 eröffnet die Helaba Frankfurt in Hong Kong einen Stützpunkt.

Helaba Frankfurt
LANDESBANK HESSEN-THÜRINGEN

Junghofstraße 18–26
D-60297 Frankfurt am Main
Telefon: (0 69) 1 32-21 59
Telefax: (0 69) 1 32-21 34

Landesbank Hessen-Thüringen Girozentrale Frankfurt/Erfurt
Amsterdam, Berlin, Budapest, Darmstadt, Dublin, Düsseldorf, Kassel, Leipzig, London, Luxemburg, New York, Prag, Stuttgart und Warschau. **Ab Herbst 1994: Hong Kong.**

**Helaba Frankfurt.
Die Bank mit den guten Verbindungen.**

 Finanzgruppe

mehr als 600 Mrd. US$ erreicht. Der kombinierte Importmarkt weist eine Nachfrage von rd. 320 Mrd. US$ auf. Rechnet man Korea zu dieser "Dreierkoalition" hinzu, so steigt das Handelsvolumen auf gut 700 Mrd. US$ und die Importnachfrage auf rd. 400 Mrd US$. Die Berechtigung für diese Zuordnung Koreas ergibt sich aus der Tatsache, daß der Wirtschaftsaustausch des Landes mit den "drei Chinas" 1993 erstmals sichtlich höher ausgefallen ist als der Handel mit den USA oder Japan. Anders gesagt: Der um Korea erweiterte "Drei-China-Markt" ist zum zweitgrößten Importmarkt der Welt nach dem amerikanischen geworden. Bis Ende dieses Jahrzehnts wird er der mit Abstand größte Importmarkt der Welt sein, weit vor den USA und auch vor der Europäischen Union, wenn man den unionsinternen Handel abzieht.

Angesichts dieser rasanten Entwicklung beginnt man in Japan zu zweifeln, ob sich die seit längerem gehegten Träume von der künftigen Weltführerschaft noch verwirklichen lassen. Die Bedenken wachsen, ob das Land über genügend Substanz verfüge, eine Rolle auszufüllen, die selbst für die USA zu schwer zu werden droht. Dennoch heißt es (Shinohara Miyohei, Ex-Direktor des Institute of Developing Economies):

"Wir befinden uns in der Mitte eines großen Umbruchs in der Weltwirtschaft, ein Umbruch, der andauern wird, bis der Führer der nächsten Ära erscheint. Sieht man sich die moderne Weltwirtschaft an, so wird Japans Weg klar. Es muß anerkannt werden, daß die japanische Wirtschaft noch nicht so weit ist, es Japan zu ermöglichen, sich selbst zum nächsten Führer auszurufen. Das 21. Jahrhundert wird Japan als Exporteur von Kultur und Information in den Rest der Welt erleben. Dann wird der Prozeß der Internationalisierung Japans vollendet sein, und das Land wird dann die Voraussetzungen für eine wahre Führung der Weltgemeinschaft erreicht haben."

Wie auch immer man den Realitätsgehalt solcher Visionen einstufen mag, fest steht, daß Asien auf dem langen Weg zu einer relativ eigenständigen regionalen Wirtschaftszukunft ist. Seit 1987/88 sind gewaltige innerregionale Investitionsströme aus Nordostasien nach China und in die ASEAN geflossen. Insgesamt wurden mehr als 80 Mrd. US$ (zum größten Teil) in die verarbeitenden Gewerbe der Empfängerländer kanalisiert - genehmigt über 200 Mrd.US$ -, wobei ein neuer, integrierter Bestimmungsansatz von Produktionskosten und Marktfaktoren (Binnenmarktzugang plus Zugang zu den Märkten der Region) als Entscheidungsgrundlage der Investitionspolitik dient.

III "Netzwerk Asien"?

Die Ergebnisse dieser gewaltigen innerregionalen "Investitionsoffensive" haben in der hiesigen Diskussion zu der ebenso populären wie fehldeuterischen Formel vom "Netzwerk Asien" geführt. Völlig neue, landesübergreifende, arbeitsteilige Produktionssysteme seien dort im Werden. Es finde eine geradezu revolutionäre Globalisierung der Produktion, ein "global networking" statt.

Mehrere Dinge stören die "Magie der neuen Zauberformel". Zum einen wird ein (vorübergehendes?) Symptom des Geschehensablaufes mit den grundlegenden Ursachen der asiatischen Entwicklungsdynamik verwechselt. Diese Entwicklungsdynamik war bereits zwei Jahrzehnte lang das hervorstechende Merkmal der Region, bevor irgendjemand erstmals irgendwelche Netzwerke zu erkennen glaubte. Das heißt mit anderen Worten, die großen innerregionalen Investitionsströme der letzten sechs bis sieben Jahre sind vor allem die Reaktion auf starke vorherige Binnenleistungen gewesen und nicht so sehr ihr Auslöser. Zum anderen - für die weltwirtschaftliche Praxis wesentlich wichtiger - beinhaltet die Netzwerktheorie - offen ausgesprochen oder implizit - ein hierarchisches Gefälle innerhalb der Produktionsnetzwerke, mit dem sich die einzelnen asiatischen Akteure angesichts der eigenen wirtschaftlichen Aufstiegsdynamik auf Dauer nicht zufriedengeben wollen.

Diese Netzwerke sind also - soweit sie überhaupt bestehen - keine festgefügten Systeme. Es muß also zwangsläufig mit periodischen Auslösungserscheinungen und Neuarrangements gerechnet werden. Von der Frage der Verfestigung bzw. Labilität solcher tatsächlichen oder vermeintlichen Netzwerke hängt jedoch entscheidend die Glaubwürdigkeit der nachgeordneten "Theorie-Behauptung" ab, daß Außenstehende, die ihre Chance jetzt nicht nutzen, auf lange Zeit, wenn nicht für immer, von solchen Technologie- und Produktionsarrangements zum eigenen Nachteil ausgeschlossen bleiben. Daß dies keineswegs der Fall sein muß, zeigt die permanente Suche der asiatischen Schwellenländer, aber auch der aufstrebenden Entwicklungsländer des Kontinents nach alternativen zukunftsorientierten Kooperationsmöglichkeiten mit westlichen Partnern, um der unerwünschten Netzwerkabhängigkeit von Japan zu entgehen bzw. sie gar nicht erst entstehen zu lassen.

In diesen Zusammenhang fällt auch die außerhalb Japans des öfteren geäußerte Kritik an dem überall gebrauchten Bild der von Japan geführten "Fluggänseschar", nach deren Vorbild sich die asiatische Entwicklungsformation vorantreibt.

Zwar wird dieses Bild für die Gegenwart und die absehbare Zukunft als durchaus realitätsgerecht angesehen, aber kritisiert wird jeder Gedanke, daß die Formationshierarchie damit ein für allemal vorgegeben sei und insbesondere, daß die japanische "Leitgans" für immer unangefochten die Pilotrolle innehaben werde.

Hinter dieser kritischen Haltung steht ein Welt- und Wirtschaftsverständnis, das vereinfacht als "sozialdarwinistisch" charakterisiert werden kann. Wer im globalen Auslesekampf nicht aufsteigt, steigt ab, wird beherrscht. Stichwort "Economic Warfare"! Japan habe den Weg des Erfolges gewiesen, die anderen wollen nach- und vorbeiziehen. Das gilt nicht nur für die "kleinen Tiger", sondern auch für die ASEAN-Staaten, wie die folgende Aussage verdeutlicht (Panglaykim, verstorbener indonesischer Wirtschaftswissenschaftler und Unternehmer):

"Die Japaner haben im Verlaufe der Jahre eine nationale Strategie entwickelt, die sie in eine operative umsetzen, sowie einen Sinn der nationalen Mission und eine Art "Imperialmentalität". Das ist bewußt oder unbewußt geschehen, aber von den Spitzenführern der Wirtschaft und ihren Managerteams gespeist worden. Für ASEAN sind die Zukunftsherausforderungen riesig, die bisherige Diskussion erlaubt es uns, die Bestandteile und Elemente zu erkennen, mit denen man eine solche Strategie entwickeln kann. Es wird keinen Zweck haben, Japan dafür anzuklagen, daß es der Hauptakteur solcher asymmetrischer Beziehungen ist und daß es möglicherweise zu Handelskriegen kommt. ASEAN muß sich statt dessen zu Herzen nehmen, daß die Entwicklung in der internationalen Wirtschaftswelt nur diejenigen begünstigt, die in der Lage sind, eine solche integrierte Macht zu entfalten."

Der dritte Makel der Netzwerkdiskussion liegt in ihrer mangelnden statistischen Nachweisbarkeit. Anders gesagt: Gewisse kraftvolle Entwicklungstendenzen der Elektronikindustrie und der informationstechnischen Industrie sind vorschnell verallgemeinert worden. Das führt zu einer eindeutigen Unterbewertung der mindestens ebenso starken Tendenzen regionaler, subregionaler und nationaler Entwicklungsvorgaben, die die Realität in Asien nachhaltig mitbestimmen. Es sei nur daran erinnert, daß sich die seit einigen Jahren gängige Binsenweisheit von der gleichzeitigen Globalisierung und Regionalisierung der Weltwirtschaft in erster Linie aufgrund der neuartigen Entwicklungen im asiatisch-pazifischen Raum ausgebreitet hat. Übernationale "Netzwerke" sind ein wichtiges Element des Wirtschaftsgeschehens in Asien, aber die wesentlichen Akteure der politisch-wirtschaftlichen Rahmengestaltung sind nach wie vor die Nationen.

Erfolgreiches Wirtschaften wird als gewichtiger Beitrag zur Erfüllung einer nationalen Mission empfunden, als der Weg zum internationalen Aufstieg und zu nationaler Größe. Dementsprechend genießen wirtschaftliche Gestaltungsaufgaben ein äußerst hohes Prestige, ein nicht zu übersehender Unterschied zu westlichen Gesellschaften, in denen sich Wirtschaftsführer immer mehr in eine weltanschaulich defensive Position gedrängt sehen.

IV Von der wirtschaftspolitischen Vernunft

Oben wurde bereits unter einem anderen Blickwinkel hervorgehoben: Seit mehr als drei Jahrzehnten erleben die Länder im pazifischen Teil Asiens wirtschaftlich-gesellschaftliche Entwicklungsschübe von einer Gewalt, wie sie in der früheren Geschichte der Weltwirtschaft nicht bekannt gewesen ist. Nacheinander haben sich zuerst Japan, dann die kleineren Länder Nordostasiens und schließlich - während der letzten Dekade - auch die wichtigen Staaten Südostasiens sowie mehrere wirtschaftliche Schlüsselgebiete des chinesischen Subkontinentes von diesem dynamischen Prozeß des Auf- und Umbruchs erfassen lassen. Die Quellen dieser Dynamik werden noch für mindestens zwei weitere Jahrzehnte ungedrosselt fließen.

Es ist keineswegs ausgeschlossen, daß während der neunziger Jahre auch Südasien von dieser Dynamik, zumindest in Teilbereichen, erfaßt wird. Pakistan gehört bereits seit annähernd zehn Jahren zu den "Top-Ten-Ländern" der Welt hinsichtlich des leichtindustriellen Wachstums, des wirtschaftlichen Strukturwandels und der außenwirtschaftlichen Leistungssteigerung (arbeitsintensive Exporterzeugnisse). Ob Indien den gleichen Weg zu gehen vermag, muß vorerst offenbleiben. Für eine erwartungsvolle Perspektive spricht u.a. der seit rd. zwei Jahren anhaltende Wandel im wirtschaftspolitischen Bewußtsein des Landes.

Erste Initiativen zu größerer wirtschaftlicher Liberalisierung und zu einer stärkeren weltwirtschaftlichen Offenheit sowie zu einem Abbau des "eisernen Gehäuses", d.h. des politisch-administrativen Importsubstitutionsregimes, waren bereits während der späten achtziger Jahre eingeleitet worden, aber erst der beschleunigte Zusammenbruch des osteuropäisch-sowjetischen Wirtschaftsblocks und der damit verbundene Verlust des gewohnten "Exportreservates", das den international

Partizipieren Sie an den wachstumsstarken Märkten:
Indonesien
Malaysia
Philippinen
Thailand

Südostasien ist seit einem Jahrzehnt die dynamischste Region innerhalb der Weltwirtschaft.

Die ASEAN-Länder verzeichnen doppelt so hohe Wachstumsraten wie die westlichen Industrienationen, unterstützt durch eine wachstumsfördernde Investitions- und Handelspolitik ihrer Regierungen.

Profitieren Sie vom Industriewachstum dieser Länder. Nutzen Sie das vorhandene Potential an Arbeitskräften, natürlichen Ressourcen und prosperierenden Unternehmen.

Sichern Sie sich Ihre Position in einem der größten Verbrauchermärkte der Welt.

Im Rahmen des Integrierten Beratungsdienstes der Bundesregierung zur Förderung der Privatwirtschaft beraten wir Sie in der Bundesrepublik Deutschland und durch unsere Büros vor Ort in Fragen der Kooperation und/oder Investition.

Unsere Leistungen erstrecken sich auf alle Phasen eines Projektes, von der Projektidee über die Partnersuche bzw. -vermittlung und die Beantragung von Investitionsvergünstigungen bis hin zur Projektimplementierung.

DEG-Deutsche Investitions- und Entwicklungsgesellschaft mbH

Belvederestraße 40
D-50933 Köln (Müngersdorf)
Telefon (02 21) 49 86-5 13
Telefax (02 21) 49 86-1 11

rückständigen Teilen der indischen Industriewirtschaft das Überleben sicherte, führten der indischen Öffentlichkeit und Politik die absolute Dringlichkeit vor Augen, nach neuen weltwirtschaftlichen Wegen zu suchen.

Noch liegen die Volkswirtschaften des gesamten Subkontinentes weit hinter dem von Nordost- und Südostasien bestimmten Trend zur weltwirtschaftlichen Verflechtung zurück. Das Handelsvolumen Südasiens (Indien, Pakistan, Bangladesch, Sri Lanka und Himalaya-Staaten) beläuft sich auf nur wenig mehr als 70 Mrd. US$, die Importnachfrage auf knapp 40 Mrd. Angesichts einer Bevölkerungszahl von rd. 1,2 Mrd. ergibt sich ein jährlicher Import pro Kopf von nicht einmal 35 US$. Im Gegensatz dazu erreicht das Handelsvolumen Südostasiens (ASEAN) gut 400 Mrd. US$ und die Importnachfrage gut 200 Mrd. Bei einer Bevölkerung von rd. 400 Mio. ergibt sich ein jährliches Importniveau pro Kopf von rd. 500 US$.

Indien steht heute vor einer langfristigen politisch-wirtschaftlichen Weichenstellung, die mit der Situation Indonesiens 1982/83 annähernd vergleichbar ist. Dort hatte man beinahe zwei Jahrzehnte in der gefährlichen Illusion gelebt, ein gesegnetes "Ressourcenparadies" zu besitzen. Man hatte deshalb eine den Entwicklungsanforderungen des Landes völlig unangemessene nationale Entwicklungsstrategie verfolgt. Um so beeindruckender war die Wende, die 1983 eingeleitet wurde. Nur wenige Fachleute hatten einen dauerhaften Erfolg für möglich gehalten, weil starke, etablierte Besitzstände gegen den Wandel sprachen.

Die großen Entwicklungserfolge Indonesiens unter dem - sich Schritt für Schritt liberalisierenden - neuen Wirtschaftsregime können der indischen Politik eine Orientierungsgröße bieten, welche wirtschaftlichen Reserven und Potentiale nutzbar gemacht werden können. In Indien sind sie bisher im Griff der nationalen Wirtschaftsverwaltung "gefesselt". Einfach wird der Weg nicht sein. Starke Hindernisse müssen abgebaut werden. Daß die strategische Wende zur exportorientierten Entwicklung grundsätzlich möglich ist, hat Indonesien bewiesen und damit die von nahezu allen asiatischen Wirtschaftsgesellschaften anerkannte Weisheit bestätigt: Miracles are man-made! Das heißt, sie können prinzipiell überall geschehen, aber auch überall wieder verlorengehen.

"Wunder" sind etwas, woran man immer arbeiten muß. Das erkannt zu haben, ist das einzige "Geheimnis" Asiens. Ansonsten gibt es nichts "Geheimnisvolles" oder "Rätselhaftes", wie zahlreiche Veröffentlichungen westlicher Autoren "verklären". Geheimnisvolle oder rätselhafte Gesellschaften sind in der modernen Weltwirtschaft nicht überlebensfähig. Ihre Erzeugnisse dürfen in Völkerkundemuseen besichtigt werden. Anders gesagt: Was heute in Asien geschieht, ist nichts anderes als die Anerkennung der wenigen grundlegenden Erfolgsregeln, die den Aufstieg der modernen westlichen Gesellschaften für zwei Jahrhunderte - als Selbstverständlichkeiten - bestimmt haben.

Der "geheimnisvolle Osten" ist also dabei, gerade diejenigen westlichen Anschauungen, von denen sich wachsende Teile der westlichen Gesellschaften überfordert fühlen, als Grundlage der neuen weltweiten Realität anzuerkennen. Vereinfacht geht es um die in den westlichen Sozialstaaten häufig verspotteten "Sekundärtugenden", also letzten Endes um einen ausgeprägten Sinn für die Notwendigkeit der "Symmetrie von Pflichten und Rechten". Wo es keine Sekundärtugenden gibt, gibt es auch keine Primärtugenden. Das wird in Asien für eine Binsenweisheit gehalten:

"Ein zunehmend selbtbewußteres Ostasien, das aus seiner wirtschaftlichen Überlegenheit gegenüber dem Westen während der letzten 30 Jahre seine Stärke zieht, entwickelt ein Arsenal von kulturellen Werten, um die westlichen Wege des wirtschaftlichen, gesellschaftlichen und politischen Gestaltens infrage zu stellen. Diese Herausforderung der westlichen kulturellen Dominanz basiert auf einer Mischung von Kapitalismus, Konfuzianismus und Regierungskontrollen, die den Wettbewerb fördern, während sie zugleich die Autorität von Familie, Gemeinde und Staat bewahren." (International Herald Tribune, 13. Juli 1992)

Im Gegensatz zu diesem neuen Selbstbewußtsein asiatischer Gesellschaften erschweren "romantische Gesellschaftsstimmungen" den westlichen Unternehmen die Bewältigung ihrer ureigensten Aufgaben. Es wird vergessen, daß Unternehmen keine Raumschiffe sind, die einsam ihre Weltumkreisungen vornehmen. Sie bedürfen eines starken politisch-gesellschaftlich-wirtschaftlichen "Mutterbodens", aus dem sie den Sinn ihres Handelns nähren. Wenn Gesellschaften nicht mehr gewillt oder fähig sind, wirtschaftliches Handeln mit angemessenem sozialen Prestige zu belohnen, dann sind Unternehmen als Teil dieser Gesellschaften nur noch bedingt in der Lage, die folgenschweren, aber notwendigen Entscheidungen zu treffen, um neuen weltweiten Herausforderungen zu begegnen. Für die Gesellschaften selbst tritt früher oder später eine alte Regel in Kraft: Wer die Hand, die ihn füttert, ständig beißt, wird bald nicht mehr gefüttert. Das heißt: Wer hierzulande dem "Bedenkenträgerkult" huldigt oder nachgibt, darf sich nicht wundern, wenn sich das Handeln nach Übersee verlagert. Kürzlich hieß es von seiten der deutschen Politik, Asien sei für die Zukunft Deutschlands von nicht zu überschätzender Bedeutung; denn dort spiele die Musik. Das ist richtig, aber sie spielt dort nur, weil sie nicht als störendes Geräusch empfunden wird.

V Ein "Fundus an Leiterfahrungen"

Kann man die Summe aller Erscheinungen und Grundmerkmale, die sich in den verschiedenen Wirtschaftsgebieten Asiens im Verlaufe der letzten drei Jahrzehnte unterschiedlich stark herausgebildet haben, als ein "Modell Asien" bezeichnen? In einschlägigen Publikationen wird des öfteren von einem "Modell Ostasien" gesprochen. Nach den bisherigen Einlassungen scheint es sinnvoller, nicht von einem Modell, sondern von einem gemeinsamen "Fundus an Leiterfahrungen" auszugehen. Die Gemeinsamkeiten kommen vor allem in den folgenden Merkmalen der regionalen Entwicklungsprozesse zum Ausdruck:

Erstens: Hohe Wirtschaftsdynamik, d.h. ein anhaltendes Hochwachstum auf der Basis eines ausgeprägten ständigen Strukturwandels

Dieses Hochwachstum, das muß nachdrücklich betont werden, ist charakteristisch für alle Sektoren der Wirtschaft, nicht nur für die Fertigwarenproduktion. Dieser Hinweis ist insofern unvermeidlich, da noch vor weniger als zwei Jahrzehnten zahlreiche westliche Kritiker eine extreme Einseitigkeit der Wirtschaftspolitik asiatischer Regierungen zu Gunsten der Exportanstrengungen bemängelten, die zu Lasten aller anderen Sektoren ginge und zu einem baldigen Verwelken der

"Scheinblüten" führen müßte. Tatsächlich jedoch expandierten auch die Binnenmärkte der asiatischen Länder ausgesprochen kraftvoll. Die "Verdoppelungszeiten" der Nachfrage lagen und liegen sowohl für Investitionsgüter als auch auf den Konsumgütermärkten in der Regel bei sieben bis neun Jahren. Auch die landwirtschaftlichen Produktionsleistungen haben sich wesentlich rascher erhöht als im internationalen Entwicklungsländerdurchschnitt. In allen Fällen stieg die Nahrungsmittelerzeugung wesentlich schneller als das Bevölkerungswachstum.

Das bedeutet unter anderem, daß im pazifischen Teil Asiens ein gewaltiger Armutsabbau während der letzten zwei Jahrzehnte erfolgte, der seinesgleichen in der Weltgeschichte sucht. Indonesien ist ein Modellbeispiel, dessen Erfolg von der Ernährungs- und Landwirtschaftsbehörde der Vereinten Nationen (FAO) in der gesamten Welt zur Nachahmung empfohlen wird. Vor knapp dreißig Jahren lebten 60% der indonesischen Bevölkerung unterhalb der offiziellen Armutslinie, d.h. 60 von 100 Millionen. Gegenwärtig werden 20 bis 30 Millionen als absolut Arme eingestuft. Die Gesamtbevölkerung beläuft sich auf 190 Millionen. Indonesiens Wirtschaft bietet heute mindestens 120 Millionen Menschen mehr ein Leben oberhalb der Armutslinie als vor dreißig Jahren. Das zweite große Beispiel ist China, das in den letzten fünfzehn Jahren das Ausmaß seiner Armutsbevölkerung von knapp 300 Millionen auf knapp 100 Millionen verringerte.

Die Tatsache, daß in Südasien, insbesondere in Indien und Bangladesch, Erfolge dieser Art (noch) nicht zu registrieren sind, verdeutlicht den von vielen Kritikern immer noch geleugneten inneren Zusammenhang zwischen einer Politik, die darauf ausgerichtet ist, mündiges Wirtschaften zu fördern und der daraus resultierenden Wohlfahrtsmehrung der Bevölkerung. Zwei einfache Maximen liegen einer solchen Politik in den Ländern Nordost- und Südostasiens zugrunde: Laß diejenigen produzieren, die produzieren können und wollen! Verteile nicht, was (noch) nicht produziert ist! In den chinesischen Wirtschaftsgemeinden faßt man diese beiden Forderungen zu einer zusammen: Peitsche nie den schnellen Büffel!

Aus dieser Forderung hat man die "Faustregel" abgeleitet, daß Hochwachstum nur dann dauerhaft zu gewährleisten sei, wenn der Anstieg der Realeinkommen in etwa halb so hoch ist wie der Anstieg der Arbeitsproduktivität. Weicht man nach unten oder oben zu stark von dieser Relation ab, dann ergeben sich längerfristig nachteilige Auswirkungen für die betroffene Wirtschaftsgesellschaft.

Das eigentlich Entscheidende an der politisch ausgelösten und geförderten Dynamik ist nicht der theoretische Inhalt der Politik. Die Rezepte hierfür liefern Weltbank und Internationaler Währungsfonds seit Jahrzehnten kostenlos. Wesentlich ist vielmehr, daß diese Politik in einer wachsenden Zahl asiatischer Länder praktisch überhaupt eingeleitet und durchgehalten werden konnte, was in anderen Weltregionen hingegen immer noch eine seltene Ausnahme ist. Hinter der hohen asiatischen Wirtschaftsdynamik steht also letzten Endes die Bereitschaft der Menschen, die großen Unwägbarkeiten allgemeiner wirtschaftlich-gesellschaftlicher Umbrüche zu akzeptieren, mit anderen Worten: die Erwartungen an die Zukunft höher einzustufen als die immer wieder zu bekämpfende Neigung, am Bestehenden festzuhalten. Nur wenn diese Voraussetzung gegeben ist, kann die Wirtschafts-Politik ihr Werk tun.

Wir verbinden Europa & Asien

Geschäfte in Asien?

Wir sind eine spezialisierte Unternehmensberatung, die insbesondere über gute Verbindungen nach Asien verfügt. Als Gesellschaft im Rahmen der haas consult Gruppe sind wir sowohl in Deutschland als auch im Ausland an vielen Standorten vertreten.

Komplexe Aufgabenstellungen werden von uns mit Kompetenz und Nachdruck umgesetzt.

Unsere Schwerpunkte für europäische Firmen auf einen Blick:

- Außenwirtschaftsberatung
- Marktforschung
- Marketingberatung

Nutzen Sie unsere guten Verbindungen!

Haas-Rosemeyer & Partner GmbH
Internationale Wirtschaftsberatung

Odeonstraße 18, 30159 Hannover
Tel.: (0511) 9117-160/162, Fax: (0511) 9117-295/299

Zweitens: Anhaltend hohe Bruttoinlandsersparnis

Die Fähigkeit zu einer hohen Inlandsersparnis mag den Fachgelehrten für nordostasiatische Länder nicht übermäßig bemerkenswert vorkommen, gelten doch die konfuzianisch geprägten Gesellschaften seit altersher als ausgesprochene "Spargesellschaften". Im Falle der südostasiatischen Länder, die spätestens seit den siebziger Jahren ebenfalls überdurchschnittlich hohe Sparraten aufweisen, kann man jedoch keineswegs von einem kulturellen Traditionsreflex sprechen. Es handelt sich ohne Zweifel um ein neuartiges Phänomen. Welches auch immer die Ursachen sind, wichtig ist, daß vor allem während der kritischen Anfangsphasen der nationalen Entwicklung die hohen Sparraten nur aufgrund der starken Sparbereitschaft der privaten Haushalte erzielt werden konnten.

Drittens: Relativ hohe Effizienz der Investitionstätigkeit aufgrund intensiver Nutzung eigener Investitionsmittel und gleichzeitiger systematischer Förderung ausländischer Direktinvestitionen

Dahinter steht eine allmählich angewachsene, allgemeine Selbstsicherheit, die Ressourcenströme aus dem Ausland zum eigenen nationalen Aufstieg nutzen zu können und nicht in die verhängnisvolle Abhängigkeit des ewigen Schuldnerdaseins zu gleiten. Die aus Lateinamerika und von deutschen Universitäten bekannten "Dependencia"-Theorien hatten in Asien - außerhalb Indiens - niemals Konjunktur. Dort prägte man statt dessen den Begriff der "asymmetrischen Interdependenz". Man akzeptierte ungleiche Kräfteverhältnisse und Hierarchien als unabänderliche Normalität des (internationalen und nationalen) Daseins. Es komme eben darauf an, alles zu tun, um die Gewichte zu eigenen Gunsten zu verschieben.

Viertens: Starke Weltmarktorientierung

"Trade is the engine of growth", so lautet einer der am häufigsten gebrauchten Sätze zum Wirtschaftsverständnis in asiatischen Ländern. Die Aussage ist nicht ganz korrekt, tatsächlich sind auch in Asien die Investitionen und nicht der Handel der Motor des Wachstums. Der Handel ist, wenn man im Bild bleiben will, der Treibstoff. Aber wichtiger als diese Nebenbemerkung erscheint der dahinter liegende Tatbestand. Die Weltmarktorientierung konnte nur deswegen eingeleitet, aufrechterhalten und erfolgreich verstärkt werden, weil in den betroffenen Gesellschaften eine überdurchschnittlich hohe Bereitschaft existierte, den globalen Außendruck und die Folgen der ständigen strukturellen Veränderungen auszuhalten. Strukturwandel ist gesellschaftlich schmerzvoll.

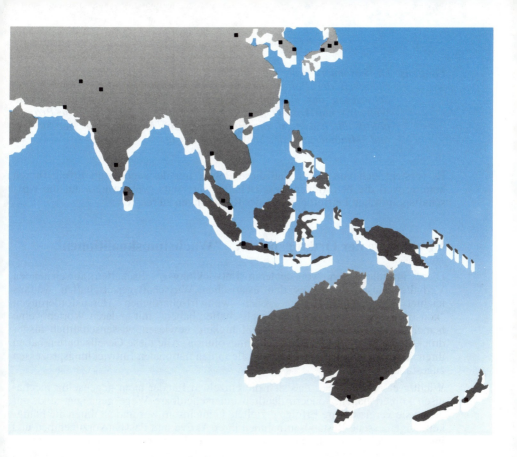

Weltweit und ortsnah

Die Deutsche Bank ist eine der führenden Banken Europas mit einer starken Präsenz in Asien. Genauso wichtig wie die Präsenz vor Ort sind aber auch die Kenntnis der Gepflogenheiten und die Identifizierung von Chancen im täglichen geschäftlichen Umgang – im kommerziellen Geschäft wie auch im Investment Banking. Auf persönlicher Basis und im Sinne unserer Kunden.

Die Deutsche Bank ist mit mehr als 50 Niederlassungen und Vertretungen in 17 Ländern der Region vertreten. Dies schließt Tochtergesellschaften wie Bain & Company Ltd., Morgan Grenfell und Deutsche Bank (Asia Pacific) Ltd ein.

Deutsche Bank – internationale Ressourcen weltweit und ortsnah.

Deutsche Bank

Fünftens: Die besondere Rolle der Staaten, die sich - vereinfacht gesagt - in der Fähigkeit der Politik äußerte, einerseits die jeweiligen Stärken und Schwächen der eigenen Wirtschaftsgesellschaft im Hinblick auf die Weltwirtschaft korrekt zu analysieren sowie andererseits eine Prozeßpolitik durchzusetzen, die gleichzeitig zur "Maximierung" der Stärken und "Minimierung" der Schwächen beitrug.

Es versteht sich von selbst, daß diese Politik nur deswegen zum Erfolg führen konnte, weil die betroffenen Gesellschaften ihrerseits geübt waren, auf die wirtschaftspolitischen Leitforderungen der Regierungen zu reagieren.

VI Signale der Ordungspolitik - "Wachstumskoalitionen"

Diese grundlegenden, von anderen Entwicklungsgesellschaften abweichenden Verhaltensmuster haben es den asiatischen Wirtschaftsgesellschaften weitaus leichter gemacht, auf die großen weltwirtschaftlichen Herausforderungen "konstruktiv" zu reagieren. Die Gesellschaften haben - mit anderen Worten - eine bemerkenswert hohe "Lern- und Streßfähigkeit" bewiesen; wissenschaftlich ausgedrückt: eine hohe Kapazität zur Systemevolution. Alle diese Gesellschaften haben ihren "Staaten" eine entscheidende Rolle in den nationalen Entwicklungsprozessen zugestanden.

Wichtig erscheint dabei, daß sich die einzelnen Länder nicht gegenseitig mechanisch kopiert haben, sondern deutlich unterscheidbare Wege gegangen sind, auf denen sie vergleichbare Erfolge erzielten. Gemeinsam war und ist ihnen die Fähigkeit, angemessene Bestandsaufnahmen ihrer Aktiva und Passiva vorzunehmen und innerhalb der vorhandenen wirtschaftlich-gesellschaftlichen Grenzen entwicklungsgerechte Antworten zu finden. Das setzt "bewegliche" Gesellschaften voraus. Vergleichbar ist ferner ein Entwicklungsbewußtsein, in dessen Mittelpunkt ein starker Trend zum konzertierten Handeln steht.

In der Fachwelt spricht man davon, daß die Wirtschafts- und Entwicklungspolitik dieser Länder von sehr pragmatischen politischen "Wachstumskoalitionen" (growth coalitions) vorangetrieben wird, deren Hauptleistung in der immer wieder aufs Neue notwendigen Ausschaltung bzw. Zurückdrängung wachstumshemmender Teilinteressen liegt. Vor allem waren diese "Wachstumskoalitionen" in der Lage zu verhindern, daß im Namen vorgeblicher sozialer Gerechtigkeit soziale Mißgunst geschürt wurde. Sie sorgten dafür, daß diejenigen, die etwas Sicht- und Anfaßbares erzeugten, mehr Ansehen und Einfluß genossen als diejenigen, die nur Worte produzierten. Die einfache Maxime war: Lobet die Produzenten! Sony-Chef Morita Akio hat diese Maxime vor einigen Jahren gegenüber der frühren britischen Premierministerin Thatcher präzisiert:

> *"Bitte machen Sie Ihre Gesellschaft zu einer, die Respekt vor Ingenieuren hat. Es ist nicht realistisch, eine wirkliche industrielle Entwicklung in einem Land zu erwarten, in dem Ingenieure nicht hoch geachtet werden. Es ist von großer Bedeutung für den Erfolg von*

Produktionsunternehmen, daß im Spitzenmanagement Leute sind, die etwas von Konstruktion und Technologie verstehen. Ich betone diese Dinge nachhaltig, wohin ich auch gehe und betrachte Ingenieure als entscheidend für die Erfolge der japanischen Industrie."

In den asiatischen Ländern gilt es - Ausnahme Hongkong - als normal, wenn nicht sogar als essentiell, daß - nach zeitlichen Phasen und innerhalb des gesamten volkswirtschaftlichen Spektrums auch nach Sektoren und Branchen gestaffelt - deutliche Entwicklungsschwerpunkte gesetzt werden. Der Gestaltung dieser Schwerpunkte (strategische Bereiche) stehen keine ordnungspolitischen Tabus von der Art entgegen, wie sie im Westen, insbesondere in Deutschland, gehegt werden. Dementsprechend beruht die Prozeßpolitik in diesen Ländern auf einer Vielzahl wirtschafts-, finanz-, geld-, währungs-, kredit-, investitions- und subventionspolitischer Maßnahmen, wenngleich letztere selbstverständlich andere Namen tragen.

Alle diese Länder haben zu unterschiedlichen Zeiten unterschiedliche Formen gleichzeitiger Exportorientierung, Exportsubventionierung und Importrestriktionen entwickelt, ohne ihr Verhalten als widersprüchlich zu empfinden. Nothing succeeds like success! Offensives weltwirtschaftliches Auftreten und, wenn die Formulierung erlaubt ist, "offensiver Protektionismus" galten und gelten nicht als unvereinbar. Niemand stößt sich z.B. in Taiwan daran, daß die eigene Wirtschaft bis heute offiziell als "geplante freie Marktwirtschaft" fungiert. Die Errichtung der "freien Marktwirtschaft" war in der Tat das Ergebnis der Planung.

Diese Ausführungen sollen nicht ohne Ergänzungen bleiben. Bemerkenswert erscheint, daß die Planung in Asien auf längere Sicht den Ort ihrer eigenen Überwindung eingeplant zu haben scheint. Mit zunehmender Reife der Volkswirtschaften ist in praktisch allen Ländern eine Verschiebung der Gewichte zwischen Staat und Wirtschaft zu Gunsten der Unternehmen und ihrer Verbände festzustellen, d.h. das Ausmaß an Planung nimmt allmählich ab, und die Methoden tendieren mehr zum Indirekten. Die geplante Organisation der Volkswirtschaften hat sich als so effizient erwiesen, daß sie der planerischen Begleitung nicht mehr im früher üblichen Ausmaß bedürfen.

Die nichtsozialistischen Gesellschaften Asiens sind in ihrem Planverständnis niemals über den Rahmen hinausgegangen, der den Planbegriff seiner ursprünglichen Bedeutung nach umgibt. "Planum", d.h. Ebene bzw. Fläche, verweist auf die Zweidimensionalität des Papiers. Es geht also um die papierhafte Projektionsfläche für Zielvorstellungen, und der "dreidimensionale" (reale) Markt entscheidet, ob die Ziele sachgerecht projiziert wurden oder ob es sich um bloße Wunschvorstellungen der Planer handelte.

Ferner muß darauf verwiesen werden, daß Vorstellungen, die sich in Europa mehr oder weniger automatisch mit dem Begriff des "Staates" im Wirtschaftsleben verbinden, nur wenig mit der asiatischen Szene zu tun haben. Es wäre daher besser, den üblicherweise gebrauchten Terminus "administrative guidance" durch den weniger zu Fehlvorstellungen verleitenden Begriff "politische Induktion" zu ersetzen. Es geht um eine mittlere politisch-planerische Interventionsintensität zwischen reiner Indikation einerseits und Befehlsplanstufe andererseits. Der Begriff beinhaltet keineswegs, daß die Bereiche oder Methoden staatlicher Intervention die gleichen oder ähnliche sind wie im Westen. Das läßt sich aus jeder gesamtwirtschaftlichen Standardstatistik ablesen. Die öffentlichen Sektoren der Volkswirtschaften in den asiatischen Ländern sind zumeist relativ klein, und zudem schrumpfen ihre Anteile in nicht wenigen Fällen. Dementsprechend niedrig sind die sog. Staatsquoten.

Anders gesagt: Der Staat ersetzt Privatwirtschaft/Markt nicht durch eigenes verwaltungsgelenktes Engagement, sondern er übt induktiven Einfluß auf die Unternehmen aus. Selbst in den wenigen Fällen, in denen bisher das Diktat der Befehlsplanung herrschte, scheint der Staat auf dem Rückzug aus der Wirtschaft zu sein. So hat sich z.B. in China der Staatsanteil am wirtschaftlichen Aufkommen während der letzten fünfzehn Jahre von annähernd 80% auf weniger als 40% reduziert, und ein weiterer Rückgang ist erklärtes Ziel der reformerischen Wirtschaftspolitik. Auch in Indonesien ist die "Privatsektorwirtschaft" in der Zwischenzeit offiziell zum "Hauptakteur der zweiten Ära des nationalen Erwachens" ausgerufen worden. Im Falle Vietnams bedarf es heute keiner großen Weitsicht mehr, um das Land - mit fünfzehnjährigem Rückstand - auf dem chinesischen Weg zu sehen. Es bleiben nurmehr so unterschiedliche Länder wie Indien und Nordkorea. Für Indien darf man das Prinzip Hoffnung beanspruchen, während Nordkorea offensichtlich die letzte Feste des "Quarantänesozialismus" bleibt. Dort scheint die "Sonne der Revolution" (so die offizielle Selbstpreisung) immer noch so stark, daß kein marktwirtschaftlicher Schatten auf das Land fällt.

Kommen wir auf die "politische Induktion" zurück. Der induktive Einfluß des Staates besteht in der Mehrzahl der asiatischen Länder nicht in einseitigen politischen Zwangsvorgaben. Vielmehr kommt er zumeist als Ergebnis fließender Konsensbildungsprozesse aller am Wirtschaftsleben beteiligten Akteure (Wirtschaftsadministration, Wirtschaftsverbände, Konzerne usw.) zur Wirkung, und zwar in einer Weise, wie sie für Japan modellhaft beschrieben worden ist (Panglaykim):

"Die formalen und informellen Verbindungen, die zwischen den Eliten der Geschäftswelt, der Politik, der Regierung und der Administration bestehen, haben immer dazu beigetragen, eine Atmosphäre zu schaffen, in der die Regierung die Rolle des Initiators, Innovators und Garanten spielte, zusammen mit den Vertretern der Geschäftswelt, der Industrie und des Bankenwesens, abhängig von den nationalen und internationalen Bedingungen."

VII Agieren, nicht Reagieren

Fragt man nach den Ursachen dieser besonderen Rolle des Staates, so stößt man relativ schnell auf die schlichte Grundannahme, daß der vom internationalen Markt erzeugte Zwang zu marktkonformem Verhalten eine zwar notwendige, aber keineswegs hinreichende Voraussetzung für den beschleunigten Erfolg der eigenen nationalen Entwicklung sei. Das bloße Reagieren auf die vom Markt signalisierten Wettbewerbsmöglichkeiten führe weder zu genügend großen, noch zu ausreichend dauerhaften Erfolgserlebnissen. Dies scheint die Lehre zu sein, die man während der vergangenen drei Jahrzehnte aus den eigenen weltwirtschaftlichen Erfahrungen gezogen hat.

Der Mensch. Das Leben. Die Bank.

Wo Sie auch hinfliegen, um Geschäfte zu machen – wir sind schon da. Durch Einbindung in das internationale Filialnetz unserer Gruppe Crédit Lyonnais bieten wir Ihnen in über 70 Ländern vor Ort einen umfassenden Service und unterstützen Sie mit länderspezifischem Know-how. Messen Sie uns an dem, was wir für Sie leisten.

BfG·Bank AG
GRUPPE CREDIT LYONNAIS

Daraus ergibt sich nahezu zwangsläufig die von den einzelnen Regierungen immer wieder propagierte wirtschaftspolitische Schlußfolgerung sowie die entsprechend konsequent verfolgte wirtschaftspolitische Praxis, für die eigenen nationalen Unternehmen Vorteile systematisch im Vorgriff zu gestalten, d.h. mittel- bis langfristig "konzentriert" herauszuarbeiten:

Ein Vorgang, der es verständlich macht, warum in diesen Ländern aktive Strukturpolitik - ein anderes Wort für Industriepolitik - eine so überragende Rolle spielt. Das impliziert nicht, daß die Prozeßpolitik oder die Ordnungspolitik vernachlässigt werden, aber im wesentlichen gehen die Regierungen von der Überzeugung aus, daß die Unternehmen - auf sich allein gestellt - nicht in der Lage seien, potentielle Vorteile, die sich erst mittel- bis langfristig verwirklichen lassen, in ihrer Unternehmenstätigkeit ausreichend zu erkennen und vorwegzunehmen. Auf der Basis einer Entwicklungsstrategie, die solche Vorteile aktiv zu "konstruieren" bemüht ist (Marktkonditionierung statt Marktreflex), muß es zwangsläufig zu einem komplexen Ineinandergreifen verschiedenster politisch-wirtschaftlicher Instrumente kommen. Eine klare Trennung von Politik, Verwaltung und Wirtschaft ist unter diesen Umständen weder logisch noch praktisch zu erwarten. Das viel gerühmte Klima der "Korporativität" ist zugleich Ursache und Folge dieser die Zukunft vorwegnehmenden Denk- und Handlungsmuster.

Dies wurde in jüngster Zeit auch von der OECD anerkannt. Dort läuft die Diskussion unter dem Stichwort "Active Trade Policy". Hier soll nur erwähnt werden, daß Stichworte wie "Korporatismus" und "politische Induktion" auf Sachverhalte hindeuten, die nahezu unverzichtbare Vorbedingungen für die vielgerühmte Strategiefähigkeit asiatischer Unternehmen darstellen. Man muß also davon ausgehen, daß es sich um Dauerphänomene handelt, die die Entstehung einer eigenständigen Variante weltwirtschaftlichen Ordnungsbewußtseins widerspiegeln, nicht bloß um Erscheinungen, die für die Aufstiegsphasen ostasiatischer Volkswirtschaften charakteristisch sind.

Vielleicht haben die asiatischen Länder zu einem in Gegenwart und Zukunft tragfähigeren Mischverhältnis zwischen Konkurrenz- und Kooperationselementen einerseits sowie zwischen kurz- und langfristigem Denken andererseits gefunden, als es bisher bei den meisten westlichen Konkurrenten zu erkennen ist.

Von japanischer Seite ist der Unterschied mit dem Gleichnis von Jägern und Bauern umschrieben worden. In diesem Gleichnis sehen sich die Japaner selbst als Bauern, die bereit sind, das Feld zu bestellen und die Zeit der Ernte abzuwarten, während sie westlichen Unternehmen die Mentalität von Jägern unterstellen, die kurzfristig einer Beute nachsetzen.

Das Bildnis läßt indirekt anklingen, daß (westliche) ordnungspolitische Tabus mit einer gewissen Distanz betrachtet werden. Niemand in Asien, der im Hauptstrom des wirtschaftlich-gesellschaftlichen Denkens steht, kommt in die Versuchung, aus dem "ökonomischen Liberalismus" einen Fetisch zu machen. Es gehe nicht um theoretische Wettbewerbsregeln, sondern um Überlegenheit in der internationalen Konkurrenz, und erlaubt sei demgemäß (nahezu) alles, was zu dieser Überlegenheit führe (Stichwort: Sozialdarwinismus!). Gleichzeitig wird von asiatischer Seite häufig eingewandt, die Lehre des ökonomischen Liberalismus sei letzten Endes nur eine verkappte Form des Nationalismus gewesen. In der wirtschaftlichen Praxis des Westens habe sie solange Gültigkeit besessen, wie die westlichen Volkswirtschaften eindeutig überlegen waren. Jetzt, da diese Überlegenheit im Schwinden sei, diene der Liberalismus vornehmlich als verbales Exporterzeugnis, während die Praxis von protektionistischen Neigungen durchdrungen sei.

VIII Warum Asien?

Warum sollten oder müssen sich westliche Unternehmen in Asien massiv engagieren? Warum sollte es so dringlich sein, in dieser neuen "Aufsteigerregion" der Weltwirtschaft durch Handel und Investitionen wirkungsvoll präsent zu sein? Mit anderen Worten: Stimmt die beliebte These, daß Asien eine "schicksalshafte" Herausforderung für den Westen darstelle, daß Unternehmen, die sich auf seinen Märkten nicht durchzusetzen vermögen, auf lange Sicht in eine Schieflage geraten? Und falls das zutreffend ist, gilt das nur für Großkonzerne oder auch für mittlere Unternehmen? Auf den ersten und zweiten Blick spricht einiges gegen ein forciertes Auftreten westlicher Unternehmen auf den Märkten der Region. Zu zahlreich sind die Fälle, in denen vermeintliche Glücksrittergeschäfte und Goldgräberinvestitionen zum Fiasko wurden. Davon abgesehen scheinen auch einige grundlegende Erwägungen zur Natur der asiatischen Märkte gegen allzu viel "Eilfertigkeit" zu sprechen.

Erstens: Die asiatischen Märkte sind - im Vergleich zu den atlantischen Märkten - in der Regel durch zahlreiche Unsicherheitsaspekte gekennzeichnet, insbesondere durch einen bisweilen schmerzvoll erfahrenen Mangel an praktischer Rechtssicherheit bzw. durch eine "Relativierung" des gesetzlichen Rahmens, d.h. Schwierigkeiten, seine rechtlich gültigen Ansprüche im wirtschaftlichen Alltag in angemessener Zeit und mit angemessenem Aufwand auch durchsetzen zu können.

Dieses "Manko" wird auch von prominenten asiatischen Staatsbürgern nicht geleugnet. So äußerte sich z.B. Lee Kuan Yew, der Gründer des "neokonfuzianischen Modellstaates" Singapur, Ende 1993 vor der sog. Zweiten Weltkonferenz Chinesischer Unternehmer in Hongkong in dieser Richtung - Stichwort: "guanxi-Kapitalismus". Er hob hervor, daß guanxi, d.h. ein weitreichendes personelles Beziehungsgeflecht, einen "wichtigen Vorteil" überseechinesischer Unternehmen im Wettbewerb gegen westliche Rivalen "auf dem China-Markt" darstellen. Laut Lee fühlen sich westliche Unternehmen verwundbar, wenn sie innerhalb eines schwachen gesetzlichen Rahmenwerkes operieren müssen. Im Gegensatz dazu können sich chinesische Unternehmer aufgrund ihrer Beziehungsgeflechte sicherer bewegen und selbst schützen. "Guanxi können den Mangel an Rechtsherrschaft und die mangelnde Transparenz bei Bestimmungen und Regulierungen ausgleichen. Diese guanxi-Fähigkeit wird zumindest für die nächsten 20 Jahre sehr wertvoll sein." Niemand wird ernsthaft bestreiten wollen, daß Lees Analyse der Wirklichkeit auf den chinesischen (und auch anderen asiatischen) Märkten nahekommt.

Zweitens: Alle asiatischen Märkte sind extrem "zeitverbrauchende" Märkte.

Immer wieder ist zu hören, in Asien brauche man Geduld. Für Unternehmer und Manager ist Geduld jedoch nicht nur eine Frage des persönlichen Temperaments, sondern (in erster Linie) eine Frage des Eigenkapitals. Anders gesagt: Es bedarf eines hohen Einsatzes personeller und finanzieller Mittel, lange bevor ein nennenswerter "return" zu erwarten ist. Das ist vor allem für mittlere Unternehmen keine leicht zu treffende Entscheidung. Das Engagement in Asien ist ohne eine klare Unternehmensstrategie nicht sinnvoll, schon gar nicht gewinnversprechend.

Drittens: In engem Zusammenhang mit dem hohen "Zeitverbrauch" steht der relative Mangel an Transparenz der meisten asiatischen Märkte.

Nach allen bisherigen Erfahrungen ist es für "Marktfremde" außergewöhnlich schwer, ein zuverlässiges Bild der konkreten Absatzchancen der eigenen Unternehmenserzeugnisse zu erarbeiten. Ferner ist in den kommenden Jahren mit einer stetig wachsenden Zahl wenig empfindlicher Konkurrenten zu rechnen.

Noch einmal die Frage:
Wenn das alles so ist, warum sollte es dann zwingend sein, daß sich Unternehmen auf diesem schwierigen Terrain überhaupt engagieren? Drei ebenso kurze wie folgenreiche Antworten bieten sich an.

Zum einen sind die Märkte Asiens für die nächsten zwei Jahrzehnte mit großer Wahrscheinlichkeit die einzigen, die über ein dauerhaftes Hochwachstum verfügen werden. Es ist eine Verdrei- bis Vervierfachung der Umsatzgrößen zu erwarten.

Zum anderen werden die asiatischen Länder, allen voran Japan, in den Bereichen der modernen Hoch- und Grenztechnologien völlig neue Impulse setzen und große kommerzielle Energien entwickeln. Dies läßt sich allein schon deswegen voraussagen, weil die asiatischen Gesellschaften aufgrund ihres unterschiedlichen ethischen Grundverständnisses wesentlich unbefangener technologisches Neuland mit sozialer Brisanz betreten können als der Westen.

Zum dritten wird die Härte des Geschäftslebens auf den anderen Märkten der Welt ebenfalls kontinuierlich zunehmen, weil die Zahl der alten und neuen Konkurrenten - und das unter den Bedingungen eines relativ mäßigen Wachstums - ständig steigen wird. Die asiatischen Märkte können daher als "Übungsfeld" zur Vertiefung dessen dienen, was in spätestens ein bis zwei Jahrzehnten nahezu überall auf der Welt die übliche Geschäftshärte ausmachen wird. Noch ist Zeit!

Nachbemerkung:

Wichtige Anregungen für die vorangehende Darstellung verdankt der Autor den folgenden Arbeiten:

Hanns Günther Hilpert, "Die wirtschaftliche Verflechtung Japans mit der asiatisch-pazifischen Region - Yen-Block in Asien?", ifo Schnelldienst, 3/1993

Anton Gälli, "Konturen eines großchinesischen Handelsblocks", ifo Schnelldienst, 8/1992

Rolf Jungnickel, "Internationale Direktinvestitionen", Deutsches Übersee-Institut Hamburg, NORD-SÜD aktuell, Nr.3, 1993

OSTASIENHANDEL 1991 - 1993

Dr. Hans van Ess

Ostasienhandel im Jahr 1992

Der deutsche Ostasienhandel erlebte im Jahr 1992 eine Trendwende. Nachdem die Importe aus dieser Region in den Jahren zuvor stetig angestiegen waren - 1991 sogar noch um 26% - und deshalb die Schere zwischen deutschen Importen und Exporten im Handel mit dieser Region zu Deutschlands Ungunsten immer weiter auseinander gingen, sanken sie 1992 erstmals seit langem wieder um 2,4% auf den Wert von 85,34 Milliarden DM.

Da gleichzeitig die deutschen Exporte in die asiatisch-pazifische Region 1992 mit 2,7% auf 48,9 Milliarden DM anstiegen, konnte das chronische Handelsbilanzdefizit, das 1991 noch 38,7 Milliarden DM betragen hatte, um ca. 3,2 Milliarden DM oder knapp 10 Prozent auf 35,5 Milliarden DM gesenkt werde. Diese Zahlen zeigten die sich andeutende Sättigung der aus der Wiedervereinigung resultierenden Konsumnachfrage an, waren aber auch ein Hinweis auf die erst 1993 voll zu spürende Rezession in Deutschland.

Einfuhren aus Ostasien (in Mio DM)

Einfuhren aus Ostasien für das Jahr 1992 wies die Statistik ein Absinken der hohen Rekordwerte aus, die die wichtigsten deutschen Lieferländer aus Ostasien aufstellen konnten. Besonders auffallend war der Rückgang bei den Importen aus Japan, aus dem für über 1,6 Milliarden DM (minus 4,1%) weniger importiert wurde, aus Hongkong, dessen Wert um 880,9 Millionen DM (minus 15,8%) hinter demjenigen des Jahres 1991 zurückfiel, und aus Taiwan (minus 593,1 Millionen DM = minus 7,4%).

Ein Plus hatten bei den bedeutenden Exportländern der Region noch Singapur (plus 252,2 Millionen DM, 7,3%), Malaysia (plus 346,2 Millionen DM = 11,0%) und Indonesien (plus 198,4 Millionen DM = 10,0%) aufzuweisen, jedoch lagen diese Wachstumsraten weit unter denen des Jahres 1991. Obwohl die Importe aus Vietnam (plus 197 Millionen DM = plus 118,0%) 1991 mit plus 169,8% relativ gesehen noch stärker angestiegen waren, zeigte sich doch deutlich, daß von diesem Land in den nächsten Jahren noch weitere spektakuläre Wachstumsraten zu erwarten sind. Die Wachstumsraten der Importe aus anderen ostasiatischen Ländern, bis auf die relativ unbedeutenden Myanmar und Malediven, zeigten im Laufe des Jahres 1992 kontinuierlich nach unten oder befanden sich bereits im Negativbereich.

OSTASIENHANDEL

Land	Einfuhren 1992	Einfuhren 1991	Veränd. absolut	Veränd. in %
Japan	38.038,2	39.663,6	- 1.625,4	- 4,1
China, VR	11.651,2	11.558,5	92,7	0,8
Taiwan	7.425,1	8.018,2	- 593,1	- 7,4
Südkorea	5.377,6	5.584,4	- 206,8	- 3,7
Hongkong	4.704,9	5.585,8	- 880,9	- 15,8
Singapur	3.700,7	3.448,5	252,2	7,3
Malaysia	3.484,4	3.138,2	346,2	11,0
Thailand	2.926,4	2.910,3	16,1	0,6
Indien	2.688,3	2.770,0	- 81,7	- 2,9
Indonesien	2.173,7	1.975,3	198,4	10,0
Philippinen	1.173,7	1.104,7	69,0	6,2
Sri Lanka	415,1	379,0	36,1	9,5
Macau	384,1	404,5	- 20,4	- 5,0
Vietnam	364,0	167,0	197,0	118,0
Bangladesch	337,6	353,7	- 16,1	- 4,6
Nepal	263,5	207,8	55,7	26,8
Nordkorea	134,5	120,0	14,5	12,1
Kambodscha	41,1	28,0	13,1	46,8
Myanmar	16,9	13,2	3,7	28,0
Brunei	14,8	6,3	8,5	134,9
Malediven	9,7	7,1	2,6	36,6
Laos	9,1	15,8	- 6,7	- 42,4
Mongolei	6,6	6,7	- 0,1	-1,5
Bhutan	0,3	0,0	0,3	300,0
Insgesamt:	**85.341,5**	**87.466,6**	**- 2.125,1**	**- 2,4**

Quelle: Statistisches Bundesamt, Wiesbaden

OSTASIENHANDEL

Ausfuhren nach Ostasien (in Mio DM)

Bei den deutschen Exporten in dem asiatisch-pazifischen Raum ergab sich 1992 ein uneinheitliches Bild. Insgesamt fiel das Wachstum mit plus 2,7% etwas schwächer aus als im Vorjahr 1991 (plus 3%). Die anhaltende Absatzschwäche einzelner deutscher Autobauer in Japan und die dortige allgemeine Konjunkturflaute sorgte dafür, daß sich der 1991 begonnene Trend fallender deutscher Exporte zum wichtigsten Abnehmer in der asiatisch-pazifischen Region weiter verstärkte (minus 10,9%, minus 1.793,8 Millionen DM).

In den anderen Ländern gab es gegenläufige Entwicklungen. Waren zuvor die Exporte in die indochinesischen Staaten und den südostasiatischen Wirtschaftsraum Motor der Dynamik gewesen, so importierten diese Länder 1992 duchweg weniger aus Deutschland. Beispiele waren Thailand (minus 199,4 = minus 6,9%), Malaysia (minus 106,4 Millionen DM = minus 4,8%), Singapur (minus 40,7 Millionen DM = minus 1,2%) und Vietnam (minus 38,8 Millionen DM = 33,1%). Dagegen sorgte der chinesische Wirtschaftsraum nach mehreren Jahren Pause wieder für erhebliche Zugkraft. Mit einer Wachstumsrate von 41,3% und einer Gesamtsumme von 5,74 Milliarden DM deuteten die Zahlen die nochmals stärkere Entwicklung des Jahres 1993 bereits an. In 1992 wurde damit die Rekordsumme von 6 Milliarden DM, die die deutschen Chinaexporte 1986 erreicht hatten, fast wieder erzielt. Auch Taiwan (plus 12,4% auf knapp 5 Milliarden DM), Hongkong (plus 20,5% auf 4,25 Milliarden DM) und Macao (plus 118,8%, allerdings auf niedrigem Ausgangsniveau) nahmen im Jahre 1992 deutlich mehr Waren aus Deutschland ab als im vergleichbaren Vorjahreszeitraum. Bemerkenswert war schließlich der Exportanstieg nach Indien (plus 18,7% auf 2,84 Milliarden DM).

Lassen Sie sich kein 狗 für ein 羊 vormachen.

Daß uns im Ausland niemand ein X für ein U vormacht, hat sich längst herumgesprochen. Auch in Asien, wo wir Ihnen aufgrund unserer Erfahrungen, unserer jahrelangen Präsenz und der guten Kontakte zu Firmen, Banken und offiziellen Stellen zur Seite stehen.

Dresdner Bank

Dresdner Bank AG, Zentrale, Jürgen-Ponto-Platz 1, D-60301 Frankfurt am Main.
In Asien und Pazifik: Bangkok, Bombay, Hongkong, Jakarta, Kuala Lumpur, Melbourne, Peking, Seoul, Shanghai, Singapur, Sydney, Taipei, Tokio.

OSTASIENHANDEL

Land	Ausfuhren 1992	Ausfuhren 1991	Veränd. absolut	Veränd. in %
Japan	14.700,7	16.494,5	-1.793,8	-10,9
China, VR	5.744,1	4.064,1	1.680,0	41,3
Taiwan	4.977,9	4.429,9	548,0	12,4
Südkorea	4.814,2	5.114,7	-300,5	-5,9
Hongkong	4.248,4	3.524,5	723,9	20,5
Singapur	3.220,7	3.261,4	-40,7	-1,2
Indonesien	3.100,9	2.921,3	-179,6	6,1
Indien	2.840,6	2.392,8	447,8	18,7
Thailand	2.711,2	2.910,6	-199,4	-6,9
Malaysia	2.125,5	2.231,9	-106,4	-4,8
Philippinen	976,2	860,3	115,9	13,5
Sri Lanka	187,6	152,9	34,7	22,7
Bangladesch	157,3	165,5	-8,2	-5,0
Brunei	99,9	68,3	31,6	46,3
Nordkorea	82,6	79,7	2,9	3,6
Vietnam	78,4	117,2	-38,8	-33,1
Macau	22,1	10,1	12,0	118,8
Nepal	32,8	17,8	15,0	84,3
Myanmar	32,3	55,9	-23,6	-42,2
Mongolei	27,7	12,1	15,6	128,9
Kambodscha	7,4	4,7	2,7	57,4
Malediven	3,2	4,2	-1,0	-23,8
Bhutan	2,6	2,5	0,1	4,0
Laos	2,0	1,4	0,6	42,9
Insgesamt:	**50.196,3**	**48.898,3**	**1.298,0**	**2,7**

Quelle: Statistisches Bundesamt, Wiesbaden

OSTASIENHANDEL

Der Ostasienhandel im ersten Halbjahr 1993

Die Statistik für den deutschen Ostasienhandel im 1. Halbjahr 1993 steht ganz im Zeichen des erfreulich starken Anstieges von 13,9% bei den deutschen Exporten. Demgegenüber hat sich der im Gesamtjahr 1992 begonnene Trend, als die deutschen Importe aus Ostasien mit -2,4% erstmals seit langem wieder einen Rückgang zu verzeichnen hatten, im 1. Halbjahr 1993 verstärkt. Das Minus von 5,1%, das die deutschen Importeure zu verzeichnen hatten, hat seine Ursache im rezessionsbedingten Rückgang der Konsumgüternachfrage in Deutschland. Zusammen führten beide Ergebnisse dazu, daß das traditionelle deutsche Defizit im Handel mit der asiatisch-pazifischen Region in den ersten sechs Monaten des Jahres 1993 gegenüber dem vergleichbaren Vorjahreszeitraum um etwa 30% auf allerdings immer noch hohe 13,56 Mrd DM schrumpfte.

Einfuhren aus Ostasien (in Mio DM)

Besonders gravierend auf den Rückgang der Importe aus Ostasien um -5,1% wirkte sich die Abnahme der Einfuhren aus Japan (-14,5%) auf 16,8 Mrd DM aus, die zeigt, daß auch an den japanischen Kraftfahrzeugproduzenten die allgemeine Schwächeperiode auf dem deutschen Automarkt nicht spurlos vorübergegangen ist. Die Rückgänge aus Taiwan (-3,3%), Südkorea (-4,8%), Hongkong (-7,5%) und Malaysia (-10,6%) entsprechen dagegen relativ niedrigen absoluten Beträgen und weisen auf eine Stabilisierung auf hohem Niveau hin. Hervorzuheben ist die erneut starke Zuwachsrate der Einfuhren aus Vietnam (+45,2%) auf 192,6 Mio DM, ebenso diejenige von Indien (+14,2%) auf 1,62 Mrd DM, dessen Wirtschaftsreformen sich nun auch in einer Forcierung des Exports niederschlagen, und Indonesien (+17,3%) auf 1,28 Mrd DM. Weniger Bedeutung ist den Rückgängen bei den Importen aus Nordkorea (-26,3%), der Mongolei (-58,8%), den Malediven (-60,4%) und Brunei (-90,2%) zuzumessen. Hier handelt es sich um zu geringe Summen, als daß allgemeine Trends abgeleitet werden könnten. Die mongolische Volkswirtschaft dürfte bei ihrem Umstrukturierungsprozeß die Talsohle bald durchschritten haben und auf steigende Ausfuhren hoffen können.

OSTASIENHANDEL

Land	Einfuhren *) Jan. - Jun. 1993	Einfuhren Jan.- Jun. 1992	Veränd. absolut	Veränd. in %
Japan	16.833,4	19.686,4	-2.853,1	- 14,5
China, VR	6.316,4	5.767,8	548,6	9,5
Taiwan	3.684,9	3.809,5	- 124,6	- 3,3
Südkorea	2.584,3	2.715,2	- 130,9	- 4,8
Hongkong	1.979,0	2.140,0	- 161,0	- 7,5
Singapur	1.871,2	1.769,4	101,8	5,7
Malaysia	1.621,9	1.814,5	- 192,6	- 10,6
Indien	1.616,6	1.415,6	201,0	14,2
Thailand	1.595,6	1.468,2	127,4	8,7
Indonesien	1.281,7	1.092,4	189,3	17,3
Philippinen	603,6	548,8	54,8	10,0
Vietnam	192,6	132,6	60,0	45,2
Sri Lanka	190,8	199,3	- 8,5	- 4,3
Bangladesch	184,8	155,6	29,2	18,8
Macao	137,8	151,6	- 13,8	- 9,1
Nepal	136,6	128,0	8,6	6,7
Nordkorea	47,1	63,9	- 16,8	- 26,3
Kambodscha	22,5	17,9	4,6	25,7
Myanmar	10,4	6,6	3,8	57,6
Laos	7,4	5,8	1,6	27,5
Malediven	1,9	4,8	- 2,9	- 60,4
Mongolei	1,4	3,4	- 2,0	- 58,8
Brunei	1,2	12,3	- 11,1	- 90,2
Bhutan	0,0	0,0	0,0	0,0
Insgesamt:	**40.923,1**	**43.109,7**	**- 2.186,6**	**- 5,1**

*) Vorläufige Zahlen

Quelle: Statistisches Bundesamt, Wiesbaden

OSTASIENHANDEL

Ausfuhren nach Ostasien (in Mio DM)

Die deutschen Exporteure konnten bei ihren Ausfuhren nach Ostasien in den ersten sechs Monaten des letzten Jahres mit +13,9% (+3,34 Mrd DM) kräftig zulegen. In erster Linie war für dieses Ergebnis die VR China verantwortlich, deren Betriebe nach mehreren Jahren spektakulärer Exportsteigerungen nun über genügend Devisen verfügen, um dem erheblichen Modernisierungsbedarf des Landes nachzukommen. Insgesamt erreichten die Exporte nach China die Rekordsumme von 4,7 Mrd DM (+83,9%).

Auch die europäischen Nachbarländer Deutschlands konnten allerdings ihre Ausfuhren nach China in ähnlichen Höhen steigern, so daß die Ursache für das erfreuliche Ergebnis keine Sonderbehandlung Deutschlands durch die Chinesen ist. Nimmt man die Exportsteigerungen nach Taiwan, dem drittwichtigsten Land für Deutschland in der asiatisch-pazifischen Region, um 17,9% auf 2,82 Mrd DM und Hongkong, dem fünftwichtigsten Land, um 17,9% auf 2,37 Mrd DM hinzu, dann lagen die Ausfuhren in den großchinesischen Raum im 1. Halbjahr des letzten Jahres bereits 50% über denjenigen zum Spitzenreiter Japan, wohin mit -7,9% zum zweiten Mal hintereinander deutlich weniger exportiert wurde. Bemerkenswert ist auch der Anstieg um 141,7% bei den Ausfuhren nach Vietnam. Auch hier zeigt sich, daß eine stetige Erhöhung der Einfuhren aus Entwicklungsländern letztlich der deutschen Exportindustrie zugute kommt.

Durch weitere Ausfuhrsteigerungen nach Südkorea (+8,4%), Singapur (+9,8%), Thailand (+31,4%) und Indonesien (+19,6%) gelang es, eine Reihe von bilateralen Handelsbilanzen mit Ländern der asiatisch-pazifischen Region positiv oder ausgeglichen zu gestalten, nachdem alle Bilanzen mit den bedeutenderen dortigen Handelspartnern mit Ausnahme von Indien und Indonesien 1992 negativ gewesen waren. Gesondert sei noch auf Myanmar hingewiesen, das bei den Importen aus Deutschland eine Steigerungsrate von 66,8% und bei den Exporten nach Deutschland eine Steigerung von 57,6%, beides von niedrigem Niveau ausgehend, zu verzeichnen hatte. Auch in diesem Land setzt sich eine pragmatische Wirtschaftspolitik durch, so daß die erreichten Zahlen sicherlich in den nächsten Jahren weiterhin ansteigen dürften.

OSTASIENHANDEL

Land	Ausfuhren *) Jan. - Jun. 1993	Ausfuhren Jan.- Jun. 1992	Veränd. absolut	Veränd. in %
Japan	6.771,8	7.353,5	- 581,7	- 7,9
China, VR	4.700,4	2.556,3	2.144,1	83,9
Taiwan	2.820,9	2.352,6	468,3	19,9
Südkorea	2.557,6	2.358,9	198,7	8,4
Hongkong	2.365,5	2.006,3	359,2	17,9
Singapur	1.647,9	1.511,7	136,2	9,0
Thailand	1.618,5	1.231,7	386,8	31,4
Indonesien	1.564,5	1.308,2	256,3	19,6
Indien	1.412,5	1.485,5	- 73,0	- 4,9
Malaysia	969,9	1.008,3	- 38,4	- 3,8
Philippinen	511,5	475,7	35,8	7,5
Sri Lanka	115,8	88,6	27,2	30,7
Vietnam	88,7	36,7	52,0	141,7
Bangladesch	79,5	89,0	- 9,5	- 10,7
Brunei	39,0	55,1	-16,1	- 29,2
Nordkorea	37,8	44,8	- 7,0	- 15,6
Myanmar	33,2	21,7	11,5	52,9
Macao	8,5	4,5	+ 4,0	88,9
Nepal	6,6	19,4	- 12,8	- 65,9
Malediven	5,8	1,2	4,6	383,3
Mongolei	3,5	11,3	- 7,8	- 69,0
Kambodscha	2,2	2,5	- 0,3	- 12,0
Bhutan	0,6	0,6	0,0	0,0
Laos	0,6	0,8	- 0,2	- 25,0
Insgesamt:	**27.361,9**	**24.024,9**	**3.337,9**	**13,9**

*) Vorläufige Zahlen

Quelle: Statistisches Bundesamt

DIE HAUSHALTE DES BMZ
1992 - 1994 (in Mio DM)

Im Nachfolgenden sind die Entwicklungsausgaben der Bundesrepublik Deutschland zu Einzelländern dokumentiert:

	1992 (IST)	1993 (SOLL)	1994 (SOLL)
Einnahmen	1.592,189	1.462,409	1.609,156
FZ-Zinsrückflüsse	396,512	350,000	392,000
FZ-Tilgungsrückflüsse	982,022	968,000	1.042,000
Sonstige Einnahmen	213,655	144,409	175,156
Ausgaben [1]	8.287,546	8.423,881 [2]	8.365,214 [3]
Bilaterale Ausgaben [1]	5.670,624	5.736,835	5.360,779
FZ [1]	2.765,414	2.816,823	2.533,624
Golf-Sonderhilfe	--	--	--
TZ	2.374,124	2.440,862	2.329,179
Sonstige Maßnahmen	531,086	479,150	497,976
Multilaterale Ausgaben	2.544,915	2.611,294	2.916,160
Verwaltungsausgaben	72,007	75,752	88,275
Verpflichtungsermächtigungen	6.540,977	9.841,929	6.211,469

[1] einschließlich Wiedereinsatz von FZ-Rücklagen
[2] gesperrt waren 39,926 Mio DM
[3] ohne Berücksichtigung der Sperre gem. Haushaltsgesetz

Volkswagen Konzern.
Die Nr. 1 in Europa.

Golf.
Nr. 1 in Europa.

Transporter.
Nr. 1 in Europa.*

Volkswagen – da weiß man, was man hat.

* in ihrer Klasse

OSTASIEN, SÜDASIEN, SÜDOSTASIEN, AUSTRALIEN

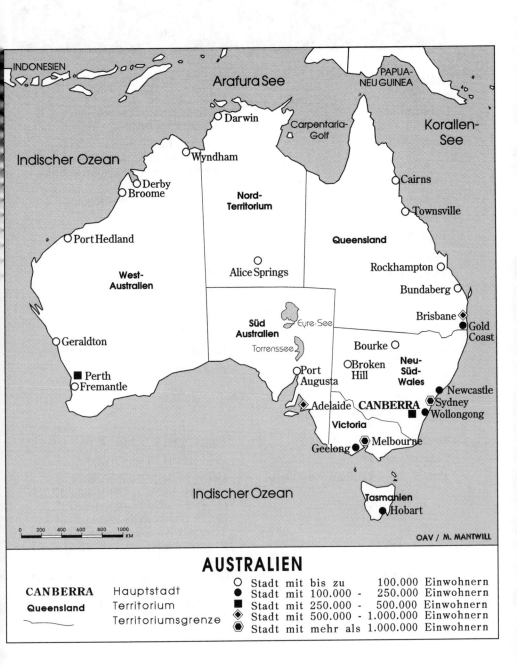

AUSTRALIEN
Heinz Kolbe

Allgemeines

Staatsform:	Parlamentarische Demokratie, Australischer Bund
Staatsoberhaupt:	Elizabeth II., Königin von Großbritannien und Nordirland, vertreten durch den Generalgouverneur Bill Hayden
Regierungschef:	Ministerpräsident Paul Keating
Landfläche:	7.682.300 qkm
Einwohnerzahl:	17,6 Mio (1993)
Bevölkerungsdichte:	2,2 Einw./qkm
Bevölkerungswachstum:	1,0%
Wichtigste Städte:	Canberra 310.100 Einw. (Hauptstadt); Sydney 3,7 Mio; Melbourne 3,15 Mio; Brisbane 1,32 Mio; Adelaide 1,05 Mio; Perth 1,19 Mio
Amts- und Handelssprache:	Englisch
Nationalfeiertag:	27. Januar (Australia Day)

Weitere Daten

Beschäftigung:	1993 (1992) 8,78 Mio (8,74)
Arbeitslosenrate:	1993 (1992) 10,6% (10,8)
Entstehung des BIP nach Sektoren:	1992/93 (1991/92): Verarbeitendes Gewerbe 14,5% (14,5);Handel 17,7 (17,6); Finanzdienstleistungen 12,2 (12,3); Baugewerbe 6,9 (7,0); Transport/Kommunikation 7,7 (7,4); Bergbau 4,6 (4,7); Landwirtschaft 4,3 (4,2)
Wichtigste Agrarprodukte:	(1992/93, in 1000 t): Wolle 850; Rind- und Kalbfleisch 1810; Schaf- und Lammfleisch 619; Butter 126; Käse 205; Milchpulver 155; Weizen 15390

ASIEN PAZIFIK INSTITUT
FÜR MANAGEMENT

Verstehen Sie Eurasisch?

Häufig sind interkulturelle Verständigungsschwierigkeiten Grund für Probleme in Projekten mit asiatischen Partnern.

Wir unterstützen Ihre Projekte durch ein spezialisiertes Fortbildungsangebot:

- Interkulturelle Trainingsseminare für deutsche Firmenmitarbeiter, maßgeschneidert auf Ihre Projekte in Ost- und Südostasien

- Fortbildung Ihrer asiatischen Partner, z.B. technische Weiterbildung, Managementtrainings, betriebswirtschaftliche Grundlagen (auch in asiatischen Sprachen)

- Selbstverständlich stehen wir Ihnen auch für Übersetzungs- und Dolmetscharbeiten zur Verfügung.

Unsere Gesellschafter und Partner , z.B. der **Ostasiatische Verein** und das **Institut für Asienkunde,** sind Gewähr für Sachkenntnis und Qualität.

ASIEN-PAZIFIK-INSTITUT
für Management GmbH

Odeonstraße 18, 30159 Hannover
Tel.: (0511) 9117-165 , Fax: (0511) 9117-295

AUSTRALIEN

Wichtige Bergbauprodukte:	(1992/93): Erdöl 30,2 Mrd l; Erdgas 24720 Mrd l; Steinkohle 224,0 Mio t; Braunkohle 51,7 Mio t; Bauxit 39 Mio t; Kupfererze 355000 t, Zinkerze 1015000 t
Stromerzeugung:	159,9 Mrd KWh (1992/93)
Wichtige Industrieprodukte:	(1992/93): Aluminium 1,31 Mio t; Kupfer 295000 t; Stahl 6,6 Mio t; Blei 240000 t; Gold 283 t; Silber 558 t; Zement 6,2 Mio t; Kraftfahrzeuge 275000 Stck.
Abkommen mit Deutschland:	Deutsch-britisches Abkommen über den Rechtsverkehr vom 20.3.1928 (seit 16.3.1929 i.K.); Luftverkehrsabkommen vom 22.5.1957; Drittes Protokoll des Handelsabkommens vom 14.10.1959; Doppelbesteuerungsabkommen vom 24.11.1972 (seit 15.2.75 i.K.); Abkommen über wissenschaftlich-technologische Zusammenarbeit vom 24.8.1976
Abkommen mit der EU:	Handelsabkommen EG - Australien vom 29.5.1979; Abkommen über den Handel mit Hammel-, Lamm- und Ziegenfleisch vom 14.10.1980

AUSTRALIEN

Statistisches Profil Australien

				1991	1992	1993(S)	1994(P)
1.	Bruttoinlandsprodukt (BIP)						
	BIP	(Mio US)		298522	290143	227423	228520
	Reales BIP	(Veränder. in %)	1)	-0,8	2,0	1,9	3,0
	BIP pro Kopf	(US$)		17272	16634	15512	16020
	Reales BIP pro Kopf	(Veränd. in %)	1)	-2,6	1,1	0,8	2,0
2.	Wechselkurse (1 Australischer Dollar = 100 cents)						
	A$/US$ (Jahresdurchschnittskurs)			1,28	1,36	1,46	1,54
	A$/US$ (Jahresendkurs)			1,32	1,45	1,55	1,58
	A$/DM (Jahresdurchschnittskurs)			0,86	0,88	0,89	0,92
	A$/DM (Jahresendkurs)			0,87	0,90	0,86	0,90
3.	Preise		2)				
	Inflationsrate	(%)		3,2	1,0	1,3	1,3
	Terms of Trade	(Veränd. in %)		-2,9	0,1	0,6	2,0
4.	Zinssätze						
	Diskontsatz	(% p.a.)	3)	11,0	7,0	7,5	9,9
	Staatsanleihenrendite	(% p.a.)	2)	9,9	7,3	8,0	8,0
5.	Staatshaushalt		4)				
	Saldo (in % des BIP)			-2,3	-2,1	-4,0	-3,2
6.	Monetärer Sektor		5)				
	Inlandskredite	(Veränd. in %)		3,2	8,9	9,0	10,0
	Geldmenge M2	(Veränd. in %)		2,0	7,6	7,5	9,0
7.	Außenhandel						
	Exporte (fob)	(Mio US$)		41921	42928	43357	43790
	Importe (cif)	(Mio US$)		41574	43877	44755	45650
	Deutsche Importe aus Australien	(Mio DM)	6)	2090	2144	2187	2231
	Deutsche Exporte nach Australien	(Mio DM)	6)	3307	3868	3945	4024
8.	Leistungsbilanz						
	Güterexporte (fob)	(Mio US$)		42010	42392	43400	43900
	Güterimporte (fob)	(Mio US$)		38500	40819	40850	41670
	Handelsbilanzsaldo	(Mio US$)		3510	1572	2550	2230
	Dienstleistungsexporte	(Mio US$)		13588	13453	13587	13720
	Dienstleistungsimporte	(Mio US$)		28815	26909	27180	27450
	Dienstleistungsbilanzsaldo	(Mio US$)		-15227	-13456	-13593	-13730
	Übertragung privat. netto	(Mio US$)		2062	1535	1500	1500
	Übertragung öffentl. netto	(Mio US$)		-198	-329	-300	-300
	Leistungsbilanzsaldo	(Mio US$)		-9853	-10677	-9843	-10300
9.	Auslandsverschuldung						
	Bruttobestand	(Mio US$)		132842	140086	147000	148000
	in % des BIP			44,9	48,3	64,7	64,8
	in % der Exporterlöse (Güter u. Dienstleist.)			238,9	330,5	338,7	337,1
10.	Schuldendienst						
	Gesamtzahlungen	(Mio US$)		108,39	113,95	n.a.	n.a.
	- Zinszahlungen	(Mio US$)					
	- Amortisationen	(Mio US$)					
	Schuldendienstquote	(%)					
	Zinsdienstquote	(%)	7)	19,6	n.a.	n.a.	n.a.
11.	Währungsreserven		5)				
	- ohne Gold	(Mio US$)		16534	11208	11402	11400
	- in Monatsimporten	(Anzahl)		4,8	3,3	3,3	3,4
	Gold	(Mio US$)		2804	2639	2809	2800

1) Auf Basis der Landeswährung.
2) Jahresdurchschnittswerte.
3) Jahresendwerte.
4) Haushaltssaldo des Fiskaljahres (1.7.-30.6.) ist auf den BIP-Wert des Kalenderjahres bezogen.
5) Bestand am Periodenende.
6) Ab 1991 umfassen die Zahlenangaben den gesamtdeutschen Handel.
7) Nationale Bewertung.
(S) Schätzung.
(P) Prognose.

Quelle: HWWA-Institut für Wirtschaftsforschung, ANV

AUSTRALIEN

Länderrating

Australien hat mit seiner konjunkturellen Erholung, Erfolge beim Export und einer niedrigen Inflationsrate seinen internationalen Wertstandard erheblich erhöht. Negativ bleibt die hohe Arbeitslosenrate. Bei den quantitativ bewerteten Wirtschaftskennzahlen sind erhebliche Verbesserungen eingetreten. Qualitativ ist Australien durch die erfolgreiche Politik der Regierung, die wiedergewählt wurde, im Länderrating weiter gestiegen. Das Kreditrisiko ist dennoch gering.

Wirtschaftliche und politische Lage 1993

+ Wirtschaftliche Erholung
+ Niedrige Inflationsrate
+ Geringeres Leistungsbilanzdefizit
+ Fortführung des liberalen Wirtschaftskurses
- Hohe Arbeitslosenrate

Prognose für 1994

+ Wirtschaftliches Wachstum verstärkt sich
+ Inflationsrate wird wenig steigen
+ Lohnanstieg bleibt gedämpft
- Höheres Leistungsbilanzdefizit
- Anhaltend hohe Arbeitslosenrate

Wir verbinden
Europa & Asien

Geschäfte in Asien?

Wir sind eine spezialisierte Unternehmensberatung, die insbesondere über gute Verbindungen nach Asien verfügt. Als Gesellschaft im Rahmen der haas consult Gruppe sind wir sowohl in Deutschland als auch im Ausland an vielen Standorten vertreten.

Komplexe Aufgabenstellungen werden von uns mit Kompetenz und Nachdruck umgesetzt.

Unsere Schwerpunkte für europäische Firmen auf einen Blick:

- Außenwirtschaftsberatung
- Marktforschung
- Marketingberatung

Nutzen Sie unsere guten Verbindungen!

Haas-Rosemeyer & Partner GmbH
Internationale Wirtschaftsberatung

Odeonstraße 18, 30159 Hannover
Tel.: (0511) 9117-160/162, Fax: (0511) 9117-295/299

AUSTRALIEN

Überblick

Seit Anfang 1992 hat sich die australische Wirtschaft stetig erholt, doch lagen die Zuwachsraten deutlich unter denen früherer Aufschwungsperioden der Nachkriegszeit. Das Konjunkturprogramm vom Februar 1992 zur Belebung der Wirtschaft ("One Nation") führte nicht zu der erwarteten Verstärkung der privaten Investitionen in Anlagen und Ausrüstungen. Einen wesentlichen Beitrag zur konjunkturellen Erholung leisteten im Grunde nur das Wachstum der Exporte und erhöhte öffentliche Ausgaben. Auch der private Konsum nahm deutlich zu. Insgesamt ist das reale Bruttoinlandsprodukt 1992 um 2% gestiegen, nach einem Rückgang von fast 1% im Jahre 1991. Trotz guter Exportergebnisse hat sich das Leistungsbilanzdefizit 1992 noch geringfügig erhöht.

Die wirtschaftliche Entwicklung wurde schon vor der Jahreswende 1992/93 von den damals bevorstehenden Parlamentswahlen im März 1993 überschattet. Entgegen den Erwartungen wurde die Labor-Party unter Ministerpräsident Paul Keating der Wahl-Gewinner, weil sie ein neues Konzept zur Belebung der Wirtschaft entwickelte. Kernpunkt des neuen Konjunkturprogramms ist die Senkung der Körperschaftssteuer von derzeit 39% auf 33%. Außerdem wird die Sonderabschreibung von 10% für Anlagegüter um weitere 15 Monate verlängert. Die Aussicht auf höhere Gewinne durch die niedrigere Besteuerung soll die Unternehmen bestärken, die Investitionstätigkeit zu erhöhen.

Gegenüber dem Höchststand von 11,3% der Erwerbsbevölkerung Ende 1992 fiel die Arbeitslosenquote im Laufe des Jahres 1993 auf 10,7%; eine nur geringe Abnahme, die wohl eher durch gesunkene Erwerbsquoten als durch eine Beschäftigungszunahme bedingt war. Andererseits hat sich das Produktivitätswachstum aufgrund der konjunkturellen Erholung kräftig verstärkt. Aufgrund der hohen Arbeitslosigkeit erhöhten sich die Löhne und Gehälter nur wenig. Trotz höherer Importpreise blieb der Anstieg des Verbraucherindex mit 1% gegenüber dem Vorjahr sehr gering.

Im Jahre 1994 ist mit einer beschleunigten Konjunkturbelebung und einem Produktionswachstum um 3% zu rechnen. Die Wohnungsbautätigkeit erreicht wahrscheinlich einen Höchststand, und die Inlandsnachfrage dürfte durch höhere Staatsausgaben und einer Trendwende bei den Anlageinvestitionen unterstützt werden. Trotz anhaltend guter Exportergebnisse wird der Wachstumsbeitrag der Außenwirtschaft wegen einer stärkeren Ausweitung der Importe geringer werden. Das Leistungsbilanzdefizit dürfte zunehmen. Die Arbeitslosenquote wird leicht zurückgehen, dürfte aber weiterhin über 10% liegen. Die Lebenshaltungskosten werden voraussichtlich um 2% steigen. Es wird mit einem anhaltend gedämpften Lohnanstieg gerechnet. Bei dieser Prognose bestehen verschiedene Risiken. Einmal ist es die Arbeitsmarktentwicklung und zweitens die Entwicklung der Weltmarktpreise für von Australien exportierte Rohstoffe, die nicht so günstig, wie angenommen, verlaufen könnte. Umgekehrt könnte aber der Anstieg der Anlageinvestitionen stärker ausfallen, als vorausgeschätzt.

AUSTRALIEN

Land- und Forstwirtschaft, Fischerei

Nach Schätzungen des Australian Bureau of Agricultural and Resource Economics dürfte der Wert der ausländischen Agrarexporte im Wirtschaftsjahr 1992/93 um 6% auf 16,7 Mrd A$ gestiegen sein, wobei Produkte der ersten Verarbeitungsstufe wie Butter, Käse usw. mit eingerechnet sind. Für das Jahr 1993/94 wird allerdings ein leichter Rückgang erwartet. Wegen der gesunkenen Weltmarktpreise im Agrarbereich haben auch größere Farmen in Australien finanzielle Verluste erlitten. Besonders betroffen sind die Wollfarmer. Beim Getreideanbau konnten noch Gewinne erzielt werden. Demnach ist mit einer deutlichen Ausweitung des Anbaus von Getreide, Gemüse und Ölsaaten in Zukunft zu rechnen. Der Abbau der Schafbestände wird demgegenüber anhalten. Die australische Landwirtschaft erhält weiterhin Subventionen, wobei allerdings Produktivität, Rentabilität und längere Erfolgsaussichten der einzelnen landwirtschaftlichen Betriebe berücksichtigt werden. Für 1992/93 war ein Hilfsprogramm in Höhe von 171 Mio A$ zur Anwendung gekommen.

Der Absatz und die Preise für australische Wolle haben sich in den letzten beiden Jahren erheblich verringert. Die australische Wool Realisation Commission verfügt über Wollvorräte von 700.000 t, deren Abbau nur langsam erfolgt. Auch bei einem konjunkturellen Aufschwung der Wollverarbeitung 1994 wird nur mit einer verhaltenen Nachfrage aus Europa und Japan gerechnet. V

oraussehbar sind weitere Produktionseinschränkungen durch australische Farmer, die inzwischen ihre Schafbestände erheblich abgebaut haben. Die Weltmarktpreise für Wolle dürften angesichts der hohen unverkauften Bestände jedoch weiterhin unter Druck bleiben. Ein zunehmender Teil der Rohwolle wird in Australien selbst verarbeitet. Auch die deutsche Bremer Wollkämmerei plant einen Wollverarbeitungsbetrieb, um die australischen Märkte künftig besser bedienen zu können.

Die gewerblich genutzten Waldgebiete liegen vor allem in den Küsten- und Hochlandgebieten im Osten und Südosten Australiens, auf Tasmanien und im Südwesten von Westaustralien. Von den insgesamt 41 Mio ha Wald entfallen allerdings drei Viertel auf wirtschaftlich schwer verwertbare Eukalyptus-Bäume. In den letzten Jahren sind von staatlichen und gewerblichen Unternehmen ausgedehnte Anpflanzungen von Koniferen vorgenommen worden. Die Nutzung der staatlichen Wälder wurde im Rahmen der Privatisierung großen Unternehmen überlassen. Der Holzeinschlag bewegt sich um 20 Mio cbm im Jahr. Davon wird etwa die Hälfte als Rundholz in Australien verarbeitet bzw. exportiert. Die andere Hälfte geht als Holzpulpe oder -späne an die inländische Papierindustrie. Jährlich werden eine Mio t Zellstoff und zwei Mio t Papier produziert, auch für die Ausfuhr. Insgesamt aber importiert Australien mehr Forsterzeugnisse, da die für die Holzverarbeitung verfügbaren Ressourcen den inländischen Bedarf nicht decken.

Der Produktionswert des gewerblichen Fischfangs betrug 1992/93 rd. 1,2 Mrd A$. Etwa 300 der 3.500 Fisch- und sonstigen Meerestierarten, die in australischen Ge-

AUSTRALIEN

wässern anzutreffen sind, werden wirtschaftlich genutzt. Die wertmäßig am ertragreichsten Fänge werden bei Hummern, Garnelen, Schwertfischen und Abalonen erzielt. Die Ausfuhren der Fischwirtschaft, vor allem nach Japan und den USA, erreichten 1991/92 rd. 273 Mio A$, etwa ein halbes Prozent der gesamten australischen Exporte. Die Zahl der Beschäftigten in der Fischerei ist in den letzten Jahren auf zuletzt 14.000 gesunken. Die Fischbestände der australischen Gewässer werden durch strenge Fangregelungen geschützt, um die Ertragsfähigkeit der Fischwirtschaft dauerhaft zu sichern.

Bergbau und Energie

Der Bergbausektor war in den letzten 10 Jahren wesentlich am allgemeinen Wirtschaftswachstum Australiens beteiligt. Während die Gesamtwirtschaft durchschnittlich um 2,5% im Jahr stieg, nahm die reale Produktion im Bergbau um jährlich 5% zu. Seit Mitte 1992 sind allerdings die Gewinne der Bergbaufirmen rückläufig, da die Weltmarktpreise für Rohstoffe wegen der allgemeinen Konjunkturflaute in den wichtigsten Abnehmerländern gesunken sind. Die Betriebe haben in den letzten Jahren umfangreiche Rationalisierungsmaßnahmen durchgeführt, die Produktivität erhöht und die Beschäftigung reduziert. Größere Erweiterungsinvestitionen sind allerdings kaum noch vorgenommen worden. Für das Wirtschaftsjahr 1993/94 wird abermals ein Rückgang der Einnahmen aus dem Export von Mineralien und Metallen erwartet. Die Ertragssituation der Bergbauunternehmen dürfte sich jedoch nicht wesentlich verschlechtern, weil mit einer stetig leichten Abwertung des Australischen Dollar gerechnet wird. Derzeit planen die Betriebe aber überwiegend Produktionsreduzierungen und Entlassungen.

Eine Tendenzwende zeichnet sich aber für 1994 ab. Bei der allmählichen Verstärkung des Wirtschaftswachstums in Japan und in anderen Industrieländern wird der Verbrauch an mineralischen Rohstoffen wieder steigen; die Weltmarktpreise dürften sich merklich erhöhen.

Daneben setzt der Bergbau, wie die australische Wirtschaft insgesamt, auf einen anhaltend starken Einfuhrbedarf im asiatischen Raum in den 90er Jahren. Australien eröffnet sich dort wegen seiner geographischen Nähe, seiner leicht erschließbaren Vorkommen an hochwertigen Bodenschätzen und der nunmehr effizienteren und kostengünstigeren Produktionsverhältnisse, gute Absatzchancen.

Inzwischen werden aber die Aktivitäten australischer Bergbaufirmen durch neue Ereignisse behindert. Aufgrund der sogenannten "Mabo-Entscheidung" des höchsten australischen Gerichts sind sich die Bergbaufirmen nicht mehr sicher, ob sie rechtmäßige Besitzer des Landes sind, auf dem sie ihre Aktivitäten durchführen. Das Urteil hat den sogenannten Native Title für Aborigines eingeführt. Die Ureinwohner erhalten gerade dadurch Eigentumsansprüche auf Bodenflächen, die Mineralienvorkommen enthalten. Völlig ungeklärt ist die Höhe von Kompensationszahlungen. Etwa 26% der Landfläche Australiens werden aus Umwelt-

SIEMENS

Alle wollen sicher rauf und sicher wieder runter.

Wenn es ans Fliegen geht, haben viele noch immer ein ziemlich flaues Gefühl. Dabei ist man als Reisender nirgends so sicher wie in der Luft. Wir von Siemens tragen jeden Tag dazu bei: mit leistungsstarken Computern für die Fluglotsen; mit elektronischen Systemen für die sichere Landung bei jedem Wetter und mit Leitsystemen am Boden, die die Jets zu ihrer Parkposition führen. Viele dieser Lösungen haben Standards gesetzt im internationalen Flugverkehr – und dazu beigetragen, daß Angst vorm Fliegen kein Thema mehr sein muß.

AUSTRALIEN

schutzgründen und wegen Forderungen der Eingeborenen vor Bergbauexplorationen geschützt. In Westaustralien beanspruchen Aborigines bereits 45% der Landfläche als Native Title. Damit werden Investitionsentscheidungen erheblich erschwert. Fachleute sind der Meinung, daß die Bergbauindustrie mit neuen Investitionen auf andere Länder ausweichen könnte.

Nach einer Berechnung der State Electricity Commission of Victoria wird die Stromnachfrage in Australien um rd. 4,5% pro Jahr zunehmen. Die Elektrizitätswirtschaft benötigt nach dieser Prognose in den nächsten 15 Jahren rd. 50 Mrd A$ für Neu- und Ersatzinvestitionen bei Stromerzeugung, -transport und -verteilung. Bis zum Jahr 2000 müßten pro Jahr rd. 1.000 MW an zusätzlicher Generatorkapazität geschaffen werden. Privatwirtschaftliche Aktivitäten dürften in den nächsten Jahren im Energiesektor eine immer größere Rolle spielen. Der zunehmende Wettbewerb wird diesen Wirtschaftszweig rationeller und effizienter gestalten. In- und ausländischen Investoren sollen Kapitalbeteiligungen bis zu 40% eingeräumt werden. Später ist an eine vollständige Privatisierung gedacht. Für Hersteller von Kraftwerksanlagen eröffnen sich damit erheblich verbesserte Liefermöglichkeiten.

Verarbeitende Industrie

Nach zwei Jahren stetigen Wachstums haben sich die Industriefirmen wieder von der zurückliegenden Flaute erholt. Die höheren Gewinne sind vor allem auf den Beschäftigungsabbau, niedrigere Zinsen und Schuldenreduktionen zurückzuführen. Die wirtschaftliche Krise hatte die Firmen zu Kosteneinsparungen gezwungen, die zu höheren Produktivitätssteigerungen geführt haben. Damit sind die Industriebetriebe auf den erwarteten Wirtschaftsaufschwung gut vorbereitet. Der anhaltend niedrige Lohn- und Preisanstieg und der verstärkte Wettbewerb dürften zu höheren Umsatzzahlen und einer Verbesserung des Zahlungsstatus beitragen. Trotz der großen Anpassungsprobleme ist die Exportfähigkeit der Industrie gestiegen. Die industrielle Aufwärtsentwicklung wird vor allem von mittleren Unternehmen getragen. Die Regierung stützt mit ihrer Industriepolitik fortschrittsorientierte und wettbewerbsfähige Betriebe. Viele lokale Firmen suchen die Kooperation mit ausländischen Investoren. Der Export konzentriert sich zunehmend auf asiatische Märkte.

Die Industriepolitik ist darauf gerichtet, die wirtschaftliche Basis einiger Branchen zu fördern, damit sie langfristig auf internationalen Märkten mit Exporten besser auftreten bzw. sich besser gegenüber der ausländischen Konkurrenz behaupten können. Für die Kraftfahrzeug-Industrie gibt es die Möglichkeit, steigender Exportleistungen mit Importzahlungen in bestimmtem Umfang zu verrechnen. Kauft z.B. eine ausländische Kfz-Firma Pkw-Teile in Australien ein, kann die Zollbelastung auf Lieferungen dieser Firma von fertigen Kfz nach Australien gemindert werden. Auch für die Textil-, Bekleidungs- und Schuhindustrie werden Importzahlungen mit Käufen von Halbfabrikaten in Australien verrechnet. Die Pharmaindustrie darf höhere Preise verlangen, wenn sie erhebliche Forschungs-

AUSTRALIEN

und Entwicklungsarbeit leistet. Erwartet wird eine erhebliche Zunahme der Pharmaausfuhr. Für die Telecom-Industrie bestehen generelle Vorschriften, nach denen sich die Verwendung inländischer Produkte richtet. Die gleiche Regelung gilt in etwa für die Computer-Industrie.

Alle Programme beinhalten keinerlei direkte Subventionen und kein Unternehmen ist verpflichtet, einem dieser Programme beizutreten. Sie zielen jedoch stark darauf ab, die einheimische Herstellung von Gütern sowie Forschungs- und Entwicklungsleistungen zu fördern.

Von den ausländischen Unternehmen wird bei Handelsgeschäften größeren Umfangs ein ausgewogenes Verhalten unter langfristiger Berücksichtigung wirtschaftlicher Entwicklungsinteressen der einheimischen Industrie verlangt. Australien will ein wachsender Produktionsstandort mit neuen Beschäftigungsmöglichkeiten bleiben und nicht nur Absatzgebiet für importierte Fertigprodukte sein. Für bestimmte Industriezweige werden weiterhin direkte Zuschüsse gezahlt, die an den Produktionskosten oder der Wertschöpfung ausgerichtet sind. Die Subventionen liegen derzeit zwischen 10% und 45%, werden aber jährlich reduziert. Subventionen werden u.a. an die Schiffbauindustrie, Werkzeugmaschinenhersteller, Buch- und Textilgewebedruckindustrie sowie an die Hersteller von Industrierobotern und gedruckten Schalttafeln gezahlt. Einige dieser Programme laufen bereits aus.

Verkehr und Tourismus

In Australien soll vor allem das Transportwesen modernisiert werden. Die schon erreichten Produktivitätssteigerungen beim Güterumschlag in den Häfen und beim Güterverkehr auf Straße und Schiene reichen nicht aus, um das Transportwesen volkswirtschaftlich rentabler zu machen.

Problematisch bleiben im Eisenbahnverkehr die verschiedenen Spurweiten in den einzelnen Bundesstaaten, z.B. Neusüdwales mit Normalspur, Victoria mit Breitspur, Queensland und Tasmanien mit Schmalspur. Westaustralien und Südaustralien besitzen alle verschiedenen Spurweiten. Die Regierung will eine National Rail Corporation bilden, um den Schienenverkehr zu vereinheitlichen und zu modernisieren. Dieser Plan eröffnet für australische Unternehmen enorme Investitionsmöglichkeiten. Allein die Bahnstrecke Sydney-Adelaide-Melbourne soll mit Aufwendungen von 700 Mio A$ verbessert werden. Die Finanzmittel werden hauptsächlich für den Ankauf von Lokomotiven, Personen- und Güterwagen sowie für den Ausbau der Bahnhöfe verwendet. Das Programm wurde u.a. auch deshalb möglich, weil sich die Gewerkschaften im Rahmen eines Produktivitäts-Abkommens zur Rückstellung von Lohnforderungen verpflichteten. Weiterhin im Gespräch ist die Verlängerung der Eisenbahnlinie Adelaide-Alice Springs bis nach Darwin an der Nordküste.

AUSTRALIEN

Im Jahre 1992 besuchten 2,6 Mio Touristen Australien, 10% mehr als im Vorjahr. Für 1993 wird mit einem Anstieg von 12% gerechnet. Japanische Besucher sind mit 24% am Tourismus in Australien beteiligt. Der Anteil dürfte sich erhöhen, wenn in Japan die wirtschaftliche Rezession überwunden sein wird. Auch für Deutsche wird Australien als Reiseziel immer beliebter. Im Jahre 1992 besuchten rd. 90.000 Deutsche das Land.

Die Australian Tourist Commission hofft, die Zahl der Touristen von derzeit 2,6 Mio auf 6,5 Mio bis zum Jahre 2000 erhöhen zu können. Erwartet werden jährlich 15 Mrd A$ Einnahmen aus dem Tourismus. Die Zahl der Beschäftigten in diesem Wirtschaftszweig dürfte sich auf 1,1 Mio verdoppeln. Bis zum Jahre 2000 werden etwa 90.000 Hotelzimmer zusätzlich benötigt. Zur beschleunigten Durchführung von Projekten im Fremdenverkehrssektor hat z.B. Queensland im Eilverfahren für ein Touristenzentrum seine Zustimmung gegeben. So wird der Tourismus zu einem der wichtigsten Wirtschaftszweige in Australien. Hemmnisse ergeben sich durch die hohen Baukosten für Touristeneinrichtungen, durch die viel zu hohen Löhne für die Beschäftigten in dieser Branche und durch das unzureichende Management. Die großen Investitionen vor allem japanischer Firmen im Tourismusbereich haben deshalb erheblich abgenommen, werden jedoch teilweise durch Firmen aus den USA ersetzt. Die Regierung hat die Schwierigkeiten erkannt und will im Rahmen ihres Konjunkturprogramms den Sektor durch Erhöhung der Abschreibungsrate und Krediterleichterungen entgegenkommen. Für die Förderung sind in den nächsten Jahren 80 Mio A$ zusätzlich vorgesehen.

Außenwirtschaft

Die australische Ausfuhr nahm 1992/93 (Juli-Juni) nochmals kräftig zu. Günstige Ergebnisse wurden bei Nahrungsmitteln, Brenn- und Treibstoffen sowie bei Industriegütern erzielt. Die wichtigsten Abnehmerländer sind Japan und die USA. Es folgen seit einigen Jahren Korea und Singapur. Neuseeland nimmt nur den fünften Rang ein. Deutschland rangiert an 14. Stelle als Abnehmerland.

Die australischen Einfuhren sind im Zusammenhang mit der konjunkturellen Belebung der Inlandsnachfrage 1992/93 um 17% gestiegen. Eingeführt werden hauptsächlich elektrotechnische Erzeugnisse, Transportmittel, Maschinen und chemische Erzeugnisse. Die Einfuhr von Brenn- und Treibstoffen hat wieder zugenommen. Wichtigste Lieferländer blieben die USA, Japan und Großbritannien. Deutschland nimmt mit einem Export von 3,38 Mrd A$ den vierten Platz ein.

Australien strebt wegen der ungenügenden Ergebnisse in den laufenden GATT-Verhandlungen, bei denen die USA und die Europäische Union dominieren, eine stärkere Integration in der asiatisch-pazifischen Region an. Als institutioneller Rahmen wird die regionale Wirtschaftsorganisation Asia Pacific Economic Cooperation (APEC) angesehen. Daneben ist auch an den Ausbau der bilateralen Handelsbeziehungen mit den sehr dynamischen asiatischen Ländern gedacht. Für euro-

Mercedes-Benz
Nutzfahrzeuge

Asien/Pazifik

Mercedes-Benz AG
Vertrieb Nutzfahrzeuge VN/UF
70322 Stuttgart · HPC Z 701
Tel. 07 11-17-9 01 86, Fax 07 11-17-9 09 21
Telex 7 2 524-0 db d

Australien
Glen Waverley, Vic.
☎ 0 06 13/5 66 92 66

Bangladesh
Dhaka
☎ 00 88 02/40 93 28

Brunei
Bandar Seri Begawan
☎ 00 67 32/44 17 63

China
Beijing
☎ 0 08 61/5 00 30 51

Fiji
Suva
☎ 0 06 79/31 26 66

Hong Kong
☎ 0 08 52/5 94 88 00

Indien
Bombay
☎ 0 09 1 22/2 04 91 31

Indonesien
Jakarta
☎ 0 06 2 21/5 67 37 21

Japan
Tokyo
☎ 0 08 13/34 53 44 11

Malaysia
Petaling Jaya
☎ 0 06 03/7 57 24 22

Nepal
Kathmandu
☎ 0 09 77/22 70 00

Neu-Guinea
Boroko
☎ 0 06 75/25 52 55

Neukaledonien
Noumea
☎ 0 06 87/27 57 33

Neuseeland
Auckland
☎ 0 06 49/5 73 01 92

Pakistan
Karachi
☎ 00 92 21/20 06 63

Philippinen
Manila
☎ 0 06 32/6 41 22 82

Singapore
☎ 00 65/2 92 70 94

Sri Lanka
Colombo
☎ 0 09 41/44 97 97

Südkorea
Seoul
☎ 0 08 22/5 26 10 01

Tahiti
Papeete
☎ 0 06 89/42 84 35

Taiwan
Taipei
☎ 00 88 62/7 82 61 23

Thailand
Bangkok
☎ 0 06 62/2 26 00 21

AUSTRALIEN

päische Unternehmen könnte sich mit der handelspolitischen Umorientierung Australiens nach Asien eine Chance für größere Geschäfte ergeben, wenn dafür in Australien eine Basis errichtet wird. Von den Exportförderungsmaßnahmen in Richtung Asien sind Industrieunternehmen ausländischer Investoren nicht ausgenommen. Bei allen australischen Bemühungen, in Asien stärker Fuß zu fassen, sollte allerdings nicht vergessen werden, daß sich in diesem Großraum inzwischen verschiedene Wirtschaftsgemeinschaften verfestigt haben. Das gilt sowohl für Australien mit Neuseeland (Closer Economic Relations, CER) selbst, als auch für die ASEAN-Länder (Thailand, Philippinen, Malaysia, Indonesien, Singapur und Brunei) und für die neue NAFTA (North America Free Trade Area), zu der die USA, Kanada und Mexiko gehören.

Im letzten Jahr gingen 12% der Exporte Australiens im Werte von 6,6 Mrd A$ in die südostasiatischen Länder. Angestrebt wird eine Steigerung bis zu 27 Mrd A$ im Jahre 2000. Die Schätzung beruht auf der Annahme, daß diese Ländergruppe zu den wirtschaftlich am schnellsten wachsenden Teil der Welt gehört. Derzeit hält Australien allerdings nur einen geringen Marktanteil in den südostasiatischen Ländern. Im Rahmen der regionalen Umstrukturierung des Außenhandels bestehen auch gute Möglichkeiten für den Ausbau der deutsch-australischen Handels- und Finanzbeziehungen. Immerhin lassen internationale Konzerne in Australien bereits Produkte aus Wachstumsbranchen produzieren, z.B. Medikamente, Computer, Telecom-Ausrüstungen, Geräte zur Rohstoffexploration und chemische Erzeugnisse, die von Australien leichter zu exportieren sind. Die australischen Handelsbeziehungen mit Europa insgesamt dürften auch nach der angestrebten Neuorientierung hin zu Asien nur sehr langsam an Gewicht verlieren.

Beziehungen zur Bundesrepublik Deutschland

Bundespräsident Richard von Weizsäcker besuchte zusammen mit hochrangigen Wirtschaftsmanagern im September 1993 Australien. Die im allgemeinen guten politischen und wirtschaftlichen Beziehungen zwischen beiden Ländern werden leicht überschattet durch die Subventions- und Exportpolitik der Europäischen Union, die den australischen Export von Agrargütern beeinträchtigt. Der Bundespräsident wies mit Blick auf die australischen Bestrebungen, einen asiatisch-pazifischen Handelsblock zu fördern, darauf hin, daß regionale Zusammenarbeit nicht die globale Zusammenarbeit ersetzen solle.

Außenminister Klaus Kinkel hatte bei seinem Besuch im März 1993 betont, daß Deutschland seine Position in der asiatisch-pazifischen Region trotz aller Schwierigkeiten durch die Wiedervereinigung und der zunehmenden Integration in der Europäischen Union verstärken will. Die deutsche Regierung wird sich um stärkere Investitionen deutscher Firmen in Australien bemühen, wenngleich diese im australischen Wirtschaftsjahr 1990/91 mit einer Kapitalsumme von 7,8 Mrd A$ in fünfter Stelle mit den Auslandsanlegern gestanden haben.

AUSTRALIEN

Ein großer Erfolg wurde die australisch-deutsche Wirtschaftskonferenz im Herbst 1992, unter wesentlicher Beteiligung des Australien-Neuseeland-Südpazifik-Verein e.v. Der australische Handelsminister John Kerin versicherte, daß die Bestrebungen Australiens, die Wirtschaftsbeziehungen mit Asien zu verstärken, keine Vernachlässigung der Beziehungen zu Deutschland zur Folge haben wird. Mit deutschen Partnern will die australische Wirtschaft vor allem strategische Allianzen in Drittländern eingehen.

Die deutsche Ausfuhr nach Australien hat sich, nach erheblichen Abnahmen in den vorausgegangenen Jahren, im Jahre 1992 aufgrund der konjunkturellen Erholung der Inlandsnachfrage in Australien wesentlich, um 17% auf 3,87 Mrd DM, erhöht. Ausgeführt werden hauptsächlich Maschinen, chemische Erzeugnisse, elektrotechnische Waren, Kraftfahrzeuge und feinmechanische Erzeugnisse. Bei der deutschen Einfuhr aus Australien war der Zuwachs 1992 gering, weil die Preise für australische Agrar- und Rohstoffprodukte überwiegend unter Druck standen.

Ungeachtet der anhaltenden Erholung in Australien haben die deutschen Exporte 1993 nicht weiter zugenommen. Von Januar bis Juni 1993 sanken sie real um 3,1% auf 1.873,65 Mio DM. Damit rangiert Australien unter den asiatisch-pazifischen Zielländern für deutsche Ausfuhren nach wie vor auf Platz 6 (nach Japan, China, Taiwan, Südkorea und Hongkong), hat aber real die größte Stornierung von Aufträgen in Deutschland vorgenommen: -680 Mio DM. In den ersten 6 Monaten 1993 importierte Deutschland australische Waren und Dienstleistungen in Höhe von 818,86 Mio DM.

AUSTRALIEN

Tabelle 1:   **Handelsstruktur Deutschland [1] - Australien**
Deutsche Exporte nach Australien
(Angaben in Mio DM)

SITC POSITION [2]	WARENKLASSE [3]	1990	1991	1992
0 - 9	INSGESAMT	3788,5	3307,0	3867,5
5	Chemische Erzeugnisse	609,2	593,3	619,9
darunter:				
54	Medizinische und pharmazeutische Erzeugnisse	176,9	172,7	173,0
6	Bearbeitete Waren, vorwiegend nach Beschaffenheit gegliedert	572,7	572,8	558,8
darunter:				
64	Papier, Pappe und Waren daraus	153,0	168,9	159,6
69	Metallwaren	141,4	133,9	144,8
7	Maschinenbau-, elektrotechn. Erzeugnisse und Fahrzeuge	2057,9	1631,1	2130,9
darunter:				
72	Arbeitsmaschinen für besondere Zwecke	392,9	263,6	597,5
74	Maschinen, Apparate und Geräte für verschiedene Zwecke	439,4	373,5	400,7
77	Elektrische Maschinen, Apparate, Geräte und Einrichtungen	337,5	300,8	335,8
78	Straßenfahrzeuge (einschließlich Luftkissenfahrzeuge)	499,7	360,6	490,4
8	Verschiedene Fertigwaren	440,3	407,3	450,8

1) Bis 1990 westdeutscher, ab 1991 gesamtdeutscher Handel.
2) Standard International Trade Classification (SITC Rev. II bis 1987, SITC Rev. III ab 1988).
3) Bezeichnungen der Warenklassen teilweise gekürzt; geringfügige Rundungsabweichungen bei Summenbildung möglich.

Quelle: Statistisches Bundesamt, Wiesbaden

AUSTRALIEN

Tabelle 2: **Handelsstruktur Deutschland** [1] **- Australien**
Deutsche Importe aus Australien
(Angaben in Mio DM)

SITC POSITION [2]	WARENKLASSE [3]	1990	1991	1992
0 - 9	INSGESAMT	2160,7	2089,4	2143,5
0	Nahrungsmittel und lebende Tiere	114,6	112,8	134,1
2	Rohstoffe (andere als SITC 0 und 3)	1220,8	1188,4	1178,2
darunter:				
26	Spinnstoffe (ausgenommen gekämmte Wolle)	414,6	427,8	469,4
28	Metallurgische Erze und Metallabfälle	757,3	717,8	647,5
29	Rohstoffe tierischen und pflanzlichen Ursprungs	25,8	25,6	36,7
3	Mineralische Brennstoffe, Schmiermittel und verwandte Erzeugnisse	154,9	147,3	171,6
darunter:				
32	Kohle, Koks und Briketts	117,3	144,1	151,0
5	Chemische Erzeugnisse	38,0	21,2	21,7
6	Bearbeitete Waren, vorwiegend nach Beschaffenheit gegliedert	252,8	237,1	213,5
7	Maschinenbau-, elektrotechn. Erzeugnisse und Fahrzeuge	204,3	210,9	188,0
8	Verschiedene Fertigwaren	41,9	50,3	66,4
9	Anderweitig nicht erfaßte Waren	128,7	117,5	167,1

1) Bis 1990 westdeutscher, ab 1991 gesamtdeutscher Handel.
2) Standard International Trade Classification (SITC Rev. II bis 1987, SITC Rev. III ab 1988).
3) Bezeichnungen der Warenklassen teilweise gekürzt; geringfügige Rundungsabweichungen bei Summenbildung möglich.

Quelle: Statistisches Bundesamt, Wiesbaden

AUSTRALIEN

Tabelle 3: **Außenhandel nach Waren**
(Angaben in Mio A$)

WARENGRUPPE	1990/91	1991/92	1992/93
GESAMT-EXPORTE	52.380	55.026	60.777
davon:			
Nahrungsmittel, lebende Tiere	9.342	9.716	11.667
Getränke, Tabak, Tabakwaren	310	366	416
Rohstoffe	13.398	13.617	13.099
Brenn- und Treibstoffe	10.706	10.877	12.172
Tierische u. pflanzliche Öle u. Fette	138	136	191
Industriegüter	13.713	15.006	17.603
davon:			
Chemische Erzeugnisse	1.377	1.663	1.992
Maschinen	1.617	1.765	2.133
Elektrotechn. Erzeugnisse	1.510	1.734	2.255
Transportmittel	1.486	1.535	2.017
Verschiedene Industriegüter	7.723	8.309	9.206
Sonstige kommerzielle Waren	4.773	5.308	5.625
GESAMT-IMPORTE	48.912	50.984	59.586
davon:			
Nahrungsmittel, lebende Tiere	1.916	2.058	2.248
Getränke, Tabak, Tabakwaren	395	392	441
Rohstoffe	1.220	1.281	1.489
Brenn- und Treibstoffe	3.129	2.731	3.865
Tierische u. pflanzliche Öle u. Fette	129	150	191
Industriegüter	41.156	43.222	50.229
davon:			
Chemische Erzeugnisse	5.118	5.575	6.624
Maschinen	6.439	6.233	7.644
Elektrotechn. Erzeugnisse	7.633	8.454	9.947
Transportmittel	7.615	7.308	8.318
Verschiedene Industriegüter	14.351	15.652	17.698
Sonstige kommerzielle Waren	967	1.150	1.121

Quelle: Australian Bureau of Statistics, Foreign Trade, 1993

Karstadt erschließt die Märkte der Welt

Als eines der größten Warenhaus- und Versandhandelsunternehmen Europas sehen wir unsere Aufgabe in der Versorgung unserer Millionen Kunden mit Qualitätsartikeln aus aller Welt. Bei denen das Preis-Leistungs-Verhältnis stimmt.

Ein Schwerpunkt unserer Einkaufsaktivitäten liegt deshalb in Asien, dessen Warenangebot eine wertvolle Ergänzung zu europäischen Produkten darstellt.

Die KARSTADT-Neckermann-Einkaufsorganisation in Hongkong, mit Stützpunkten in Japan, Südkorea, Taiwan, Thailand, Indonesien und Pakistan, leistet durch Marktbeobachtung, ständige Produktentwicklung und Qualitätssicherung vor Ort einen wichtigen Beitrag zum Nutzen unserer Kunden.

KARSTADT

AUSTRALIEN

Tabelle 4: **Außenhandel nach Ländern**
(Exporte in Mio A$)

LAND	1990/91	1991/92	1992/93
GESAMT-EXPORTE	52.380	55.026	60.777
davon:			
Japan	14.378	14.579	15.194
USA	5.777	5.211	4.926
Korea (Rep.)	3.237	3.374	3.971
Singapur	2.769	3.186	3.789
Neuseeland	2.545	2.845	3.359
Taiwan	1.962	2.535	2.676
Hongkong	1.560	2.101	2.593
Großbritannien	1.779	1.928	2.393
Indonesien	1.462	1.632	1.704
VR China	1.348	1.451	2.269
Malaysia	985	1.104	1.310
Bundesrepublik Deutschland	1.056	1.090	990
Italien	923	977	873
Frankreich	774	938	850
Papua-Neuguinea	778	879	853
Niederlande	1.016	854	874
Kanada	802	844	1.158
Thailand	665	825	1.205
Indien	667	753	886
Belgien	448	594	619

Quelle: Australian Bureau of Statistics, Foreign Trade, 1993

AUSTRALIEN

Tabelle 5: **Außenhandel nach Ländern**
(Importe in Mio A$)

LAND	1990/91	1991/92	1992/93
GESAMT-IMPORTE	48.912	50.984	59.586
davon:			
USA	11.475	11.743	13.010
Japan	8.849	9.287	11.131
Großbritannien	3.302	3.102	3.394
Bundesrepublik Deutschland	3.315	3.006	3.383
Neuseeland	2.150	2.400	2.788
Taiwan	1.752	1.984	2.213
VR China	1.503	1.976	2.555
Frankreich	1.233	1.335	1.481
Singapur	1.271	1.301	1.515
Italien	1.390	1.229	1.349
Korea (Rep.)	1.254	1.213	1.696
Indonesien	784	995	1.305
Papua-Neuguinea	584	953	1.254
Malaysia	732	867	974
Kanada	902	849	983
Schweden	767	793	1.012
Hongkong	741	792	798
Thailand	505	647	756
Saudiarabien	843	645	812
Schweiz	664	580	721

Quelle: *Australian Bureau of Statistics, Foreign Trade, 1993*

AUSTRALIEN

Besonderheiten der bilateralen Wirtschaftsbeziehungen aus der Sicht der Deutsch-Australischen Industrie- und Handelskammer, Sydney

Aussagen über deutsch-australische Wirtschaftsbeziehungen hängen sehr vom Standort des Lesers - aber auch von dem des Autors - ab. Wenn man in Deutschland den Warenhandel beider Länder kommentiert, dann belegt Australien keinen vorderen Platz als Empfänger deutscher Exporte, Rang: 32. Australische Exporte nahmen - ebenfalls 1992 - Rang 40 ein. Beide Positionen haben sich seit 1990 nur unwesentlich verändert. Aus australischer Sicht sieht das ganz anders aus. Und die Angaben zum Warenhandel haben sich wesentlich verändert.

Hochrangige Besuche auf politischer Ebene waren nicht angesagt, und - obwohl davon unabhängig - somit auch der relativ geringe Stellenwert der Ranglisten reflektiert ist. Bundesaußenminister Kinkel folgte 1993 erst nach 36 Jahren seinem Kollegen im gleichen Amt, Heinrich von Brentano, der 1957 Australien bereiste. Eine solch große Zeitspanne ohne offiziellen Besuch muß man unter befreundeten Industrienationen als äußerst ungewöhnlich bezeichnen. Die an den Bundesaußenminister gerichteten Fragen beschäftigten sich in der Hauptsache mit der Hoffnung, daß Australien vielleicht einen höheren Stellenwert bei den Deutschen einnehmen könne und ob der Besuch die Einleitung zu einem neuen Kurs darstelle.

Die bilateralen Beziehungen sind nicht durch Handelshemmnisse gekennzeichnet, was aber nicht heißen soll, daß es keine Probleme gibt. Grundsätzlich beklagt sich Australien über die politische Position Deutschlands in Bezug auf den Import agrarischer Produkte und Kohle. Umgekehrt beklagt Deutschland die hohen australischen Zölle auf deutsche Fahrzeuge der Luxusklasse.

Deutschlands Position als Handelspartner Australiens hat sich in den letzten Jahren merklich verschlechtert. Noch 1990 war die Bundesrepublik der handelspartner Nr. 4, ist aber 1992/93 auf den neunten Platz abgerutscht. Diese Aussage - obwohl unverkennbar in ihrer Kursveränderung deutscher Interessen - ist vor dem Hintergrund der Deutschen Wiedervereinigung und einer Weltrezession zu sehen. Sie sollte deshalb auch nicht als Entschuldigung oder Erklärung zum Kurswechsel verstanden sein.

Wichtig - aus Sicht der Kammer - ist, daß der deutsch-australische Warenhandel wieder wächst, aber noch unter den historischen Höchstständen von 1988 liegt. Noch wichtiger sollte sein, daß die deutsche Industrie Australiens wichtige geographische Position innerhalb der asiatisch-pazifischen Region erkennt und mit den "Policy Makers" des Landes teilt. "Der Kanzler reist nach China: Nimmt die deutsche Wirtschaft endlich die pazifische Herausforderung an?"

An dieser Aussage ist viel Wahres. Die Produktivität in der APEC liegt im Durchschnitt deutlich höher als in anderen Teilen der Welt. Die hier lebenden 37% der Weltbevölkerung erwirtschaften mehr als 50% des Welt-BIP.

AUSTRALIEN

Die APEC Staaten erzielen insgesamt eine positive Handelsbilanz. 41,2% aller Weltexporte und 40% aller Weltimporte stammen aus der APEC-Region. Damit ergab sich 1992 ein Handelsvolumen von 3.037 Mrd US$.

Eine Analyse der einzelnen Warenströme zeigt, daß sich Australiens Schlüsselmärkte nicht in Europa, sondern in den APEC-Staaten befinden. Während es mit der APEC 1992/93 einen Handelsaustausch im Wert von 58,6 Mrd US$ hatte, belief sich das Handelsvolumen mit der EU auf nur 12,9 Mrd US$, davon 3 Mrd US$ mit Deutschland.

Die Bundesrepublik Deutschland ist somit nur noch Australiens 14-wichtigstes Exportland und der 4-wichtigste Importeur. Die Rolle der EU relativiert sich angesichts dieser Zahlen erheblich. Die Verantwortlichen müssen sich fragen, ob sie weiterhin die EU-Euphorie künstlich beleben wollen oder sich stattdessen auf die Regionen konzentrieren, wo wirklich die Musik spielt.

Rudolf W. Barth
Stellvertretender Geschäftsführer

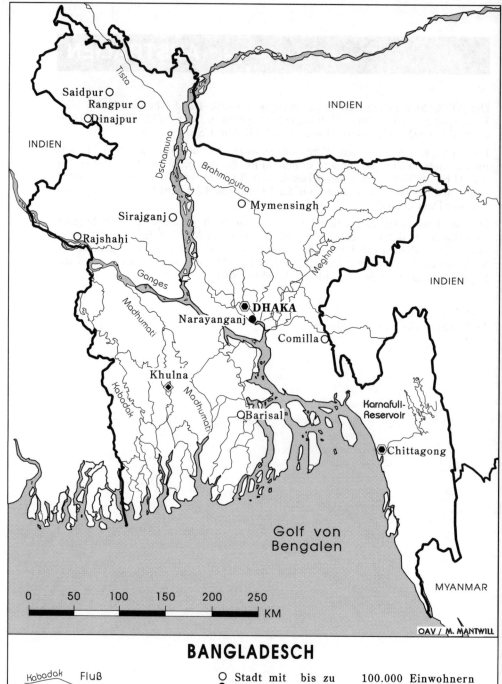

BANGLADESCH

Dagmar Keiper

Allgemeines

Offizielle Staatsbezeichnung:	Volksrepublik Bangladesch
Staatsform:	Republik
Staatsoberhaupt:	Präsident Abdur Rahman Biswas
Premierministerin:	Begum Khaleda Zia
Landfläche:	143.998 qkm
Einwohnerzahl:	110,6 Mio (1991)
Bevölkerungsdichte:	768 Einwohner/qkm
Bevölkerungswachstum:	durchschnittl. 1,9% (1991-2000)
Wichtige Städte:	Einw. (Mio): Dhaka, Hauptst. (5) mit Vororten: (7); Chittagong (1,6); Khulna (0,7)
Amtssprache:	Bengali
Handelssprache:	Englisch
Nationalfeiertag:	26. März (Unabhängigkeitstag)

Weitere Daten

Erwerbspersonen:	36,48 Mio (1991)
Arbeitslosigkeit:	12% (1986)
Analphabetenrate:	87% der erwachsenen Frauen und 65% der erwachsenen Männer (1990)
Entstehung des BIP:	1991: Landwirtschaft 36%; Industrie 16%; Verarbeitendes Gewerbe 9%; Dienstleistungssektor 48%
Verwendung des BIP:	1991: Öffentlicher Verbrauch 11%; Privater Verbrauch 86%; Bruttoinlandsinv. 10%; Bruttoersparnis 3%

BANGLADESCH

Wichtigste Agrarerzeugnisse:	1991/92: Kartoffeln 1,6 Mio t; Jute knapp 1 Mio t; Zuckerrohr 500000 t; Ölsaaten 530000 t; Hülsenfrüchte 550000 t; Gemüse 1,2 Mio t; Nahrungsmittel: 18,9 Mio t (18 Mio t Reis, Weizen 0,9 Mio t)
Wichtigste Bergbauprodukte:	1993: Erdgasausbeutung: 650 Mio Kubikfuß täglich
Wichtigste Industrieerzeugnisse:	1992/93: Urea (Düngemittel) 1,4 Mio t; Erdölprodukte 0,3 Mio t; Juteerzeugnisse 519000 t
Elektrizitätserzeugung:	1991/1992: 8890 kWh
Abkommen mit Deutschland:	Bilaterales Luftverkehrsabkommen wurde im Dezember 1992 unterzeichnet; Ein Doppelbesteuerungsabkommen wurde 1992 ausgehandelt - sollte 1993 unterzeichnet werden und rückwirkend vom 1.1.1993 in Kraft treten
Abkommen mit der EU:	Seit dem 01.01.1973 in die allgemeinen Präferenzen einbezogen; Abkommen über handwerkliche Erzeugnisse (handicrafts) und handgewebte Stoffe (handlooms) seit dem 01.11.74 in Kraft; Abkommen über den Handel mit Jute-Erzeugnissen seit dem 01.03.1981; Textilabkommen vom 01.01.1987 bis zum 31.12.1990; Abkommen über die Förderung und den gegenseitigen Schutz von Kapitalanlagen seit dem 14.09.1986

BANGLADESCH

Statistisches Profil Bangladesch

			1990	1991	1992	1993 (S)
1. Bruttoinlandsprodukt (BIP)						
BIP	(Mio US$)		21341	21924	14354	14354
Reales BIP (Preise 1985)	(Veränd. in%)	1)	6,6	3,3	4,2	
BIP pro Kopf	(US$)		184	185	193 (S)	
Reales BIP pro Kopf	(Veränd. in%)	1)	-1,7	1	2,3	1,6
2. Wechselkurse (1 Taka = 100 Poisha)						(9/93)
Taka/US$ (Jahresdurchschnittskurs)			34,56	36,59	38,95	39,85
Taka/US$ (Jahresendkurs)			35,79	38,58	39,00	39,85
Taka/DM (Jahresdurchschnittskurs)						
Taka/DM (Jahresendkurs)			23,99	24,77	23,75	25,25
3. Preise		2)				
Inflationsrate	(%)		8	7,2	4,3	n.a.
Terms of Trade	(Veränd. in%)		-4,7	-14,7	n.a.	n.a.
4. Zinssätze						(8/93)
Geldmarktsatz	(% p.a.)				8,50	6,50
Einlagenzinssatz	(% p.a.)		11,5	11,75	10,75	9
Kreditzinssatz	(% p.a.)		16	15,92	15	15
5. Staatshaushalt		4)				
Saldo	(in% des BIP)		n.a.	n.a.	n.a.	n.a.
6. Monetärer Sektor		5)				
Inlandskredite	(Veränd. in%)		8,7	4,9	6.5	6,2
Geldmenge M2	(Veränd. in%)		10,1	13,4	13,6	9,1
7. Außenhandel					(2. Quart. 93)	
Exporte (fob)	(Mio US$)		1674	1690	2098,1	538
					(1. Quart. 93)	
Importe (cif)	(Mio US$)		3646	3353	3589	912
Deutsche Importe	(Mio DM)	6)	408,8	353,6	337,6	
Deutsche Exporte	(Mio DM)	6)	129,0	166,2	157,3	
8. Leistungsbilanz						
Güterexporte (fob)	(Mio US$)		1672,4	1688,6	2097,9	1946,0
Güterimporte (fob)	(Mio US$)		-3259,4	-3088,6	- 3351,2	-3422,0
Handelsbilanzsaldo	(Mio US$)		-1587,0	-1400,0	-1253,4	-1476,0
Dienstleistungsexporte	(Mio US$)		391,6	433,3	483,4	
Dienstleistungsimporte	(Mio US$)		-700,5	-696,1	797,4	
Dienstleistungsbilanzsaldo	(Mio US$)		-308,9	-262,8	-300,4	
Übertragungen, privat (netto)	(Mio US$)		828,3	901,8	1019,8	
Übertragungen, öffentlich (netto)	(Mio US$)		785,8	905,6	786,9	
Leistungsbilanzsaldo	(Mio US$)		224,2	433,8	249,3	
9. Auslandsverschuldung						
Bruttobestand	(Mio US$)		12245	13051		
-in % des BIP			57,4	56		
-in % der Exporterlöse (Güter und Dienstleistungen)			448,2	443,7		
10. Schuldendienst						
Gesamtzahlungen	(Mio US$)		695			
-Zinszahlungen	(Mio US$)		210			
-Amortisationen	(Mio US$)		485			
Schuldendienstquote	(%)	7)	25,4			
Zinsdienstquote	(%)	8)	7,7			
11. Währungsreserven		5)				
Währungsreserven ohne Gold	(Mio US$)		628,7	1278	1824	2295,6
- in Monatsimporten			1,8	4,0		
Gold	(Mio US$)		20,8	21,5	22,1	

1) Auf Basis der Landeswährung.
2) Jahresdurchschnittswerte.
3) Jahresendwerte.
4) Haushaltssaldo des Fiskaljahres (1.7.-30.6.) ist auf den BIP-Wert des Kalenderjahres bezogen.
5) Bestand am Periodenende.
6) Zahlenangaben bis 1990 beziehen sich nur auf den westdeutschen Handel mit Bangladesch. Ab 1991 umfassen sie den gesamtdeutschen Handel.
7) Schuldendienst in% der Exporterlöse (Güter- und Dienstleistungen).
8) Nationale Bewertung.   (S) Schätzung.   (P) Prognose.

Quelle: World Bank - Wordl Debt Tables 1992-93
        International Financial Statistics, Nov' 93

BANGLADESCH

Länderrating

Die quantitativen Wirtschaftsdaten zusammengefaßt ergeben mit 34 Punkten für Bangladesch eine schlechte gesamtwirtschaftliche Ausgangssituation, die durch strukturelle Ungleichgewichte und eine hohe Anfälligkeit gegenüber ungünstigen klimatischen Einflüssen gekennzeichnet ist, die sich negativ auf die Entfaltung des vorhandenen Potentials auswirken. Unter Berücksichtigung der qualitativen Parameter, wie politische Stabilität und Reformfähigkeit des Wirtschaftssystems wird eine Gesamtpunktzahl von 49 erreicht, womit die gesamtgesellschaftliche Situation nicht sehr günstig erscheint.

Wirtschaftliche und politische Lage 1993

+ Die Regierung hielt an ihrem Reformkurs fest (Subventionskürzungen, verhaltene Privatsierungsbemühungen)
+ Senkung des Haushaltsdefizits und der Inflationsrate ist gelungen
+ Steigerung der Exporte
- Die Regierung steht unter großem innenpolitischen Druck bei der Durchsetzung ihres Strukturanpassungsprogramms
- Die Streikbereitschaft der Arbeiter ist hoch
- Es herrscht eine angespannte soziale Situation, die in An- und Übergriffen auf soziale und ethnische Minderheiten zum Ausdruck kommt

Prognose für 1994

+ Die Regierung wird an dem eingeschlagenen Wirtschaftskurs festhalten
- Da wesentliche Reformschritte noch nicht vollendet sind, wird die politische Auseinandersetzung darüber anhalten
- Das Problem der geringen Investitionstätigkeit bleibt bestehen
-/+ Die unzureichende institutionelle Kapazität der staatlichen Stellen, die zugesagte internationale Entwicklungshilfe zu verwenden, soll verbessert werden

Bilaterale Wirtschaftsbeziehungen

Bangladesch ist ein Hauptempfängerland für bundesdeutsche Entwicklungshilfe (etwa US$ 150 Mio p.a.). Während die Exporte nach Bangladesch zurückgingen (Anfang der 90er Jahre), stiegen die Importe im selben Zeitraum erheblich.

BANGLADESCH

Überblick und Besonderheiten

Nachdem sich im Finanzjahr (FJ) 1992/93 bereits eine erste, wenn auch geringfügige Aufwärtsentwicklung des wirtschaftlichen Wachstums einstellte, wurden im laufenden FJ 1993/94 die begonnenen strukturellen Anpassungs- und Stabilisierungsmaßnahmen der Ökonomie mit weiteren Reformen fortgesetzt.

Erste positive Ergebnisse für die Staatsfinanzen brachten die Einnahmen aus der ein Jahr zuvor eingeführten Mehrwertsteuer auf einige Produkte. Parallel dazu materialisierten sich die Subventionskürzungen bei Jute, Nahrungsmitteln etc. Die Devisenreserven erhöhten sich zum Ende des FJ 1992/93 auf einen Betrag über U$ 2 Mrd, der den Finanzbedarf für Importe von etwa sechs bis sieben Monate abdeckte, was einerseits auf die gestiegenen Textilexporte und andererseits auf die geringe Importtätigkeit aufgrund der allgemein schwachen konjunkturellen Situation in Bangladesch zurückzuführen ist.

Das Haushaltsdefizit konnte um 1% gesenkt werden. Es beträgt gegenwärtig 6% des BIP, im Vergleich zu 7% 1991. Beeindruckender ist die Senkung des Leistungsbilanzdefizites von 7% des BIP (1990) auf 2% 1993. Die Inflationsrate konnte auf 3% gesenkt werden, was angesichts der zweistelligen Höhe zum Ende der 80er Jahre ebenfalls ein positives Signal setzt.

Trotz dieses positiven Trends bleibt die gesamtwirtschaftliche Ausgangssituation schwierig. Darüber kann auch die erzielte Wirtschaftswachstumsrate von etwa 5% im FJ 1992/93, die damit weit über der durchschnittlichen jährlichen Zuwachsrate der Bevölkerung (1980-91 2,2% p.a.; 1991-2000: 1,7% p.a. [projeziert]) lag, nicht hinwegtäuschen. Diese makroökonomischen Daten sind dennoch als ein positives Ergebnis der begonnenen Strukturanpassung zu sehen und können als ein Beleg für das vorhandene ökonomische Potential in Bangladesch gesehen werden. Es sei daran erinnert, daß die Wachstumsrate des Bruttoinlandsprodukts (BIP) im FJ 1991/92 auf 3,4% gesunken war.

Diese ersten ökonomischen Erfolge der Regierung Khaleda Zia bleiben möglicherweise hinter den gesteckten Zielen und Erwartungen zurück, aber eine endgültige Bewertung muß die aktuelle innennpolitische Situation mit in Betracht ziehen. Denn diese ist gekennzeichnet durch die nach wie vor anhaltende und starke Kritik der Gewerkschaften am Stabilisierungsprogramm, insbesondere an den Disinvestment- und Privatisierungsplänen der Regierung für die etwa 150 Staatsbetriebe. Hinzu kommt die anhaltende Kritik aus den Reihen der Opposition, die dazu dient, die gegenwärtige Regierung zu destabilisieren und wenn möglich zu stürzen. Diese mußte das erste Mißtrauensvotum in der Geschichte Bangladeschs (im August 1992) überstehen.

Zum Jahresende 1993 haben sich die führenden Oppositionsparteien, die Jatiya Party und die Awami League mit anderen kleineren Parteien zu einem Oppositionsblock zusammengeschlossen, um gemeinsam die amtierende Regierung zu bekämpfen; diese Bewegung soll auch von der rechten Jamaat-e-Islami Partei unterstützt werden. Aufrufe zu Generalstreiks und Zusammenstösse zwischen

BANGLADESCH

Demonstranten und Polizei sind an der Tagesordnung. Die Regierung muß sich seit ihrem Amtsantritt gegen verschiedene Seiten gleichzeitig verteidigen und profilieren. Um ihr ökonomisches Reformprogramm ungefährdet fortsetzen zu können und Investoren aus dem Ausland ins Land zu holen, benötigt sie ein Mindestmaß an politischem Konsens. Aber seit ihrem Amtsantritt steht die Premierministerin vor großen sozialpolitischen Aufgaben und unter heftiger Kritik, die weniger in demokratischer Form geäußert wird, als vielmehr in zunehmenden gewalttätigen Auseinandersetzungen auf der Straße und steigenden Übergriffen auf soziale und ethnische Minderheiten.

So mußten die Kommunalwahlen im Frühjahr 1993 wegen gewalttätiger Ausschreitungen in einigen Kommunen wiederholt werden. Die Regierungschefin belastete zugunsten der inneren Sicherheit und Stabilität und ihres eigenen Machterhalts den jungen Demokratisierungsprozeß mit einem Bruch der Verfassung, indem sie eine "Suppression of Terrorist Crimes Ordinance" in Kraft setzte, ohne den verfassungsmäßigen Weg zu beschreiten und den Gesetzesentwurf dem Parlament vorzulegen. Diese Verordnung ermächtigt ein spezielles Tribunal, Delikte wie politischen Mord, Beschädigung von öffentlichem Eigentum, Beeinträchtigung des öffentlichen Verkehrs, Raub und Angriffe auf diplomatische Vertretungen abzuurteilen. Diese politische Maßnahme der Premierministerin ist nicht dazu angetan, die ohnehin kritische Menschenrechtssituation im Lande zu verbessern und das Vertrauen auch des Auslands in die demokratischen Strukturen von Bangladesch zu stärken.

Zu der angespannten sozialen Situation trägt das noch immer ungelöste Problem der aus Myanmar geflohenen muslimischen Rohingyas bei. Die Repatriierung der mittlerweile auf knapp 300.000 geschätzten Flüchtlinge ist nach wie ungeklärt. Ihre Versorgung kostete die bangladeschische Regierung 1993 US$ 2,5 Mio (die Hauptlast von US$ 24,5 Mio wird vom UNHCR übernommen). Zu dieser finanziellen Belastung kommen die Vorwürfe der Regierung, die Flüchtlinge seien für die steigenden sozialen Spannungen in der südöstlichen Region verantwortlich, wo sie in Lagern untergebracht sind. Es soll bereits zu gewalttätigen Zusammenstössen mit der dort ansässigen Bevölkerung gekommen sein und die Abholzung dieses Gebietes, die von der Regierung mit einem Schaden in Höhe von US$ 20 Mio angegeben wird, soll ebenfalls von den Rohingyas verursacht worden sein.

Wirtschaftsplanung

Mit dem neuesten Budget für das laufende FJ 1993/94 beabsichtigt der Finanzminister Saifur Rahman den Teufelskreis von "low incomes, low investment and low growth" zu durchbrechen. Das primäre sozio-ökonomische Ziel der Regierung ist es, neben der Verbesserung der ökonomischen Gesamtsituation die weitverbreitete Armut langfristig und nachhaltig zu bekämpfen. Die Sektoren Gesundheit und Grundbildung haben dabei Priorität. Noch immer haben über 50% der Bevölkerung nicht die Möglichkeit, sich mit dem täglichen Lebensminimum zu versor-

UNSERE KONZEPTE SIND ALLES ANDERE ALS EIN GLÜCKSSPIEL. AUCH IN SÜDOSTASIEN.

Als großer europäischer Versicherungsmakler mit mehr als 1.400 Mitarbeitern und 24 Büros im In- und Ausland wissen wir, wie wichtig es ist, gerade dort Versicherungsprogramme zu konzipieren, die in der Praxis funktionieren. Deshalb sind wir im Ausland an allen wirtschaftlich wichtigen Standorten vertreten. Auch in Südostasien.

Wir sind Partner von UNISON, einer weltweiten Kette internationaler Versicherungsmakler, die in mehr als 60 Ländern arbeitet.

Kontakt:
Gilbert Beschütz
c/o Johnson & Higgins PB Co., Ltd.
Bangkok 10110
17 Sukhumvit Soi 4
Tel. (02) 2 53-01 00, Fax (02) 2 53-63 28
c/o Johnson & Higgins Pte. Ltd.
Singapur 0106
143 Cecil Street, #14-01, GB Building
Tel. 2 25-36 55, Fax 2 24-67 21

BANGLADESCH

gen und noch immer sind etwa 80% der Bevölkerung direkt von der Landwirtschaft abhängig, wobei ca. die Hälfte von ihnen über keinen eigenen Landbesitz verfügt.

Das Entwicklungsziel, forciertes Wirtschaftswachstum, muß demnach in Beschäftigungsprogrammen und in der Schaffung von Arbeitsplätzen münden. Kurz- und mittelfristige Reformschritte der Regierung sind, in Übereinstimmung mit den internationalen Gebern wie der Weltbank:

1. Eine Verbesserung des staatlichen Ressourcenmanagements (gezielte und effektive Investitionen in den prioritären Sektoren; reduziertes Engagement des Staates im Wirtschaftsprozeß, Disinvestment, Privatisierung von Staatsbetrieben, Rationalisierung der staatlichen Institutionen und beschleunigte Verwaltungsabläufe);
2. Verbesserung der Wettbewerbsfähigkeit bangladeschischer Produkte auf dem Weltmarkt (Angleichung und Flexibilisierung des Wechselkurses);
3. Förderung der Privatwirtschaft und der privaten Investitionstätigkeit im Agrar- und Industriesektor.

Diese Reformmaßnahmen sollen flankiert werden mit einer weiteren Liberalisierung des Handelsregimes und des Finanzsektors.

Das größte Problem für die erforderliche Steigerung der Investitionstätigkeit besteht darin, die eingeschränkte finanzielle Kapazität des Staates durch das gesteigerte Engagement der Privatwirtschaft zu kompensieren. Dem Finanzminister gelang es zwar, die laufenden Staatsausgaben im FJ 1992 zu senken (8,6% des BIP), aber nicht den Abwärtstrend der Entwicklungsausgaben zu stoppen; diese betrugen im selben Zeitraum 5,7% des BIP.

Der Anteil der Regierung an der Finanzierung des jährlichen Entwicklungsplanes ist demgegenüber von 24% im Vorjahr auf 28% 1992/93 gestiegen. Allerdings bleibt ein Teil der zugesagten internationalen Finanzmittel noch immer unausgezahlt, da es der Regierung nicht gelingt, die erforderlichen eigenen Mittel für die Projekte bereitzustellen; so sollen sich noch immer etwa US$ 5 Mrd internationale Entwicklungshilfegelder in der "pipeline" befinden. In der Konsequenz fallen die zugesagten Finanzhilfen des Aid-Consortiums im Jahre 1993 geringer aus, als im vergangenen Jahr. 1992 betrugen sie US$ 2,2 Mrd, davon wurden bisher lediglich US$ 1,8 Mrd ausgezahlt.

Staatshaushalt

Bei Abschluß des FJ 1992/93 lag die wirtschafliche Wachstumsrate bei 5%, wobei der Finanzminister eine Steigerung auf 6% im laufenden FJ erwartet und eine 7%ige für das Ende der Dekade anstrebt. Diesen optimistischen Erwartungen entsprechen die Berechnungen der Asiatischen Entwicklungsbank, die ein Wachstum von 5,5% p.a. in Bangladesch für absolut notwendig hält, um die absolute Armuts-

BANGLADESCH

grenze zu überschreiten. Hintergrund des Budgets für 1993/94 ist ein Rückgang des Zahlungsbilanzdefizites auf 2% des BIP und der Finanzminister geht von Gesamteinnahmen des Staates in Höhe von Tk 123 Mrd aus (im FJ 1992/93 waren Tk 105,5 Mrd budgetiert und tatsächlich Tk 110,6 Mrd erzielt worden), was eine Steigerung von 10,3% bedeutet. Die Gesamtausgaben lagen mit Tk 180,2 Mrd um 1,4% unter dem Haushaltsansatz von Tk 182,9 Mrd und werden im neuen Budget mit Tk 199,5 Mrd angegeben; eine Steigerung um 10,7%. Die laufenden staatlichen Ausgaben steigen mit dem Ansatz von Tk 93 Mrd um 8,4% gegenüber Tk 85,1 Mrd im Vorjahr (revidierte Angabe), demgegenüber nehmen die Entwicklungsausgaben mit Tk 97,5 Mrd um 16,7% im Vergleich zum Budget des FJ 1992/93 (Tk 81,2 Mrd) zu. Nach Angaben der Regierung betrug das Haushaltsdefizit 1992/93 Tk 69,6 Mrd (budgetiert waren Tk 77,3 Mrd) und wird im laufenden Haushalt mit Tk 76,2 Mrd angegeben. Der Eigenanteil Bangladeschs an der Finanzierung des laufenden Budgets hat sich auf ein knappes Drittel erhöht, im Vorjahr waren etwas mehr als 24%.

Der entwicklungspolitische Schwerpunkt des laufenden Budgets liegt bei der Förderung und Unterstützung der unteren Bevölkerungsschichten, d.h. die staatlichen Investitionen fließen schwerpunktmäßig in die Bereiche Armutsbekämpfung und Verbesserung der Bildungschancen, insgesamt 21% der gesamten Ausgaben. Hier nimmt der Erziehungssektor mit knapp 14% (Tk 18,2 Mrd) der Gesamtinvestitionen einen Spitzenplatz ein. Gegenüber dem Vorjahresbudget (1992/93 flossen 8,7% in diesen Bereich) ist das eine eindrückliche Verbesserung, die wohl nicht zuletzt auf die Einflußnahme der internationalen Kreditgeber zurückzuführen ist, die verstärkte Investitionsflüsse zur Verminderung der Armut permanent anmahnen. Der zweitgrößte Haushaltsansatz ist die Rüstung (Tk 16,2 Mrd).

Kritische Punkte des Haushalts und der staatlichen Finanzen sind nach wie vor die Regierungszuschüsse an unrentable Staatsunternehmen. Zum Ende FJ 1992/93 betrugen die Verluste der Betriebe Tk 17 Mrd und zusammen mit den veranschlagten Tk 3 Mrd an Lohnkosten für den völlig übersetzten staatlichen Verwaltungsapparat Tk 2,6 Mrd zehrten sie im letzten Budget fast die gesamten Regierungseinnahmen (Tk 20,3 Mrd) aus Gebühren und Abgaben (nichtsteuerliche Einnahmen) auf. Im Budget 1993/94 werden die Einnahmen aus Steuern mit Tk 100,4 Mrd und die nichtsteuerlichen Einnahmen mit Tk 23 Mrd budgetiert. Insgesamt stehen für 1993/94 veranschlagte staatliche Ausgaben in Höhe in Tk 199,5 Mrd Einnahmen in Höhe von Tk 123,4 Mrd gegenüber.

Trotz der verbesserten Einnahmesituation der Regierung, die hauptsächlich auf die Einführung der Mehrwertsteuer und auf ein effektiveres Steuererhebungssytem zurückzuführen ist, kann Bangladesch noch immer nicht mehr als ein knappes Drittel (24%-28%) seiner Entwicklungsaufgaben eigenständig finanzieren. Damit wird die hohe Abhängigkeit von ausländischen Finanzhilfen sichtbar. Ein wichtiger Schritt ist es deshalb, die staatlichen Resourcen effizient und sinnvoll zu verteilen und alle Anstrengungen zu unternehmen, die Investitionstätigkeit der Privatindustrie in Bangladesch zu fördern.

BANGLADESCH

Verbilligte Kredite sind ein notwendiger Schritt in diese Richtung. Dem entspricht die Senkung des Diskont-Satzes von 8,5% auf 7% und später auf 6% sowie die Reduzierung der Mindestreserven von 8,5% auf 5,5%. Allerdings liegen die Kreditzinsen, die die Banken nun selbst festlegen können, je nach Sektor noch immer zwischen 10% und 17%. Der Bankensektor, noch immer durch den massiven Abfluß der ohnehin spärlich verfügbaren Finanzmittel in die total überschuldeten Staatsbetriebe gekennzeichnet, ist mit einem Schuldenberg belastet, der aus nicht eintreibbaren Forderungen besteht. Diese zinspolitischen Reformen, die aufgrund der niedrigen Inflationsrate von 2,5% möglich wurden, waren begleitet von Lockerungen der Devisenbestimmungen, die sowohl die Kreditlimitierungen für Joint Ventures und ausländische Unternehmen aufhob, als auch diesen Unternehmen gestattete, kurzfristige Devisenkredite im Ausland aufzunehmen, ohne daß dafür eine Genehmigung der Zentralbank einzuholen ist. Darüber hinaus können auch einige Auslandsfirmen ihre Gewinne ohne die vorherige Genehmigung durch die Zentralbank zurückführen. Die Konvertibilität des Taka wurde im Oktober 1993 von der Zentralbank eingeführt und bis auf wenige Ausnahmen wurden alle Restriktionen abgeschafft; damit soll nach Ansicht der Regierung und der Bank der schnelle und nachhaltige Wachstumskurs der bangladeschischen Ökonomie unterstützt werden.

Die Ernsthaftigkeit der Regierung Khaleda Zia, die Ökonomie Bangladeschs einer Strukturanpassung zu unterziehen, wird international nicht angezweifelt, allerdings sind die Probleme bei der Implementierung der einzelnen Reformmaßnahmen nicht zu übersehen, obgleich der laufende Fünfjahresplan (1990-1995) vom National Economic Council an die neue Entwicklungsrichtung im Frühjahr 1993 angepaßt und die Resourcenallokation für den Staatssektor um 17% gekürzt wurde. Parallel dazu fand eine entsprechend sichtbare Förderung des Privatsektors allerdings nicht statt. Eine eindrucksvolle Steigerung der niedrigen internen Sparrate (9% des BIP im FJ 1992/93 gegenüber 8% im Vorjahr) ist selbst mittelfristig, aufgrund des geringen Pro-Kopf-Einkommens und der niedrigen Produktivität nicht zu erwarten.

Die Konsolidierung der Staatsfinanzen und die Verbesserung der ökonomischen Situation bedürfen der weiteren Reformmaßnahmen durch die Regierung, die die Nachdrücklichkeit der Strukturanpassung unter Beweis stellen, denn nach wie vor gibt es vor dem Hintergrund einer 15%igen Verzinsung von Sparguthaben und Staatsanleihen, keinerlei Anreize, Geld in die einheimische Wirtschaft zu investieren, was mit nicht geringen Risiken verbunden ist. So ist Bangladesch angesichts einer Steigerung der Investitionstätigkeit von 12,1% des BIP (1991/92) auf 13% 1992/93 weit davon entfernt, eine Rate zwischen 17% und 18% des BIP zu erreichen, die als notwendig angesehen wird, um eine Wirtschaftswachstumsrate von 6% bis 7% zu begründen, die von der Regierung als Zielvorgabe formuliert wurde und die eine Verdoppelung des BIP in den 90er Jahren bringen würde.

Ein wichtige Quelle für Devisen, die Überweisungen der im Ausland lebenden und arbeitenden Bangladeschis, ist im FJ 1992/93 um 6,1% gestiegen, d.h. es flossen US$ 900 Mio nach Bangladesch.

Für optimalen Anschluß weltweit

Erfolg in ausländischen Märkten setzt fundierte lokale Kenntnisse und gute Verbindungen voraus. Über unsere rund 80 Auslands-Stützpunkte und Beteiligungen stehen wir Ihnen weltweit mit einem solchen Know-how zur Verfügung.

Dies gilt natürlich ganz besonders, wenn Ihr Ziel der deutsche Markt ist. Rund 1.000 Geschäftsstellen bieten Ihnen in Deutschland den umfassenden Service einer Universalbank. Unsere Mitarbeiter helfen Ihnen, Anschluß an die richtigen Gesprächspartner zu finden und bestehende Engagements zu vertiefen.

Commerzbank AG, Filiale Tokio: Telefon (3)35024371/75, Fax (3)35087545
Repräsentanz Seoul: Telefon (2)723 31 42/5, Fax (2)7233921
Repräsentanz Peking: Telefon (1)5004959, Fax (1)5003161
Repräsentanz Shanghai: Telefon (21)2481688, 2482415, Fax (21)2481773
Korea International Merchant Bank: Telefon (822)399-6500, Fax (822)399-6555
Filiale Hongkong: Telefon (2)8429666, Fax (2)8681414
Filiale Singapur: Telefon (65)2234855, Fax (65)2253943
Repräsentanz Bangkok: Telefon (62)2544506/7, Fax (62)2544505
Repräsentanz Jakarta: Telefon (21)710231, 710234, 717502, Fax (21)710245

COMMERZBANK
Die Bank an Ihrer Seite

Hauptverwaltung: Commerzbank AG, D-60261 Frankfurt am Main.
Internationale Präsenz: Alma-Ata, Amsterdam, Antwerpen, Atlanta, Bangkok, Barcelona, Bombay, Brüssel, Budapest, Buenos Aires, Caracas, Chicago, Djakarta, Dublin, Genf, Gibraltar, Grand Cayman, Hongkong, Istanbul, Johannesburg, Kairo, Kiew, Kopenhagen, London, Los Angeles, Luxemburg, Madrid, Mailand, Manama (Bahrain), Mexiko-Stadt, Minsk, Moskau, New York, Osaka, Paris, Peking, Prag, Rio de Janeiro, São Paulo, Seoul, Shanghai, Singapur, St. Petersburg, Sydney, Teheran, Tokio, Toronto, Warschau, Zürich.

BANGLADESCH

Land- und Forstwirtschaft

Obgleich der Agrarsektor die Ökonomie Bangladeschs nach wie vor dominiert - über die Hälfte der Erwerbsbevölkerung ist dort beschäftigt, der weitaus größte Anteil der Gesamtbevölkerung lebt auf dem Land, mehr als 50% der ländlichen Bevölkerung sind jedoch faktisch landlos - geht sein Beitrag zum Wirtschaftswachstum permanent zurück. Dies wird am sinkenden Beitrag der Landwirtschaft am BIP (1991/92: 37,6%; im Vorjahreszeitraum: 38,2%) deutlich. Eine angepaßte Agrarpolitik ist demnach von großer Bedeutung für die gesamtwirtschaftliche und soziale Entwicklung.

Die landwirtschaftliche Erzeugung konnte im FJ 1991/92 um 2,3% gegenüber dem Vorjahr gesteigert werden, das noch ein Wachstum von 2,7% verzeichnete. Insbesondere die Nahrungsmittelproduktion erzielte mit etwa 18,9 Mio t ein enttäuschendes Ergebnis, sie lag damit unter der Planvorgabe (20 Mio t) und wies nur einen 0,1%igen Zuwachs auf. Dabei hatte der Finanzminister einen Ernterekord für 1991/92 erwartet. Aber es wurden nur 18 Mio t Reis geerntet (geplant: 19 Mio t) und der Ertrag an Weizen lag bei etwa 0,9 Mio t. Angesichts der unzureichenden Ernteergebnisse wurde dem Privatsektor der Import von Weizen gestattet, was mit der generellen Strategie der Regierung und des Landwirtschaftsministers konform geht, die staatlichen Kontrollen im Nahrungsmittelbereich zu lockern und darüber hinaus die Subventionen für Lebensmittel um Tk 1 Mrd p.a. zu kürzen. Um die Versorgung der steigenden Bevölkerungszahl zu sichern, reichen die in Bangladesch erzeugten Mengen nicht mehr aus. Über die vollständige Ausschöpfung der vorhandenen Erzeugungskapazitäten und die Stabilisierung der Nahrungsmittelpreise hinaus, ist daher der Import von Nahrungsmittelgetreide (1992 standen 1,1 Mio t als Nahrungsmittelreserve zur Verfügung, gegenüber 1,04 Mio t 1991, allerdings mußten 1992/93 1,7 Mio t Getreide importiert werden, 8,3% mehr als 1991/92) erforderlich.

Die Produktionsergebnisse des wichtigsten Exportgutes Jute stiegen 1991/92 um 12% auf knapp 1 Mio t. Bis auf die Produktionsergebnisse der Baumwolle, die um 7% sanken und die bei Kartoffeln, die mit 1.6 Mio t stagnierten, waren 1991/92 bei allen wichtigen landwirtschaftlichen Anbauprodukten Steigerungen zu verbuchen: Es wurden 8 Mio t Zuckerrohr (+ 4%), 500.000 t Ölsaaten (+8%), 530.00 t Hülsenfrüchte (+1%), 550.000 t Süßkartoffeln (+ 4%) und 1,2 Mio t Gemüse (+5%) geerntet. Auch das Ernteergebniss bei Tabak konnte um 3% auf 39.000 t verbessert werden. Diese Ertragssteigerungen sind vornehmlich auf eine verbesserte Bewässerung der landwirtschaftlichen Nutzfläche in Form von vermehrtem Einsatz von Pumpen und neuen Brunnen (beides nahm 1991/92 in zweistelliger Größenordnung zu) zurückzuführen. Auch der verstärkte Einsatz von Kunstdünger (1991/92 wurden 2,1 Mio t eingesetzt, 1990 waren es 1,7 Mio t) dürfte zu den Ergebnissen beigetragen haben.

Da Jute und Reis in einem Fruchtwechsel angebaut werden, sind die Ernteergebnisse dieser beiden Produkte komplimentär. 1991/92 betrug der Anteil der Jute am

BANGLADESCH

gesamten Export Bangladeschs knapp 20%, was jedoch gleichzeitig einen Einnahmerückgang von 9% gegenüber dem Vorjahr bedeutete (dabei muß jedoch berücksichtigt werden, daß die auf dem Weltmarkt zu erzielenden Preise für Jute Schwankungen unterliegen).

Die Ergebnisse im Fischereisektor, der ebenfalls ein wichtiger Devisenbeschaffer (etwa Tk 4,5 Mrd) für Bangladeschs Wirtschaft ist, wurden durch einen sechswöchigen Streik von 48 Trawlermannschaften für bessere Löhne beeinträchtigt.

Generell hat sich das Schwergewicht des Fischfangs von Süßwasserfischen hin zu Seefischen und insbesondere Krustentieren verlagert. Bei letzteren haben sich die Fangmengen von 1985 (33.400 t) bis 1989 (69.600 t) mehr als verdoppelt und es konnten gute finanzielle Erträge erzielt werden.

Angesichts dieser Ergebnisse und der ihnen zugrundeliegenden strukturellen Bedingungen (Vergrößerung der landwirtschaftlichen Nutzfläche nicht möglich, Beeinträchtigungen durch Naturkatastrophen nicht zu verhindern, stark zersplitterter Landbesitz, zunehmender Bevölkerungsdruck) sind zukünftig nur noch marginale Verbesserungen im landwirtschaftlichen Output zu erzielen.

Zur Belebung des landwirtschaftlichen Exports hat die Regierung die Errichtung sogenannter "Export-Dörfer" geplant, dort sollen für die Ausfuhr bestimmtes Obst und Gemüse angebaut werden.

Die Regierung widmet der Forstwirtschaft seit geraumer Zeit verstärkte Aufmerksamkeit, da der permanent steigende Brennholzbedarf ein ernstes ökologisches Problem darstellt. Die Preise für Brennholz sind in den vergangenen Jahren ständig gestiegen und haben als einzig verfügbare Energiequelle für ein Großteil der Landbevölkerung, v.a. die Besitzer kleiner und marginaler Landflächen sowie die Landlosen, den Existenzdruck verstärkt. Der Holzeinschlag für Nutzholz spielt hinsichtlich der bestehenden Gefahr einer nicht zu stoppenden Entwaldung nur eine periphere Rolle (3% im Jahre 1989).

Es existieren nur noch in drei Distrikten zusammenhängende größere Waldgebiete: in den Chittagong Hill Tracts (85% der Landfläche), in Khulna (48%) und in Chittagong (31%). Ob seiner ökologischen Relevanz wird das Problem der Entwaldung und der Abholzung mit Entwicklungsprojekten zur Wiederaufforstung z.B. von der Asian Development Bank bekämpft. Mit der Einrichtung eines Ministeriums für Umwelt und Forstwirtschaft hat die Regierung diesem ökologischen Problem den notwendigen institutionellen Raum verschafft und die International Development Agency (IDA) finanziert Entwicklungsprojekte sowohl für die Anwendung alternativer Energien als auch für Wiederaufforstung von Mangrovenwäldern.

BANGLADESCH

Bergbau und Energie

Bangladesch verfügt über wenig Bodenschätze; die Erdölförderung ist minimal und die vorhandenen Offshore-Reserven sind bisher kaum erforscht. Dafür verfügt das Land über 15 Gasfelder mit bisher nachgewiesenen Gasvorkommen von 10,5 Trillionen Kubikfuß, die Gesamtreserven sollen 21,00 Trillionen betragen. Derzeit werden durchschnittlich 650 Mio Kubikfuß täglich ausgebeutet; 54% davon gehen in die Stromerzeugung und 30% werden für die Düngemittelproduktion verwendet.

Um die vorhandenen, wenn auch geringen, Kohlevorkommen im Nordosten des Landes zu erschließen, bemüht sich die Regierung um internationale Unterstützung.

1991/92 wurden 8890 KWh Elektrizität erzeugt. Der Import von Erdöl und Erdölprodukten beträgt 15% der gesamten Wareneinfuhr, so daß die Regierung bemüht ist, den Verbrauch von Erdöl durch Erdgas zu substituieren und so den Druck auf die Zahlungsbilanz zu verringern. Das sektorale Wachstum im Energiesektor (als Anteil am BIP) ist aufgrund des hohen Erschließungs- und Aufbaubedarfs überdurchschnittlich.

Bangladesch besitzt eine Erdölraffinerie, die lediglich Öl mit geringem Schwefelgehalt zu Benzin verarbeiten kann. Dieseltreibstoff muß importiert werden.

Verarbeitende Industrie

Im FJ 1992/93 stieg die industrielle Produktion um 8,6% (1991/92: 7,7%), dies ist angesichts der weiteren Wirtschaftsreformen, die das Investitionsklima verbessern sollen, nicht sehr beeindruckend. Die Zahlen für das FJ 1991/92 weist für viele Bereiche dieses Sektors, der von Staatsbetrieben dominiert wird, Produktionseinbußen aus. Die Produktion von Fernsehern ging um 98% zurück, es wurden 31% weniger Busse, Geländewagen und LKW hergestellt, und auch die Juteproduktion verringerte sich um 4%. Produktionszuwächse gab es u.a. bei Düngemitteln (+15%), Textilien (+11%) und Garnelen (+6%).

Insbesondere die rückläufigen Ergebnisse in der Juteindustrie bilden die Strukturkrise der Wirtschaft deutlich ab. Die Juteindustrie, Bangladeschs größter industrieller Sektor, ist überwiegend in staatlichem Besitz. Es sind dort etwa 45% der werktätigen Bevölkerung beschäftigt und ca. 15% des industriellen Outputs werden hier erwirtschaftet. Die Produktionskapazitäten der Betriebe des Jutesektors sind durchschnittlich nur zu einem Viertel ausgelastet und häufig mit Arbeitskonflikten belastet. Die Verluste der BJMC (Bangladesh Jute Mill Ass.), die die Industriebetriebe vertritt, addierten sich im FJ 1991/92 auf etwa Tk 3 Mrd, die von dem verantwortlichen Jute-Ministerium mit den negativen Auswirkungen des Golfkrieges, der weltweiten Rezession und der ungenügenden Stromversorgung der Industriebetriebe begründet werden. Eine Finanzspritze von Tk 22,3 Mrd, ein

BANGLADESCH

Drittel in Devisen, soll in die Strukturverbesserung des Sektors fließen. Jutemühlen sollen in Textilbetriebe umgestaltet werden und andere unrentable Unternehmen werden saniert. Die Finanzierung soll von der internationalen Gebergemeinschaft sichergestellt werden, da der Regierung die notwendigen Mittel fehlen. Probleme bei der Umsetzung dieser Pläne treten von verschiedenen Seiten auf: Zum einen wird es schwierig, die Privatisierungspläne umzusetzen, da für die unproduktiven Betriebe wenig Interessenten zu finden sind; die gewerkschaftlich gut organisierten Arbeitnehmer widersetzen sich diesen Absichten vollständig. Die wenigen existierenden privaten Unternehmen in der Juteindustrie fordern von der Regierung eine Gleichstellung mit den Staatsbetrieben, d.h. ebenfalls Subventionen und eine Beendigung der Wettbewerbsverzerrungen durch die ständige Bezuschussung der staatlichen Unternehmen. Einige der wenigen privatisierten Betriebe waren während des FJ 1991/92 bereits temporär geschlossen oder stellten ihre Produktion bereits wieder ein.

Die internationalen Geber beobachten die Handhabung dieser grundsätzlichen Problematik bereits mit einiger Ungeduld, da die Regierung seit Amtsantritt 1991 eine entsprechende Privatisierungs- und Deregulierungspolitik verspricht. Auch innerhalb der Regierung mangelt es an Unterstützung für diese Reformen, was die Premierministerin mit einer Regierungsumbildung (1993) zu verändern versuchte.

Kurzfristig versucht der Finanzminister mit Hilfe von Zins- und Steuersenkungen (der höchste Einkommenssteuersatz beträgt 30%, die Unternehmens- und Gewinnsteuern für die verarbeitende Industrie wurden von 45% auf 40% gesenkt) die Wirtschaftstätigkeit im verarbeitenden Gewerbe anzukurbeln sowie die interne wie ausländische Investitionstätigkeit zu fördern.

Außenwirtschaft

Die Exporte erbrachten 1991/92 US$ 2,5 Mrd , eine Steigerung um 25% gegenüber dem Vorjahr, demgegenüber erhöhten sich die Importe nur um 16% und erreichten einen Wert von US$ 4 Mrd, was ein Außenhandelsdefizit in Höhe von US$ 1,5 Mrd produzierte, das in etwa dem des Vorjahres entspricht.

Die Zollsätze und Importkontingente steuern nicht nur die Wareneinfuhr, sondern stehen darüber hinaus in einem kausalen Zusammenhang mit den Investitionsströmen und ihrem Ausmaß. Das Kernproblem der unzureichenden Wachstumsrate der Wirtschaft vor Augen, das sich zu einem Großteil auf die ungenügende Investitionstätigkeit zurückführen läßt, hat die Regierung die Zölle für zahlreiche Waren gesenkt, wobei ein Schwerpunkt bei den Produkten zu finden ist, die im industriellen Sektor benötigt werden. Für Kapitalgüterimporte, die von der Exportwirtschaft getätigt werden, wurden die Zölle gänzlich gestrichen. Diese Vergünstigung war bislang lediglich Betrieben in den Export Processing Zones (EPZ) zugute gekommen. Kritiker der neuen Importliberalisierung vermuten, daß

BANGLADESCH

sie hauptsächlich den EPZs zugute kommen werden und wenig zur substantiellen Industrialisierung des Landes beitragen werden.

Die neue Regelung wurde mit dem neuen Plan zur Exportförderung im Oktober 1993 in Kraft gesetzt. Dieser Plan wurde gemeinsam mit der Weltbank entwickelt und sieht vor, zwischen 1993 und 1995 die Exporteinnahmen um 40% gegenüber den Ergebnissen des FJ 1992/93 zu steigern. Das erwartete Gesamtvolumen wurde mit US$ 6,4 Mrd angegeben.

Einen Einkommensrückgang mußten Exporteure seit dem Ende der Subventionierung von Exportkrediten durch die Zentralbank (August 1992) hinnehmen. Hinzu kommt der Preisverfall für Jute und Juteerzeugnisse aufgrund von sinkender Nachfrage (der Export für Rohjute sank um 7%), der die finanzielle Situation dieses Sektors zusätzlich verschärft. Vor diesem Hintergrund ist das Ziel der Regierung, die Exportpalette zu diversifizieren, um so verständlicher, denn etwa 50% der gesamten Ausfuhren entfallen gegenwärtig noch auf Bekleidung (ihr Export stieg um 25%), 35% der Anteile gehen auf die Konten von Jute, Leder und gefrorenen Meeresfrüchten (bei letzteren konnte das Exportvolumen um 5% gesteigert werden).

Auf der Importseite stieg die Einfuhr von Nahrungsmitteln 1991/92 gegenüber dem Vorjahr um über 21%, die Kapitalgüterimporte erhöhten sich um 8,3%.

Einen nicht zu vernachlässigenden Anteil haben allerdings die "ausgezahlten" Gelder aus der Entwicklungshilfe, sie betrugen im FJ 1991/92 US$ 1,75 Mrd und wiesen demnach eine Steigerung von knapp 1% gegenüber dem Vorjahreszeitraum auf.

Beziehungen zur Bundesrepublik Deutschland

Bangladesch ist eines der bedeutendsten Empfängerländer bundesdeutscher Entwicklungshilfe. Jährliche Hilfszusagen bewegen sich in der Größenordnung von DM 150 Mio; die Beiträge der Bundesrepublik befinden sich nach Angaben der Weltbank auf Platz drei der ausgezahlten Finanzhilfen an Bangladesch (nach Japan und den USA).

Der Handel zwischen beiden Ländern nahm 1991 deutlich zu und erreichte ein Volumen von knapp DM 520 Mio (eine Steigerung gegenüber dem Vorjahr von ca. 36%). Diese Entwicklung ist hauptsächlich auf die gestiegenen Importe aus Bangladesch zurückzuführen, die um 73,4% gegenüber 1990 zunahmen und DM 353 Mio erreichten. Haupteinfuhrgüter waren Kleidung aus Seide und Chemiefasern, deren Import steigerte sich um 87,8% gegenüber 1990; Strickwaren aus Baumwolle wurden im Werte von etwa DM 91 Mio eingeführt (+ 130,7%), Strickwaren aus Seide und Chemiefasern hatten eine noch höhere Zuwachsrate, nämlich 284,9%, und lediglich die Fischeinfuhren und die der Fischzubereitungen gingen um 13,3% zurück und erreichten noch DM 27,68 Mio.

BANGLADESCH

Demgegenüber zeichnete sich für diesen Zeitraum eine negative Entwicklung für die deutschen Exporte nach Bangladesch ab: Wurden 1990 noch Waren im Werte von DM 177,05 Mio nach Bangladesch exportiert, sank die Exportrate 1991 um 6,5% und das Volumen auf DM 165,46 Mio. Die Bundesrepublik liefert schwerpunktmäßig Fertigwaren nach Bangladesch und in einem geringerem Umfang Halbfertigwaren und Vorerzeugnisse. Wertmäßig lagen elektrotechnische Produkte an der Spitze der Ausfuhren (DM 19,42 Mio), ihr Anteil konnte gegenüber 1989 um 17,4% erhöht werden. Sonstige Eisenwaren wurden im Wert von DM 8,9 Mio ausgeführt und weisen eine Steigerung von 405,7% auf. Exporteinbußen (-9,3%) waren bei (sonstigen) chemischen Vorprodukten zu verzeichnen, die 1991 im Werte DM 7,31 Mio ausgeführt wurden, sowie bei pharmazeutischen Erzeugnissen (-10,8%), sie erbrachten DM 14,23 Mio.

Im Dezember 1992 wurde das bilaterale Luftverkehrsabkommen mit der Bundesrepublik Deutschland unterzeichnet. Ein Doppelbesteuerungsabkommen wurde ebenfalls 1992 ausgehandelt.

BANGLADESCH

Tabelle 1: **Handelsstruktur Deutschland [1] - Bangladesch**
Deutsche Exporte nach Bangladesch
(Angaben in Mio DM)

SITC POSITION [2]	WARENKLASSE [3]	1990	1991	1992
0 - 9	INSGESAMT	129,0	166,2	157,3
0	Nahrungsmittel und lebende Tiere	4,4	7,8	2,0
5	Chemische Erzeugnisse	57,7	44,4	55,2
darunter:				
51	Organische chemische Erzeugnisse	7,2	6,3	5,4
53	Farbmittel, Gerbstoffe und Farben	7,7	8,8	9,8
54	Medizinische und pharmazeutische Erzeugnisse	14,2	12,7	21,3
57	Kunststoffe in Primärformen	3,9	3,8	4,5
59	Chemische Erzeugnisse und Waren	6,0	5,6	7,3
6	Bearbeitete Waren, vorwiegend nach Beschaffenheit gegliedert	12,6	19,7	8,7
7	Maschinenbau-, elektrotechn. Erzeugnisse und Fahrzeuge	39,8	74,6	81,0
darunter:				
71	Kraftmaschinen und Kraftmaschinenausrüstungen	8,8	6,6	2,7
72	Arbeitsmaschinen für besondere Zwecke	18,5	18,0	19,3
74	Maschinen, Apparate und Geräte für verschiedene Zwecke	13,2	15,3	9,0
77	Elektrische Maschinen, Apparate, Geräte und Einrichtungen	7,8	12,3	21,3
79	Andere Beförderungsmittel	30,2	11,6	20,0
8	Verschiedene Fertigwaren	8,7	10,7	7,1

1) Bis 1990 westdeutscher, ab 1991 gesamtdeutscher Handel.
2) Standard International Trade Classification (SITC Rev. II bis 1987, SITC Rev. III ab 1988).
3) Bezeichnungen der Warenklassen teilweise gekürzt; geringfügige Rundungsabweichungen bei Summenbildung möglich.

Quelle: *Statistisches Bundesamt, Wiesbaden*

BANGLADESCH

Tabelle 2: **Handelsstruktur Deutschland [1] - Bangladesch**
Deutsche Importe aus Bangladesch
(Angaben in Mio DM)

SITC POSITION [2]	WARENKLASSE [3]	1990	1991	1992
0 - 9	INSGESAMT	203,9	353,6	337,6
0	Nahrungsmittel und lebende Tiere	32,6	28,4	22,4
darunter:				
03	Fische, Krebstiere u.ä.	31,9	27,7	21,7
6	Bearbeitete Waren, vorwiegend nach Beschaffenheit gegliedert	24,5	28,6	22,1
darunter:				
61	Leder, Lederwaren	3,8	5,3	5,4
65	Garne, Gewebe	20,4	22,9	16,5
8	Verschiedene Fertigwaren	144,1	295,1	291,1
darunter:				
84	Bekleidung und Bekleidungszubehör	143,0	293,2	287,1

1) Bis 1990 westdeutscher, ab 1991 gesamtdeutscher Handel.
2) Standard International Trade Classification (SITC Rev. II bis 1987, SITC Rev. III ab 1988).
3) Bezeichnungen der Warenklassen teilweise gekürzt; geringfügige Rundungsabweichungen bei Summenbildung möglich.

Quelle: Statistisches Bundesamt, Wiesbaden

BANGLADESCH

Tabelle 3: **Außenhandel nach Waren**
(Angaben in Mio Taka)

WARENGRUPPE	1989/90	1990/91	1991/92 Juli-März
GESAMT-IMPORTE	113.305	111.555	95.517
davon:			
Lebensmittel und Getränke	20.799	18.573	16.517
Industrieprodukte	49.607	53.845	49.373
Brennstoffe u. Schmiermittel	18.562	12.673	9.682
Maschinen u. mech. Apparaturen	15.926	17.998	14.428
Transportmittel	4.651	4.903	2.493
Konsumgüter	3.054	3.100	2.552
Sonstige	704	459	423
GESAMT-EXPORTE	51.415	60.271	54.203
davon:			
Lebensmittel und Getränke	7.282	7.512	6.048
Industrieprodukte	21.059	19.460	1.516
Brennstoffe u. Schmiermittel	658	1.243	548
Maschinen u. mech. Apparaturen	424	883	1.846
Transportmittel	74	80	255
Konsumgüter	21.868	31.021	30.282
Sonstige	50	72	66

Quelle: Monthly Statistical Bulletin of Bangladesh, July 1993

BANGLADESCH

Tabelle 4: **Außenhandel nach Ländern**
(Angaben in Mio Taka)

LAND	1989/90	1990/91	1991/92 Juli-März
GESAMT-EXPORTE	51.415	60.271	54.203
davon:			
Japan	2.162	2.057	1.703
USA	16.284	17.408	17.459
Singapur	2.172	2.276	2.535
Hongkong	468	680	1.022
Großbritannien	3.179	4.647	3.313
Indien	180	195	35
Frankreich	2.076	3.238	2.997
VR China	493	1.222	488
Bundesrepublik Deutschland	2.769	5.778	4.798
Pakistan	760	967	1.092
Niederlande	1.073	1.352	1.738
Australien	624	736	543
Belgien	2.131	2.729	2.355
Italien	4.165	3.286	3.396
UdSSR	1.788	1.036	537
GESAMT-IMPORTE	113.305	111.550	95.517
davon:			
Japan	10.440	11.736	7.590
USA	6.510	7.766	5.862
Singapur	6.677	7.321	5.313
Hongkong	5.681	7.633	7.172
Großbritannien	4.209	3.273	2.969
Indien	7.037	6.981	6.790
Frankreich	1.523	1.484	926
VR China	5.001	6.491	6.942
Bundesrepublik Deutschland	4.224	3.944	3.523
Pakistan	2.883	2.555	2.935
Niederlande	2.226	2.087	2.249
Australien	2.957	2.522	2.301
Belgien	1.395	1.184	642
Italien	1.325	1.881	1.163
UdSSR	922	2.439	658

Quelle: *Monthly Statistical Bulletin of Bangladesh, July 1993*

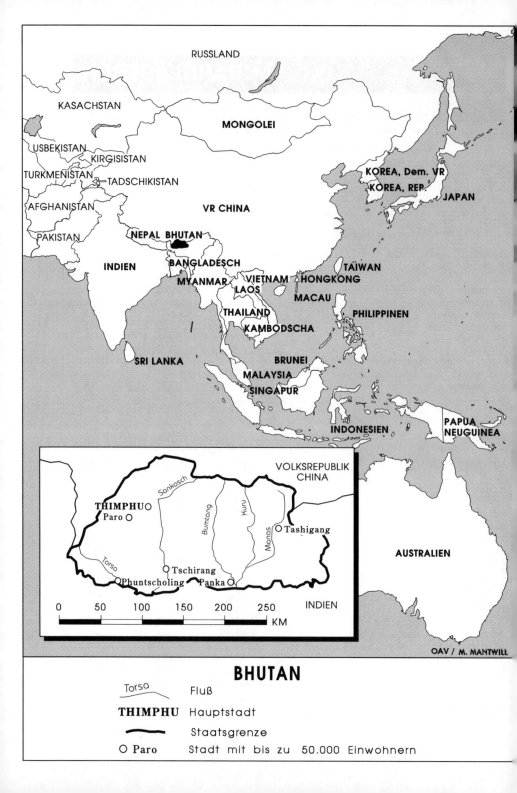

BHUTAN
Dagmar Keiper

Allgemeines

Offizielle Staatsbezeichnung:	Königreich Bhutan
Staatsform:	Monarchie
Staatsoberhaupt und Regierungschef:	König Jigme Singye Wangchuk
Landfläche:	46.629 qkm
Einwohnerzahl:	(Mitte 1991) 1,5 Mio
Bevölkerungsdichte:	32 Einw./qkm
Bevölkerungswachstum:	2,4% (1991-2000) WB-Schätzung
Wichtige Siedlungen:	(Einwohner geschätzt 1990): Timphu (Hauptstadt) 27.000; Phuntsholding 22.000; Paro 2.000
Offizielle Landessprache:	Dzongkha (Westen)
Nationalsprachen:	Nepali (Süden), Bumthangkha (Zentrum), Sarchopka (Osten)
Handelssprache:	Englisch
Nationalfeiertag:	17. Dezember (Jahrestag der ersten Königskrönung 1907)
Weitere Feiertage:	2., 16. Januar, 22. Februar, 2. Mai, 2. Juni, 21. Juli, 11., 12., 13. November Weitere Feiertage, die je nach Mondstand jährlich wechseln

Weitere Daten

Erwerbspersonen:	(geschätzt 1981/82) 650.000 insgesamt; in der Landwirtschaft 613.000; Industrie 6.000; Handel 9.000; Dienstleistungssektor 22.000
Analphabeten:	(1990) 62%, Frauen: 75%
Entstehung des BIP:	(1991) 43% Landwirtschaft; 27% Industrie; (10% verarbeitendes Gewerbe); 29% Dienstleistungen

BHUTAN

Wichtigste Agrarerzeugnisse:	(1989) Holz; 83.000 t Reis; 81.000 t Mais; 53.000 t Kartoffeln; 55.000 t Zitrusfrüchte
Wichtigste Bergbauprodukte:	(1988) 197.000 t Dolonit; Kalkstein; Kohle
Wichtigstes Industrieerzeugnis:	(1988) 152.000 t Zement
Elektrizitätserzeugung:	(1991/92) Wasserkraft 322 MW
Abkommen mit Deutschland:	Abkommen über technische Zusammenarbeit vom 21.12.1989
Abkommen mit der EU:	Seit 1.7.1973 in die allgemeinen Zollpräferenzen einbezogen

BHUTAN

Statistisches Profil Bhutan

			1990	1991	1992	1993
1. Bruttoinlandsprodukt (BIP)						
BIP	(Mio US$)			240		
Reales BIP	(Veränd. in %)	1)	4,6	5,6	3,0	4,0
BIP pro Kopf	(US$)		175*			
Reales BIP pro Kopf	(Veränd. in %)	1)	1,8			
2. Wechselkurse (1 Ngultrum = 100 Chetrum)						(9/93)
NU/US$ (Jahresdurchschnittskurs)			17,50	22,74	25,91	30,69
NU/US$ (Jahresendkurs)			18,07	25,83	26,2	
NU/DM (Jahresdurchschnittskurs)				13,70	16,60	18,99
NU/DM (Jahresendkurs)				17,04	16,23	18,25
3. Preise						
Inflationsrate	(%)		10,1	11,3	10,6	10,2
Terms of Trade	(Veränd. in %)					
4. Zinssätze						
Geldmarktsatz	(% p.a.)					
Einlagezinssatz	(% p.a.)		6,5	6,5	8,0	
Kreditzinssatz	(% p.a.)		15	15	17	
5. Staatshaushalt		2)3)				
Saldo	(in % des BIP)		-1,1			
6. Monetärer Sektor		4)				
Inlandskredite	(Veränd. in %)		-100	81	10320	
Geldmenge M2	(Veränd. in %)		-1,09	39	12,1	
7. Außenhandel						
Exporte (fob)	(Mio US$)		746,5	717,6		
Importe (cif)	(Mio US$)		1079	1020		
Deutsche Importe (cif)					(1-6/92)	
aus Bhutan	(Mio DM)	5)	0,029	0,004	0,03	
Deutsche Exporte (fob)					(1-6/92)	
nach Bhutan	(Mio DM)	5)	2,3	4,6	1,3	
8. Leistungsbilanz						
Güterexporte (fob)	(Mio US$)					
Güterimporte (fob)	(Mio US$)					
Handelsbilanzsaldo	(Mio US$)					
Dienstleistungsexporte	(Mio US$)					
Dienstleistungsimporte	(Mio US$)					
Dienstleistungsbilanzsaldo	(Mio US$)					
Leistungsbilanzsaldo	(Mio US$)					
9. Auslandsverschuldung		6)				
Bruttobestand	(Mio US$)		83,4	87,3		
-in % des BIP			32,3	38,7		
-in % der Exporterlöse (Güter und Dienstleistungen)			81,9			
10. Schuldendienst						
Gesamtzahlungen	(Mio US$)		6,9			
-Zinszahlungen	(Mio US$)		2,5			
-Amortisationen	(Mio US$)		4,4			
Schuldendienstquote	(%)	7)	n.a.			
Zinsdienstquote	(%)	8)	2,5			
11. Währungsreserven		6)				
Währungsreserven ohne Gold	(Mio US$)	7)	86,01	98,92	77,87	
-in Monatsimporten			7,4			
Gold	(Mio US$)					

1) Auf Basis der Landeswährung.
2) Zentralregierung.
3) Fiskaljahre vom 1.7.-30.6.
4) Veränderung der Jahresendbestände.
5) Zahlenangaben bis einschließlich 1990 beziehen sich nur auf den westdeutschen Handel mit Bhutan. Ab 1991 umfassen sie den gesamtdeutschen Handel.
6) Bestand am Periodenende.
7) Goldbestand wird offiziell nicht gesondert ausgewiesen.
*) BIP pro Kopf zu Marktpreisen US$ 129.

Quelle: World Bank: World Debt Tables, 1992-1993,
        IMF: International Financial Statistics, Nov. 1993.

BHUTAN

Länderrating

Gemäß den quantitativen Bewertungskriterien erreicht Bhutan 47 Punkte. Besonders bemerkungswert ist, daß bei allen Kriterien, ausgenommen das BIP pro Kopf, eine Punktzahl in dem oberen Drittel der Skala vergeben wurde. Zusammen mit den qualtitativen Kriterien erreicht Bhutan eine Gesamtpunktzahl von 60, was dem Land eine überdurchschnittliche gesamtwirtschaftliche Situation mit moderatem Kreditrisiko bescheinigt.

Diese positive Ausgangslage muß allerdings vor dem Hintergrund betrachtet werden, daß das Königreich noch immer ein von Subsistenzproduktion gekennzeichnete Wirtschaftssystem hat, das bis heute relativ abgeschlossen von der übrigen Welt funktioniert.

Wirtschaftliche und politische Lage 1993

- Der ethnische Konflikt mit der nepalesischen Bevölkerungsgruppe besteht weiter und verschärft die Spannungen mit Nepal
- Arbeitskräftemangel
- Hohe Abhängigkeit von indischer und internationaler Finanzhilfe
+ Institutionelle Voraussetzungen für effiziente Abwicklung von Entwicklungshilfeprojekten gewährleistet
+ Positiver Abschluß des 6. Fünfjahresplanes 1992
+ Weiterhin schwerpunktmäßige Förderung der Infrastruktur und des Gesundheitswesen

BHUTAN

Prognose für 1994

- Geringe Bereitschaft der bhutanesischen Führung in der Flüchtlingsfrage eine Konfliktlösung herbeizuführen
- Weiterhin große Abhängigkeit von externer Finanzhilfe
- Abhängigkeit der bhutanesischen Ökonomie von der wirtschaftlichen Entwicklung in Indien
+ Die Regierung hält an ihren Entwicklungszielen fest: Schutz und Bewahrung der natürlichen Lebensgrundlagen und Verbesserung der Lebensgrundlagen der bhutanesischen Bevölkerung
+ Die guten Exportergebnisse der Vergangenheit (Obst und Gemüse) können fortgesetzt werden
+ Steigerung der Energieproduktion und der Ausbeutung vorhandener mineralischer Bodenschätze möglich

Bilaterale Wirtschaftsbeziehungen

Es bestehen noch keine diplomatischen Beziehungen zwischen der Bundesrepublik und Bhutan; nach ihrer Aufnahme hat die Regierung der Bundesrepulik eine Erhöhung ihrer Entwicklungsleistungen an Bhutan in Aussicht gestellt.

BHUTAN

Überblick und Besonderheiten

Noch immer ist der seit Jahren schwelende Konflikt zwischen der nepalesischen und der bhutanesischen Bevölkerunggruppe, oder besser zwischen dem bhutanesischen König, King Jigme Singye Wangchuk, und der nepalesischen "Bhutan People`s Party" (BPP) ungelöst. Während der bhutanesische Außenminister diese in Kathmandu residierende und in Bhutan verbotene Fürsprecherin der aus dem Königreich geflohenen Nepalesen, als eine "durch und durch terroristische Vereinigung" bezeichnet, spricht die BPP von Bhutan als einem "feudalen und reaktionären Staat" und fordert die Errichtung eines demokratischen Regierungssystems.

Mittlerweile sollen etwa 100.000 "bhutanesische Nepalesen" in den auf nepalesischem Territorium gelegenen Flüchtlingscamps leben. Bhutan wird beschuldigt, Tausende der im südlichen Teil des Landes lebenden Nepalesen gewaltsam von ihrem Grund und Boden vertrieben zu haben. Der bhutanesische König widerspricht den Anschuldigungen mit dem Hinweis, er sei bereit, mit den Rebellen zu sprechen. Gleichzeitig hat er sich das Ziel gesetzt, innerhalb von drei Jahren dieses Bevölkerungs- bzw. Flüchtlingsproblem zu lösen.

Die Anklage gegen den Oppositionsführer der nepalesischen Bevölkerungsgruppe, Tek Nath Rizal, wegen Hochverrats zu Beginn des Jahres 1993 und seine Verurteilung zu lebenslanger Haft (im November 1993) nach drei Jahren Haft dürfte die Glaubwürdigkeit des Königs nicht verstärken, zumal die "Bhutanesische Menschenrechtsorganisation" (HUROB) auf fundamentale Rechtsverstösse in diesem Fall hinweist. Demnach ist Rizal 1989 auf der Grundlage eines Gesetzes inhaftiert worden, das erst 1992 in Kraft getreten ist.

Von der Größe der Flüchtlingslager kann nicht unbedingt auf die Anzahl der aus ihrer bhutanesischen Heimat geflohenen Menschen geschlossen werden, denn Berichten zufolge sammeln sich dort auch viele junge Nepalesen, die aus den angrenzenden indischen Bundesstaaten im Osten, wie z.B. Assam, vertrieben wurden. Obwohl nach inoffiziellen Angaben auch etwa 40.000 Flüchtlinge aus Bhutan über Indien verstreut leben sollen, hält sich die indische Regierung in dieser Angelegenheit zurück. Dafür mögen nicht zuletzt die seit Jahrzehnten engen diplomatischen und politischen Verbindungen zwischen beiden Staaten verantwortlich sein; Indien ist auch für die nationale Sicherheit des Königreiches verantwortlich. Demgegenüber steht der nepalesische Premierminister in der Flüchtlingsfrage unter starkem innenpolitischen Druck, denn obwohl die Lager von dem Hohen Flüchtlingskommissariat der UN (UNHCR) geleitet werden, konkurrieren die Flüchtlinge mit den dort lebenden Menschen um die knappe Nahrung, das wenige Brennholz und die kaum vorhandenen Beschäftigungsmöglichkeiten. Nicht zuletzt wird in nepalesischen Regierungskreisen befürchtet, daß sich die Flüchtlingsregion zu einer Hochburg für radikale Kommunisten entwickeln könnte.

Im Frühjahr 1993 wurde anläßlich des SAARC-Gipfels in Dhaka versucht, das Problem auf bilateraler Ebene anzugehen und ein Gespräch zwischen dem nepale-

BHUTAN

sischen Premierminister und dem bhutanesischen König herbeizuführen. Eine Einigung über die Rückführung der Flüchtlinge kam erwartungsgemäß nicht zustande, dafür wurde ein Grundsatzproblem zutage gefördert, das den völkerrechtlichen Status der nun in Nepal lebenden und aus Bhutan kommenden Menschen betrifft. Würde der König anerkennen, daß es sich um Flüchtlinge handelt, wäre damit automatisch eine Bestätigung ihrer bhutanesischen Staatsbürgerschaft verbunden und die Repatriierung nach Bhutan völkerrechtlich sanktioniert. Aus bhutanesischer Sicht handelt es sich jedoch um eine Zwangsvertreibung, also um "displaced persons", die nicht mit bhutanesischer Staatsgewalt, sondern aufgrund terroristischer Aktionen von Rebellen das Land verließen, in das sie vorher illegal eingereist seien. Verständlicherweise konnte es vor diesem Hintergrund zu keiner bilateralen Lösung dieser Problematik kommen und es wird darüber hinaus erwartet, daß Nepal diese Angelegenheit nun vor die Menschenrechtskommission in Genf bringen oder sogar der UN-Vollversammlung vorlegen wird.

Die wirtschaftliche Entwicklung des Landes verläuft dagegen positiver. 1992 ging der 6. Fünfjahresplan (FJP) für 1987-92 zu Ende und die darin formulierten Entwicklungsaufgaben wurden mit Unterstützung von Indien und den Organisationen der UN zufriedenstellend angepackt und gelöst. Hervorzuheben sind die effiziente Verwendung der vorhandenen Entwicklungshilfegelder und eine erfolgreiche Institutionenbildung für die regional ausgewogene Entwicklung.

Die entwicklungspolitischen Schwerpunkte des 7. FJP (1993-97) liegen im sozialen Bereich (bereits 1990 waren alle Kinder durchgeimpft). Den größten Anteil an Entwicklungsausgaben erhält der Erziehungssektor mit Ngultrum (Nu) 1,7 Mrd. Das Gesundheitswesen erhält Nu 1 Mrd und Investitionen in den infrastrukturellen Bereich werden mit Nu 1,2 Mrd für den Straßenbau und Nu 1,08 Mrd für die Telekommunikation angegeben. Sollten die Planziele erfüllt werden, wird das Land zumindest auf Distriktebene mit einem Telekommunikationssystem versorgt sein.

Wirtschaftsplanung

Das bhutanesische BIP beträgt etwa US$ 250 Mio, davon wurden 1991 70% im Agrar- und Dienstleistungssektor sowie der Forstwirtschaft erwirtschaftet. Diese drei Wirtschaftssektoren haben einen noch größeren Anteil an der Arbeitsplatzbeschaffung.

Durch die relative Begrenztheit der Ökonomie hat bereits die Errichtung eines weiteren Großprojektes, z.B. im Industriesektor oder ein weiteres Kraftwerk, einen erheblichen Einfluß auf die wirtschaftliche Wachstumsrate. Vor diesem Hintergrund ist das Absinken der Wirtschaftswachstumsrate um etwa 3% 1990 und 1991 zu sehen, in diesem Zeitraum wurden keine neuen Projekte installiert.

Die Entwicklungsfinanzierung basiert nach wie vor zum größten Teil auf internationaler und auf indischer Finanzhilfe. Dennoch gelang es Bhutan seine laufenden Ausgaben zwischen 1981 und 1990 zu verfünffachen. Investitionen in die Forst-

BHUTAN

wirtschaft, die Infrastruktur, die Energiegewinnung und die Industrie standen an der Spitze. Der 7. FJP (1993-1997) legt einen entwicklungspolitischen Schwerpunkt auf die Verbesserung der Gesundheitsversorgung und die Erziehung. Diese sinnvolle und notwendige Entwicklungsorientierung weist dennoch laut Weltbankanalysen eine Vernachlässigkeit der Kosten auf, die diese Strategie produziert. Das bhutanesische Haushaltsdefizit wird zum größten Teil von Indien finanziert, was eine enorme Abhängigkeit von und Anfälligkeit gegenüber externen Einflüssen nach sich zieht. Dies zeigte sich im FJ 1992, als Indien seine Darlehen an Bhutan kurzfristig und zeitlich begrenzt reduzierte. Die bhutanesische Regierung ist sich deshalb bewußt, daß sie mittelfristig den Anteil der Eigenfinanzierung des Budgets vergrößern muß.

Im neuen FJP wird die politische Absicht deutlich, die externe Abhängigkeit der Wirtschaft zu reduzieren und die Eigenständigkeit der Ökonomie zu erreichen, parallel dazu betont der Plan die nationale Identität und die Entwicklung der vorhandenen "human resources" sowie die Verbesserung der Lebensbedingungen in den ländlichen Gebieten.

Die Regierung ist sich bewußt, wie wichtig der Schutz und die Erhaltung der vorhandenen natürlichen Lebensgrundlagen sind. Die Förderung des Agrarsektors und die Steigerung des landwirtschaftlichen Outputs wird demzufolge unter der Bedingung betrieben, die Fruchtbarkeit der Böden zu bewahren. Unterstützt wird die bhutanesische Regierung in diesem Bemühen auch von den Industrieländern. So leistet beispielsweise die dänische Regierung einen finanziellen Beitrag zur "National Einvironment Strategy"; dieses Programm soll 1994 vollendet sein. Die bhutanesische Regierung ist allerdings weitsichtig genug zu erkennen, daß ihr Bestreben, die wirtschaftliche Entwicklung zu forcieren sowie die Umwelt zu bewahren, in einem Zielkonflikt münden könnte. Es wurde deshalb ein "Trust Fund for Environmental Conservation" geschaffen, der, unterstützt von Weltbank, UNDEP, UNEP, World Wildlife Fund und den Niederlanden, die staatlich geschützten Gebiete ausdehnen und ihre Handhabung optimieren soll.

Neu und dem "weltpolitischen Klima" entsprechend, wird die Förderung des privaten Sektors festgeschrieben und dessen Rolle für die Entwicklung des Landes betont.

Die Staatsunternehmen in Bhutan wirtschaften im Gegensatz zu fast allen anderen Staaten profitabel; dennoch hat die Regierung in jüngster Vergangenheit ein Privatisierungsprogramm gestartet, das sich auf die Unternehmen in der verarbeitenden Industrie und im Dienstleistungssektor, hier v.a. der Tourismusbranche, konzentriert. Im laufenden FJP wird darüber hinaus die Privatisierung staatlicher Dienstleistungen geplant. Die "Bhutan Development Finance Corporation" (gegründet 1988) fördert v.a. die mittleren und kleinen Industriebetriebe.

BHUTAN

Staatshaushalt

Das bhutanesische Budget ist gekennzeichnet von der starken Verflechtung mit der indischen Ökonomie. So ist die indische Rupie gleichberechtigtes Zahlungsmittel in Bhutan; Indien finanzierte die größten Energieprojekte und auch einige Industrieprojekte im Land; 90% der bhutanesischen Exporte gehen nach Indien und obgleich der große indische Markt insbesondere für Energie die Exportrate in den 80er Jahren verzehnfacht hat, existiert ein hohes Handelsbilanzdefizit gegenüber Indien. Dieses Defizit finanziert die indische Regierung mit Zuschüssen, die in der Vergangenheit ein Viertel der bhutanesischen Staatsausgaben betrugen.

Vor diesem Hintergrund ist Bhutan sehr stark von der indischen Wirtschaftsliberalisierung betroffen, sowohl positiv als auch negativ. Die Abwertung der indischen Rupie hat auch die bhutanesischen Exporte in Drittstaaten kostengünstiger gemacht, während parallel dazu durch den allmählichen Abbau der hohen Schutzzölle, die bhutanesischen Produkte, ebenso wie die indischen, mit Waren aus anderen Staaten konkurrieren müssen.

Die Forstwirtschaft konstituiert 10% des BIP, was angesichts der begrenzten Möglichkeit, den Waldbestand legal zu nutzen (ca. 40%), ein ansehnliches Ergebnis ist. Die Erhaltung der Wälder hat aber gegenüber ihrer kommerziellen Nutzung uneingeschränkte Priorität. Zusammen mit der Forstwirtschaft ist die Landwirtschaft der dominierende Wirtschaftssektor, obgleich die landwirtschaftliche Nutzfläche angesichts der geographischen Gegebenheiten gering und eine Ausdehnung kaum möglich ist. Das in früheren Jahren verfolgte Ziel der Nahrungsmittelselbstversorgung mußte vor diesem Hintergrund wegen Unwirtschaftlichkeit aufgegeben werden.

Erklärtes Ziel der Regierung ist die Eigenfinanzierung aller staatlichen Ausgaben; obgleich dafür keine Zeitvorgaben gemacht wurden, dürfte es angesichts der gleichfalls formulierten ambitionierten Entwicklungsziele schwierig sein, dieses Ziel zu erreichen. Dennoch sollen die laufenden Ausgaben mittels eingeschränkter Kapitalinvestitionen begrenzt werden. Da Investitionen im Gesundheits- und Erziehungssektor auch längerfristig Kosten produzieren, soll mittels einer stärkeren Priorisierung versucht werden, die notwendigen Finanzmittel einerseits zur Verfügung zu haben und andererseits zu limitieren. Zur Einnahmensteigerung werden die Ausbeutung vorhandener mineralischer Rohstoffe und von Wasserressourcen benannt, die u.a. die Zement- und Energieproduktion steigern sollen. Um die benötigten Finanzmittel zu realisieren, wurde im August 1992 eine neue Steuerpolitik verabschiedet. Auch im Vergleich mit anderen Entwicklungsländern sind die Steuereinnahmen des bhutanesischen Staates extrem gering. So wird es sich nach Einschätzung der Weltbank nicht vermeiden lassen, daß die Steuerbasis verbreitert wird und auch Gebühren und Abgaben einführt werden. Eine Reform des Zollsystems, die Ersetzung der quantitativen Restriktionen durch eine vereinheitlichte Zollstruktur, würde ebenfalls zu einer Steigerung der staatlichen Einnahmen führen.

BHUTAN

Auch unter Ausschöpfung aller vorhandenen Möglichkeiten, die Einnahmen zu erhöhen, wird Bhutan den Bedarf an internationaler Finanzhilfe nicht entscheidend senken können.

Insgesamt 17 Hilfsorganisationen, darunter Weltbank und UNDP, und 11 Geberstaaten bilden das internationale Konsortium, das bei seinem vierten Treffen (März 1992 in Genf) eine Finanzhilfe für den 7. FJP bewilligte, die die Kreditzusage für den 6. FJP übertraf, da dem Land allgemein eine zufriedenstellende und effektive Verwendung der internationalen Hilfsgelder für seine Entwicklung bescheinigt wurde. Dem Königreich wurden Nu 3,5 Mrd zur Finanzierung seines 7. FJP zugesagt; mit der staatlichen Finanzierung von Nu 6,5 Mrd bleibt eine Finanzlücke von Nu 5,6 Mrd.

Bis zum FJ 1988 erhielt Bhutan überwiegend "weiche" Kredite, so daß die Verschuldungsrate gering blieb. Ein kommerzieller Kredit zur Finanzierung eines neuen Flugzeuges (1988) erhöhte den Schuldendienst auf Devisenbasis auf 20-30% der Zuflüsse; aufgrund der positiven Entwicklung des Exports in Drittländer erscheint dies jedoch zu handhaben sein.

Land- und Forstwirtschaft

Der Agrarsektor dominiert die bhutanesische Wirtschaft und Gesellschaft nachdrücklich: Sein Anteil am BIP betrug 1991 nach Angaben der Weltbank 42,1% (ebenso wie 1990) und 91% der wirtschaftlich aktiven Bevölkerung ist in der Landwirtschaft tätig; die landwirtschaftliche Nutzfläche beträgt lediglich 9% der Gesamtfläche. Eine Steigerung ist einerseits aufgrund der geographischen Bedingungen (bergiges Gelände) kaum möglich und andererseits angesichts des Bekenntnisses der Regierung, die Umwelt zu schützen und einen Raubbau zu verhindern, begrenzt. Die Mechanisierung des landwirtschaftlichen Anbaus ist ebenfalls gering, gleiches gilt für die künstliche Bewässerung. Vor allem letzteres steht einem verstärktem Einsatz der modernen Hochertragssorten für Getreide im Wege. Dafür sind andererseits die mit einem intensiven, mechanisierten landwirtschaftlichen Anbau verbundenen Gefahren (Zerstörung der Böden, Erosion) in Bhutan, im Vergleich etwa mit Nepal nicht akut.

Auf dem Gebiet des Obstanbaus konnten Fortschritte erzielt werden; die Ausfuhr von Äpfeln und Orangen sichert Bhutan eine positive Handelsbilanz bei landwirtschaftlichen Produkten. Komparative Vorteile sind bei den Gartenbauprodukten vorhanden, deren Export noch erhöht werden kann.

Die verfügbaren Angaben der Ernteergebnisse für die wichtigsten Erzeugnisse sind nicht aktuell, allerdings läßt die gesamtwirtschaftliche Situation darauf schließen, daß es zu keinen richtungsweisenden Veränderungen gekommen ist; dies wird durch die gleichbleibende Wachstumsrate des agrarischen Outputs bestätigt, die sowohl 1991 und 1992 3,4% betrug.

BHUTAN

1989 wurden 83.000 t Reis geerntet (Hauptanbauprodukt), 81.000 t Mais, 53.000 t Kartoffeln und 55.000 t Zitrusfrüchte.

Bhutans großer Waldbestand ist, neben seiner ökologischen Bedeutung und seiner - im internationalen Vergleich - fast einzigartigen Artenvielfalt, auch ökonomisch für das Land bedeutungsvoll. Die Forstwirtschaft trägt 10% zum BIP bei und obwohl die Regierung lediglich 40% der gesamten Waldfläche für eine kommerzielle Nutzung freigegeben hat, entsteht in einigen Regionen, aufgrund der steigenden Nachfrage nach Hölzern und Holzprodukten, Druck auf den Waldbestand. Insgesamt stehen 20% der Landfläche unter dem besonderen Schutz der Regierung, z.B. in Form eines Nationalparks und Wildreservaten.

Trotz des vorhandenen Umweltbewußtseins bei der staatlichen Planung ist es zu einigen Erosionsproblemen aufgrund von nicht angepaßtem Straßenbau etc. gekommen. Dem soll entgegengesteuert werden, indem der Abteilung Forstwirtschaft in der staatlichen Verwaltung mehr Kompetenzen zugestanden werden, damit sie in der Lage ist, Durchführungsbestimmungen zu erlassen und die Implementierung von Vorhaben zu überwachen. Darüber hinaus soll die lokal ansässige Bevölkerung für die Umweltproblematik sensibilisiert werden.

Energie und verarbeitende Industrie

Der Anteil der industriellen Produktion am BIP (1991) betrug nach Angaben der Weltbank 26,7%, davon wurden von dem verarbeitenden Gewerbe 9,6% erbracht. Die Zementproduktion ist der wichtigste Industriezweig. Im kleinindustriellen Sektor werden größtenteils Holz und Nahrungsmittel verarbeitet und Textilien, Teppiche und handwerkliche Güter hergestellt.

Angesichts des begrenzten Wachstumspotentials der Landwirtschaft ist die Regierung bemüht, andere dynamische Wirtschaftssektoren zu erschließen und die Produktionsbasis, auch für den Export, zu diversifizieren. Die Investitionsströme in die verarbeitende Exportproduktion wurde in der Vergangenheit von der Regierung getätigt, nun ist sie bestrebt, den privaten Sektor stärker in die Wirtschaft zu integrieren. Auch die bislang verfolgte Strategie, Investitionen in unterentwickelte Regionen zu lenken, soll zugunsten einer besseren Standortpolitik für industrielle Anlagen aufgegeben werden. Parallel dazu soll das staatliche Lizensierungssystem für Investitionen reformiert werden. Das größte Wachstumshindernis für die Industrie ist allerdings der Mangel an ausgebildeten Arbeitskräften. Die Regierung ist bemüht, diesen Mangel zu beheben. Die entwicklungspolitischen Anstrengungen in diese Richtung sind v.a. im laufenden FJP zu erkennen, dessen Schwerpunkt die Ausbildung und Förderung der "human resources" ist.

Das Potential Bhutans, Energie mit Wasserkraft zu erzeugen, wird gegenwärtig von der Weltbank auf 20.000 MW geschätzt. Aktuell werden 322 MW produziert, davon kommen 318 MW aus dem Chukha Wasserkraftwerk, das mit einer 336 MW-Kapazität ausgestattet ist. Fast die gesamte produzierte Energie wird nach

BHUTAN

Indien exportiert; im FJ 1991 waren es 90% (1530 GWh) und lediglich knapp 2% der erzeugten Elektrizität wird von bhutanesischen Haushalten verbraucht. Das große Potential an Wasserkraft ist auch Basis für die energieintensive Zement- und Kalziumkarbitproduktion sowie für die holzverarbeitende Industrie.

Der große Anteil, den Indien an der Finanzierung der bhutanesischen Entwicklungspläne hat, betrifft auch die Errichtung der kapitalintensiven Wasserkraftwerke; weitere sollen in dieser Dekade gebaut werden und damit das Wirtschaftswachstum ankurbeln. Bisher hat die steigende Energiegewinnung wenig Einfluß auf die Elektrifizierung des Landes gehabt, diese soll zukünftig mit Hilfe des "Power Sector Master Plan" verbessert werden. Der Plan wird von der UNDP und der norwegischen Regierung finanziert, die Leitung hat die Weltbank übernommen, die davon ausgeht, daß Indien auch zukünftig größtenteils die Finanzierung der Kraftwerksentwicklung übernimmt.

Tourismus

Trotz restriktiver Einreisebestimmungen ist die Zahl der Touristen, die das Land besuchen, in den vergangenen Jahren kontinuierlich gestiegen. Anfang der 70er Jahre begann die vorsichtige Öffnung und 1988 kamen über 2000 Menschen ins Land, die der Regierung US$ 2 Mio einbrachten. Die Besucherzahlen verringerten sich in den folgenden Jahren (1989: 1480; 1990: 1540; bis September 1991: 868) etwas, was möglicherweise auf die Unruhen im südlichen Landesteil zurückzuführen ist. Mit dem offiziell festgelegten Tagessatz zwischen 170 und 250 US$ (je nach Saison) für den Besucher, beabsichtigt die Regierung eine Verhinderung des Massentourismus, der im Nachbarland Nepal zu großen ökologischen Problemen führt. Die Erhaltung der natürlichen Umweltbedingungen hat in Bhutan Priorität vor der Einnahme knapper Devisen.

Außenwirtschaft

Mit der engen Verzahnung zwischen bhutanesischer und indischer Ökonomie dominiert dieser zwischenstaatliche Handel die bhutanesische Außenwirtschaft.

Die begonnene Liberalisierung der indischen Ökonomie mit dem reduzierten Schutz für einheimische Produkte hat demzufolge Auswirkungen auf die Konkurrenzfähigkeit der bhutanesischen Waren auf dem indischen Markt. Die Diversifizierung der Exportpalette wurde deshalb bereits in den vergangenen Jahren versucht. Schon 1988 hatte die bhutanesische Regierung die Förderung der Ausfuhr in Drittländer protegiert, indem sie zur Kompensation der damals überbewerteten indischen Rupie (iR) eine 30%ige Exportsubvention für bhutanesische Warenexporte in Drittländer einführte. In der Konsequenz nahm das Exportvolumen bis 1991 um das Siebenfache zu. Neue Märkte wurden in Bangladesch für Früchte, in

BHUTAN

Thailand und Japan für landwirtschaftliche Produkte und in der Bundesrepublik Deutschland für Holzerzeugnisse erschlossen. Analog zur Abwertung der indischen Rupie (1991) wurde diese Exportsubvention in Bhutan wieder abgeschafft. Hauptexportgüter sind Elektrizität, Zement, Holz, Kardamon und Obst, davon werden 90% nach Indien ausgeführt und die restlichen 10% verteilen sich auf Westeuropa, Singapur und den Nahen Osten. Gegenüber dem Vorjahr stieg der Export 1992 um 10% und erbrachte US$ 63 Mio, was einerseits an den revidierten Tarifen für nach Indien exportierten Strom und andererseits an der erfolgreichen Steigerung der Ausfuhr von Obst und Gemüse nach Bangladesch liegt.

Die Importe, sie kommen zu 80% aus Indien, stiegen im selben Zeitraum um 8% und bestehen u.a. aus Dieselöl, Benzin, Reis und Maschinen.

Beziehungen zur Bundesrepublik Deutschland

Aus der Bundesrepublik fließen seit 1987 etwa DM 17 Mio Entwicklungshilfe nach Bhutan und eine Erhöhung wird nach der Aufnahme diplomatischer Beziehungen zwischen beiden Staaten in Aussicht gestellt.

BHUTAN

Tabelle 1: **Handelsstruktur Deutschland** [1] **- Bhutan**
Deutsche Exporte nach Bhutan
(Angaben in Mio DM)

SITC POSITION [2]	WARENKLASSE [3]	1990	1991	1992
0 - 9	INSGESAMT	2,3	4,6	2,6
6	Bearbeitete Waren, vorwiegend nach Beschaffenheit gegliedert	0,2	0,1	1,0
7	Maschinenbau-, elektrotechn. Erzeugnisse und Fahrzeuge	0,8	1,1	1,0
8	Verschiedene Fertigwaren	0,1	0,8	0,6
9	Anderweitig nicht erfaßte Waren	0,02	0,006	0,009

Tabelle 2: **Handelsstruktur Deutschland** [1] **- Bhutan**
Deutsche Importe aus Bhutan
(Angaben in Mio DM)

SITC POSITION [2]	WARENKLASSE [3]	1990	1991	1992
0 - 9	INSGESAMT	0,03	0,004	0,25
55	Ätherische Öle, Resinoide und Riechmittel	-	-	0,03
65	Garne, Gewebe	0,025	-	0,02
84	Bekleidung und Bekleidungszubehör	0,004	0,004	-

1) Bis 1990 westdeutscher, ab 1991 gesamtdeutscher Handel.
2) Standard International Trade Classification (SITC Rev. II bis 1987, SITC Rev. III ab 1988).
3) Bezeichnungen der Warenklassen teilweise gekürzt; geringfügige Rundungsabweichungen bei Summenbildung möglich.

Quelle: Statistisches Bundesamt, Wiesbaden

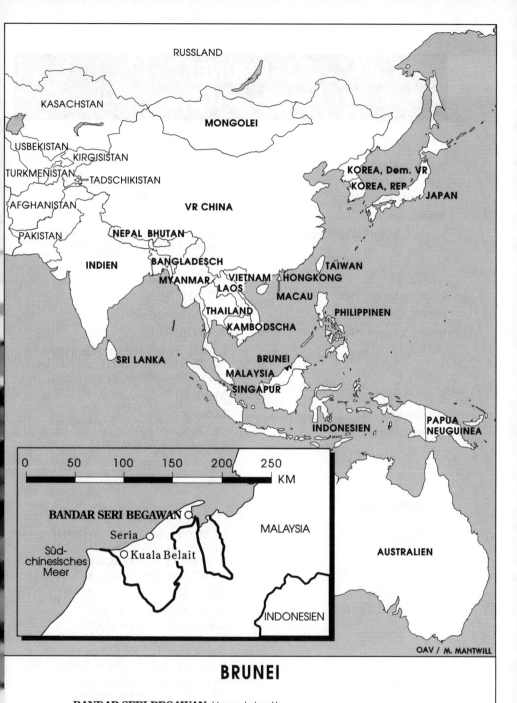

BRUNEI
Dr. Rüdiger Machetzki

Allgemeines

Offizielle Bezeichnung:	Brunei Darussalam
Staatsform:	Sultanat
Staatsoberhaupt und Regierungschef:	Sultan und Yang Di-Pertuan Haji Hassanal Bolkiah Muizzaddin Waddaulah
Landfläche:	5.765 qkm
Einwohnerzahl:	267.000 (1993)
Bevölkerungsdichte:	46 Einwohner/qkm
Bevölkerungswachstum:	2,5% (1990/91)
Wichtige Städte:	Bandar Seri Begawan (Hauptstadt) ca. 80.000 Einw. (1990), Seria 24.000 Einw., Kuala Belait 19.000 Einw.
Amtssprache:	Malaiisch
Handelssprache:	Englisch
Nationalfeiertag:	23. Februar (Offizielle Feierlichkeiten zur Unabhängigkeit 1984)

Weitere Daten

Beschäftigung:	ca. 90.000 (1992),106.746 (1991), davon ca. 40% im öffentlichen Dienst; des weiteren ca. 10.000 Malaysier, und je 7.000 Thais bzw. Filipinos
Arbeitslosigkeit:	(1991) 5.373 Mio; Quote 4,7%
Entstehung des BIP:	1990 (1989) Bergbau- und Energiesektor 53,1% (54,6); Dienstleistungssektor 42,4% (40,9); Bauwirtschaft 2,3% (2,4); Land- und Forstwirtschaft, Fischerei 1,74% (1,76)
Erdölförderung:	1992 (1991) 182.000 Faß pro Tag (162.000); 10,55 Mio cbm pro Jahr

BRUNEI

Erdgasförderung:	(1992) 21,4 Mio cbm pro Tag; 7,2 Mrd cbm pro Jahr
Holzeinschlag:	(1990) 100.000 cbm - per Dekret festgeschrieben (1989 noch 315200 cbm; für 1992 unter 100000 cbm geschätzt)
Fischerei:	1991 (1990) 1.569,7 t (1.864,5)
Abkommen mit Deutschland:	Luftverkehrsabkommen am 15.12.1992 paraphiert, ab Juni 1993 in Kraft
Abkommen mit der EU:	Handels- und wirtschaftspolitisches Kooperationsabkommen zwischen ASEAN - EG vom 7.3.1980, seit 1.10.1980 in Kraft

BRUNEI

Statistisches Profil Brunei

			1990	1991	1992 (S)
1.	Bruttoinlandsprodukt (BIP)				
	BIP	(Mio US$)	3.700	3.870	3.975
	Reales BIP (Veränderung in%)	1)	4,2	4,5	2,8
	BIP pro Kopf	(US$)	14.200	14.830	14.890
	Reales BIP pro Kopf (Veränderung in%)	1)	2,0		
2.	Wechselkurse (1 Brunei Dollar= 100 cents)				
	BR$/US$ (Jahresdurchschnittskurs)		1,78	1,72	1,63
	BR$/US$ (Jahresendkurs)		1,74	1,63	1,63
	BR$/DM (Jahresdurchschnittskurs)		1,13	1,03	1,04
	BR$/DM (Jahresendkurs)		1,17	1,07	1,01
3.	Preise	2)			
	Inflationsrate	(%)	2,3	1,6	5,7
	Terms of Trade	(%)	n.a.	n.a.	n.a.
4.	Zinssätze		n.a.	n.a.	n.a.
5.	Staatshaushalt				
	Saldo	(in% des BIP)	+0,14	-1,94	-8,23
6.	Monetärer Sektor		n.a.	n.a.	n.a.
7.	Außenhandel				
	Exporte (fob)	(Mio US$)	2.480	2.545	2.368
	Importe (cif) (Mio US$)		1.062	900	1.178
	Deutsche Importe (cif)	(Mio DM) 3)	0,7	6,2	14,0
	Deutsche Exporte (fob)	(Mio DM) 3)	49,9	68,3	81,8
8.	Leistungsbilanz				
	Handelsbilanz Saldo	(Mio US$)	1.418	1.645	1.190
	Leistungsbilanz Saldo	(Mio US$)	n.a.	n.a.	n.a.
9.	Auslandsverschuldung	(Mio US$)	0	0	0
10.	Schuldendienst		0	0	0
11.	Währungsreserven	(Mio US$)	n.a.	27.000	128.000[4)]

1) Auf Basis der Landeswährung.
2) Jahresdurchschnittswerte.
3) Werte beziehen sich bis 1990 nur Westdeutschland, ab 1991 auf das vereinte Deutschland.
4) 1993
(S) Schätzung

Quelle: Institut für Asienkunde

BRUNEI

Überblick und Besonderheiten

Das politische Leben Bruneis war 1993 wie schon in den Jahren zuvor von einer äußerlich gleichbleibenden Ruhe gekennzeichnet. Dennoch scheint im Sultanat eine gewisse Besorgnis zu existieren, daß sich radikale islamische Strömungen eines Tages destabilisierend auswirken könnten. Bereits seit 1991 wird von seiten der Regierung in periodischen Abständen vor verbotenen Religionsbewegungen gewarnt, die "den Frieden und die Harmonie der Nation gefährden" könnten. Im Frühjahr 1993 forderte das Ministerium für Religiöse Angelegenheiten die Bevölkerung Bruneis auf, "wachsam gegenüber islamischen Studien zu sein, die durch gewisse Zentren des Höheren Lernens im Ausland durchgeführt werden". Diese Lehren seien "sehr gefährlich", da sie darauf abzielen, "die Seelen der moslemischen Kinder und der Jugend zu beeinflussen und zu unterwerfen". Die einzig anerkannten und offiziell verbindlichen Lehrrichtungen für Brunei seien die der Al Azhar-Universität von Kairo und der International Islamic University von Islamabad in Pakistan. Es besteht jedoch kein übertriebener Grund, diese latenten Herausforderungen überzubetonen, insbesondere weil aufgrund der alle Bereiche des Lebens erfassenden Sozialpolitik des Sultanants keine wesentlichen sozialen Angriffspunkte existieren, die religiös genutzt werden könnten. Im laufenden Fünfjahresentwicklungsplan 1991/95 sind knapp 30% (1,6 Mrd BR$) für die sozialen Teilbereiche Erziehung, Gesundheit und öffentlicher Wohnungsbau vorgesehen.

Gesellschaftlich zeichnete sich 1993 eine beginnende Umarbeitung der bestehenden Gesetze ab. Die Regierung ist darum bemüht, sie stärker als bisher an islamische Rechtsvorstellungen anzupassen und im nationalen Leben zur Geltung zu bringen. Der Anpassungsprozeß soll in mehreren Phasen erfolgen. Gegenwärtig richten sich die Bemühungen der Regierung vor allem auf das "Gebiet der Finanzen". Die Finanzinstitutionen des Landes sollen "in Übereinstimmung mit dem islamischen System betrieben werden". Längerfristig zielt die Politik des Landes darauf ab, "eine Lebensweise im Lande zu verankern, deren Ordnung in Übereinstimmung mit dem Islam steht". Vor allem müsse verhindert werden, daß sich eine pluralistische Ordnung nach westlichem Vorbild herausbildet, in der "ein Teil der Bevölkerung die Bemühungen der Regierung unterstützt, während ein anderer Widerstand leistet".

Wirtschaftlich ist die einseitige Orientierung auf die Öl- und Gasförderung und deren internationale Vermarktung kennzeichnend für Brunei. Die Hoffnungen der Regierung, ein diversifiziertes, verarbeitendes Gewerbe aufbauen zu können, haben sich 1993 abgeschwächt. Man mußte anerkennen, daß das Land mit knapp 270.000 Einwohnern weder über eine ausreichende Bevölkerung noch über genügend qualifizierte Arbeitskräfte verfügt, um eine verarbeitende Industrie betreiben zu können. Andererseits lassen sich keine wesentlichen Argumente finden, weshalb Brunei nicht auch in Zukunft "komfortabel" von seinen Energieressourcen leben sollte. Die bekannten Reserven reichen für eine extrem lange Zeit (über 30

BRUNEI

Jahre), und zudem sind große Gebiete des Sultanats bisher noch nicht nach Ressourcen erforscht worden.

Brunei ist aufgrund des Öl-/Gasreichtums statistisch mit einem Pro-Kopf-Einkommen von knapp 30.000 Brunei-Dollar (rd. 17.000 US$) nach Japan das zweitreichste Land in Asien. Das Wirtschaftswachstum verläuft relativ gleichmäßig, da das Land "von internationalen Konjunktureinflüssen weitgehend abgeschirmt" ist und zudem eine "anhaltend hohe Konsumneigung der Verbraucher" zu konjunktureller Berechenbarkeit beiträgt. Zugleich wirkt sich die langfristig gesicherte Ausfuhr der Öl- und Gasindustrie "stabilisierend auf die Binnenkonjunktur" aus.

Insgesamt muß die nationale Wettbewerbsfähigkeit aufgrund des kleinen Binnenmarktes, des Mangels an Fachkräften, der hohen Einkommen und des bürokratischen Kompetenzgewirrs als unzureichend eingestuft werden. Unter den mehr als 90.000 Erwerbstätigen sind weniger als 20.000, darunter ein erheblicher Anteil an Ausländern, im privaten Sektor der Wirtschaft beschäftigt. Der Anteil einheimischer Beschäftigter ist in diesem Bereich seit Mitte der achtziger Jahre rückläufig.

Wirtschaftsplanung

Trotz kontinuierlicher Bemühungen der Regierung, die Schwächen der privatwirtschaftlichen Entwicklung des Landes durch mittelfristige Entwicklungspläne auszugleichen, bietet sich seit über einem Jahrzehnt das nahezu gleiche Bild mangelnder Dynamik. Während des letzten Entwicklungsplans 1986/90 lagen die Schwerpunkte im sozialen Bereich und in den öffentlichen Versorgungseinrichtungen sowie im Verkehrs- und Nachrichtenwesen. Auf den Handel und die verarbeitende Industrie fiel nur ein Zehntel der Mittel. Der gegenwärtige Fünfjahresentwicklungsplan 1991/95 wurde erst im Juni 1993 endgültig veröffentlicht. Nach dieser offiziellen Fassung sind für den Gesamtzeitraum Investitionsmittel von 5,5 Mrd BR$ bereitgestellt. Davon entfallen, wie schon im letzten Plan, lediglich rd. 10% (550 Mio BR$) auf den Bereich Handel und Industrie. Der Planschwerpunkt liegt weiterhin im Bereich "Soziale Maßnahmen", für den knapp 30% der Mittel reserviert sind. 20% stehen zur Verfügung, um die deutlichen Schwächen im Infrastrukturbereich zu überwinden. Das gilt sowohl für die Strom- und Wasserversorgung als auch für die Müllentsorgung und die Telekommunikation sowie für das öffentliche Verkehrswesen. Laut Economic Development Board (EDB), das als zentrale Entwicklungsbehörde gilt, unterscheidet sich der gegenwärtige Plan von seinem Vorgänger insofern, als ein stärkeres Augenmerk auf die Förderung des Privatsektors gelegt wird. De facto hat sich jedoch bisher wenig geändert, obgleich es dem EDB gestattet ist, "alle Arten von Gemeinschaftsunternehmen mitzugründen, die die industrielle Entwicklung fördern". Auch die Hilfestellung, die die Planer zur Verwirklichung von Finanzierungskonzepten für kleinere und mittlere Unternehmen örtlicher Malaien (Höchstgrenze 500.000 BR$) leisten sollen, trägt wenig reale Früchte. Es fehlt dem einheimischen Unternehmertum an der entsprechenden wirtschaftlichen

BRUNEI

Gesinnung. Die Hoffnung der Behörden richtet sich zwangsläufig auf Investoren anderer ASEAN-Staaten.

Wirtschaftsentwicklung

Das gesamtwirtschaftliche Wachstum Bruneis hängt maßgeblich von dem Einkommen des Öl-/Gas-Sektors ab. Der Beitrag dieses Sektors zum BIP liegt gegenwärtig - je nach Entwicklung der internationalen Preise - bei 50%-55%. Die Regierung ist darum bemüht, die Preisschwankungen durch unterschiedliche Jahresfördermengen auszugleichen. 1992/93 lag die Förderung bei rd. 180.000 Faß pro Tag, womit ein Anstieg von mehr als 10% gegenüber den Vorjahren erreicht wurde, aber das Niveau immer noch deutlich unter der Höchstfördermenge von 1971 (261.000 Faß pro Tag) lag. Im Nicht-Öl-/Gas-Sektor der Wirtschaft spielt der Staatssektor die entscheidende Rolle. Sein Beitrag zum BIP beläuft sich auf rd. 30%. Der Beitrag des Privatsektors fällt demgemäß mit 20%-25% äußerst niedrig aus. Innerhalb des Privatsektors ist der Handel dominierend, während der Agrarsektor, das Baugewerbe und das verarbeitende Gewerbe nur nachrangige Beiträge leisten.

Das gesamtwirtschaftliche Wachstum lag nach 4,5% 1991 im Jahr 1992 bei 3,0%, und auch 1993 ist nach vorläufigen Angaben ein Wachstum von rd. 3% erreicht worden. Pro Kopf der Bevölkerung lagen die Steigerungen also bei nur knapp einem Prozentpunkt.

Staatshaushalt

Der Staatshaushalt wird zum allergrößten Teil über die Beteiligung des Staates an den Öl-/Gas-Einnahmen der Brunei Shell sowie durch die Steuerleistungen dieses Unternehmens finanziert. Es gibt keine personenbezogenen Einkommensteuern, und das Zollniveau ist ausgesprochen niedrig. Zusätzlich stehen dem Staat Einnahmen aus internationalen Finanzanlagen seiner Brunei Investment Agency zur Verfügung. Die Rückflüsse aus den Auslandsanlagen dieser Behörde gewährleisten eine stetige Liquidität, für die wegen mangelnder Möglichkeiten im Inland ständig neue Anlagemöglichkeiten gefunden werden müssen.

Landwirtschaft

Der Beitrag des Agrarsektors (Landwirtschaft, Fischerei, Forstwirtschaft) zum BIP ist für die Wirtschaft Bruneis von verschwindend geringer Bedeutung; er liegt bei nur rd. 2%. Trotz der Planungsbemühungen um die Förderung des Agrarsektors stagniert die Landwirtschaft seit Jahren. In Teilbereichen ist die Erzeugung sogar

BRUNEI

rückläufig. Der verstärkte Einsatz industrieller Betriebsmittel zur Intensivierung der Nahrungsmittelproduktion ist offensichtlich wieder aufgegeben worden. Der wesentliche Grund dieser Entwicklung liegt im mangelnden Interesse der Bevölkerung an einer beruflichen Tätigkeit im Agrarbereich. Brunei bleibt hinsichtlich der Versorgung der Bevölkerung mit Reis und anderen Grundnahrungsmitteln in hohem Maß von Importen abhängig. Auch die Holzwirtschaft leistet nur einen unbedeutenden Beitrag zum landwirtschaftlichen Aufkommen, zumal Brunei an der Schonung seines Regenwaldes festhält. Der Holzeinschlag ist stark reglementiert. Auch die Fischereiwirtschaft deckt den Bedarf der Bevölkerung bei weitem nicht ab. Die Ergebnisse sind zudem seit Jahren rückläufig.

Bergbau und Energie

Nach heutigen Schätzungen reichen die kommerziellen Ölreserven Bruneis (gegenwärtige Fördermenge) noch mehr als dreißig Jahre, die Gasreserven über vierzig Jahre. Mitte der achtziger Jahre wurde die jährliche Ölproduktion systematisch reduziert und, wie bereits erwähnt, erst seit Beginn der neunziger Jahre wieder leicht erhöht (1993 180.000 Faß/Tag).

Die Gasproduktion beläuft sich z.Z. auf jährlich über 9 Mrd m^3. Sie soll während der nächsten Jahre kontinuierlich gesteigert werden. Ende 1993 wurde eine neue Abfertigungsanlage der Brunei Shell für Flüssiggas fertiggestellt. Hauptabnehmer des Erdöls sind die ASEAN-Staaten.

Im Gegensatz dazu geht das Flüssiggas vor allem nach Japan und Korea. Im April 1993 schloß die Brunei Coldgas einen neuen 20jährigen Liefervertrag mit Energieunternehmen aus Japan ab. Gegenüber dem bisherigen Vertrag ist das Liefervolumen um rd. 400.000 auf insgesamt 5,5 Mio t Flüssiggas (LNG) erhöht worden.

Wenig bekannt ist die Tatsache, daß Brunei auch über beachtliche Kohlevorkommen verfügt. Hier werden z.Z. Untersuchungen über zukünftige kommerzielle Fördermöglichkeiten vorgenommen. Konkrete Ergebnisse sind bisher jedoch noch nicht veröffentlicht worden.

Verarbeitende Industrie

Die geringe Rolle des verarbeitenden Gewerbes in Brunei kommt in der Tatsache eines rückläufigen Beitrags zum BIP zum Ausdruck. Seit Ende der achtziger Jahre ist er unter die 10-Prozent-Grenze gefallen. Zudem dominiert die Erdöl- und Erdgasverarbeitung innerhalb der verarbeitenden Industrie. Allenfalls die Holzverarbeitung wäre noch zu nennen. In den restlichen Branchen ist die Entwicklung nur ausnahmsweise über Formen des Handwerks und industrieller Kleinstbetriebe hinausgekommen. Das gilt vor allem für die Nahrungsmittelverarbeitung.

BRUNEI

Verkehr und Dienstleistungen

Rund ein Fünftel der staatlichen Entwicklungsausgaben fließt in den Ausbau des Verkehrs- und Dienstleistungsbereichs. Damit ist dieser Bereich nach den Sozialausgaben der zweitwichtigste. Dennoch sind die Defizite groß. Obwohl der Seeverkehr und auch die Luftfahrt einen relativ hohen Standard haben, existieren deutliche Engpässe im Binnenverkehr und in der Stromversorgung. Um die internationale Anbindung des Landes zu verbessern, wird z.Z. der Tiefwasserhafen von Muhara weiter ausgebaut; das gleiche gilt für den Flughafen von Bandarseri Begawan. Das Straßennetz ist seit Mitte der achtziger Jahre auf knapp 2.000 km Landstraßen und 450 km Nebenstraßen erweitert worden. Aufgrund des hohen Bestandes an privaten Kraftfahrzeugen ist das öffentliche Verkehrssystem unzureichend ausgebaut.

Das Telekommunikationswesen befindet sich ebenfalls in einer Phase des verstärkten Ausbaus; insgesamt sollen 24 Telefonzentralen errichtet werden.

Parallel zu der Betonung islamischer Lebensweisen im öffentlichen Leben wurde bereits 1991 die erste sog. islamische Bank unter dem Namen "Islamic Trust Fund of Brunei" (ITB) gegründet. Dieser Gründung folgte im Januar 1993 die Eröffnung der sog. Islamic Bank of Brunei Berhad (IBB). Der ITB und die IBB sollen in Zukunft eng zusammenarbeiten, um islamische Glaubensgrundsätze und -praktiken im Finanzbereich zu verwirklichen. Ausdrücklich wurde betont, daß "Nichtmuslime keinen Argwohn hinsichtlich der Gründung der Bank haben müssen". Neben den beiden islamischen Finanzeinrichtungen gibt es weitere sieben Bankinstitute in Brunei, darunter sechs ausländische Kreditinstitute, die ausschließlich als Geschäftsbanken firmieren. Brunei verfügt nicht über eine Zentralbank. Deren Aufgaben nimmt das dem Finanzministerium angeschlossene Brunei Currency Board wahr. Der Kapitalverkehr mit dem Ausland ist nahezu frei. Die Bedingungen des Kapitalmarktes richten sich weitgehend nach den Entwicklungen in Singapur, da neben dem Brunei-Dollar auch der Singapur-Dollar (Parität: 1:1) in Brunei als Zahlungsmittel gilt.

Außenhandel

Bruneis Außenhandel schwankt seit annähernd zehn Jahren vom Volumen her zwischen 2,5 und 4 Mrd US$. Im gleichen Zeitraum ist ein jährlicher Handelsbilanzüberschuß von 500 Mio bis 1 Mrd US$ zu verzeichnen. Aus dieser Entwicklung läßt sich eindeutig ablesen, daß die jeweiligen Import- und Exportvolumina aufeinander abgestimmt werden, was angesichts der dominierenden Rolle des Staates in der Außenwirtschaft des Landes nicht verwunderlich ist. Öl-, Ergas- und Minieralölerzeugnisse nehmen am Export Bruneis einen Anteil von 95-97% ein. Umgekehrt dominieren unter den Einfuhrgütern Maschinen und Transportausrüstungen (38-40%) sowie dauerhafte Konsumgüter (30%) und Nahrungsmittel

BRUNEI

(20%). Haupthandelspartner Bruneis sind sowohl auf der Abnehmer- als auch auf der Lieferseite asiatische Länder. Unter den Lieferländern ist Singapur mit einem Anteil von rd. einem Drittel führend, unter den Abnehmerländern Japan mit einem Anteil von mehr als 50%. Auf der Lieferseite hat zudem die EU eine bedeutende Position (rd. 30%), während ihr Anteil unter den Abnehmerländern nur bei 10% liegt.

Die Leistungsbilanz Bruneis weist ständig hohe Überschüsse auf. Die Währungsreserven belaufen sich nach Schätzungen auf annähernd 50 Mrd US$, d.h. daß eine Einfuhrdeckung für viele Jahre gegeben ist.

Beziehungen zur Bundesrepublik Deutschland

Neben der einstigen Protektoratsmacht Großbritannien sowie Frankreich ist Deutschland der einzige europäische Staat, zu dem Brunei z.Z. offizielle diplomatische Beziehungen unterhält. Die Deutsche Botschaft nahm bereits 1985 ihre Arbeit auf. Der erste Botschafter Bruneis in Deutschland traf im August 1991 ein. Die bilateralen Beziehungen sind problemfrei. Besuche in Deutschland bzw. in Brunei von Ministern beider Regierungen sind seit 1985 in zweijährigem Abstand erfolgt. Bei diesen Besuchen brachte Brunei sein Interesse an einer Zusammenarbeit mit Deutschland in den Bereichen industrielle Entwicklung sowie Berufsausbildung und Fortbildung zum Ausdruck. Dennoch sind die Kontakte schwach geblieben.

Der bisherige Außenhandel zwischen beiden Ländern ist trotz der Bemühungen Bruneis um ein stärkeres deutsches Engagement nicht erwähnenswert. In den Jahren 1980/90 lag der Umsatz jeweils bei 45-50 Mio DM, wobei sich ein Handelsbilanzüberschuß zu Gunsten Deutschlands von weit über 40 Mio DM ergab. 1991 stieg der Umsatz auf 74 Mio DM. 1992 ergab sich eine weitere Steigerung. Im ersten Halbjahr 1993 war der Umsatz jedoch gegenüber dem Vergleichszeitraum 1992 wieder rückläufig. Dies ist u.a. darauf zurückzuführen, daß Brunei sein 1992 erreichtes Exportniveau bei weitem nicht halten konnte. Wichtige deutsche Ausfuhrgüter nach Brunei sind Kraftfahrzeuge und Maschinen; wichtige deutsche Einfuhrgüter Rückwaren und Bekleidung. Zur Höhe deutscher Investitionen in Brunei existieren keine Angaben. Gleiches gilt für Investitionen Bruneis in Deutschland. In beiden Fällen sind die Größenordnungen mit Sicherheit jedoch ausgesprochen gering.

Nach vorläufigen Angaben führte Deutschland zwischen Januar und Oktober 1993 Waren und Dienstleistungen im Werte von 76,59 Mio DM nach Brunei aus. Im gleichen Zeitraum lieferte das Sultanat Exporte von 11,04 Mio DM nach Deutschland.

BRUNEI

Tabelle 1: **Handelsstruktur Deutschland** [1] **- Brunei**
Deutsche Exporte nach Brunei
(Angaben in Mio DM)

SITC POSITION [2]	WARENKLASSE [3]	1990	1991	1992
0 - 9	INSGESAMT	49,9	68,3	99,9
darunter:				
6	Bearbeitete Waren gegliedert vorwiegend nach Beschaffenheit	2,8	6,1	3,4
7	Maschinenbau-, elektrotechn. Erzeugnisse und Fahrzeuge	38,8	54,5	77,1
darunter:				
78	Straßenfahrzeuge	32,0	34,8	63,8
8	Verschiedene Fertigwaren	2,5	6,4	16,5
9	Anderweitig nicht erfaßte Waren	5,1	0,9	1,7

Tabelle 2: **Handelsstruktur Deutschland** [1] **- Brunei**
Deutsche Importe aus Brunei
(Angaben in Mio DM)

SITC POSITION [2]	WARENKLASSE [3]	1990	1991	1992
0 - 9	INSGESAMT	0,7	6,2	14,8
darunter:				
7	Maschinenbau-, elektrotechn. Erzeugnisse und Fahrzeuge	0,3	0,3	1,9
8	Verschiedene Fertigwaren	0,1	1,9	1,0
9	Anderwärtig nicht erfaßte Waren	0,3	3,9	11,8

1) Ab 1991 gesamtdeutscher Handel.
2) Standard International Trade Classification (SITC Rev. II bis 1987, SITC Rev. III ab 1988).
3) Bezeichnungen der Warenklassen teilweise gekürzt; geringfügige Rundungsabweichungen bei Summenbildung möglich.

Quelle: Statistisches Bundesamt, Wiesbaden

BRUNEI

Tabelle 3: **Außenhandel von Brunei**
(Angaben in Mrd US$)

Jahr	Importe	Exporte	Saldo
1990	1,7	2,2	0,5
1991	1,8	2,5	0,7
1992	2,3	2,4	0,1

Quelle: bfai, Wirtschaftsentwicklung, Oktober 1993

Tabelle 4: **Handelsbeziehungen von Brunei zur Europäischen Union**
(Handelsbilanz in Mio US$)

	1990	%	1991	%	1992	%
Einfuhr der EU	534	-1	529	-1	603	14
Ausfuhr in die EU	263	-5	248	-6	220	-11
Saldo	-271		-281		-383	

Quelle: bfai, Wirtschaftsentwicklung aktuell, Oktober 1993

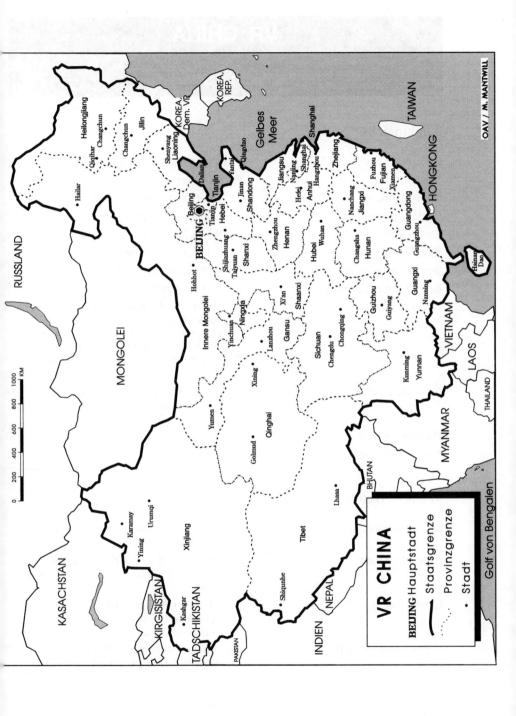

VR CHINA

Dr. Margot Schüller

Allgemeines

Offizielle Staatsbezeichnung:	Volksrepublik China
Staatsform:	Volksrepublik
Staatsoberhaupt:	Staatspräsident Jiang Zemin
Regierungschef:	Ministerpräsident Li Peng
Landfläche:	9.560.770 qkm
Bevölkerung:	1.171.710.000 (1992)
Bevölkerungsdichte:	123 Einwohner je qkm
Bevölkerungswachstum:	1,16% (1992)
Wichtige Städte:	(1991/Mio Einwohner, ohne ländliche Außenbezirke) Hauptstadt: Beijing (7,050), Shanghai (7,862); Tianjin (5,089); Shenyang (4,576); Wuhan (3,792); Guangzhou (3,620)
Nationalsprache:	Chinesisch (Putong hua= Standardsprache), daneben Sprachen sogenannter Nationaler Minderheiten
Handelssprache:	Englisch
Nationalfeiertag:	1. Oktober

Weitere Daten

Erwerbspersonen:	(1992) 594,32 Mio, darunter 348,55 in der Landwirtschaft
Arbeitslosigkeit:	(1992) Städtische Arbeitslosenquote offiziell: 2,3% bzw. 3,6 Mio, geschätzt: 10%
Entstehung des BIP:	1992 (%) Primärsektor: 23,9 Sekundärsektor: 48,2 Tertiärsektor: 27,9
Verwendung des BIP:	(Volkseinkommen) 1992 (%): Akkumulation 34,3; Verbrauch 65,7

VR CHINA

Wichtigste Agrarerzeugnisse:	(1992, in Mio t, Veränderung gegenüber Vorjahr in %): Getreide 442,55 (1,7), Baumwolle 4,508 (-20,6), Ölsaaten 16,383 (1,6), Zuckerrohr 73,011 (7,5), Zuckerrüben 15,069 (-7,5), Tabak 3,119 (16,8), Jute u. Amharihanf 0,619 (20,7), Tee 0,560 (3,3),Seidenkokons 0,660 (19,8), Milch 5,031 (8,4), Schafwolle 0,238 (-0,8), Schweine-, Rind- u. Hammelfleisch 29,4 (8), Fischfang: 15,57 (15,2), Holzeinschlag (Mio Kubikmeter: 55,8 (-3,9)
Wichtigste Bergbauprodukte:	(1992 in Mio t): Rohkohle 1116 (2,7), Rohöl 142,1 (0,8), 10 NE-Metalle 2,93 (13,1)
Wichtigste Industrieerzeugnisse:	(1992 in Mio t): Stahl 80,94 (14), Walzstahl 66,67 (18,8), Zement 308,22 (22), Kunstdünger 20,48 (3,5), Schwefelsäure 14,08 (5,7), Insektizide 0,281 (10,2), Papier/Pappen 17,25 (16,6), Garn 5,02 (8,9), Baumwollstoff (Mrd m) 19,07 (5), Zucker 8,29 (29,5), (Mio Stück:) Fahrräder 40,84 (11,1), Fernsehgeräte 28,68 (6,6), Waschmaschinen 7,08 (3), Kühlschränke 4,86 (3,4), Fotoapparate 5,26 (10,1)
Elektrizitätserzeugung:	(1992): 753,9 Mrd kWh (11,3), darunter Wasserkraft: 130,7 Mrd kWh (4,8)
Maße und Gewichte:	metrisches System; weitgehende Übernahme von DIN-Normen
Abkommen mit Deutschland:	Abkommen über die gegenseitige Registrierung von Warenzeichen vom 8.8.1975; Abkommen über Zivilluftfahrt vom 31.10.1975; Abkommen über den Seeverkehr vom 31.10.1975 (in Kraft seit 29.3.1977); Vereinbarung vom 31.10.1975 über die Bildung einer Gemischten Kommission zur Förderung der wirtschaftlichen Beziehungen

VR CHINA

Abkommen mit Deutschland:	Abkommen über wissenschaftlich-technische Zusammenarbeit vom 9.10.1978 (in Kraft seit 10.11.1978); Abkommen über die Zusammenarbeit auf dem Gebiet der geologischen Wissenschaft und Technik vom 19.6.1979 (mit Unterzeichnung in Kraft); Abkommen vom 24.10.1979 über die wirtschaftliche Zusammenarbeit (mit Unterzeichnung in Kraft), gültig bis 31.12.1985, verlängert bis 31.12.1995 durch Protokoll vom 5.8.1985; Vereinbarung über wissenschaftlich-technische Zusammenarbeit auf dem Gebiet der Geodäsie vom 24.9.1980 (mit Unterzeichnung in Kraft); Vereinbarung über Solarenergie-Pilotvorhaben zur Nutzung regenerativer Energiequellen für die Versorgung ländlicher Gebiete vom 29.10.1980 (in Kraft seit 26.3.1981); Vereinbarung über wissenschaftlich-technische Zusammenarbeit im Bereich der Agrarforschung vom 23.11.1981 (mit Unterzeichnung in Kraft); Vereinbarung über Zusammenarbeit auf dem Gebiet von Funknavigationssystemen für die Zivilluftfahrt vom 9.12.1982 (mit Unterzeichnung in Kraft); Abkommen vom 7.11.1983 über die Förderung und den gegenseitigen Schutz von Kapitalanlagen (in Kraft seit 1.3.1985); Doppelbesteuerungs-Abkommen vom 10.6.1985 (am 14.5.1986 in Kraft getreten)
Abkommen mit der EG:	Handelsabkommen vom 3.4.1978, Abkommen über den Handel mit Textilprodukten vom 18.7.1979, Ergänzendes Protokoll vom 29.3.1984 zum Abkommen über den Handel mit Textilprodukten von 1979, Handels- und Wirtschaftsabkommen vom 1.10.1984

VR CHINA

Wirtschaftliche und politische Lage 1993/1994

+ Reformer bestimmen die Wirtschaftspolitik, Einführung weiterer marktwirtschaftlicher Lenkungsmechanismen geplant
+ Vertrauen des Auslands stützt den Reformkurs
- Leistungsbilanz rutscht 1994 ins Defizit, Nettokapitalabfluß trotz hoher Direktinvestitionen
- Innenpolitische Stabilität durch soziale Spannungen gefährdet

Bilaterale Beziehungen

+ Intensive politische Kontakte mit der VR China fördern wirtschaftliches Engagement: Deutsche Exporte und Investitionen steigen kräftig

VR CHINA

Statistisches Profil VR China

			1992	1993(S)	1994(S)	1995(P)
1.	Nettomaterialprodukt (NMP)	1)				
	NMP (Mio US$)	2)	331326	400685	304348	357143
	Reales NMP (Veränd. in %)	3)	12,8	13,0	11,0	9,0
	NMP pro Kopf (US$)	2)	283	336	251	290
	Reales NMP pro Kopf (Veränd. in %)	3)	10,9	11,1	9,2	7,2
2.	Wechselkurse (1 Renminbi Yuan=10 Jiao=100 Fen)	2)				
	RMBY/US$ (Jahresdurchschnittskurs)		5,51	5,80	9,20	9,80
	RMBY/US$ (Jahresendkurs)		5,75	5,90	9,50	10,00
	RMBY/DM (Jahresdurchschnittskurs)		3,54	3,51	5,20	5,44
	RMBY/DM (Jahresendkurs)		3,57	3,42	5,28	5,62
3.	Preise	4)				
	Inflationsrate (%)		7,0	14,5	12,0	9,0
	Terms of Trade (Veränd. in %)		2,0	1,0	1,0	1,0
4.	Zinssätze					
	Einlagenzinssatz (% p.a.)		8,0	15,0	13,0	10,0
	Kreditzinssatz (% p.a.)		9,0	17,0	15,0	12,0
5.	Staatshaushalt	5)				
	Saldo; offizielle Abgrenzung(in % des BSP)		- 1,0	- 0,9	- 0,6	- 0,7
	Saldo; internat. Abgrenzung (in % des BSP)	6)	- 3,8	- 3,1	- 2,3	- 2,0
6.	Monetärer Sektor	7)				
	Inlandskredite (Veränd. in %)		22,9	18,0	14,0	14,0
	Geldmenge M2 (Veränd. in %)		30,8	24,0	21,0	21,0
7.	Außenhandel					
	Exporte (fob) (Mio US$)		84940	92160	101376	111513
	Importe (cif) (Mio US$)		80585	103552	115978	127576
	Deutsche Importe (cif) (Mio DM)		11650	12000	12600	13000
	Deutsche Exporte (fob) (Mio DM)		5744	8616	9865	10100
8.	Leistungsbilanz					
	Güterexporte (fob) (Mio US$)		69568	75481	83029	91332
	Güterimporte (fob) (Mio US$)		64385	82735	92663	101929
	Handelsbilanzsaldo (Mio US$)		5183	-7253	-9633	-10597
	Dienstleistungsexporte (Mio US$)		14844	17071	19631	22576
	Dienstleistungsimporte (Mio US$)		14781	17737	20398	23457
	Dienstleistungsbilanzsaldo (Mio US$)		63	-667	-767	-882
	Übertragungen, privat (netto) (Mio US$)		804	1200	1400	1500
	Übertragungen, öffentlich (netto) (Mio US$)		351	400	450	500
	Leistungsbilanzsaldo (Mio US$)		6401	-6320	-8550	-9478
9.	Auslandsverschuldung	7)				
	Bruttobestand (Mio US$)		70000	75000	80000	83000
	-in % des NMP		21,1	18,7	26,3	23,2
	-in % der Exporterlöse (Güter u. Dienstleistungen)		82,9	81,0	77,9	72,9
10.	Währungsreserven	7)				
	Währungsreserven ohne Gold (Mio US$)	8)	20620	21000	24000	27000
	-in Monatsimporten		3,1	2,5	2,5	2,6
	Gold (Mio US$)	9)	610	630	665	700

1) Die chinesische Statistik beruht auf der Materialproduktsrechnung. Daher wird hier das Nettomaterialprodukt anstelle des Bruttoinlandsprodukt ausgewiesen.
2) Strukturbruch 1994 durch die Freigabe des RMBY und die daraus resultierende Abwertung.
3) Auf Basis der Landeswährung.
4) Jahresdurchschnittswerte.
5) Zentralregierung. Abgrenzung nach offizieller Statistik, die Kreditaufnahme als Einnahmen verbucht.
6) Zentralregierung. Abgrenzung nach internationalem Standard; ohne Kreditaufnahme.
7) Bestand am Periodenende.
8) Devisenreserven der People's Bank of China und der Bank of China.
   Ab Juli 1992 ohne Devisenreserven der Bank of China.
9) Nationale Bewertung.
(S): Schätzung.
(P): Prognose.

Quelle: F.A.Z GmbH - Informationsdienste (Länderanalysen)

VR CHINA

Überblick und Besonderheiten

Mit beeindruckenden Wachstumsraten von rd. 13% (real/BIP) und einem sich weiter fortsetzenden Strukturwandel wies die chinesische Wirtschaft in den Jahren 1992 und 1993 eine weiterhin sehr dynamische Entwicklung auf. Obwohl die erneute Beschleunigung nach dem Ende der dreijährigen Sanierungsperiode bis 1991 durchaus erklärtes Ziel der Regierung war, überstieg das Wachstum jedoch bei weitem die geplanten Ansätze und weist auf weiterhin bestehende Steuerungsdefizite und Probleme des sich im Umbruch befindlichen Wirtschaftssystems hin. Vor dem Hintergrund der sich ab dem 3.Quartal 1992 schnell beschleunigenden Inflationsentwicklung, der Verschärfung von Engpässen im Transport-, Energie- und Rohstoffbereich sowie einem zunehmenden Handelbilanzdefizit mit de facto Abwertung der chinesischen Währung versuchte die Regierung, Mitte 1993 eine Reihe von Konjunkturdämpfungsmaßnahmen durchzusetzen.

Da die wirtschaftliche Überhitzung durch das zu hohe Wachstum der Anlageinvestitionen um 38% im Jahre 1992 und um 61% im 1.Halbjahr 1993 ausgelöst worden war, setzten die kontraktiven Maßnahmen bei einer direkten und indirekten Beschränkung der Gedmenge an. Hierzu zählte die Erhöhung der Spar- und Kreditzinsen, deren Wirkung jedoch mit Blick auf das wenig zinsreagible Investitionsverhalten der staatseigenen Unternehmen begrenzt ist. Deshalb sollte durch direkte Eingriffe in die Kreditvergabepraxis der Banken und Auflagen bei der Finanzierung durch intermediäre Finanzinstitute der Zugang zu Investitionsmitteln beschränkt werden. Gleichzeitig wurden die Banken angewiesen, in Immobilien- und Wertpapierspekulationen eingesetzte Interbankenkredite zurückzurufen. Strengere Bestimmungen bei der Emission von Unternehmensschuldverschreibungen und Ausgabe anderer Wertpapiere durch Lokalregierungen sollten der Zentralbank eine bessere geldpolitische Kontrolle erlauben. Während mit Ausnahme der Kfz-Importe staatlicher Einheiten keine Einfuhrrestriktionen zum Ausgleich der Handelsbilanz erlassen wurden, intervenierte die Zentralbank durch Dollarverkäufe an den Devisen-Swapmärkten.

Zwar können den Konjunkturdämpfungsmaßnahmen gewisse Erfolge zugesprochen werden bei der Verlangsamung des Geldmengenwachstums, bei der Umleitung spekulativer Kredite in den Immobiliensektor zugunsten von Investitionen in Infrastrukturprojekte sowie bei der Abbremsung der Preisentwicklung bei Rohstoffen und der erneuten Stabilisierung der privaten Spareinlagen. Insgesamt jedoch erschwerten der Widerstand der Regionen, welche negative Auswirkungen für die Entwicklung der lokalen Wirtschaft befürchteten, das unzureichend reformierte Bankensystem und die Verzahnung von staatseigenen Unternehmen und Lokalverwaltungen die Durchsetzung der direkten und indirekten Maßnahmen. Eine erste Lockerung der Kreditrestiktionen erfolgte im Herbst 1993 aufgrund der in zahlreichen staatseigenen Verlustunternehmen auftretenden Liquiditätsprobleme.

Die im November 1993 beschlossenen neuen Reformmaßnahmen zur "Einführung der sozialistischen Marktwirtschaft" setzen vor allem im Bankensektor und bei der

VR CHINA

Umwandlung der staatseigenen Unternehmen an. So soll die Zentralbank über indirekte Mechanismen die Geldpolitik steuern. Die Banken sollen umgewandelt werden in solche, die rein auf kommerzieller Basis arbeiten und andere, die nach staatlichen Vorgaben Kredite vergeben. Das Ziel der Unternehmensreform sind unabhängige finanziell eigenverantwortliche Betriebe, die rechtlich selbständig sind und verschiedene Eigentumsformen aufweisen können. Um den sozial verträglichen Umbau der Unternehmen zu garantieren, ist weiterhin ein schneller Aufbau eines Systems der sozialen Absicherung geplant. Weitere Reformmaßnahmen für 1994 sehen die Einführung neuer Steuerformen, wie die Mehrwert- und Verbrauchssteuer, sowie die Anpassung der Einkommenssteuersätze der staatlichen Unternehmen an die privaten und kollektiven Unternehmen vor. Um die wirtschaftspolitische Steuerungsfähigkeit der Zentralregierung zu erhöhen, ist gleichzeitig eine Neuaufteilung der Steuereinnahmen zwischen Zentrale und Lokalregierungen vorgesehen.

Auch für 1994 kann von einer weiteren Gratwanderung zwischen Hochwachstum und Stabilität ausgegangen werden, da die Ursachen für den inflationären Druck noch nicht beseitigt sind und daher die Wirtschaftsentwicklung weiter begleiten werden.

Wirtschaftsplanung

Die im laufenden 8.Fünfjahresplan (1991-95) ursprünglich angesetzten Wachstumsraten der gesamtwirtschaftlichen Entwicklung und einzelner Teilbereiche sind inzwischen durch die Realität überholt worden. Selbst die inzwischen von 6% auf durchschnittlich 9% angehobene Zunahme des BSP wird wohl um einiges höher liegen, da auch für 1994 von einem ungebrochenen Hochwachstum auszugehen ist. Die im Frühjahr 1993 veröffentlichten Anpassungen des Fünfjahresplanes sehen vor allem eine Erhöhung des Streckennetzes der Eisenbahn, des Telekommunikationsnetzes sowie des Energie- und Rohstoffoutputs vor. Schlüsselindustrien wie der Maschinenbau, die Elektronikindustrie, die Petrochemie, die Automobil- und die Baustoffindustrie sowie der Dienstleistungssektor sollen in ihrer Entwicklung beschleunigt werden.

In den Jahren 1992 als auch 1993 erfolgten weitere Schritte bei der Reform des Preissystems, die zu einer Deregulierung der Preise bei landwirtschaftlichen Produkten sowie der meisten Konsumgüter- und Investitionsgüterpreise geführt haben. Trotz der beschleunigten Inflation sind für 1994 weitere Preisfreigaben vorgesehen, die u.a. Kohle-, Erdöl-, Elektrizitäts- und Eisenbahnfrachtpreise betreffen. Mit Blick auf den drastischen Anstieg der Lebenshaltungskosten in den Städten, die auch durch die Erhöhung der Getreidepreise bis Ende 1993 um über 20% zugenommen haben, will die Regierung 1994 indirekt, z.B. über Verkäufe staatlicher Getreidereserven, eingreifen.

VR CHINA

Die Staatliche Planungskommission hat ihren Rückzug aus der direkten administrativen Lenkung der Wirtschaft über Vorgabe von Quoten und Zuteilung von Investitionsmitteln weiter fortgesetzt und kündigte für 1994 eine weitere Reduzierung von Planquoten an, deren Umfang nur noch 4% des industriellen Bruttoproduktionswertes betreffen sollen. Schwerpunktmäßig will die Staatliche Planungskommission die Entwicklung der Landwirtschaft und des Tertiärsektors fördern. Aufgaben der Steuerung und Kontrolle der Bereiche Industrie, Verkehr, Finanzen und Handel wurden bereits dem im Juni 1992 gegründeten Büro für Wirtschaft und Handel (Economic and Trade Organisation ETO) übertragen.

Staatshaushalt

Der Staatshaushalt schloß auch 1992 mit einem höheren als ursprünglich geplanten Defizit ab. Den Einnahmen in Höhe von 415 Mrd Yuan (Anstieg um 15%) standen Ausgaben in Höhe von 439 Mrd Yuan (Anstieg um 15%) gegenüber, so daß eine Deckungslücke von 23,6 Mrd Yuan entstand. Werden die als Einnahmen verbuchten in- und ausländischen Kredite (66,968 Mrd Yuan) in die Berechung der Deckungslücke einbezogen, beträgt das tatsächliche Haushaltsdefizit 90,518 Mrd Yuan und stellt damit gegenüber dem BSP in Höhe von 2403,6 Mrd Yuan (laufende Preise) einen prozentualen Anteil von 3,8% dar.

Das Haushaltdefizit wird damit begründet, daß die Regierung durch das schnelle Wirtschaftswachstum bedingt zusätzliche Aufgaben übernehmen mußte, Ausgabensteigerungen durch sich überlappende Regierungsorganisationen auftraten und eine zu starke Zunahme von konsumptiven Ausgaben der Staatsunternehmen und Verwaltungen erfolgte. Als problematisch wird weiterhin die ungenehmigte Einräumung von Steuervergünstigungen und -befreiungen durch eine Reihe von Lokalregierungen angesehen sowie die wenig effiziente Erhebung und Erfassung der Steuern. Deutliche Ausgabensteigerungen entfielen auf die Bereiche Verwaltungsausgaben (23,3% bzw. 46,34 Mrd Yuan), Verteidigungsausgaben (14,4% bzw. 37,79 Mrd Yuan) und auf Bildung, Wissenschaft und Gesundheit (12% bzw. 79,93 Mrd Yuan). Die Belastung des Haushaltes mit der Rückzahlung von in- und ausländischen Krediten erreichte mit 43,39 Mrd Yuan (1991:24,68 Mrd Yuan) ihren bisherigen Höhepunkt. Demgegenüber konnten die Preissubventionen für die städtische Bevölkerung nunmehr auf 32,164 Mrd Yuan (1991: 37,377 Mrd Yuan) reduziert werden.

Während sich die Steuereinnahmen weiter erhöhten (10,3% bzw. 329,69 Mrd Yuan), gingen durch die fortlaufende Umstellung der Staatsunternehmen auf die Ablieferung von Steuern statt Gewinnen, die Einnahmen aus Industriebetrieben weiter zurück (1991: 7,469 Mrd Yuan, 1992: 5,997 Mrd Yuan). Zwar konnten die Verlustsubventionen für Staatsbetriebe auf 44,496 Mrd Yuan (1991: 51,024 Mrd Yuan) gesenkt werden, doch belasten diese weiterhin den Staatshaushalt in beträchtlichem Umfang. Die Aufnahme neuer in- und ausländischer Kredite (Einnahmeseite des Haushalts) betrug rd. 67 Mrd Yuan (1991: 46,14 Mrd Yuan).

VR CHINA

Die Haushaltsplanung für 1993 sieht Staatseinnahmen in Höhe von 452,237 Mrd Yuan (+8,9%) und eine Ausgabensteigerung um 7,7% auf 472,737 Mrd Yuan vor. Damit ist eine Reduzierung des Defizits um 3,11 Mrd Yuan auf 20,5 Mrd Yuan geplant.

Zu den Leitlinien für den Haushalt für 1993 zählt die besondere Förderung des landwirtschaftlichen Sektors, auf den 29,2 Mrd Yuan für landwirtschaftliche Produktion und ländliche Produkte und zusammen mit Ausgaben für die Landwirtschaft in anderen Haushaltstiteln insgesamt rd. 42 Mrd Yuan entfallen. Die Bereiche Bildung, Wissenschaft und Technik erhalten 86,2 Mrd Yuan. Für Investbauinvestitionen sind 88,6 Mrd Yuan vorgesehen; der Anteil der produktiven Investbauinvestitionen soll 80% (71 Mrd Yuan) ausmachen und ist hauptsächlich für Projekte in den Bereichen Grundlagenindustrie, Transport, Energie sowie Rohstoff- und Halbfertigindustrie bestimmt. Der Staatshaushalt 1993 sieht eine weitere Erhöhung der Verteidigungsausgaben (12,5%), einen Anstieg der Preissubventionen (15,8%) sowie eine Reduzierung der Verwaltungsausgaben (-4,1%) vor. Die Rückzahlung von in- und ausländischen Schulden ist mit einem Betrag von 36 Mrd Yuan angesetzt.

Land-, Forst- und Fischwirtschaft

Der Anteil des landwirtschaftlichen Sektors am Bruttoinlandsprodukt und am Volkseinkommen ist in den letzten Jahren kontinuierlich gesunken und betrug 1992 noch 23,9% (1980: 30,4%) bzw. 29,2% (1980:36%). Trotzdem hat dieser Sektor für die gesamtwirtschaftliche Entwicklung nach wie vor eine herausragende Bedeutung, da in den Bereichen Anbau, Forstwirtschaft, Vieh- und Fischzucht sowie in der Nebengewerbeproduktion rund 350 Mio bzw. 60% der Gesamtarbeitskräfte beschäftigt sind. Mit Blick auf die vielfach ineffizient wirtschaftende staatliche Industrie ist der tatsächliche Beitrag der Landwirtschaft noch höher einzuschätzen. Der gesamte landwirtschaftliche Bruttoproduktionswert erhöhte sich 1992 um 6,4% mit Steigerungen in den Bereichen Ackerbau um 3,5%, Forstwirtschaft um 7,7%, Viehzucht um 8,8%, Nebengewerbe um 11,2% und Fischzucht um 15,3%.

Zwar konnte die Getreideproduktion (Reis, Weizen, Mais, Soja, Kartoffeln) 1992 mit einer Zuwachsrate von 1,7% erhöht werden und erreichte die geplante Outputmenge, doch blieb der Ertrag von 442,66 Mio t weiter hinter dem Niveau des Jahres 1990 von 446,24 Mio t zurück. Eine deutlicher Ernteeinbruch von rd. 20% mußte beim Baumwollanbau hingenommen werden, und auch der Output von Ölsaaten verzeichnete nur einen Zuwachs von 1,6%. Andere wichtige Anbauprodukte wie Zuckerrohr (7,5%), Tabak (17%) sowie Jute und Hanf (21%) wiesen höhere Ertragssteigerungen auf. 1993 lag der Getreideoutput mit 456,7 Mio t (3,1%) höher als zunächst bei Ernteschätzungen angenommen; der Output von Ölsaaten betrug 17,61 Mio t (7,3%). Aufgrund der Reduzierung von Anbauflächen und dem Einfluß von Naturkatastrophen wird jedoch bei Baumwolle und

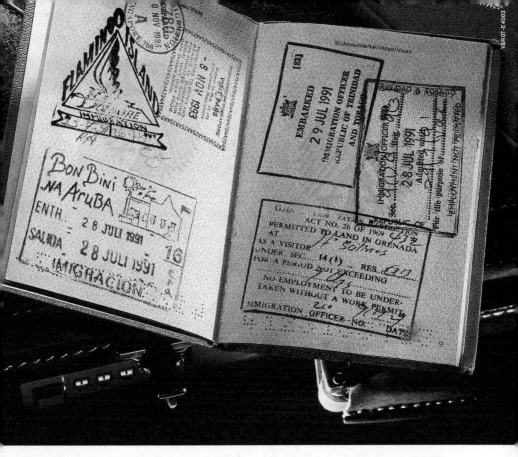

Meilen sammeln ohne Grenzen.
Bei Lufthansa Miles & More zählen auch Strecken, auf denen wir gar nicht fliegen.

Ihre Anmeldung erhalten Sie unter Telefax (0 52 41) 8 06 02 00.

Lufthansa Miles & More Mitglieder können nicht nur bei uns Meilen sammeln, sondern auch bei unseren Partnern. Zum Beispiel bei United Airlines. Gemeinsam bieten wir Ihnen ein Streckennetz mit 225 Zielen in Nordamerika und 170 weiteren

Destinationen rund um den Globus. Deshalb zählt auch ein Flug von New York nach Rio oder von San Francisco nach Tokio für Ihre Prämie. Und Sie können auch auf den Flügen, die United durchführt, weltweit Ihre Meilen einlösen.

VR CHINA

Zuckerpflanzen mit einem Outputrückgang gerechnet. Da insbesondere der Baumwolle eine herausragende Bedeutung für die Textilindustrie und Deviseneinnahmen aus dem Textilexport zukommt, wurden Mitte 1993 die Baumwollpreise erneut erhöht, nachdem bereits im März Kredite für den staatlichen Ankauf der Baumwollproduktion bereitgestellt und Vorzugspreise für landwirtschaftliche Inputs in der Baumwollproduktion eingeräumt wurden.

In der Viehzucht stieg der Bestand von Großvieh (Rinder, Pferde, Maultiere) 1992 um 2% (134,8 Mio Stück), von Schweinen um 3,8% (384 Mio Stück) sowie von Schafen und Ziegen um 0,6% (207 Mio Stück). Gleichzeitig erhöhte sich die Fleisch- und Milchproduktion und trug zur verbesserten Versorgung der Bevölkerung bei. Durch Einsatz moderner Fischfangmethoden konnte auch der Fischfang gesteigert werden (16,4%); zum Gesamtoutput trug die Hochseefischerei mit 9,3 Mio t und die Binnenfischerei mit 6,2 Mio t bei.

Zu den Problemen in der landwirtschaftlichen Entwicklung zählen nach wie vor der unzureichende Ausbau der Infrastruktur, insbesondere des Transport- und Handelssystems. Zwar wurden die staatlichen Investitionen für die Landwirtschaft erhöht, doch bestehen nach wie vor Finanzierungsengpässe für Infrastrukturprojekte, die auch durch kollektive Investitionen nicht ausgeglichen werden können. Problematisch erscheint auch die Einkommensentwicklung, da niedrige staatliche Ankaufspreise für landwirtschaftliche Produkte bei relativ hohen Preisen für Inputs die Gewinnmöglichkeiten von Bauern beeinträchtigten und vielfältige Abgaben und Gebühren die Realeinkommen drastisch reduzierten. Die nominale Steigerung der ländlichen Durchschnittseinkommen betrug 1992 zwar 10,6%, die reale Zunahme machte jedoch nur 5,9% aus. Auch für 1993 wird bei einem Kostenanstieg um 10% der reale Anstieg der Einkommen bei schätzungsweise 3-4% liegen.

Bergbau und Energie

Die Produktion der zehn wichtigsten NE-Metalle (Aluminium, Kupfer, Blei, Zink, Zinn, Titan, Nickel, Magnesium, Antimon und Quecksilber) konnte 1992 um 13,1% auf rd. 2,9 Mio t erhöht werden. Aufgrund des wachsenden Bedarfs sieht die Planung eine jährliche Steigerung des Outputs bis zum Jahr 2000 um 7% auf 4,5 bis 5 Mio t vor. Aufgrund von Knappheiten auf dem Inlandsmarkt erhöhte sich die Importnachfrage vor allem von Aluminium und Kupfer; bei Blei und Zink war ein Exportanstieg möglich. Bis zum 1.Halbjahr 1993 nahm die Produktion der NE-Metalle um 8,5% auf 1,5 Mio t im Vergleich zur Vorjahresperiode zu. Die Preise für NE-Metalle sind inzwischen dereguliert, und die Produkte werden z.T. an der Shanghaier Metallbörse, die Ende 1992 eröffnet wurde, sowie an den neu gegründeten Börsen in Shenzhen und Nanhai gehandelt.

Die Elektrizitätserzeugung erhöhte sich 1992 um 11,3% auf 753,9 Mrd kWh mit einem Anteil der Wasserkraftwerke von 130,7 Mrd kWh (+4,8%). Bis Mitte 1993 stieg die Stromerzeugung um rd. 10% im Vergleich zum ersten Halbjahr 1992; für

VR CHINA

das gesamte Jahr sieht die Planung eine Produktion von rund 800 Mrd kWh vor. Das Energieangebot konnte jedoch sowohl 1992 als auch 1993 nicht den wachsenden Bedarf decken. Für das ganze Land wird von einer Versorgungslücke in einem Umfang von 15-20% ausgegangen, in der Provinz Guangdong sogar von 30%. Da die Industrie mit fast 80% der größte Elektrizitätsabnehmer ist, führten Stromabschaltungen zu unausgelasteten Produktionskapazitäten. Bei einer Fortsetzung des Hochwachstums der Industrie im Jahre 1994 könnten sich die Energieengpässe weiter verschärfen. Unzureichende Investitionen behinderten den Aufbau neuer Kraftwerke, während steigende Kosten aufgrund von Preiserhöhungen von Kohle, Erdöl und Transportdienstleistungen bei unveränderten Strompreisen die Gewinnsituation der Elektrizitätsunternehmen verschlechterte. Um den erwarteten Elektrizitätsbedarf von 920 Mrd kWh bis 1995 und von 1.340 Mrd kWh bis zum Jahre 2000 durch den Ausbau der Kapazitäten zu befriedigen, sollen die Elektrizitätspreise angehoben und die inländischen Investitionen durch Finanzierungsmittel aus dem Ausland erhöht werden. Auch der Aufbau von Kraftwerksanlagen durch Auslandsunternehmen nach dem BOT-Modell soll stärker verfolgt werden.

Mit einem Anteil von rd. 75% im Jahre 1992 blieb Kohle der wichtigste Energielieferant. Die meisten Wirtschaftssektoren sind durch eine hohe Abhängigkeit von Kohle gekennzeichnet. So deckt Kohle über 70% des industriellen Brennstoff- und Stromerzeugungsbedarfs der Industrie, über 50% des Rohstoffbedarfs der Chemieindustrie und über 90% des privaten Energiebedarfs. Zwar stieg die Kohleerzeugung um 2,7% auf 1,116 Mrd t Rohkohle im Jahre 1992, doch blieb diese Erhöhung für die Versorgung der Elektrizitätswerke unzureichend. Dies ist teilweise auch auf Transportprobleme zurückzuführen, da es große Engpässe im Eisenbahntransport der Kohle aus den Hauptabbauprovinzen Shaanxi, Shanxi und der Inneren Mongolei in die boomenden Küstenregionen gibt. In den ersten drei Quartalen 1993 konnte die Kohleförderung um 3,8% auf rd. 830 Mio t erhöht werden. Für 1993 wird insgesamt von einem Kohleverbrauch von 1,15 Mrd t ausgegangen, der sich bei einer angenommenen Steigerung der Industrieproduktion um 18% auf 1,18 Mrd t im Jahre 1994 erhöhen wird. Um die Kohleförderung und die Exploration neuer Vorkommen zu unterstützen, hat die Regierung die Kohlepreise schrittweise freigegeben. Während 1992 bereits 20% der Förderung zu Marktpreisen verkauft wurden, ist eine Erhöhung dieses Anteils für 1993 auf 85% zu erwarten. Im Jahre 1994 soll die Preisbindung für Kohle völlig aufgehoben und die bisherigen staatlichen Subventionen zum sozial verträglichen Abbau von überschüssigen Arbeitskräften eingesetzt werden. Derzeit arbeiten noch rd. 2,8 Mio Beschäftigte in den Bergwerken. Über Zechenschließungen wurden bereits 1992 und 1993 jeweils 100.000 Arbeitsplätze eingespart und bis 1995 soll diese Zahl akkumuliert auf 400.000 steigen.

Den zweitgrößten Beitrag zur Energieversorgung leistet Erdöl mit einem Anteil von rund 19%. Allerdings ist auch dieser Energiebereich durch eine zu langsame Produktionsentwicklung gekennzeichnet. 1991 betrug der Rohöloutput 140,99 Mio t und stieg 1992 um lediglich 0,9% auf 142,1 Mio t. Aufgrund der steigenden inländischen Nachfrage fiel der Rohölexport weiter zurück und betrug

VR CHINA

1992 noch 21,5 Mio t, während 11,4 Mio t importiert werden mußten. Die Planvorgabe sah für 1993 eine Produktionsausweitung um 11% auf 157,6 Mio t vor. Obwohl im 1.Halbjahr 1993 die Fördermenge auf 71,7 Mio t erhöht werden konnte, deckte das Angebot wichtiger Erdöldestillate wie Benzin, Kerosin, Dieselkraftstoff und Schmieröl bei weitem nicht die Nachfrage. Derzeit werden noch rd. drei Viertel des Rohölangebots über staatlich fixierte Preise verkauft, die jedoch schrittweise in Marktpreise umgewandelt werden sollen. Preissteigerungen gab es insbesondere bei Benzin, doch wird trotzdem mit einer zunehmenden Nachfrage aufgrund der Ausweitung des privaten Kfz-Marktes in den nächsten Jahren gerechnet. Wichtiger Grund für die kritische Entwicklung des Rohöloutputs sind unzureichende Investitionen in die Erschließung neuer Vorkommen bei gleichzeitiger Erschöpfung der älteren Erdölfelder (Daqing, Shengli). Vor diesem Hintergrund hat die Regierung auch die Kooperation mit ausländischen Unternehmen zur Exploration und Nutzung verstärkt, die sich inzwischen sowohl auf die gesamten Küstengebiete als auch auf Inlandregionen, einschließlich des Tarim-Beckens (Provinz Xinjiang) erstreckt.

Verarbeitende Industrie

Die Industrieproduktion entwickelte sich sowohl 1992 als auch 1993 mit zweistelligen Zuwachsraten. Die Wachstumsimpulse gingen wiederum vor allem von der nicht-staatlichen Industrie aus, und die Steigerung der Industrieproduktion wies ein regional sehr unterschiedliches Muster auf. Der Anstieg des industriellen Bruttoproduktionswertes (BPW) im Jahre 1992 betrug gegenüber 1991 über 20% [vorläufige offizielle Daten im Februar 1993 weisen 20,8% und das im August 1993 veröffentlichte Statistische Jahrbuch der VR China 27,5% aus]. Während die Steigerung des BPW in der staatseigenen Industrie 12,4% ausmachte, wiesen die kollektiven Industriebetriebe eine Zunahme von 39,3%, die privaten Industriebetriebe von 52,9% und die Unternehmen sonstiger Eigentumsformen (incl. Joint Ventures und Auslandsunternehmen) von 64,9% auf. Regional betrachtet war die Zunahme der Industrieproduktion in den Küstenprovinzen wie Jiangsu (42,6%), Guangdong (30,6%), Zhejiang (28,6%), Shandong (26,4%) und Fujian (24%) besonders hoch, während die Wachstumsraten in den nordostchinesischen Provinzen zwischen 3,1% bis 12,6% und in den Inlandsprovinzen zwischen 4,7% bis 14,7% lagen. Nach vorläufigen Daten für 1993 setzte sich das Hochwachstum der Industrieproduktion mit einem Anstieg von 23,6% gegenüber 1992 weiter fort. Die Konjunkturdämpfungsmaßnahmen führten lediglich in den Monaten August bis Oktober zu einer kurzfristigen Abschwächung des Wachstumstempos. Der Anstieg der Industrieproduktion der staatseigenen Betriebe betrug 1993 8,9%, der kollektiveigenen Betriebe 39,8% und der ländlichen Industrie 57,6%. Die Industrieproduktion der sechs Küstenprovinzen von Shandong bis Hainan erhöhte sich 1993 mit einer Zuwachsrate von mehr als 30%, während die Provinzen im Westen wiederum gegenüber den Küstenprovinzen zurückfielen.

VR CHINA

Nach wie vor stellt sich die Situation der staatseigenen Industrie als sehr schwierig dar, da nach offiziellen Angaben weiterhin mehr als ein Drittel und nach Schätzungen rund die Hälfte der Betriebe Verluste erwirtschaften. Auch hat sich die Verschuldungssituation der Staatsunternehmen 1993 wieder verschärft, und die Gesamthöhe der Schulden von 56,9 Mrd Yuan stellt rd. 48% ihrer Gewinne dar. Im Zusammenhang mit den Kreditverknappungen litten Mitte 1993 viele Staatsunternehmen unter Liquiditätsproblemen, mußten die Produktion vorübergehend beschränken oder einstellen und ihre Beschäftigten beurlauben. Um Effizienzsteigerungen durchzusetzen, stehen die Staatsbetriebe vor komplizierten Umstrukturierungen. Hierzu zählt auch der Abbau überschüssiger Arbeitskräfte, eine stärkere Anpassung an die Marktnachfrage und eine technologische Erneuerung. Die Abkopplung der Staatsunternehmen vom Tropf staatlicher Subventionen und die Verwirklichung autonomer Managemententscheidungen soll über die verstärkte Bildung von Aktiengesellschaften ermöglicht werden. Für 1994 sollen weitere rd. 100 große Staatsunternehmen hierfür ausgewählt werden.

Verkehr und Dienstleistungen

Der weitere Ausbau des Verkehrsnetzes wird in den nächsten Jahren eine wichtige Aufgabe und Voraussetzung für ein schnelles Wirtschaftswachstum sein. Im Rahmen der Dezentralisierung wurden bereits Verantwortlichkeiten im Regionalbahnverkehr, in der Luftfahrt und anderen Verkehrsbereichen auf Provinz- und andere Lokalebenen verlagert und Auslandsinvestitionen und Kredite eingesetzt, um unzureichende inländische Finanzierungsmöglichkeiten zu ergänzen.

Auf dem Eisenbahnnetz wurden 1992 mit 1,57 Mrd t rund 15% des Frachtvolumens befördert, und bezogen auf die Streckenleistung (in t/km) entfielen auf die Schiene rund 40%. Das Schienennetz erreichte einen Umfang von 53.600 km, allerdings sind nur 16% des Streckennetzes elektrifiziert. Das Frachtvolumen per Streckenleistung erhöhte sich 1992 um lediglich 5,5% (1157,5 Mrd tkm) und um 0,7% im 1. Halbjahr 1993 gegenüber der Vorjahresperiode. Die chronische Überlastung des Eisenbahnnetzes vergrößerte auch 1993 die Wartezeiten beim Transport von insbesondere Kohle, Erdöl, Eisen und Stahl sowie Getreide, da einem täglichen Bedarf von 120.000 Eisenbahnwaggons nur ein Angebot von lediglich 70.000 Waggons gegenüberstand. Auch bei der Personenbeförderung herrschen Engpässe, Fahrkarten sind knapp und von den Reisenden haben täglich rd. 800.000 keinen Sitzplatz.

Um die unzureichende Beförderungskapazität auszuweiten, soll bis zum Ende des Jahrzehnts das derzeitige Streckennetz um ein Drittel auf rd. 70.000 km erhöht und die Hauptstrecken elektrifiziert werden. Der Bau verschiedener Eisenbahnstrecken schließt auch eine Direktverbindung zwischen Beijing und Hongkong (2.370 km) mit Unterstützung durch Kredite der Asiatischen Entwicklungsbank ein, die bis 1995 fertiggestellt werden soll. Da in den ersten zwei Jahren des 8. Fünfjahresplanes (1991-95) die geplante Streckenausweitung aufgrund fehlender

VR CHINA

Finanzierungsmittel nur teilweise realisiert werden konnte, wird derzeit auch an eine Öffnung dieses Sektors für ausländische Investoren gedacht. Mitte 1993 wurden die Preise für Eisenbahnfrachtgut erneut erhöht.

Die verstärkte Ausweitung des Straßennetzes, insbesondere der Schnellstraßen, mit einer Ausdehnung von inzwischen 1,05 Mio km (+1,5%) hat die Bedeutung dieses Verkehrsträgers erhöht. So beträgt der Anteil am Frachtvolumen 1992 rd. 75%, in Bezug auf die Streckenleistung liegt der Anteil bei lediglich 13%. Im Gesamtstraßennetz sind inzwischen 88% mit einer festen Oberfläche aus Beton, Stein oder Teer versehen, doch weist ein größerer Teil der Straßen Mängel auf bzw. ist aufgrund der starken Verkehrsaufkommens überlastet. Auch im Hinblick auf die erwartete Steigerung des privaten Personenkraftverkehrs ist eine Vergrößerung des Netzes auf 1,25 Mio km vorgesehen. Hierbei sollen ausländische Investoren über BOT (Build, Operate, Transfer)-Modelle eingeschaltet werden.

Um den inländischen Überlandtransport zu entlasten, aber auch aufgrund der verstärkten exportorientierten Entwicklung in den Küstengebieten, ist der Ausbau der Schiffahrtswege und Häfen dringend erforderlich. So sollen die Kohleumschlagskapazitäten in den zehn wichtigsten Häfen erhöht werden, insbesondere in Qinhuangdao und Shanghai. Auch unter Einsatz ausländischer Kredite wurden seit 1985 sieben Container-Anliegeplätze geschaffen und mit dem Bau von vier großen Tiefwasser-Anschlußhäfen in Dalian, Ningbo, Meizhou und Shenzhen begonnen. Die Beförderungsleistung der Schiffahrt betrug 1992 1325,6 Mrd tkm, ein Anstieg um 2,3%; auf die Hochseeschiffahrt entfiel eine anteilige Leistung von 68%.

Das Post- und Fernmeldewesen konnte den Jahresumsatz 1992 um 42% erhöhen, der Anstieg in den Bereichen Eilzustellungen, Funktelefonverkehr und Mobilfunk betrug mehr als 60%. Die Zahl der Städte und Kreise, die an den automatischen Selbstwählferndienst angeschlossen sind, erhöhte sich bis 1992 um 330 auf insgesamt 1400. In den Städten stieg die Zahl der Anschlüsse im automatischen Selbstwählverkehr im Jahre 1992 um 3,32 Mio auf rd. 9 Mio und erhöhte sich 1993 nochmals um 5,9 Mio; für 1994 ist eine weitere Zunahme der Anschlüsse um 12 Mio vorgesehen. Die landesweite Vermittlungskapazität soll von 40 Mio Leitungen im Jahre 1993 auf 52 Mio im laufenden Jahr ausgeweitet werden; bis zum Dekadenende sieht die Planung eine Kapazität von 100 Mio Anschlüssen vor. Die Telefondichte betrug 1992 pro 100 Einwohner 1,6, stieg 1993 auf 2,5 und soll 1994 auf 3 erweitert werden. Zwischen Stadt und Land bestehen hierbei erhebliche Unterschiede, die Städte waren mit einer Dichte von 7 Anschlüssen pro 100 Einwohner deutlich begünstigt. Einige Großstädte wiesen bereits eine relativ hohe Telefondichte auf, z.B. Beijing (Innenbezirke) 23 Anschlüsse pro 100 Einwohner. Um die ehrgeizigen Pläne zum schnellen Ausbau des Telekommunikationssektors realisieren zu können, plant die Regierung für 1994 eine weitere Erhöhung der Investitionen um 34% auf 53,6 Mrd Yuan, die teilweise über Auslandskredite aufgebracht werden sollen.

China aktuell
Monatszeitschrift

Institut für Asienkunde Hamburg

VR China
Taiwan
Hongkong
Macau

Sie erhalten 12mal jährlich eine umfassende Darstellung der Entwicklung in

Außenpolitik
Innenpolitik
Wirtschaft
Außenwirtschaft

der beobachteten Länder im eben abgelaufenen Monat. Authentische Information ohne ideologisches Beiwerk, aufbereitet in Form von

Meldungen
Analysen
Dokumenten

sowie einen Jahresindex.

Studentenabonnement DM 60.- plus Porto Bei Vorlage der Immatrikulationsbescheinigung

Jahresabonnement (zuzügl. Porto): DM 116.-
Einzelheft (zuzügl. Porto): DM 12.-
Bitte fordern Sie ein Probeheft an.
Zu bestellen beim Herausgeber:

Institut für Asienkunde
Rothenbaumchaussee 32 · D-20148 Hamburg
Telefon (040) 44 30 01-03 · Fax (040) 410 79 45

VR CHINA

Tourismus

Der Tourismus verzeichnete auch 1992 steigende Besucherzahlen und eine damit verbundene Verbesserung der Hotelbelegung. Die insgesamt 38 Mio Reisenden waren zum überwiegenden Teil Auslandschinesen aus Taiwan, Hongkong und Macao, während 4 Mio (1991: 2,7 Mio) Touristen aus anderen Ländern einreisten. Die Deviseneinnahmen aus dem Tourismus erhöhten sich 1992 auf 3,947 Mrd US$ (1991: 2,845 Mrd US$). Im Gegensatz zur kritischen Belegungsrate von durchschnittlich 45-55% in den Jahren 1989-90 verbesserte sich die Situation in den letzten Jahren deutlich. Beispielsweise stieg in Beijing 1992 die durchschnittliche Belegung auf 65% an. Für 1993 wird in den Luxushotels (4 und 5 Sterne) mit einer Belegungsquote von 76% bzw. 78% (1990: 41%) gerechnet. Die weitere Steigerung des Tourismus wird jedoch abhängig sein von Verbesserungen im Transportsektor, insbesondere bei den Inlandsflügen, sowie einem Ausbau konkurrenzfähiger Hotelanlagen in Südchina.

Außenwirtschaft

Die Expansion des Außenhandels um 22% im Jahre 1992 auf insgesamt 165,6 Mrd US$ ließ China auf Platz 11 der größten Handelsnationen aufrücken. Mit einem Importvolumen von 80,6 Mrd US$ (+26,%) gegenüber Exporten in Höhe von 85 Mrd US$ (+18%) konnte auch 1992 noch ein, wenn auch gegenüber den Vorjahren geringerer, Handelsüberschuß erzielt werden, der sich auf 4,39 Mrd US$ belief. Der bereits im 3.Quartal 1992 einsetzende Importsog beschleunigte sich 1993 weiter. Bei einem Gesamtanstieg des Außenhandels um 18,2% entstand aufgrund des weitaus schnelleren Importwachstums von 29% (103,95 Mrd US$) gegenüber der Wachstumsrate der Exporte von lediglich 8% (91,77 Mrd US$) seit 1989 zum ersten Mal wieder ein negativer Saldo, der 12,18 Mrd US$ betrug.

Auch 1993 entfielen auf Textilien und Bekleidung mit 29,6% (27,13 Mrd US$) fast ein Drittel der Exporte, die um 7,2% gegenüber dem Vorjahr stiegen. An zweiter Stelle standen mit einem Anteil von 24,7% (22,7 Mrd US$) die Exporte von Maschinen und elektronischen Geräten; ihre Ausfuhr erhöhte sich um 16,1%. Auf der Importseite stellten Maschinen und elektronische Geräte, einschließlich Kfz, Flugzeuge, Telefonanlagen, Textil-, Bau- und Bergbaumaschinen sowie Maschinen für die Verarbeitung von Metallen, Gummi und Plastik, mit 47,6% (49,46 Mrd US$) fast die Hälfte aller Importe, ein Anstieg um 41,7% gegenüber dem Vorjahr. Auch der Import von Rohstoffen und -materialien nahm 1993 stark zu. So erhöhten sich die Stahlimporte um 327% (30 Mio t) und die Erdölimporte (raffiniert) um 128% (17,48 Mio t).

Die herausragende Bedeutung der Auslandsunternehmen nahm 1993 mit einem Anstieg der Exporte um 45,4% (25,24 Mrd US$) und der Importe um 58,6% (41,83 Mrd US$) weiter zu. Der Anteil der Auslandsunternehmen am Export

VR CHINA

erhöhte sich auf 27,5% und der Importe auf 40,2%. Nach Angaben der chinesischen Zollstatistik löste Japan 1993 Hongkong als größten Handelspartner mit Importen aus Japan in Höhe von 23,25 Mrd US$ und Exporten nach Japan von 15,79 Mrd US$ ab. Hongkong importierte 22,06 Mrd US$ und exportierte 10,48 Mrd US$ nach China. Die USA lagen mit chinesischen Importen von 10,69 Mrd US$ und chinesischen Exporten von 16,96 Mrd US$ an dritter Stelle, gefolgt von der EG, Taiwan, Südkorea, Rußland, Singapur, Australien und Kanada.

Für das Handelsbilanzdefizit 1993 sind eine Reihe von Gründen verantwortlich. So absorbierte die boomende Binnenwirtschaft einen Teil der für den Export bestimmten Produkte, während die Knappheiten bei Rohstoffen sowie die starke Nachfrage nach Maschinen und Elektronik zum Importsog beitrugen. Für 1994 wird mit einem Außenhandelsvolumen von rd. 200 Mrd US$ bei Exporten von rd. 100 Mrd US$ gerechnet. Der erwartete Anstieg der Exporte um 8,9%, der durch die Wechselkursveränderung begünstigt werden könnte, wird jedoch nicht leicht zu realisieren sein, das sich China auf den Märkten der USA und der EG möglichen Restriktionen bei Textilexporten ausgesetzt sehen könnte.

Die Reformen im Außenhandel wurden mit Blick auf den erwarteten GATT-Beitritt weiter fortgesetzt und das Wechselkurssystem ab Anfang 1994 einen weiteren Schritt in Richtung Konvertibilität mit der Abschaffung der FEC-Sonderwährung (Foreign Exchange Certificates) und Zusammenfassung der unterschiedlichen Wechselkurse gebracht. Die rasche Zunahme der Auslandsinvestitionen zeigte den weiterhin ungebrochenen Optimismus in die mittel- und langfristigen Entwicklungschancen der chinesischen Wirtschaft. Nachdem die vertraglich zugesagten ausländischen Direktinvestitionen 58,1 Mrd US$ und die realisierten 11 Mrd US$ betragen hatten, wiesen die zusagten Investitionen im 1. Halbjahr 1993 eine Höhe von 58,8 Mrd US$ und die realisierten einen Umfang von 9,4 Mrd US$ auf.

Beziehungen zur Bundesrepublik Deutschland

Im Außenhandel mit China konnte Deutschland 1992 erstmals wieder einen deutlichen Exportanstieg verzeichnen und damit das Handelsbilanzdefizit reduzieren. Auf der Basis der deutschen Statistik betrug der Ausfuhranstieg 41,3% und belief sich auf 5,7 Mrd DM, so daß bei einem Importvolumen von 11,7 Mrd DM das Defizit auf 5,9 Mrd DM (1991: 7,5 Mrd DM) zurückgeführt werden konnte. Im asiatischen Raum ist der chinesische Markt für Deutschland mit einem Außenhandelsvolumen von rd. 18 Mrd DM neben Japan von größter Bedeutung und nimmt unter den Handelspartnern weltweit bei Importen den 14. und Exporten den 20. Platz ein. Insgesamt liegt der Anteil der deutschen Exporte nach China jedoch noch unter 2% der Gesamtexporte.

Auch 1992 waren die deutschen Exporte von Maschinen, Elektrotechnik und Kraftfahrzeugen mit einem Zuwachs von 54% gegenüber 1991 und einem Anteil von 73,8% an den Gesamtausfuhren von herausragender Bedeutung. Eine beson-

VR CHINA

ders hohe Zuwachsrate erreichte mit 96% der Export von Kraftfahrzeugen, die mit 25% zum Gesamtexport beitrugen. Auf chemische und metallische Vorerzeugnisse entfielen jeweils 3,9% und 6,5%. Auf der Importseite dominierte zwar weiterhin die Einfuhr von arbeitsintensiven und technologisch einfachen Produkten, doch hat sich der Trend zu höherwertigen Produkten verstärkt. Die Einfuhr von Spinnstoff- und Lederwaren war mit 30% am wichtigsten, Importe von Kinderspielzeug und Christbaumschmuck machten 7,6% aus. Bei einer Steigerung des Importvolumens von elektrotechnischen Erzeugnissen und Maschinen um 16,5% und 23,7% entfielen auf diese Produktgruppen Anteile von 13,6% und 2,5%.

Da für 1993 mit einem Anstieg der Importe aus China auf 13 Mrd DM und einer Erhöhung der deutschen Exporte auf rd. 10 Mrd DM gerechnet wird, könnte das bilaterale Handelsdefizit weiter reduziert werden. In den ersten vier Monaten nahmen die Exporte bereits um 79% zu. Die vereinbarten deutschen Lieferungen nach China anläßlich der Reise von Bundeskanzler Kohl im November 1993 können sich ab 1994 in der Handelsbilanz niederschlagen. Verbindliche Aufträge mit einem Volumen von 2,7 Mrd DM betreffen insbesondere die Bestellung von Airbusflugzeugen, Reisezugwagen und Telefontechnik sowie die Auftragsvergabe über den Bau der U-Bahn in Guangzhou (Kanton) an ein deutsches Konsortium. Während des Kanzlerbesuches wurden außerdem Absichtserklärungen über verschiedene Projekte mit einem Volumen von rd. 4 Mrd DM abgegeben und eine Intensivierung der Zusammenarbeit in den Bereichen Umweltschutz sowie Post und Telekommunikation vereinbart.

Die dynamische Wirtschaftsentwicklung verstärkte die Anreize zur Intensivierung der Direktinvestitionen, um hierdurch auf dem chinesischen Markt stärker präsent zu sein. Vor allem Großunternehmen wie Siemens, BASF sowie die Daimler-Unternehmen AEG, Mercedes-Benz und Deutsche Aerospace wollen ihr Engagement verstärken. In der mittelständisch strukturierten Maschinenbauindustrie wird aufgrund der relativ hohen Kosten bzw. Risiken über neue Kooperationsformen bei der Markterschließung nachgedacht. Obwohl bis Ende 1992 rd. 250 Gemeinschaftsunternehmen mit deutscher Beteiligung vor allem in den Branchen Kfz-Bau, Petrochemie, Maschinenbau, Handel- und Beratungsdienstleistungen gegründet wurden, liegt der bundesdeutsche Anteil an den ausländischen Direktinvestitionen erst bei rd. 1%. Von der chinesischen Seite werden vor allem Investitionen in die Bereiche Transport, Telekommunikation und Grundstoffindustrie gewünscht.

VR CHINA

Tabelle 1: **Handelsstruktur Deutschland** [1] **- VR China**
Deutsche Exporte in die VR China
(Angaben in Mio DM)

SITC POSITION [2]	WARENKLASSE [3]	1990	1991	1992
0 - 9	INSGESAMT	3878,9	4064,1	5744,1
2	Rohstoffe (andere als SITC 0 und 3)	41,0	92,7	95,2
darunter:				
26	Spinnstoffe	36,0	75,6	79,1
4	Tierische und pflanzliche Öle, Fette und Wachse	100,9	50,4	26,7
5	Chemische Erzeugnisse	357,9	504,9	431,7
6	Bearbeitete Waren, vorwiegend nach Beschaffenheit gegliedert	380,0	511,3	654,7
darunter:				
60	Waren für vollständige Fabrikationsanlagen	33,4	29,3	7,9
61-66	Waren aus mineralischen, nicht-metallischen Stoffen	92,6	136,3	169,1
67-69	Metalle, Metallwaren	254,0	345,6	477,8
7	Maschinenbau-, elektrotechn. Erzeugnisse und Fahrzeuge	2769,9	2648,2	4234,1
darunter:				
70	Waren für vollständige Fabrikationsanlagen	278,1	319,1	215,5
71-74	Maschinenbauerzeugnisse	1605,2	1332,0	2183,2
75-77	Elektrotechn. Erzeugnisse	314,5	342,0	444,6
78-79	Fahrzeuge	572,0	655,2	1390,8
8	Verschiedene Fertigwaren	169,4	190,4	230,7
darunter:				
87	Meß-, Prüf- und Kontrollinstrumente	112,6	110,2	155,4

1) Bis 1990 westdeutscher, ab 1991 gesamtdeutscher Handel.
2) Standard International Trade Classification (SITC Rev. II bis 1987, SITC Rev. III ab 1988).
3) Bezeichnungen der Warenklassen teilweise gekürzt; geringfügige Rundungsabweichungen bei Summenbildung

Quelle: Statistisches Bundesamt, Wiesbaden

VR CHINA

Tabelle 2: **Handelsstruktur Deutschland** [1] **- VR China**
Deutsche Importe aus der VR China
(Angaben in Mio DM)

SITC POSITION [2]	WARENKLASSE [3]	1990	1991	1992
0 - 9	INSGESAMT	7660,4	11558,5	11651,2
0	Nahrungsmittel und lebende Tiere	357,7	483,7	500,4
darunter:				
05	Gemüse und Früchte	302,0	372,6	342,4
2	Rohstoffe (andere als SITC 0 und 3)	451,1	471,4	453,5
3	Mineralische Brennstoffe, Schmiermittel und verwandte Erzeugnisse	5,4	39,6	48,2
5	Chemische Erzeugnisse	445,4	555,5	565,4
6	Bearbeitete Waren, vorwiegend nach Beschaffenheit gegliedert	987,6	1303,2	1361,6
darunter:				
65	Garne, Gewebe	513,2	562,4	548,8
61-66	Waren aus mineralischen, nicht-metallischen Stoffen	653,4	801,4	819,2
67-69	Metalle, Metallwaren	325,1	501,8	542,4
7	Maschinenbau-, elektrotechn. Erzeugnisse und Fahrzeuge	1187,8	1623,2	1894,1
darunter:				
75-77	Elektrotechn. Erzeugnisse	971,1	1238,5	1526,0
83	Reiseartikel, Handtaschen u.ä.	347,7	603,7	580,9
84	Bekleidung und Bekleidungszubehör	2229,1	3780,6	3261,8
85	Schuhe	176,2	401,8	555,5
89	Verschiedene bearbeitete Waren	1154,2	1810,6	1847,2

1) Bis 1990 westdeutscher, ab 1991 gesamtdeutscher Handel.
2) Standard International Trade Classification (SITC Rev. II bis 1987, SITC Rev. III ab 1988).
3) Bezeichnungen der Warenklassen teilweise gekürzt; geringfügige Rundungsabweichungen bei Summenbildung

Quelle: Statistisches Bundesamt, Wiesbaden

VR CHINA

Tabelle 3: **Außenhandel nach Waren** [1]
(Exporte in Mio US$)

WARENGRUPPE	1992	1-9/93
GESAMT-EXPORTE	84.998	61.249
Primärerzeugnisse	17.050	11.402
Nahrungsmittel und lebende Tiere	8.354	5.624
Getränke und Tabak	721	604
Rohstoffe	3.144	2.041
Mineral. Brennstoffe, Schmierstoffe	4.692	3.015
Tierische und pflanzliche Öle, Fette und Wachse	139	118
Verarbeitete Erzeugnisse	67.948	49.847
Chemische und verwandte Produkte	4.347	3.084
Fertigerzeugnisse n. Materialien	16.139	10.864
Maschinen, Transportausrüstungen	13.219	9.792
Sonstige Fertigerzeugnisse	34.243	26.107

[1] Vergleich zu Vorjahren wegen Einführung des HS-Systems ab 1.1.92 nicht möglich.

Quelle: *China Monthly Exports & Imports, 9/1993*

VR CHINA

Tabelle 4: **Außenhandel nach Waren** [1]
(Importe in Mio US$)

WARENGRUPPE	1992	1-9/93
GESAMT-IMPORTE	80.601	67.750
davon:		
Primärerzeugnisse	13.245	8.621
Nahrungsmittel unf lebende Tiere	3.146	1.680
Getränke und Tabak	239	142
Rohstoffe	5.774	3.582
Mineral. Brennstoffe, Schmierstoffe	3.570	2.919
Tierische und pflanzliche Öle, Fette und Wachse	525	298
Verarbeitete Erzeugnisse	67.356	59.129
Chemische und verwandte Produkte	11.158	6.483
Fertigerzeugnisse n. Materialien	19.298	19.345
Maschinen, Transportausrüstungen	31.313	28.927
Sonstige Fertigerzeugnisse	5.587	4.374

1) Vergleich zu Vorjahren wegen Einführung des HS-Systems ab 1.1.92 nicht möglich.

Quelle: China Monthly Exports & Imports, 9/1993

VR CHINA

Tabelle 5: **Außenhandel nach Ländern**
(Exporte in Mio US$)

LAND	1991	1992	1-9/93
Hongkong	32.137	37.512	15.131
Japan	10.252	11.699	9.991
USA	6.193	8.594	11.404
Bundesrepublik Deutschland	2.355	2.448	2.676
Korea (Rep.)	2.179	2.437	1.848
Singapur	2.104	2.031	1.481
Rußland	1.823	2.336	1.950
Niederlande	1.063	1.200	1.053
Italien	932	1.095	879
Frankreich	733	763	888
Großbritannien	726	923	1.281
Taiwan	595	698	919

Quelle: China Monthly Exports & Imports, 9/1993

Tabelle 6: **Außenhandel nach Ländern**
(Importe in Mio US$)

LAND	1991	1992	1-9/93
Hongkong	17.463	20.538	7.278
Japan	10.031	13.681	15.035
USA	8.008	8.900	6.639
Taiwan	3.639	5.881	8.504
Bundesrepublik Deutschland	3.049	4.023	3.975
Rußland	2.081	3.526	3.558
Australien	1.743	1.671	1.293
Frankreich	1.572	1.496	1.087
Italien	1.458	1.748	1.811
Großbritannien	942	1.013	1.054

Quelle: China Monthly Exports & Imports, 9/1993

VR CHINA

Besonderheiten der bilateralen Wirtschaftsbeziehungen aus der Sicht der Handelsförderungsstelle der deutschen Botschaft in der VR China

Die Wirtschaftsbeziehungen zwischen Deutschland und der Volksrepublik China sind gut - könnten und sollten aber noch besser sein. Dieses ist die Kurzformel. Was verbirgt sich dahinter?

Deutschland ist größter Handelspartner Chinas in Europa. Unser Anteil am chinesischen Außenhandelsvolumen macht ca. 5% aus. Umgekehrt macht der Handel mit China in der deutschen Außenhandelsstatistik weniger als 2% aus. Bei den Direktinvestitionen in China liegen deutsche Unternehmen an 5. Stelle - absolut gesehen bewegen sich diese allerdings sowohl bei der Anzahl der Projekte wie bei dem vereinbarten und realisierten Investitionsvolumen in einer verschwindend geringen Größenordnung.

Soweit die nüchterne Statistik.

Es liegt auf der Hand, besonders im Falle der VR China die bilateralen Wirtschaftsbeziehungen in den größeren Zusammenhang der politischen Beziehungen einzuordnen. Ohne erneut Rückgriff auf Zahlenwerke nehmen zu wollen, ist doch die Entwicklung unserer bilateralen Handelsbilanz von dem markanten Wechsel von einem aktiven zum gegenwärtig noch passiven Saldo im Jahre 1989 nur zu deutlich gekennzeichnet. Und in der Tat geht denn auch die signifikante Aufwärtsentwicklung der deutschen Exporte nach China (+41% im Jahre 1992 und ca. +80% im Jahre 1993) wiederum einher mit politischen Entscheidungen und Ereignissen: Dem Besuch des Bundesaußenministers im November 1992, der endgültigen Aufhebung der die VR China betreffenden Sanktionen durch den Deutschen Bundestag im Dezember 1992, dem Besuch des Bundeswirtschaftsministers im März 1993 und schließlich dem Besuch des Bundeskanzlers im November 1993.

Wenn auch kein Kausalzusammenhang zwischen der Normalisierung und Intensivierung der politischen Beziehungen einerseits und der Steigerung der deutschen Exporte nach China andererseits bestehen mag, so ist doch der atmosphärische Effekt eines ungetrübten Verhältnisses nicht gering zu schätzen.

Trotz der konsequenten Fortsetzung der 1978 eingeleiteten und durch die Äußerung des großen alten Anführers der chinesischen Politik, Deng Xiaoping, im Frühjahr 1992 mit großem Nachdruck beschleunigten Reform- und Öffnungspolitik des Landes spielt der Staat nach wie vor eine nicht zu unterschätzende Rolle im Wirtschaftsgeschehen.

Letztere ist im Wandel begriffen - wie so vieles im China der Jahre 1993/94 - und die sich daraus ergebende Situation nicht nur richtig einzuschätzen, sondern auch konsequent für den geschäftlichen Erfolg zu nutzen, stellt die besondere Herausforderung, d.h. insbesondere auch Chance des China-Geschäfts dar.

VR CHINA

Sagte sogar ein chinesischer Jungunternehmer in Peking Anfang 1993 "Zur Zeit schwimmen wir alle!", so meinte er damit nicht haltlose Suche nach rettenden Ufern, sondern eher den Zustand des Hechtes im Karpfenteich.

Der recht konsequente Abbau staatlicher Reglementierungen eröffnet im ganzen Land neue Spielräume, die bisher in den Sonderwirtschaftszonen besonders des Südens entstandene, oft zur klaren Kennzeichnung als "kapitalistisch" bezeichnete Geschäftspraktiken zulassen. Leider geht damit oft auch die Ausbreitung eher unerwünschter Auflüsse freieren Handelns einher.

Auch in der Volkswirtschaft insgesamt treten Erscheinungen auf, die Gefahren bergen: Die Überhitzung der Wirtschaft, gepaart mit hoher Inflation ebenso (und dies ist kein Widerspruch) wie rasch steigende Arbeitslosigkeit ohne ausreichnde soziale Absicherung.

Erste, vorsichtige Versuche, zu marktwirtschaftlich ausgerichteten und nicht dirigistischen makroökonomischen Steuerungsmitteln zu greifen, haben im Jahre 1993 stattgefunden. Das Drehen an der Geld- und Kreditschraube z.B. brachte im Ansatz erwünschte Effekte; sie führte für das konkrete Geschäft allerdings of auch zu schmerzlichen Behinderungen der Abwicklung. Hieran zeigt sich, daß die Einführung eines an sich zu begrüßenden, da größere Planungssicherheit gebenden wirtschaftspolitischen Instrumentariums zumindest in der Anfangsphase auch Gewöhnungsbedarf mit sich bringen wird.

Im Zusammenhang mit der Planungssicherheit sollte keineswegs eine ausgesprochen bedeutsame Besonderheit der VR China gering geschätzt werden. Das Land befindet sich gegenwärtig in einem eben solchen Prozeß der Transition wie fast alle früheren Staatshandelsländer mit planwirtschaftlicher Ordnung; sie ändert allerdings nicht - und schon gar nicht radikal - ihr politisches System. Hierzu mag man stehen, wie man will. Für den Handel mit und die Investitionen in China wäre dessen häufig angedeutete Anlehnung an ein Vorbild wie etwa Singapur eine interessante Kursbestimmung.

Wenn im Jahr 1992 die deutsche Wirtschaft Monat für Monat für rund eine halbe Milliarde DM Waren in die VR China liefern konnte und diese Werte 1993 erheblich gesteigert wurden, so führt dieses zurück zu der einleitenden Feststellung: Deutsche Unternehmen haben auf dem chinesischen Markt durchaus Erfolg.

Mißerfolge treten jedoch dann ein, wenn Erwartungen überzogen und geschäftliche Bemühungen schlecht vorbereitet sind. Eine Binsenweisheit - könnte man meinen. Doch sind hier einige wenige Aspekte zu China im besonderen zu nennen, die trotz der reichlich vorhandenen Literatur zum China-Geschäft und vielerlei Veranstaltungen zu dem Thema offenbar nicht deutlich genug sind.

Aus einer Vielzahl von Beratungsgesprächen und sonstigen Kontakten zu in China tätigen oder tätig werden wollenden Firmenvertretern ist zusammenzufassen:

VR CHINA

- Schnelle Geschäfte sind selten, langer Atem ist gefordert;
- die richtige Wahl des Geschäftspartners und die erheblich über mitteleuropäische Vorstellungen hinausgehende Kontaktpflege hin zum Aufbau eines besonderen Vertrauensverhältnisses entscheidet über Erfolg und Mißerfolg;
- Kooperationen wie Joint Venture Gründungen sollte eine längere, vertraute Zusammenarbeit, von Verkäufen und ggf. Lizenzfertigung vorausgehen;
- all dies kann nicht durch die Begleitung eines Politikers im Rahmen einer Delegationsreise bei hochrangigen Gesprächen innerhalb einer Stunde ersetzt werden.

Ein ausgezeichnetes Gespür für gute Geschäfte und die Fähigkeit, diese erfolgreich zu betreiben: Dieses sind Merkmale, für die chinesische Kaufleute in aller Welt bekannt sind. Chinesische Kaufleute sind in Beijing, Shanghai, Guangzhou und Chengdu nicht wesentlich anders als in Hongkong, Taiwan oder San Francisco. Wettbewerb wird hart bis zum letzten Moment ausgenutzt und Konditionen werden gedrückt, ohne daß man sie später wieder verbessern könnte. Die VR China dieser Jahre ist aber als Markt so interessant und umworben, daß für den Anbieter die Gefahr besteht, angesichts dieser Lage zu verlieren.

Wer auch dieser Besonderheit Rechnung trägt, darf gute Geschäfte in China erwarten.

Dipl. Kfm. Jens-Peter Voss
Leiter der Handelsförderungsstelle

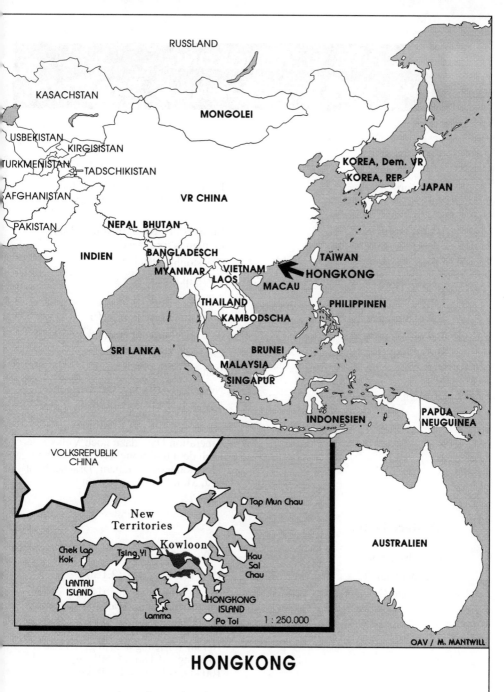

HONGKONG
Dr. Yu-Hsi Nieh

Allgemeines

Staatsform:	Britische Kolonie (bis Ende Juni 1997, dann Sonderverwaltungszone der VR China)
Staatsoberhaupt:	Elisabeth II, Königin von Großbritannien und Nordirland
Gouverneur:	Christopher Patten
Landfläche:	1.076 qkm
Einwohnerzahl:	5.92 Mio (Mitte 1993)
Bevölkerungsdichte:	Einwohner pro qkm 5.501
Bevölkerungswachstum	0,7% (Geburtenüberschuß 1992)
Amts- und Handelssprache:	Englisch, Chinesisch
Landessprache:	Kanton-Dialekt
Feiertage:	Neujahr, Karfreitag, Ostern, Geburtstag von Königin Elisabeth II., 1. Wochentag im Juli, 1. Montag im August, Samstag vor dem letzten Montag im August, Liberation Day; dazu noch Volksfeste nach dem traditionellen chinesischen Mondkalender: Neujahr, Drachenbootfest, Mondfest, Chungyeung

Weitere Daten

Erwerbspersonen:	1993 (1992): 1,77 Mio (1,76 Mio)
Arbeitslosigkeit:	1993 (1992): 2,1% (2,1%)
Maße und Gewichte:	Neben offiziellem metrischen System auch traditionelle Maßeinheiten unter der Bevölkerung: 10 fan = 1 tsun = 0,037 m; 10 tsun = 1 chek = 0,371 m; 10 tsin = 1 leung = 37,8 g; 16 leung = 1 kan = 0,605 kg; 100 kan = 1 tam = 60,48 kg

HONGKONG

Entstehung des realen BIP:	1991 (1990): Primärsektor: 0,2% (0,3%) Sekundärsektor: 23,0% (25,1%) Tertiärsektor: 76,8% (74,6%) Verwendung des realen BIP 1992 (1991): Privatverbrauch 67% (65,4%); Staatsverbrauch 6,9% (6,4%); Bruttoanlageinvestitionen 29% (27,8%); Lagerbestandsveränderungen 1,9% (0,7%); Warenexporte 181,3% (160,2%) Warenimporte -189,9% (-163,4%); Dienstleistungsexporte 21,8% (20,8%); Dienstleistungsimporte -18,2% (-18,0%)
Wichtigste Agrarprodukte:	1992 (1991): Gemüse 95.000 t (105.000 t); Schweine 182.000 Stück (314.000 Stück); Hühner 21.200 t (23.500 t); Eier 52,6 Mio Stück (84,5 Mio Stück); Fischfang und -zucht 166.390 t (173.400 t)
Wichtigste Bergbauprodukte:	Keine Angaben für 1993 (1992)
Wichtigste Industrieprodukte:	1992 (1991): Exportwerte einheimischer Produkte 1992 (1991) (Mio HK$): Textilien und Bekleidung 94,383 (93,120); Elektronikprodukte 60,921 (58,617); Uhren 15,476 (17,037); Plastikprodukte 7,508 (7.027); Schmuckwaren 5,047 (5,668)
Elektrizitätserzeugung:	1992 (1991): Gesamtverkauf 112.017 (102.159) Terajoule, davon 17.866 (11.019) Terajoule Export nach China
Abkommen mit Deutschland:	Protokoll vom 12. Juli 1962 über Wirtschaftshilfe
Abkommen mit der EU:	Textilabkommen, gültig bis 31.12.1994, In allgemeine autonome Zollpräferenz einbezogen

HONGKONG

Statistisches Profil Hongkong

			1991	1992	1993 (S)	1994 (P)
1. Bruttoinlandsprodukt (BIP)						
BIP	(Mio US$)		82529	96443	110.796	127742
Reales BIP	(Veränd. in %)	1)	5,3	5,3	5,0	5,0
BIP pro Kopf	(US$)		14353	16628	19103	21651
2. Wechselkurse (1 Hongkong-Dollar = 100 Cents)						
HK$/US$ (Jahresdurchschnittskurs)			7,80	7,75	7,74	7,75
HK$/US$ (Jahresendkurs)			7.80	7,74	7,75	7,75
HK$/DM (Jahresdurchschnittskurs)			4,70	4,97	4,69	4,56
HK$/DM (Jahresendkurs)			5.15	4.81	4,61	4,51
3. Preise						
Inflationsrate	(%)	2)	12,0	9,4	8,5	8,0
Prime rate	(%)	3)	8,5	6,5	6.5	7,0
4. Staatshaushalt		4)				
Saldo	(in % des BIP)		2,2	2,7	1,0	0,4
5. Monetärer Sektor		3)				
Inlandskredite	(Veränd. in %)	1)	18,4	10,9	14,7	14,7
Geldmenge M2	(Veränd. in %)		12,8	10,8	14,5	14,9
6. Bilateraler Handel						
Deutsche Importe (cif) aus Hongkong	(Mio DM)		5586	4706	4200	4600
Deutsche Exporte (fob) nach Hongkong	(Mio DM)		3525	4248	4900	5500
7. Handels- und Dienstleistungsbilanz		5)				
Güterexporte (fob)	(Mio US$)		98190	119412	140309	165565
Güterimporte (cif)	(Mio US$)		99869	122780	143653	168792
Handelsbilanzsaldo	(Mio US$)		-1679	-3368	-3344	-3227
Dienstleistungsexporte	(Mio US$)		15841	13655	16500	19000
Dienstleistungsimporte	(Mio US$)		11285	19009	21500	24000
Dienstleistungsbilanzsaldo	(Mio US$)		4556	5354	5000	5000

1) Auf Basis der Landeswährung.
2) Jahresdurchschnittswerte.
3) Jahresendwerte.
4) Öffentlicher Haushalt Hongkongs; Fiskaljahr: 1.4.-31.3. des Folgejahres.
5) Angaben der Zollstatistik
(S): Schätzung.
(P): Prognose.

Quelle: F.A.Z. GmbH - Informationsdienste (Länderanalysen).

Wirtschaftliche und politische Lage 1993

+ Anhaltendes Wirtschaftswachstum bei nachlassender Inflation
+ Positive Leistungsbilanz aufgrund hoher Dienstleistungsexporte
+/- Politischer Konflikt zwischen Peking und London trübt Stimmung nicht sehr
+/- Abhängigkeit von Konjunkturverlauf in der VR China

HONGKONG

Überblick und Besonderheiten

Trotz der bedrückenden Atmosphäre des Countdowns zur Rückgabe der Kronkolonie an China 1997 und des weiter andauernden sino-britischen politischen Streits seit Oktober 1992 über die letzten Parlamentswahlen vor der Übergabe, bleibt die Wirtschaftslage Hongkongs in erstaunlich guter Verfassung. Das Bruttoinlandsprodukt (BIP) als Indikator der allgemeinen Leistung der Wirtschaft Hongkongs hatte 1992 einen realen Zuwachs von 5,3% zu verzeichnen, nach 4,1% 1991 und 2,8% 1990. Im ersten Halbjahr 1993 belief sich das Wachstum einer Regierungsangabe vom 8. November 1993 zufolge ebenfalls auf 5,3%. Für das ganze Jahr hat die Regierung eine BIP-Zuwachsrate von 5,5% vorausgesagt. Ferner geht die Asiatische Entwicklungsbank davon aus, daß das BIP Hongkongs auch im Jahr 1994 um 5,3% zulegen wird. Andere private Institutionen erwarten 1993 ein Wachstum von 5,3-5,8% und 1994 von 4,5-5% für die britische Kronkolonie.

Beim Inlandsbedarf haben die privaten Konsumausgaben und die Anlageinvestitionen in den ersten sechs Monaten 1993 auf Jahresbasis jeweils real 9% zugelegt, nach 7,9% bzw. 9,9% im ganzen Jahr 1992. Aber die öffentlichen Ausgaben, die 1992 einen Zuwachs von 13,45% aufwiesen, sind im gleichen Zeitraum nur geringfügig um 1,7% gestiegen. Dynamisch bleibt weiterhin der Außenhandel. Das Handelsvolumen stieg im Jahresvergleich 1992 um 21,69% und in den ersten neun Monaten 1993 um 14,8%. Mit 790,5 Mrd HK$ (7,75 HK$ = 1 US$) lag der Importwert der ersten drei Quartale 1993 um 15% höher und der Exportwert mit 764 Mrd HK$ um 14,8% höher als vor einem Jahr. Daraus ergab sich ein Defizit von 25,5 Mrd HK$, 4,7% mehr als das des vergleichbaren Vorjahreszeitraums. Die Exportexpansion mit 22% beruht allein auf der Zunahme der Re-Exporte (d.h. Importwaren werden ohne oder mit geringfügiger Weiterbearbeitung wieder exportiert); die Eigenexporte (d.h. Ausfuhren einheimischer Produkte) sanken sogar um 4,2% gegenüber dem Vorjahreszeitraum.

Die Ursache für die Ausdehnung der Re-Exporte auf der einen und die Schrumpfung der Eigenexporte auf der anderen Seite liegt in erster Linie darin, daß seit Jahren infolge der Steigerung von Lohnkosten und Bodenpreisen in Hongkong immer mehr arbeitsintensive Produktionsstätten in die billigen Nachbarländer, vor allem in die VR China, ausgelagert wurden.

Einer jüngsten Ermittlung des Hongkonger Industriehauptverbands zufolge haben rd. 70% der Unternehmen der Kronkolonie Investitionen oder Investitionspläne in China. Allein in der an Hongkong angrenzenden südchinesischen Provinz Guangdong gibt es 25.000 von Hongkonger Unternehmen betriebene Produktionsstätten mit 3 Millionen Arbeitsplätzen. Die Produkte der Spielzeug- und Elektronikindustrie Hongkongs z.B. werden inzwischen schätzungsweise zu 90% bzw. 70% in der VR China hergestellt. Nach Angaben der offiziellen chinesischen Nachrichtenagentur Xinhua hatten Hongkong und Macau bis Ende 1992 in China insgesamt 63.279 Kooperationsprojekte im Wert von 74,2 Mrd US$ vereinbart. Im ersten

HONGKONG

Halbjahr 1993 haben die Unternehmen Hongkongs und Macaus in China 36.844 Investitionsvorhaben im Wert von 39,25 Mrd US$ vereinbart, 2- bzw. 2,9-fach höher als im gleichen Zeitraum des Vorjahres. Damit halten Hongkong und Macau einen Anteil von 84% an der Gesamtzahl der abgeschlossenen Verträge und einen Anteil von 68,3% an dem gesamten vereinbarten Vertragswert der ausländischen Investitionen in China.

Umgekehrt sind die chinesischen Investitionen in Hongkong und Macau in den letzten Jahren ebenfalls drastisch gestiegen. Nach offiziellen Angaben gibt es über 1.000 festlandchinesische Firmen in Hongkong - einschließlich der in den offiziellen Statistiken nicht erfaßten mittleren und kleineren Firmen sowie Joint-Ventures wird die Zahl sogar auf etwa 4.000 geschätzt. Ihre Investitionen dort beliefen sich 1992 schätzungsweise auf 13-20 Mrd US$. Direkt oder indirekt schaffen sie 1,2 Millionen Arbeitsplätze, was 20% der Gesamtbevölkerung oder 67% der Beschäftigten in Hongkong entspricht. Wie Hongkong in China ist inzwischen die VR China auch zum größten "externen" Investor in Hongkong geworden, und zwar vor Japan mit 11,5 Mrd US$ und den USA mit 8,5 Mrd US$ Investitionen. Chinesische Investitionen gibt es fast in allen Wirtschaftsbereichen, wie z.B. verarbeitende Industrie, Handel, Transportwesen, Tourismus, Hotel- und Baugewerbe, Immobilien, Banken usw.. Mitte 1993 haben die chinesischen Börsenaufsichtsbehörden und Hongkong nach einjährigen Verhandlungen einen Vertrag unterzeichnet, nach dem Aktien chinesischer Unternehmen an der Börse in Hongkong zugelassen werden. Analytiker in Hongkong rechnen damit, daß chinesische Unternehmen bis zur Jahrhundertwende rd. die Hälfte der gesamten Marktkapitalisation des Hongkonger Aktienmarktes ausmachen werden. Hongkongs Börse sieht darin eine große Chance, sich als Finanzierungsquelle für Investitionen in China auch nach der Wende 1997 zu etablieren.

Die gegenseitigen Investitionen treiben seit drei Jahren das Handelsvolumen drastisch nach oben, und zwar 1991 um 27%, 1992 um 25,4% und in den ersten drei Quartalen 1993 um 19,8%. 1992 lag der Wertanteil der Waren für "outward processing" (ausgelagerte Verarbeitung) an Hongkongs Eigenexporten nach China bei 74,3% (76,5% im Vorjahr), an den Re-Exporten nach und aus China bei 46,2% (48,2%) bzw. 78,3% (74,1%) und an den Importen aus China bei 72,1% (67,6%). Die zunehmende Wirtschaftsintegration zwischen Hongkong und China spiegelt sich auch im Finanzsektor wider. Die Bank of China, ein staatliches chinesisches Geldinstitut in der Kronkolonie, verfügt über 20% der Gesamtdepositen von Hongkong; einschließlich anderer zum chinesischen Staat gehörenden Geldinstitute in Hongkong erhöht sich die Quote auf 25%. Die Hongkonger Banken hatten 1992 China gegenüber eine Gesamtnettoverschuldung von 42,4 Mrd HK$. Schätzungsweise zirkulieren rd. 30% des im Umlauf befindlichen Hongkong-Dollar-Volumens in China. Ab Mai 1994 beteiligt sich die Bank of China daran, Hongkong-Dollar-Banknoten auszugeben. Umgekehrt fließen jährlich schätzungsweise 22 Mrd Renminbi (nach offizieller Parität Ende 1993: 5,8 RMB = 1 US$; seit Anfang 1994 floating, Jan. 1994: 8,7 RMB = 1 US$) von China nach Hongkong.

HONGKONG

Nach Schätzung von Experten sind 70% des Hongkonger BIP auf den chinesischen Markt angewiesen. Im Hinblick auf Chinas neue Austeritätsmaßnahmen zur Dämpfung der überhitzten Konjunktur erwartet man, wie oben bereits erwähnt, 1994 eine Abschwächung des Wirtschaftswachstums in Hongkong. Auf der anderen Seite wirken sich die restriktive Geldpolitik Beijings und die Abwertung der chinesischen Währung günstig auf die Inflation in Honkong aus, die gemäß dem wichtigsten Verbraucherpreisindex CPI (A) für die meisten Haushalte in den ersten zehn Monaten 1993 bei 8,5% lag. Für das gesamte Jahr rechnete die Regierung Ende November 1993 ebenfalls mit einer Inflationsrate von 8,5%, niedriger als 1991 und 1992 mit 12% bzw. 9,4%.

Was den Arbeitsmarkt anbelangt, herrscht in den meisten Branchen weiterhin Arbeitskräftemangel. Den vorliegenden offiziellen Statistiken zufolge betrugen die offenen Stellen im ersten Quartal bei der verarbeitenden Industrie 18.490 (im vorjährigen Vergleichszeitraum 25.059), beim Handel einschließlich der Gastronomie und des Hotelgewerbes 35.717 (35.340), beim Transport-, Lager- und Kommunikationssektor 4.731 (4.586) und beim Finanz-, Versicherungs-, Immobilien- und Dienstleistungssektor (business services) 11.010 (10.242). Die Arbeitslosenquote lag im dritten Quartal wie vor einem Jahr bei 2%. Die Zahl der Beschäftigten ist in den zwölf Monaten bis Ende März 1993 im gesamten Dienstleistungsbereich um 5% gestiegen, während sie im gleichen Zeitraum in der verarbeitenden Industrie um 12% sank. Dies ist die Folge der Fortsetzung der Wirtschaftsumstrukturierung, bedingt durch die bereits erwähnte Auslagerung arbeitsintensiver Produktionsprozesse in das Ausland, vor allem in die VR China. Ende März 1993 lag der durchschnittliche Monatslohn im Transport- und Lagersektor sowie im Banken- und Versicherungssektor bei 12.100 HK$ (real: +6% gegenüber dem Vorjahresmonat), beim Handel bei 7.200 HK$ (-2%) und in der verarbeitenden Industrie und im Gaststättengewerbe bei 6.900 HK$ (jeweils -2% und unverändert).

Ein steiler Aufschwung präsentierte sich 1993 auf dem Aktienmarkt. Der Hang-Seng-Index erreichte Ende Dezember eine Rekordhöhe von 11.888,3 Punkten, 118,62% über der Notierung Anfang Januar mit 5.437,8 Punkten. Diese Entwicklung zeigt, daß die Investoren der Wirtschaftsentwicklung in China mehr Bedeutung zumessen als dem politischen Streit zwischen Beijing und London über die Wahlreform der "Noch-Kolonie" vor der Übergabe.

Wirtschaftsplanung

Um nach der blutigen Niederschlagung der Demokratiebewegung 1989 in der VR China, das Vertrauen der Wirtschaft in die Zukunft wiederherzustellen, hat die britische Kolonialregierung im Oktober desselben Jahres einen Mammut-Plan unter der Bezeichnung "Rosengarten" für einen umfangreichen Ausbau der Infrastruktur des Territoriums mit einer Gesamtinvestitionssumme von 127 Mrd HK$ (16,3 Mrd US$) ausgearbeitet. Davon entfallen allein 38 Mrd HK$ (4,9 Mrd US$) auf das Flughafenprojekt und weitere 41 Mrd HK$ (5,3 Mrd US$) auf die

HONGKONG

Autobahnanbindung der Innenstadt an den 35 km weit entfernten neuen Flughafen auf der Nordseite der vorgelagerten Insel Lantau. Darüber hinaus sieht der Plan noch eine Schnellbahnverbindung und eine Satellitenstadt nahe dem Flughafen sowie mehrere neue Container-Hafenanlagen vor.

Die chinesische Regierung beansprucht ein Mitspracherecht, weil die Bauzeit und die Schuldentilgungen des Projekts über 1997 hinausreichen. Vor allem befürchtet sie, daß sich britische Unternehmen am Flughafenbau bereichern und Hongkong als zukünftige Sonderverwaltungszone der VR China "die Zeche wird bezahlen müssen". Hingegen meint die britische Kolonialregierung, daß sie bis zur Übergabe Hongkongs Ende Juni 1997 das alleinige politische Entscheidungsrecht habe.

Nach fast einem Jahr zäher Verhandlungen wurde am 3. September 1991 in Beijing ein Memorandum zwischen Premierminister John Major und Ministerpräsident Li Peng unterzeichnet. In dem Dokument garantiert die britische Seite, daß die Finanzreserven Hongkongs zum Zeitpunkt der Übergabe nicht weniger als 25 Mrd HK$ betragen werden. Die Hongkonger Regierung muß bei Kreditaufnahmen von bis zu 5 Mrd HK$ mit Tilgungsfälligkeit nach dem 30. Juni 1997 (Datum der Übergabe der Kolonie) die chinesische Regierung darüber informieren. Bei Überschreitung dieser Summe hat sie die Zustimmung der chinesischen Regierung einzuholen. Weitere Konsultativ- und Kontrollbefugnisse werden der chinesischen Regierung durch die Bildung eines Flughafenkomitees mit paritätischer Besetzung durch beide Seiten unter der sino-britischen Liaisongruppe konzediert. Bei Erteilung von über Ende Juni 1997 hinausreichenden Aufträgen und Konzessionen oder Gewährleistung von Krediten im Zusammenhang mit dem neuen Flughafen soll die Hongkonger Regierung durch das Flughafenkomitee die chinesische Seite konsultieren. Für die Ausführung von wichtigen neuen, mit dem Flughafenbau verbundenen Projekten, die nicht im Anhang des Memorandums aufgeführt sind, oder von dort aufgeführten Kernprojekten, deren Kosten die Regierung zum großen Teil erst nach Ende Juni 1997 begleichen wird, braucht die Hongkonger Regierung ebenfalls eine vorherige Einigung mit der chinesischen Seite.

Ferner wurde gemäß der Vereinbarung von Hongkong eine Flughafenbehörde und ein Konsultativkomitee für den neuen Flughafen eingerichtet. Ein Vertreter der Beijinger Bank of China in Hongkong wurde von der Hongkonger Regierung zum Vorstandsmitglied der Flughafenbehörde ernannt. Auch bei Ernennung anderer Mitglieder der beiden Institutionen hat die Hongkonger Regierung nach der Meinung der chinesischen Seite fragen müssen.

Die chinesische Regierung hat ihrerseits im Memorandum die Unterstützung für den Flughafenbau in Hongkong zugesagt und allen an dem Projekt interessierten Investoren versichert, daß alle Verpflichtungen, die die jetzige Hongkonger Regierung beim Bau des Flughafens eingeht, auch nach Rückgabe der Kolonie am 1. Juli 1997 gültig bleiben.

Neue Diskrepanzen zwischen beiden Seiten entstanden, als 1992 die Hongkonger Regierung die Kostenveranschlagung für die zehn Schlüsselprojekte des Flughafenbaus um weitere 13,8% erhöhte, und zwar von 98,6 Mrd HK$ auf 112,2 Mrd

HONGKONG

HK$ (zu Preisen vom März 1991). Sie schließt ferner eine "eventuelle" Hinterlassung von Schulden bei der Übergabe Hongkongs nicht aus. Dies bedeutet eine mögliche zusätzliche Schuldenlast von bis zu 12,9 Mrd HK$ für Hongkong nach der Wende 1997. Daraufhin warf die chinesische Seite den Briten Unberechenbarkeit vor und bezweifelte besonders die Rentabilität der geplanten Flughafenschnellbahn, für die der Kostenvoranschlag um 76,8% von 12,5 Mrd HK$ auf 22,1 Mrd HK$ erhöht wurde.

Obwohl die Verhandlungen beider Seiten über noch bestehende Fragen infolge des erwähnten politischen Streits unterbrochen sind, haben die Bauarbeiten am neuen Flughafens bereits begonnen. Im Oktober 1993 berichtete Gouverneur Patten vor dem Legislativrat, daß 81% der öffentlichen Arbeiten des Flughafen-Kernprogramms bereits von seiner Regierung finanziert wurden und 70% der Aufträge für die von der öffentlichen Hand zu finanzierenden Arbeiten bereits vergeben sind. Ebenfalls zum Ärger Beijing's hat Patten, der vor seinem jetzigen Amt Vorsitzender der britischen konservativen Partei war, in seinem am 7. Oktober 1992 dem Legislativrat vorgelegten "Fünfjahresplan" (1992-1997) neben den Kosten für das gigantische Programm zum weiteren Ausbau der Infrastruktur noch expansive Regierungsausgaben für Sozialpolitik und Umweltschutz angekündigt.

Staatshaushalt

Das von der Finanzbehörde am 3. März 1993 dem Legislativrat vorgelegte Regierungsbudget für das Finanzjahr 1993/94 (1. April - 31. März) sieht 150 Mrd HK$ Einnahmen und 153,4 Mrd HK$ Ausgaben vor. Damit gibt es zum ersten Mal seit sieben Jahren wieder ein Defizit von 3,36 Mrd HK$. Allerdings rechnet man neuerdings angesichts des Booms auf dem Aktien- und Immobilienmarkt damit, daß das Finanzloch durch mehr Steuereinnahmen gestopft wird. Im Finanzjahr 1992/93 hat die Regierung einen Überschuß von 20,5 Mrd HK$ erzielt, weit über dem ursprünglich geplanten Betrag von 7,55 Mrd HK$. Die Gesamtreserven häuften sich damit auf 119,6 Mrd HK$.

Die Regierung will einerseits im laufenden Finanzjahr eine Reihe von Steuern und Abgaben reduzieren, andererseits die Ausgaben für Soziales und Wirtschaftssubventionen erhöhen. Die Gesamtausgaben liegen um 33% höher als im Vorjahr. Die Regierung erwartet, daß die Kolonie auch in den kommenden Jahren rote Zahlen im Haushalt wird hinnehmen müssen. Trotzdem werde die Kolonialregierung 1997 noch 78,4 Mrd HK$ an Reserven hinterlassen, erheblich mehr als die China gegenüber versprochene Summe von 25 Mrd HK$.

HONGKONG

Landwirtschaft und Fischerei

Der Sektor der Landwirtschaft hat mit einen Anteil von 0,2% am BIP (1991) nur geringe Bedeutung; daher gibt es dazu auch keine genaueren statistischen Angaben. Nur 8% der Gesamtfläche sind geeignet für Ackerbau. Die Beschäftigten in diesem Wirtschaftssektor, einschließlich der Fischerei, haben schätzungsweise einen Anteil von rd. 2% an der Gesamtbevölkerung. Die wichtigsten Agrarprodukte sind Gemüse, Lebendgeflügel und lebende Schweine, die den Binnenmarktbedarf jeweils zu rd. 26%, 27% und 6% decken können. 1992 hatte der Ernteertrag im Ackerbau eine Werthöhe von 442 Mio HK$. Der Gesamtwert des Lebendgeflügels lag im selben Jahr bei 525 Mio HK$ und der der Schweine bei 155 Mio HK$.

In der Fischereibranche sind etwa 0,36% der Bevölkerung beschäftigt. Sie versorgen die Verbraucher mit 12% Süßwasser- und 63% Seefischen. Die Fischereiflotte besteht aus ca. 4.500 Schiffen, wobei der größte Teil der Schiffe aus ca. 4.200 motorisierten Dschunken besteht.

Bergbau, verarbeitende Industrie und Energie

Der Bergbau, der im ersten Quartal 1993 nur 514 Arbeitskräfte in neun Betrieben beschäftigte, hat in Hongkong eine noch geringere Bedeutung als die Landwirtschaft. Seit 1991 gibt es in diesem Sektor keine statistischen Produktionsangaben.

Die verarbeitende Industrie (ohne Bau-, Elektrizitäts- und Gasgewerbe) trug 1991 mit 15,5% (im Vorjahr 16,7%) zum BIP bei (Statistiken der Entstehung des BIP von 1992 liegen noch nicht vor) und beschäftigte im 1. Quartal 1993 insgesamt 531.876 (vor einem Jahr 605.221) Personen, d.h. 29,8% aller Beschäftigten. Wichtigster Sektor ist die Textil- und Bekleidungsindustrie mit 10.078 Betrieben und rd. 41% aller Erwerbstätigen der verarbeitenden Industrie. Zweitgrößter Sektor ist die Elektro- und Elektronikindustrie mit 790 Betrieben und 35.616 Beschäftigten; es folgt die Plastikindustrie mit 3.728 Betrieben und 31.226 Beschäftigten. Weitere wichtige Branchen sind die Metall-, Druck-, Uhren- und Spielzeugindustrie. Der Produktionsindex der Gesamtindustrie 1992 lag mit 126 Punkten um zwei Punkte höher als im Vorjahr.

Das Baugewerbe, in dem im 1. Quartal 1993 insgesamt 60.007 Arbeitnehmer beschäftigt waren, trug 1991 mit 5,3% zum BIP bei.

Der Verbrauch an Elektrizität betrug 1992 insgesamt 112.017 Terajoule (+9,65 gegenüber 1991), davon entfielen 21.716 Terajoule (+5,5%) auf Haushalte, 49.971 Terajoule (+10,4%) auf den Handels- und Dienstleistungssektor, 24.194 Terajoule (-3,42%) auf die Industrie und 17.866 Terajoule (+62,1%) auf den Export nach China.

Darüber hinaus setzte die Hong Kong and China Gas Company 1992 (1991) insgesamt 18.207 (16.238) Terajoule Gas ab, und zwar 9.152 (8.133) Terajoule für

HONGKONG

Haushalte, 8.232 (7.404) Terajoule für den Handels- und Dienstleistungssektor und 823 (701) Terajoule für die Industrie.

Verkehr und Tourismus

1992 (1991) wurde das Straßennetz auf eine Gesamtlänge von 1.559 km (1.529 km) ausgebaut. Die Anzahl der zugelassenen Kraftfahrzeuge erhöhte sich auf 415.000 (387.000), davon entfielen 237.000 (212.000) auf Pkw und 120.000 (118.000) auf Lastwagen. Der gesamte öffentliche Nahverkehr einschließlich Fährschiff-, Bus-, Eisenbahn- und U-Bahnlinien beförderte 3.644 (3.602) Millionen Passagiere. Der internationale Verkehr registrierte 1992 (1991) insgesamt 120.978 (109.718) Bewegungen von Flugzeugen, 26.052 (21.178) Ein- und 25.939 (21.217) Abfahrten von Überseeschiffen sowie 121.309 (103.601) Ein- und 121.073 (103.196) Abfahrten von Fluß- und Küstenschiffen. Der internationale Personenverkehr beförderte im gleichen Zeitraum 17,087 (15,014) Millionen Passagiere zu Luft, 19,53 (18,22) Millionen zu Wasser und 40,413 (35,904) Millionen zu Land. Der internationale Güterverkehr betrug 956.908 t (849.785 t) zu Luft, 101,029 Mio t (87,592 Mio t) zu Wasser und 14,066 Mio t (13,077 Mio t) zu Lande.

Hongkong hat 1992 (1991) 8.010.524 (6.795.413) ausländische Touristen empfangen, davon kamen 1.640.032 (1.298.039) aus Taiwan, 1.324.399 (1.259.837) aus Japan, 1.149.002 (875.279) aus China, 694.290 (619.685) aus den USA, 1.235.994 (1.014.008) aus Südostasien und 936.827 (789.943) aus Westeuropa. Die erbrachten Einnahmen aus dem Tourismus betrugen im Kalenderjahr 46.698,76 Mio HK$ (38.300,56 Mio HK$). Die Hotelzimmer waren zu 82% (75%) ausgelastet.

Im selben Jahr haben rechnerisch 28.945.174 (26.318.571) einheimische Bürger eine Reise ins Ausland unternommen, 21.460.793 (19.056.776) reisten in die VR China und 5.246.571 (5.208.158) nach Macau.

Außenwirtschaft

Das Wertvolumen der Gesamtexporte Hongkongs 1992 (1991) betrug nach offiziellen Statistiken 924.953 Mio HK$ (765.886 Mio HK$), davon entfielen 234.123 Mio HK$ (231.045 Mio HK$) auf Eigenexporte und 690.829 Mio HK$ (534.841 Mio HK$) auf Re-Exporte. Das Importvolumen lag bei 955.295 Mio HK$ (778.982 Mio HK$). Die Jahresbilanz wies damit ein Handelsdefizit von 30.342 Mio HK$ (13.096 Mio HK$) auf.

Die wichtigsten Abnehmerländer bei den Re-Exporten (Angaben in Mrd HK$) stellen 1992 die VR China (212,1) und die USA (148,5) dar, denen sich Japan (37,5), die Bundesrepublik Deutschland (33,1), Taiwan (26,2), Großbritannien (20,6), Südkorea (13,6) und Singapur (13,9) anschlossen.

HONGKONG

Die Hauptkundenländer bei den Eigenausfuhren repräsentierten die USA (64,6), die VR China (62), die Bundesrepublik Deutschland (16), Großbritannien (12,5) und Japan (11).

Das dominierende Lieferland mit großem Abstand vor allen übrigen war die VR China (354,3), gefolgt von Japan (166,2), Taiwan (87), den USA (70,6), Südkorea (44,6), Singapur (39,1), der Bundesrepublik Deutschland (21,9) und Großbritannien (19,2).

Die wichtigsten Warengruppen der Eigenausfuhren sind Bekleidung, Textilien, Uhren, Spielwaren und Puppen, Juwelier- und Schmuckwaren, Elektro- und Elektronikerzeugnisse, Handtaschen und Schuhe. Bei den Re-Exporten stehen Konsumgüter, Rohstoffe und Halbfabrikate, Investitionsgüter und Lebensmittel an führender Stelle.

Auf der Importseite bilden Rohmaterialien und Halbfabrikate, Konsumgüter, Investitionsgüter, Lebensmittel und Brennstoffe die größten Warenkontingente.

Hongkong betreibt traditionell eine mustergültige freie Außenhandelspolitik. Es gibt allgemein weder Zollbestimmungen noch andere Einschränkungen für Im- und Exporte. Bei den Steuern auf Tabakwaren, Getränke, Kosmetika, Methylalkohol und einige Kohlenwasserstoffe werden Importwaren wie einheimische Produkte behandelt. Außerdem unterwerfen sich einige Exporteure, wie z.B. bei Textilien, den international vereinbarten Quoten. Die Regierung macht keinen Unterschied zwischen ausländischen und einheimischen Investoren. Einzige dirigistische Maßnahme ist die Kursankopplung des Hongkong-Dollar an den US-Dollar.

Beim internationalen Dienstleistungsaustausch hatte Hongkong 1992 (1991) mit 143,5 Mrd HK$ (121,5 Mrd HK$) Exportwert und 96,5 Mrd HK$ (86,2 Mrd HK$) Importwert einen Überschuß von 47,5 Mrd HK$ (35,3 Mrd HK$). Zieht man das Handelsdefizit von 30,3 Mrd HK$ ab, ist in der Leistungsbilanz noch ein Überschuß von 17,1 Mrd HK$ (22,2 Mrd HK$) verblieben. Ende 1991 verfügte Hongkong über 28,9 Mrd HK$ Devisenüberschuß.

Beziehungen zur Bundesrepublik Deutschland

Die Bundesrepublik ist der größte europäische Handelspartner Hongkongs. Offiziellen Statistiken Hongkongs zufolge beliefen sich die Einfuhren aus der Bundesrepublik 1992 auf 21.911,26 Mio HK$ (+31,67%) und die Ausfuhren in die Bundesrepublik auf 49.059,11 Mio HK$ (-4,54%). Von den Ausfuhren entfielen 15.955,94 Mio HK$ (-17,4%) auf einheimische Produkte und 33.103,17 Mio HK$ (+3,2%) auf Güter von Re-Exporten. Gemäß deutschen Statistiken lagen die deutschen Einfuhren aus Hongkong 1992 bei 4.704,7 Mio DM (-15,77%) und die Ausfuhren nach Hongkong bei 4.248,3 Mio DM (+20,53%).

HONGKONG

Nach statistischen Angaben aus Hongkong hatten die Einfuhren aus Deutschland in den ersten neun Monaten 1993 gegenüber dem Vorjahreszeitraum einen Zuwachs von 19% zu verzeichnen.

Auf der anderen Seite sanken die Ausfuhren einheimischer Produkte Hongkongs nach Deutschland um 8,4%, während die Re-Exporte nach Deutschland kräftig um 23% zulegten.

Wichtigste deutsche Exportprodukte sind spezielle und allgemeine Industriemaschinen, Metallwaren, elektrotechnische Erzeugnisse und Kraftfahrzeuge, chemische Produkte, Textilien und Kleidung. Bei Hongkongs Ausfuhren in die Bundesrepublik Deutschland liegen Waren wie Bekleidung, elektrotechnische Erzeugnisse, Uhren, Maschinen, Spielzeug, Christbaumschmuck und Lederwaren an der Spitze.

Die deutschen Nettodirektinvestitionen in Hongkong lagen Ende 1991 bei 1.242 Mio DM, diejenigen Hongkongs in Deutschland bei 69 Mio DM.

Einer von der German Business Association (GBA) of Hongkong durchgeführten Umfrage zufolge will keine der in Hongkong niedergelassenen deutschen Firmen das Territorium nach der Wende 1997 aus politischen Gründen verlassen. Die Hälfte der befragten deutschen Firmen mit Sitz in Hongkong und China geht davon aus, daß sich die Rolle Hongkongs als ein Wirtschaftszentrum in der Zukunft nicht verändern wird. 35% glauben sogar, daß sich die Position der Stadt eher verbessert wird. Für die meisten der Befragten dient derzeit Hongkong als Sprungbrett für den chinesischen Markt.

Das Wirtschaftsinteresse der Bundesrepublik Deutschland in Hongkong wird durch das deutsche Generalkonsulat und die GBA vertreten. In Frankfurt/M. unterhält Hongkong eine Vertretung des Hong Kong Trade Development Council (HKTDC) sowie eine Zweigstelle der Hong Kong Tourist Association. Ebenso soll der im September 1989 vom OAV ins Leben gerufene "Wirtschaftskreis Hongkong/Bundesrepublik" als gemeinsames Informationsforum des HKTDC und des OAV die Zusammenarbeit auf bilateraler Ebene verstärken und ausbauen.

HONGKONG

Tabelle 1: **Handelsstruktur Deutschland** [1] **- Hongkong**
Deutsche Exporte nach Hongkong
(Angaben in Mio DM)

SITC POSITION [2]	WARENKLASSE [3]	1990	1991	1992
0 - 9	INSGESAMT	3142,1	3524,5	4248,4
0	Nahrungsmittel und lebende Tiere	35,3	47,4	49,0
2	Rohstoffe (andere als SITC 0 und 3)	54,6	48,0	27,7
5	Chemische Erzeugnisse	675,7	789,2	791,7
6	Bearbeitete Waren, vorwiegend nach Beschaffenheit gegliedert	606,9	652,6	655,4
darunter:				
65	Garne, Gewebe	17,2	199,5	204,5
61-66	Waren aus mineralischen und nicht-metallischen Stoffen	416,2	438,4	465,5
67-69	Metalle, Metallwaren	190,7	214,2	217,9
7	Maschinenbau-, elektrotechn. Erzeugnisse und Fahrzeuge	1163,4	1322,1	1955,5
darunter:				
71-74	Maschinenbauerzeugnisse	505,9	549,0	825,9
75-77	Elektrotechn. Erzeugnisse	400,8	455,8	420,0
8	Verschiedene Fertigwaren	518,9	561,0	684,5
darunter:				
83	Reiseartikel, Handtaschen u.ä.	23,9	19,1	19,7
84	Bekleidung und Bekleidungszubehör	60,2	54,5	80,4
87	Meß-, Prüf- und Kontrollinstrumente	60,1	72,1	92,3
88	Fotoartikel, optische Geräte Uhren u.ä.	218,6	270,5	290,9
9	Anderweitig nicht erfaßte Waren	38,0	54,4	34,2

1) Bis 1990 westdeutscher, ab 1991 gesamtdeutscher Handel.
2) Standard International Trade Classification (SITC Rev. II bis 1987, SITC Rev. III ab 1988).
3) Bezeichnungen der Warenklassen teilweise gekürzt; geringfügige Rundungsabweichungen bei Summenbildung möglich.

Quelle: Statistisches Bundesamt, Wiesbaden

HONGKONG

Tabelle 2: **Handelsstruktur Deutschland** [1] **- Hongkong**
Deutsche Importe aus Hongkong
(Angaben in Mio DM)

SITC POSITION [2]	WARENKLASSE [3]	1990	1991	1992
0 - 9	INSGESAMT	5020,6	5585,8	4704,9
0	Nahrungsmittel und lebende Tiere	8,9	10,4	10,5
2	Rohstoffe (andere als SITC 0 und 3)	13,8	12,8	27,5
5	Chemische Erzeugnisse	13,7	17,6	14,3
6	Bearbeitete Waren, vorwiegend nach Beschaffenheit gegliedert	148,7	166,0	149,3
darunter:				
65	Garne, Gewebe	57,0	58,9	46,9
61-66	Waren aus mineralischen aus nicht-metallischen Stoffen	99,3	104,4	103,2
67-69	Metalle, Metallwaren	49,4	61,6	46,2
7	Maschinenbau-, elektrotechn. Erzeugnisse und Fahrzeuge	1398,3	1401,8	1048,7
darunter:				
71-74	Maschinenbauerzeugnisse	43,4	43,9	42,6
75-77	Elektrotechn. Erzeugnisse	1353,6	1353,6	1000,8
8	Verschiedene Fertigwaren	3295,7	3882,0	3362,0
darunter:				
83	Reiseartikel, Handtaschen u.ä.	49,0	56,9	47,3
84	Bekleidung und Bekleidungszubehör	2438,1	2871,2	2412,1
87	Meß-, Prüf- und Kontrollinstrumente	49,3	52,3	43,5
88	Fotoartikel, optische Geräte, Uhren u.ä.	415,2	472,4	443,0
9	Anderweitig nicht erfaßte Waren	141,4	94,9	92,1

1) Bis 1990 westdeutscher, ab 1991 gesamtdeutscher Handel.
2) Standard International Trade Classification (SITC Rev. II bis 1987, SITC Rev. III ab 1988).
3) Bezeichnungen der Warenklassen teilweise gekürzt; geringfügige Rundungsabweichungen bei Summenbildung möglich.

Quelle: Statistisches Bundesamt, Wiesbaden

HONGKONG

Tabelle 3: **Außenhandel nach Waren**
(Exporte in Mrd HK$)

WARENGRUPPE	1991	1992	1-8/93
GESAMT-EXPORTE	231,0	234,1	144,2
davon:			
Bekleidung und Zubehör	75,8	77,2	44,7
Uhren	15,9	15,5	8,5
Textilgarne und -gewebe	17,6	17,2	10,8
Schmuck und Silberwaren	6,5	5,0	3,0
Metallwaren	4,9	4,8	3,0
Spielwaren, Sportartikel	4,9	4,2	7,8
Kunststoffe und -harze	4,9	4,7	3,1
Haushaltsgeräte	3,2	1,9	0,4
Telekommunikation	11,5	11,0	8,3

Quelle: Hong Kong Monthly Digest of Statistics, September 1993

Tabelle 4: **Außenhandel nach Waren**
(Re-Exporte in Mrd HK$)

WARENGRUPPE	1991	1992	1-8/93
GESAMT-RE-EXPORTE	534,8	690,8	458,2
davon:			
Maschinen und Transportmittel	137,1	191,6	163,8
Industrielle Fertigwaren	107,8	129,1	92,8
Chemieprodukte	37,7	43,9	29,3
Rohstoffe	12,7	13,8	8,7
Nahrungsmittel und lebende Tiere	12,9	13,7	8,3
Getränke, Tabakwaren	10,7	13,0	7,8

Quelle: Hong Kong Monthly Digest of Statistics, September 1993

HONGKONG

Tabelle 5: **Außenhandel nach Waren**
(Importe in Mrd HK$)

WARENGRUPPE	1991	1992	1-8/93
GESAMT-IMPORTE	779,0	955,3	698,5
davon:			
Maschinen und Transportmittel	227,0	307,0	247,3
Industrielle Fertigwaren	185,5	207,8	145,2
Chemieerzeugnisse	60,2	67,6	43,8
Nahrungsmittel und lebende Tiere	40,0	43,5	27,6
Rohstoffe	18,9	20,5	12,5
Treib- und Brennstoffe	16,4	18,9	12,9
Öle, Fette, Wachse	1,2	1,1	0,8
Getränke, Tabakwaren	16,1	19,2	11,5

Quelle: Hong Kong Monthly Digest of Statistics, September 1993

Tabelle 6: **Außenhandel nach Ländern**
(Exporte in Mrd HK$)

LAND	1991	1992	1-9/93
USA	62,9	64,6	42,5
VR China	54,4	62,0	47,3
Bundesrepublik Deutschland	19,3	16,0	10,4
Großbritannien	13,7	12,5	7,9
Japan	11,7	11,0	7,3
Singapur	8,8	10,3	8,3
Taiwan	6,1	6,5	4,4
EU-Länder	48,4	42,2	27,1

Quelle: Census & Trade Statistics Dept., Hongkong Trade Development Council, 1993

HONGKONG

Tabelle 7: **Außenhandel nach Ländern**
(Re-Exporte in Mrd HK$)

LAND	1991	1992	1-9/93
VR China	153,3	212,1	200,8
USA	110,8	148,5	132,1
Bundesrepublik Deutschland	32,1	33,1	29,0
Japan	29,6	37,5	31,2
Taiwan	24,8	26,2	16,3
Korea (Rep.)	14,6	13,6	11,2
Großbritannien	14,7	20,6	17,5
Singapur	12,1	13,7	12,5
EU-Länder	85,2	103,8	86,8

Quelle: Census & Trade Statistics Dept., Hongkong Trade Development Council, 1993

Tabelle 8: **Außenhandel nach Ländern**
(Importe in Mrd HK$)

LAND	1991	1992	1-9/93
VR China	293,4	354,3	292,5
Japan	127,4	166,2	134,5
Taiwan	74,6	87,1	69,4
USA	58,8	70,6	59,0
Korea (Rep.)	34,9	44,2	36,4
Singapur	31,5	39,1	34,5
Bundesrepublik Deutschland	16,6	21,9	18,7
EU-Länder	71,9	91,3	76,4

Quelle: Census & Trade Statistics Dept., Hongkong Trade Development Council, 1993

HONGKONG

Hongkong - Tor zu Südchina und Vietnam
Besonderheiten aus der Sicht des Delegierten der Deutschen Wirtschaft in Hongkong

Über Hongkong kann heute nicht mehr gesprochen oder geschrieben werden, ohne Hongkongs wachsende Verflechtung mit zwei weiteren Wachstumsmärkten der Region zu berücksichtigen: Südchina und Vietnam. Hongkong hat lediglich 5,8 Mio Einwohner, erzielt aber vor allem aufgrund dieser Verflechtung auf einem winzigen, unwirtlichen Gebiet jährlich neue Wachstumsrekorde auf hohem Niveau. 1993 betrug das Bruttosozialprodukt rund 16.000 US$ pro Kopf; damit liegt Hongkong unter den asiatischen Ländern an Platz 2 hinter Japan.

Was sind die wirtschaftlichen Rahmenbedingungen für eine derartige Erfolgsstory? Geringe Eingriffe von Staat und Verwaltung, eine ausgezeichnete Infrastruktur einschließlich Telekommunikationseinrichtungen sowie ein hervorragend funktionierender Kapitalmarkt. Außerdem ist Hongkong Zollfreizone, und der maximale Steuersatz für Unternehmen beträgt lediglich 17,5%, für Privatpersonen 16%. Firmengründungen sind unkompliziert und innerhalb weniger Tage möglich. Schließlich macht sich Hongkongs Knowhow über die Wachstumsmärkte Südchina und Vietnam bezahlt. Mit vielseitigen Investitionen in diesen Märkten ist zudem ein erleichterter Markteinstieg verbunden.

Hongkong und die VR China

Hongkong verdankt den größten Teil seines Wohlstandes dem Handel. Die wichtigsten Exportartikel werden dabei aus Gründen der Kostenersparnis fast vollständig jenseits der Grenze in China hergestellt. In der an Hongkong angrenzenden Sonderwirtschaftszone Shenzhen können Hongkonger Investoren die Produktionskosten um 40% verringern. Entscheiden sie sich für eine Fertigung hinter der sogenannten "zweiten Grenze" außerhalb der Sonderwirtschaftszonen, erreicht die mögliche Kostenersparnis bereits 90%. Allein im Süden Chinas gibt es rund 27.000 Betriebe, die ausschließlich für Hongkonger Investoren produzieren. Dort arbeiten 3 Mio Menschen, also 2,5mal soviel wie in Hongkong selber für Hongkonger Unternehmen tätig sind. Der Anteil der Re-Exporte, also der für den Export importierten Produkte aus China, in den Handelsstatistiken Hongkongs wächst stetig. Hongkong ist unter diesem Aspekt ohne China nicht mehr denkbar.

Umgekehrt ist die VR China inzwischen auch der größte Investor in Hongkong. Die Schätzungen des Investitionsvolumens schwanken zwischen 10 und 16 Mrd Dollar. Mehr als 1.200 Firmen aus der VR China sind offiziell in Hongkong registriert. Dazu gehören Vertretungen von Provinzregierungen und großen Staatshandelsbetrieben, die ihren Außenhandel und ihre Deviseneinnahmen über Hongkong steuern. Unter ihnen finden sich ausgezeichnete Ansprechpartner, die auch deutschen Unternehmen den Einstieg in den chinesischen Markt erleichtern können.

HONGKONG

Hongkong und der asiatisch-pazifische Raum

Hongkong als Handelsdrehscheibe des asiatisch-pazifischen Raumes profitiert nicht nur von der wirtschaftlichen Liberalisierung der VR China, sondern auch von den neuen Wachstumsmärkten in der Region, wie Vietnam. Zur Zeit, schätzt die Weltbank, werden ca. 22% des gesamten Welthandels in Asien abgewickelt, bis zum Ende dieses Jahrhunderts werden es rund 40% sein. Hongkong wird auch weiterhin diese Entwicklung vorantreiben und schafft sich mit dem Bau des neuen Flughafens sowie mit der neuen sechsspurigen Autobahn von Hongkong nach Guangzhou (Kanton), die Anfang 1994 eröffnet wird, günstige Startbedingungen.

Deutsche Unternehmen aus Hongkong

In Hongkong sind rund 480 deutsche Unternehmen tätig (Stand: Januar 1994), die von den Investitions- und Handelsvorteilen des Stadtstaates profitieren. Nach einer Umfrage des Delegiertenbüros der deutschen Wirtschaft vom Mai 1993 sind 95% der Hongkonger Niederlassungen für das China-Geschäft mitverantwortlich oder übernehmen noch weitere Regionalverantwortung. Viele Probleme, die beim Markteinstieg in Asien für deutsche Unternehmen entstehen können, z. B. das Finden der richtigen und kompetenten Ansprechpartners sowie kulturell bedingte Differenzen bei Verhandlungsführung und Vertragsgestaltung, lassen sich durch einen Partner aus Hongkong frühzeitig beseitigen. Unternehmer aus Hongkong sind oft im Westen ausgebildet worden und an westliches Geschäftsverhalten gewöhnt. Gleichzeitig sind sie Teil des chinesischen Netzes persönlicher Beziehungen, das in fast allen asiatischen Standorten zu den treibenden Kräften des wirtschaftlichen Aufschwungs zählt. Mit einem Hongkonger Partner oder einem eigenen Standbein in Hongkong läßt sich das Tor zu China viel schneller und weiter öffnen.

Und was passiert nach 1997?

Trotz einiger lautstark diskutierter politischer Differenzen zwischen Großbritannien und der VR China über den Prozeß der Übergabe der Kronkolonie am 30. Juni 1997 entwickeln sich der Kapital- und Immobilienmarkt unbeeindruckt positiv. Verträge werden mit Laufzeiten abgeschlossen, die weit über 1997 hinausgehen und der Bau des neuen Flughafens wird zügig vorangetrieben. Das Vertrauen der Geschäftsleute läßt sich an immer neuen Investitionsrekorden ablesen.

Nach der Umfrage des Delegierten der Deutschen Wirtschaft erwarten 85% der deutschen Unternehmen aus Hongkong, daß die Bedeutung Hongkongs nach 1997 zunehmen oder mindestens gleichbleiben wird. Nur 4% der befragten Firmen erwägen, ihren Firmensitz aus Hongkong zu verlegen; allerdings sind die Gründe hierfür weniger die politische Instabilität als vielmehr die zu hohen Kosten in Hongkong.

HONGKONG

Die rechtlichen Rahmenbedingungen für Hongkong als kapitalistische Enklave im Süden Chinas sind vertraglich für 50 weitere Jahre garantiert. Sämtliche Wirtschaftsgesetze bleiben unverändert bestehen, Hongkong entscheidet unabhängig von Peking über den Haushalt des Territoriums, und der Hongkong-Dollar, der an den US-Dollar gebunden ist, bleibt die einzige frei konvertierbare Währung.

Die beste Garantie für die wirtschaftliche und politische Stabilität des Standortes ist jedoch nach wie vor die enge Zusammenarbeit zwischen Hongkongern und ihren Partnern aus der VR China. Bereits seit knapp zehn Jahren sind grenzüberschreitende gemeinsame Projekte an der Tagesordnung und die Anzahl von Joint Ventures steigt rapide an. Erst kürzlich ernannte die Zentralregierung in Peking 44 einflußreiche Geschäftsleute aus Hongkong als Berater für den Übergangsprozeß bis 1997.

Wenn Sie weitere Fragen über Ansprechpartner, Investment- oder Handelschancen haben, berät Sie gerne das Delegiertenbüro der Deutschen Wirtschaft in Hongkong.

Ekkehard Goetting
Delegierter der Deutschen Wirtschaft

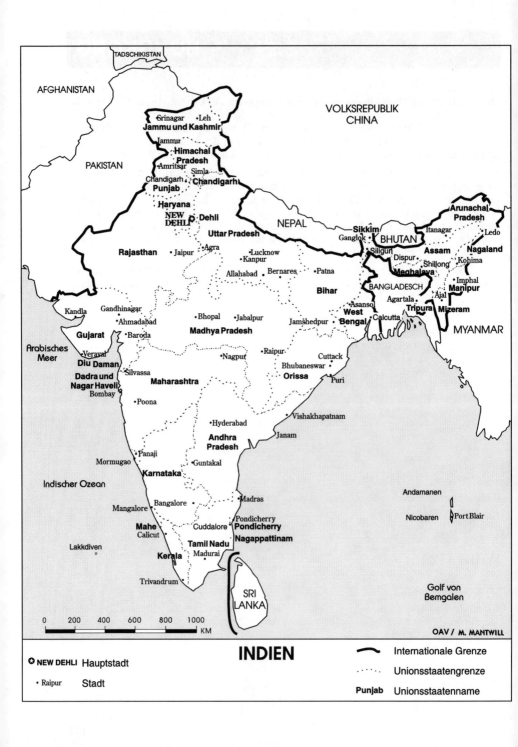

INDIEN

Dr. Joachim Betz

Allgemeines

Staatsform:	Föderative Republik
Staatsoberhaupt:	Shankar Dayal Sharma (seit 25. Juli 1992; vorher: Ramaswamy) Venkataraman
Regierungschef:	P.V. Narasimha Rao
Landfläche:	3.287.782 qkm (einschl. Sikkim und des indisch verwalteten Teils von Jammu und Kaschmir)
Einwohnerzahl:	846,3 Mio (Zählung 1991)
Bevölkerungsdichte:	257 Einw./qkm
Bevölkerungswachstum:	2,1% (1981-91)
Wichtigste Städte:	(1991) New Delhi (Hauptstadt, 8,38 Mio Einw.), Kalkutta (10,86 Mio), Bombay (12,57 Mio), Madras (5,36 Mio), Hyderabad (4,27 Mio), Bangalore (4,11 Mio)
Landessprache:	Hindi, jedoch in den Bundesstaaten 14 gleichberechtigte Regionalsprachen (Englisch seit 1965 "assoziierte Sprache")
Handelssprache:	Englisch
Nationalfeiertag:	26. Januar (Tag der Republik)

Weitere Daten

Erwerbspersonen:	314 Mio (1991)
Arbeitslosenquote:	4,1% (offiziell; aber hohe verdeckte Arbeitslosigkeit)
Analphabeten:	57,5% (1991)

INDIEN

Entstehung des BIP:	(1992) (%): Land-, Forstwirtschaft und Fischerei 32; Industrie 27,9, davon Bauwirtschaft 5,8 und verarbeitendes Gewerbe 17,8; Dienstleistungen 40
Verwendung des BIP:	(1993) (%): Öffentlicher Konsum 11,5; privater Konsum 65,7; private Erzeugnisse 21,1; öffentliche Erzeugnisse 1,7
Wichtigste Agrarprodukte:	1991 (1990) (Mio t): Zuckerrohr 233,4 (22,6); Reis 75 (74,1); Weizen (49,7); Ölsaaten (16,8); Hülsenfrüchte; Tee 719 Mio kg (703); Baumwolle 10,2 Mio Ballen (11,4); Jute 9 Mio Ballen (8,4)
Bergbauprodukte:	1991 (1990) (Mio t): Erdöl 33 (34,1); Erdgas 18 Mrd cbm (17); Kohle 215,8 (199); Bauxit 5,3 (4,7); Kupfer 5,2 (5,1); Eisenerz 54 (53); Magnesium 1,4 (1,3)
Wichtigste Industrieerzeugnisse:	(1992): Stahl 14,33 Mio t; Petroleum 30,4 Mio t; Textilmaschinen 10,3 Mrd Rs; Motorroller 1,6 Mio Stck; Düngemittel 9,8 Mio t; Zement 33,7 Mio t
Elektrizitätserzeugung:	(1992) 314488 Gwh
Abkommen mit Deutschland:	Handelsabkommen vom 19.03.52 und vom 31.09.55; Doppelbesteuerungsabkommen vom 18.03.59 in der Neufassung vom 28.06.84; Notenwechsel vom 15.10.64 über den Schutz deutscher Kapitalanlagen; Vereinbarung über die Zusammenarbeit in der wissenschaftlichen Forschung und technologischen Entwicklung von 1971 und 1974. Seit Mitte 1988 besteht eine informelle Arbeitsgruppe (Fast Track) zur Förderung deutscher Investitionen in Indien
Abkommen mit der EU:	In die allgemeinen Zollpäferenzen einbezogen; Abkommen über handgewebte Seiden- und Baumwollstoffe, in Kraft seit dem 01.07.68; Abkommen über bestimmte handwerkliche Erzeugnisse (handicrafts), in Kraft seit dem 01.09.68; erweitertes Handels- und Kooperationsabkommen, unterzeichnet am 24.06.81

INDIEN

Statistisches Profil Indien

			1991	1992	1993(S)	1994(P)
1. Bruttoinlandsprodukt (BIP)		1)				
BIP	(Mio US$)		268006	277799	261730	283077
Reales BIP	(Veränd. in %)	2)	1,3	4,0	5,0	6,0
BIP pro Kopf	(US$)		324	327	304	324
Reales BIP pro Kopf	(Veränd. in %)	2)	-0,6	1,2	3,7	4,2
2. Wechselkurse (1 Rupie= 100 Paise)						
IR/US$ (Jahresdurchschnittskurs)			22,74	25,92	31,33	32,50
IR/US$ (Jahresendkurs)			25,83	26,20	31,39	33,00
IR/DM (Jahresdurchschnittskurs)			13,70	16,60	18,99	18,36
IR/DM (Jahresendkurs)			17,04	16,23	18,25	18,86
3. Preise						
Inflationsrate	(%)		13,9	11,7	6,0	5,0
4. Zinssatz						
Geldmarktsatz			19,35	15,23	8,0	7,0
5. Staatshaushalt		1) 3)				
Saldo	(in % des BIP)		-6,0	-5,6	-4,8	-4,2
6. Monetärer Sektor		4)				
Inlandskredite	(Veränd. in %)		14,3	8,8	9,0	8,0
Geldmenge M2	(Veränd. in %)		18,3	16,8	10,0	9,0
7. Außenhandel						
Exporte (fob)	(Mio US$)		17664	19563	22000	24100
Importe (cif)	(Mio US$)		20418	23580	22500	24750
Deutsche Importe (cif)						
aus Indien	(Mio DM)	5)	2770	2688	2903	3049
Deutsche Exporte (fob)						
nach Indien	(Mio DM)	5)	2393	2841	2812	3009
8. Leistungsbilanz		6)				
Güterexporte (fob)	(Mio US$)		18000	19900	22300	24400
Güterimporte (fob)	(Mio US$)		22100	25500	24400	26800
Handelsbilanzsaldo	(Mio US$)		-4100	-5600	-2100	-2400
Dienstleistungsexporte	(Mio US$)		5000	5300	5600	6000
Dienstleistungsimporte	(Mio US$)		8300	8500	8600	9000
Dienstleistungsbilanzsaldo	(Mio US$)		-3300	-3200	-3000	-3000
Übertragungen, privat (netto)	(Mio US$)		2300	2500	2500	2500
Übertragungen, öffentlich (netto)	(Mio US$)		400	500	500	500
Leistungsbilanzsaldo	(Mio US$)		-4700	-5800	-2100	-2400
9. Auslandsverschuldung						
Bruttobestand	(Mio US$)		71642	76983	82000	90000
-in % des BIP			26,7	27,7	31,3	31,8
-in % der Exporterlöse						
(Güter und Dienstleistungen)			311,5	305,5	293,9	296,1
10. Schuldendienst						
Gesamtzahlungen	(Mio US$)		7543	6637	7300	8100
-Zinszahlungen	(Mio US$)		3829	3308	3500	3600
-Amortisationen	(Mio US$)		3714	3329	3800	4500
Schuldendienstquote	(%)	7)	32,8	26,3	26,2	26,6
Zinsdienstquote	(%)	8)	16,6	13,1	12,5	11,8
11. Währungsreserven	(Mio US$)	9)				
Währungsreserven ohne Gold	(Mio US$)		3627	5757	8500	9500
-in Monatsimporten			1,43	2,03	3,09	3,18
Gold	(Mio US$)	10)	2976	2908	3200	3400

1) Angaben bezogen auf indisches Wirtschaftsjahr, das jeweils im April beginnt;
Beispiel: Das laufende Wirschaftsjahr 1993 umfaßt den Zeitraum 1.4.1993 - 31.3.1994.
2) Auf Basis der Landeswährung.
3) Zentralregierung.
4) Veränderung der Jahresendbestände.
5) Ab 1991 gesamtdeutscher Handel.
6) Zahlenangaben ab 1990 beruhen auf Schätzungen, da die Finanzstatistik des IWF keine Angaben zur Leistungsbilanz ab 1990 enthält.
7) Schuldendienst in % der Exporterlöse (Güter und Dienste).
8) Zinsdienst in % der Exporterlöse (Güter und Dienste).
9) Bestand am Periodenende.
10) Nationale Bewertung. Ab 1990 offiziell zu Marktpreisen.
(S): Schätzung   (P): Prognose

Quelle: Institut für Asienkunde

INDIEN

Länderrating

Indien erreichte nach den quantitativ bestimmten Wirtschaftskennzahlen eine Punktzahl von 32, die deutlich die verbesserte Haushalts-, Leistungsbilanz- und Inflationssituation widerspiegelt. Bei den qualitativen Indikatoren erreichte Indien jedoch nur 17 Punkte, vornehmlich wegen fortbestehender ethnischer und religiöser Konflikte. Die Gesamtpunktzahl von 49, die sich gegenüber dem Vorjahr deutlich gesteigert hat, weist Indien als ein Land mit noch gehobenem Kreditrisiko aus.

Wirtschaftliche und politische Lage 1993

+ Fortführung der Reformpolitik; Freigabe des Wechselkurses, Senkung der Zölle und Verbrauchssteuern
+ Stabilisierung und Dynamisierung der Binnenwirtschaft, Senkung der Inflationsrate und des Haushaltsdefizits
+ Belebung des Wirtschaftswachstums und des Exports
- Innenpolitische Instabilität schwächt Vertrauen der Investoren
- Schwierige Reformen (Staatsbetriebe, exit policy) lassen auf sich warten

Prognose für 1994

+ Steuerreformen und Fortsetzung des Anpassungskurses
+ Weitere Stärkung der Wachstumskräfte
- Anhaltende ethnische und religiöse Konflikte

INDIEN

Überblick und Besonderheiten

Einen Monat nach der Zerstörung der Moschee in Ayodhya ergriff im Januar 1993 eine zweite Welle religiös motivierte Unruhen die beiden westindischen Städte Bombay und Ahmedabad und forderte zahlreiche Opfer, mehrheitlich Muslime. Die Kongreßregierung in Maharashtra hatte der Unruhen mit Hilfe der Polizei Herr zu werden versucht, als diese jedoch die Kontrolle verlor, mußte die Armee bemüht werden. Politische Initiativen zur Dämpfung der Spannungen blieben aus, obwohl diese die Vormachtstellung der Kongreßpartei und die säkulare Basis des Staates zu untergraben drohten. Immerhin raffte sich die Regierung im Februar zu einem Verbot einer BJP-Massenveranstaltung in Delhi auf, die die Flammen noch weiter geschürt hätten.

Im März forderte eine Serie von Bombenexplosionen in der Wirtschaftsmetropole Bombay etwa 200 Todesopfer. Die Anschläge zeugten von erheblicher Planung und Präzision; indische Politiker sahen denn auch hinter ihnen schnell eine internationale Verschwörung, um die Wirtschaft des Landes zu unterminieren. Tatsächlich waren die Anschläge wohl das Werk wohlhabender, aber krimineller Elemente, die vermutlich wegen der geplanten Liberalisierung des Edelmetallhandels um ihre Pfründe fürchteten.

Im April spitzte sich die Lage in Kashmir wieder zu. Unruhen begannen bei einer Trauerdemonstration um einen von indischen Sicherheitskräften erschossenen Führer der propakistanischen Hisbul Mujahideen. Kurze Zeit darauf wurde in Kashmir ein führender Menschenrechtsvertreter von Unbekannten erschossen. Die Vorfälle führten zu einer starken Trübung des indisch-pakistanischen Verhältnisses und veranlaßten die Regierung, die Sicherheitskräfte in Kashmir auf 300.000 Mann zu verstärken. Menschenrechtsverletzungen und Folter waren an der Tagesordnung, so daß sich die internationale Öffentlichkeit zu scharfen Protesten veranlaßt sah. Neu-Delhi reagierte darauf mit wütenden Protesten, aber auch mit der Einsetzung einer Nationalen Menschenrechtskommission mit allerdings eingeschränktem Mandat. Der vorläufige Höhepunkt der Krise wurde durch die Besetzung der Hazratbal-Moschee durch kashmirische Rebellen im Herbst erreicht, womit diese die indische Armee in ein ähnliches Desaster wie bei der Erstürmung des Sikh-Heiligtums (1984) verwickeln wollten. Die politisch gelähmte Regierung wurde durch die Aufgabe der Rebellen (Mitte November) erlöst. Im Gegensatz zu Kashmir hat sich die Lage im Punjab deutlich stabilisiert, die Zahl der Todesfälle ging stark zurück, und die Militanten beherrschten weit weniger die Szene.

Die anhaltenden Unruhen, die Führungsschwäche und gewisse Abnutzungserscheinungen der indischen Regierung beeinträchtigten den Fortgang der wirtschaftlichen Reformen aber kaum und führten auch nur zu einer kurzzeitigen Unterbrechung der wirtschaftlichen Dynamisierung des Landes.

Innerparteilich konnte Premierminister Rao seine Stellung weiter erheblich festigen. Die Unruhen in und um Ayodhya lieferten ihm im Februar 1993 den Anlaß für eine Kabinettsumbildung, die freilich den für das Krisenmanagement

INDIEN

verantwortlichen Innenminister Chavan im Amt beließen. Der Chefminister von Maharashtra wurde wegen Passivität während der anti-muslimischen Ausschreitungen im Februar entlassen. Premier Rao drängte seinen Verteidigungsminister Pawar zur Übernahme dieses Amtes und entledigte sich damit gleichzeitig eines einflußreichen innerparteilichen Rivalen. Ende März fand das Jahrestreffen des All India Congress Committee in der Nähe von Delhi statt. Gegen Rao hatte sich vorher Widerstand formiert (um die Person Minister Arjun Singhs), der ihm vor allem Ämterhäufung und die Tatsache vorwarf, daß er der politischen und ideologischen Auseinandersetzung mit der hinduistisch-nationalistischen BJP ausweiche. Rao wurde jedoch nach elegantem Überspielen der Parteirebellen in seiner Doppelfunktion als Partei- und Regierungschef mit überwältigender Mehrheit bestätigt. Seine weiche Linie gegenüber der BJP wurde mit Blick auf künftige Wahlen vom Kongreß akzeptiert.

Der Premier erfuhr jedoch im Juni wieder eine Verringerung seines Ansehens, als ein Obergericht in Madyha Pradesh die Absetzungen der BJP-Regierungen aufhob und eine Untersuchungskommission auch das Verbot der radikalen RSS für nichtig erklärte. Weiterer Gesichtsverlust wurde durch Revision beim Obersten Gericht verhindert, das das Urteil aufschob, um Neuwahlen in den vier betroffenen Bundesstaaten zu ermöglichen. Raos Stern sank im Sommer weiter, als er verdächtigt wurde, erhebliche Zahlungen an seine Partei entgegengenommen zu haben und seine Regierung ein Gesetz durchzubringen versuchte, das solche Entgegennahmen bis zu einem gewissen Betrag straffrei machen sollte. Kurze Zeit später veröffentlichte das Schweizerische Bundesgericht die Namen derjenigen, die Zahlungen im Rahmen des Bfors-Skandals erhalten hatten. Sonja Gandhi wurde dadurch schwer belastet und schied somit als Konkurrentin Raos vorläufig aus.

Die BJP, die die Regierung das ganze Jahr zur Ausschreibung von Neuwahlen hatte nötigen wollen, sah ihre Chancen zur Machtübernahme mit den Landtagswahlen empfindlich geschmälert. In Madhya Pradesh kehrten sich die Mehrheitsverhältnisse zwischen BJP und Kongreß um, in Himachal Pradesh siegte die Regierungspartei, in Uttar Pardesh wurden beide Parteien von einem politischen Bündnis der Niedrigkasten ausmanövriert und nur in Rajasthan und Delhi blieb die BJP siegreich. Das Wahlergebnis hat die Position Premierminister Raos wieder gestärkt und ihm eine neue Gelegenheit verschafft, innerparteiliche Widersacher zurechtzustutzen.

Außenpolitisch waren 1993 vor allem vier Ereignisse bedeutsam. Erstens der Staatsbesuch des russischen Präsidenten im Januar, der ein Schuldenabkommen und einen Vertrag über Freundschaft und Zusammenarbeit brachte, der sich nun aber nicht mehr gegen Dritte richtet. Aus deutscher Sicht war u.a. der Staatsbesuch des Bundeskanzlers im März bedeutsam. Drittens einigten sich die südasiatischen SAARC-Staaten auf ein Handelsabkommen, das der erste Schritt zu einer kompakten Wirtschaftsgemeinschaft sein soll und eine Liste von noch zu ratifizierenden Handelsvergünstigungen enthält. Zuletzt konnte bei einem Staatsbesuch Premier Raos in der VR China (im September) der bilaterale Grenzkonflikt entschärft werden. Beide Staaten einigten sich auf die Reduktion ihrer in den umstrittenen

INDIEN

Grenzgebieten stationierten Truppen und wollen rasche Fortschritte bei einer endgültigen Grenzziehung erreichen.

Wirtschaftsplanung

Das Haushaltsjahr 1992/93 war das erste volle Jahr nach dem Start des umfassenden Anpassungsprogramms der indischen Regierung (Mitte 1991). Dieses Programm beinhaltet einen deutlichen Bruch mit der Entwicklungsstrategie der Vergangenheit und zielt auf Wiederherstellung der makroökonomischen Stabilität und breite Liberalisierung der indischen Wirtschaft. Bis zum Ende des Haushaltsjahres hatten sich deutliche Erfolge eingestellt (s.u.), obwohl die religiösen Unruhen und der Finanzskandal die wirtschaftlichen Aktivitäten zeitweilig dämpften. Der Anfang März vorgelegte Haushaltsentwurf 1993/94 bedeutet einen weiteren Schritt vorwärts bei den wirtschaftlichen Reformen. Er demonstriert Initiative und Entschlossenheit, die die indische Regierung bei der Behandlung der religiösen Turbulenzen leider vemissen ließ. Der Plan zielt auf die Fortsetzung der fiskalischen Korrekturmaßnahmen (geplantes Haushaltsdefizit 1993/94: 4,7%) die Bekämpfung der Inflation, auf die Stärkung der Wachstumskräfte, die Unterstützung der Landwirtschaft und der Agroindustrien, um die Beschäftigung auf dem Lande auszuweiten und beinhaltet erste Fortschritte bei der Steuerreform durch Vereinfachung und Verbreiterung des Steuersystems.

Im Einzelnen wurde zunächst die indische Rupie im Handelsverkehr voll konvertierbar gemacht. Der davon profitierende Exportsektor wird zusätzlich durch reduzierte Sätze für Exportkredite gefördert. Zweitens wurden die Einfuhrzölle umfassend gesenkt, um die Wettbewerbsfähigkeit der indischen Industrie zu verbessern. Der Spitzenzollsatz wurde von 110 auf 85% gesenkt, die Einfuhrsätze für Kapitalgüter von 55 auf 35% und in den Schlüsselbereichen (Erdöl und Energiesektor) gar auf 20 bzw. 25%. Zur Entlastung der Massenkonsumgüterindustrie, zur Erhöhung der Wettbewerbsfähigkeit der Industrie und zur Vereinfachung der Abgabenstruktur wurden die Verbrauchssteuern beträchtlich gesenkt, vor allem in Bereichen, die von der vorherigen Rezession betroffen worden waren (Kraftfahrzeuge, Fernsehgeräte, Kühlschränke, Toilettenartikel etc.). Der Energiesektor erfuhr weitere Förderung durch eine Steuerbefreiung für neugeschaffene Unternehmen der Energieerzeugung und -versorgung sowie die Senkung der Einfuhrzölle auf Kraftwerkseinrichtungen. Gleiches galt für Betriebe in Software Technologieparks. Auch die schon länger anhaltende Liberalisierung des Finanzmarkts schritt mit der Senkung der Leitzinsen um einen Prozentpunkt und der avisierten Senkung der Mindestreservesätze (von 36 auf 26% innerhalb der nächsten drei Jahre) voran. Um die Finanzkraft der nur mäßig solventen Staatsbanken zu stärken und sie auf die Norm der Bank für Internationalen Zahlungsausgleich zu bringen, erhielten sie für 1993/94 einen Kapitalzuschuß von 57 Mrd Rs (mittels neuer Staatsanleihen); zudem wurde ihnen der Zugang zu den nationalen und internationalen Kapitalmärkten geöffnet. Bereits im Januar wurden Richtlinien für die Zulassung privater

INDIEN

Banken erlassen. Die indische Regierung bekundete im Haushaltsentwurf auch ihre Bereitschaft, der MIGA beizutreten sowie bilaterale Investitionsschutzabkommen abzuschließen. Die erwartete Senkung der direkten Steuern wurde um ein Jahr verschoben, weil der Handlungsbedarf bei Zöllen als dringlicher galt, die dekretierten Zollsenkungen aber keinen finanziellen Spielraum mehr ließen. Der Haushaltsplan 1993/94 beinhaltete auch eine signifikante soziale Komponente, die zur Akzeptanzerhöhung des Reformprogramms diente, übrigens aber auch einem Anliegen der Weltbank entsprach. Der Bildungsetat wurde um 37% gegenüber dem Vorjahr aufgestockt, die Ausgaben für Gesundheit um 60% und für die ländliche Entwicklung um 62%. Insgesamt sollte der neue Haushaltsplan der internationalen Wirtschaftsgemeinschaft signalisieren, daß die Wirtschaftsreformen weiterhin in festen Bahnen verlaufen und nicht durch religiöse Konflikte aus dem Ruder gebracht worden sind.

Der Haushaltsentwurf wurde in der nationalen und internationalen Öffentlichkeit mehrheitlich stark begrüßt und ließ internen Opponenten mit der Kombination Steuerreduktion, Ausgabenerhöhung für Soziales bei gleichzeitiger Verringerung des Defizits wenig Angriffsfläche. Er weist jedoch, ebenso wie die Reformpolitik generell, noch einige Defizite auf, die die Nachhaltigkeit der Strukturanpassung in Indien gefährden könnten: Die angekündigten Zoll- und Steuerkürzungen verringern die Steuerquote erheblich. Zusammen mit der Tatsache, daß die fiskalische Konsolidierung zu einem großen Teil durch Verringerung der öffentlichen Kapitalausgaben zuwege gebracht wurde (die schon in den Vorjahren sanken), ist eine deutliche Verbreiterung der Steuerbasis (bei den direkten Steuern und durch Einführung einer umfassenden Mehrwertsteuer) geboten. Zweitens sind die Exporteinkünfte 1992/93 nur mäßig gestiegen, bedingt vor allem durch den fast vollständigen Zusammenbruch des Handels mit Osteuropa. Weitere Bemühungen zur Aktivierung der Exporte sind deshalb dringend erforderlich. Die Regierung hat sich außerdem bei der Verringerung der Zollsätze auf Konsumgüter aus sozio- und zahlungsbilanzpolitischen Bedenken nicht weiter vorgewagt. Ähnliches gilt für die nötige weitergehendere Liberalisierung des Finanzmarktes (Abbau der subventionierten Kreditlinien und der Mindestreservesätze). Der Fortschritt bei der Privatisierung und Rationalisierung öffentlicher Unternehmen blieb bescheiden, zumal angesichts der Tatsache, daß 1994/95 auslaufende Subventionen deren Finanzprobleme verschärfen werden. Angesichts der weiter nötigen fiskalischen Konsolidierung und der Mehrausgaben für Soziales, wäre auch eine weitere Reorientierung der öffentlichen Ausgaben notwendig, etwa durch Verringerung der öffentlichen Subventionen (besonders bei Energie und Bewässerung), Anhebung bzw. Einführung von Nutzergebühren und Einstellungsstopps im öffentlichen Dienst.

Die im Haushaltsplan ausgesparte Liberalisierung des Versicherungssektors nahm im Sommer 1993 erste Gestalt an. Ein hochrangiges Komitee arbeitete die Modalitäten für die Privatisierung der staatlichen Versicherungsgesellschaften und die Zulassung von privaten und ausländischen Agenturen in Indien aus. Im Sommer wurden zusammen mit der Weltbank auch Pläne zur Umstrukturierung der Staatsunternehmen ausgearbeitet. Abweichend von ihrer früheren Haltung akzeptierte

INDIEN

die Weltbank, daß der staatliche Anteil lediglich reduziert wird. Von den Kosten der Umstrukturierung durch einen neuen Fonds will die Weltbank 175 Mio $ tragen, 200 Mio entfallen auf die indische Regierung, 375 Mio auf die Banken. Beim Gebertreffen im Sommer stellte das indische Finanzministerium ein Papier zu den noch zu lösenden Reformproblemen vor. Es stellt eine klare Verpflichtung der Regierung zur Fortsetzung des eingeschlagenen Kurses dar und verspricht eine weitere Verringerung des Budgetdefizits, die Kürzung der Subventionen, weitere Privatisierungsschritte, Vollendung der Steuerreform, Weiterführung der "exit policy", Öffnung des Marktes auch für Konsumgüter und verstärkte Armutsbekämpfung bzw. Entwicklung der menschlichen Ressourcen. Im November wurden ausländische Beteiligungen an indischen Privatbanken (bis zu einem Anteil von 20%) gestattet.

Wirtschaftsentwicklung

Nach dem anpassungsbedingten Rückgang des Wirtschaftswachstums während des Fiskaljahres 1991/92 stieg die Wachstumsrate 1992/93 auf beachtliche 4%. Das Industriewachstum stieg freilich nur auf 3,8%, bedingt durch die Stabilisierung der Volkswirtschaft, aber auch durch anhaltende Unsicherheit über den Fortgang der Reformen und die religiös motivierten Unruhen. Darunter litten auch der Transportsektor und der Rohstoffexport. Beachtlich war das Wachstum der Landwirtschaft (4,2%), verursacht durch zeitige und ausreichende Regenfälle. Die Nahrungsgetreideproduktion wurde auf 180,3 Mio t geschätzt, einen bisherigen Ernterekord. Auch bei Ölsaaten, Sojabohnen und Erdnüssen wurde eine Rekordernte erzielt. Die privaten Investitionen sanken trotz der Stabilisierungsmaßnahmen im Fiskaljahr 1991/92 nur mäßig (-2,6%), erholten sich aber auch 1992/93 nur moderat. Ursächlich hierfür war das wegen des Finanzskandals und der Unruhen nachlassende Vertrauen der Investoren und der deutliche Anstieg der Realzinsen während des Berichtzeitraumes. Beschränkungen des Kreditmengenwachstums reduzierten die Inflationsrate deutlich von 13,6% (Ende März 1992) auf 5,8% (Ende Mai 1993), den niedrigsten Wert seit sechs Jahren. Das Geldmengenwachstum war 1992 schneller als erwartet, da die Reserve Bank of India den Kapitalzustrom nicht zu sterilisieren vermochte. Ab Anfang 1993 verlangsamte sich das Wachstum aber deutlich und erreichte im Fiskaljahr 1992/93 insgesamt 14,6%. Der Kapitalmarkt stabilisierte sich nach dem Finanzskandal wieder rasch. Im Fiskaljahr 1992/93 erfolgten Neuemissionen in Höhe von 160 Mrd Rs.

Staatshaushalt

Ein zentrales Ziel des Anpassungsprogramms war die Reduktion des Haushaltsdefizits, das auch in der Tat von 8,4% am BIP (1990/91) auf 6% (1991/92) und 5,7% (1992/93) verringert wurde, wobei dies vornehmlich durch Kürzungen der

INDIEN

öffentlichen Investitionen zuwege gebracht wurde. Eine eigentlich eingeplante noch stärkere Verringerung (auf 5% am BIP) scheiterte an den unruhebedingten Einnahmeausfällen um die Jahreswende 1992/93. Bei den Ausgaben schossen jene für Subventionen und Transfers an die Unionsstaaten über das Ziel hinaus, bei den Kapital- und Rüstungsausgaben traf das Gegenteil zu. Die Abwertung der Rupie und der stärkere Übergang zu kommerzieller Finanzierung haben die Haushaltskosten der Schuldenbedienung deutlich nach oben getrieben. Die Regierung sagte deutliche Bemühungen zur weiteren Senkung des Haushaltsdefizits (bis auf 1% des BIP; 1993/94: 4,7%) zu, geringere Unterstützung staatseigener Unternehmen, Abbau der Subventionen (für Düngemittel, landwirtschaftliche Kredite), Erhebung von Nutzergebühren (im Ausbildungswesen) und die Effektivierung des öffentlichen Dienstes.

Der achte Fünfjahrplan (1992-97) sieht innerhalb der Staatsausgaben nur mäßige Prioritätsverschiebungen vor. Innerhalb der landwirtschaftlichen Ausgaben wird das Gewicht der ländlichen Entwicklungsprogramme zunehmen, ansonsten werden im Transportsektor höhere Ausgaben und im Energiesektor geringere (um Platz für die Privatwirtschaft zu schaffen) eingeplant. Der größte Zuwachs entfällt auf den sozialen Bereich, dessen Orientierung in Richtung der Basisdienste verschoben werden soll. Im Gegensatz zur Konsolidierung des zentralen Staatshaushalts, harren die Budgets der Unionsstaaten noch ernsthafter Reformen. Viele Unionsstaaten haben erhebliche Zahlungsrückstände (auch an Gehältern) aufgebaut, obwohl die Kapitalausgaben der Staaten auf ein Minimum schrumpften und die notwendigen Erhaltungsausgaben gelitten haben.

Außenwirtschaft

Die Importe sind 1992/93 nach dem Fall der Restriktionen schnell gestiegen (um 13%) und haben das Handelsbilanzdefizit von 1,6 auf 3,9 Mrd $ erhöht. Zwischengüter (v. a. Öl und Ölprodukte) kamen für einen großen Teil des Anstiegs auf. Diese Tatsache verdeutlicht, daß Indien dringenden Bedarf an Maßnahmen hat, die die Eigenproduktion von Energieträgern erhöhen und die Nachfrage dämpfen. Die Importnachfrage nach Investitionsgütern blieb dagegen sehr verhalten. Die Dienstleistungsbilanz verschlechterte sich ebenfalls durch Einnahmeausfälle aus dem Tourismus. Das Leistungsbilanzdefizit insgesamt erhöhte sich damit von 2 auf rund 5 Mrd $. Die Nettokapitalhilfe ging leicht zurück, dafür nahmen die Kapitalzuflüsse seitens Non-Resident Indians erheblich (auf 1,1 Mrd $) zu. Entsprechend erhöhten sich die Devisenreserven bis zum Ende des Fiskaljahres von 5,7 auf 6,7 Mrd $. Die Exportleistung verbesserte sich leicht um 2%, nachdem sie im Vorjahr um 2% abgenommen hatte. Dies zeigt die Wirkung der im letzten Jahr durchgeführten Maßnahmen zur Exportstimulierung. Das Ergebnis wäre noch besser gewesen, wäre nicht der Handel mit Osteuropa (vornehmlich GUS-Staaten) so drastisch gefallen (um 2/3). Mittlerweile ist der Anteil der indischen Exporte in diese Staaten aber auf 3% vom Gesamt gesunken und hat Indien's Verwundbarkeit

INDIEN

gegenüber weiteren Rückgängen nahezu eliminiert. Die indische Regierung hat inzwischen auch neue Wirtschaftsprotokolle mit den meisten GUS-Staaten unterzeichnet, die für einen Wiederanstieg dieses Handels sorgen dürften. Die Exporte in die Hartwährungsländer sind dagegen um 10,5% gestiegen. Als besonders ausfuhrdynamisch erwiesen sich der Maschinenbau und der Textil- und Bekleidungssektor. Im Vergleich zu anderen Ländern mit Strukturanpassungsprogrammen blieb das Exportwachstum aber eher enttäuschend und bedarf einer deutlichen Steigerung (die Weltbank kalkuliert mit 15% für die nächsten Jahre), wenn die Anpassung durchgehalten werden soll. Überdies ist die Palette der Exportgüter immer noch sehr schmal. Mehr als 50% aller Fertigwarenexporte entfallen auf Textilien, Schmuck und Chemieprodukte, überwiegend Güter mit fluktuierender und unsicherer Nachfrage. Diese Tatsache verlangt nach stärkeren Bemühungen zur Ausfuhrsteigerung bei Agrargütern und nicht-traditionellen Waren. In den ersten Monaten des neuen Finanzjahres 1993/94 stiegen die Exporte in Reaktion auf die kürzlichen Reformen (Konvertibilität etc.) deutlich rascher (um 28% auf Dollarbasis) und halfen das Defizit kräftig zu reduzieren.

Der indische Bedarf an Auslandsfinanzierung überschritt 1992/93 nicht die Projektionen der Weltbank. Allerdings fielen öffentliche Transfers an schnell auszahlbarer Finanzhilfe und an Projekthilfe, bedingt durch schleppende Projektdurchführung. Die Ausfälle wurden kompensiert durch Kapitalzuflüsse internationaler Banken zur Finanzierung ihrer Tätigkeit in Indien und durch die erwähnten Transfers von Auslandsindern. Das Treffen der Konsultativgruppe für Indien im Juni 1993 endete mit erheblichen Finanzzusagen (in Höhe von 7,4 Mrd $). Die westlichen Geber waren der Überzeugung, das indische Reformprogramm verdiene weiterhin Unterstützung. Der Anteil der schnell auszahlbaren Darlehen verminderte sich und die Geber forderten die indische Regierung auf, die neuen Hilfsgelder noch effizienter zu verwenden. Die ausreichend hohen Devisenreserven erlaubten der indischen Regierung Anfang 1993 die Verringerung der kurzfristigen Auslandsschulden um 800 Mio $. Hinsichtlich der langfistigen Auslandsverschuldung wurde Anfang 1993 endlich ein Übereinkommen mit Rußland erzielt, das den Wert der indischen Schulden um rund 2 Mrd $ reduziert, von denen der größere Teil zu stark konzessionären Bedingungen zurückgezahlt werden kann und bei dem die Rückzahlung in indischen Exportwaren erfolgt.

Die Auslandsschulden insgesamt lagen Ende März 1993 bei 74,5 Mrd $ (inkl. Schulden aus Rüstungslieferungen: 85,4 Mrd $) und damit nur geringfügig (+4,5%) über dem Stand des Vorjahres. Die Verschuldung gegenüber den Banken ist leicht zurückgegangen, die Schuldendienstquote (1993: 25,7%) erhöhte sich jedoch leicht. Durch einen weiteren massiven IWF-Kredit, über den die Regierung wegen fortbestehender Zahlungsbilanzlücken bis Ende 1993 verhandelte, wird sich die Devisenlage weiter entspannen.

Die ausländischen Privatinvestitionen in Indien sind trotz der Unruhen im Berichtszeitraum deutlich angestiegen, haben aber noch nicht entfernt das Volumen dessen erreicht, was in der VR China oder den erfolgreichen ostasiatischen Staaten getätigt wurde. Im Jahre 1992 wurden Auslandsinvestitionen in Höhe von

INDIEN

38,9 Mrd Rs. genehmigt (1992: 5,3 Mrd), davon viele, die eine ausländische Kapitalmehrheit von über 51% vorsehen. Diese Summe wurde von den Genehmigungen im ersten Halbjahr 1993 bereits eingeholt. Der Nettozufluß belief sich 1992/93 auf immerhin 390 Mio $. Die Auslandsinvestitionen konzentrieren sich nach wie vor auf die chemische Industrie, die Nahrungsmittelverarbeitung und die Elektronik (zu etwa gleichen Anteilen). Herkunftsmäßig beobachtete man im Berichtszeitraum eine deutliche Zunahme der Investitionen aus anderen asiatischen Staaten (v. a.Thailand und VR China).

Beziehungen zur Bundesrepublik Deutschland

Die Beziehungen zwischen Indien und der Bundesrepublik intensivierten sich 1993. Bundeskanzler Helmut Kohl besuchte Indien im März. Gleichzeitig fand die Indian Engineering Trade Fair mit Deutschland als offiziellem Partnerland statt. Im Zuge des Staatsbesuchs kündigte ein deutsches Konsortium ein Projekt über 5 Mrd DM zur Finanzierung eines Braunkohlekraftwerkes in Tamil Nadu an. Im bilateralen Warenhandel hatte sich der deutsche Export deutlich erhöht (um 18,7%), während die Importe aus Indien nach Nachlassen des Vereinigungseffektes leicht zurückgingen. Somit verzeichnete Deutschland wieder einen geringen Handelsbilanzüberschuß. Rezessionsbedingt werden die Importe auch zukünftig weiter abnehmen und damit den deutschen Überschuß erhöhen. Bei der Güterstruktur des deutschen Exports war eine Zunahme vollständiger Fabrikationsanlagen und von elektrotechnischen Erzeugnissen zu verzeichnen. Die Maschinenbauausfuhr stagnierte dagegen. Bei den Importen aus Indien stachen Anteilszunahmen bei Elektroartikeln hervor. Mit der Vereinbarung von zwölf deutsch-indischen Joint Ventures anläßlich des Kanzlerbesuchs wird sich das deutsche Engagement bei Direktinvestitionen verstärken. Indien ist bis heute für deutsche Unternehmen ein vergleichsweise unbedeutendes Investitionsziel. Die Nettodirektinvestitionen erreichten 1992 28 Mio DM (1991: 5 Mio), die Antragssumme für das erste Quartal 1993 stieg zwar deutlich (20,3 Mio $), lag aber weit hinter dem Antragsvolumen anderer Industrieländer. Die Bundesrepublik sagte der indischen Regierung im Mai 1993 finanzielle Unterstützung in Höhe von 392,5 Mio DM zu. Noch nicht ausbezahlte Mittel aus früheren Zusagen wurden für neue Projekte freigegeben. Damit beläuft sich die deutsche Finanzhilfe auf insgesamt 597 Mio DM. Die Mittel sollen vornehmlich im sozialen und im Energiesektor eingesetzt werden. Bei dem Besuch von Premierminister Dao im Februar 1994 zeigte sich eine weitere Verbesserung der Zusammenarbeit zwischen beiden Ländern. Von indischer Seite betonte man das Interesse, daß Deutschland bald wieder eine Führungsrolle im Handel und bei den Investitionen in Indien übernehmen solle.

INDIEN

Tabelle 1: **Handelsstruktur Deutschland [1] - Indien**
Deutsche Exporte nach Indien
(Angaben in Mio DM)

SITC POSITION [2]	WARENKLASSE [3]	1990	1991	1992
0 - 9	INSGESAMT	2731,6	2392,8	2840,6
2	Rohstoffe (andere als SITC 0 und 3)	51,3	29,5	39,9
3	Mineralische Brennstoffe, Schmiermittel und verwandte Erzeugnisse	10,5	13,5	11,6
5	Chemische Erzeugnisse	428,2	394,7	467,6
6	Bearbeitete Waren, vorwiegend nach Beschaffenheit gegliedert	632,7	454,2	513,7
darunter:				
60	Waren für vollständige Fabrikationsanlagen	6,4	19,5	67,4
61	Leder, Lederwaren	5,4	7,3	6,1
65	Garne, Gewebe	18,5	16,1	16,3
61-66	Waren aus mineralischen nicht-metallischen Stoffen	88,6	75,9	141,1
67-69	Metalle, Metallwaren	537,7	358,8	372,5
7	Maschinenbau-, elektrotechn. Erzeugnisse und Fahrzeuge	1365,7	1313,8	1582,9
darunter:				
70	Waren für vollständige Fabrikationsanlagen	54,0	121,4	333,6
71-74	Maschinenbauerzeugnisse	985,1	937,8	939,0
75-77	Elektrotechn. Erzeugnisse	208,2	170,9	204,2
78-79	Fahrzeuge	118,4	83,7	106,2
8	Verschiedene Fertigwaren	218,7	165,8	164,6
darunter:				
87	Meß-, Prüf- und Kontrollinstrumente	150,0	114,2	103,5
9	Anderweitig nicht erfaßte Waren	17,5	14,8	17,4

1) Bis 1990 westdeutscher, ab 1991 gesamtdeutscher Handel.
2) Standard International Trade Classification (SITC Rev. II bis 1987, SITC Rev. III ab 1988).
3) Bezeichnungen der Warenklassen teilweise gekürzt; geringfügige Rundungsabweichungen bei Summenbildung möglich.

Quelle: Statistisches Bundesamt, Wiesbaden

INDIEN

Tabelle 2: **Handelsstruktur Deutschland** [1] **- Indien**
Deutsche Importe aus Indien
(Angaben in Mio DM)

SITC POSITION [2]	WARENKLASSE [3]	1990	1991	1992
0 - 9	INSGESAMT	2510,1	2769,6	2688,3
0	Nahrungsmittel und lebende Tiere	111,1	133,2	154,0
darunter:				
07	Kaffee, Tee, Kakao, Gewürze	68,9	75,8	79,6
2	Rohstoffe (andere als SITC 0 und 3)	81,7	84,1	76,3
3	Mineralische Brennstoffe, Schmiermittel und verwandte Erzeugnisse	12,8	32,3	19,3
5	Chemische Erzeugnisse	93,7	107,1	105,6
6	Bearbeitete Waren, vorwiegend nach Beschaffenheit gegliedert	847,4	920,0	912,4
darunter:				
61	Leder, Lederwaren	98,8	81,1	72,3
65	Garne, Gewebe	553,1	636,5	612,1
61-66	Waren aus mineralischen nicht-metallischen Stoffen	764,8	836,9	793,6
67-69	Metalle, Metallwaren	82,6	83,1	118,7
7	Maschinenbau-, elektrotechn. Erzeugnisse und Fahrzeuge	78,7	106,5	103,5
darunter:				
71-74	Maschinenbauerzeugnisse	33,6	51,5	51,6
75-77	Elektrotechn. Erzeugnisse	29,4	26,9	29,1
78-79	Fahrzeuge	15,6	28,1	22,8
8	Verschiedene Fertigwaren	1246,7	1353,6	1238,5
darunter:				
84	Bekleidung und Bekleidungszubehör	998,3	1021,1	912,7
85	Schuhe	134,7	173,8	139,3

1) Bis 1990 westdeutscher, ab 1991 gesamtdeutscher Handel.
2) Standard International Trade Classification (SITC Rev. II bis 1987, SITC Rev. III ab 1988).
3) Bezeichnungen der Warenklassen teilweise gekürzt; geringfügige Rundungsabweichungen bei Summenbildung möglich.

Quelle: Statistisches Bundesamt, Wiesbaden

INDIEN

Tabelle 3: **Außenhandel nach Waren**
(Exporte in Mio DM)

WARENGRUPPE	1991/92 April - Nov.	1992/93 April - Nov.
Textilien	59,4	81,1
Schmuck und Edelsteine	42,9	52,9
Maschinenbauprodukte	27,0	40,4
Chemische und verwandte Produkte	27,3	34,1
Landwirtschaftl. und verbundene Erzeugnisse	26,7	32,6
Leder und Lederwaren	19,2	24,0
Erze und Mineralien	14,1	12,2
Meereserzeugnisse	8,8	10,9
Teppiche	7,3	10,0
Mineralölprodukte	5,6	9,0
Pflanzen	8,9	8,5
Kunsthandwerk	3,5	5,6
Elektronik/Computer Software	3,2	4,3
Nichtklassifizierte Exporte	5,4	4,2
Rohbaumwolle	2,9	0,3
Sportartikel	0,4	0,6
Projektgüter	0,3	0,1

Quelle: Deutsch-Indische Wirtschaft, Vol. 47, Nr. 4, 1993

INDIEN

Tabelle 4: **Außenhandel nach Waren**
(Importe in Mio DM)

WARENGRUPPE	1991/92 April - Nov.	1992/93 April - Nov.
Erdöl	79,0	109,1
Maschinen	38,3	58,6
Perlen, Edel- und Halbedelsteine	31,4	42,7
Nichtklassifizierte Importe	13,2	35,1
Org./Anorganische Chemikalien	20,6	31,3
Düngemittel	17,2	22,7
Projektgüter	22,2	22,4
Eisen und Stahl	12,2	16,8
Erze und Schrott	6,7	13,6
Kohle, Koks und Briketts	6,4	9,8
Techn. Instrumente	6,1	9,6
Kunstharze u. ä.	8,7	8,9
NE-Metalle	4,9	7,8
Zellstoff- und Papierabfälle	1,8	3,1
Weizen	0,0	0,2
Rohgummi	1,1	1,9
Zeitungspapier	2,6	1,6
Ölfrüchte zur Ernährung	1,3	1,5

Quelle: *Deutsch-Indische Wirtschaft, Vol. 47, Nr. 4, 1993*

INDIEN

Tabelle 5: **Außenhandel nach Ländern**
(Exporte in Mio Rs)

LAND	1990/91	1991/92 Apr - Dez
GESAMT-EXPORTE	325.273	328.745
Westeuropa	157.827	124.746
EG	89.308	80.823
Belgien	12.544	10.834
Frankreich	7.654	6.902
Bundesrepublik Deutschland	25.346	21.557
Italien	10.019	9.560
Großbritannien	21.228	19.392
Osteuropa	58.367	34.970
UdSSR	52.663	29.932
Amerika	52.272	55.392
USA	47.955	50.155
Kanada	2.808	3.217
Südamerika	578	928
Asien und Ozeanien	97.431	107.157
Japan	30.252	28.540
Australien	3.210	3.527
Malaysia	2.677	3.259
Singapur	6.791	6.812
Saudi Arabien	4.184	5.486
VAE	7.804	11.913
Afrika	8.515	9.742

Quelle: Jahresbericht des Indischen Handelsministeriums, 1991/1992

INDIEN

Tabelle 6: **Außenhandel nach Ländern**
(Importe in Mio Rs)

LAND	1990/91	1991/92 Apr - Dez
GESAMT-IMPORTE	431.708	342.383
Westeuropa	174.665	130.981
EG	127.201	100.860
Belgien	27.176	25.429
Frankreich	13.050	11.045
Bundesrepublik Deutschland	34.774	26.030
Italien	10.944	8.118
Großbritannien	29.198	22.683
Osteuropa	33.796	20.167
UdSSR	25.517	15.935
Amerika	68.488	47.890
USA	52.369	36.122
Kanada	5.592	5.496
Südamerika	8.198	4.927
Asien und Ozeanien	177.133	148.419
Japan	32.455	25.136
Australien	14.673	10.441
Malaysia	9.989	6.056
Singapur	14.305	11.620
Saudi Arabien	28.977	25.253
VAE	18.995	22.402
Afrika	11.407	15.086

Quelle: Jahresbericht des Indischen Handelsministeriums, 1991/1992

INDIEN

Besonderheiten der bilateralen Wirtschaftbeziehungen aus der Sicht der Deutsch-Indischen Handelskammer, Bombay

Andere Zeiten

Die Zeiten ändern sich und mit ihnen die Sitte. Lange Jahre waren wir gewohnt - und haben es auch von dieser Stelle aus wiederholt verkündet, daß man in Indien mit einer Minderheitsbeteiligung gut leben kann.

Dies galt - lange Jahre - als die akzeptierte Weisheit für mittelständische Firmen und wurde sogar von vielen der Großen praktiziert. Man konnte in der Tat ein Joint Venture einigermaßen gut "beherrschen", solange man mindestens über eine Sperrminorität von 26% verfügte. Die Selbstbescheidung hatte zudem den Vorteil, daß man eine "Notwendigkeit" zur Tugend machte, denn eine Genehmigung für mehr als 51% war erstens sehr schwer zu erlangen und zweitens im Zuge der FERA-Bestimmungen (FERA = Foreign Exchange Regulation Act) mit gravierenden Nachteilen im Wettbewerb mit indischen Firmen verbunden.

All dies gehört, dank der indischen Wirtschaftsreformen, inzwischen der Vergangenheit an. Die FERA-Diskriminierungen wurden aufgehoben, Genehmigungen bis 51% werden prompt erteilt, vor allem aber hat sich auch die Interessenlage der indischen und der deutschen Partner substantiell verändert:

Waren in der Vergangenheit der Besitz von Lizenzen und das Know-how im Umgang mit den indischen Behörden ein geschätzter Bestandteil der Mitgift, die der indische Partner in die Joint-Venture-Ehe einbrachte, so sind diese heute nahezu belanglos. Da der Markt gegen ausländische Konkurrenz geschützt war, spielten dahingegen weder die Aktualität des Know-hows, noch die Versiertheit im indischen Marketing eine überragende Rolle.

Heute hingegen haben wir es auch in Indien mit einem ausgesprochenen Käufermarkt zu tun. Market-Know-how und Service sind von essentieller Bedeutung und die Technologie muß mit dem internationalen Innovationstempo schritthalten.

Entsprechend anders sieht die Arbeitsteilung zwischen indischem und deutschem Partner in einem typischen Joint Venture heute aus:

Das Joint Venture hat eine deutsche Mehrheit, was der Firma den Zugang zu kontinuierlicher und preiswerter Aktualisierung der Technologie eröffnet. Der deutsche Partner kümmert sich um Qualität und Technik, der indische Partner um Vertrieb und Service, basierend auf seiner Marktkenntnis und meist vorhandenem extensivem Vertriebsnetz. Market-Know-how seitens des deutschen Partners eröffnet internationale Export-Kanäle.

Der neue Trend reflektiert sich eindeutig in der Mehrheit aller neuen indischen Joint Ventures. Aber auch die bestehenden Joint Ventures machen zunehmend von der Möglichkeit der Aufstockung des Kapitalanteils Gebrauch.

INDIEN

Daß gleichzeitig Umsatz und Gewinn gut wachsen, ist die andere gute Nachricht aus Indien. Die von der Deutsch-Indischen Handelskammer kürzlich erstellte Liste der "Top 50" unter den deutsch-indischen Firmen zeigt, daß die Mehrzahl von ihnen ein stärkeres Umsatzwachstum erzielten als der indische Durchschnitt. In der Umsatzrendite liegen sie mit den indischen Firmen gleich und nur in Bezug auf Gewinnzuwachs und Investitionen schneiden sie schlechter ab als der Durchschnitt der 100 besten indischen Firmen. Fast ausnahmslos ist das Ergebnis besser als in der Heimat, obwohl auch Indien gerade eine Rezession hinter sich hat.

Dr. Günter Krüger
Hauptgeschäftsführer

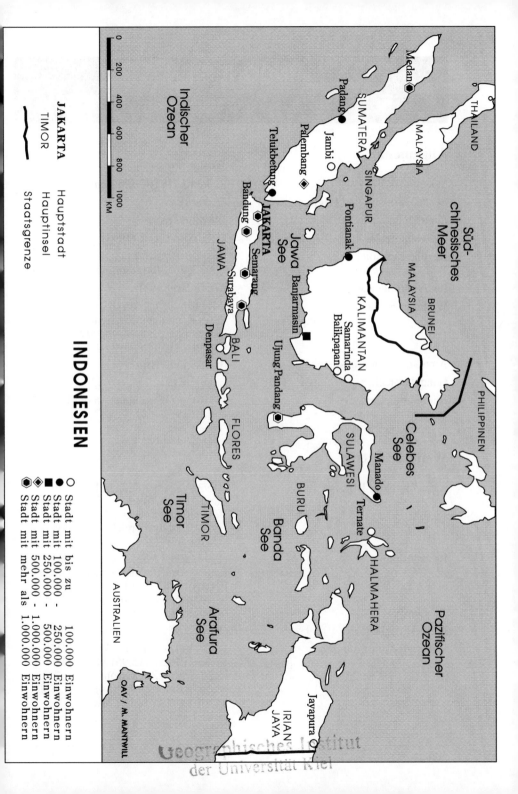

INDONESIEN

Dr. Rüdiger Machetzki

Allgemeines

Staatsform:	Republik (Präsidialsystem)
Staatsoberhaupt und Regierungschef:	Soeharto
Landfläche:	1.904.569 qkm
Einwohnerzahl:	192,9 Mio Einw. (1993)
Bevölkerungsdichte:	Hauptinsel Jawa/Madura 814 Einw./qkm, übrige Inseln 41 Einw./qkm
Bevölkerungswachstum:	2,45% (1990-93)
Wichtige Städte:	(Mio Einw.) Jakarta (8,2); Surabaya (2,5); Bandung (1,6); Semarang (1,2); Medan (2,1); Palembang (1,0); Ujung Pandang (1,0) (Sulawesi)
Amts- und Nationalsprache:	Bahasa Indonesia
Handelssprache:	Englisch
Nationalfeiertag:	17. August (Proklamation der Unabhängigkeit 1945)

Weitere Daten

Entstehung des BIP:	(1993) Verarbeitende Industrie 20,7%; Land-, Forstwirtschaft, Fischerei 18,6%; Bergbau und Energiesektor 13,7%; Dienstleistungsbereich 40,6%; Bauwirtschaft 6,8%
Beschäftigung:	(1993) 106,5 Mio; davon 53% in der Landwirtschaft (inkl. Fischerei und Forstwirtschaft); 30% im Dienstleistungsbereich und 10,4% im verarbeitenden Gewerbe
Arbeitslosigkeit:	(1990) 1,952 Mio offiziell registriert
Wichtige Agrarprodukte:	1992 (1991) Reis 48,24 (44,69) Mio t; Kassava 16,52 (15,95) Mio t; Mais 7,99 (6,26) Mio t; Zuckerrohr 2,345 (2,23) Mio t; Palmöl 2,19 (1,84) Mio t; Süßkartoffeln 2,17 (2,04) Mio t

INDONESIEN

Wichtige Bergbauprodukte:	1992 (1991): Erdöl 517,73 (580,84) Mio Barrel; Erdgas 2,586 (2,38) Mio Kubikfuß; Kohle 21,15 (13,72) Mio t; Nickelerz 2,51 (2,34) Mio t; Kupferkonzentrat 906.657 (656.521) t; Bauxit 803.507 (1.384.572) t; Silber 99.904 (79.519) kg; Gold 37.986 (17.024) kg
Abkommen mit Deutschland:	Handelsabkommen vom 22.4.53 (seit 1.4.53 in Kraft; Laufzeit 1 Jahr, automatische Verlängerung um je 1 Jahr, Kündigungsfrist 3 Monate); Vertrag vom 8.1.68 über Förderung und gegenseitigen Schutz von Kapitalanlagen (seit 19.4.71 in Kraft); Abkommen vom 2.9.77 über Vermeidung der Doppelbesteuerung (seit 23.10.79 in Kraft) und dazugehöriges Revisionsabkommen vom 30.10.79 in Kraft)
Abkommen mit der EU:	In allgemeine autonome Zollpräferenzen einbezogen; Abkommen über handwerkliche Erzeugnisse (seit 1.9.71 in Kraft, unbegrenzt); Abkommen über handgewebte Seiden- und Baumwollstoffe (seit 1.1.78 angewendet, unbegrenzt); Textilabkommen (seit 1.1.87 angewendet, gültig bis 31.12.92) - neues Textilabkommen paraphiert; Handels- und Wirtschaftspolitisches Kooperationsabkommen vom 7.3.80 (seit 1.10.80 in Kraft) zwischen ASEAN und EU

INDONESIEN

Statistisches Profil Indonesien

	1992	1993(S)	1994(S)	1995(P)
1. Bruttoinlandsprodukt (BIP)				
BIP (Mio US$)	126365	143395	159601	177862
Reales BIP (Veränd.in %) 1)	6,3	6,7	7,0	6,5
BIP pro Kopf (US$)	677	754	822	898
Reales BIP pro Kopf (Veränd.in %) 1)	4,2	4,6	4,9	4,4
2. Wechselkurse (1 Rupiah = 100 Sen)				
Rp/US$ (Jahresdurchschnittskurs)	2029,9	2090,0	2180,0	2250,0
Rp/US$ (Jahresendkurs)	2062,0	2150,0	2200,0	2300,0
Rp/DM (Jahresdurchschnittskurs)	1260,8	1210,7	1245,7	1264,0
Rp/DM (Jahresendkurs)	1280,7	1245,4	1257,1	1292,1
3. Preise 2)				
Inflationsrate (%)	7,5	9,7	8,5	8,0
4. Zinssätze				
Geldmarktsatz (% p.a.) 2)	12,1	10,0	9,0	10,0
5. Staatshaushalt 3)				
Saldo (in % des BIP)	-1,5	-2,0	-1,5	-1,5
6. Monetärer Sektor 4)				
Inlandskredite (Veränd.in %)	8,0	14,0	11,0	9,0
Geldmenge M2 (Veränd.in %)	19,8	22,0	18,0	15,0
7. Außenhandel				
Exporte (fob) (Mio US$)	29322	35750	38610	40927
Importe (cif) (Mio US$)	27311	30150	32261	34196
Deutsche Exporte (fob) (Mio DM)	2948	3171	3425	3733
Deutsche Importe (cif) (Mio DM)	2291	2767	2960	3197
8. Leistungsbilanz				
Güterexporte (fob) (Mio US$)	32502	34777	37559	39813
Güterimporte (fob) (Mio US$)	26481	28335	30318	32137
Handelsbilanzsaldo (Mio US$)	6021	6442	7241	7676
Dienstleistungsexporte (Mio US$)	3807	4188	4606	5067
Dienstleistungsimporte (Mio US$)	13804	14356	14930	15528
Dienstleistungsbilanzsaldo (Mio US$)	-9997	-10168	-10324	-10461
Übertragungen, privat (netto) (Mio US$)	184	200	200	200
Übertragungen, öffentlich (netto) (Mio US$)	113	130	150	150
Leistungsbilanzsaldo (Mio US$)	-3679	-3396	-2733	-2435
9. Auslandsverschuldung				
Bruttobestand (Mio US$)	84385	90000	94000	100000
- in % des BIP	66,8	62,8	58,9	56,2
- in % der Exporterlöse (Güter und Dienstleistungen)	232,4	231,0	222,9	222,8
10. Schuldendienst				
Gesamtzahlungen (Mio US$)	11709	12500	11300	12000
- Zinszahlungen (Mio US$)	4272	4000	3800	4000
- Amortisationen (Mio US$)	7437	8500	7500	8000
Schuldendienstquote (%) 5)	32,2	32,1	26,8	26,7
Zinsdienstquote (%) 6)	11,8	10,3	9,0	8,9
11. Währungsreserven 4)				
Währungsreserven ohne Gold (Mio US$)	10449	11000	12000	13000
- in Monatsimporten	3,11	3,09	3,18	3,27
Gold (Mio US$) 7)	990	1000	1000	1000

1) Auf der Basis der Landeswährung. Wirtschaftsjahr jeweils vom 1. April bis 31. März.
2) Jahresdurchschnittswerte.
3) Zentralregierung; Fiskaljahr jeweils vom 1. April bis 31. März.
4) Bestand am Periodenende.
5) Schuldendienst in% der Exporterlöse (Güter und Dienstleistungen).
6) Zinsdienst in% der Exporterlöse (Güter und Dienstleistungen).
7) Nationale Bewertung.
(S): Teilweise Schätzung.
(P): Prognose.

Quelle: F.A.Z. GmbH - Informationsdienste (Länderanalysen).

INDONESIEN

Wirtschaftliche und politische Lage 1993

+ Stabilitätsorientierte Wirtschaftspolitik bremst ungezügeltes Wirtschaftswachstum
+ Sinkende Inflationsrate lockert Fiskalpolitik weiter
+/- Parlamentswahlen bestätigten leicht sinkenden Einfluß der führenden GOLKAR
- Keine Regierungsbereitschaft zu von Opposition angemahnten Reformen

Prognose 1994

+ Wirtschaftswachstum konsolidiert sich auf sehr hohem Niveau
- Auslandsinvestitionen sinken tendenziell weiter
- Außenverschuldung sinkt nur zwischenzeitlich bei deutlich abnehmender Schuldendienstquote

Die Gesichter Asiens können sehr europäisch lächeln - 24 Stunden täglich im Hotel Furama Kempinski Hong Kong

HOTEL FURAMA
Kempinski Hong Kong

Reservierungen und Informationen zentral in Deutschland Telefon 01 30 33 39 gebührenfrei

Kempinski Hotels in *USA:* Dallas* · Los Angeles* · San Francisco*, *Kanada:* Montreal* *Südamerika:* Buenos Aires* · Santiago*, *Europa:* Berlin* · Budapest* · Dresden (Ende 1995) Frankfurt* · Hamburg* · Istanbul* · Moskau* · München* · München Flughafen (1994)* Warschau (1995), *Asien:* Bangkok* ·Beijing* · Bombay* · Hongkong

*Partner von ⊙ **Lufthansa Miles & More**

INDONESIEN

Überblick und Besonderheiten

Die Wiederwahl des indonesischen Staatspräsidenten Soeharto im März und die Wahl des früheren Innenministers Harmoko zum neuen Vorsitzenden der großen Regierungspartei GOLKAR im Oktober waren 1993 die wichtigsten Markierungspunkte in der Politik Indonesiens. Die Wahl Soehartos erfolgte "naturgemäß" einmütig, während es im Vorfeld der Neubesetzung der GOLKAR-Führung zu intensiven Diskussionen und Spekulationen gekommen war. Harmoko ist der erste GOLKAR-Vorsitzende mit einem rein zivilen Lebens- und Karrierehintergrund. Ferner gilt er als besonders "volksnah". Von ihm wird erwartet, daß er das Profil der Partei und den Anspruch nach ziviler Dominanz in künftigen Regierungen gegenüber den Streitkräften durchzusetzen vermag. Es gehe um "ein neues demokratisches Modell, in dem eine politische Partei, die die Wahlen gewinnt, wirklich als regierende Partei dient". Prominente indonesische Kritiker, so z.B. der bekannte Ex-General Nasution, werfen der Führung der Streitkräfte vor, daß ihre "Nähe zur Politik bereits so lange andauert, daß der politische Prozeß innerhalb der Führung der Streitkräfte nicht mehr transparent ist". Dennoch scheint die sog. Status-quo-Fraktion in den Streitkräften immer noch stärker zu sein als die Fraktion der "Erneuerer", die einen Rückzug des Militärs aus der Politik und eine Wende zu mehr Professionalismus anstreben. Die zivilen Kräfte innerhalb Golkars ziehen aus dem Gewinn von 68% der Stimmen während der nationalen Wahlen im Juni 1992 ihr Selbstvertrauen.

Insgesamt hob sich das Jahr 1993 innenpolitisch von den Vorjahren durch ungewohnt offene Debatten um die mittelfristige Zukunft des Landes ab. Auf der einen Seite ging es vor allem um die politisch-weltanschauliche Abgrenzung gegenüber islamisch-fundamentalistischen Forderungen nach einem wesentlich stärker islamisch bestimmten Staatswesen. Hier befindet sich der "säkulare Teil" der politischen Gesellschaft Indonesiens eindeutig in einem gewissen Dilemma. So hieß es Ende 1993 zum ersten Mal, daß Indonesien weder ein rein säkularer noch ein religiöser Staat sei, sondern eine "Zwischenform" bilde. Hinter dieser taktischen Konzilianz dürften Besorgnisse stehen, daß sich die bisher deutlich begrenzten und nur vereinzelt zu registrierenden Unruhausbrüche moslemischer Jugendlicher ausweiten könnten. Auf der anderen Seite ist es ebenfalls zu einzelnen Unruhen unter der Studentenschaft und ihr nahestehenden Personenkreisen gekommen, die das Maß an politischer Mitsprache, das ihnen von seiten der Regierung zugestanden wird, für zu gering erachten. Anders gesagt: Im Rahmen der "halbautoritären" Neuen Ordnung sind den verschiedenen Oppositionsströmungen nach wie vor deutliche "Tabugrenzen" in der Kritik an den Grundvorstellungen zur politisch-wirtschaftlichen Gestaltung des Landes gesetzt. Solange die Ordnung ihre bisherige innere Geschlossenheit bewahrt, ist nicht davon auszugehen, daß sich die politisch-gesellschaftliche Stabilität des Landes verschlechtern wird. Mit der Wiederwahl des Präsidenten ist ein Zeichen in dieser Richtung gesetzt worden. In den "traditionell" unruhigen Regionen Aceh und Osttimor ist die Lage 1993 aus Sicht der Regierung deutlich besser gewesen als 1991/92. In Osttimor ist sogar an eine

INDONESIEN

Übergabe der politischen Gewalt an die zivile Verwaltung und an eine deutliche Reduzierung des Militärs bis 1995 gedacht.

Außenpolitisch hat Indonesien seine seit Ende des Ost-West-Konfliktes erkennbare Linie einer sog. "aktiven, unabhängigen Außenpolitik" 1993 fortgesetzt. Insbesondere war die Führung darum bemüht, den Vorsitz in der Blockfreien Bewegung (108 Mitgliedsländer) nach der 10.Gipfelkonferenz in Jakarta vom September 1992 zu nutzen, um grundlegende Vorstellungen der Entwicklungsländer zur zukünftigen Gestaltung der Weltwirtschaftsordnung - Stichwort "Nord-Süd-Kooperation" - bei bilateralen Treffen und in internationalen Organisationen zu umreißen. Von indonesischer Seite werden insbesondere die Gespräche Soehartos mit dem japanischen Ministerpräsidenten und dem amerikanischen Präsidenten Clinton während des Weltwirtschaftgipfels in Tokyo hervorgehoben. Der Inhalt der indonesischen Botschaft lautet verkürzt: In Zukunft werden politisch-militärische Konflikte eine geringere Gefährdung der weltweiten Stabilität bilden als die großen wirtschaftlichen Entwicklungsdefizite in weiten Regionen der Welt. Diese Argumentationslinie schließt beinahe nahtlos an die politische Position Indonesiens seit Beginn der achtziger Jahre an. Zusammen mit den anderen ASEAN-Staaten ist das Land immer darum bemüht gewesen, innerhalb der Blockfreien Bewegung stärkeres Gewicht auf die Diskussion wirtschaftlicher Probleme zu legen und radikal-politische Repräsentanten in den Hintergrund zu drängen.

Im Verhältnis zu den für Indonesien besonders heiklen Ländern Portugal und Israel hat es 1993 eine deutliche Bewegung gegeben. Mit Portugal ist es im Herbst des Jahres im Rahmen der sog. Drei-Parteien-Gespräche (Indonesien, Portugal, UN-Generalsekretär Ghali) zu einem Einvernehmen gekommen, ein "nichtkonfrontatives Klima" zu wahren, um eine "umfassende Lösung" mit Blick auf Osttimor zu erzielen. Noch bemerkenswerter war, daß Israels Ministerpräsident Rabin Indonesien Mitte Oktober einen "überraschenden Kurzbesuch" abstattete. Von indonesischer Seite wurde der Besuch als Ausdruck dafür gewertet, daß "Israel Indonesiens strategische Position als Land mit der größten islamischen Bevölkerung unter den islamischen Nationen der Welt anerkannt". Politisch möglich geworden war dieser Besuch aufgrund der neuen Verhandlungspolitik zwischen Israel und der PLO.

Besonders deutliche Veränderungen weist die indonesische Position in der Frage der Menschenrechte auf, genauer: in der Haltung gegenüber internationaler Kritik an indonesischen Menschenrechtsverletzungen. Hier läßt sich ein Wandel zu einer eindeutig "offensiven Haltung" erkennen. In Übereinstimmung mit anderen ASEAN-Staaten wurde eine "ASEAN-Version zum Schutz der Menschenrechte" formuliert, die auf längere Sicht Bestandteil eines zu erarbeitenden "asiatischen Menschenrechtskonzeptes" werden soll.

Gesellschaftlich hat sich die Situation in Indonesien 1993 gegenüber den Vorjahren nur wenig gewandelt. Die unübersehbaren Probleme der Beschäftigungspolitik, des Armutsabbaus und der geringen Qualifikation der Erwerbsbevölkerung sind offensichtlich von besonderer Hartnäckigkeit und nur langfristig zu lösen. Zwar sind im Bereich der Armutsverringerung während der letzten fünfundzwanzig

INDONESIEN

Jahre große Fortschritte erzielt worden; der Anteil der offiziell als unterhalb der Armutslinie lebenden Bevölkerung sank von 60% auf 15% (27 Mio), aber gleichzeitig wird betont, daß dieser Armutssockel in Zukunft nur sehr langsam abbaubar sei. Auch die Beschäftigungspolitik steht vor starken Hindernissen. Bis zum Ende dieses Jahrzehnts ist günstigstenfalls davon auszugehen, daß das jetzige Maß an Arbeitslosigkeit und Unterbeschäftigung nicht steigt. Auch im Bereich der Bildung und Ausbildung sind die Defizite groß. Nach Angaben indonesischer Fachbehörden sind 51,5 Mio Personen entweder Analphabeten oder des Lesens und Schreibens nur unzureichend kundig. Ferner seien 1993 77% der insgesamt 75,6 Mio indonesischen Arbeitskräfte ohne jegliche berufliche Ausbildung gewesen. Hier besteht vor allem im Vergleich zu den restlichen Flächenstaaten der ASEAN ein unübersehbares Gefälle.

Dem wirtschaftsorientierten Stabilitätsverständnis der indonesischen Regierung entsprach 1993 ebenso wie schon in den Vorjahren die Wirtschaftspolitik des Landes. Die Politik des knappen Geldes, die bereits in der zweiten Hälfte 1991 wegen deutlicher Überhitzungserscheinungen der Wirtschaft eingeleitet worden war, wurde in modifizierter Form fortgesetzt. Die Notwendigkeit einer solchen Politik wird von der Regierung immer wieder verteidigt, und sie konnte Ende 1993 darauf verweisen, daß bereits die gemäßigten Lockerungen im Verlauf des Jahres zu einem Wiederanstieg der Inflation von 5% (1992) auf knapp 9% geführt haben. Ferner wurde die Politik der wirtschaftlichen Liberalisierung und der graduellen Öffnung (Deregulierungspakete) vorsichtig fortgesetzt. Ziel dieser Politik ist es, "eine hohe internationale Wettbewerbsfähigkeit zu erzielen und den Prozeß der Industrialisierung von Einflüssen einer schwerfälligen Bürokratie zu befreien". Auch in Zukunft soll die Protektion für die eigene Industrie weiter reduziert werden, um die "Wirtschaft der hohen Kosten" abzubauen. Es wurde ein neues Deregulierungspaket zu Fragen des Exports/Imports, der Zolltarife sowie der Investitionen verabschiedet. Mit diesem Paket soll vor allem das Engagement ausländischer Investoren erleichtert werden. Gleichzeitig wird die Exportorientierung der "gegenwärtigen Investitionsstrategie" verstärkt.

Im Widerspruch zu diesen Maßnahmen, insbesondere zu den angekündigten Senkungen der "hohen Kosten", steht jedoch eine deutliche Kritik der Weltbank an den vom Technologieminister Habibie geleiteten Prestigeprojekten der Luftfahrt und Hochtechnologie. Diese Projekte seien laut Weltbank und auch nach Ansicht indonesischer Kritiker wirtschaftlich nicht zu rechtfertigen. Sie seien ferner ohne angemessene wirtschaftliche Begutachtung eingeleitet worden und zeichneten sich durch "mangelnde Kostendeckung der Produktion" negativ aus. Ähnliche Bedenken werden für den als "strategisch" erachteten Ausbau der sog. Basisindustrien angemeldet. Die Rohstoffversorgung dieser Industrien sei angesichts der mangelnden inländischen Versorgung nur über kostenträchtige Importe zu decken. Die Förderkosten für diese Rohstoffe seien in Indonesien "zu hoch, und deshalb ist kein Investor interessiert". Trotz dieser nicht unerheblichen Kritik muß insgesamt anerkannt werden, daß Indonesien auf dem Weg zum Abbau des Importsubstitutionsregimes und zur Überführung des Staatswirtschaftssektors in eine vom

INDONESIEN

Markt bestimmte Ordnung 1993 Fortschritte gemacht hat. Erstmals wurde angekündigt, daß die 184 staatlichen Unternehmen des Landes organisatorisch umgestaltet werden und größere Befugnisse erhalten sollen, um als unabhängige Unternehmen fungieren zu können. Vor allem geht es um neue Möglichkeiten zur Zusammenarbeit mit inländischen und ausländischen Privatunternehmen.

Wirtschaftsplanung

Indonesien durchläuft zur Zeit die mittlere Phase seines 5. Fünfjahresentwicklungsplans Repelita V. Diese mittelfristige Rahmenplanung sieht ein durchschnittliches gesamtwirtschaftliches Wachstum von 5% vor, das in der Realität jedoch bisher deutlich höher ausgefallen ist. Die Planziele haben sich als weitgehend realistisch erwiesen, weil zum einen mögliche Veränderungen im weltwirtschaftlichen Umfeld und negative Auswirkungen auf die indonesische Wirtschaft hinreichend berücksichtigt worden sind, und weil zum anderen die seit langem vorhandenen Entwicklungsdefizite nicht per Wunschdenken aus der Planarbeit verbannt wurden. Dies gilt sowohl für die Gesamtwirtschaft als auch für das verarbeitende Gewerbe und insbesondere für die Exportproduktion. Zudem ist im Gegensatz zu früheren Plänen die Entwicklung des Privatsektors der Wirtschaft in den Mittelpunkt gestellt worden. Die bisherigen Erfolge lassen erwarten, daß das für die nächste Planperiode angestrebte Verhältnis von 75%:25% zu Gunsten der Privatwirtschaft zu verwirklichen ist. Auch die Investitionsplanung ist im großen und ganzen realistisch gewesen. Zwar hat sich 1992/93 eine "Abkühlung" des ausländischen und privaten inländischen Investitionsinteresses vollzogen, aber aufgrund der starken Investitionstätigkeit bis Mitte 1992 liegt die reale Entwicklung immer noch im Plan.

Im außenwirtschaftlichen Bereich hat sich der Trend der letzten Jahre zu einer beschleunigten Steigerung der sog. Nicht-Öl/Gas-Ausfuhr laufend verstärkt. Die einseitige Abhängigkeit des Landes vom Energieressourcenexport, die bis weit in die achtziger Jahre hinein kennzeichnend war, gehört mit Recht der Vergangenheit an.

Weiterhin wird die Planung von dem Ziel mitbestimmt, eine kontinuierlich höhere inländische Wertschöpfung in der verarbeitenden Industrie zu erzielen. Das gilt vor allem für den Bereich arbeitsintensiver Fertigwaren, in dem sich die Wettbewerbsfähigkeit des Landes erhöht hat. Unübersehbare Schwächen weist die Exportwirtschaft jedoch immer noch im Vermarktungswissen auf. Diese Schwächen können nur teilweise durch Zusammenarbeit mit ausländischen Partnern neutralisiert werden. 1993 sind daher erste Maßnahmen ergriffen worden, um mittelfristig eigene Vertriebsorganisationen in Nordamerika, Japan und in der EU aufzubauen.

Andererseits hat das seit 1989 deutlich gewachsene Engagement nordostasiatischer Produzenten - neben Japan vor allem Hongkong, Taiwan und Südkorea - dazu bei-

INDONESIEN

getragen, daß indonesische Erzeugnisse der arbeitsintensiven Produktion auf dem Weltmarkt reüssieren.

Bei Abwägung der negativen und positiven Aspekte der realen Entwicklung müssen die planerischen Zielsetzungen insgesamt als maßvoll eingestuft werden. Die angestrebten Größenordnungen liegen für den laufenden Plan und soweit erkennbar auch für den kommenden Plan an der unteren Grenze des Wahrscheinlichen. In jedem Fall sind sie um etliches niedriger als die von der Weltbank und der Asiatischen Entwicklungsbank langfristig prognostizierten Entwicklungschancen Indonesiens. Die nichtwirtschaftlichen Ziele der Planung (Gesellschaft, Kultur, Verteidigung) werden nach wie vor durch eine starke Betonung der nationalen Ordnung und Stabilität - Stichwort "National Resilience" - bestimmt. Die Grundlage der gesamtgesellschaftlichen Entwicklung bleibt die offizielle Staatsideologie Pancasila in der durch die Regierung vorgeschriebenen Interpretationen.

Wirtschaftsentwicklung

Mit Blick auf die gesamtwirtschaftliche Entwicklung zeichnete sich Indonesiens Volkswirtschaft während der letzten Jahre durch ein Wachstum aus, das deutlich über dem für die Entwicklung notwendigen Mindestbedarf von jährlich 5% liegt. In den einzelnen Jahren wurden Wachstumsraten des BIP zwischen 5,8% und 7,4% erzielt. 1992 ergab sich eine Steigerung von 6,3% und 1993 von 6,0% (vorläufig). Gegen Ende des Jahres war eine leichte Abschwächung zu registrieren, da bis Mitte 1993 die Prognosen eine Größenordnung von annähernd 7% versprachen. Die Asiatische Entwicklungsbank war noch im Herbst optimistisch von 8,0% gesamtwirtschaftlichen Wachstums ausgegangen. Diese Größenordnungen liegen um einen bis zwei Prozentpunkte über dem von der indonesischen Wirtschaftsführung als notwendig für die Lösung der grundlegenden Entwicklungsprobleme des weitläufigen Archipelstaates erachteten Niveaus. Insbesondere die beschäftigungspolitische Problematik erfordert eine besondere wirtschaftliche Dynamik. Mindestens bis zum Ende dieses Jahrzehnts ist mit jährlich mehr als zwei Millionen Neuerwerbstätigen zu rechnen. Ein wirklicher Abbau des Arbeitslosen- und Unterbeschäftigtensockels wäre nur bei einem längerfristigen gesamtwirtschaftlichen Wachstum von mehr als 8% realistisch.

Um die Wachstumschancen der Wirtschaft auf weite Sicht zu verbessern, ist die indonesische Zentralbank seit Mitte 1991 zu einer restriktiven Geldpolitik übergegangen, die in modifizierter Form bis heute aufrechterhalten wurde. Aufgrund dieser Politik konnte der Anstieg der Geldmenge (M2), der 1990 noch 44,2% betragen hatte, 1991 und 1992 auf 17,1% bzw. 20,2% verringert werden. 1993 ergab sich ein weiterer Rückgang auf 14,8%. Auch die Inflationsrate konnte im wesentlichen unter Kontrolle gehalten werden, was im indonesischen Kontext eine Größenordnung von weniger als 10% beinhaltet. Nach jeweils 9,5% 1990/91 wurden 1992 4,9% erreicht. 1993 ergibt sich eine vorläufige Größenordnung von knapp 9%. Anders gesagt: Es ist der indonesischen Wirtschaftspolitik gelungen, die Geldpoli-

INDONESIEN

tik in einer Weise zu steuern, daß weder die Preisentwicklung außer Kontrolle geriet, noch - wie von vielen befürchtet - das wirtschaftliche Wachstum zu stark gedämpft wurde. Es kann jedoch nicht übersehen werden, daß ein gewisser Zusammenhang zwischen dem hohen Geldmarktsatz - 1991 15,1%, 1992 12,1% sowie 1993 11% - und der nachlassenden inländischen Investitionsneigung besteht. Dementsprechend verringerte sich das Kreditwachstum 1990/92 kontinuierlich von 53,4% auf 8,9%. 1993 erlebte es einen Wiederanstieg auf 15,3%.

Das Volumen der genehmigten ausländischen Direktinvestitionen schwankte während des Zeitraums 1990-92 jeweils um die 10-Mrd US$-Marke. 1993 ist ein Rückgang auf 6,7 Mrd (vorläufig) zu verzeichnen. Die Planziele der mittelfristigen Planung wurden damit bereits ein Jahr vor dem Ende des Planzeitraums (März 1994) erreicht. Bis Ende 1993 wurden im Planzeitraum insgesamt 1.566 ausländische Investitionsprojekte mit einem Wert von 41,5 Mrd US$ genehmigt. Rückläufig war hingegen die inländische Investitionstätigkeit, die 1993 deutlich unter dem Niveau der ausländischen Direktinvestitionen lag. Die Entwicklung der Investitionstätigkeit war aufgrund dieser unterschiedlichen Tendenzen 1992/93 insgesamt rückläufig.

Das Wachstum der indonesischen Wirtschaft wurde 1992 und auch 1993 wesentlich von der verarbeitenden Industrie gestützt. Letztere weist seit Jahren zweistellige Wachstumsraten auf. Insbesondere die exportorientierte Produktion muß seit Beginn der neunziger Jahre als der eigentliche Motor der indonesischen Wirtschaft angesehen werden. Außenwirtschaftlich ist zu vermerken, daß der Anstieg der Auslandsverschuldung weitgehend abgebremst werden konnte. Die öffentliche Verschuldung des Landes liegt z.Z. bei knapp 49 Mrd US$. Es muß jedoch "mildernd" vermerkt werden, daß knapp 43 Mrd in Form von Krediten der Consultative Group for Indonesia (CGI) entstanden ist. Ein Großteil dieser Kredite wurde unter "weichen" Bedingungen gewährt, der durchschnittliche Zinssatz liegt bei 2,5% und die Laufzeit bei bis zu 35 Jahren. Der Schuldendienst des Landes (öffentlicher Sektor) belief sich 1993 auf 7,8 Mrd US$, im vorangehenden Haushaltsjahr hat er 7,5 Mrd gelegen. Gleichzeitig stieg die Devisenreserve 1993 auf 12,1 Mrd US$ (1992 11,6 Mrd). Erwähnenswert ist ferner, daß die ungünstige Entwicklung der Leistungsbilanz 1993 zumindest gestoppt werden konnte. 1991 war noch ein Defizit von 4,4 Mrd US$ registriert worden, 1992 von 3,3 Mrd und 1993 von 3,0 Mrd US$ (vorläufig). Die Defizite in der Leistungsbilanz sind vor allem auf den gewaltigen Negativsaldo der Dienstleistungsbilanz zurückzuführen. Letzterer konnte auch durch einen beachtlichen Überschuß in der Handelsbilanz nicht ausgeglichen werden. Die weitere Entwicklung der indonesischen Wirtschaft wird daher - wie schon in den Vorjahren - wesentlich von der erheblichen Verbesserung des Dienstleistungsumfeldes abhängen. Dies gilt vor allem für die Bereiche Transport, Versicherungswesen, Rechnungsprüfung, Finanzkontrolle, Rechtsberatung und Risikokapitalbeteiligung, in denen Indonesien im erheblichen Umfang auf ausländische Beiträge zurückgreift. Trotz permanenter Appelle der Regierung und trotz immer wieder angekündigter Reformmaßnahmen haben sich in diesem Bereich auch 1993 nur wenig Veränderungen abgezeichnet. Er muß als die größte

INDONESIEN

einzelne Schwachstelle der indonesischen Wirtschaft bezeichnet werden. Aus Sicht der Börse in Jakarta war 1993 ein gutes Jahr. Der Index stieg auf über 430 Punkte und übertraf damit sogar den Stand von 1990 (418 Punkte). Das Tief der Jahre 1991 (248 Punkte) und 1992 (267) ist offensichtlich überwunden.

Landwirtschaft

Nach dem für die Landwirtschaft ungewöhnlich kritischen Jahr 1991, in dem aufgrund der extrem langen und intensiven Trockenzeit deutlich negative Auswirkungen auf andere Bereiche der Wirtschaft festzustellen waren (z.b. monatelange Waldbrände auf den Außeninseln Kalimantan und Sumatra), ist es 1992-93 zu einer Erholung gekommen. Die Nahrungsmittelproduktion ist insgesamt für die Selbstversorgung ausreichend. Zwar werden Nahrungsmittel im Wert von 300-400 Mio US$ jährlich importiert, um vor allem Angebotslücken bei Rindfleisch und Geflügel, bei Sojabohnen und Zucker sowie bei Weizen (2,6 Mio t) zu schließen, aber auf der anderen Seite stehen Nahrungsmittelexporte im Wert von annähernd 3 Mrd US$. Wichtig ist aus Sicht der Regierung und der Bevölkerung die Fähigkeit zur Selbstversorgung mit dem Grundnahrungsmittel Reis, bei dem seit Jahren (Ausnahme 1991) von Importen abgesehen werden kann. In der Plantagenwirtschaft sieht das Bild jedoch allenfalls gemischt aus. Hier machen sich vor allem die ungünstigen Exportpreise nachteilig bemerkbar. Dies gilt für praktisch alle Erzeugnisse, bei denen Indonesien größere Weltmarktanteile innehat, so für Gummi, Palmöl, Tee, Kaffee und Kakao.

Trotz der verbesserten Ergebnislage 1993 steht die Landwirtschaft vor strukturellen Problemen. Vor allem fehlt es an den für den Ausbau zu einer kommerziellen Landwirtschaft notwendigen Investitionsmitteln. Das Gros der bäuerlichen Haushalte ist zu einkommensschwach, um als Investoren in Frage zu kommen. Es bleibt daher fraglich, ob die geplanten Wachstumsvorgaben für die Einzelbereiche der Landwirtschaft dauerhaft erreicht werden können, so z.B. Nahrungsmittel 2,6% jährlich, Plantagenwirtschaft 4,2%, Viehzucht 6,1%, Fischerei 5,2%. Weiterhin ist das für den Ausbau einer kommerziellen Landwirtschaft wichtige Umfeld (Marktinformationen, Finanzierungsmittel, Infrastruktur, Technik usw.) deutlich unzureichend. Wesentlich wird die weitere landwirtschaftliche Entwicklung davon abhängen, ob es gelingt, die Ertragsintensität im Reisanbau erheblich zu erhöhen, um so zum einen die Verringerung der Grundanbaufläche aufgrund des wachsenden Bodenbedarfs für Industrie- und Infrastrukturzwecke sowie Wohnungsbau und zum anderen wegen der Nutzung dieser Fläche für andere Ernten zu kompensieren. Nach vorläufigen Angaben belief sich das Wachstum der Landwirtschaft 1993 im Größenbereich von 1992, d.h. rd. 3%.

Eine differenziertere Bestimmung der Leistungsfähigkeit des Agrarsektors einschließlich des kommerziellen Nutzanbaus, der Viehhaltung, der Fischerei, ist nur schwer möglich, weil die Angaben zur Wertschöpfung deutlich voneinander abweichen. Das liegt vor allem daran, daß keine klaren Unterscheidungsmerkmale

INDONESIEN

zwischen der Landwirtschaft im engeren Sinne und der ländlichen Wirtschaft im weiteren Sinne existieren. Der Beitrag der Landwirtschaft im engeren Sinn zum BIP belief sich 1993 auf rd. 18%, mit abnehmender Tendenz. Die ländliche Wirtschaft im weiteren Sinne trägt zu mehr als einem Drittel zur Entstehung des indonesischen BIP bei. Wichtiger noch, die Bedeutung dieses Raums für die soziale Stabilität der indonesischen Gesellschaft kann nicht überschätzt werden, da rd. 60% aller indonesischen Arbeitskräfte in ländlichen Gebieten leben.

Industrie und Energiesektor

Aufgrund der starken inländischen und ausländischen Investitionstätigkeit seit 1988/89 ist der Beitrag der Industrie zum indonesischen BIP deutlich angestiegen. 1993 lag er bei gut 21%. Insgesamt sind in Indonesien rd. 2 Mio Gewerbebetriebe registriert, von denen die große Mehrheit jedoch zu den Kleinstbetrieben (weniger als 10 Mitarbeiter) zu rechnen ist. Das Rückgrat der verarbeitenden Industrie im allgemeinen und der Exportproduktion im besonderen bilden rd. 20.000 Betriebe, die mit relativ moderner Technik ausgestattet sind. Über international vergleichbare Spitzentechnologie verfügen nur 2.000 Betriebe, insbesondere in den Bereichen Elektronik, Maschinenbau und Chemie. Die Spitzenstellung unter den Industriebranchen des Landes nimmt eindeutig die Textilindustrie ein, nicht zuletzt aufgrund des starken ausländischen Investitionsengagements. Ihr Anteil von 13,5% an den kumulierten Gesamtinvestitionen 1967-93 wird nur von der Chemieindustrie (15%) übertroffen. Weitere überdurchschnittliche Wachstumsbranchen sind neben der Stahlerzeugung (Jahreskapazität 5 Mio t) die Metallverarbeitung und der Maschinenbau.

Aufgrund der dynamischen Entwicklung der verarbeitenden Industrie übertrifft der Beitrag dieses Sektors zum BIP in der Zwischenzeit bei weitem den traditionellen Schwerpunktsektor Bergbau/Energie, dessen Anteil in den letzten drei Jahren um weitere zwei Prozentpunkte auf 13% geschrumpft ist. Das hohe Tempo der nationalen Entwicklung hat vor allem in den Industrie- und Bevölkerungszentren des Landes während der letzten Jahre zu Versorgungsengpässen bei der Stromversorgung geführt. In den letzten fünfzehn Jahren ist der Stromverbrauch im Jahresdurchschnitt über 10% gestiegen, seit 1990 sogar um jährlich 17-18%. Diese Bedarfssteigerung wird sich bis zum Ende dieses Jahrzehnts nicht verringern. Um die für den Kapazitätsausbau benötigten Finanzmittel in Höhe von mehr als 20 Mrd US$ aufzubringen, ist Indonesiens Regierung dazu übergegangen, neben der staatlichen Elektrizitätsgesellschaft PLN Privatfirmen für den Bau und Betrieb von Elektrizitätswerken zu gewinnen. Insgesamt haben über 100 inländische und ausländische Unternehmen ihr Interesse bekundet. Ferner hat die Regierung andere Investitionsvorhaben innerhalb des Staatssektors - insbesondere im Bereich Petrochemie - zu Gunsten des Ausbaus der Elektrizitätswirtschaft zurückgestellt.

Neben der Elektrizitätswirtschaft ist vor allem die Erdgasproduktion der Teilbereich mit dem höchsten Wachstum. Indonesien ist seit 1992 zum weltgrößten Flüs-

INDONESIEN

siggasexporteur (Hauptabnehmer Japan, Korea, Taiwan) aufgestiegen. 1993 belief sich die Produktion auf knapp 24 Mio t. Für die nächsten Jahre ist mit weiteren Steigerungen zu rechnen. Im Gegensatz dazu stagniert die Erdölförderung vom Volumen her. Hauptursache ist der Preisverfall, der nur durch eine disziplinierte Plafondierung der Produktion innerhalb der OPEC verlangsamt werden könnte. Mitte 1993 senkte Indonesien deswegen die Rohölförderung um gut 4% auf 1,317 Mio Faß pro Tag. Erst im Oktober des Jahres erfolgte wiederum eine leichte Erhöhung auf 1,33 Mio Faß. Die Aussichten für 1994 sprechen eher für weitere Kürzungen als für eine Produktionssteigerung. Mit rd. 10,3 Mrd US$ war der Bereich Erdöl/Gas 1993 trotz des langanhaltenden relativen Bedeutungsverlustes immer noch der größte einzelne Devisenbringer. Auf längere Sicht dürfte auch die Kohleförderung eine wichtige Rolle für den Binnenbedarf und den Export spielen. 1993 belief sich die Jahresförderung auf gut 23 Mio t; bis zum Ende des Jahrzehnts ist eine Steigerung auf 60 Mio t avisiert, wobei ein Exportanteil von 25 Mio t eingeplant ist.

Der mineralische Bergbau spielt gegenüber dem Energieressourcenbereich eine untergeordnete Rolle. Aufgrund niedriger Weltmarktpreise und hoher inländischer Förderkosten lassen sich nur geringfügige Zuwachsraten verzeichnen. Einzelne Bereiche, so z.B. Zinn, Gold und Kupfer, haben während der letzten Jahre leicht zugenommen.

Verkehr und Dienstleistungen

Das Verkehrs- und Kommunikationswesen gehört seit Jahren zu den von der Sparpolitik der Regierung überdurchschnittlich betroffenen Wirtschaftsbereichen. Die Wirtschaftsführung sieht sich vor einem für alle dynamischen Entwicklungsländer kennzeichnenden Dilemma. Zum einen werden die knappen Investitionsmittel für den forcierten Ausbau der verarbeitenden Industrie benötigt, um möglichst schnell den inländischen Bedarf zu decken und den Export zu Devisenerlöszwecken zu fördern. Zum anderen führt die Vernachlässigung des Infrastrukturwesens auf längere Zeit zu schädlichen Engpässen. Vor diesem Dilemma zeigen praktisch alle Regierungen eine Tendenz zur Vernachlässigung der langfristigen Aspekte. Der Austausch von Gütern innerhalb des Landes (intrainsularer Verkehr) leidet erheblich aufgrund der mangelnden Infrastrukturinvestitionen. Zudem zeigen private Investoren (inländische wie ausländische) nur eine sehr geringe Neigung, sich im Schiffbau zu engagieren. Es ist daher weiterhin zweifelhaft, ob die von der Regierung angestrebte regionale Ausgleichspolitik, die auf eine dringend notwendige Entlastung der Wirtschaftszentren Javas abzielt, in absehbarer Zeit erfolgreich sein kann. Die zusätzlichen Anreize für die Errichtung von Produktionsstandorten außerhalb Javas sind bei weitem nicht ausreichend, um die gravierenden Standortnachteile wettzumachen.

Trotz eines Beitrages von statistisch gut 40% zum BIP muß Indonesiens Dienstleistungssektor insgesamt als unterentwickelt eingestuft werden. Dies gilt vor allem

INDONESIEN

für die modernen Dienstleistungen, insbesondere das Bankenwesen und andere finanzwirtschaftliche Bereiche. Die mangelnde Leistungsfähigkeit dieser Teilbereiche ist - wie bereits erwähnt - eine der wesentlichen Ursachen für das große Defizit in der Dienstleistungsbilanz des Landes. Trotz verschiedener liberalisierungspolitischer Maßnahmen für die Finanzwirtschaft seit 1991 ist kurz- und mittelfristig keine Entspannung zu erwarten.

Staatshaushalt

Der Staatsverbrauch stieg 1993 um 19%, wodurch sich der Anteil bei der Verwendung des BIP auf knapp 10% erhöhte, was im internationalen Vergleich sowohl für Entwicklungsländer als auch für Industrieländer immer noch ein relativ niedriges Niveau darstellt. Es muß jedoch angemerkt werden, daß ein Großteil der nationalen Investitionstätigkeit über den Staatshaushalt erfolgt, wodurch das Verhältnis des Staatshaushaltes (Ausgaben) zum BIP mit knapp 25% deutlich höher ausfällt. Zu Ende der achtziger Jahre lag dieser Anteil jedoch noch bei rd. 30%. Die aus dem Inland zufließenden Einnahmen des Staatshaushaltes liegen z.Z. bei rd. 80%. Das restliche Fünftel wird durch ausländische Beiträge, insbesondere durch die Consultative Group for Indonesia (CGI) gedeckt, deren Kreditzusagen 1993 bei gut 5 Mrd US$ lagen. Bemerkenswert erscheint, daß die Regierung seit nunmehr neun Jahren konsequent an einer Politik des ausgeglichenen Haushalts als Grundlage der gesamten staatlichen Wirtschaftslenkung festhält. Mindereinnahmen haben, soweit sie nicht durch ausländische Beiträge finanziert werden konnten, zu einer Kürzung auf der Ausgabenseite geführt. Die nachdrückliche Befolgung dieses Prinzips des ausgeglichenen Haushaltes ist nicht zuletzt auf die Tatsache zurückzuführen, daß Haushaltsdisziplin ein wesentlicher Faktor in der internationalen Anerkennung der indonesischen Entwicklungsleistung und somit der internationalen Kreditkonditionen ist.

Auf der Einnahmenseite weist der Haushalt trotz allem Schwächen auf, die nach Ansicht der Regierung mittelfristig behoben werden müssen. Bis heute rühren gut 40% der Gesamteinnahmen aus dem Bereich Öl/Gas her, wodurch der Haushalt in bedenklicher Weise von der Entwicklung der internationalen Öl/Gas-Preise abhängig ist. Diese Abhängigkeit ist u.a. auf die bedauerliche Tatsache zurückzuführen, daß es den zuständigen Behörden bisher nicht wirklich gelungen ist, die wichtigen Gebiete der Einkommens- und Mehrwertsteuer angemessen zu gestalten. Die Fähigkeit des indonesischen Fiskus, das gesetzlich vorgesehene Steuervolumen einzuziehen, ist trotz gewisser Verbesserungen 1993 immer noch unzureichend. Auf der Ausgabenseite muß als positive Tendenz vermerkt werden, daß der als "laufende Ausgaben" bezeichnete Teil des Staatshaushaltes in den letzten Jahren insgesamt weniger schnell gewachsen ist als der Bereich "Entwicklungsausgaben". Letzterer erreichte 1993 einen Anteil am Gesamthaushalt von 26% (1992 24,5%), was einer Steigerung um gut 3-Prozent-Punkte gegenüber 1990 entspricht.

INDONESIEN

Außenhandel

Der Außenhandel Indonesiens ist seit 1987/88 zum dynamischsten Teil der gesamten indonesischen Wirtschaft geworden. Bei den Exporten wurde 1992 mit 33,9 Mrd US$ die 30-Mrd-Dollar-Grenze erstmals deutlich überschritten. Für die erste Hälfte 1993 belief sich das Exportvolumen auf knapp 18 Mrd US$. Auf der Importseite ergab sich 1992 ein Wert von 27,3 Mrd US$ und für die erste Hälfte 1993 von 13,4 Mrd US$. Die Handelsbilanz wies einen deutlichen und ständig steigenden Überschuß auf, der 1992 bei gut 6,5 Mrd US$ lag.

Bemerkenswert erscheint vor allem die Tatsache einer beschleunigten Diversifizierung der Ausfuhrgüter. Ende der siebziger Jahre lag der Anteil mineralischer Brennstoffe, insbesondere des Rohöls, noch bei knapp 85%. Während der letzten zehn Jahre ist er permanent gesunken (1992 33%). Im gleichen Zeitraum stieg der Anteil verarbeiteter Erzeugnisse auf über 30% an. Nach Prognosen internationaler Organisationen wird das durchschnittliche Exportwachstum der letzten fünf Jahre von jährlich 15,2% für die nächsten zwei bis drei Jahre gültig bleiben, wobei die sog. Nicht-Öl/Gas-Exporte Steigerungsraten von 25-30% aufweisen dürften. Hauptexportbranchen des Nicht-Öl/Gas-Bereiches sind Textilien und Bekleidung (6 Mrd US$) sowie Holzerzeugnisse (3,7 Mrd US$), Schuhe (1,1 Mrd US$), Elektrogeräte (1 Mrd US$) und Elektronik (500 Mio US$). Dieses neue Exportprofil weist darauf hin, daß die verarbeitende Industrie ihre frühere internationale Schwäche - nicht zuletzt aufgrund des verstärkten ausländischen Engagements - zumindest in einigen wesentlichen Branchen überwunden hat. Auf der Importseite stehen vor allem Maschinen, Elektronikerzeugnisse, Transportausrüstungen, Stahlerzeugnisse und Vormaterialien für die Exportverarbeitung im Mittelpunkt.

Haupthandelspartner Indonesiens sind Japan, USA, Deutschland, Singapur und zunehmend Korea sowie Taiwan. Auf diese Partner entfällt weit mehr als die Hälfte des gesamten Außenhandelswertes des Landes.

Trotz der beachtlichen Handelsbilanzüberschüsse sind die Leistungsbilanzdefizite Indonesiens, wie bereits erwähnt, nicht unerheblich (1993 3 Mrd US$). Ohne die großen jährlichen Kapitalbeiträge der Consultative Group for Indonesia, die seit Ende der achtziger Jahre von 2,5 Mrd US$ auf 1993 5,1 Mrd US$ gestiegen sind, würde sich die außenwirtschaftliche Situation Indonesiens erheblich verschärfen. Aufgrund dieser Beiträge ist die Auslandsverschuldung seit 1989 (55 Mrd US$) um annähernd 25 Mrd US$ auf knapp 80 Mrd US$ 1993 gestiegen. Es muß jedoch erwähnt werden, daß für den Anstieg in erster Linie die Privatverschuldung maßgeblich ist, während sich das Niveau der öffentlichen Verschuldung nahezu konstant hielt. Dennoch entspricht ein solcher Verschuldungsstand insgesamt mehr als 230% der indonesischen Ausfuhrerlöse bzw. 70% des indonesischen Bruttoinlandsproduktes. Die Schuldendienstquote bewegt sich seit Jahren bei rd. 30% der Exporterlöse.

Aufgrund dieser ungünstigen Entwicklung haben sich die internationalen Kreditbedingungen für Indonesien seit 1992 leicht verschlechtert. Die Zinssätze liegen

INDONESIEN

z.B. bis zu 2% über LIBOR. Ferner ist damit zu rechnen, daß die CGI unter Führung des IWF und der Weltbank in Zukunft weitergehende Deregulierungen und den Abbau staatlicher wie privater Monopole fordern wird. Die Kritik an Technologieprestigeprojekten Ende 1993 ist ein erster Hinweis hierauf. Andererseits liegt die "Stärke" Indonesiens in seiner Größe. Ein Absinken der indonesischen Wirtschaftsleistung hätte gesamtregionale Folgeerscheinungen, die die internationalen Organisationen um jeden Preis vermeiden möchten.

Beziehungen zur Bundesrepublik Deutschland

Die Beziehungen zwischen Indonesien und Deutschland gelten im wesentlichen als gut, ohne besonders intensiv zu sein. Staatsbesuche auf beiden Seiten erfolgen im Abstand von mehreren Jahren. Im März 1993 fand der letzte Besuch des Bundeskanzlers in Indonesien statt. Insbesondere seit der Wiedervereinigung Deutschlands gilt die Bundesrepublik aus indonesischer Sicht als zentraler Ort der EU.

Das bilaterale Handelsvolumen war bis 1991 kontinuierlich gestiegen (knapp 4,9 Mrd DM). 1992 wurde ein Wert von 5,27 Mrd DM erreicht. Diese Tendenz setzte sich 1993 fort. Aus indonesischer Sicht wird beklagt, daß sich das Defizit im bilateralen Handel in der Zwischenzeit auf 1,1 Mrd US$ erhöht habe und somit "das höchste in zehn Jahren" sei. Dieses Defizit sei in erster Linie auf den starken indonesischen Import deutscher Maschinen "zur eigenen industriellen Entwicklung" zurückzuführen. Um den eigenen Export nach Deutschland zu verbessern, habe man die Deregulierungsmaßnahmen im Handel, Industriesteuerpolitik, Schiffbau und Investitionsbereich eingeleitet. Durch diese Maßnahmen soll ein für indonesische Unternehmen günstigeres Geschäftsklima geschaffen werden. Neben Maschinen und anderen Investitionsgütern (Anteil von mehr als 70%) haben chemische Erzeugnisse eine starke Position bei den deutschen Exporten nach Indonesien. Bei den indonesischen Exporten nach Deutschland liegen die Warenschwerpunkte vor allem bei Textilien und Textilerzeugnissen einschließlich Bekleidung sowie Schuhen, Kaffee, Gummi, Möbeln, Kupfer, Sperrholz, Tabak und Palmöl. Das relativ geringe Volumen des deutsch-indonesischen Handels ist Ausdruck dafür, daß die Bedeutung beider Länder füreinander verhältnismäßig gering ist. Das läßt sich auch an den jeweiligen Anteilen aufzeigen. Der Anteil der Exporte nach Deutschland am indonesischen Gesamtexport liegt bei knapp 3%. Umgekehrt beläuft sich der deutsche Lieferanteil an den indonesischen Importen auf knapp 8%.

Noch geringer fällt das deutsche Interesse am Investitionsstandort Indonesien aus. Umgekehrt gesagt: Der deutsche Anteil an den gesamten ausländischen Direktinvestitionen in Indonesien liegt bei weniger als 1%. 1992 wurden deutsche Investitionszusagen von 31 Mio US$ genehmigt. Die deutsche Position als Investor ist demgemäß - von indonesischer Seite durchaus kritisch kommentiert - nur von nachgeordneter Bedeutung.

INDONESIEN

Etwas günstiger ist das Bild im Bereich der wirtschaftlichen Zusammenarbeit. Indonesien ist in Asien nach Indien das zweite große Empfängerland deutscher Entwicklungshilfe. Mitte 1993 wurde die deutsche Jahresentwicklungshilfe auf 138,7 Mio US$ festgesetzt.

Nach vorläufigen Angaben ist der deutsche Export von Waren und Dienstleistungen nach Indonesien auf 3,024 Mrd DM (+2,6%) gestiegen. Die Importe nahmen im Vergleich zum Vorjahr um 17,2% auf 2,685 Mio DM zu.

INDONESIEN

Tabelle 1: **Handelsstruktur Deutschland** [1] **- Indonesien**
Deutsche Exporte nach Indonesien
(Angaben in Mio DM)

SITC POSITION [2]	WARENKLASSE [3]	1990	1991	1992
0 - 9	INSGESAMT	2417,8	2919,3	3100,9
0	Nahrungsmittel und lebende Tiere	19,5	34,6	26,2
2	Rohstoffe (andere als SITC 0 und 3)	14,4	20,0	17,8
3	Mineralische Brennstoffe, Schmiermittel und verwandte Erzeugnisse	3,7	4,0	24,0
4	Tierische und pflanzliche Öle, Fette und Wachse	2,7	2,4	2,6
5	Chemische Erzeugnisse	392,2	372,2	397,2
6	Bearbeitete Waren, vorwiegend nach Beschaffenheit gegliedert	195,8	214,7	364,2
darunter:				
60	Waren für vollständige Fabrikationsanlagen	7,2	22,5	96,5
61 - 66	Waren aus mineralischen nicht-metallischen Stoffen	91,6	98,1	116,1
67 - 69	Metalle, Metallwaren	97,1	94,0	151,6
7	Maschinenbau-, elektrotechn. Erzeugnisse und Fahrzeuge	1700,7	2088,1	2002,1
darunter:				
70	Waren für vollständige Fabrikationsanlagen	135,3	302,1	431,6
71 - 74	Maschinenbauerzeugnisse	941,1	1052,8	955,6
75 - 77	Elektrotechnische Erzeugnisse	224,6	406,1	395,0
78 - 79	Fahrzeuge	399,7	327,1	219,9
8	Verschiedene Fertigwaren	78,0	120,9	147,2
darunter:				
87	Meß-, Prüf- und Kontrollinstrumente	36,2	73,2	66,3

1) Bis 1990 westdeutscher, ab 1991 gesamtdeutscher Handel.
2) Standard International Trade Classification (SITC Rev. II bis 1987, SITC Rev. III ab 1988).
3) Bezeichnungen der Warenklassen teilweise gekürzt; geringfügige Rundungsabweichungen bei Summenbildung möglich.

Quelle: Statistisches Bundesamt, Wiesbaden

INDONESIEN

Tabelle 2: **Handelsstruktur Deutschland** [1] **- Indonesien**
Deutsche Importe aus Indonesien
(Angaben in Mio DM)

SITC POSITION [2]	WARENKLASSE [3]	1990	1991	1992
0 - 9	INSGESAMT	1471,9	1975,3	2173,8
0	Nahrungsmittel und lebende Tiere	306,7	343,0	266,8
darunter:				
05	Gemüse und Früchte	70,6	46,8	44,1
07	Kaffee, Tee, Kakao, Gewürze	196,8	206,2	147,8
1	Getränke und Tabak	15,8	15,6	15,7
2	Rohstoffe (andere als SITC 0 und 3)	164,2	152,9	117,3
darunter:				
23	Rohkautschuk	51,3	49,9	57,8
3	Mineralische Brennstoffe, Schmiermittel und verwandte Erzeugnisse	47,6	12,0	37,0
4	Tierische und pflanzliche Öle, Fette und Wachse	125,4	117,8	198,5
darunter:				
42	Pflanzliche Fette und fette Öle	120,1	105,6	176,9
6	Bearbeitete Waren, vorwiegend nach Beschaffenheit gegliedert	307,5	438,8	524,2
darunter:				
61 - 66	Waren aus mineralischen nicht-metallischen Stoffen	259,5	379,6	449,4
67 - 69	Metalle, Metallwaren	48,0	59,2	74,8
7	Maschinenbau-, elektrotechn. Erzeugnisse und Fahrzeuge	43,0	63,9	93,6
darunter:				
75 - 77	Elektrotechnische Erzeugnisse	38,5	57,4	85,9
8	Verschiedene Fertigwaren	437,7	796,7	871,0
darunter:				
84	Bekleidung und Bekleidungszubehör	311,5	524,7	575,1

1) Bis 1990 westdeutscher, ab 1991 gesamtdeutscher Handel.
2) Standard International Trade Classification (SITC Rev. II bis 1987, SITC Rev. III ab 1988).
3) Bezeichnungen der Warenklassen teilweise gekürzt; geringfügige Rundungsabweichungen bei Summen möglich.

Quelle: Statistisches Bundesamt, Wiesbaden

INDONESIEN

Tabelle 3: **Außenhandel nach Waren**
(Exporte in Mio US$)

WARENGRUPPE	1990	1991	1992*
GESAMT-EXPORTE	25.675	29.142	33.014
davon:			
Lebende Tiere und Nahrungsmittel	2.293	2.539	2.296
Getränke und Tabak	136	154	207
Rohstoffe	1.970	2.373	2.691
Min. Brennstoffe und Schmiermittel	11.239	11.170	11.440
Tier. und pflanzl. Fette und Öle	420	562	672
Chem. Erzeugnisse	621	853	773
Bearbeitete Waren	5.644	6.489	8.163
Maschinen und Fahrzeuge	367	669	1.258
Sonstige bearbeitete Waren	2.864	4.190	5.442
Waren und Vorgänge nicht nach Beschaffenheit gegliedert	122	145	72

Tabelle 4: **Außenhandel nach Waren**
(Importe in Mio US$)

WARENGRUPPE	1990	1991	1992*
GESAMT-IMPORTE	21.873	25.869	26.729
davon:			
Lebende Tiere und Nahrungsmittel	852	1.081	1.351
Getränke und Tabak	54	74	91
Rohstoffe	5.885	2.151	2.415
Min. Brennstoffe und Schmiermittel	1.937	2.323	1.857
Tier. und pflanzl. Fette und Öle	25	41	167
Chem. Erzeugnisse	3.394	3.432	3.716
Bearbeitete Waren	3.553	4.138	4.363
Maschinen und Fahrzeuge	9.328	11.631	11.684
Sonstige bearbeitete Waren	797	980	1.067

* vorläufige Zahlen

Quelle: *Statistical Yearbook of Indonesia, 1992*

INDONESIEN

Tabelle 5: **Außenhandel nach Ländern**
(Angaben in Mio US$)

LAND	1991	1992	1-6/93
GESAMT-EXPORTE	29.142	33.967	17.960
davon:			
Japan	10.767	10.761	5.525
USA	3.509	4.419	2.407
EU-Staaten	3.742	4.843	2.535
ASEAN-Staaten	3.197	4.360	2.284
Bundesrepublik Deutschland	907	978	555
Niederlande	838	1.100	504
Hongkong	703	881	423
Großbritannien	654	844	456
Australien	628	746	382
Frankreich	386	495	253
Italien	382	583	332
Malaysia	342	488	283
GESAMT-IMPORTE	25.869	27.280	13.367
davon:			
Japan	6.327	6.014	3.018
USA	3.397	3.822	1.666
EU-Staaten	4.704	5.401	2.780
ASEAN-Staaten	2.464	2.593	1.250
Bundesrepublik Deutschland	2.061	2.141	1.009
Singapur	1.699	1.671	830
Australien	1.378	1.413	634
Philippinen	81	52	33
Frankreich	543	816	473
Niederlande	505	507	292
Italien	536	558	258
Kanada	354	459	231
Großbritannien	603	719	377

Quelle: Monthly Statistical Bulletin, Economic Indicator, Jakarta, May 1993

INDONESIEN

Besonderheiten der bilateralen Wirtschaftsbeziehungen aus der Sicht der Deutsch-Indonesischen Industrie- und Handelskammer EKONID, Jakarta

Als Bundeskanzler Dr. Helmut Kohl im Februar 1993 Indonesien besuchte, nannte er den Inselstaat eines der Zukunftsländer der Welt und wünschte sich mehr Kooperationen und Joint Ventures zwischen beiden Ländern in jeder nur denkbaren Form. Der Zweck seiner Reise war es, "die bilateralen wirtschaftlichen Beziehungen zu verstärken".

Der Bundeskanzler deutete damit eine Problemstellung an, die die bilateralen Wirtschaftsbeziehungen zwischen Deutschland und Indonesien seit Jahren kennzeichnen.

Da ist auf der einen Seite Indonesien, mit einer Fläche von über 5 Millionen Quadratkilometern und einer Bevölkerungszahl von rund 186 Millionen das größte Land der südostasiatischen Region und das viertgrößte Land der Erde: Ein Land, das die Weltbank zu den acht Staaten des "Asian economic miracle" zählt und das neuerdings den Newly Industrialised Countries (NIC) zugerechnet wird. Ein Land, dessen wirtschaftliche Strukturdaten folgendermaßen zu beschreiben sind: Die politischen und wirtschaftlichen Verhältnisse sind seit fast 30 Jahren stabil. Das durchschnittliche Wirtschaftswachstum der letzten fünf Jahre betrug über 6%, die Weltbank erwartet ein Jahreswachstum von durchschnittlich 6% bis zur Jahrtausendwende. Der Industriesektor, der nach dem Strukturwandel der letzten Jahre die Landwirtschaft mit ihrem Anteil an der nationalen Produktion überholt hat, war 1992 um 9,8% gestiegen. Für 1993 erwartet man eine 11,5%ige Steigerung. Die Exportzunahme im Non-Oil/Gas-Bereich wird für 1993 auf 23,5% geschätzt; 1992 waren es 27,7%. Die Handelsbilanz ist seit Jahren positiv. Sie wird für 1993 mit US$ 1.443 Mio angegeben. Die Währung ist stabil. Die Inflationsrate der letzten fünf Jahre pendelte um 7%. Ein Land also, das - trotz infrastruktureller Schwierigkeiten - ein erfolgreiches und anerkanntes Wirtschaftskonzept demonstriert und einer rezessiven Weltwirtschaft seine dynamischen Märkte entgegensetzt.

Da sind auf der anderen Seite die deutsch-indonesischen Wirtschaftsbeziehungen. Hier tritt Deutschland nach wie vor überwiegend als Händler auf. Das bilaterale Handelsvolumen steht 1992 bei DM 5,3 Mrd, was eine Steigerung von 6% im Vergleich zum Vorjahr bedeutet. Der deutsche Handelsüberschuß betrug 1992 DM 900 Mio. Für 1993 wird ein höherer Überschuß erwartet. Die wichtigsten Ausfuhrgüter nach Indonesien sind Maschinenanlagen, Elektronik, Eisen- und Stahlerzeugnisse, Kfz und Pharma- sowie Chemieprodukte. Bei den indonesischen Exporten nach Deutschland dominieren Textilien/Bekleidung, Nahrungsmittel, Elektrotechnik und Lederschuhe bzw. Ledererzeugnisse. Sicherlich ist Deutschland damit noch immer ein wichtiger Handelspartner für Indonesien. 2,9% der indonesischen Exporte gehen nach Deutschland, 7,8% der Importe kommen von da. Unter den Ländern der EU liegt nur die Niederlande mit 3,2% der indonesischen Exporte vor Deutschland. Dennoch bleibt zu bedenken, daß noch Anfang der sieb-

INDONESIEN

ziger Jahre Deutschland der wichtigste indonesische Handelspartner überhaupt war. In der Zwischenzeit wurde wertvolles Terrain abgegeben, hauptsächlich an Japan, das 1992 fast 32% der indonesischen Exporte abnahm und 22% der Gesamtimporte Indonesiens lieferte.

Noch eindringlicher stellt sich die Lage bei den deutschen Direktinvestitionen dar. Von 1967 bis Ende Oktober 1993 investierte das Ausland in Indonesien nahezu US$ 60 Mrd. Deutschland belegt dabei den Platz neun, was 2,9% der Gesamtsumme ausmacht. Die Tendenz ist zudem fallend. Vor der 23. Mitgliederversammlung im Juni 1992 gab der Vorsitzende der Deutsch-Indonesischen Industrie- und Handelskammer bekannt, daß 1992 deutsche Investitionszusagen in Höhe von US$ 31 Mio genehmigt worden seien. Das repräsentiert gerade noch 1% der gesamten ausländischen Investitionszusagen in diesem Zeitraum.

Dabei braucht Indonesien ausländisches Investment dringend. Die 2,5 Millionen Menschen, die jährlich neu auf den Arbeitsmarkt drängen, sind nur zu beschäftigen, wenn das Land ein jährliches Wirtschaftswachstum von durchnittlich 6,2% bis zum Jahr 2000 erreicht. Mit inländischem Kapital allein ist das nicht zu schaffen. Auch die zunehmende Konkurrenzsituation der südostasiatischen Länder um ausländisches Investment - vor allem China und Vietnam - zwingt zu wirtschaftspolitischem Handeln. Die Politiker Indonesiens wissen das und stellen ihre Wirtschaftspolitik darauf ein.

Für den ausländischen Investor hat das Folgen. Das Investitionsklima, das bisher von der staatlich gelenkten Wirtschaftspolitik eines Entwicklungslandes und der nur zögerlichen Öffnung seiner Märkte geprägt war, ist freundlicher geworden. "Lose the strings that otherwise strangle the neck of the business community", das, so der indonesische Industrieminister bei einem Business Luncheon der EKONID, sei die Absicht der Regierung, die sich in der raschen Folge der wirtschaftlichen Deregulierungsmaßnahmen zeige. 1993 gab es gleich zwei Deregulierungspakete, die ausländisches Investment weiter erleichtern, die Zulassungsverfahren beschleunigen und Zollvorschriften lockern. Es sind mit Sicherheit nicht die letzten. Weitere Deregulierungen werden in Kürze erwartet.

Daß deutsche Unternehmen den südostasiatischen Raum vernachlässigt und bestehende Wirtschaftspositionen aufgegeben haben, wird mittlerweile auch in Deutschland deutlich gesehen. Die wirtschaftspolitische Asien-Initiative der Bundesregierung zeigt erste Auswirkungen. Im September 1993 wurde in Köln der Asien-Pazifik-Ausschuß der Deutschen Wirtschaft (APA) gegründet, dessen Trägerverbände der Bundesverband der Deutschen Industrie e.V. (BDI), der deutsche Industrie- und Handelstag (DIHT) und der Ostasiatische Verein (OAV) sind. Die 25 Mitglieder des APA repräsentieren in einem eindrucksvollen Querschnitt die deutsche Wirtschaft. Es bleibt zu hoffen, daß die Einsicht zu Taten führt und die deutsche Industrie sich einen Teil des Terrains zurückerobern kann, das sie vor 20 Jahren der Konkurrenz überlassen hat. Zu spät ist es nicht, wenngleich viele Chancen verpaßt wurden. Immerhin: Die Kammer spürt eine deutliche Nachfragesteige-

INDONESIEN

rung im letzten Jahr; über 2.500 Anfragen erreichten 1992 die Abteilung German-Indonesian Business Exchange. Die Kammer wertet es als gutes Zeichen.

Margit Cee
Marketing Communications

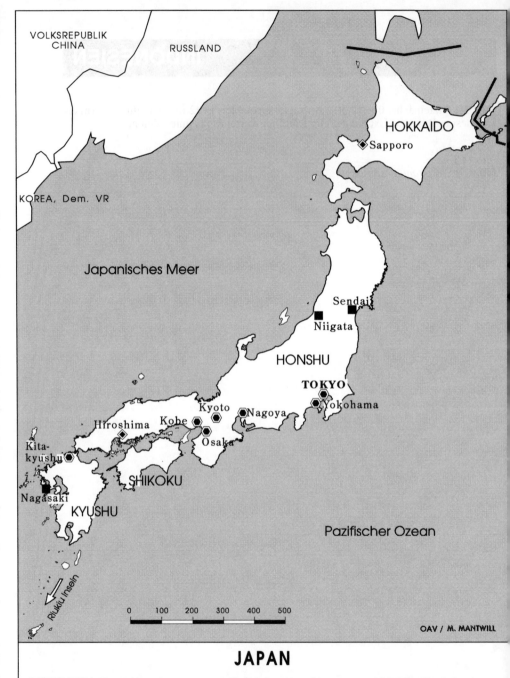

JAPAN

Frederike Bosse / Miriam Rhode

Allgemeines

Offizielle Staatsbezeichnung:	Japan
Staatsform:	Parlamentarische Demokratie
Staatsoberhaupt:	Kaiser Akihito (Heisei-Tenno)
Regierungschef:	Hosokawa Morihiro
Landfläche:	377.804 qkm
Einwohnerzahl:	123.957.458 (03/93)
Bevölkerungsdichte:	330 Einw./qkm
Bevölkerungswachstum:	Geburtenrate: 3,29 per 1.000 (1992)
Wichtige Städte:	Tokyo (7,93 Mio - 03/93); Yokohama (3,25 Mio); Osaka (2,49 Mio); Nagoya (2,09 Mio)
Amtssprache:	Japanisch
Handelssprache:	Englisch
Nationalfeiertag:	23. Dezember (Geburtstag des Tenno)

Weitere Daten

Erwerbspersonen:	1993: 64,72 Mio; 1992: 64,4 Mio
Arbeitslosenquote:	1992: 2,4%; 1991: 2,2%
Entstehung des BIP:	1991: (%) Primärsektor: 2,4; Sekundärsektor: 36,9; Tertiärsektor 60,7 BIP (Mrd Y): Gesamt 356.770,9, davon Verarbeitendes Gewerbe 93.117,7; Dienstleistungen 53.626,8; Handel 46.518,8; Baugewerbe 36.358,5; Immobilien 31.020,8; Banken, Versicherungen 21.633,3; Verkehr, Nachrichten 21.405,5; Öffentlicher Dienst 17.137,4; Land-, Forst-, Fischwirtschaft 8.576,7

JAPAN

Verwendung des BIP:	1991 (%): Privater Konsum (56,2); Öffentliche Ausgaben (9,1); Brutto-Kapitalbildung (31,4); Aktienbestände (0,7); Einkommen aus Ausland + Exporte (14,7); Einkommen im Ausland, gezahlt + Importe (Minus) (-12,1)
Wichtigste Agrarprodukte:	1992 (91) (Mio t): Reis 10,57 (9,6); Fisch (9,98); Fleisch 2,02 (2,1); Gemüse (13,7); Milch 8,58 (8,2); Nutzholz 27,2 (28,26 Mio cbm)
Bergbauprodukte:	1992 in Mio t (%-Änderungen gegenüber 1991): Kohle 7,59 (-5,6); Koks 43,4 (-7,0); Erdgas 2,16 (+1,1)
Wichtigste Industrieerzeugnisse:	1992(91): Rohstahl 98,1 Mio t (109,7); Schiffe 6805 Tsd BRT (7008); Werkzeugmaschinen 284 Tsd St. (428,9); Halbleiter-IC 14,9 Mrd St. (17,0); PKWs 9,376 Mio Stck. (9,753)
Elektrizitätserzeugung:	1991: Erzeugung insgesamt 879984 Gigawatt; Feste Brennstoffe 14,5 %; Petrochemie 30,3 %; Gas 19,6 %; Atomenergie 24,3 %; Wasser, Geo, Solar 11,3%
Abkommen mit Deutschland:	Handels- und Schiffahrtsabkommen vom 20.7.1927, Wiederanwendung am 23.8.1951 bekanntgegeben; Handelsabkommen vom 1.7.1960, Laufzeit nicht begrenzt; Briefwechsel vom 27.12.1961 zur Ergänzung des Handelsabkommens; Protokoll vom 8.4.1964 über deutsche Einfuhrbeschränkungen; Gemeinsame Aufzeichnungen vom 27.12.1967 über Schiffahrtsbeziehungen; Doppelbesteuerungsabkommen (DBA) vom 22.4.1966 sowie Protokolle vom 17.4.1979 und 17.2.1983 zur Änderung und Ergänzung des DBA; Abkommen über Zusammenarbeit auf wissenschaftlichem Gebiet vom 8.10.1974

JAPAN

Abkommen mit der EU:	Leitlinien für die Handelsbeziehungen EU-Japan während der Übergangszeit bis zum Abschluß eines Handelsabkommens. Einführung einer gemeinschaftlichen Überwachung der Einfuhren von Kfz, bestimmter Werkzeugmaschinen, Farbfernsehempfangsgeräte und Katodenröhren für Farbfernsehempfangsgeräte mit Ursprung in Japan, rückwirkend ab 1.1.1981

ifo Institut
für Wirtschaftsforschung
Japan Informationsstelle

ifo Japan Recherchen

Japanischsprachige Datenbanken　　G-SEARCH: Wirtschaftsinformationen
　　　　　　　　　　　　　　　　　　　PATOLIS: Patentnachweise
　　　　　　　　　　　　　　　　　　　NACSIS: Literaturnachweise
Internationale Datenbanken zu Japan　　z.B. NIKKEI • STN/JICST
Persönliche Recherchen　　　　　　　in München und Tokyo
Aufbereitung der Ergebnisse　　　　　durch ifo Japan-Referenten und
　　　　　　　　　　　　　　　　　　　ifo Branchen-Experten

Monatlicher Informationsdienst

Japan: Analysen - Prognosen　　　　　berichtet über
　　　　　　　　　　　　　　　　　Konjunktur • Wirtschaftsstruktur
Je etwa 25 Seiten　　　　　Branchenentwicklungen • Industriepolitik
Jahresabonnement 200,- DM　　　　Beschäftigung • Technologieschutz

Informationen bei
ifo Institut • Japan Informationsstelle • 81 631 München • Tel. 089/9224 -399 • Fax -462

JAPAN

Statistisches Profil Japan

			1991	1992	1993(S)	1994(P)
1. Bruttoinlandsprodukt (BIP)						
BIP	(Mrd US$)		3347	3670	4238	4109
Reales BSP	(Veränd. in %)	1)	4,1	1,5	-0,2	1,0
BIP pro Kopf	(US$)		27006	29516	33965	32824
Reales BSP pro Kopf	(Veränd. in %)	1)	3,7	1,1	-0,5	0,7
2. Wechselkurse						
Yen/US$	(Jahresdurchschnittskurs)		134,71	126,65	111,00	117,00
Yen/US$	(Jahresendkurs)		125,20	124,75	109,00	125,00
Yen/DM	(Jahresdurchschnittskurs)		81,15	81,19	67,27	66,10
Yen/DM	(Jahresendkurs)		82,37	77,48	62,29	72,67
3. Preise		2)				
Inflationsrate	(%)		3,2	1,7	1,4	1,2
Terms of Trade	(Veränd. in %)		4,8	5,0	6,6	2,5
4. Zinssätze						
Diskontsatz	(% p.a.)	3)	4,50	3,25	1,25	1,50
Geldmarktsatz	(% p.a.)	2)	7,46	4,58	3,00	2,50
Staatsanleihen-Rendite	(% p.a.)	2)	6,53	4,94	3,50	3,00
5. Staatshaushalt		4)				
Saldo	(in % des BIP)		-1,7	-2,0	-2,6	-2,4
6. Monetärer Sektor		5)				
Inlandskredite	(Veränd. in %)		2,9	2,9	3,0	4,0
Geldmenge M2	(Veränd. in %)		4,3	-0,2	2,0	3,0
7. Außenhandel						
Exporte (fob)	(Mio US$)		314786	339998	363798	378350
Importe (cif)	(Mio US$)		236999	232889	245698	275182
Deutsche Importe (cif) aus Japan	(Mio DM)	6)	39664	38038	27007	27277
Deutsche Exporte (fob) nach Japan	(Mio DM)	6)	16494	14701	13672	14219
8. Leistungsbilanz						
Güterexporte (fob)	(Mio US$)		306580	330870	354031	368192
Güterimporte (fob)	(Mio US$)		203490	198470	208394	231317
Handelsbilanzsaldo	(Mio US$)		103090	132400	145637	136875
Dienstleistungsexporte	(Mio US$)		188590	194060	203763	211914
Dienstleistungsimporte	(Mio US$)		206280	204200	208284	222864
Dienstleistungsbilanzsaldo	(Mio US$)		-17690	-10140	-4521	-10950
Übertragungen, privat (netto)	(Mio US$)		-660	-1310	-1000	-800
Übertragungen, öffentlich (netto)	(Mio US$)		-11840	-3310	-4000	-4700
Leistungsbilanzsaldo	(Mio US$)		72900	117640	136116	120425
9. Währungsreserven		5)				
Währungsreserven ohne Gold	(Mio US$)		72059	71623	105000	95000
-in Monatsimporten			2,11	2,13	3,02	2,51
Gold	(Mio US$)	7)	1213	1166	1200	1210

1) Auf Basis der Landeswährung.
2) Jahresdurchschnittswerte.
3) Jahresendwerte.
4) Zentralregierung; Haushaltssaldo des Fiskaljahrs vom 1.April bis 31.März des darauffolgenden Jahres bezogen auf das Bruttoinlandsprodukt des Kalenderjahres. Ab 1991 Schätzung.
5) Bestand am Periodenende.
6) Ab 1991 umfassen die Angaben den gesamtdeutschen Handel.
7) Nationale Bewertung.
(S): Schätzung.
(P): Prognose.

Quelle: F.A.Z. GmbH Informationsdienste (Länderanalysen)

JAPAN

Wirtschaftliche und politische Lage 1993

+ Politischer Neuanfang mit Koalitionsregierung: Demokratisierung und Deregulierung
+ Preisstabilität ermöglicht weitere Zinssenkungen
+/- Hohe außenwirtschaftliche Überschüsse im Zuge der Yen-Aufwertung belasten die Beziehungen zu den USA
- Rezession trotz staatlicher Konjunkturprogramme, Einkommenseinbußen dämpfen den privaten Verbrauch

Prognose 1994

+ Überwindung der Wachstumsschwäche durch reale Exportzuwächse und Belebung des privaten Verbrauchs
+ Abbau der Handelsüberschüsse in US$ durch leichteren Yen und Öffnung des japanischen Marktes

Bilaterale Wirtschaftsbeziehungen

- Rückgang des bilateralen Handels und der deutschen Direktinvestitionen; 1994 wieder leichte Erholung der deutschen Exporte

JAPAN

Überblick und Besonderheiten 1992/93

Bereits Ende 1992 hatte sich angedeutet, daß die japanischen Spitzenpolitiker tiefer in Bestechungsaffairen verwickelt waren, als man zunächst zugeben wollte. Dieser Verdacht bestätigte sich im Laufe des Jahres 1993 immer mehr. Den Stein des Anstoßes für eine gründliche Untersuchung der Tokyoter Staatsanwaltschaft in die "Spenden", die Politiker von Firmen erhalten hatten, war die Verhaftung von Kanemaru Shin, dem ehemaligen Vize-Vorsitzenden und sogenannten "Königsmacher" der LDP, Mitte März. Im Verlaufe der Untersuchungen von Spendenzahlungen im Austausch gegen öffentliche Aufträge kam es im Sommer zu weiteren Verhaftungen von zwei Präfektur-Gouverneuren, Bürgermeistern und Top-Managern von praktisch allen großen Generalbauunternehmen. Die Neuregelung von Parteienfinanzierung und die Prozedur bei der Vergabe von öffentlichen Bauaufträgen entwickelte sich zu einem immer drängenderem Thema, das die LDP-Regierung unter Miyazawa Kiichi allerdings nur zögernd anging. Ebensowenig gelang es ihr, bis zum Sommer einen Reformvorschlag für ein ausgewogeneres Wahlsystem vorzulegen. Dieses Scheitern bei den dringendsten politischen Fragen führte am 18.Juni zu einem Mißtrauensantrag gegen Miyazawa, der daraufhin das Unterhaus auflöste und Neuwahlen ansetzte. Bei den Wahlen am 18. Juli verlor die seit 38 Jahren regierende LDP ihre Mehrheit und mußte in die Opposition überwechseln. Die neue Regierung stellt eine Koalition aus acht Parteien dar, von denen zwei erst wenige Tage vor der Wahl von ehemaligen LDP-Abgeordneten gegründet worden waren. Neuer Ministerpräsident wurde Hosokawa Morihiro von der Neuen Japan Partei. Er stellte zunächst die politischen Reformen in den Vordergrund seiner Arbeit, d. h. die Reform des Wahlsystems und die Parteienfinanzierung, doch in der zweiten Jahreshälfte 1993 verdunkelten sich die Wolken über der japanischen Konjunktur immer mehr, und die Regierung mußte erneut eingreifen, um das schwindende Vertrauen der Privatwirtschaft nicht noch weiter absinken zu lassen. Obgleich die beiden Konjunkturprogramme der LDP-Regierung vom August 1992 (10,7 Billionen Yen) und April 1993 (13,2 Billionen) wenig Auftrieb gegeben hatten, legte Hosokawa im September ein drittes Paket auf, das neben fiskalpolitischen Maßnahmen von 6,15 Billionen Yen vor allem auf eine langfristige Verbesserung der Wirtschaft durch strukturelle Reformen baute. Insbesondere strebte es eine allgemeine Deregulierung an, d.h. weite Bereiche der Wirtschaft und der Administration sollten von bürokratischen Hürden befreit werden. Doch angesichts der schlechten Konjunkturdaten im Herbst 1993 wurden Ende des Jahres weitere sofort greifende Maßnahmen gefordert, und es wird erwartet, daß die Regierung noch im Dezember eine Senkung der Einkommensteuer ankündigen wird, die ab Januar 1994 gelten soll. Hiervon erhofft man sich insbesondere einen Anstieg des privaten Verbrauchs, der schon 1992 nur um 1,7% wuchs, 1993 jedoch noch niedriger liegen wird, da die Verbraucher durch die schlechten Arbeitsmarktdaten und sinkenden Unternehmensgewinne zutiefst verunsichert sind. Die Arbeitslosenquote, die 1992 2,2% betragen hatte, kletterte 1993 kontinuierlich nach oben und erreichte im Oktober 1993 2,7%. Zugleich lag die

JAPAN

Quote der offenen Stellen gegenüber den Arbeitssuchenden seit Oktober 1992 unter 1 und sank bis Oktober 1993 auf 0,67%, den schlechtesten Stand seit über sechs Jahren. Bezöge man die mindestens eine Million "internen" Arbeitslosen mit ein, die von ihren Firmen gehalten werden, ohne eine Aufgabe zu haben, näherte sich die japanische Arbeitslosenquote den anderen Industriestaaten an, man schätzt, daß sie dann bei 5-6% liegen würde. Absatzschwächen und sinkende Gewinne veranlassen die Unternehmen zu massiven Personalmaßnahmen, die vor allem ältere Angestellte treffen - in der Form von frühzeitiger Pensionierung - aber auch Berufsanfänger, da die Firmen ihre Neueinstellungen drastisch einschränken, teilweise sogar ganz aussetzen, wie beispielsweise Japan Airlines. Sinkende Bonuszahlungen und Abbau von bezahlten Überstunden vervollständigen das düstere Bild, das die japanischen Verbraucher bislang vom Konsum abhält. Die schwache Binnennachfrage war denn auch der Hauptgrund dafür, daß die japanischen Unternehmen per 31.3.1993 Gewinnrückgänge von durchschnittlich 25,1% hinnehmen mußten, wobei die verarbeitende Industrie mit 31,9% härter betroffen war als die nichtverarbeitende Industrie mit 16% Einbußen. Entsprechend schraubten die Unternehmen ihre Investitionspläne gegenüber dem Vorjahr im Durchschnitt um 15,1% zurück (Angabe: EPA, BoJ). Als der steil ansteigende Yen zusätzlich Absatzschwierigkeiten auf den Exportmärkten auslöste, korrigierten viele Unternehmen ihre Gewinnerwartungen und Investitionspläne im Herbst noch weiter nach unten. Der US-Dollar war seit Jahresbeginn gegenüber dem Yen von 125 Y/$ auf etwa 107 Y/$ gefallen und hatte im August zeitweise gar die 100-Yen-Marke berührt. Die USA hatten den Anstieg des Yen im Frühsommer begrüßt, da sie sich hierdurch einen Abbau ihres ständig wachsenden Defizits im Handel mit Japan erhofften. Diese Hoffnung erfüllte sich zunächst jedoch nicht: Der japanische Außenhandelsüberschuß, der 1992 110 Mrd US$ betragen hatte, wies 1993 weiter steigende Tendenz auf. Die Maßnahmen der japanischen Regierung, die auf die Ankurbelung der Binnennachfrage und Förderung von Importen abzielten, sind daher auch als Anwort auf die Klagen der Handelspartner zu sehen. Ob sie jedoch kurzfristig zu einer Erholung der Konjunktur führen werden, bleibt fraglich. Die Umfragen der Regierung zeigen einen steigenden Konjunkturpessimismus bei den Unternehmen, viele erwarten eine Erholung frühestens ab Herbst 1994. Für das Haushaltsjahr 1993/94 erwartet man ein reales Schrumpfen des BSP um 0,2%, nachdem die japanische Wirtschaft 1992/93 real um 1,5% gewachsen war. Viel wird davon abhängen, ob der Privatsektor wieder zu mehr Konsum angeregt werden kann.

Wirtschaftsplanung

Da sich die Krise der japanischen Wirtschaft im Verlauf des Jahres 1993 eher verschärfte als besserte und sich vor allem auch der Konjunkturpessimismus der Verbraucher und Unternehmen über den weiteren Verlauf festigte, legte die Regierung noch zweimal ein Konjunkturprogramm in Billionenhöhe auf, um durch erhöhte

JAPAN

staatliche Ausgaben das allgemeine Investitionsklima zu beleben und den privaten Verbrauch anzukurbeln. Am 13. April 1993 stellte die LDP-Regierung unter Miyazawa Kiichi ein 13,2 Billionen-Yen Paket vor, nachdem man im August 1992 bereits ein 10,7 Billionen Yen Programm beschlossen hatte. Schwerpunkt des April-Pakets war, wie bereits im August, öffentliche Arbeiten, insbesondere für die sogenannte "soziale Infrastruktur", durch die die allgemeine Lebensqualität verbessert werden soll. Rund 75% dieser Arbeiten sollten bereits im ersten Halbjahr des Fiskaljahres 1993/94 vergeben werden, um möglichst schnell Wirkung zu erzielen. Ferner wurden insgesamt 4,2 Billionen Yen für Kredite im Wohnungsbau und für Kleinunternehmen bereitgestellt. Die Regierung erhoffte sich von diesem Stimulierungsprogramm einen Wachstumsbeitrag von 2,6% des BSP. Private Institute waren weniger optimistisch und gingen von höchstens 1-2% aus. Das Paket umfaßte zuviele Umschichtungen und vorgezogene Ausgaben statt zusätzlicher Finanzmittel; lediglich von den öffentlichen Investitionen erwartete man sich stimulierende Wirkung und einen Anstieg der öffentlichen Arbeiten um 15%. Doch wenig später begannen eine Reihe von Korruptionsskandalen die Bauwirtschaft zu belasten, was dazu führte, daß die Gebietskörperschaften mit ihrer Auftragsvergabe vorsichtiger wurden, zumal die Abwicklung dadurch behindert wurde, daß einige Generalbauunternehmen wegen der Skandale von öffentlichen Aufträgen ausgeschlossen wurden.

Nach einer weiteren Verschärfung der Rezession folgte die neu gewählte Koalitionsregierung der Politik ihrer Vorgängerin und legte am 16. September 1993 ein drittes Konjunkturförderungsprogramm vor. Dessen Volumen war mit 6,15 Billionen Yen erheblich kleiner als seine Vorläufer und unterschied sich auch inhaltlich deutlich. Im fiskalpolitischen Teil setzte die Regierung zwar ebenfalls auf öffentliche Ausgaben und Steuervergünstigungen sowie erneut auf Kredite für den Wohnungsbau und Klein- und Mittelunternehmen. Der Schwerpunkt der neuen Wirtschaftspolitik liegt jedoch bei der Deregulierung der japanischen Wirtschaft, mit deren Hilfe die Binnennachfrage belebt und Importe gefördert werden sollen. Die 94 Deregulierungsmaßnahmen des Pakets sollen dabei lediglich ein Anfang bei der Entbürokratisierung sein; zum einen erhofft man sich hierdurch Impulse für neue Tätigkeitsbereiche, zum anderen will man den Handelspartnern entgegenkommen, die stets die Unüberwindbarkeit der bürokratischen Hürden in Japan beklagt haben und bessere Zugangsmöglichkeiten zum japanischen Markt verlangen. Der dritte Teil des Programms steht ebenfalls unter dem Zeichen der Ankurbelung der Binnennachfrage und listet eine Reihe von Bereichen auf, in denen die Kursvorteile, die japanische Importeure, Versorgungs- und Dienstleistungsunternehmen aus dem steigenden Yen-Kurs gewinnen, in möglichst vollem Umfang an die Verbraucher weitergegeben werden sollen. Das dritte Regierungsprogramm enthielt somit weniger fiskalpolitische Maßnahmen, die zu einer schnellen Belebung der Konjunktur führen würden, sondern vielmehr Ansätze für grundsätzliche strukturelle Reformen. Dennoch erwartete sich die Regierung von diesem Paket ein zusätzliches Wirtschaftswachstum von 1,3%, was wiederum deutlich optimistischer war als die Prognosen der privaten Forschungsinstitute, die unter 0,5% lagen.

JAPAN
Wirtschaft Politik Gesellschaft

Japan - zweitgrößte Industrienation der Welt
Japan - größter Konkurrent für Deutschland, EG, USA

den Konkurrenten besser kennenlernen
seine Strategien erkennen
eigene Konzepte entwickeln

neu

JAPAN
Wirtschaft Politik Gesellschaft

bietet hierfür
systematisch und kontinuierlich

- **verdichtete Information statt Unterhaltung**
- **Informationen aus japanischen Originalquellen**

in Form von
- Daten
- Analysen
- Perspektiven

zu den Bereichen
- **Binnenwirtschaft**
- **Außenwirtschaft**
- **Wissenschaft und Technologie**
- **Innenpolitik**
- **Außenpolitik**
- **Gesellschaft**

Wir bieten:
Daten
Analysen
Perspektiven

Institut
für
Asienkunde
Hamburg

Zu beziehen bei:

JAPAN
Wirtschaft Politik Gesellschaft

Erscheint alle zwei Monate

Institut für Asienkunde
D-20148 Hamburg
Rothenbaumchaussee 32
Tel.: (040) 44 30 01-03
Fax: (040) 410 79 45

Abonnement, 6 Hefte im Jahr,
plus Index   DM 120,-
Einzelheft   DM 20,-
Studenten-
abonnement   DM 80.-
jeweils zuzüglich
Versandkostenanteil

Wir senden Ihnen gerne ein Probeheft.

JAPAN

Der Tenor der Wirtschaftspolitik der Hosokawa-Regierung ist die Umorientierung der japanischen Wirtschaft weg von einer produzentenorientierten hin zu einer verbraucherorientierten. Mit der Ausarbeitung dieser Strukturreform wurde eine Kommission beauftragt, die unter der Leitung des Vorsitzenden des Wirtschaftsdachverbandes, Keidanren, Gaishi Hiraiwa, bis Ende 1993 einen umfassenden Bericht mit weiteren Deregulierungsmaßnahmen vorlegen soll. Dabei wird viel von der tatsächlichen Umsetzung der Deregulierungsmaßnahmen abhängen, und auch die kann nur langfristig zu einer Belebung der japanischen Binnenwirtschaft führen. Allerdings deuten Hosokawas Zugeständnisse im Agrarbereich, die mit dazu beitrugen, daß das GATT-Abkommen Mitte Dezember nach sechs Jahren Verhandlungen unterzeichnet werden konnte, darauf hin, daß er tatsächlich für einen freien Handel eintritt. Ende 1993 steht die japanische Regierung nach wie vor unter dem Druck, Maßnahmen durchzuführen, die kurzfristig zu einer Belebung führen. Es wird erwartet, daß die Regierung im Dezember erneut ein Hilfspaket auflegt, das diesmal eine Senkung der Einkommensteuer um mehrere Billionen Yen beinhalten dürfte. Diese wird seit Monaten als ein sofort greifendes Mittel zur Konjunkturankurbelung gefordert, wurde jedoch wegen Unstimmigkeiten über die Finanzierung immer wieder hinausgeschoben.

Staatshaushalt

Der japanische Staatshaushalt war 1992 und 1993 geprägt von öffentlichen Investitionen zur Belebung der Konjunktur. Zwar war der allgemeine Haushalt für das Fiskaljahr 1993/94 (bis zum 31.3.1994) nur um 0,2% größer als der des Vorjahres, was die niedrigste Zuwachsrate seit sechs Jahren bedeutet, doch die Regierung legte anschließend zwei Ausgabenprogramme vor, mit einem Gesamtvolumen von rund 20 Billionen Yen, die nicht in dem allgemeinen Haushalt enthalten sind. Der ordentliche Haushalt 1993/94, der Ausgaben in Höhe von 72,35 Billionen Yen vorsieht (gegenüber 72,218 Billionen 1992/93), passierte am 6. März 1993 das Parlament, rechtzeitig genug, daß man zum erstenmal seit sieben Jahren auf einen vorläufigen Haushalt verzichten konnte.

Auf der Ausgabenseite sind 8,56 Billionen Yen für öffentliche Ausgaben der Zentralregierung vorgesehen, eine Steigerung von 4,8% gegenüber 1992/93. Der am stärksten gestiegene Posten ist die Entwicklungshilfe, die um 6,5% auf 1,01 Billionen Yen erhöht werden soll. Die klassischen Ausgabenbereiche, allgemeine Ausgaben und Sozialabgaben, wurden demgegenüber nur leicht erhöht, um +3,1% bzw. +3,2%.

Die Einnahmen aus Steuern und anderen Abgaben wurden mit 61,3 Billionen Yen veranschlagt, 1,9% weniger als im Vorjahr. Weitere Einnahmen werden durch Gewinne der Bank of Japan, rund 2,74 Billionen (+23,4%), und Staatsanleihen, 8,13 Billionen Yen (+11,7%), erwartet. Die Obergrenze für das Defizit wurde auf 15,44 Billionen Yen angesetzt (-6,1%), doch da aufgrund der Rezession die Steuereinnahmen aus Körperschaftssteuern und Einkommensteuer voraussichtlich um

JAPAN

mindestens fünf Billionen Yen niedriger ausfallen werden als eingeplant, dürfte diese Vorgabe nicht eingehalten werden können. Insgesamt erwartet man ein Defizit von 6,9 Billionen Yen, was 1,4% des Bruttosozialprodukts des Kalenderjahres 1993 entspricht.

Gleichzeitig mit dem regulären Haushalt wurde der sogenannte "Zweite" Haushalt verabschiedet, der das staatliche Fiscal Loan and Investment Program enthält (FILP). Dieser Schattenhaushalt, der 1993/94 45,77 Billionen Yen umfaßt (+12,2%), wird vor allem durch Einlagen aus der Postsparkasse gespeist und zur Regulierung von zusätzlichen Ausgaben verwendet. So werden rund fünf Billionen Yen für das Konjunkturprogramm, das die LDP-Regierung im April aufgelegt hat, eingesetzt. Der im Juni verabschiedete Nachtragshaushalt von 2,2 Billionen Yen hingegen sieht lediglich 1,2 Billionen Yen für öffentliche Ausgaben vor, mit denen das 13,2 Billionen-Paket finanziert werden soll.

Das Haushaltsjahr 1992/93 wurde mit einem Defizit von 1,55 Billionen Yen abgeschlossen. Hauptursache hierfür war, daß die Steuereinnahmen in Höhe von 54,55 Billionen Yen um 3,19 Billionen Yen unter den veranschlagten Einnahmen gelegen hatten; dies konnte auch durch erhöhte Einnahmen aus anderen Quellen nicht ausgeglichen werden.

Landwirtschaft und Fischerei

Das absolut beherrschende Thema der japanischen Agrarpolitik war 1993 die Öffnung des Reismarktes. Japan, das bislang mit dem Argument auf Selbstversorgung jeglichen Import von Reis strikt abgelehnt hatte, kam im Laufe des Jahres immer stärker unter Druck, seine starre Position zu überdenken. Außenpolitisch drohte es zum Sündenbock zu werden, falls der Abschluß der GATT-Verhandlungen an seiner Kompromißlosigkeit scheitern sollte, innenpolitisch jedoch sah sich die Regierung nach wie vor einer starken Agrarlobby gegenüber. Ein völlig verregneter und kalter Sommer führte dazu, daß 1993 die schlechteste Reisernte der Nachkriegszeit eingefahren wurde, und Japan ab Ende des Jahres rund zwei Mio t Reis importieren mußte, um seinen Gesamtbedarf von rund 10 Mio t zu decken. Unabhängig von diesen Notimporten erkannte die japanische Regierung die Notwendigkeit zum Einlenken und erreichte in geheimen Verhandlungen mit den USA, daß Japan im Rahmen des GATT grundsätzlich einer Öffnung zustimmt, als Ausgleich hierfür jedoch eine sechsjährige "Schonfrist" zugestanden bekommt, während der es den Anteil der Reisimporte jedes Jahr steigern soll, von 1995 4% des Gesamtbedarfs auf 8%. Erst am Ende dieses Moratoriums soll über eine quotenfreie, generelle Tarifizierung verhandelt werden. Für die japanische Agrarpolitik bedeutet dieses Abkommen einen radikalen Einschnitt, obgleich Japan seit Jahren bereits ein Netto-Importeur von Agrarprodukten ist und 1990 ohnehin nur noch 47% seines Kalorienbedarfs selbst produzierte. Das schlechte Sommerwetter beeinflußte nicht nur die Reisernte, sondern führte auch bei Obst und Gemüse zu Preisanstiegen und höheren Importen (+34% bis Oktober). Die Preise für Rindfleisch sind seit dem

JAPAN

Frühjahr 93 deutlich gesunken, da die Zölle ab 1.4. von 60-50% gesenkt wurden. Die Importe nahmen daraufhin zwar zu, doch der Anstieg wurde durch das Überangebot gebremst.

Anfang Mai tagte die Internationale Walfang Kommission in Kyoto, bei der Japan für die Wiederaufnahme des kommerziellen Walfangs plädierte. Im Gegensatz zu Norwegen fügte sich Japan zwar der ablehnenden Entscheidung der Kommissionsmitglieder, deckt jedoch nach wie vor seinen Bedarf an Walfleisch durch die Fänge sogenannter "Forschungsexpeditionen".

Energie

Die Versorgung mit Energie und anderen Rohstoffen stellt für Japan seit jeher ein großes Problem dar, da das Land arm an Rohstoffen und zu einem sehr großen Teil von Importen abhängig ist. So müssen mehr als 80% der Primärenergie importiert werden. Der japanische Energiebedarf wird 1993 zu 29% durch Atomenergie, 11% Wasserkraft, 11% Steinkohleverbrennung, 23% Erdgasverbrennung und zu 25% durch Erdölverbrennung gedeckt. Die Verletzbarkeit, der man durch einen solch hohen Importanteil ausgesetzt ist, wurde Japan besonders bei der Erdölversorgung, das es zum größten Teil aus dem Mittleren Osten bezieht, bewußt. Um die Risiken bei der Energieversorgung durch mögliche Importausfälle zu mindern, setzt die japanische Regierung auf eine Steigerung der heimischen Energiequellen. Bei der Energiegewinnung aus Wasser und Gezeiten sind die maximalen Möglichkeiten weitgehend erschöpft. Folglich bleibt neben alternativen Energien vor allem die Atomenergie. Bis zum Jahre 2010 sollen 40 weitere Atomkraftwerke gebaut werden, neben den bereits produzierenden 41 Kraftwerken. Die japanische Energiepolitik setzt dabei vor allem auf Wiederaufbereitung von Plutonium - nachdem fast alle anderen Industrienationen sich inzwischen von dieser Technologie zurückgezogen haben. Der Transport von 1,5 Mio t Plutonium, die Ende 1992 per Schiff von Frankreich nach Japan gebracht wurden, löste weltweit heftige Proteste aus; viele Staaten verweigerten der "Akatsuki Maru" die Durchfahrt durch ihre Hoheitsgewässer. Zudem verzögerte sich die Inbetriebnahme des Reaktors Monju, für den das Plutonium vorgesehen war, mehrmals aus technischen Gründen und konnte bis Ende 1993 nicht durchgeführt werden. Trotz dieser Probleme hält die japanische Regierung an ihrem Vorhaben fest, bis zum Jahr 2002 34% ihres Energiebedarfes durch Atomstrom zu decken. Gleichzeitig soll der Anteil der Steinkohle, die zum größten Teil aus Australien bezogen wird, auf 20% erhöht werden. Wenn dies beides gelingt, kann der Erdölanteil auf rund 10% gesenkt werden. Eine andere Maßnahme zum Abbau von Energieimporten stellte die Verschärfung von Grenzwerten zum Energieverbrauch dar, durch die zu Beginn der 90er Jahre der Energieverbrauch der Industrie leicht gesenkt werden konnte; im privaten und Geschäftsbereich stieg er im gleichen Zeitraum jedoch an. Die Einsicht in die Notwendigkeit von Energiesparen ist hier noch nicht sehr ausgeprägt, erst in letzter

JAPAN

Zeit werden verstärkt elektrische Haushaltsgeräte wie etwa kombinierte Klima- und Heizungsanlagen angeboten, die "weniger Energie" verbrauchen.

Verarbeitende Industrie

Zum drittenmal in Folge mußten die japanischen Unternehmen in den Bilanzen des Geschäftsjahres 1992/93 per 31. März 1993 schrumpfende Gewinne hinnehmen. Der Trend zog sich durch alle Industriebereiche und betraf Unternehmen der Automobilindustrie oder Computerhersteller ebenso wie Stahlhersteller und Dienstleistungsunternehmen. Dennoch waren die Auswirkungen der Rezession in der verarbeitenden Industrie stärker zu spüren als in der nichtverarbeitenden: bei ihr gingen die Gewinne um durchschnittlich 31,9% zurück gegenüber "nur" 16% in der nichtverarbeitenden. Die Industrieproduktion sank gegenüber dem Vorjahr um 6,2%. Die Automobilindustrie konnte ihre Produktion im März zwar leicht erhöhen, doch dies ist vorwiegend der Bemühung zuzuschreiben, die Abschlußzahlen etwas aufzupolieren. Insgesamt ging die Produktion in der Autoindustrie 1992/93 um 6,2% auf 12,3 Mio Fahrzeuge zurück, die Gewinne durchschnittlich sogar um 40%. Auch die anderen Schlüsselindustrien mußten deutliche Einbußen hinnehmen: die Produktion der Elektroindustrie lag um 12% unter der des Vorjahres, in der Unterhaltungselektronik gar um 20%. Der Computergigant NEC schloß zum erstenmal mit roten Zahlen ab: 43 Mrd Yen Verlust. Die japanische Stahlproduktion sank 1992/93 um 11% und lag mit 98,8 Mio t zum erstenmal seit sechs Jahren unter 100 Mio t. Ohne die Steigerung der Exporte nach China um 51% seit Ende 1992, wären die Stahlkonzerne wohl bereits im März in die Verlustzone gerutscht, was allerdings im September dennoch eintrat.

Die Automobilkonzerne reagierten prompt, zumal im laufenden Jahr ihre Exporte durch den steigenden Yen-Kurs noch weiter erschwert werden. Dem Yen-Kurs begegnen sie in erster Linie durch den Ausbau ihrer Auslandsproduktion - und verfolgen damit die gleiche Strategie wie die Elektroindustrie. Diese will "einfache" Produkte sowie Erzeugnisse für den Export verstärkt in Südostasien fertigen und in den japanischen Werken künftig vorwiegend die Hightech-Teile und -produkte fertigen. So wird Mitsubishi keine Videorecorder mehr von Japan aus exportieren. Bei der verbleibenden Inlandsproduktion setzten die Industrieunternehmen vor allem auf Kostensenkung: Investitionskürzungen um 20-30%, Kooperationen mit anderen Herstellern und Personalabbau. So verursachte Nissan viel Aufregung, als sie im Februar ankündigte, ihre Fabrik in Zama bei Tokyo, eine ihrer Hauptfertigungsstätten, ab 1995 schließen zu wollen. Der damit verbundene Personalabbau soll durch frühzeitige Pensionierungen und Umsetzungen erreicht werden. Seither haben zahlreiche Firmen ähnliche Beschäftigungspläne angekündigt, u.a. Nippon Steel den Abbau von 7.000 Arbeitsplätzen. Auch diese Unternehmen reduzieren durch Pensionierungen, weniger Neueinstellungen und Umsetzungen. Echte Entlassungen, die im Idealmodell der lebenslangen Anstellung verpönt sind, konnten bislang vermieden werden. Diese Maßnahmen sind Schritte in langfristigen Strate-

JAPAN

gien, mit denen die japanischen Unternehmen ihre stukturelle Krise überwinden wollen, doch die Ergebnisse des laufenden Geschäftsjahres werden dadurch kaum verbessert. Der weiterhin steigende Yen und die schwache Binnennachfrage veranlaßte viele Unternehmen, im Sommer 1993 ihre Geschäftserwartungen nach unten zu korrigieren und ihre Investitionspläne gegenüber den ursprünglichen Plänen noch einmal drastisch zu beschneiden. Die Industrieproduktion stieg im ersten Quartal 1993 zwar um 0,4% an, im zweiten sank sie jedoch um 1,7% ab. Im Oktober lag sie um 5,1% unter dem Vorjahr. Da zugleich die Auslieferungen rückläufig sind, können die Lagerbestände kaum verringert werden, was die Unternehmen zu erneuten Produktionskürzungen bewegt. Die pessimistische Grundhaltung der Unternehmen scheint sehr fest: eine Umfrage Ende 1993 ergab, daß 60% der Unternehmen den Aufschwung frühestens im Herbst 1994 erwarten.

Finanzen und Dienstleistungen

Der japanische Finanzsektor hatte auch 1992/93 noch sehr stark mit den Nachwirkungen, der sogenannten "Bubble economy" zu kämpfen. Vor allem die Banken, die während der späten 80er Jahre freizügig Kredite ausgegeben hatten, stehen jetzt vor einem enormen Berg an uneinbringbaren Krediten. In ihren Bilanzen per 31.3.1993 mußten sie diese zum erstenmal offen ausweisen: die 21 großen Banken hatten 78 Billionen Yen an faulen Krediten in den Büchern, was etwas mehr als 3% ihres gesamten Kreditbestandes entsprach. Diese faulen Kredite waren hauptsächlich Forderungen gegenüber Firmen, die über Finanz- und Immobilienspekulationen in Schwierigkeiten geraten waren. Daß dennoch alle japanischen Großbanken per 31.3.1993 die von der Bank für internationalen Zahlungsausgleich geforderte Eigenkapitalquote von 8% erfüllen konnten, haben sie in erster Linie ihrer Regierung zu verdanken, die im März die Kursentwicklung am Aktienmarkt durch gezielte Preisstützungsmaßnahmen bzw. Erhöhungsmaßnahmen nach oben drückte. Dadurch konnten die Banken ihre Wertpapierbestände in den Bilanzen höher bewerten. Auch die Bank of Japan leistete Schützenhilfe, indem sie durch eine Senkung der Leitzinsen den Banken höhere Margeneinnahmen ermöglichte, bevor diese die Zinssenkung an die Kunden weitergaben. Dennoch sahen die Halbjahresbilanzen per 30. September 1993 erneut schlechter aus: der Bestand der faulen Kredite war offiziell auf 13,8 Billionen gestiegen, wird aber allgemein tatsächlich auf mindestens das Doppelte geschätzt. Da außerdem die Zinsmargen enger geworden waren, sanken auch die ordentlichen Erträge. Bei den elf Citybanken lagen daher die Vorsteuergewinne im September 1993 mit 393,3 Mrd Yen um 22,2% niedriger als ein Jahr zuvor. Dies wiederum bereitete ihnen Schwierigkeiten bei den erforderlichen Wertberichtigungen der faulen Kredite. Die Tokai Bank, die rund 160 Mrd Yen an faulen Krediten abschrieb, glich diese Abschreibung zum größten Teil durch Verkäufe von Wertpapierbeständen aus. Es bleiben ihr immer noch 189 Mrd Yen schlechter Kredite in den Büchern stehen. Das Finanzministerium drängt die Banken zunehmend, die Wertberichtigungen ener-

JAPAN

gisch anzugehen, beispielsweise über die Credit Cooperative Purchasing Co., die Anfang 1993 von den Banken gegründet wurde, um uneinbringbare Forderungen zu übernehmen und abzuwickeln. Bis zum Ende 1993 hatte die Einrichtung allerdings nicht sehr viele Erfolge zu verzeichnen.

Ein anderes Problem der Banken ist die schwache private Kreditnachfrage - trotz des historischen Tiefs, auf dem die Leitzinsen seit September stehen: 1,75%! Die Unternehmen streichen ihre Investitionen, während die Privatkunden mehr zu staatlichen Institutionen gehen bzw. ihre Einlagen zur Postsparkasse bringen, die ihnen höhere Zinsen bietet. 1993 brachte der japanischen Finanzwelt außerdem weitere Schritte bei der Liberalisierung. Außer den Zinsen für Girokonten und Sparkonten mit gesetzlicher Kündigungsfrist sind seit Sommer 93 alle Zinsen von den Banken frei bestimmbar. Am 1. April 1993 trat das "Securities and Exchange Law", in Kraft, das den Wertpapierfirmen und Banken erlaubt, über Tochterfirmen in den jeweils anderen Geschäftsbereichen tätig zu sein. Doch noch gelten zu viele Einschränkungen, als daß die erste umfassende Universalbank in Japan aktiv werden könnte. Dies ist wohl auch der Hauptgrund dafür, daß bis Ende 1993 noch nicht sehr viele Finanzinstitute neue Tochterunternehmen gegründet haben.

Die Börse konnte sich nach ihrem deutlichen Kursanstieg im März weiterhin verbessern und erreichte im Mai und im Spätsommer die 21.000-Punkte-Marke, knapp 50% mehr als ein Jahr zuvor. Dabei war das Handelsvolumen gegenüber dem Vorjahr noch weiter gesunken: 1991/92 waren täglich Aktien im Gesamtwert von 355 Mrd Yen gehandelt worden, 1992/93 waren es nur noch 250 Mrd täglich. Dieses Absinken hatte auch zu einem deutlichen Umsatzrückgang bei den Wertpapierhändlern geführt, die einen großen Teil ihrer Einkünfte aus Kommissionen erzielen. Insgesamt mußte die Branche per 31.3.1993 Verluste von 352,4 Mrd Yen hinnehmen, lediglich vier Broker konnten Vorsteuergewinne erzielen: neben zwei kleinen Brokern waren dies Branchenführer Nomura und Nikko Securitites. Allerdings bedeutete der Gewinn von 2,4 Mrd Yen für Nomura ein Rückgang gegenüber dem Vorjahr um 94%! Für das Jahr 1993/94 waren die Erwartungen der Branche dennoch etwas optimistischer. Hoffnungen auf eine weitere Belebung des Marktes knüpfte man an die Einführung der zwei Mio Anteile der East Japan Railway, die am 26.10.1993 stattfand. Doch dieser Brocken erwies sich als zu groß, das Papier zog lediglich Gelder von anderen Aktien ab und löste damit einen Verfall des Nikkei-Index aus, der innerhalb von wenigen Wochen auf das 17.000-Punkte-Niveau abfiel, den niedrigsten Stand seit März 1993. Als Grund für den Absturz wird nicht nur die JR East-Aktie gesehen, sondern in erster Linie die schlechten Halbjahresergebnisse der Unternehmen und deren pessimistische Erwartungen für die weitere Entwicklung. Hinzu kam, daß die Koalitionsregierung als ihre Vorgängerin der LDP sich ausdrücklich zurückhielt und nicht in das Börsengeschehen eingreifen wollte. Allerdings kündigte sie an, die geplanten Einführungen anderer halbstaatlicher Unternehmen wie Bahngesellschaften und der Japan Tobacco vorerst zurückzustellen, um den Markt nicht noch stärker in Unruhe zu versetzen.

JAPAN

Der japanische Einzelhandel leidet seit 1992 an der mangelnden Kauflust der Verbraucher: der private Verbrauch stieg 1992 lediglich um 1,7%, für 1993 rechnet man sogar nur mit 1,3% Wachstum. Am deutlichsten spüren diese Zurückhaltung die japanischen Kaufhäuser, deren Luxuswaren gegenüber die Verbraucher zunehmend preisgünstigen Angeboten in Discount Shops den Vorzug geben. Im Oktober 1993 verzeichneten die Kaufhäuser im 20. Monat in Folge sinkende Umsätze (-6,5%). Insgesamt mußte der Einzelhandel 1992/93 Einbußen von 1,9% hinnehmen. Auffällig sind neben dem kontinuierlichem Wachstum der sogenannten "Convenience Stores", Mini-Supermärkte mit sehr langen Öffnungszeiten, vor allem die enormen Erfolge der Billiggeschäfte. So konnte Aoyama Trading, ein Herrenbekleidungsgeschäft allein im Dezember 1992 und Januar 1993 seinen Umsatz um 35% steigern. Die Umsatzentwicklung der verschiedenen Einzelhandelsbereiche läßt darauf schließen, daß sich das Verbraucherverhalten der Japaner ändert und sie nunmehr Preisbewußtsein vor Konsum um jeden Preis stellen.

Außenwirtschaft

Der Überschuß der Außenhandelsbilanz vergrößerte sich im Fiskaljahr 1992 (bis 31.3.93) auf einen historischen Rekord von 110 Mrd US$. Die Exporte stiegen um 7,3% gegenüber 1991 auf 344,08 Mrd US$, die Importe um 0,3% auf 233,12 Mrd US$.

Im Kalenderjahr 1992 hatten sich die Importe noch um -1,6% verringert, während die Exporte um 8% zugenommen hatten. Ein Ende der Zeit ständig wachsender Exporte bei rückläufigen Importen ist damit in Sicht gekommen. Die Daten zum Außenhandel im August 1993 zeigen bereits ein fast gleichgroßes Wachstum bei den Exporten (+6,6% im Vergleich zum Vorjahr) und den Importen (+6,3% im Vergleich zum Vorjahr). Die in US-Dollar berechnete Bilanz wies trotzdem auch im August 1993 einen Überschußzuwachs von +7,5% auf. Das Kalenderjahr 1993 wird voraussichtlich mit einem neuen Rekordüberschuß von ca. 134 Mrd US$ abschließen. Erst für 1994 wird dieser Trend voraussichtlich zum Stillstand kommen.

Ausschlaggebend für das anhaltende Wachstum des Handelsüberschusses ist die Aufwertung der japanischen Währung gegenüber dem US-Dollar (12% von September 1992 bis September 1993). Die dadurch hervorgerufene Verteuerung der Exportpreise bewirkte mittelfristig bei stagnierender Exportmenge ein Wachstum in der nach US-Dollar berechneten Außenhandelsbilanz. So ist die Warenmenge bei den Ausfuhren im Kalenderjahr 1992 nur um 0,2% angewachsen, ihr Wert in der Bilanz jedoch um +8% gestiegen. Die Importmenge nahm im gleichen Zeitraum um -0,2% ab, ihr Wert sank in der Bilanz jedoch um -1,6%. In der nach Yen berechneten Handelsbilanz ist der Überschuß seit Mai 1993 rückläufig. Im Fiskaljahr 1994 könnte der vermehrte Absatz verbilligter Importwaren den Preiseffekt bei den Exporten bereits ausgeglichen haben.

JAPAN

Japans Ausfuhren in die EUG stiegen im Fiskaljahr 1992 um +3%, während die Einfuhren mit -2,6% leicht nachließen. Für das Kalenderjahr 1993 wird ein stark rückläufiges Handelsvolumen mit der EU erwartet. Hierzu trägt neben der anhaltend schwachen Inlandnachfrage in Japan vor allem eine verminderte Ausfuhr japanischer Pkw in die EU bei. Im Handel mit den USA stiegen die Ausfuhren um 6,6% auf 98,1 Mrd US$, während die Einfuhren um -2,4% auf 52,3 Mrd US$ zurückgingen. Damit schloß die Außenhandelsbilanz mit den USA im Fiskaljahr 1992 mit einem neuen Rekordüberschuß von 45,7 Mrd US$. Seit der neue amerikanische Präsident Bill Clinton Anfang 1993 in sein Amt eingeführt wurde, ist die bilaterale Handelsbilanz zu einer schweren Belastung für die amerikanisch-japanischen Beziehungen geworden. Im März machte der japanische Überschuß mit 5,3 Mrd US$ mehr als die Hälfte des amerikanischen Handelsdefizits von 10,2 Mrd US$ aus. Die USA bleiben auch im Fiskaljahr 1992 Japans wichtigster Handelspartner. Nach den USA und der Bundesrepublik Deutschland war Japan 1992 drittgrößter Warenexporteur der Welt. Japans Leistungsbilanzüberschuß erreichte im Fiskaljahr 1992 126,08 Mrd US$, was einer Steigerung von 39,7% gegenüber dem Vorjahr entspricht und vor allem auf ein abnehmendes Defizit in der Dienstleistungsbilanz zurückzuführen ist.

Nach Produktgruppen betrachtet, zeigt sich im Fiskaljahr 1992 ein Rückgang bei den Einfuhren in fast allen Bereichen. Bei der Industrieversorgung (119 Mrd US$) ist ein rezessionsbedingter Rückgang von -1% zu verzeichnen. Die Investitionsgüterimporte (35,6 Mrd US$) nahmen um -1,9% ab, und der Import von langlebigen Konsumgütern (16,5 Mrd US$) ging um -1,3% zurück. Ein Wachstum ist lediglich in den Bereichen Nahrungsmittel (+4,5%) und kurzlebige Konsumgüter (+12,4%) zu verzeichnen. Vor allem Billigbekleidung aus der VR China ist neuerdings beim japanischen Verbraucher gefragt. Beim Nahrungsmittelsektor dürfte der Importzuwachs vor allem auf den Abbau von Importbeschränkungen zurückzuführen sein. Eine wesentliche Rolle beim Zuwachs der Nahrungsmittel ebenso wie bei den Textilien spielt die Tatsache, daß diese Produkte neuerdings verstärkt von Discount-Supermarktketten landesweit verkauft werden. Bei den Pkw-Importen zeigt sich erneut ein Rückgang von -1,3%. Bei den Exporten ist ein Wachstum durchläufig in allen Produktgruppen zu verzeichnen. Einzig Haushaltsgeräte und Haushaltselektronik sind leicht rückläufig mit -4%. Hierzu dürfte ein Sättigungseffekt bei den Verbrauchern in den Hauptabsatzmärkten USA und EU zusammen mit der anhaltend schlechten Wirtschaftslage in den Industrieländern erheblich beigetragen haben.

Betrachtet man den japanischen Außenhandel nach Regionen, so fällt auf, daß die Bedeutung des asiatisch-pazifischen Raums weiter gewachsen ist. Hier zeigen sich vor allem bei den Exporten teilweise zweistellige Zuwachsraten. Besonders die Exporte in die VR China weisen mit 36,4% auf 12,8 Mrd US$ ein enormes Wachstum auf. Die Länder Lateinamerikas importierten mit 15,9 Mrd US$ um +17,4% mehr als im Fiskaljahr 1991. Auch Australien (mit 7,2 Mrd US$ ein Wachstum von +9,6%) und die Länder Südostasiens (+10,3%) sind für Japans Exporteure wichtiger geworden. 30% der japanischen Exporte im Fiskaljahr 1992

JAPAN

gingen in die Länder Südostasiens (107,1 Mrd US$), 28% in die USA (98,1 Mrd US$) und 18% in die EU (61,5 Mrd US$). Auch bei den Lieferländern kommt der VR China mit einem Wachstum von 20,1% auf 17,5 Mrd US$ eine Sonderrolle zu. Mit Ausnahme der Rohstofflieferanten des Nahen und Mittleren Ostens (+11,4%) weisen alle anderen Länder und Regionen rückläufige Einfuhren nach Japan auf. Besonders stark sind Japans Einfuhren aus Lateinamerika (-10,6% auf 8,5 Mrd US$) und Afrika/ohne Südafrika (-8% auf 11,6 Mrd US$) zurückgegangen. Der Handel mit Rußland ist im Fiskaljahr 1992 mit einem Rückgang bei den Einfuhren um -35,8% und bei den Ausfuhren um -21,4% erheblich geschrumpft. Das Handelsvolumen ist von 4,8 Mrd US$ im Fiskaljahr 1991 auf 3,5 Mrd US$ im Fiskaljahr 1992 zurückgegangen. Angesichts der unsicheren politischen und wirtschaftlichen Lage in den Ländern der ehemaligen Sowjetunion zeigt sich die japanische Geschäftswelt sehr zurückhaltend.

Zentrales Problem der japanischen Außenwirtschaft bleibt der Überschuß in der Handelsbilanz mit den USA: Japans Anstrengungen, den Überschuß im Handel mit den USA durch , Deregulierungsmaßnahmen und Zollsenkungen (Im Mai 1993 wurden die Einfuhrzölle bei 700 Produkten gestrichen. Japan hat damit einen Durchschnittszollsatz bei Industriegütern von 1,6%, was nach Angaben des MITI der niedrigste Zinssatz aller Industrienationen sein soll.) abzubauen, führten bisher ebenso wenig zum Erfolg wie die seit Mitte 1993 laufenden bilateralen Rahmenverhandlungen zur Neuordnung der Handelsbeziehungen. Nachdem überraschend eine zwischen beiden Ländern 1991 vereinbarte 20%-Marktanteilsquote für ausländische Microchips-Anbieter auf dem japanischen Markt getreu der Abmachung im März 1993 erreicht worden ist, verlangen die USA derartige Abmachungen auch für andere Branchen. Dies wird von Japan jedoch unter Hinweis auf die Prinzipien der freien Marktwirtschaft in Japan zurückgewiesen. Insbesondere die Bereiche Supercomputer und Bauindustrie gehören zu den wichtigsten Streitpunkten. Die USA möchten hier eine höhere Beteiligung ausländischer Firmen an Aufträgen der öffentlichen Hand erreichen. Aber auch bei der Elektronik- und Automobilindustrie drängen die USA auf höhere Anteile am japanischen Markt und drohen mit Handelssanktionen. Japan hat zwar im ersten Halbjahr 1993 versucht, den Spieß umzudrehen und den USA mit einer Beschwerde beim GATT wegen unlauterer Handelshemmnisse gedroht. Doch dürften die USA für die japanische Wirtschaft ein zu wichtiger Handelspartner sein, als daß Japan das Risiko eines Handelskriegs wirklich eingehen kann.

Angesichts der Verhandlungen zwischen den USA und Japan über eine Neuordnung der Handelsbeziehungen wächst in der EU die Sorge, ein höherer Marktanteil von US-Produkten könnte zu Lasten der europäischen Industrie gehen. Bei den Pkws scheint sich diese Befürchtung bereits bestätigt zu haben. Die USA beteuern jedoch, ihre Bemühungen um eine Öffnung des japanischen Markts würden für alle Industrieländern positive Auswirkungen haben. Das Außenhandelsdefizit der EU mit Japan beläuft sich im Fiskaljahr 1992 auf 31 Mrd US$ bei einem Handelsvolumen von 92 Mrd US$. Damit ist das Defizit der EU mit Japan im Verhältnis zum Handelsvolumen in etwa ebenso groß wie das Defizit der USA mit Japan.

JAPAN

Trotzdem lehnt die EU Verhandlungen über Quotenregelungen ab und will auf die Kräfte des freien Markts vertrauen. Japans Handelsvolumen mit der EU vergrößerte sich im Fiskaljahr 1992 nur um 1%, was angesichts des Preiseffekts durch den Anstieg des Yen gegenüber dem US-Dollar einen real rückläufigen Handel bedeutet. Diese Tendenz hält im Fiskaljahr 1993 weiter an. Dabei fallen die sinkenden japanischen Pkw-Exporte besonders ins Gewicht. Sie sind im Rahmen der mit der EU vereinbarten Selbstbeschränkung im ersten Halbjahr 1993 angesichts starker Einbrüche bei den Neuzulassungen von Pkw in Europa um -30% gesunken. Insgesamt gingen die japanischen Einfuhren von Januar bis September 1993 um 4,2% auf 22,37 Mrd US$ zurück, die Exporte sanken im selben Zeitraum sogar um 9,9% auf 43,4 Mrd US$.

Die japanischen Direktinvestitionen ins Ausland beliefen sich im Fiskaljahr 1992 auf 34,1 Mrd US$. Stark rückläufigen Investitionen in Taiwan (-27,9%), Europa (-24,7%) und den USA (-23,3%) stand ein hohes Investitionswachstum in der VR China (+84,8%) und den Ländern Südostasiens, vor allem Indonesien (+40,5%) gegenüber. Die verstärkte Auslagerung von weniger technologieintensiven Produktionsschritten in Billiglohnländer ist der Grund für den verstärkten Kapitalfluß in die asiatischen Nachbarstaaten. Gegenwärtig machen Vorprodukte ca. 25% aller japanischen Importe aus. Angesichts der anhaltenden Stärke der japanischen Währung wird die japanische Industrie voraussichtlich ihre Investitionen im asiatischen Raum weiter ausweiten. Die ausländischen Direktinvestitionen in Japan gingen im Fiskaljahr 1992 um 6,6% auf 4,08 Mrd US$ zurück. Auffällig ist, daß sich die jährliche Investitionssumme seit 1990 kaum verändert hat, obwohl die Zahl der Einzelinvestitionen in diesem Zeitraum von 6.000 auf 1.270 zurückgegangen sind. Die Investoren kommen vor allem aus den USA und der Schweiz. Eine verstärkte Investitionsaktivität ist vor allem in der Chemie-Branche im Bereich Forschung und Entwicklung zu registrieren. Aber auch in den Bereichen Handel, Maschinenbau und Elektrotechnik sowie im Kredit- und Versicherungsgewerbe sind Zuwachsraten zu verzeichnen. Besonders im Dienstleistungssektor dürfte hier eine Reaktion auf die Deregulierungspolitik Japans vorliegen.

Beziehungen zur Bundesrepublik Deutschland

Im Fiskaljahr 1991 lag Deutschland noch hinter den USA auf Rang zwei der japanischen Exportländer. Im Kalenderjahr 1992 hat es diese Position an Hongkong abtreten müssen. Im ersten Halbjahr 1993 büßte Deutschland dann noch den zweiten Platz bei Japans größten Handelspartnern ein und ist jetzt auch hier nur noch Dritter hinter den USA und der VR China. Lediglich auf der Liste der Lieferländer konnte der sechste Platz hinter Indonesien und Südkorea behauptet werden. Das bilaterale Handelsvolumen ging im Kalenderjahr 1992 um -6,1% auf 52,7 Mrd DM zurück, nachdem es sich noch 1991 um 11,7% auf 56,2 Mrd DM erhöht hatte. Dabei gingen die deutschen Exporte um -10,9% auf 14,7 Mrd DM, die Importe aus Japan um -4,1% auf 38 Mrd DM zurück. Damit erhöhte sich das deutsche

JAPAN

Defizit im Handel mit Japan nur um 0,5% auf 23,3 Mrd DM. Der Rückgang bei den japanischen Ausfuhren nach Deutschland ist in erster Linie auf die Schwäche der deutschen Konjunktur zurückzuführen. Die deutschen Exporte sind dagegen bereits seit 1990 rückläufig, so daß hier neben einer mangelnden japanischen Nachfrage auch eine verstärkte Orientierung der deutschen Wirtschaft auf Ostdeutschland und Osteuropa für die Verringerung der Exporte nach Japan verantwortlich ist.

Besonderen Anteil am Rückgang der deutschen Exporte nach Japan hatten mit 20% die Kraftfahrzeuge, die hier nach wie vor die größte Warengruppe ist. Ihr Anteil an den Gesamtexporten sank jedoch von 36,3% 1991 auf 32,6% 1992. In den ersten drei Monaten 1993 machten Kraftfahrzeuge nur noch 28,16% der deutschen Ausfuhren nach Japan aus. Die konjunkturbedingt geringe Nachfrage der japanischen Verbraucher nach Luxusfahrzeugen dürfte hierzu entscheidend beigetragen haben. Der Exportrückgang bei der zweitgrößten Warengruppe, den Maschinenexporten, lag mit -8,2% unter dem Durchschnitt. Ihr Anteil an den Gesamtexporten stieg daher im Kalenderjahr 1992 auf 16,1%, sank in den ersten drei Monaten 1993 jedoch auf 15,7%. Die drittgrößte Warengruppe, die chemischen Erzeugnisse, konnte einen leichten Zuwachs von 0,9% verbuchen und ihren Anteil an den Gesamtexporten auf 13% ausweiten. Bei den elektrotechnischen Erzeugnissen stieg der Anteil der deutschen Gesamtexporte nach Japan in den ersten drei Monaten 1993 von 7,9% auf 8,9%.

Bei den japanischen Ausfuhren nach Deutschland haben japanische Kraftfahrzeuge im Kalenderjahr 1992 mit 30,3% den größten Anteil, der in den ersten drei Monaten 1993 sogar noch auf 32,3% angestiegen ist. Im Kalenderjahr 1992 gingen die Exporte hier nur leicht um 2% zurück. Ein mit -7,1% überdurchschnittlicher Rückgang zeigt sich dagegen bei den elektrotechnischen Erzeugnissen. Ihr Anteil an den japanischen Gesamtexporten nach Deutschland sank auf 26,9%. Maschinenexporte machten 1992 einen Anteil von 19,1% der japanischen Exporte nach Deutschland aus, wobei hier besonders Büromaschinen, Pumpen und Druckluftmaschinen sowie sonstige Maschinen importiert wurden.

Die deutschen Nettodirektinvestitionen gingen von 479 Mio DM 1991 auf 289 Mio DM 1992 zurück. Während in den ersten neun Monaten 1992 noch 82 Mio DM nach Japan flossen, waren es nur noch 26 Mio DM im Vergleichszeitraum 1993. Im Fiskaljahr 1992 sank das deutsche Investitionsvolumen in Japan um 6,1%. Im Vergleich mit den anderen Ländern Westeuropas rangierte Deutschland im Fiskaljahr mit Neuinvestitionen in Höhe von 126 Mio US$ erst an sechster Stelle hinter der Schweiz (515 Mio US$), Großbritannien (254 Mio US$), den Niederlanden (207 Mio US$) und Frankreich (169 Mio US$). Der Anteil deutschen Kapitals am gesamten ausländischen Kapitalbestand in Japan beläuft sich im dritten Quartal 1993 auf nur 4,6%.

Das japanische Investitionsvolumen in Deutschland lag im Fiskaljahr 1992 um 31% unter dem des Vorjahrs. Auffallend ist auch das Desinteresse der japanischen Wirtschaft an Investitionen in den neuen Bundesländern. Mit zwei Erwerbungen

JAPAN

liegt Japan mit seinem Engagement in etwa auf gleicher Ebene wie Singapur. Die Treuhandanstalt hat ihr Tokyoter Büro daher im September 1993 geschlossen. Mit 111 japanischen Produktionsstätten im Lande liegt Deutschland 1992 weit hinter Frankreich (128) und Großbritannien (195).

JAPAN

Tabelle 1: **Handelsstruktur Deutschland** [1] **- Japan**
Deutsche Exporte nach Japan
(Angaben in Mio DM)

SITC POSITION [2]	WARENKLASSE [3]	1990	1991	1992
0 - 9	INSGESAMT	17415,5	16494,5	14700,7
0	Nahrungsmittel und lebende Tiere	276,1	245,0	264,0
2	Rohstoffe (andere als SITC 0 und 3)	86,1	88,2	82,6
5	Chemische Erzeugnisse	3231,5	3363,0	3207,3
darunter:				
51	Organische chemische Erzeugnisse	784,0	827,7	777,5
54	Medizinische und pharmazeutische Erzeugnisse	1042,7	1221,8	1229,5
57	Kunststoffe in Primärform	222,4	236,4	230,7
6	Bearbeitete Waren, vorwiegend nach Beschaffenheit gegliedert	1152,5	1168,9	1085,8
darunter:				
61-66	Waren aus mineralischen nicht-metallischen Stoffen	700,4	671,9	583,7
67-69	Metalle, Metallwaren	452,1	497,0	501,5
7	Maschinenbau-, elektrotechn. Erzeugnisse und Fahrzeuge	10782,9	9658,4	8120,8
darunter:				
71-74	Maschinenbauerzeugnisse	2698,2	2477,4	2225,9
75-77	Elektrotechn. Erzeugnisse	1166,8	1191,1	1077,5
78-79	Fahrzeuge	6903,4	5989,5	4777,6
8	Verschiedene Fertigwaren	1688,0	1627,2	1606,6
darunter:				
84	Bekleidung und Bekleidungszubehör	134,6	124,6	63,6
87	Meß-, Prüf- und Kontrollinstrumente	580,8	573,6	589,8
9	Anderweitig nicht erfaßte Waren	205,8	230,3	216,3

1) Bis 1990 westdeutscher, ab 1991 gesamtdeutscher Handel.
2) Standard International Trade Classification (SITC Rev. II bis 1987, SITC Rev. III ab 1988).
3) Bezeichnungen der Warenklassen teilweise gekürzt; geringfügige Rundungsabweichungen bei Summenbildung möglich.

Quelle: Statistisches Bundesamt, Wiesbaden

JAPAN

Tabelle 2: **Handelsstruktur Deutschland** [1] **- Japan**
Deutsche Importe aus Japan
(Angaben in Mio DM)

SITC POSITION [2]	WARENKLASSE [3]	1990	1991	1992
0 - 9	INSGESAMT	32871,0	39663,6	38038,2
0	Nahrungsmittel und lebende Tiere	43,3	53,5	49,5
5	Chemische Erzeugnisse	1419,5	1631,9	1705,9
darunter:				
51	Organische chemische Erzeugnisse	534,2	590,0	635,4
54	Medizinische und pharmazeutische Erzeugnisse	148,2	158,0	181,1
57	Kunststoffe in Primärform	195,7	232,2	237,9
58	Kunststoffe (außer Primärformen)	243,8	306,7	286,8
6	Bearbeitete Waren, vorwiegend nach Beschaffenheit gegliedert	1741,9	1944,4	1908,1
darunter:				
61-66	Waren aus mineralischen nicht-metallischen Stoffen	1074,1	1242,9	1298,4
67-69	Metalle, Metallwaren	667,7	701,5	609,6
7	Maschinenbau-, elektrotechn. Erzeugnisse und Fahrzeuge	25122,2	30835,6	29313,6
darunter:				
71-74	Maschinenbauerzeugnisse	3059,3	3378,3	3249,0
75-77	Elektrotechn. Erzeugnisse	13112,6	15556,5	14508,2
78-79	Fahrzeuge	8950,4	11900,8	11556,3
8	Verschiedene Fertigwaren	4169,8	4771,7	4645,0
darunter:				
87	Meß-, Prüf- und Kontrollinstrumente	895,6	1061,1	1107,8
88	Fotoartikel, optische Geräte, Uhren u.ä.	1672,5	1712,1	1592,9
89	Verschiedene bearbeitete Waren	1429,4	1787,3	1758,7
9	Anderweitig nicht erfaßte Waren	71,8	233,4	223,5

1) Bis 1990 westdeutscher, ab 1991 gesamtdeutscher Handel.
2) Standard International Trade Classification (SITC Rev. II bis 1987, SITC Rev. III ab 1988).
3) Bezeichnungen der Warenklassen teilweise gekürzt; geringfügige Rundungsabweichungen bei Summenbildung möglich.

Quelle: Statistisches Bundesamt, Wiesbaden

JAPAN

Tabelle 3: **Außenhandel nach Waren**
(Exporte in Mio US$)

WARENGRUPPE	1991	1992	1-6/93
GESAMT-EXPORTE	314.525	339.650	175.013
Nahrungsmittel	1.822	1.929	923
Textilien	7.943	8.590	4.002
Chemikalien	17.475	19.118	9.860
Metalle	21.126	21.333	11.052
Eisen- und Stahlerzeugnisse	13.612	13.331	6.931
NE-Metalle	2.350	2.527	1.336
Maschinen und Ausrüstung	236.641	256.828	133.332
Generatoren	8.294	9.697	5.520
Büromaschinen	22.250	25.375	12.771
Metallbearbeitungsmaschinen	4.497	3.891	1.785
Textilmaschinen	3.381	3.765	1.752
Nähmaschinen	1.159	1.284	671
Fernsehempfänger	2.188	2.402	1.065
Rundfunkempfänger	3.117	2.899	1.326
Kraftfahrzeuge	54.765	60.490	31.045
Motorräder	2.842	3.645	2.106
Schiffe	6.722	7.949	4.824
Wissenschaftl., optische Geräte	12.935	13.499	6.681
Uhren	2.558	2.509	1.176
Tonband-, Videogeräte	7.188	6.211	2.494
Sonstiges	26.020	27.966	13.926
Sperrholz	21	16	7
Gummireifen u. -schläuche	2.499	2.556	1.224
Schuhe	82	95	51
Spielzeug	221	202	84

Quelle: *The Summary Report on Trade of Japan, JTA (Japan Tariff Association), August 1993*

JAPAN

Tabelle 4: **Außenhandel nach Waren**
(Importe in Mio US$)

WARENGRUPPE	1991	1992	1-6/93
GESAMT-IMPORTE	236.737	233.021	117.753
Nahrungsmittel	34.473	37.289	18.521
Textilrohstoffe	2.456	2.012	814
Erze und Schrott	8.777	7.597	3.620
Rohstoffe	15.993	16.386	9.458
Mineralöl	54.756	52.739	25.529
Holz	7.150	7.638	5.207
Chemikalien	17.412	17.355	8.950
Maschinen u. Ausrüstung	42.851	42.853	22.674
Sonstiges	60.078	56.791	28.189
Büromaschinen	5.584	6.006	3.207
Generatoren	1.510	1.539	852
Metallverarbeitungsmaschinen	673	599	228
Textilmaschinen	358	326	130
Präzisionsinstrumente	4.059	4.293	2.185
Textilien	13.660	15.327	6.729
NE-Metalle	9.576	7.019	3.614

Quelle: *The Summary Report on Trade of Japan, JTA (Japan Tariff Association), August 1993*

JAPAN

Tabelle 5: **Außenhandel nach Ländern**
(Exporte in Mio US$)

LAND	1991	1992	1-6/93
GESAMT-EXPORTE	314.525	339.650	175.013
davon:			
USA	91.538	95.793	49.545
Bundesrepublik Deutschland	20.605	20.310	9.483
Südkorea	20.068	17.770	9.069
Taiwan	18.255	21.146	10.694
Hongkong	16.315	20.747	11.285
Singapur	12.213	12.974	7.788
Großbritannien	11.040	12.287	6.015
Thailand	9.431	10.366	5.908
VR China	8.593	11.949	7.827
Malaysia	7.635	8.116	4.367
Kanada	7.251	7.073	3.211
Niederlande	7.219	8.098	3.703
Australien	6.493	7.048	3.832
Frankreich	6.117	6.312	2.903
Indonesien	5.612	5.576	2.594
Belgien	4.190	4.701	1.968
Panama	3.946	4.290	1.968
Saudi Arabien	3.893	4.841	2.122
Italien	3.788	3.899	1.761
Schweiz	3.008	2.801	1.084
Mexiko	2.818	3.803	1.939
Philippinen	2.659	3.517	2.404
Spanien	2.562	2.863	1.126
Iran	2.473	2.649	792
Rußland	2.114	1.076	708

Quelle: *The Summary Report on Trade of Japan, JTA (Japan Tariff Association), August 1993*

JAPAN

Tabelle 6: **Außenhandel nach Ländern**
(Importe in Mio US$)

LAND	1991	1992	1-6/93
GESAMT-IMPORTE	236.737	233.021	117.753
davon:			
USA	53.317	52.230	27.932
VR China	14.216	16.953	8.770
Australien	13.011	12.447	5.975
Indonesien	12.770	12.244	6.188
Südkorea	12.339	11.577	5.313
Bundesrepublik Deutschland	10.739	10.739	4.775
VAE	10.524	9.743	4.597
Saudi Arabien	10.081	10.191	4.798
Taiwan	9.492	9.449	4.820
Kanada	7.698	7.674	3.987
Malaysia	6.471	6.573	3.766
Frankreich	5.813	5.412	2.588
Italien	4.534	4.157	1.781
Thailand	5.252	5.947	3.011
Großbritannien	5.017	4.890	2.438
Schweiz	3.629	3.184	1.456
Singapur	3.415	3.097	1.763
Rußland	3.317	2.403	1.320
Brasilien	3.180	2.847	1.369
Iran	2.792	2.603	1.258
Philippinen	2.351	2.333	1.159
Indien	2.190	2.037	1.157
Oman	2.164	1.966	734
Quatar	2.157	2.182	1.023
Hongkong	2.064	2.045	955

Quelle: *The Summary Report on Trade of Japan, JTA (Japan Tariff Association), August 1993*

JAPAN

Besonderheiten aus Sicht der Deutschen Industrie- und Handelskammer in Japan, Tokyo

Standortanalyse Japanischer Investitionen in Europa 1992/93

Gegenüber dem Fiskaljahr 1991 sanken die Investitionen in Übersee im Fiskaljahr 1992 um 17,9% auf 34,14 Mrd US$. In Europa gingen die japanischen Investitionen sogar um 24,7% auf 7,06 Mrd US$ zurück, das ist rund die Hälfte des Volumens des Fiskaljahres 1990. Gegenüber 1991 sank damit der Anteil Europas am japanischen Überseeinvestitionsvolumen im Fiskaljahr 1992 von 22,5% auf 20,7%. Großbritannien lag weiterhin mit 2,95 Mrd US$ (minus 17,8%) auf Platz eins, gefolgt von den Niederlanden mit 1,45 Mrd US$ (minus 26,2%) und Deutschland mit 769 Mio US$ (minus 31,0%). Frankreich belegte Platz vier mit 456 Mio US$ (minus 44,2%).

An japanischen Investitionsfällen in Europa wurden im Zeitraum Juni 1992 bis Juli 1993 von der DIHKJ 538 gezählt, ein deutlicher Rückgang gegenüber den 754 Investitionsfällen des 14-monatigen Vergleichszeitraums 1991/92. Dabei wiesen das produzierende Gewerbe 378 Fälle (70,3%) und das nichtproduzierende Gewerbe 160 Fälle (29,7%) aus. Der Fahrzeugbau lag mit 92 Fällen (17,1%) an erster Stelle, gefolgt von Elektronik/Elektrotechnik mit 89 Fällen (16,5%) und Chemie/Pharmazie mit 62 Fällen (11,5%). An vierter Stelle war der Maschinenbau mit 54 Investitionsfällen (10%). Das nichtproduzierende Gewerbe wurde vom Finanzsektor mit 37 Fällen (6,9%) und dem Handel mit 31 Fällen (5,8%) angeführt. Auf Platz drei lag das Transportgewerbe mit 26 Fällen (4,8%).

Von 538 japanischen Investitionsfällen in Europa im Zeitraum Juni 1992 bis Juli 1993 war Großbritannien mit 118 Investitionsfällen das Hauptzielland japanischer Investitionen in Europa. Nach Branchen unterteilt war die Reihenfolge wie folgt: Elektronik/Elektrotechnik 28, Fahrzeugbau 18, Chemie/Pharmazie 14 und Finanzsektor 13 Fälle.

Direktinvestitionen wurden von japanischen Investoren in Deutschland 104mal getätigt. Aufgegliedert nach Branchen waren im Elektronik-/elektrotechnischen Bereich 21, im Fahrzeugbau 19, im Maschinenbau 15, im chemisch-pharmazeutischen Bereich 13 und im Transportgewerbe 8 Fälle zu verzeichnen.

Deutschland dient neben Großbritannien u.a. als F&E-Stützpunkt für Europa in den Bereichen klinische Tests für neue Medikamente, Auto-Design und Autozulieferungstechnologie. Neben F&E-Instituten investierten japanische Unternehmen auch in Büros zur reinen Informationssammlung. Ein dritter Bereich japanischer Investitionen ist die Umwelttechnik und hier besonders in den Feldern Auto- und Elektronikschrott-Recycling.

Japan hat sich frühzeitig, etwa ab Mitte der 80er Jahre, auf den Wegfall der Grenzen in Europa strategisch vorbereitet. Hohe Investitionen wurden Jahr für Jahr in den Ausbau von Produktionsstätten, Handelsniederlassungen und

JAPAN

Vertriebsnetzen sowie im Dienstleistungsbereich getätigt. Der in der Periode Juni 1992 bis Juli 1993 zu verzeichnende Rückgang an Investitionsfällen ist deshalb auch nicht auf ein nachlassendes Interesse oder nachlassenden Konkurrenzdruck japanischer Unternehmen an oder auf Europa zurückzuführen, sondern ist nur Ausdruck einer gewissen Investitionssättigung und der derzeitigen Konjunkturschwäche.

Nach wie vor sind die Investitionen in Konkurrenzbeobachtungsstützpunkten groß, besonders auf den Gebieten wie Umwelttechnik, Chemie/Pharmazie oder Fahrzeugbau, wo die Europäer eine starke Machtstellung besitzen. Ebenso läßt sich eine Reaktion seitens Japans auf den anhaltenden internationalen Druck zur Senkung des japanischen Handelsungleichgewichtes erkennen. Hoher Yen und Verordnungen wie Local content tun ein übriges, Japans Internationalisierung voranzutreiben. Nimmt man dazu noch den relativ niedrigen Wert des japanischen Auslandsproduktionsanteils von rund 7% (USA 25%), so ist eine weitere Investitionsoffensive wohl nur eine Frage der Zeit.

Peter Bürger
Leiter der Abteilung Volkswirtschaft und Marktinformationen,
Deutsche Industrie- und Handelskammer in Japan

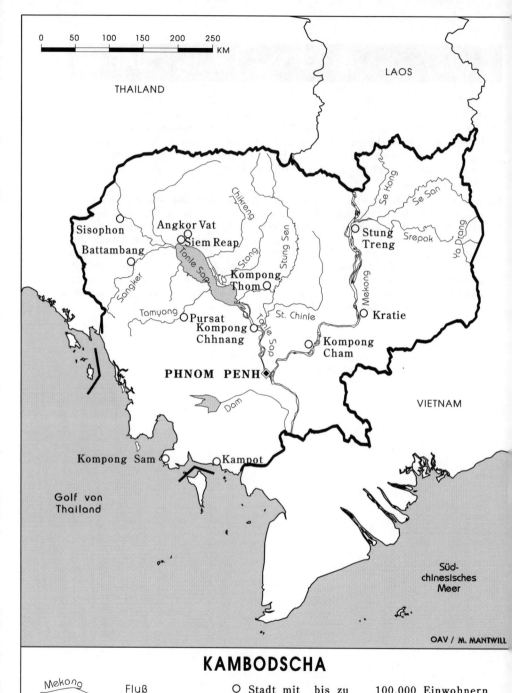

KAMBODSCHA
Peter Schier

Die von den Vereinten Nationen Ende Mai 1993 organisierten freien und geheimen Wahlen endeten mit einem Wahlerfolg der von Prinz Norodom Ranariddh geführten royalistischen FUNCINPEC-Partei, die im neuen Parlament 58 der 120 Abgeordneten stellt. Die ursprünglich von Vietnam an die Macht gebrachte und seit 1979 allein herrschende Kambodschanische Volkspartei (KVP) verfügt über 51 Parlamentarier, die bürgerliche Buddhistische Liberal-Demokratische Partei (BLDP) über 10 und die monarchistische MOLINAKA über 1 Abgeordneten. Obwohl die nichtkommunistischen Parteien im Parlament mit 69 von 120 Mandaten über die absolute Mehrheit verfügen, mußten sie mit der KVP eine Koalitionsregierung eingehen, da Armee, Polizei und Verwaltung auf allen Ebenen von der KVP kontrolliert werden.

Am 21. September 1993 wurde eine neue kambodschanische Verfassung verabschiedet, die eine konstitutionelle Monarchie und ein demokratisches Mehrparteiensystem vorsieht. Norodom Sihanouk wurde am 24. September zum König gekrönt. Gleichzeitig endete das Mandat der UNO-Treuhandverwaltung. Bis zum 15. November hatten alle UNO-Truppen das Land verlassen.

Nach wie vor ungelöst ist das Problem der Roten Khmer, die in etwa 20% des Landes ihren bewaffneten Kampf fortsetzen. König Norodom Sihanouk befürwortet eine Einbindung der Roten Khmer in die neue politische Ordnung, um das Land so schnell wie möglich vollständig zu befrieden und damit die grundlegende Voraussetzung für den erfolgreichen Wiederaufbau des Landes und für ein günstiges Investitionsklima zu schaffen. Dagegen wehren sich unversöhnliche Hardliner sowohl in den Reihen der Roten Khmer als auch innerhalb der KVP und der FUNCINPEC.

Allgemeines

Staatsname:	Königreich Kambodscha
Staatsform:	Konstitutionelle Monarchie
Staatsoberhaupt:	König Norodom Sihanouk (72)
Regierungschef:	Premierminister Prinz Norodom Ranariddh (50) 2. Premierminister Hun Sen (42)
Landfläche:	181.035 qkm
Einwohnerzahl:	9,27 Mio Einw.
Bevölkerungsdichte:	51 Einw./qkm

KAMBODSCHA

Bevölkerungswachstum:	2,6%
Wichtige Städte:	Phnom Penh (Hauptstadt; 1993: über 1 Mio Einwohner), Sihanoukville (Kompong Som; 1987: ca. 60.000), Battambang (1992: 150.000), Kompong Chhnang
Amtssprache:	Kambodschanisch
Handelssprachen:	Französisch und Englisch
Nationalfeiertag:	9. November (Erlangung der Unabhängigkeit 1953)

Weitere Daten

Beschäftigung:	ca. 3,8 Millionen Erwerbstätige
Arbeitslosigkeit:	Keine Angaben vorhanden. Die Unterbeschäftigung ist groß.
Entstehung des Bruttoinlandsprodukts:	50% Landwirtschaft, 16% Industrie, 33% Dienstleistungen
Wichtige Agrarprodukte:	(1992) Reis 2,254 Mio t; (1991) Zuckerrohr 238.000 t, Obst und Gemüse 470.000 t, Fleisch 72.000 t; (1992) Fisch 102.600 t
Wichtige Forstprodukte:	(1992) Industrieholz 1,508 Mio cbm, Brennholz 5,72 Mio cbm
Elektrizitätserzeugung:	(1988) 180 Mio kWh
Abkommen mit der EU:	In allgemeine autonome Zollpräferenzen einbezogen

KAMBODSCHA

Statistisches Profil Kambodscha

		1990	1991	1992	1993(S)	1994(P)
1. Bruttoinlandsprodukt (BIP)						
BIP (Mio US$)		1.560	1.721	1.859	1.915	2.400
Reales BIP (Veränd. in %)	1)	1,2	7,6	7,0	7,5	8,0
BIP pro Kopf (US$)		175	190	200	205	
Reales BIP pro Kopf (Veränd. in %)	1)	1,0	-1,2	5,1	2,4	
2. Wechselkurse (1 Riel = 100 Sen)						
Riel/US$ (Jahresdurchschnittskurs)		460	700	1.570	3.125	
Riel/US$ (Jahresendkurs)		560	750	2.000	3.500	
Riel/DM (Jahresdurchschnittskurs)		290	410	995	1.874	
Riel/DM (Jahresendkurs)		375	490	1.240	2.044	
3. Preis						
Inflationsrate (%)	2)	142	197	75		
Terms of Trade (Veränd. in%)						
4. Zinssätze						
Geldmarktsatz (% p.a.)						
Kreditzinssatz (% p.a.)						
5. Staatshaushalt						
Saldo (in % des BIP)		-4,5	-3,0	-3,4		-15,0
6. Monetärer Sektor						
Inlandskredite (Veränd. in%)						
Geldmenge M2 (%)		150	14,5	202,9		
7. Außenhandel						
Exporte (fob) (Mio US$)		50	252	260		
Importe (cif) (Mio US$)		121	285	350		
Deutsche Importe (cif) (Mio DM)	3)	1,2	28	41,1	47,9	
Deutsche Exporte (fob) (Mio DM)	3)	3,1	4,7	7,4	3,9	
8. Leistungsbilanz						
Handelsbilanz						
- Güterexporte (fob) (Mio US$)				252		
- Güterimporte (fob) (Mio US$)				285		
- Saldo (Mio US$)		-21	-33	-90		
Dienstleistungsbilanz						
- Exporte (Mio US$)						
- Importe (Mio US$)						
- Saldo (Mio US$)						
Übertragungen						
- privat (netto) (Mio US$)						
- öffentlich (netto) (Mio US$)						
Leistungsbilanzsaldo (Mio US$)		-50	-25	-29		
9. Auslandsverschuldung						
Bruttobestand (Mio US$)		1.557	1.596			
- in % des BIP		103	93			
- in % der Exporterlöse		3.114	633			
(Güter und Dienstleistungen)						
10. Währungsreserven						
Währungsreserven (Mio US$)						
- in Monatsimporten						

1) Auf Basis der Landeswährung.
2) Jahresdurchschnittswerte; Quelle: ADB.
3) Ab 1991 gesamtdeutscher Handel.
(S): Schätzung.
(P): Prognose.

Quelle: Institut für Asienkunde
Ostasiatischer Verein

KAMBODSCHA

Länderrating

Aufgrund des jahrelangen Kriegszustands ist die gesamtwirtschaftliche Situation Kambodschas trotz des Wirtschaftsaufschwungs von Mitte 1991 bis Mitte 1993 nach wie vor als schlecht einzustufen. Das Kreditrisiko ist immer noch hoch.

Der Wirtschaftsaufschwung war das Ergebnis der UN-Friedensmission in Kambodscha und fast ausschließlich auf das Baugewerbe und auf den Dienstleistungssektor (vor allem Hotel- und Gaststättengewerbe) beschränkt.

Positiv schlägt zu Buche, daß sich die politische Lage nach den Wahlen, der Verabschiedung einer Verfassung und der Bildung der Königlichen Regierung langsam stabilisiert. Für die Schaffung eines günstigen Investitionsklimas ist die Lösung des Konflikts mit den Roten Khmer unabdingbar.

Mit Beginn der zweiten Jahreshälfte 1994 ist mit dem Eintreffen umfangreicher internationaler Entwicklungshilfeleistungen zu rechnen. Hierfür sind insgesamt 1 Mrd US$ zugesagt, möglicherweise sind jedoch 3 Mrd US$ notwendig, um das Land wieder auf Vorkriegsniveau zu bringen.

Wirtschaftliche und politische Lage 1993

- \+ Stabilisierung der politischen Lage in der zweiten Jahreshälfte
- \- Zunehmend geringeres Wirtschaftswachstum in der ersten Jahreshälfte und Stagnation, wenn nicht gar Rückgang der wirtschaftlichen Entwicklung in der zweiten Jahreshälfte, bedingt durch den Abzug der 22.000 ausländischen Mitarbeiter der UN-Treuhandverwaltung
- \- Kaum langfristige Investitionen im industriellen Bereich
- \- Unbefriedigende Sicherheitslage durch Fortsetzung der militärischen Aktivitäten der Roten Khmer und durch verstärkte Bandenkriminalität

Prognose für 1994

- \- Stagnation, wenn nicht gar Rückgang der wirtschaftlichen Entwicklung in der ersten Jahreshälfte als Folge des Abzugs der UNO
- \+ Schrittweise Verbesserung der Sicherheitslage durch Entschärfung/Lösung des Konflikts mit den Roten Khmer
- \+ Schaffung von günstigeren politischen und rechtlichen Rahmenbedingungen für Auslandsinvestitionen gegen Mitte des Jahres 1994
- \+ Internationale Entwicklungshilfemaßnahmen im zweiten Halbjahr 1994

KAMBODSCHA

Bilaterale Wirtschaftsbeziehungen

- Praktisch nicht vorhanden. Die in den Außenhandelsstatistiken vermeldeten Textilimporte aus Kambodscha beruhen sehr wahrscheinlich auf gefälschten Ursprungsbescheinigungen.

Trinkaus & Burkhardt. Das Prinzip der Privatbank für das Firmenkundengeschäft.
Kundennähe ist keine Frage von Entfernung.

Als Ihre Auslandsbank bieten Ihnen die Experten von Trinkaus & Burkhardt mit dem globalen HSBC-Midland-Trinkaus-Netz weltweite Präsenz „vor Ort". Innovation in allen, auch internationalen Märkten, lautet unsere Devise.
Sprechen Sie mit uns: Trinkaus & Burkhardt Auslandsgeschäft. Königsallee 21–23. 40212 Düsseldorf. Telefon: 02 11/910-0.

Trinkaus & Burkhardt
Bank seit 1785

Düsseldorf, Baden-Baden, Berlin, Essen, Frankfurt/Main, Hamburg, München, Stuttgart, Luxembourg und Zürich.

KAMBODSCHA

Überblick und Besonderheiten

Aufgrund der politischen und militärischen Auseinandersetzungen seit 1970 verläuft die wirtschaftliche Entwicklung weit unter Vorkriegsniveau. Die Erzeugung von Reis liegt je nach Witterungsbedingungen zwischen 50% und 70% des Produktionsniveaus von Ende der 60er Jahre, die von Fisch bei etwa 70%. Die Kautschukproduktion sank auf unter 60%. Das Vorkriegsniveau wird erst dann wieder zu erreichen sein, wenn eine dauerhafte Befriedung des Landes gelingt und umfangreiche Entwicklungshilfemaßnahmen verwirklicht werden.

Mit der Verabschiedung der Verfassung durch das neugewählte Parlament, der Wahl von Norodom Sihanouk zum König und mit der Etablierung einer Koalitionsregierung sind die Weichen für einen Neuaufbau des Landes theoretisch gestellt, zumal auch die internationale Gemeinschaft Entwicklungshilfegelder von insgesamt über 1 Mrd US$ zugesagt hat. In der Praxis gibt es jedoch noch erhebliche Probleme, vor allem mit den Roten Khmer, die die neue Königliche Regierung nicht anerkennen und ihren bewaffneten Kampf fortsetzen.

Ausländische Investoren, vor allem thailändische Unternehmen sowie im Ausland lebende Chinesen und Sino-Khmer, haben jedoch offenbar Vertrauen in eine stabilere Entwicklung des Landes und deshalb seit dem 2. Halbjahr 1991 nicht unerhebliche Investitionen vorgenommen. Allerdings betreffen sie primär den Dienstleistungs- und Immobiliensektor und sind in der Regel auf sehr kurzfristige Amortisation des eingesetzten Kapitals zugeschnitten. Sollte sich die Sicherheitslage verbessern, ist mit erheblichen Investitionen der o.g. Gruppen im leichtindustriellen Sektor (vor allem in der Textilindustrie) zu rechnen.

Eine Berechnung der wirtschaftlichen Gesamtleistung ist wie in den vergangenen Jahren auch für das Jahr 1993 sehr schwierig, wenn nicht gar unmöglich, da statistische Angaben entweder völlig fehlen oder aber widersprüchlich und unglaubwürdig sind. Die Ursachen hierfür liegen in dem Mangel an Fachleuten und in dem anarchischen Zustand der staatlichen Wirtschaftsverwaltung. Es ist davon auszugehen, daß selbst die Wirtschaftspolitiker in Phnom Penh keinen genauen Überblick über die volkswirtschaftliche Lage haben und ihnen über manche Gebiete keine oder nur unzureichende Daten vorliegen. Hinzu kommt, daß die Provinzen eine hohe Autonomie besitzen und von der Zentralregierung kaum kontrolliert werden. Die im Rahmen dieses Beitrags wiedergegebenen Zahlen beruhen im wesentlichen auf Schätzungen der ADB, Angaben der UN-Treuhandverwaltung und verschiedenen kambodschanischen Primärquellen.

Die Steigerung des Bruttoinlandsprodukts von 1991 bis 1993 ist fast ausschließlich auf die UN-Friedensmission in Kambodscha zurückzuführen. UN-Angaben zufolge gaben die UN und ihre 22.000 Mitarbeiter in den Jahren 1992 und 1993 403 Mio US$ im Land selbst aus (Gesamtkosten der UN-Mission: über 2 Mrd US$). 1994 dürfte es zunächst zu einem erheblichen Rückgang des BIP kommen. Eine erneute Steigerung wird entscheidend davon abhängen, wann und wieviel Entwicklungshilfegelder sowie private Investitionen ins Land fließen.

KAMBODSCHA

Wirtschaftsplanung

Priorität wird der Steigerung der Reisproduktion eingeräumt, um die Ernährung der eigenen Bevölkerung zu sichern und möglichst bald wieder Reis exportieren zu können. 1991 wurden 2,55 Mio t Reis auf 1,89 Mio ha Anbaufläche produziert, 1992 aufgrund widriger Witterungsverhältnisse nur 2,25 Mio t, nach anderen Angaben sogar nur 1,9 Mio t (1969: 3,8 Mio t auf 2,5 Mio ha). An zweiter Stelle steht der Ausbau der Produktion und Verarbeitung von Naturkautschuk. 1990 wurden 34.700 t Naturkautschuk auf 52.250 ha Gummiplantagen gewonnen (1967: 53.700 t auf 64.000 ha). An dritter Stelle folgt die Entwicklung des Tourismus, von dem man sich zu Recht hohe Deviseneinnahmen verspricht. Darüber hinaus sollen der Fisch und Krabbenfang sowie der Wiederaufbau der Konsumgüterindustrie vorrangig gefördert werden. Der Einschlag von Tropenhölzern soll hingegen drastisch eingeschränkt werden, da hier in den vergangenen Jahren ein verheerender Raubbau betrieben wurde.

Mit dem Abschluß der Reprivatisierung der landwirtschaftlichen Produktion, dem Verkauf der meisten staatlichen Unternehmen an private Investoren und mit der Zulassung von Auslandsinvestitionen hat sich der Staat Anfang der 90er Jahre von der zentralen Befehlsplanwirtschaft verabschiedet. Auch die Außenwirtschaft wird immer weniger vom Staat kontrolliert und der größte Teil des Außenhandels mittlerweile von privaten Unternehmen abgewickelt.

Staatshaushalt

Der Staatshaushalt betrug 1992 umgerechnet rund 182 Mio US$ (1991: 134 Mio US$; 1990: 127 Mio US$). Das Haushaltsdefizit belief sich 1992 wahrscheinlich auf umgerechnet rund 63 Mio US$ (1991: 58 Mio US$; 1990: 68 Mio US$) und wurde primär über die Notenpresse gedeckt. Dies trieb die Geldentwertung noch weiter voran. 1993 unterband die UN-Treuhandverwaltung eine derartige Defizitdeckung, so daß der Riel am Jahresende nur einen Wertverlust von 10% bis 15% gegenüber dem US$ verzeichnete. Die Verteidigungsausgaben stellten 1992 mit knapp 40% den größten Einzelposten innerhalb des Haushalts dar. Danach folgten die Aufwendungen für Erziehung und Gesundheit in Höhe von 26%, Verwaltungskosten mit knapp 18% und die Ausgaben für wirtschaftliche Entwicklung in Höhe von 16%.

Nach der Reprivatisierung der meisten Staatsunternehmen und dem massiven Verkauf staatlicher Immobilien durch die alte Regierung konnten 1993 nur noch minimale staatliche Einnahmen verzeichnet werden, da ein funktionierendes Steuer und Zollsystem nur in Ansätzen existierte. Viele kleine Beamte, Soldaten, Polizisten und Kautschukplantagenarbeiter erhielten monatelang keinen Lohn. Die VN-Treuhandverwaltung mußte mit einer Budgethilfe von 20 Mio US$ für ausstehende Lohnzahlungen einspringen, um Unruhe in der Armee zu verhindern.

KAMBODSCHA

Unter der Leitung des neuernannten Wirtschafts- und Finanzministers Sam Rainsy, einem in Frankreich ausgebildeter Finanzkaufmann, wird ein neues umfassendes Steuersystem ausgearbeitet, das Anfang 1994 eingeführt sein soll. Neue Importzölle auf Luxusgüter wie ausländische Zigaretten, alkoholische Getränke und Limousinen, in Höhe von 50% wurden bereits 1993 eingeführt und die Importzölle für Kraftstoffe erhöht. Zur Entlastung der Staatskasse soll die Anzahl der Verwaltungsbeamten (137.500), der Soldaten (127.500) und der Polizisten (52.000) z.T. drastisch reduziert werden. Dies dürfte jedoch nur schwer zu verwirklichen sein.

Land-, Forst- und Fischwirtschaft

Das Hauptproblem Kambodschas ist neben der Beseitigung der enormen Kriegsfolgen in allen Bereichen die Ernährungsfrage. Ein erheblicher Teil der Entwicklungsgelder osteuropäischer Staaten und internationaler Hilfsorganisationen (darunter viele Nichtregierungsorganisationen) ist deshalb in die Steigerung der Reisproduktion geflossen. Bis Mitte der 80er Jahre gelang es jedoch nicht, das nationale Existenzminimum (minimum survival level) in der Reiserzeugung zu sichern. Nach der Reprivatisierung der landwirtschaftlichen Produktion in der zweiten Hälfte der 80er Jahre wurden seit 1988 jährlich deutlich über 2 Mio t paddy (ungeschälter Reis) produziert. Das nationale Bedarfsminimum (basic need level of consumption) konnte jedoch nur 1989 und 1991 gedeckt werden, als aufgrund sehr günstiger Witterungsbedingungen über 2,5 Mio t paddy produziert werden konnten. In den anderen Jahren konnten diese Rekordernten aufgrund von Trockenheit und/oder Hochwasser nicht erreicht werden. Trockenheit ist auch dafür verantwortlich, daß die Reisernte 1993 wahrscheinlich deutlich niedriger ausfallen wird als der Durchschnitt der letzten 5 Jahre (2,37 Mio t). Hieran zeigt sich die herausragende Bedeutung von funktionierenden Be- und Entwässerungsanlagen für die kambodschanische Landwirtschaft. Ein weiteres gravierendes Problem besteht darin, daß gegenwärtig aufgrund der bewaffneten Aktivitäten der Roten Khmer und der Verminung von Feldern rund 500.000 ha Ackerland nicht bestellt werden können. In der Reisproduktion wird das Vorkriegsniveau (1969: 3,8 Mio t auf 2,5 Mio ha) nur dann wieder zu erreichen sein, wenn das Land erhaft befriedet wird und die künstlich bewässerten Reisanbauflächen (gegenwärtig unter 20%) erheblich vergrößert werden. Von ebenso großer Bedeutung ist ein effektiver Hochwasserschutz. Der Einsatz von ökologisch verträglichen Düngern, Pestiziden und Insektiziden sowie die Verwendung ertragreicherer und resistenter Reissorten stellen weitere Methoden einer nicht unerheblichen Steigerung der Reisproduktion dar.

Neben Reis sind Fisch, Meeresfrüchte, Holz, Kautschuk, Mais, Sojabohnen, Pfeffer und Tabak wichtige exportfähige landwirtschaftliche Produkte. Dies gilt vor allem für Meeresfrüchte (Krabben und Langusten), die jedoch fast ausschließlich von thailändischen und vietnamesischen Fischern illegal gefischt werden: Allein

KAMBODSCHA

200 thailändische Fischerboote sollen sich regelmäßig in kambodschanischen Gewässern aufhalten. Die Kautschukproduktion, die 1990 auf 34.700 t gesteigert werden konnte (1969: 46.000 t), ging 1993 stark zurück, da der Staat die Plantagenarbeiter monatelang nicht entlohnte. Die Qualität des kambodschanischen Kautschuks wäre durch bessere Verarbeitung, Verpackung und Lagerung erheblich zu steigern. Ein Teil des Kautschuks wird im Land zu Reifen weiterverarbeitet.

Von zunehmender Bedeutung ist die Holzproduktion, die zu einem erheblichen Teil exportiert wird (über Thailand und Vietnam). Kambodscha verfügt über bedeutende Tropenholzvorkommen, die sich jedoch seit 1970 durch Krieg und Raubbau erheblich verringert haben. Ein umfangreiches Wiederaufforstungsprogramm scheint dringend vonnöten, zumal die illegale Abholzung in den Grenzgebieten zu Thailand und Vietnam in den letzten vier Jahren katastrophale Ausmaße angenommen hat. So sind gegenwärtig nur noch rund 40% des Landes bewaldet (1965: 73%); davon sind schätzungsweise 65% offene Waldgebiete, 15% dichte Wälder und 20% tropische Regenwälder.

Bergbau und Energie

Kambodscha verfügt nur über wenig Bodenschätze. Die qualitativ sehr guten Rubin- und Saphirvorkommen bei Pailin in der Nähe der thailändischen Grenze werden von den Roten Khmer kontrolliert und von thailändischen Unternehmen gegen ein Entgelt massiv ausgebeutet. Goldvorkommen an der Grenze zu Vietnam werden von kambodschanischen und vietnamesischen Goldsuchern illegal abgebaut.

Mangels eigener erschlossener Erdölquellen und Verarbeitungsanlagen müssen sämtliche Kraftstoffe importiert werden (bis 1990 ausschließlich aus der Sowjetunion, seither vor allem über Singapur). Vor der kambodschanischen Küste werden Erdölvorkommen vermutet, die mit ausländischer Hilfe erforscht und ausgebeutet werden sollen. Lediglich die Hauptstadt Phnom Penh sowie die Provinzhauptstädte Battambang, Siem Reap und Ban Lung (Provinz Rattanakiri) verfügen über größere funktionierende Elektrizitätswerke, die mit Ausnahme des Wasserkraftwerks von Ban Lung den Bedarf jedoch bei weitem nicht decken können. In allen anderen Städten gibt es keine oder nur eine sehr sporadische öffentliche Elektrizitätsversorgung.

Verarbeitendee Industrie und Baugewerbe

Die verarbeitende Industrie stagniert seit langem aufgrund des Krieges, der Eigentumsverhältnisse (bis Ende der 80er Jahre Staatseigentum), des Mangels an Fachleuten, Energie, Rohstoffen und Ersatzteilen sowie aufgrund veralteter Ausrüstung und fehlender privater Investitionen. 1991 begann die Reprivatisierung der

KAMBODSCHA

68 staatlichen Industriebetriebe, von denen bis zum Frühjahr 1993 58 an private, vor allem ausländische (in der Mehrzahl chinesisches und thailändisches Kapital) Investoren verkauft oder verpachtet wurden. Auch für die meisten der restlichen 10 in Staatseigentum verbliebenen Industrieunternehmen sucht man private Investoren. Erst in einigen wenigen der reprivatisierten Industrieunternehmen ist die Produktion wieder angelaufen. Nach umfangreichen Modernisierungsmaßnahmen arbeiten gegenwärtig die Zigarettenfabrik, die Schnapsdestillerie, eine Bekleidungsfabrik (alle in Phnom Penh) und die Brauerei im Hafen von Sihanoukville (Kompong Som).

Aufgrund des großen Immobilienbedarfs der UN-Treuhandverwaltung konnte das Baugewerbe 1991 ein Wachstum von 11% und 1992 sogar von 30% verzeichnen. 1993 ging das Wachstum im Baugewerbe aufgrund des Abzugs der UNO im 2. Halbjahr deutlich zurück.

Verkehr und Dienstleistung

Das Verkehrswesen befindet sich auch aufgrund des langjährigen Kriegszustands in einem extrem schlechten Zustand. Rund 80% aller Straßen (3.500 km Nationalstraßen und 2.550 km Bezirksstraßen) und fast 80% der rund 4.000 größeren Brücken weisen schwerwiegende Schäden auf und bedürfen einer grundlegenden Instandsetzung. Teilstrecken von insgesamt 324 km und 517 m an Brücken der Nationalstraßen Nr. 2, 5 und 6 wurden 1992 und 1993 von der UNO-Pioniereinheiten repariert. Von der 694 km langen Gesamtgleisstrecke der Eisenbahn ist das 45 km lange Teilstück zwischen Sisophon und Poipet an der thailändischen Grenze völlig zerstört. Von den restlichen 649 km, die befahren werden können, weisen rund 30% schwere Schäden auf. Es existieren zwei Eisenbahnlinien:

- Phnom Penh - Battambang - Sisophon (385 km) - Poipet (Bangkok) und
- Phnom Penh - Sihanoukville (Kompong Som) (264 km).

Auch alle Bahnhöfe, Werkstätten und das gesamte rollende Material (59 Lokomotiven und 280 Waggons) bedürfen einer grundlegenden Überholung. ADB, UNDP sowie die USA, Japan und Frankreich werden insgesamt über 100 Mio US$ für die Instandsetzung von Straßen, Brücken, Eisenbahnanlagen und Häfen zur Verfügung stellen.

Aufgrund der schlechten Infrastruktur zu Land kommen der Binnenschiffahrt und dem Luftverkehr eine besondere Bedeutung zu. Mit Flugzeugen der staatlichen Luftfahrtgesellschaft sind einige Provinzhauptstädte regelmäßig zu erreichen. Wegen der zahlreichen Touristen, die die Tempelanlagen von Angkor besuchen, gibt es täglich bis zu drei Verbindungen zwischen Phnom Penh und Siem Reap.

KAMBODSCHA

Das Telekommunikationssystem befindet sich im Neuaufbau. Das australische Unternehmen OTC ist hieran maßgeblich beteiligt. Die UNO hat einen Großteil ihrer Telekommunikationsanlagen der kambodschanischen Regierung überlassen.

Die Dienstleistungsbranchen, vor allem das Hotel- und Gaststättengewerbe, wuchsen aufgrund der UN-Friedensmission erheblich, und zwar um 8,4% im Jahre 1991 und um 11% im Jahre 1992. Gleichzeitig mit dem Abzug der UNO-Truppen ging das Wachstum der Dienstleistungen im 2. Halbjahr 1993 drastisch zurück. 1994 ist ein weiterer Rückgang zu erwarten.

Tourismus

Seit 1986 besucht eine kleine, aber Jahr für Jahr steigende Zahl von Touristen das Land (1986: 429; 1989: 3.272; 1990: über 6.000). Nach der Unterzeichnung des Pariser Friedensabkommens im Oktober 1991 nahm die Zahl der Touristen, darunter vor allem der Auslandskambodschaner, sprungartig zu: 1992 wurden rund 100.000 Touristenvisa ausgestellt. Mittlerweile gibt es in Phnom Penh mit über 50 Hotels ein erhebliches Überangebot, da Mitte 1993 der Abzug der insgesamt 22.000 UNO-Mitarbeiter begann, der Mitte November abgeschlossen war. Mit der angestrebten weiteren Verbesserung der touristischen Infrastruktur und der Schaffung von mehr Hotelkapazitäten in Siem Reap bei den Tempelanlagen von Angkor könnten das ausländische Touristenaufkommen und damit auch die Deviseneinnahmen erheblich erhöht werden. Wegen des in der Welt einmaligen Tempelkomplexes von Angkor bestehen im Falle einer dauerhaften Befriedung des Landes sehr gute Chancen auf einen einträglichen gehobenen Bildungstourismus. Darüber hinaus bietet die kambodschanische Küste schöne Strände und Badeinseln, die touristisch genutzt werden könnten.

Außenwirtschaft

Auch im Bereich der Außenwirtschaft hat Kambodscha seit Anfang der 90er Jahre einen völligen Umbruch vollzogen: Vom staatlichen zum privaten Außenhandel und von der Ostausrichtung zur Westorientierung.

Der Außenhandel Kambodschas wird heute hauptsächlich mit Singapur (größter Handelspartner mit einem bilateralen Handelsvolumen von 475 Mio US$ 1992), Thailand und Vietnam bestritten: Im Austausch für Konsumgüter aller Art liefern kambodschanische Händler und Bauern vor allem Holz, Edelsteine, Meeresfrüchte und Vieh. Der offiziell nicht registrierte Außenhandel, der den staatlichen Zoll umgeht, ist erheblich: Die nicht registrierten Exporte (vor allem Re-Exporte) sollen wertmäßig dreimal so viel ausmachen wie die registrierten, und die nicht registrierten Importe sollen sich immerhin auf 60% aller Importe belaufen. Wenn diese ADB-Schätzungen zutreffen, dann hätte Kambodscha 1992 einen

KAMBODSCHA

Außenhandelsüberschuß von 165 Mio US$ (bei einem Gesamtvolumen von 1.915 Mio US$) erzielt, und nicht ein Defizit von 90 Mio US$ (bei einem Außenhandelsvolumen von 610 Mio US$), wie aus den offiziellen Zahlen hervorgeht.

Die Roten Khmer betreiben in den von ihnen kontrollierten Gebieten an der thailändisch-kambodschanischen Grenze einen eigenen Außenhandel, vor allem mit Holz und Edelsteinen: Gegen Lizenzgebühren, die sich im Jahr auf bis zu 100 Mio US$ belaufen sollen, erhalten thailändische Unternehmen die Möglichkeit, in den Gebieten der Roten Khmer Holz zu schlagen und Edelsteine (Rubine und Saphire) zu schürfen.

Kambodscha ermöglicht seit 1988 die Gründung und den Betrieb von kambodschanisch-ausländischen Gemeinschaftsunternehmen und seit Juli 1989 auch von Unternehmen mit ausschließlich ausländischem Kapitalanteil. Die Zahl solcher Unternehmen ist seit 1991 erheblich gestiegen, vor allem im Hotelgewerbe. Investitionen kommen hauptsächlich von Auslandschinesen und thailändischen Firmen. 1992 wurden rund 200 Investitionsprojekte ausländischer Firmen mit einem Gesamtwert von 400 Mio US$ genehmigt. Davon waren aufgrund der politischen Unsicherheit bis Mitte 1993 nur etwa 10% realisiert oder in Angriff genommen. Z.T. sind mit Hilfe von Bestechungszahlungen unseriöse und/oder unfaire Verträge abgeschlossen worden (z.B. über eine 99jährige TV-Lizenz für ein thailändisches Unternehmen zum Nulltarif), die von der neuen Regierung für null und nichtig erklärt, zumindest aber neu verhandelt werden sollen. Bis Januar 1994 soll das bestehende Gesetz über ausländische Investitionen vollständig überarbeitet und in der geänderten Fassung, die Auslandsinvestionen erleichtern soll, vom Parlament verabschiedet sein.

Mittlerweile haben 16 ausländische Banken Filialen in Kambodscha eröffnet, darunter allein mindestens 8 aus Thailand. Aus Westeuropa ist nur die französische Banque Indosuez vertreten. Darüber hinaus gibt es eine Reihe von einheimischen Banken mit ausländischer, vor allem thailändischer, Kapitalbeteiligung.

Bisher wurden vier Konzessionen zur Erdölexploration und -ausbeutung an folgende ausländische Firmen vergeben:

1. Enterprise Oil PLC (Großbritannien) mit Compagnie Européenne des Pétroles (Frankreich)
2. Premier Consolidated Pacific (Großbritannien) mit Ampol Exploration und SANTOS (beide Australien) und Repsol Exploration (Spanien)
3. Nawa (Ungarn) - Die Konzession wurde Anfang 1993 zurückgegeben. U.a. bemüht sich ein französisches Unternehmen um die Übernahme.
4. JAPEX (Nissho Iwai und Japan National Oil Corporation) (Japan)

Die Firma Cambodia Petroleum Exploration Co. (CAMPEX), hinter der sich das japanische JAPEX-Konsortium verbirgt, begann in Dezember 1993 als erstes Unternehmen, vor der kambodschanischen Küste eine Erdöl-/Erdgasbohrung niederzubringen.

KAMBODSCHA

Internationale Entwicklungshilfe

Die Unterzeichnerstaaten des Pariser Friedensabkommen haben insgesamt etwas über 1 Mrd US$ an Wiederaufbauhilfe für Kambodscha zugesagt, die bis Ende 1993 jedoch nur zu einem Bruchteil (unter 10%) im Land eintraf. Erste Kreditvereinbarungen sind mit der International Development Association (IDA) der Weltbank über 70 Mio US$, mit dem International Monetary Fund (IMF) über 10 Mio US$ und mit der Asian Development Bank (ADB) über 67,2 Mio US$ geschlossen worden.

Ende 1992 beglich Kambodscha mit Hilfe eines Geschäftsbankkredits seine Rückstände bei der ADB in Höhe von 2,23 Mio US$ und kam dadurch wieder in die Position, ADB-Kredite erhalten zu können.

Anfang Oktober 1993 bekam Kambodscha wieder Zugang zu Krediten des IMF, nachdem es seine finanziellen Verpflichtungen gegenüber dem IMF in Höhe von 52 Mio US$ beglichen hatte. Japan (29 Mio US$), Frankreich (18 Mio US$) sowie Australien, Schweden, Dänemark und die Niederlande waren für die kambodschanischen Schulden aufgekommen. Kambodschas Quote beim IMF wurde mit 35 Mio US$ festgesetzt. Außerdem erhält Kambodscha 6,25 Mio Sonderziehungsrechte im Wert von rund 9 Mio US$ zur Unterstützung seines Wirtschaftsreformprogramms.

Beziehungen zur Bundesrepublik Deutschland

Am 3. Oktober 1993 nahm Deutschland reguläre diplomatische Beziehungen zu Kambodscha auf. Damit erhielt die deutsche Vertretung in Phnom Penh Botschaftsstatus. Zum ersten deutschen Botschafter wurde Dr. Wiprecht von Treskow berufen, der den bisherigen Leiter der Vertretung, Wolfgang Lerke, ablöste. Die Konrad-Adenauer-Stiftung beabsichtigt, im Frühjahr 1994 ein Büro in Phnom Penh zu eröffnen, um in Kambodscha entwicklungspolitisch aktiv zu werden.

Die deutsche Wirtschaft ist in Kambodscha nicht mehr vertreten, nachdem mit Wirkung vom 15. Dezember 1992 der Vertreter des Handelsbüros der Bitterfeld Chemie AG zurückgezogen wurde. Auch deutsche Investitionen sind bisher nicht auszumachen, von dem Bau eines exklusiven Schieß- und Jagdclubs einmal abgesehen. Z.B. wäre die Übernahme der Brauerei und Abfüllanlagen in Sihanoukville (Kompong Som) fraglos eine lohnenswerte Investition gewesen, doch diese wird jetzt von der in Singapur ansässigen Firma Cambrew betrieben. Auch im pharmazeutischen Bereich scheinen Chancen verpaßt worden zu sein. Nach wie vor möglich wäre eine Beteiligung oder gar vollständige Übernahme der relativ gut ausgestatteten Reifenfabrik von Takhmau (bei Phnom Penh), die in der Vergangenheit recht gute Reifen produzierte und diese auch in andere südostasiatische Länder exportierte. Startkapital und westliches Management wären vonnöten, um die Produktion zumindest wieder auf Vorkriegsniveau zu bringen. Die Fabrik ver-

KAMBODSCHA

fügt über tschechische Anlagen (z.T. aus den 80er Jahren) und einen geschulten Arbeiterstamm mit einem sehr niedrigen Lohnniveau. Der Bedarf an Naturkautschuk kann im Land gedeckt werden.

Die Bundesrepublik Deutschland unterhält mit Kambodscha nur einen sehr bescheidenen Außenhandel. Den seit 1987 wieder steigenden Exporten (1987: 442.000 DM, 1988: 850.000 DM, 1989: 1,7 Mio DM, 1990: 3,1 Mio DM) stehen geringfügige Importe (1987: 111.000 DM, 1988: 38.000 DM, 1989: 728.000 DM, 1990: 1,2 Mio DM) gegenüber. Dies änderte sich 1991 gravierend, als den Statistiken zufolge Deutschland für 27,9 Mio DM ausschließlich Textilien aus Kambodscha importierte und lediglich Waren im Werte von 4,6 Mio DM nach Kambodscha exportierte (davon wertmäßig fast die Hälfte Becks-Bier). Dieser Trend setzte sich auch 1992 fort, als Deutschland für 40,5 Mio DM kambodschanische Textilien importierte (Importe insgesamt: 41,1 Mio DM) und lediglich Waren im Wert von 7,4 Mio DM nach Kambodscha exportierte (davon wertmäßig über 85% Mercedes- und BMW-Limousinen sowie Becks-Bier). Da die kambodschanischen Textilindustrieunternehmen, die fast alle 1991 von thailändischen Investoren aufgekauft worden waren, 1992 und 1993 nicht produzierten (von einer Fabrik mit 200 Angestellten, die Ende 1992 den Probebetrieb aufnahm, abgesehen), kann es sich bei den Textilien im Wert von 27,9 Mio DM und 40,5 Mio DM, die Deutschland den Ursprungsbescheinigungen nach 1992 bzw. 1993 aus Kambodscha importierte, in Wirklichkeit nicht um in Kambodscha produzierte Ware gehandelt haben. Offenbar konnten von kambodschanischen Behörden oder einzelnen Beamten falsche Ursprungsbescheinigungen käuflich erworben werden.

Von Januar bis Oktober 1993 wurden deutsche Waren und Dienstleistungen in Höhe von 3,2 Mio DM exportiert. Aus Kambodscha erfolgten Lieferungen im Umfang von 39,91 Mio DM im gleichen Zeitraum.

KAMBODSCHA

Tabelle 1: **Handelsstruktur Deutschland** [1] **- Kambodscha**
Deutsche Exporte nach Kambodscha
(Angaben in Mio DM)

SITC POSITION [2]	WARENKLASSE [3]	1990	1991	1992
0 - 9	INSGESAMT	3,4	4,6	7,4
11	Getränke	0,6	2,2	1,2
5	Chemische Erzeugnisse	0,2	0,1	0,03
6	Bearbeitete Waren, vorwiegend nach Beschaffenheit gegliedert	0,07	0,24	0,2
darunter:				
65	Garne, Gewebe	0,05	0,05	0,17
7	Maschinenbau-, elektrotechn. Erzeugnisse und Fahrzeuge	2,0	1,9	5,2
darunter:				
72	Arbeitsmaschinen für besondere Zwecke	1,9	1,54	2,37
78	Straßenfahrzeuge	0,05	0,1	2,08
8	Verschiedene Fertigwaren	0,5	0,1	0,7

Tabelle 2: **Handelsstruktur Deutschland** [1] **- Kambodscha**
Deutsche Importe aus Kambodscha
(Angaben in Mio DM)

SITC POSITION [2]	WARENKLASSE [3]	1990	1991	1992
0 - 9	INSGESAMT	1,15	27,9	41,1
84	Bekleidung und Bekleidungszubehör	0,8	27,9	40,5

1) Bis 1990 westdeutscher, ab 1991 gesamtdeutscher Handel.
2) Standard International Trade Classification (SITC Rev. II bis 1987, SITC Rev. III ab 1988).
3) Bezeichnungen der Warenklassen teilweise gekürzt; geringfügige Rundungsabweichungen bei Summenbildung möglich.

KAMBODSCHA

Besonderheiten der bilateralen Wirtschaftsbeziehungen aus Sicht der Trans Air Combodia Co., LTD., Phnom Penh

Am 23. September 1993 wurde die neue kambodschanische Regierung vereidigt. Sie ist aus den unter UNO-Aufsicht stattgefundenen Wahlen hervorgegangen. In der Koalitionsregierung haben sich Vertreter der FUNCINPEC, als Gewinner der Wahlen, der Liberalen Partei und der mit ihnen bisher verfeindeten alten Administration, der CPP (Kambodschanische Volkspartei), zusammengefunden. Die Regierung befindet sich nach wie vor im Prozeß der Konsolidierung, was durch die langjährigen Widersprüche zwischen allen drei Koalitionspartnern zu erklären ist. Das Land befindet sich nach über 20 Jahren kriegerischen Auseinandersetzungen und dem Holocaust in vielen gesellschaftlichen Bereichen am Nullpunkt. Das trifft vor allem auf entscheidende die ökonomische Entwicklung betreffende Faktoren zu.

Ein Wirtschaftsprogramm wurde durch die Regierung bisher noch nicht verabschiedet. Aus verschiedenen Erklärungen und Publikationen zuständiger Regierungsmitglieder läßt sich der Rahmen dieses künftigen Programms abstecken.

Ein rascher wirtschaftlicher Aufschwung ist in naher Zukunft nicht zu erwarten. Bei der Einführung marktwirtschaftlicher Elemente und der Modernisierung der Wirtschaft benötigt das Land mit Sicherheit ausländische Hilfe. Die Regierung geht davon aus, daß die beste Methode zur Realisierung dieser Ziele eine Partnerschaft mit ausländischen Investoren ist. Dabei rechnet sie damit, daß die ausländischen Investoren im großem Umfange Finanzierung und Technologietransfer sicherstellen und daß der kambodschanische Partner Land, Arbeitskräfte und andere Ressourcen einbringt. Diese Methode soll einen gesunden Kapitalfluß nach Kambodscha sicherstellen. Man ist am meisten an Langzeitvereinbarungen interessiert.

Es ist darauf hinzuweisen, daß es wenig ausgebildete Arbeitskräfte in Kambodscha gibt und daß der Zugang zu Land und Ressourcen durch die zerrüttete Infrastruktur und die nach wie vor ausgedehnte Verminung weiter Landesteile beschränkt ist. Die allgemeine Sicherheitslage hat sich in weiten Landesteilen verbessert, muß jedoch als nach wie vor unzureichend angesehen werden. Die kambodschanische Regierung erkennt, daß sie sich in einer Konkurrenzsituation zu den benachbarten Ländern mit teilweise erheblich günstigeren Rahmenbedingungen befindet.

Um ausländische Investitionen zu sichern, unternimmt die Regierung Anstrengungen zur Ausarbeitung eines Pakets von Maßnahmen. Zu Beginn des Jahres 1994 hat der König, Norodom Sihanouk, eine Garantieerklärung für ausländische Investitionen abgegeben. Das Finanzministerium ist dabei, eine neue Steuergesetzgebung vorzubereiten, welche Steuerbefreiungen für weite Wirtschaftsbereiche enthalten wird, u.a. für die rohstofferzeugende Industrie und solche Investitionen, die dem Wiederaufbau des Landes direkt zugute kommen. Alle damit verbundenen Einfuhren werden abgabenfrei sein.

KAMBODSCHA

Die neue Gewinnsteuer (profit tax) wird bei etwa 15 bis 20% liegen. Es wird vor allem darauf hingewiesen, daß es den ausländischen Investoren möglich sein wird, Gewinne (abzüglich der profit tax) ins Ausland zu transferieren. Ausländischen Investoren wird eine Aufenthaltsgenehmigung (resident status) von 10 Jahren gewährt bzw. der Zugang zu Mehrfach-Einreisevisa erleichtert. Weitergehende Liberalisierungen werden im Interesse der Entwicklung des Landes nicht ausgeschlossen. Das neu zu bildende National Investment Committee wird die zentrale staatliche Einrichtung sein, in deren alleiniger Zuständigkeit alle Fragen von ausländischen Investitionen liegen werden.

Projekte zur Entwicklung der Landwirtschaft werden eine besondere Unterstützung erfahren. Man geht davon aus, daß im Jahre 1994 die Selbstversorgung mit aus eigener Produktion stammenden Lebensmitteln erreicht wird. Ein weiterer Schwerpunkt ist die Entwicklung der Tourismusindustrie.

1993 hat Kambodscha Waren im Werte von 150 Millionen US Dollar importiert. Die Regierung hofft, daß sich in Kürze die Außenhandelsbilanz von 1:8 (Export/Import) auf 1:4 verbessern wird.

Frank Ludwig
Trans Air Cambodia Co., LTD.

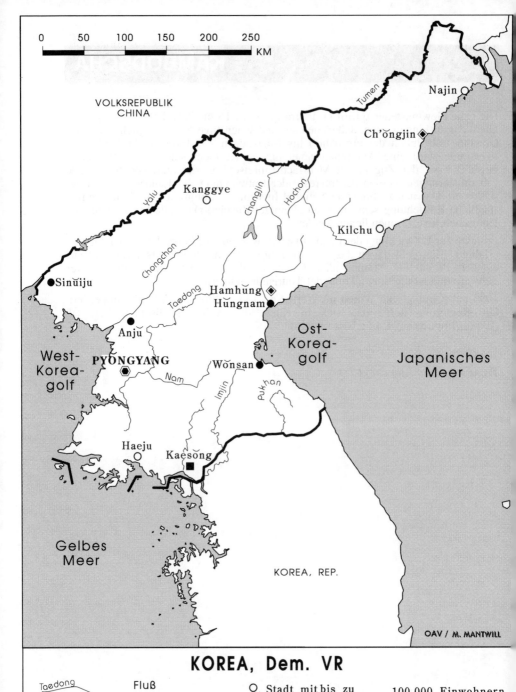

KOREA, DEM. VR
Dr. Manfred Pohl

Allgemeines

Staatsform:	Sozialistische Volksdemokratie
Staatsoberhaupt:	Präsident Kim Ilsong
Regierungschef:	Kang Song-San
Landfläche:	120 538 qkm
Einwohnerzahl:	22,66 Mio (1993, Schätzung)
Bevölkerungsdichte:	188 Einwohner/qkm (1993)
Bevölkerungswachstum/Geburtenrate:	1,61% (1990; südk. Schätzung)
Wichtige Städte:	Hauptstadt Pyongyang 2 Mio, Hamhung 670.000, Chongjin 530.000, Kaesong 310.000 (1986, KCNA)
Amts- und Handelssprache:	Koreanisch (Russisch, Chinesisch)
Nationalfeiertag:	9. September (Staatsgründungstag)
Weitere Feiertage:	15. April (Geburtstag Kim Ilsong), 16. Februar (Geburtstag Kim Jongil)

Weitere Daten

Beschäftigung:	8,6 Mio (Mitte 1993), Landwirtschaft 3,355 Mio, Industrie 2,373 Mio, Dienstleistungen 2,11 Mio (ILO-Schätzung, danach Arbeitsbevölkerung: 7,838 Mio)
Wichtige Agrarprodukte:	Reis 19,32 Mio t, Mais 23,8 Mio t, Meeresprodukte 14,55 Mio t
Eisenbahnnetz:	5.045 km (davon elektrifiziert: 3.194 km)
Straßennetz:	23.000 km (feste Decke: 1.717 km)
Kraftfahrzeuge:	264.000
Umschlagkapazität d. Häfen:	34,9 Mio t/Jahr
Kapazität/Elektrizitätserzeugung:	71,42 Mrd Kw, Erzeugung: 26,3 Mrd kWh; 24,7 Mrd kWh (1992)

KOREA, DEM. VR

Wichtigste Bergbauprodukte:	Kohle: 31,0 Mio t (1991), 29,2 Mio t (1992); Eisenerz 10,3 Mio t (1992)
Wichtige Industrieprodukte:	Textilien 680 Mio m (1991), 170 Mio m (1992); Stahl 4,744 Mio t (1992); Fahrzeuge 10.400 Stück (1992)
Militärausgaben (BSP-%):	21,5%, insgesamt 5 Mrd US$
Handelsbilanz:	-600 Mio US$ (1990; alle Zahlen südk. Angaben)
Maße und Gewichte:	Metrisches System

Statistisches Profil Korea, Dem. VR

			1992(S)	1993(S)	1994(S)	1995(P)
1. Bruttosozialprodukt (BSP)	(Mrd US$)		21,1	19,2	18,1	17,9
BSP pro Kopf	(US$)		943	838	784	768
Veränderung des BSP	(in %)		-7,6	-9,1	-5,5	-1,5
2. Wechselkurse		1)				
Won/DM (offizieller Kurs)			0,64	0,61	0,60	0,60
Won/DM (Transferrate)			1,38	1,32	1,30	1,30
3. Außenhandel		2)				
Exporte	(Mrd US$)	3)	1,29	1,22	1,24	1,30
Importe	(Mrd US$)	3)	1,51	1,44	1,41	1,44
Außenhandelssaldo	(Mrd US$)		-0,22	-0,22	-0,17	-0,14
Deutsche Importe aus Nordkorea	(Mio DM)		135,5	110,9	106,5	110,0
Deutsche Exporte nach Nordkorea	(Mio DM)		82,6	79,7	78,1	79,7
4. Innerkoreanischer Handel						
Nordkoreanische Lieferungen	(Mio US$)		182,8	127,0	114,3	128,0
Nordkoreanische Bezüge	(Mio US$)		10,9	3,7	3,3	3,4
5. Auslandsverschuldung						
Bruttobestand	(Mio US$)		9,72	10,0	10,5	11,3
- in % des BSP			46,0	52,1	58,0	63,1
6. Staatshaushalt	(Mrd US$)		18,5	18,9	19,4	19,9

1) Die Transferrate gilt für Devisentransaktionen mit ausländischen Repräsentanzen, Organisationen, Personen und Reiseverkehr. Der offizielle Kurs wird für staatliche Devisentransaktionen mit anderen Ländern angewandt.
2) Ohne innerkoreanischen Handel.
3) Auf Basis der Zollstatistik.
(S) Schätzung, (P) Prognose der F.A.Z. Informationsdienste

Quellen: Korea Foreign Trade Association; Japan External Trade Organization; Statistisches Bundesamt; Bank of Korea; Deutsche Bundesbank; Handels-, Energie- und Industrieministerium, Seoul.

KOREA, DEM. VR

Länderrating

Eine wirklich objektive Einschätzung der gesamtwirtschaftlichen Situation und des Kreditrisikos Nordkoreas (DVRK) ist wegen unzureichender Daten kaum möglich. Aber alle verfügbaren Angaben deuten auf eine katastrophale Lage hin, die bei der Punktvergabe den Bereich 0 - 35 (max.) nahelegt.

- Extreme Versorgungsschwierigkeiten der Bevölkerung
- Drückende Energieknappheit und überalterte Anlagen bewirken minimale Auslastung der Produktionsanlagen
- Unzureichende Produktqualität bei Exporterzeugnissen, Terminprobleme
- Keine weitere "Alimentierung" der NK-Wirtschaft durch China und Rußland nach Umstellung auf Hartwährungs-Handel
- Atompolitik: Nordkorea zwingt Südkorea zu harter Haltung. Der Handel zwischen Süd- und Nordkorea stagniert

Wirtschaftliche und politische Lage 1993

+/- Alle wirtschaftspolitischen Schlüsselstellen von Reformkräften besetzt; aber Reformer Kim Dal-hyon kaltgestellt

+/- Neue Gesetze für Joint Ventures, ausländische Investitionen und Auslandsunternehmen teilweise noch mit planwirtschaftlichen Vorhaben

- Keine innenpolitischen Reformen, Anziehen der ideologischen Schraube
- Kim Ilsong kränkelt offenbar stark
- Koreaner aus Japan "spenden" weniger als früher

Prognose für 1994

- Keine Änderungen zu erwarten
- Verhärtung der dogmatischen Haltung

KOREA, DEM. VR

Überblick 1992/93

Die internationale Isolation Nordkoreas hat sich 1992/93 weiter verstärkt: Der angekündigte Austritt Nordkoreas aus dem Atom-Sperrvertrag (NPT) wurde zwar in letzter Minute (Juni 1993) "eingefroren", aber es bleibt die große Sorge bei den Nachbarn Südkorea und Japan, daß Nordkorea Atomwaffen entwickelt; über ein Trägersystem, die Rakete "Rodong 1", verfügt man schon. Die internationale Atomenergie-Behörde und die USA drohten Nordkorea mit einem Verfahren vor dem UN-Sicherheitsrat und harten Wirtschaftssanktionen, aber 1993 zeigte die nordkoreanische Regierung kaum Einlenken. China lehnte härtere Maßnahmen gegen Nordkorea entschieden ab, weil sie keine Ergebnisse bringen würden.

Der Dialog mit Südkorea ist deshalb schwieriger geworden. Daneben verfolgt der neue südkoreanische Präsident Kim Young Sam eine erkennbar härtere Politik gegenüber dem Norden. Der Dialog mit den USA wird trotzdem mühsam fortgeführt, obwohl die Großmanöver Südkorea-USA ("Team Spirit") Anfang 1993 wieder aufgenommen worden sind. Nordkorea hat die sterblichen Überreste amerikanischer Soldaten aus dem Korea-Krieg zurückgegeben und mit dieser Geste den Dialog mit den USA fortgeführt. Die IAEA drängt weiter auf Sonderkontrollen der Nuklearanlagen; Pyongyang weigert sich weiter.

Unbestätigte Berichte aus Nordkorea deuten auf vereinzelte Hungerrevolten und Unruhe im Militär. Aufmerksamkeit erregte auch die nordkoreanische Entscheidung vom Sommer 1993, alle Ausländer auszuweisen und für mehrere Wochen die Schiffsverbindung zwischen Niigata (Japan) und Wonson (Nordkorea) einzustellen: Sollten damit Zeugen von Unruhen ferngehalten werden? Inzwischen ist diese "Lebenslinie" wieder hergestellt.

Wirtschaftliche Entwicklung 1992/93

1992 war das letzte Jahr des 3. Siebenjahres-Plans (1987-93), der zum Ziel hatte, die Unabhängigkeit der nordkoreanischen Wirtschaft zu stärken und auf der Basis von "Modernisierung und Ausbau der wissenschaftlichen Grundlagen, die Leistungsfähigkeit von Industrie und Landwirtschaft zu steigern sowie das Volkseinkommen zu erhöhen." Aber wie schon in den letzten Jahren verzeichnete die nordkoreanische Wirtschaft auch 1992/93 weiter sinkende Wachstumsraten. In seiner Neujahrsansprache 1993 nannte Kim Ilsong selbst als "zentrale Problembereiche, auf die alle Kräfte konzentriert werden müssen", die Steinkohleproduktion, Elektrizitätserzeugung und die Metallindustrie. Offenbar konnten also auch 1992/93 weder die Energieversorgung noch die metallverarbeitende Industrie die Planvorgaben erreichen. Die Kohleförderung soll 1992 nur 20 Mio t erbracht haben (1991: 31 Mio t), Eisen- und Stahlerzeugung schrumpften 1992 um 47% auf 2 Mio t (Planziel: 10 Mio t); Zement lag bei 4 Mio t (-44,5%, Planziel: 22 Mio t). Im Haushaltsansatz 1992 wurden Ausgabensteigerungen für Elektrizitätserzeugung,

KOREA, DEM. VR

Steinkohleförderung und Ausbau des Eisenbahnnetzes angekündigt, auf der Sitzung des Obersten Volkskongresses (Parlament) im April 1993 aber keine Leistungssteigerungen berichtet. Die Ansätze der Steigerung bei Einnahmen und Ausgaben im Haushalt 1993 lagen mit jeweils unter +3% noch deutlich niedriger als die früher angesetzten Steigerungsraten, die jeweils bei ca. +4% lagen. Das BSP lag 1992 nach südkoreanischen Schätzungen bei 21,1 Mrd US$ (1991: -7,6%); damit setzten sich die Rückgänge des BSP zum drittenmal hintereinander fort (1990: -3,7%, 1991: -5,2%); das pro-Kopf-BSP erreichte nach südkoreanischen Schätzungen 1992 nur 943 US$ (1991: 1.038 US$). Auch 1992 trugen Koreaner aus Japan in erheblichem Maße zur Finanzierung des nordkoreanischen "Modells" bei: Die "freiwilligen Spenden" der ca. 230.000 pro-nordkoreanischen Exilkoreaner in Japan erreichen jährlich etwa das Volumen des Staatshaushalts Nordkoreas (600 Mio - 1 Mrd US$). Ca. 5.000 - 7.000 Koreaner aus Japan besuchen pro Jahr Nordkorea über die Schiffsverbindung von Niigata-Wonson (Nordkorea). Die meisten Gelder "japanischer" Koreaner fließen aus dem Betrieb von "Pachinko"-Hallen (Flipper-Spielhallen), der Umsatz in diesen Hallen wird auf jährlich 240 Mrd US$ geschätzt.

Staatshaushalt 1993

Die absoluten Zahlen der nordkoreanischen Haushaltsansätze sind wenig aussagekräftig, eine gewisse Bedeutung haben dagegen die sektoralen Steigerungsraten: Während 1992 der Bereich Soziale Wohlfahrt eine Steigerung von 7,9% hatte, lag diese Rate 1993 bei mageren 2,1%, die "Volkswirtschaftsausgaben" legten 3,0% zu (1992: 6,3%), während der Militärhaushalt mit Zuwachs von 13,8% anzog (1992: nur 0,2%). Auch anteilig sind die Militärausgaben im Staatshaushalt 1993 wieder gewachsen und machen jetzt 12,6% der Staatsausgaben aus (1992: 11,4%). Die Gesamteinnahmen beim Haushaltsansatz (40,45 Mrd Won/18,81 Mrd US$) wurden mit 2,3% Zuwachs (1992: 6,3%) angesetzt. Dabei ist ungeklärt, woher genau die nordkoreanische Regierung ihre Einnahmen bezieht, denn offiziell gibt es keine Individualsteuern, und Unternehmensbesteuerung kann angesichts der katastrophalen Wirtschaftslage kaum solche Beträge erbringen. Noch immer hat auch die Regierung Nordkoreas die Lohnerhöhungen von 1992 zu verkraften, die den Staatshaushalt stark belastet hatten.

Verarbeitende Industrie

Nach südkoreanischen Berichten arbeiteten Nordkoreas Fabriken 1992/93 nur mit 40-60% ihrer Kapazität. Die Parteipresse warf den Stahlwerken schlechte Wartungsarbeiten und unzureichende Produktion vor, der Grund liegt wahrscheinlich in der schlechten Qualität der verfeuerten Brennstoffe (Braunkohle). Weiter wurden Mängel bei den Zulieferungen genannt, vor allem das mangelhafte

KOREA, DEM. VR

Transportwesen. Die Stahlproduktion erreichte 1992 nur 1,793 Mrd t, die Kapazitäten liegen bei 5,98 Mrd t, das bedeutet eine Auslastung von nur 30%. Es wurden 4,744 Mrd t Zement produziert, die Kapazität läge damit bei 12,02 Mrd t. Die Auslastung ist 39,5%.

Die Leichtindustrie, jahrzehntelang das Stiefkind nordkoreanischer Wirtschaftsplaner, sollte 1993 im Mittelpunkt der Planung stehen, um "den Lebensstandard der Bevölkerung zu steigern". Tatsächlich aber wurden keine erwähnenswerten Ausbaumaßnahmen z.B. bei der Schuh- und Textilierzeugung vorgenommen. Vorsichtiges südkoreanisches Engagement mag hier Besserungen bringen: Puyong Chemical plant mit der (Nordkorea) Kumgangsan-Gruppe eine Schuh-Produktion in Nordkorea, die Lucky Goldstar-Gruppe ließ in Nordkorea 60.000 Uniformen für eigene Mitarbeiter fertigen. Insgesamt wurden im ersten Halbjahr 1993 16 verschiedene Vereinbarungen über Lohnfertigungen im Bekleidungsbereich gemeldet (Gesamtwert 1,42 Mio US$). Koreanische Unternehmen in Japan haben 1992 für ca. 200 Mio US$ Anzüge in Nordkorea geordert, damit wäre Nordkorea einer der Hauptlieferanten für Herrenanzüge in Japan.

Unbestätigte, nicht detaillierte japanische Meldungen erwähnten erste Joint Ventures eines Handelsunternehmens in Nordkorea mit zwei australischen Bergbauunternehmen für die Förderung und Verarbeitung von Gold, Eisen und Zink. Beteiligt seien auch verschiedene Förderanlagen in Nordkorea (u.a. in Tanchon, Suan, Sanghung). Kontakte gibt es auch zu Exilkoreanern in den USA, Japan und Taiwan.

Landwirtschaft

Die Getreideproduktion zeigte 1992 einen Anstieg von 4,5 Mio t auf 4,8 Mio t, lag damit aber weit unter dem Bedarf von 6,5 Mio t. Die Staats- und Parteiführung kürzte die täglichen Rationen bis hin zu einer Kampagne für nur zwei Mahlzeiten am Tag - mit immer weniger Reis und mehr Mais. Schon 1991 mußte Nordkorea nach japanischen Berichten 1,14 Mio t Getreide importieren, vor allem aus Kanada, Australien und China. Besonders betroffen war die Reisernte: 1992 waren durch Schädlingsbefall starke Einbußen zu verzeichnen, die Ernte erbrachte nur 1,53 Mio t (-30%). Dennoch konnten wohl wirkliche Hungersnöte durch Nahrungsmittel-Lieferungen aus China vermieden werden, auch fielen die Maisernte mit 2,2 Mio t (+22,8%) und die Kohlernte mit 3,6 Mio t geringfügig besser aus als erwartet. Einige westliche Beobachter schätzen den Nahrungsmittel-Verbrauch in Nordkorea 390 kg pro Jahr, das wäre deutlich weniger als der internationale Richtwert von 500 kg/pro Kopf/Jahr. 1993 kaufte Nordkorea aus Thailand insgesamt 180.000 t Reis im Wert von 27 Mio US$, die nur mühsam aufgebracht werden konnten. Einige Erfolge wurden beim Ausbau der umfangreichen Bewässerungsanlagen erzielt: Das Kanalnetz umfaßt nach Nordkorea-Angaben jetzt 40.000 km mit 1.700 Reservoirs und "zehntausenden" von Pumpstationen. Südkorea schätzt, daß 1993 wegen schlechter Witterung in Nordkorea eine

KOREA, DEM. VR

Versorgungslücke bei Getreide von 2,34 Mio t entstanden ist, für 1994 wird ein Versorgungsdefizit von 3,17 Mio t erwartet.

Energie

Engpässe bei der Stromversorgung werden selbst von Nordkoreas Medien zugegeben, die Bevölkerung wird unermüdlich zum Energiesparen aufgerufen. Gründe sind überalterte Wasser- und Kohlekraftwerke sowie Brennstoffe schlechter Qualität. Offen wurde das Management der Kraftwerksanlagen, aber auch der schleppende Neubau von Anlagen kritisiert. Für 1993 hatte die UNDP Mittel von 2,7 Mio US$ zur Verbesserung der Stromerzeugung bereitgestellt, u.a. für die Überholung des zentralen Wärmekraftwerks von Pyongyang. Dennoch wurde in der Hauptstadt Anfang 1993 der Stromverbrauch je Haushalt auf 50 kW/Monat begrenzt. Einige Quellen geben an, daß die Stromerzeugung von 32 Mrd kWh (1991) auf 28 Mrd kWh (1992) gesunken ist; der Bedarf liegt bei 70 Mrd kWh, das Planziel 1993 war bei 100 Mrd kWh angesetzt. Die Kohleförderung sank 1992 im fünften Jahr in Folge auf insgesamt 47 Mio t (Planziel: 120 Mio t). Die Bank of Korea (Südkorea) geht davon aus, daß die Kohleproduktion 1992 sogar auf 29.200.000 t gesunken ist (-5,8% gg. 1991), die Rohöleinfuhren erreichten danach 1,52 Mio t (-19,6%) und die Elektrizitätserzeugung nur 24,7 Mrd kWh (-6,1%); damit sank die Industrieproduktion insgesamt 1992 um 17,8%. China soll 1992 ca. 1 Mio t Rohöl geliefert haben, Rußland nur 30.000 t.

Außenwirtschaft

Mit dem Zusammenbruch der Sowjetunion und den Veränderungen in Osteuropa ist der nordkoreanische Außenhandel insgesamt seit 1991 um 13% geschrumpft. Verschärft wurde die Lage noch durch die Entscheidung Chinas im Dezember 1992, den Warenaustausch mit Nordkorea von 1993 an grundsätzlich in Hartwährung abzuwickeln; China hatte zwar schon 1990 eine gleichlautende Entscheidung getroffen, aber offenbar bis 1992/93 noch größere Kompensationsgeschäfte in kontrolliertem Maße ("Freundschaftshandel") zugelassen, um den alten Verbündeten zu stützen.

Nach Schätzungen der JETRO (Basis: Statistik von 25 Partnerländern Nordkoreas) erreichte der Außenhandel Nordkoreas 1992 ein Gesamtvolumen von 2,8 Mrd US$ (+3,7% gg. 1991), davon waren Ausfuhren 1.293.495.000 US$ (+18,4%) und Einfuhren 1.506.727.000 US$ (-6,4%). Wichtigster Handelspartner Nordkoreas war auch 1992 die VR China (26,2% des gesamten Außenhandels), gefolgt von Japan (17,5%) und Mexiko (13,7%), GUS-Staaten (11,9%); Südkorea und Hongkong lagen anteilig gleichauf (5,7%). Ein interessanter Partner war auch 1992/93 wieder

KOREA, DEM. VR

Iran. Dorthin wurden gegen Öllieferungen ca. 100 "Scud"-Raketen (alte Sowjetlizenz) geliefert.

Die nordkoreanischen Ausfuhren nach China erzielten deutliche Zuwächse, von 77,878 Mio US$ (1991) auf 141,327 Mio US$ (1992) (+81,5%); diese Tendenz unterstreicht aus chinesischer Sicht die politische Bedeutung des Handels mit Nordkorea (Stützungsmaßnahme), denn die nordkoreanischen Importe aus China stiegen deutlich langsamer von 577,261 Mio US$ auf 595,221 Mio US$ (+3,1%).

Der gesamte Außenhandel mit Japan erreichte 1992 ein Volumen von 480,382 Mio US$ (-4,7%). Sowohl bei Importen als auch Exporten waren Rückgänge zu verzeichnen: Nordkoreas Exporte nach Japan - 235.055 Mio US$ (-8,8%), Importe aus Japan - 245,328 Mio US$ (-0,4%). Der Handel mit Rußland und den Nachfolgestaaten der Sowjetunion verzeichnete auf der Ausfuhrseite drastische Rückgänge auf 70,818 Mio US$ (1991: 172,745 Mio US$, -59%), dagegen stiegen die Importe aus der GUS auf 263,890 Mio US$ (+36,2%). Südkorea bezog vom Nachbarn im Norden 148,057 Mio US$ (+54%) und lieferte Waren für 11,549 Mio US$ (+89,3%); damit setzte sich der vom Süden politisch gewollte Handelsüberschuß Nordkoreas fort.

China als wichtigster Handelspartner bezog aus Nordkorea vor allem Eisenerz (43% der Ausfuhren Nordkoreas, Steigerung gg. 1991 +522%), Steinkohle (11,9%, Steigerung +31%), NE-Erze (11%) und Fischerei-Erzeugnisse (8,2%); Nordkorea bezog aus China zur Hauptsache Rohöl und Mineralöl-Produkte sowie Getreide. Ähnliche Grundmuster des Warenaustausches gibt es auch mit den anderen wichtigen Handelspartnern Nordkoreas: Die nordkoreanischen Ausfuhren bestehen vor allem aus Rohstoffen und Halbzeug, die Einfuhren aus Energieträgern und industriellen Erzeugnissen sowie in beschränktem Maße auch Konsumgütern, weil trotz aller Anstrengungen die Produktion in der Leichtindustrie nicht gesteigert werden konnte.

1992 hatte Nordkorea offenbar versucht, Mitglied der Asian Development Bank (ADB) zu werden, um für die geplante Wirtschaftssonderzone am Tumen-Fluß Kredite von ca. 4,5 Mrd US$ zu erhalten. Es gab jedoch Probleme, weil die ADB auf Veröffentlichung exakter Wirtschaftsdaten besteht, die es in Nordkorea seit Jahren nicht mehr gibt. Vorläufig scheint nur China direkt an der weiteren Entwicklung der Sonderzone Najin-Sonbong (Tumen-Delta) beteiligt zu sein, möglicherweise mit privilegiertem Status, als Gegenleistung für Nahrungsmittelhilfe und diskrete Unterstützung der nordkoreanischen Nuklearpolitik. China ist an einem direkten Zugang zum Japanischen Meer interessiert und kurzfristig sind nordkoreanische Häfen zur Verschiffung von Soyabohnen und Mais attraktiv; geplant sind deswegen Straßenverbindungen zwischen Yanji (China, autonome korean. Region) und Tumen sowie von Hunchun nach Najin via Sonbong. Möglicherweise wird hier die UNDP Hilfe leisten.

Der innerkoreanische Handel sank bis Mitte 1993 weiter: In den ersten fünf Monaten 1993 erreichte der Warenaustausch wertmäßig 73 Mio US$ (-19% gg. 15 1992). Wird dieses Niveau aber gehalten, dürfte Südkorea 1993 zum viertgrößten

KOREA, DEM. VR

Handelspartner Nordkoreas werden mit einem Gesamtvolumen von 175 Mio US$; Südkorea ist inzwischen hinter Japan der zweitwichtigste Devisenbringer. Nordkorea ist bereits Südkoreas größter Goldlieferant, insgesamt wurden seit 1991 7 Tonnen (76,71 Mio US$) exportiert. Januar bis April 1993 waren es bereits 2 Tonnen (42% aller südkoreanischen Goldimporte), gerechnet wird mit insgesamt 5 Tonnen für 1993.

Zumindest die gesetzlichen Grundlagen für erweiterte ausländische Aktivitäten sind jetzt geschaffen: Nach den drei Gesetzeswerken über ausländische Direktinvestitionen wurden 1993 drei weitere Gesetze (Besteuerung, Devisenkontrolle und Vorschriften für Freihandelszonen) verabschiedet, die damit das Joint Venture-Gesetz von 1984 detaillieren. Die südkoreanischen "Chaebol" zeigten sich beeindruckt, aber die Regierung in Seoul blockiert noch ein stärkeres Engagement der Konglomerate im Norden, zumindest was Direktinvestitionen betrifft. Ein erstes Joint Venture zwischen einem deutschen Partner (Picon) und der nordkoreanischen Taesong Co. soll nahe Düsseldorf Textilien fertigen und deutsche Investitionen in Nordkorea fördern: Picon soll von einem ehemaligen DDR-Unternehmer gegründet worden sein.

KOREA, DEM. VR

Tabelle 1: **Handelsstruktur Deutschland** [1] **- Nordkorea**
Deutsche Exporte nach Nordkorea
(Angaben in Mio DM)

SITC POSITION [2]	WARENKLASSE [3]	1990	1991	1992
0 - 9	INSGESAMT	79,2	79,5	82,6
0	Nahrungsmittel und lebende Tiere	7,5	0,01	0,4
1	Getränke und Tabak	0,07	0,04	0,03
2	Rohstoffe (andere als SITC 0 und 3)	0,1	0,6	0,6
3	Mineralische Brennstoffe, Schmiermittel und verwandte Erzeugnisse	0,2	0,4	0,5
5	Chemische Erzeugnisse	4,6	2,3	2,8
6	Bearbeitete Waren, vorwiegend nach Beschaffenheit gegliedert	5,1	5,6	8,0
7	Maschinenbau-, elektrotechn. Erzeugnisse und Fahrzeuge	56,4	64,8	61,8
8	Verschiedene Fertigwaren	4,5	5,8	8,0
9	Anderweitig nicht erfaßte Waren	0,7	0,1	0,3

1) Bis 1990 westdeutscher, ab 1991 gesamtdeutscher Handel.
2) Standard International Trade Classification (SITC Rev. II bis 1987, SITC Rev. III ab 1988).
3) Bezeichnungen der Warenklassen teilweise gekürzt; geringfügige Rundungsabweichungen bei Summenbildung möglich.

Quelle: Statistisches Bundesamt, Wiesbaden

KOREA, DEM. VR

Tabelle 2: **Handelsstruktur Deutschland** [1] **- Nordkorea**
Deutsche Importe aus Nordkorea
(Angaben in Mio DM)

SITC POSITION [2]	WARENKLASSE [3]	1990	1991	1992
0 - 9	INSGESAMT	87,4	120,0	134,5
0	Nahrungsmittel und lebende Tiere	0,2	0,2	0,1
2	Rohstoffe (andere als SITC 0 und 3)	15,8	16,4	19,6
darunter:				
27	Düngemittel	13,9	15,1	18,6
5	Chemische Erzeugnisse	0,4	0,4	1,2
6	Bearbeitete Waren, vorwiegend nach Beschaffenheit gegliedert	0,8	1,1	1,0
7	Maschinenbau-, elektrotechn. Erzeugnisse und Fahrzeuge	3,2	3,0	3,0
8	Verschiedene Fertigwaren	44,3	97,9	108,4
darunter:				
84	Bekleidung und Bekleidungszubehör	43,7	96,1	107,1
9	Anderweitig nicht erfaßte Waren	22,6	0,9	1,2

1) Bis 1990 westdeutscher, ab 1991 gesamtdeutscher Handel.
2) Standard International Trade Classification (SITC Rev. II bis 1987, SITC Rev. III ab 1988).
3) Bezeichnungen der Warenklassen teilweise gekürzt; geringfügige Rundungsabweichungen bei Summenbildung möglich.

Quelle: Statistisches Bundesamt, Wiesbaden

KOREA, DEM. VR

Tabelle 3: **Innerkoreanischer Handel**
(Angaben in 1.000 US$)

	1990	1991	1992
NORDKOREANISCHE EXPORTE	20.354	165.996	200.685
NORDKOREANISCHE IMPORTE	4.731	26.176	12.818

Quelle: Korea Trade Centre, 1994

Tabelle 4: **Außenhandel nach Ländern 1991**
(Angaben in %)

EXPORTE		IMPORTE	
Japan	36,1	VR China	39,9
VR China	11,5	Japan	16,9
Deutschland	9,5	Hongkong	9,4
Hongkong	5,3	Kanada	4,0
Mexiko	4,3	Deutschland	3,6
Thailand	4,2	CSFR	3,5
Sonstige	29,1	Sonstige	22,7
GESAMT	100,0		100,0

Quelle: Bundesstelle für Außenhandelsinformationen (BfAI), 1992

KOREA, DEM. VR

Tabelle 5: **Nordkoreas Handel mit der ehemaligen Sowjetunion**
(Angaben in Mio US$)

JAHR	EXPORTE	IMPORTE
1986	642.0	1,186.5
1987	682.7	1,391.4
1988	887.3	1,921.7
1989	890.7	1,641.1
1990	440.5	701.5
1991	171.0	193.7

Tabelle 6: **Nordkoreas Handel mit der VR China**
(Angaben in Mio US$)

JAHR	IMPORTE	EXPORTE
1987	277.11	236.19
1988	345.35	233.67
1989	377.37	185.35
1990	358.16	124.58
1991	524.78	85.67
1992	541.11	155.46

Quelle: Korea Trade Promotion Corporation (KOTRA) in Seoul

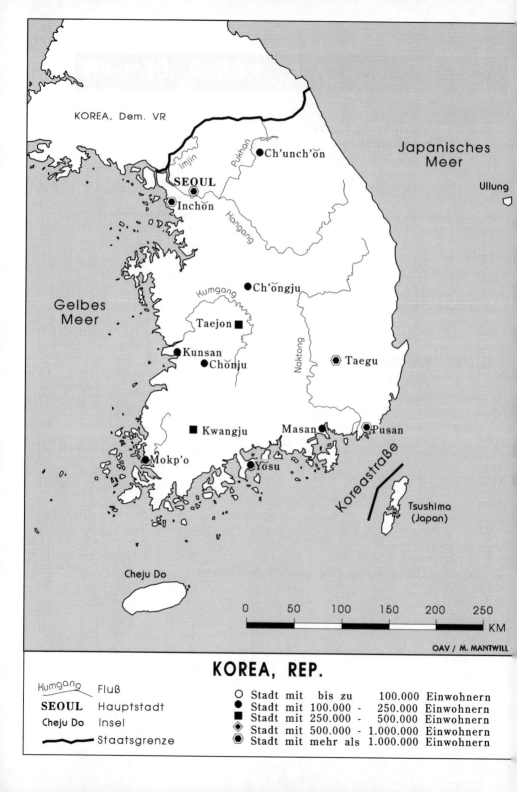

KOREA, REPUBLIK
Dr. Rüdiger Machetzki

Allgemeines

Staatsform:	Republik
Staatspräsident:	Kim Young Sam (seit 25.2.93)
Regierungschef:	Yi Hoe Chang
Landfläche:	99.222 qkm
Einwohnerzahl:	43,2 Mio (1991)
Bevölkerungsdichte:	(1991) 431 Einw./qkm
Bevölkerungswachstum:	0,9% (1991)
Wichtige Städte:	(Mio) Seoul (9,7); Pusan (3,5); Taegu (2,1); Incheon (1,4)
Amts- und Nationalsprache:	Koreanisch
Handelssprache:	Englisch
Nationalfeiertag:	15. August

Weitere Daten

Erwerbspersonen:	19,3 Mio (1992)
Arbeitslosenquote:	2,3% (1992), aber hohe verdeckte Arbeitslosigkeit
Entstehung des BIP nach Sektoren:	(Angaben in %): Industrie 34, Land- und Forstwirtschaft, Fischerei 7, Baugewerbe 9, Dienstleistungen 38 (1991)
Wichtigste Agrarprodukte:	1990 (89) (Mio t) Getreide 6,54; darunter Reis 5,90 (5,61), Gemüse 7,25, darunter Kohl 2,94, Obst 2,77, Milch 1,85
Holzeinschlag:	(1989) 6,8 Mio cbm
Fischfang:	1990 (1989): 3,28 Mio t (3,32)
Bergbau:	Anthrazit 15,78 Mio t (19,0)

KOREA, REPUBLIK

Wichtigste Industrieerzeugnisse:	1990 (1989): Roheisen und -Stahl 39,99 Mio t (38,84), Zement 33,91 Mio t (30,82), Kunstdünger 1,96 Mio t (1,98), Textilien (synthetische Gewebe) 3,1 Mrd m² (2,9), Fernsehgeräte 15,84 Mio (15,18), Kassettenrekorder 11,30 Mio (16,22), Kühlschränke 2,8 Mio (2,8), PKW 1991: 1,158 Mio (1990: 0,987)
Abkommen mit Deutschland:	Textilabkommen, seit 1.1.1987 in Kraft; Vertrag über die Förderung von Kapitalanlagen vom 4.2.1964, seit 15.1.1987 in Kraft; Handelsabkommen vom 8.4.1965, gültig für ein Jahr (Verlängerungsklausel um jeweils 1 Jahr, Kündigungsfrist drei Monate); Protokoll vom 9.4.65 über Seeschiffahrtsbeziehungen seit 30.12.1970 in Kraft; Abkommen vom 14.12. 1976 zur Vermeidung der Doppelbesteuerung, seit 4.5.1978 in Kraft
Abkommen mit der EU:	In allgemeine Zollpräferenzen einbezogen; Textilabkommen am 16.10.1991 paraphiert

KOREA, REPUBLIK

Statistisches Profil Südkorea

			1991	1992	1993(S)	1994(S)	1995(P)
1.	Bruttoinlandsprodukt (BIP)						
	BIP	(Mio US$)	283904	296839	320432	358833	416000
	Reales BIP	(Veränd. in %) 1)	8,5	4,8	5,8	6,8	7,2
	BIP pro Kopf	(US$)	6561	6799	7273	8071	9273
	Reales BIP pro Kopf	(Veränd. in %) 1)	7,5	3,9	4,8	4,1	5,1
2.	Wechselkurse						
	Won/US$ (Jahresdurchschnittskurs)		733,35	780,65	802,72	810,00	800,00
	Won/US$ (Jahresendkurs)		760,80	788,40	808,10	805,00	795,00
	Won/DM (Jahresdurchschnittskurs)		441,91	500,91	486,50	457,63	449,44
	Won/DM (Jahresendkurs)		501,85	487,72	461,77	468,02	454,29
3.	Preise	2)					
	Inflationsrate	(%)	9,7	6,2	4,7	5,5	6,5
	Terms of Trade	(Veränd. in %)	4,9	1,5	-0,8	2,5	1,4
4.	Zinssätze						
	Diskontsatz	(% p.a.) 3)	7,0	7,0	5,0	5,0	5,0
	Geldmarktsatz	(% p.a.) 2)	17,0	14,3	12,8	11,5	11,0
	Staatsanleihen-Rendite	2)	16,5	15,1	12,2	12,0	11,5
5.	Staatshaushalt	4)					
	Saldo	(in % des BIP)	-1,7	-0,9	-1,0	-1,4	-1,6
6.	Monetärer Sektor	5)					
	Inlandskredite	(Veränd. in %) 1)	22,4	11,7	12,2	13,5	15,0
	Geldmenge M2	(Veränd. in %)	21,9	17,6	20,0	18,5	19,5
7.	Außenhandel						
	Exporte (fob)	(Mio US$)	71870	76632	81700	87489	94313
	Importe (cif)	(Mio US$)	81525	81775	83400	85903	89769
	Deutsche Importe (cif)(Mio DM)		5584	5450	5232	5431	5735
	Deutsche Exporte (fob)(Mio DM)		5115	4716	5494	5961	6557
8.	Leistungsbilanz						
	Güterexporte (fob)	(Mio US$)	69581	75169	80656	86625	93122
	Güterimporte (fob)	(Mio US$)	76561	77315	79016	82019	86200
	Handelsbilanzsaldo	(Mio US$)	-6980	-2146	1640	4606	6922
	Dienstleistungsexporte(Mio US$)		15531	16010	17300	18600	20200
	Dienstleistungsimporte (Mio US$)		17124	18625	19500	20700	22200
	Dienstleistungsbilanzsaldo (Mio US$)		-1593	-2615	-2200	-2100	-2000
	Übertragungen, privat (netto)(Mio US$)		20	257	350	300	300
	Übertragungen, öffentlich (netto)(Mio US$)		-173	-25	-50	-100	100
	Leistungsbilanzsaldo	(Mio US$)	-8726	-4529	-260	2706	5322
9.	Auslandsverschuldung						
	Bruttobestand	(Mio US$)	39634	42999	45000	47000	49000
	-in % des BIP		14,0	14,5	14,0	13,1	11,8
	-in % der Exporterlöse (Güter und Dienstleistungen)		46,6	47,2	45,9	44,7	43,2
	Nettobestand		12480	14000	15000	16000	17000
10.	Schuldendienst						
	Gesamtzahlungen	(Mio US$)	6049	6769	8200	7200	7800
	-Zinszahlungen	(Mio US$)	2680	2730	2900	3200	3500
	-Amortisationen	(Mio US$)	3369	4039	5300	4000	4300
	Schuldendienstquote	6)	7,1	7,4	8,4	6,8	6,9
	Zinsdienstquote	7)	3,1	3,0	3,0	3,0	3,1
11.	Währungsreserven	5)					
	Währungsreserven ohne Gold (Mio US$)		13701	17121	20000	22000	24600
	-in Monatsimporten		1,75	2,14	2,44	2,57	2,72
	Gold	(Mio US$) 8)	32,0	33,0	33,0	33,0	33,0

1) Auf Basis der Landeswährung.
2) Jahresdurchschnittswerte.
3) Jahresendwerte.
4) Zentralregierung.
5) Bestand am Periodenende.
6) Schuldendienst in% der Exporterlöse (Güter und Dienstleistungen).
7) Zinsdienst in% der Exporterlöse (Güter und Dienstleistungen).
8) Nationale Bewertung.
(S): Schätzung.
(P): Prognose.

Quelle: F.A.Z GmbH - Informationsdienste (Länderanalysen)

KOREA, REPUBLIK

Wirtschaftliche und politische Lage 1994

+ Zunehmende internationale Wettbewerbsfähigkeit durch steigende Exporte höherwertiger Güter
+ Neues Kabinett treibt Liberalisierung des Außenhandels und des Finanzmarktes voran
+ Leistungsbilanzsaldo wieder positiv

Prognose 1995

+ Konjunktur in voller Fahrt
- Preise ziehen stärker an

Bilaterale Beziehungen

+ Deutsche Exporte nach Rückgang wieder gestiegen
- Abnehmende Bedeutung Deutschlands als Außenhandelspartner

KOREA, REPUBLIK

Überblick und Besonderheiten

Das Jahr 1993 ist nach Ansicht der meisten Koreaner ein Jahr der nationalen "Zeitenwende" gewesen. Das politisch-gesellschaftliche Klima im Lande hat sich unübersehbar entspannt. Die Gesellschaft ist dabei, sich mit sich selbst auszusöhnen. "Reform" ist eines der am häufigsten verwandten Wörter. Es läßt sich so etwas wie "Politikbegeisterung" registrieren. Insgesamt wird der Regierung unter dem neuen Präsidenten Kim Young-sam eine eindrucksvolle Leistung bescheinigt. Zum einen ist das Militär aus der Politik verdrängt worden, was nach mehr als zwei Jahrzehnten militärischer Dominanz im Staate nicht ohne weiteres zu erwarten war. Selbst die Entlassung von 51 Generälen verlief ohne Erschütterungen. Zum anderen hat die Regierung mit dem Erlaß des berühmten "real name"-Gesetzes eine politische Offensive gegen Korruption und Interessenverflechtung zwischen Wirtschaft, Politik und Verwaltung eingeleitet, deren Verdienst selbst von kritischen Teilen der Gesellschaft anerkannt wird. Zum dritten ist das "heiße Eisen" der Liberalisierung des koreanischen Reismarktes angefaßt worden, was angesichts der starken, dicht organisierten ländlichen Lobby vom Mut zum "Durchbruch" zeugt. Viertens scheint die gegenwärtige Regierung wesentlich konsequenter den Weg einer allgemeinen wirtschaftlichen Liberalisierung beschreiten zu wollen, als das früheren Regierungen möglich war. Diese Liberalisierungspolitik äußert sich zum einen im allmählichen Rückzug des Staates aus dem Wirtschaftsleben und zum anderen in Plänen und Maßnahmen, die auf eine größere Öffnung Koreas gegenüber dem Ausland abzielen. Zusammenfassend läßt sich feststellen, daß die Politik 1993 trotz des gedämpften Wirtschaftsverlaufes wesentlich dazu beigetragen hat, den Glauben der koreanischen Gesellschaft an ihre eigene Zukunft zu stärken. Es herrscht ein erstaunlicher Optimismus vor, die anstehenden Probleme des wirtschaftlichen Übergangs zu einer höheren Stufe mittelfristig bewältigen zu können. Im Verhältnis zu Nordkorea ist aufgrund der intensiven Diskussionen in der Zwischenzeit ein hohes Maß an "Sachlichkeit" zu verzeichnen. Man geht davon aus, die mit der als sicher erwarteten Wiedervereinigung auftretenden Probleme und Schwierigkeiten in einer Weise lösen zu können, die den weiteren Aufstieg der koreanischen Wirtschaft nicht unmäßig belastet. Der avisierte Zeitraum der Vereinigung liegt nach Ansicht der meisten Fachleute des Landes bei fünf bis sieben Jahren. Auch die mit großer Besorgnis diskutierte Frage der möglichen nuklearen Bewaffnung des Nordens wird zur Zeit nicht mehr als so "dramatisch" empfunden wie noch vor einem Jahr.

Außenpolitisch brachte das Jahr 1993 eine nahtlose Fortsetzung der 1992 vorherrschenden Tendenzen. Das diplomatische Verhältnis zur Volksrepublik China ist mit Substanz gefüllt worden. Es läßt sich ein reger Besuchs- und Delegationsverkehr auf der Ebene der Spitzenverwaltung, der Verbände und der Wirtschaft erkennen. Diese politische Kontaktdichte wird durch einen boomartigen Anstieg der beiderseitigen Wirtschaftsgeschäfte erklärlich. China ist nach den USA und Japan zum drittgrößten Wirtschaftspartner Koreas geworden, mit sich weitendem Abstand zu Deutschland. Die Beziehungen zu Rußland sind nach einer Hochphase

KOREA, REPUBLIK

im Anschluß an den Jelzin-Besuch in Seoul in normales Fahrwasser geglitten. Nach wie vor besteht ein klares Interesse koreanischer Unternehmen an wirtschaftlicher Kooperation mit Rußland, aber die praktischen Voraussetzungen werden von koreanischer Seite erst im mittelfristigen Zeitraum für günstig erachtet. Im Verhältnis zu Japan ist aufgrund des Regierungswechsels in Tokyo und der sich allmählich lockernden Haltung der japanischen Wirtschaft im Hinblick auf den Transfer wichtiger Technologie ebenfalls eine Verringerung der latenten Feindseligkeit gegenüber dem ehemaligen Kolonialherren eingetreten. Beispielhaft hierfür war das entkrampfte Klima während des Korea-Besuches des neuen japanischen Ministerpräsidenten Hosokawa im November 1993.

Wie bereits angedeutet, setzte sich auch 1993 die intensive Diskussion in Politik, Wirtschaft und Medien über das zukünftige Verhältnis zwischen Staat (Wirtschaftsverwaltung) und Unternehmen fort. Im Gegensatz zu früheren Jahren wird neuerdings auch von den Führungen der Wirtschaft das Bemühen der Regierung um ein weniger hohes Profil im Wirtschaftsgeschehen anerkannt. Zumeist heißt es, daß die politischen Beschlüsse und Ankündigungen als solche zufriedenstellend seien und daß es jetzt vor allem darum gehe, den hinhaltenden Widerstand der Bürokratie zu überwinden, die sich nur widerwillig mit ihrer neuen, weniger einflußreichen Position gegenüber den Unternehmen abzufinden scheint. Mittelfristig jedoch seien die Weichen zu "mehr Markt" und weniger staatlicher Intervention gestellt, was den Unternehmen neue Gestaltungsspielräume eröffnen wird.

Die Entspannung des gesellschaftlichen Klimas läßt sich vor allem an der allmählichen Beruhigung im nationalen Arbeitsleben verdeutlichen. Nach mehreren Jahren nahezu ausufernder Streikwellen ist 1993 trotz des großen Hyundai-Arbeitskonfliktes (April) eindeutig eine beginnende Normalisierung festzustellen. Insgesamt wurden weniger als 100 Streiks registriert, die im Durchschnitt kürzer ausfielen als noch 1991/92. Probleme besonderer Art gab es nur bei den in Korea tätigen Auslandsbanken, in denen das koreanische Personal seine Interessen nicht genügend berücksichtigt glaubt.

Die grundlegende Haltung der neuen Regierung zu den Beziehungen zwischen Unternehmensführungen und Belegschaften ist von dem Gedanken geprägt, daß die "Probleme durch Dialog gelöst" werden müssen. Die Regierung sehe ihre Aufgabe darin, "die Szene nur passiv zu überwachen". Gleichzeitig wird betont, daß die Verbesserung sozialer Leistungen für die Erwerbsbevölkerung und die Gesellschaft insgesamt ein langfristiges Vorhaben sei, das nur im Rahmen vorangehender wirtschaftlicher Leistungssteigerungen verwirklicht werden kann. Größere staatliche Ausgabenerhöhungen sind für 1993 und 1994 im Militärhaushalt getätigt bzw. vorgesehen (9%), wobei die Betonung jedoch auf einer Verbesserung der Bausubstanz der Kasernen und einer Stärkung der Wohlfahrt der Soldaten liegt. Parallel zu Warnungen vor überzogenen Sozialerwartungen knüpfte die Regierung an die Haltung ihrer Vorgängerin an: Die Kampagnen zur Aufrechterhaltung der konfuzianischen Arbeitsethik - Fleiß, Sorgfalt, Unternehmenstreue und Produktivität sowie Zügelung von Konsumbedürfnissen - wurden fortgesetzt, um der

KOREA, REPUBLIK

Bevölkerung zu verdeutlichen, daß Korea nicht länger als Billiglohnland gelten kann und sich deshalb mit neuen, starken Konkurrenten auseinandersetzen muß.

Wirtschaftsplanung

Trotz der bereits angesprochenen Lockerungen des staatlichen Wirtschaftsinterventionismus wird der volkswirtschaftliche Entwicklungsprozeß des Landes nach wie vor durch staatlich koordinierte und geleitete Rahmenpläne (Administrative Guidance of Economic Development) beeinflußt. Die Hauptinstrumente der Planung sind wie in den vergangenen Jahrzehnten die mittelfristigen "wirtschaftlichen und sozialen Entwicklungspläne". Diese Pläne haben sich in der Vergangenheit als ausgesprochen erfolgreich erwiesen; sie mußten zumeist nach oben revidiert werden. Die gesamtwirtschaftlichen, industriellen und exportwirtschaftlichen Wachstumsleistungen waren in der Realität besser als in den Plänen vorausgesehen. Aufgrund der hohen Steigerungsraten konnten strukturelle Ungleichgewichte jedoch nicht immer vermieden werden. Ferner verzögerte sich der Abbau der Auslandsverschuldung, und auch die Leistungsbilanz wies nach mehreren Jahren der positiven Entwicklung seit 1990 wieder unübersehbare Defizite aus. Die etwas günstigere Entwicklung 1993 gibt jedoch zu der Hoffnung Anlaß, daß diese negative Phase ihrem Ende entgegengeht. Gleiches gilt für die Inflationsrate, die seit 1991 eindeutig rückläufig ist.

Planungsbereiche, die auch in Zukunft ihre Bedeutung behalten werden, sind vor allem die "Lösung grundlegender Strukturprobleme" und die "Intensivierung technologieorientierter Tätigkeiten". Das heißt mit anderen Worten, daß das Planungsinstrumentarium flexibler und indirekter gehandhabt wird als noch in den achtziger Jahren. Aus politischen Gründen sind die Planer ferner gezwungen, ein stärkeres Gewicht auf die "Verbesserung der sozialen Wohlfahrt und Gleichheit" zu legen. Diese Tatsache wird nach den unruhigen Jahren in den Unternehmen mehr oder weniger akzeptiert.

Im Vergleich zu den etablierten Industrieländern ist die koreanische Wirtschaft auch weiterhin mit "wirtschaftlichen Strukturproblemen" belastet, die das Erbe der Konzentration auf die sog. "strategischen Industrien" sind. Andere Branchen erwiesen sich wegen der unumgänglichen Vernachlässigung als weniger dynamisch. Auch von der Betriebsgrößenstruktur her muß Korea auf längere Zeit mit einem erheblichen Ungleichgewicht leben. Die Gesamtzahl der koreanischen Unternehmen, die international wettbewerbsfähig sind, ist verhältnismäßig gering. Zumeist handelt es sich um gewaltige Konglomerate. Im Gegensatz dazu ist die große Zahl der kleinen und mittleren Unternehmen trotz erheblicher Förderungsbemühungen immer noch relativ rückständig. Das heißt, sie sind weder in der Lage, sich dem internationalen Wettbewerb auszusetzen, noch sind sie geeignete Partner für internationale Unternehmenskooperationen. In dieser Hinsicht befindet sich Korea gegenüber direkten Konkurrenten, wie z.B. Taiwan, im Nachteil. Merkmalhaft für die Großunternehmen des Landes ist analog zur japanischen Ent-

KOREA, REPUBLIK

wicklung die Vorherrschaft von Verbundskonzernen (Chaebol), die gleichsam "oktopushaft" ihre Tätigkeit in alle industriellen Branchen und in die verschiedenen Unterbereiche des Tertiärsektors auszudehnen versuchen. Um die volkswirtschaftlich nachteiligen Aspekte dieser Tendenz zu neutralisieren, hat die neue Regierung einen sog. "Industriellen Spezialisierungsplan" vorgestellt. Dieser vom Ministry of Trade, Industry and Energy (MOTIE) erarbeitete Plan sieht vor, daß sich die zehn größten Unternehmensgruppen des Landes ab 1994 möglichst auf nicht mehr als drei "Kerngeschäftslinien" konzentrieren. Die Unternehmen von Platz 11 bis 30 sollen sich auf nicht mehr als zwei "Linien" beschränken. Naturgemäß haben die betroffenen Konzerne nicht mit großer Zustimmung reagiert, da sie befürchten, in ihrer Bewegungsfreiheit auf dem Binnenmarkt eingeschränkt zu sein. Ziel der Regierung ist, die internationale Wettbewerbsfähigkeit der Konzerne zu stärken. Eine so große Zahl von Anbietern der gleichen Erzeugnisse könnte zudem, so das Ministerium, den bloßen innerkoreanischen Verdrängungswettbewerb verschärfen.

Wirtschaftsentwicklung

1993 erreichte die koreanische Wirtschaft nach vorläufigen Angaben ein Wachstum von etwas mehr als 4%. Diese Größenordnung liegt - wie schon 1992 (5,1%) - unterhalb des für eine positive volkswirtschaftliche Entwicklung notwendig erachteten Mindestwachstums von 6-7%. Das BIP pro Kopf überschritt mit 7.380 US$ erstmals die 7.000-Dollar-Grenze (1992: 6.819 US$). Der Wachstumsverlauf der letzten beiden Jahre wird in Korea als kritisch, jedoch nicht alarmierend empfunden. Die Ursachen der für koreanische Verhältnisse geringen Dynamik resultieren aus dem strukturellen Umbruchprozeß der Wirtschaft, der sich auch über die nächsten Jahre fortsetzen wird. Positive Anzeichen sind das leicht beschleunigte Wachstum zum Ende des Jahres 1993 und, wie bereits erwähnt, die nachlassende Inflationsneigung, die 1993 nach vorläufigen Angaben mit rd. 5% nur noch gut halb so hoch war wie 1991 (9,1%). Die Ursachen der Inflationsphase lagen vor allem in extremen Lohnerhöhungen, aber auch in starken Preissteigerungen im Dienstleistungssektor und in der explosionsartigen Entwicklung der Immobilienpreise. In allen diesen drei Bereichen ließ sich 1993 eine beginnende Entspannung erkennen. Vor allem an der "Lohnfront" scheint die Vernunft zurückzukehren, woraus sich günstige Aussichten für eine schnelle Erhöhung der Arbeitsproduktivität gegenüber den Jahren 1991-93 ergeben. Zwar gehen koreanische Fachleute nicht davon aus, den für die achtziger Jahre gültigen Durchschnitt von mehr als 10% BIP-Wachstum jährlich zu erreichen, aber die Mehrzahl rechnet mit 8-9% für den Rest dieses Jahrzehnts. Positiv wird sich aller Wahrscheinlichkeit nach auch das 1993 deutlich gestiegene Engagement der Unternehmen in Forschung und Entwicklung auswirken, um in den modernen Branchen der Industrie international den Anschluß zu gewinnen. Außerdem haben die hohen Lohnsteigerungen zu erheblichen Automatisierungs- und Rationalisierungsschüben

KOREA, REPUBLIK

beigetragen, die sich 1993 weiter beschleunigt haben. Eine negative Begleiterscheinung dieser Tendenzen ist die (leichte) Verschärfung der Beschäftigungsproblematik.

Der relative Bedeutungsverlust arbeitsintensiver Industriebranchen setzte sich 1993 wie schon 1992 ungebremst fort. Koreanische Unternehmen haben 1993 neben Südostasien vor allem China als Produktionsstandort ihrer in Korea nicht mehr wettbewerbsfähigen Produktion entdeckt. Dieser gewaltige Verlagerungsprozeß fällt zwar zu Lasten der koreanischen Wirtschaftsgesellschaft insgesamt aus, schwächt jedoch nicht die Kapitalbasis der betroffenen Unternehmen selbst. Hierin unterscheidet sich der strukturelle Anpassungsprozeß der koreanischen Wirtschaft mehr oder weniger deutlich von westlichen Anpassungsprozessen, in denen sich die Unternehmen wegen mangelnder Entscheidungsbereitschaft schließlich auflösen mußten.

Dieser Aspekt erscheint um so bedeutsamer, als eine unzureichende Kapitalausstattung zu den großen Schwächen vieler koreanischer Unternehmen gehört, insbesondere gilt dies für mittlere und kleinere Unternehmen. Da zudem der Kapitalmarkt bis heute Engpässe aufweist, ist es diesen Unternehmen nicht im ausreichenden Maß möglich, den eigenen Kapitalstock umfassend zu modernisieren. Sie sind nur bei "Schönwetter" überlebensfähig. Als Folge dieser Schwäche setzte sich die bereits 1992 angeschwollene Welle von Konkursen kleinerer und mittlerer Unternehmen nur leicht abgeschwächt fort.

Günstig wirkte sich hingegen die positive Binnenmarktentwicklung aus. Dies gilt vor allem für die mittlere Unternehmensebene, die einen Anteil von knapp 60% an den Beschäftigten und von gut 40% an der industriellen Wertschöpfung des Landes beansprucht. In der Exportwirtschaft liegt der Anteil dieser Unternehmen mit 46% sogar noch höher. Umgekehrt spiegeln diese Zahlen jedoch auch die Tatsache wider, daß insgesamt nur ein Dutzend Großkonzerne in der industriellen Wertschöpfung und bei den industriellen Exporterlösen ein Anteil von mehr als 50% auf sich konzentriert. Problematisch ist ferner, daß die kleineren und mittleren Unternehmen wegen ihrer mangelnden internationalen Wettbewerbsfähigkeit existentiell auf den Binnenmarkt angewiesen sind und deshalb ihren Einfluß soweit wie möglich geltend zu machen versuchen, um eine beschleunigte Öffnung dieses Marktes zu verhindern bzw. zu verzögern.

Eines der Grundmerkmale der koreanischen Wirtschaft bis zum Ende der achtziger Jahre war das im internationalen Vergleich sehr hohe Wachstum der Bruttoinvestitionen, das deutlich über dem Wachstumsdurchschnitt der Gesamtwirtschaft und auch der verarbeitenden Industrie lag. Im Zeitraum 1989 bis 1992 wurde dieser Trend gebrochen. Spätestens 1992 machten koreanische Fachleute die neue "Investitionsschwäche" als eine der Quellen der vermeintlich oder tatsächlich nachlassenden Wettbewerbsschwäche aus. Es muß jedoch angemerkt werden, daß diese kritische Bewertung allenfalls im Vergleich zu den direkten Konkurrenten (z.B. Taiwan) gilt. Deren Investitionsneigung hatte jedoch ebenfalls leicht nachgelassen, woraus ersichtlich wird, daß das starke investive Engagement von Unter-

KOREA, REPUBLIK

nehmen beider Länder im asiatischen Umfeld entsprechende Wirkungen auf die inländische Investitionstätigkeit hatte. Nimmt man jedoch das internationale (westliche) Niveau zum Maßstab, so ist die Investitionstätigkeit koreanischer Unternehmen nach wie vor ausgesprochen hoch. Zudem ist 1993 auch in diesem Bereich ein leicht positiver Trend zu erkennen. Im Unterschied zu den achtziger Jahren richtet sich die unternehmerische Investitionstätigkeit gegenwärtig jedoch vor allem auf Modernisierungsinvestitionen, die in erster Linie der exportorientierten Produktion zugute kommen sollen. Demgegenüber spielten Kapazitätserweiterungsabsichten 1993 nur eine sehr untergeordnete Rolle. Die Investitionstätigkeit, genauer: die mit ihr verbundene Bau- und Investitionsgüterproduktion wird neben der Exportwirtschaft und der Binnenproduktion des verarbeitenden Gewerbes auch weiterhin eine der großen Wachstumsquellen der koreanischen Wirtschaft bleiben. Diese Tatsache wird indirekt durch die Verwendung des BIP bestätigt. Der Privatverbrauch hat sich während der letzten Jahre von 53% auf 56% leicht erhöht, aber noch während der frühen achtziger Jahre lag er bei 60%. Der Staatsverbrauch war in diesem Zeitraum rückläufig und schwankt seit drei Jahren um die 10-Prozent-Marke. Die Bruttoinlandsinvestitionen haben sich nach und nach der 40-Prozent-Marke genähert, wobei ein nicht unerheblicher Teil durch Außenbeiträge gedeckt wird.

Ein Sorgenkind der koreanischen Politik und Wirtschaft sowie der internationalen Geschäftswelt ist nach wie vor die koreanische Finanzwirtschaft. Zum einen ist ihre Entwicklung im Vergleich zum Industriesektor relativ schleppend. Zum anderen kommt die seit Beginn der achtziger Jahre verkündete Liberalisierung nur mühsam voran. Die Absichtserklärungen sind nur teilweise oder gar nicht realisiert worden. Dementsprechend stehen Forderungen nach weiteren "Durchbrüchen" nach wie vor auf der Tagesordnung. Dies gilt vor allem für den von der Wirtschaft geforderten Rückzug des Staates, dessen Einflußnahme im finanzwirtschaftlichen Bereich wesentlich stärker ist als auf dem Feld der verarbeitenden Industrie.

Staatshaushalt

Die öffentlichen Haushalte Koreas beanspruchten während der letzten Jahre im Normalfall einen Anteil von weniger als 20% am BIP, wobei rd. die Hälfte dieses Anteils auf den Haushalt der Zentralregierung entfällt. Bemerkenswert erscheint, daß das Wachstum des Zentralhaushaltes im großen und ganzen parallel zum gesamtwirtschaftlichen Wachstum verlaufen ist. Anders gesagt: Das von großen Teilen der koreanischen Gesellschaft geforderte sozialpolitische Engagement des Staates hat sich bisher nicht nachhaltig auf die Haushaltsgestaltung ausgewirkt. In Zukunft jedoch dürfte aufgrund der Entwicklung zu eigenständigen Provinzverwaltungen und unabhängiger örtlicher Verwaltung mit einem stärkeren Wachstum der örtlichen Haushalte zu rechnen sein. Da sich die neue Regierung und auch die kommenden Provinz- und Gemeinderegierungen in allgemeinen Wahlen bestätigen

KOREA, REPUBLIK

müssen, kann nicht ausgeschlossen werden, daß der Anteil der öffentlichen Haushalte insgesamt über die 20-Prozent-Marke hinauswachsen wird. Die größten Teilhaushalte des Zentralhaushaltes sind seit Jahren die Verteidigung (variierend 22-25%), die Wirtschaftsförderung (19-20%), die Erziehung (16-18%) sowie Wohnungsbau/Soziales (10-12%). Die in der Vergangenheit für Korea übliche Ausgeglichenheit von Einnahmen und Ausgaben ist bereits seit 1988 nicht mehr gegeben. Ein Teil der Ausgaben wird deshalb durch öffentliche Kreditaufnahme gedeckt. Es muß jedoch abschwächend hinzugefügt werden, daß die Defizite - gemessen an westlichen Größenordnungen - ausgesprochen gering sind und daß die seit längerem befürchtete Ausweitung der Schere zwischen Einnahmen und Ausgaben bisher nicht eingetreten ist. Es bleibt abzuwarten, ob die Regierung dem interessenpolitischen Druck zu weiteren Ausgabensteigerungen auch in Zukunft standhalten kann. Zu erwähnen sind vor allem die organisierten Forderungen nach erhöhten Subventionsleistungen für den Agrarsektor sowie die von der Wirtschaft ständig angemahnten neuen Infrastrukturprogramme und ein wesentlich gesteigertes Engagement des Staates in Forschung und Entwicklung.

Landwirtschaft

Die koreanische Landwirtschaft weist seit Jahren ein uneinheitliches Wachstumsbild auf. Von der Tendenz her ist eine zunehmende Stagnation zu registrieren. Das heißt, daß der Beitrag der Landwirtschaft zur Entstehung des BIP, der z.Zt. bei rd. 7% liegt, weiter rückläufig sein wird. Politisch um so verdienstvoller ist das Wagnis der Regierung, mit Blick auf die GATT-Vereinbarungen den Markt für das Grundnahrungsmittel Reis zu liberalisieren. Dies gilt um so mehr, als die ländlichen Interessenverbände immer noch die personelle und organisatorische Stärke jener Zeit haben, als die Landwirtschaft den Hauptteil des Wirtschaftsgeschehens bestimmte. Die Fähigkeit zur politischen Einflußnahme ist bis heute wesentlich größer, als der relativ geringe Beitrag der Landwirtschaft zur Gesamtwirtschaft vermuten läßt.

Besondere Engpässe zeigen sich in der nationalen Getreideerzeugung, die seit Jahren nur noch unwesentlich steigt und bei gut 7 Mio t liegt. Unter großen Anstrengungen (Subventionen) wurde die Selbstversorgung für das Grundnahrungsmittel Reis gesichert, während die Einfuhren anderer Getreidearten, insbesondere Weizen und Mais, deutlich zugenommen haben. Es bleibt abzuwarten, wie sich die Reisproduktion bei internationaler Öffnung des Marktes entwickeln wird; ein Rückgang steht zu vermuten. Auch der für kurze Zeit zu beobachtende Aufwärtstrend in der Viehzucht und Fischerei ist wieder abgeflacht.

Dieser wirtschaftlich wenig befriedigenden Situation entsprechend hat die bäuerliche Bevölkerung in den letzten Jahrzehnten stark abgenommen. Dies gilt sowohl absolut als auch im Verhältnis zur Gesamtzahl der Bevölkerung. Der Anteil liegt bei nur wenig mehr als 15%. Im Gegensatz dazu ist die durchschnittliche Betriebs-

KOREA, REPUBLIK

größe der bäuerlichen Haushalte leicht gestiegen und erreicht zur Zeit einen Schnitt von 1,3 ha. Ein Großteil der bäuerlichen Haushalte kann seine Existenzgrundlage nur dadurch sichern, daß der Anteil des Haushaltseinkommens aus nichtbäuerlicher Tätigkeit ständig steigt. Trotzdem sind die Realeinkommen der bäuerlichen Haushalte nur unterdurchschnittlich gestiegen.

Industrie und Energiesektor

Seit Ende der achtziger Jahre verläuft das Wachstum der verarbeitenden Industrie nur noch grob parallel zum Wachstum der Gesamtwirtschaft. Dieser Trend wurde auch 1993 bestätigt (4,8%). Die einzelnen Branchen waren an dem insgesamt aus koreanischer Sicht weniger günstigen Verlauf unterschiedlich beteiligt. Vor allem dauerhafte Konsumgüter (Textilien, Bekleidung, Leder, Ledererzeugnisse, Schuhe, holzbearbeitende Industrie usw.) sind seit 1989 (relativ) rückläufig. Ansätze dazu, diesen negativen Trend zu bremsen, zeigte 1993 vor allem die Textilindustie. Die Bemühungen um ein verstärktes Engagement in der Produktion moderner Industrietextilien sowie um den Aufstieg zur Produktion hochwertiger Modebekleidung zeigen offensichtlich erste Erfolge. Die Chemie, Petrochemie und die Verarbeitung nichtmetallischer mineralischer Erzeugnisse liegen in etwa im Durchschnitt des gesamtindustriellen Wachstums. Demgegenüber wachsen Branchen wie Papier und Druckwesen, Eisen und Stahl sowie Maschinenbau und Elektronik überraschend stark, auch in Krisenjahren. In der Elektronikindustrie sieht Korea einen seiner strategischen Zukunftsschwerpunkte. In der Zwischenzeit sind koreanische Unternehmen international wettbewerbsfähig bei der Produktion von hochwertigen elektronischen Konsumerzeugnissen wie Camcorders, Farbfernseher, CD-Spieler, aber auch in der Produktion von Personal Computers, Mikrocomputern und Farbdruckern sowie Halbleiterteilen, einschließlich der 16 Megabit-DRAM und VLSI-Chips. Die Bemühungen der koreanischen Elektronikunternehmen konzentrieren sich ferner auf die Produktion von 64-M-Chips und in der Zukunft auch auf HNPV. Die koreanische Stahlindustrie, die international zu den stärksten zählt, rechnet vor allem aufgrund des hohen Bedarfs an Stahlerzeugnissen in China mit einem weiteren guten Produktionsverlauf. 1993 setzte sich die Verlagerung der Produktion hin zu hochwertigen Stahlerzeugnissen fort. Besonders erfolgreich waren 1993 die koreanischen Automobilhersteller, die ihre Produktion weit über die geplanten Größenordnungen hinaus steigern konnten und ein Exportvolumen von mehr als 600.000 Einheiten erreichten. Auch im Schiffbau ist die Kapazitätsauslastung für die nächsten fünf Jahre gesichert. Ein neuer Produktionsschwerpunkt liegt vor allem im Bau von modernen Containerschiffen. Insgesamt entfällt z.Z. mehr als ein Viertel des weltweiten Auftragsvolumens auf die koreanischen Werften. Auch der Maschinenbau ist aufgrund der einheimischen Nachfrage in den letzten Jahren stark gewachsen. Dies gilt sowohl für elektrische als auch für nichtelektrische Maschinen. Vor allem im Bereich Industriemaschinen beabsichtigen die koreanischen Produzenten, bis zum Ende dieses Jahrzehnts in die Weltspitze

KOREA, REPUBLIK

vorzustoßen. Für nahezu alle Branchen gleichermaßen gilt, daß - nach Betriebsgrößen gemessen - die großen Unternehmen ein deutlich höheres Wachstum als kleine und mittlere aufweisen.

Ein weiterer wesentlicher Aspekt der verarbeitenden Industrie war 1993 ebenso wie schon in den Jahren zuvor die Tatsache, daß die Branchen mit einem hohen Exportanteil an der Gesamtproduktion weniger schnell wuchsen als solche mit größerer Binnenorientierung. Es bleibt abzuwarten, ob diese Tendenz tatsächlich auf das in Korea immer wieder beklagte Nachlassen der internationalen Wettbewerbsstärke zurückzuführen ist, oder in erster Linie von der ungünstigen Weltkonjunktur herrührt. Die geradezu explosionsartige Entwicklung der koreanischen Exporte nach China, auf dessen Markt ein starker internationaler Wettbewerb vorherrscht, spricht eher gegen das Argument der Wettbewerbsschwäche.

Korea (Süd) ist ein ausgesprochen rohstoffarmes Land. Das gilt sowohl für mineralische Rohstoffe als auch für Energieressourcen. Dementsprechend liegt der Anteil des Bergbaus am BIP bei nur knapp 1%. Die einzig nennenswerten Vorräte sind die an Anthrazitkohle, aber auch hier ist nach deutlichen Produktionssteigerungen während der achtziger Jahre (bis zu 25 Mio t) der Spielraum erschöpft. Entsprechend den geringen Vorkommen an Energieressourcen ist der Importanteil am gesamten Primärenergieverbrauch Koreas ständig gestiegen. Zur Zeit liegt er bei über 90%. Hauptenergieträger ist trotz verschiedener Diversifizierungsbemühungen das Rohöl. Ihm folgen die Kohle- und Nuklearenergie. Längerfristig setzen Wirtschaft und Regierung in Seoul auch auf China als Energielieferanten. Im Gefolge einer allgemeinen Entspannung im Verhältnis zum Norden ist an den Bau von Pipelines gedacht, die den Energieimport (Öl und Gas) verbilligen könnten.

Die Elektrizitätswirtschaft ist während der achtziger Jahre systematisch ausgebaut worden. Aber aufgrund der ungeheuren Entwicklungsdynamik der Industrie und der Verbrauchssteigerungen der privaten Haushalte hält seit 1989 das Gefälle zwischen jährlicher Kapazitätserweiterung und Elektrizitätsnachfrage an. Es werden mittelfristig Engpässe gefürchtet.

Verkehr und Dienstleistungen

Entsprechend dem gesamtwirtschaftlichen Wachstum sind seit Jahren verstärkte Bemühungen der koreanischen Regierung um den Ausbau der nationalen Infrastruktur erkennbar. Das gilt sowohl für den Eisenbahnverkehr (Gleislänge 6.300 km) als auch für den Straßenverkehr. Der Schwerpunkt der Ausbaubemühungen für den Eisenbahnverkehr liegt auf einem nationalen Hochgeschwindigkeitsnetz für den Personenverkehr und den Güterverkehr. Die Konkurrenz der westeuropäischen Konzerne zur Lieferung von Hochgeschwindigkeitszügen braucht hier nur stichwortartig erwähnt zu werden. Wichtig ist aus koreanischer Sicht, daß ein erheblicher Technologietransfer stattfinden soll, um koreanischen Produzenten auf Dauer den Einstieg in eine Eigenproduktion zu ermöglichen.

KOREA, REPUBLIK

Die Gesamtlänge der Straßen mit befestigter Oberfläche beläuft sich auf gut 26.000 km, darunter 1.415 km Autobahn. Auch die Seetransportmöglichkeiten haben sich aufgrund von systematischen Ausbauarbeiten für die 24 Häfen erster Ordnung verbessert. Die nationale Seeflotte weist eine Gesamttonnage von mehr als 16 Mio t auf. Die infrastrukturellen Bemühungen sind jedoch nicht ausreichend. Das Infrastrukturnetz ist zunehmend zum Entwicklungsengpaß geworden, weshalb sich auch der Druck der Wirtschaft auf die Regierung erhöht hat, sich in diesem Bereich wesentlich stärker als bisher zu engagieren. Im Rahmen des laufenden Fünfjahresplans bis 1996 sollen insgesamt mehr als 50 Mrd US$ investiert werden. Falls sich die Planungen realisieren, wird der Anteil der Infrastrukturausgaben am BIP von gegenwärtig 1,8% auf 3% steigen.

Auch der Teilbereich Telekommunikation muß erheblich weiterentwickelt werden. Dies gilt vor allem angesichts der Tatsache, daß das Informationswesen für die Wirtschaft von überdurchschnittlich steigender Bedeutung ist.

Parallel zu den gestiegenen Konsumforderungen der Bevölkerung und auch zur gewachsenen Binnenmarktorientierung der Industrie ist der Dienstleistungssektor des Landes in den letzten Jahren überproportional gewachsen. Sein Anteil am BIP lag 1993 bei gut 40% und war damit höher als der Anteil der verarbeitenden Industrie (34%) und der Anteil der Bauwirtschaft (8,5%). Einen besonderen Wachstumsschub erfuhren die Dienstleistungen durch den Teilbereich Finanzdienstleistungen. Diese Entwicklung dürfte sich mittelfristig fortsetzen, da aufgrund des zunehmenden Drucks aus der Wirtschaft mit weiteren Liberalisierungen des Finanzmarktes zu rechnen ist.

Außenhandel

Der Außenhandel Südkoreas ist während der letzten vier Jahre weniger stark gestiegen als zuvor üblich. Vor allem auf der Ausfuhrseite sind die Zuwächse ungewohnt niedrig - 1990 4,2%, 1991 10,6%, 1992 6,8%, 1993 6,4% (vorläufig). Auf der Importseite erscheint die Tatsache bemerkenswert, daß angesichts der überaus hohen Steigerungen 1990 (13,6%) und 1991 (16,7%) die Importdämpfungsmaßnahmen der Regierung seit 1992 gegriffen haben. Die Steigerung belief sich auf 0,2% und 1993 auf 1,3% (vorläufig). Vom Volumen her erreichte der Außenhandel 1990 134,8 Mrd US$, 1991 153,4 Mrd US$, 1992 158,5 Mrd US$ und 1993 deutlich mehr als 160 Mrd US$ (vorläufig). Wichtig scheint ferner, daß die Handelsbilanzentwicklung wieder auf dem Weg zur früheren "Normalität" ist. Nach jährlichen Überschüssen bis 1989 wurden seit 1990 Defizite registriert. Der Höhepunkt lag im Jahre 1991 bei 9,6 Mrd US$. 1992 reduzierte sich das Defizit bereits auf 5,2 Mrd US$; 1993 ist nach vorläufigen Angaben eine weitere Reduzierung zu verzeichnen.

Die Tatsache, daß Korea gegenwärtig dabei ist, eine Wende vom Exporteur von Massenerzeugnissen hin zum Exporteur von Qualitätserzeugnissen zu vollziehen,

KOREA, REPUBLIK

spiegelt sich u.a. in der Warenstruktur des Exporthandels wider. Der Anteil von Maschinen und Transportausrüstungen am Gesamtexport liegt z.Z. bei gut 42%, während die Anteile der Erzeugnisse der arbeitsintensiven Fertigung (Schuhe, Spielwaren, Nahrungsmittel) rückläufig sind und nur noch bei rd. 20% liegen. Chemikalien erreichen rd. 6%. Einen deutlichen Aufstieg zeigt die Elektronik. Insbesondere beim Halbleiterexport hat Korea seine internationale Stellung 1993 weiter ausgebaut. Es ist nach Japan zum weltweit zweitgrößten Exporteur geworden.

Auf der Importseite entfällt gut ein Drittel ebenfalls auf Maschinen und Transportausrüstungen. Es folgen mineralische Brennstoffe (17%) sowie sonstige Rohstoffe (10%) und andere Fertigwaren (15%). Insgesamt entfällt also mehr als die Hälfte des Importvolumens auf Halbwaren, Rohstoffe und Energieressourcen.

Haupthandelspartner Koreas sind auf der Abnehmerseite die USA (23%), Japan (14%) und (seit 1993) China (6%). Hongkong liegt an 4. Stelle, wobei davon auszugehen ist, daß ein Teil des Exports nach Hongkong in die Volksrepublik China geht und damit der chinesische Anteil weiter steigt. Deutschland liegt an 5. Stelle mit einem Anteil von gut 4%. Hauptlieferländer für Korea sind Japan (24%), die USA (21%) und China sowie Deutschland mit jeweils knapp 5%. Insgesamt ist der koreanische Handel von einer Tendenz der zunehmenden Konzentration auf den pazifischen Raum geprägt. Nichtpazifische Partner spielen trotz aller Bemühungen Koreas um eine größere weltweite Marktdiversifizierung und um technologisch motivierte Kooperation eine sekundäre Rolle. An diesem Bild wird sich aller Wahrscheinlichkeit nach nichts wesentliches ändern.

Entsprechend den unterschiedlich großen Defiziten in der Handelsbilanz während der letzten Jahre wies auch die Leistungsbilanz Defizite auf. 1991 wurde mit gut 8,7 Mrd US$ der negative Rekordwert erreicht. 1992 reduzierte sich das Defizit auf 4,6 Mrd US$, und 1993 erfolgte nach vorläufigen Angaben eine weitere Reduzierung auf knapp 1,5 Mrd US$. Neben den Handelsbilanzdefiziten sind vor allem die Defizite in der Dienstleistungsbilanz für das Gesamtdefizit der Leistungsbilanz verantwortlich. Diese Defizite sind auf die großen Zinsverpflichtungen für internationale Kredite zurückzuführen sowie auf den deutlichen Anstieg der Lizenzgebühren. Im Zusammenhang mit dieser Entwicklung steht die Auslandsverschuldung Koreas. Bis 1989 war ein deutlicher Rückgang der Verschuldung von ursprünglich 45 Mrd US$ auf 32,7 Mrd US$ zu verzeichnen. Seither ist der Schuldenstand wieder angestiegen. 1993 belief er sich wieder auf annähernd 45 Mrd US$. Die Schuldendienstquote liegt allerdings deutlich niedriger als zu Beginn der achtziger Jahre. Seit drei Jahren schwankt sie um die 10-Prozent-Marke der Exporterlöse. Ferner muß darauf verwiesen werden, daß die Nettoverschuldung Koreas mit einem Stand von wenig mehr als 10 Mrd US$ weitaus niedriger liegt. Die Devisenreserven lagen 1993 bei rd. 17 Mrd US$.

Die ausländischen Direktinvestitionen in Korea zeigten im Zeitraum 1989-1991 einen ansteigenden Trend (1991: 1,4 Mrd US$). 1992 und 1993 fielen sie mit jeweils knapp 1 Mrd US$ etwas niedriger aus.

KOREA, REPUBLIK

Beziehungen zur Bundesrepublik Deutschland

Die politischen Beziehungen zwischen Deutschland und Korea sind insgesamt als gut zu bezeichnen. Dieses gute Verhältnis wird durch einen regen Besucheraustausch bestätigt. Im Frühjahr 1993 war Bundeskanzler Kohl zu einem Besuch in Korea. Zuvor hatte Bundespräsident v. Weizsäcker im Februar 1991 das Land bereist. Anlaß war die bisher größte deutsche Technologieausstellung außerhalb Europas "Technogerma Seoul 1991". Auch die kulturellen Beziehungen zwischen Deutschland und Korea sind angesichts der großen geographischen Entfernung verhältnismäßig intensiv. Bemerkenswert erscheint vor allem, daß rd. 650.000 koreanische Schüler und Studenten Deutsch als zweite Fremdsprache erlernen und daß rd. 6.000 koreanische Studenten an deutschen Universitäten studieren. Umgekehrt erscheint das deutsche Interesse an Korea bedauerlicherweise wesentlich geringer.

Die wirtschaftlichen Beziehungen zwischen Korea und Deutschland haben sich während der letzten Jahre ebenfalls günstig entwickelt, wenn die deutschen Positionen in anderen asiatisch-pazifischen Ländern zum Maßstab genommen werden. Zum einen hat die Regierung in Seoul eine sog. "Look to Europe"-Strategie verkündet, um die als nachteilig empfundene einseitige Abhängigkeit der koreanischen Exportwirtschaft von nur zwei Märkten (USA, Japan) zu verringern. Zum anderen wird Deutschland nicht nur als größter EU-Teilmarkt angesehen, sondern auch als ein möglicher "Brückenkopf" für das Engagement koreanischer Unternehmen in der EU und - längerfristig - in Osteuropa. Auf deutscher Seite sind in der Vergangenheit wegen vermeintlicher oder tatsächlicher restriktiver Tendenzen Koreas gewisse Irritationen entstanden. Insbesondere 1991 kam das Gefühl auf, daß die eigene Exporttätigkeit in vielen Bereichen "nichttarifär" erschwert werde. Auch 1992 kam es zu Verzögerungen bei Geschäftsabschlüssen, weil koreanischen Partnern aufgrund der Restriktionspolitik der Regierung der Zugang zu Krediten erschwert wurde. 1993 wurde die "Freude" der deutschen Wirtschaft dadurch getrübt, daß die koreanische Seite (vorläufig?) dem französisch-englischen Angebot für den Bau des Hochgeschwindigkeitszuges vor dem deutschen den Vorzug gab.

Von der Größenordnung des Austausches her gehört Korea sowohl bei der deutschen Ausfuhr als auch bei der deutschen Einfuhr zu den wichtigen Ländern im Handel mit Ostasien. Auf der deutschen Exportseite rangiert es nach Japan und China zusammen mit Taiwan an dritter Stelle. Die Größenordnungen während der letzten beiden Jahre lagen bei rd. 5 Mrd DM. Die koreanischen Exporte nach Deutschland liegen in ähnlicher, leicht höherer Größenordnung, so daß der bilaterale Handelsbilanzsaldo mehr oder weniger ausgeglichen ist. 1992 wies er mit 570 Mio DM das höchste Defizit der letzten Jahre auf. Hauptausfuhrgüter nach Korea sind Maschinen (40%), chemische Vorerzeugnisse und elektrotechnische Erzeugnisse (jeweils 10%) sowie chemische Enderzeugnisse (6%) und Kfz (5%). Haupteinfuhrgüter sind elektrotechnische Erzeugnisse (32%), Bekleidung (14%), Maschinen (10%, darunter Büromaschinen 8,5%), Schuhe und andere Lederwaren

KOREA, REPUBLIK

(10%) sowie Kfz (8,5%) und Eisenwaren (4%). Korea nimmt bei der deutschen Einfuhr und Ausfuhr z.Z. jeweils die 25. Rangstelle ein.

Hinsichtlich der Direktinvestitionen spielt Korea für die deutsche Wirtschaft - ebenso wie andere asiatisch-pazifische Länder - nur eine nachgeordnete Rolle. Das kumulierte Investitionsvolumen beläuft sich auf nur knapp 600 Mio DM. Umgekehrt haben koreanische Unternehmen bisher Investitionen in Höhe von gut 400 Mio DM in Deutschland plaziert. Der Nettotransfer deutscher Investitionen in Korea lag während der letzten beiden Jahre bei jeweils gut 100 Mio DM.

KOREA, REPUBLIK

Tabelle 1: **Handelsstruktur Deutschland [1] - Südkorea**
Deutsche Exporte nach Südkorea
(Angaben in Mio DM)

SITC POSITION [2]	WARENKLASSE [3]	1990	1991	1992
0 - 9	INSGESAMT	4703,1	5114,7	4814,2
0	Nahrungsmittel und lebende Tiere	22,0	33,3	22,1
1	Getränke und Tabak	8,3	5,7	6,1
5	Chemische Erzeugnisse	831,5	834,7	789,2
6	Bearbeitete Waren, vorwiegend nach Beschaffenheit gegliedert	439,3	603,5	447,0
darunter:				
60	Waren für vollständige Fabrikationsanlagen	9,9	33,8	12,3
65	Garne, Gewebe	76,2	81,5	192,4
61-66	Waren aus mineralischen, nicht-metallischen Stoffen	184,6	214,8	158,4
67-69	Metalle, Metallwaren	244,8	354,9	276,3
7	Maschinenbau-, elektrotechn. Erzeugnisse und Fahrzeuge	2731,5	2932,9	2656,5
darunter:				
71-74	Maschinenbauerzeugnisse	2163,0	2236,7	1964,2
75-77	Elektrotechn. Erzeugnisse	290,8	382,1	367,1
78-79	Fahrzeuge	197,2	198,8	261,3
8	Sonstige bearbeitete Waren	341,5	388,6	362,2
darunter:				
84	Bekleidung und Bekleidungszubehör	8,5	9,3	9,9
85	Schuhe	3,9	1,7	14,8

1) Bis 1990 westdeutscher, danach gesamtdeutscher Handel mit Südkorea. Der ostdeutsche Anteil ist jedoch so gering (1991 bei den Importen 0,4%, bei den Exporten 1,1%), daß der direkte Vorjahresvergleich aussagekräftig bleibt.
2) Standard International Trade Classification (SITC Rev. II bis 1987, SITC Rev. III ab 1988).
3) Bezeichnungen der Warenklassen teilweise gekürzt; geringfügige Rundungsabweichungen bei Summenbildung möglich.

Quelle: Statistisches Bundesamt, Wiesbaden

KOREA, REPUBLIK

Tabelle 2: **Handelsstruktur Deutschland** [1] **- Südkorea**
Deutsche Importe aus Südkorea
(Angaben in Mio DM)

SITC POSITION [2]	WARENKLASSE [3]	1990	1991	1992
0 - 9	INSGESAMT	4487,0	5584,4	5377,5
1	Getränke und Tabak	64,1	56,6	37,8
darunter:				
12	Tabak und Tabakwaren	63,6	56,6	37,5
2	Rohstoffe (andere als SITC 0 und 3)	20,5	16,1	14,3
5	Chemische Erzeugnisse	72,4	89,3	113,6
6	Bearbeitete Waren, vorwiegend nach Beschaffenheit gegliedert	547,6	697,2	695,1
darunter:				
65	Garne, Gewebe	179,9	233,6	355,9
61-66	Waren aus mineralischen, nicht-metallischen Stoffen	296,6	368,8	390,9
67-69	Metalle, Metallwaren	251,1	328,4	304,2
7	Maschinenbau-, elektrotechn. Erzeugnisse und Fahrzeuge	1886,3	2441,2	2716,9
darunter:				
71-74	Maschinenbauerzeugnisse	142,5	174,7	180,4
75-77	Elektrotechn. Erzeugnisse	1736,4	2216,7	2148,1
78-79	Fahrzeuge	7,4	49,7	388,5
8	Sonstige bearbeitete Waren	1854,7	2227,2	1739,8
darunter:				
85	Schuhe	244,3	280,2	246,7
87	Meß-, Prüf- und Kontrollinstrumente	41,5	44,9	42,3
9	Anderweitig nicht erfaßte Waren	26,9	39,3	42,9

1) Bis 1990 westdeutscher, danach gesamtdeutscher Handel mit Südkorea. Der ostdeutsche Anteil ist jedoch so gering (1991 bei den Importen 0,4%, bei den Exporten 1,1%), daß der direkte Vorjahresvergleich aussagekräftig bleibt.
2) Standard International Trade Classification (SITC Rev. II bis 1987, SITC Rev. III ab 1988).
3) Bezeichnungen der Warenklassen teilweise gekürzt; geringfügige Rundungsabweichungen bei Summenbildung möglich.

Quelle: Statistisches Bundesamt, Wiesbaden

KOREA, REPUBLIK

Tabelle 3: **Außenhandel nach Waren**
(Angaben in Mio US$)

WARENGRUPPE	1991	1992	1-9/93
GESAMT-EXPORTE	71.870,1	76.631,5	59.428,0
davon:			
Ober- u. Unterbekleidung	7.420,0	6.769,6	4.744,5
Thermionische Teile	6.645,2	7.762,9	5.927,0
Schuhe	3.835,9	3.183,8	1.799,8
Textilgewebe	4.734,2	5.362,0	4.591,6
Schiffe	4.129,2	4.112,8	2.378,2
Büromaschinen	2.917,7	3.091,0	2.623,1
Stahlbarren u. -bleche	2.810,7	3.256,8	2.673,4
Fernmeldegeräte	2.115,9	2.336,6	2.031,1
Pkw	2.124,6	2.534,1	2.585,4
Fernsehgeräte	1.633,5	1.536,5	1.092,5
Musikinstrumente	1.185,2	1.104,0	846,1
GESAMT-IMPORTE	81.524,9	81.775,3	62.080,2
davon:			
Erdöl u. Erdölprodukte	8.133,5	9.548,4	6.985,3
Thermionische Teile	5.309,1	6.011,6	4.222,5
Organische Chemikalien	3.466,7	2.814,5	2.194,3
Stahlbarren u. -bleche	2.680,5	1.905,3	1.249,2
NE-Metalle	2.128,0	2.025,4	1.603,9
Büromaschinen	1.995,1	1.735,4	1.390,8
Stromerzeugende Maschinen	2.334,5	2.782,3	1.831,4
Meß- u. Kontrollinstrumente	1.811,5	1.776,0	1.467,6
Metallbearbeitende Maschinen	1.654,0	1.582,3	821,0
Luftfahrzeuge	1.821,8	1.964,6	1.500,9
Fernmeldegeräte	1.284,3	1.377,0	1.110,1

Quelle: The Bank of Korea, Monthly Statistical Bulletin, November 1993

KOREA, REPUBLIK

Tabelle 4: **Außenhandel nach Ländern**
(Angaben in Mio US$)

LAND	1991	1992	1-9/93
GESAMT-EXPORTE	71.870,1	76.631,5	59.428,0
davon:			
USA	18.559,3	18.090,0	13.647,7
Japan	12.355,8	11.599,5	8.364,6
Hongkong	4.769,0	5.909,0	4.856,1
Bundesrepublik Deutschland	3.192,4	2.877,0	2.377,2
Singapur	2.701,9	3.221,8	2.268,7
Großbritannien	1.767,5	1.829,7	1.235,5
Kanada	1.672,9	1.608,3	1.051,7
Taiwan	1.609,0	2.262,3	1.715,1
Indonesien	1.349,1	1.934,7	1.494,6
Thailand	1.336,8	1.532,3	1.351,0
Liberien	2.086,5	1.340,6	514,0
Malaysia	1.037,2	1.135,9	1.078,5
Niederlande	1.168,5	1.014,3	703,3
GESAMT-IMPORTE	81.524,9	81.775,3	62.080,2
davon:			
Japan	21.120,2	19.457,7	14.767,0
USA	18.894,4	18.287,3	13.284,5
Bundesrepublik Deutschland	3.698,3	3.742,5	2.854,4
Australien	3.009,4	3.085,8	2.406,9
Saudi Arabien	3.268,6	3.797,4	2.743,9
Indonesien	2.051,8	2.292,0	1.960,6
Malaysia	1.869,0	1.758,2	1.506,3
Kanada	1.906,9	1.573,8	1.274,2
Taiwan	1.514,7	1.315,2	1.063,2
Frankreich	1.421,8	1.380,4	1.218,2
Italien	1.431,1	1.348,4	1.008,5
Singapur	1.029,8	1.788,4	1.123,5
Großbritannien	1.558,9	1.355,2	1.079,4

Quelle: The Bank of Korea, Monthly Statistical Bulletin, November 1993

KOREA, REPUBLIK

Besonderheiten aus der Sicht der Deutsch-Koreanischen Industrie- und Handelskammer

1993 war für die Deutsch-Koreanischen Wirtschaftsbeziehungen ein Jahr mit Licht und Schatten. Als Anfang März 1993 Bundeskanzler Helmut Kohl Korea besuchte, wurde während der Gespräche mit Staatspräsident Kim Young-sam die Vision von Deutschland als dem zweitwichtigsten Handelspartner für Korea erkoren. Diesem wohl etwas realitätsfernen Ziel ist man 1993 auf jeden Fall nicht näher gekommen. Hinter Japan, den USA und der Volksrepublik China ist die Bundesrepublik Deutschland mit einem Gesamthandelsvolumen von knapp 7 Mrd US$ im Jahre 1993 viertwichtigster Handelspartner für die Republik Korea, wobei sich der Abstand zur Volksrepublik China vergrößerte. Nach vorläufigen Zahlen der Bank of Korea umfaßten deutsche Exporte nach Korea 1993 ein Volumen von ca. 3,7 Mrd US$. Damit konnte das Vorjahresergebnis gerade gehalten werden. Spitzenreiter auf dem koreanischen Markt sind nach wie vor deutsche Maschinenbauerzeugnisse, gefolgt von chemischen Produkten und elektronischen Erzeugnissen. Als Hauptursache für die Stagnation können die schwache Investitionsneigung des verarbeitenden Gewerbes in Korea und das, trotz Asienoffensive, bescheidene Engagement der deutschen Wirtschaft genannt werden. Dies drückte sich ebenfalls bei den deutschen Direktinvestitionen in Korea aus. Allein 1992 investierte die deutsche Wirtschaft über 120 Mio US$ in Korea. Mit einem Investitionsvolumen von knapp 30 Millionen in den ersten 10 Monaten 1993 fiel das Ergebnis deutlich bescheidener aus. Dabei bietet der koreanische Markt ausreichend Perspektive für Produkte "Made in Germany" und für Kooperation mit koreanischen Partnern, insbesondere in den Bereichen Fabrikautomatisierung, Automobilzulieferung, Maschinenbau und Umweltschutztechnologie. Als schwere Niederlage für die deutsche Industrie kann die Entscheidung der koreanischen Regierung, anstelle des deutschen ICE den französischen TGV als Schnellzugverbindung zwischen Pusan und Seoul zu bauen, gewertet werden. Dabei hätte der ICE besser an den Mann gebracht werden können. Die traditionellen, seit mehr als 100 Jahren bestehenden Verbindungen hätten betont, Zusagen, wie die Lieferung von Nuklear- und Wehrtechnologie oder die weitere Zusammenarbeit z.B. beim U-Boot-Bau, hätten aufgegriffen werden sollen. Wie lukrativ das Projekt letztendlich für die Franzosen sein wird, ist schwer festzustellen. Doch wird die Entscheidung zu Gunsten des TGV positive Effekte auf weitere Schnellzugprojekte im asiatischen Raum ausüben. Auch der Preis hätte keine Frage sein dürfen, denn das französische Konsortium unter Leitung der GEC Alsthom wird von der Ersatzteillieferung über Jahre hinweg profitieren.

Die deutsche Beteiligung an der Weltfachausstellung Taejon EXPO'93 vom 07.08. bis zum 07.11.1993 kann dagegen als voller Erfolg betrachtet werden. Vor Beginn der Ausstellung rechnete man mit ungefähr 1 Mio Interessenten für den deutschen Pavillion. Tatsächlich aber kamen in den drei Monaten 2,39 Mio der insgesamt 14 Mio Besucher. Gezeigt wurden vornehmlich Exponate aus den Bereichen Umwelt- und Verkehrstechnik. Unter den Themenbereichen Wasser, Erde, Feuer

KOREA, REPUBLIK

und Luft demonstrierte man die gelungene Verknüpfung von Ökologie und Technologie, auch im Hinblick auf eine stärkere Zusammenarbeit in diesen Sektoren.

Die Entwicklung der bilateralen Wirtschaftsbeziehungen hängt allerdings auch erheblich davon ab, inwieweit die koreanische Regierung die angestrebte Globalisierung und Internationalisierung der heimischen Märkte in die Tat umsetzt. In Korea bestehen im internationalen Vergleich zu den Industrieländern noch zahlreiche Marktzugangsbeschränkungen und Investitionshemmnisse. Gleichzeitig ist aber festzustellen, daß aufgrund der Bemühungen der koreanischen Regierung der Abbau von tarifären und nichttarifären Handelshemmnissen voranschreitet und sich ebenso die allgemeinen Voraussetzungen für Investitionen in Korea schrittweise verbessern. So ist beispielsweise der Erwerb von Grund und Boden für ausländische Investoren in Korea zur Zeit stark beschränkt, was langfristige Investitionen im kapitalintensiven Bereich erschwert. Erfreulich ist, daß die koreanische Regierung für die Zukunft eine weitgehende Liberalisierung des Landerwerbes in Aussicht gestellt hat. Ein weiteres Hindernis für Geschäftsaktivitäten in Korea ist die unzureichende Liberalisierung im Finanzwesen. So wird der Im- und Export von Kapital durch restriktive Handhabung des Devisenverkehrs erschwert. Darüber hinaus steht die Kreditaufnahme von koreanischen Banken unter zahlreichen Genehmigungsvorbehalten und damit staatlicher Einflußnahme. Hinzu kommt, daß das staatlich festgelegte Niveau der Kreditzinsen deutlich über dem der Industrienationen liegt.

Der Schutz von Urheberrechten ist im internationalen Vergleich nach wie vor unzureichend. Die Verletzung von Schutzrechten ist gesetzlich nicht im erforderlichen Maße geregelt, und eine Verfolgung von Straftaten findet nur eingeschränkt statt. Das Image Koreas als ein Land, in dem Schutzrechte verletzt werden können, hält auch deutsche Anbieter von Hochtechnologie ab, Investitionen zu tätigen.

Im Konsumgüterbereich bestehen tarifäre und administrative Beschränkungen, die den Export deutscher Konsumgüter behindern. Ein Beispiel sind Autos: 1993 wurden im ersten Halbjahr 123 deutsche Personenkraftwagen nach Korea geliefert, im gleichen Zeitraum aber mehr als 18000 koreanische Automobile in Deutschland abgesetzt. Die Ursache ist nicht so sehr in den hohen Zöllen und Abgaben zu suchen, sondern in der Angst vor der Steuerprüfung und vor sozialer Diskriminierung.

Die deutsche Wirtschaft und Politik sollte im Verhältnis zur Republik Korea den Gedanken der Reziprozität stärker betonen. Nachdem sich Korea zu einer Industrienation entwickelt hat und an 13. Stelle der Exportnationen steht, sollte auch mehr auf die Einhaltung der Spielregeln im internationalen Warenverkehr geachtet werden. Korea ist sich seiner wirtschaftlichen Stellung durchaus bewußt und wird Akzeptanz nicht bei Liberalität, sondern eher bei Reziprozität erkennen lassen.

Florian Schuffner
Geschäftsführer der Deutsch-Koreanischen
Industrie- und Handelskammer

LAOS

Dr. Oskar Weggel

Allgemeines

Staatsform:	Demokratische Volksrepublik
Staatsoberhaupt:	Nouhak Phoumsavan (seit November 1992)
Regierungschef:	Khamtai Siphandon (seit August 1991), gleichzeitig Generalsekretär der LRVP (Laotische Revolutionäre Volkspartei), d.h. der laotischen KP (seit November 1992)
Landfläche:	236.800 qkm
Einwohnerzahl:	4,6 Mio Einwohner (1993)
Größere Städte:	Vientiane (Hauptstadt) rd. 400.000 Einw., Savannakhet, Pakse und Luang Prabang
Landessprache:	Lao und Mundarten verschiedener Minderheiten
Handelssprache:	Französisch, Englisch
Nationalfeiertag:	2. Dezember (Ausrufung der Volksrepublik 1975)

Weitere Daten

Erwerbspersonen:	2,4 Mio (1993)
Entstehung des BIP nach Sektoren:	(in %) 1992: Land- u. Forstwirtschaft 58,0; Industrie 16,7; Dienstleistungen 23,3; Importabgaben 2,0
Wichtigste Agrarprodukte:	(in 1000 t) 1992 (91): Reis 1500 (1200); Mais 71 (68); Süßkartoffeln; Gemüse; Sojabohnen; Zuckerrohr; Erdnüsse; Baumwolle; Kaffee; Tee
Wichtigste Bergbauprodukte:	Blei, Kohle, Eisenerz, Gold, Mangan, Kalkstein und (durch Satellitenaufnahmen entdeckt) Erdöl

LAOS

Wichtigste Industrieerzeugnisse:	Textil- und Lederwaren, Nahrungsmittel, Metall, Baumaterial, Keramik und Glas, Forst- und Holzprodukte, Chemikalien und Pharmazeutika
Elektrizitätserzeugung:	1991 (90): 827,7 Mio kWh (844,0)
Abkommen mit Deutschland:	Abkommen über Kapitalhilfe vom 11.4.1974, 14.7.1975, 9.3.1976; Notenwechsel über Kapitalhilfe vom 26.3. und 12.4.1976; Vertrag vom 11.11.1982 über die Förderung und den gegenseitigen Schutz von Kapitalanlagen, in Kraft seit 18.8.1985
Abkommen mit der EU:	Seit 1.7.1971 in die Allgemeinen Zollpräferenzen einbezogen; Abkommen über handgewebte Seiden- und Baumwollerzeugnisse sowie Abkommen über handwerkliche Erzeugnisse, am 1.6.1975 in Kraft getreten (Laufzeit nicht begrenzt)

LAOS

Statistisches Profil Laos

			1990	1991	1992	1993(S)
1. Bruttoinlandsprodukt (BIP)						
BIP	(Mio US$)		864,4	1032,7	1107,0	1470,0
Reales BIP	(Veränd. in %)		6,6	4,0	7,3	7,0
BIP pro Kopf	(US$)		211	246	256	269,0
Reales BIP pro Kopf	(Veränd. in %)		4,0	1,5	4,4	4,8
2. Wechselkurse						
Kip/US$	(Jahresdurchschnittskurs)		450	419	454	432
Kip/US$	(Jahresendkurs)		468	464	442	421
3. Preise						
Inflationsrate	(%)		19,6	10,4	9,8	6,0
4. Zinssätze						
Einlagenzinssatz	(% p.a.)		36,0	18,0	15,0	18,2
5. Staatshaushalt						
Saldo	(in % des BIP)	1)	13,5	10,6	19,9	19,2
6. Monetärer Sektor						
Inlandskredite	(Veränd. in %)		18,6	4,1	n.a.	n.a.
Geldmenge M2	(Veränd. in %)		14,0	-3,6	n.a.	n.a.
7. Außenhandel						
Deutsche Exporte (fob)						
nach Laos	(Mio DM)		1,3	1,3	2,0	1,2
Deutsche Importe (cif)						
von Laos	(Mio DM)		2,9	15,8	9,1	14,2
8. Leistungsbilanz						
Güterexporte (fob)	(Mio US$)		55,3	97	n.a.	220,0
Güterimporte (cif)	(Mio US$)		163,3	228	n.a.	385,0
Handelsbilanzsaldo	(Mio US$)		- 108	- 131	- 133	-165,0
Dienstleistungsbilanzsaldo	(Mio US$)		-2,0	-7,0	n.a.	n.a.
Übertragungen,						
privat (netto)	(Mio US$)		10,9	20,4	n.a.	n.a.
Übertragungen,						
öffentlich (netto)	(Mio US$)		56,7	63,9	n.a.	n.a.
Leistungsbilanzsaldo	(Mio US$)		-42,4	-65,7	n.a.	n.a.
9. Auslandsverschuldung						
Bruttobestand	(Mio US$)		309,0	337,0	402	n.a.
10. Schuldendienst						
Gesamtzahlungen	(Mio US$)		15,6	15,6	n.a.	n.a.
- Zinszahlungen			n.a.	n.a.	n.a.	n.a.
- Amortisationen			7,3	10,5	8,0	7,7
Schuldendienstquote	(%)		10,3	11,2	6,3	5,6
Zinsdienstquote			n.a.	n.a.	n.a.	n.a.
11. Währungsreserven						
Gold	(Mio US$)		0,6	0,6	n.a.	n.a.
Währungsreserven (brutto)	(Mio US$)		64,8	57,2	81,2	103,8

1) Fiskaljahre (1. Oktober - 31. September), seit 1993
(S) Schätzung

Quelle: Institut für Asienkunde, Ostasiatischer Verein e.V.

LAOS

Überblick

Am 21. November 1992 starb der bis dahin dominierende Politiker der LDVR, Kaysone Phomvihan, im Alter von 72 Jahren. Der Verstorbene hatte zwei Schlüsselpositionen inne, nämlich die Spitzenämter im Partei- und im Staatsapparat. Offensichtlich hielt es die Partei für nicht opportun, beide Positionen nach wie vor in Personalunion vereinigt zu lassen. Aus diesem Grunde wurden zwei Nachfolger gewählt, nämlich für das Amt des KP-Generalsekretärs Khamtai Siphandon und für das Präsidentenamt Nouhak Phoumsavan. Die Ernennung dieser Nachfolger brachte nicht die geringsten Überraschungen, da beide Politiker dem Verstorbenen seit vielen Jahren unmittelbar im Rang nachgeordnet waren. Khamtai ist aus der militärischen, Nouhak aus der eher zivilen Parteiarbeit hervorgegangen.

Laos befindet sich mitten im Reformprozeß: 1981 begann der erste Fünfjahresplan, 1983 die erste Reformversuchsserie; 1984 wurde das Produktvertragssystem - ähnlich demjenigen in China und Vietnam - zuerst in der Landwirtschaft und dann, seit 1985, auch in der Industrie eingeführt. Beseitigt werden sollten vor allem Bürokratismus, Überzentralisierung und "Subventionitis". Angestrebt waren "Effizienz statt Bürokratie", "Koordination (durch Verträge) statt Subordination" und "Wirtschaftsvielfalt statt Beschränkung auf den rein sozialistischen Sektor" - also Wiederanerkennung der Privatwirtschaft. Die Wirtschaft soll im Interesse wachsender Effizienz nur noch rahmenhaft angeleitet werden, um auf diese Weise der Eigeninitiative in den einzelnen Betriebseinheiten mehr Platz einzuräumen. Wie schon in Vietnam wurde auch in Laos die Betriebsautonomie zum Kernstück der Reformen.

Seit Herbst 1989 sind zahlreiche Gesetze erlassen worden, die das behördliche Verhalten kanalisieren - und kalkulierbarer machen - sollen, angefangen von einem Strafgesetz und einer Strafprozeßordnung über zahlreiche Organisationsstatuten bis hin zu mehreren wirtschaftsrelevanten Gesetzen, nämlich zum Sachen-, Obligationen- und Erbrecht, zur Errichtung von Geschäftsbanken und zum Gerichtsgebührenwesen.

Am 15. August 1991 wurde nach jahrelangen Beratungen die erste Verfassung der (bereits im Dezember 1975 ausgerufenen) LDVR erlassen. 16 Jahre lang war das Land also ohne Verfassung regiert worden - ein Hinweis auf den Stellenwert des Grundgesetzes! Das Wort "Sozialismus" taucht im gesamten Verfassungstext nicht ein einziges Mal auf! In § 2 heißt es lediglich, daß die LDVR ein "volksdemokratischer Staat" sei. Gemäß § 10 müssen sich alle Partei- und Staatsorganisationen, Massenorganisationen, gesellschaftlichen Organisationen und alle Bürger an die Verfassung und an die Gesetze halten. Diese Gesetzesbindung gilt auch für die LRVP, also die KP, die in § 3 als "führendes Organ" innerhalb des politischen Systems bezeichnet wird. In Kap. 2 wird die Marktwirtschaft verfassungsrechtlich verankert. Von den ehemaligen marxistischen Regelungen bleibt nur noch das Staatseigentum an Grund und Boden, letzteres kann jedoch langfristig als eine Art Erbbaurecht Privatpersonen überlassen werden.

LAOS

Seit April 1993 veröffentlicht die Regierung der LDVR ein Amtsblatt, das monatlich erscheint, und in dem die wichtigsten Beschlüsse der Nationalversammlung, der Regierung und wegweisende Urteile des Obersten Gerichts abgedruckt sind. Auch nach Erlaß der neuen Verfassung bleibt die LRVP "Zentrum des politischen Systems", wenngleich der Druck der Partei bei weitem nicht mehr so fühlbar ist wie in den "radikalen Jahren" zwischen 1975 und 1979. Bis Ende 1991 wurden zwar fast sämtliche politische Gefangene auf freien Fuß gesetzt, doch wurden dafür mehrere neue politische Gegner eingekerkert, und zwar am 8. Oktober 1990, nachdem sie sich für ein Vielparteiensystem engagiert und gleichzeitig die gegenwärtige Führung als "verkalkt" hingestellt hatten. Die drei Verurteilten, von denen zwei früher den Posten Stellvertretender Minister eingenommen hatten, erhielten jeweils 14 Jahre Gefängnis. Dies wurde in einem Schreiben von amnesty international vom Juli 1993 angeprangert, wo sich auch noch zahlreiche weitere Namen politisch Verfolgter nachlesen lassen.

Die rd. 50.000 Mann starke "Laotische Volksarmee" hat in Laos keinen eigenen politischen Stellenwert. Zunehmend wird sie inzwischen für Infrastrukturaufgaben eingesetzt, und zwar vor allem im Rahmen einer neugegründeten "Entwicklungsgesellschaft für die Bergregionen", also für Gegenden, in denen überwiegend Minderheiten, vor allem Hmong, leben. Aufbau- und Sicherheitsaufgaben werden hier miteinander verkoppelt.

Kopfzerbrechen bereitet der Führung die zunehmende Korruption. Der neue LDVR-Generalsekretär Khamtai, der von 1975 bis 1991 Verteidigungsminister war, neigt dazu, Korruptionsfragen eher unter polizeilichen Gesichtspunkten anzupacken als sein Vorgänger Kaysone Phomvihan. Er versucht Defizite nicht so sehr durch Änderung des Systems als vielmehr im System zu beheben. Aus diesem Grunde dürfte es auch kein Zufall sein, daß gerade jetzt der Kampf gegen die Korruption einen neuen Höhepunkt erreicht hat. Dies wurde besonders deutlich im Zusammenhang mit einer "Instruktion", die der neue Parteivorsitzende in seiner Eigenschaft als Ministerpräsident am 19. März 1993 herausgab und in der Ziele und Methoden der neuen Kampagne aufgeführt sind.

Formen der Korruption seien Veruntreuung, Bestechung und Annahme von Bestechungsgeschenken, Schädigung des Staatseigentums durch ungesetzliche Manipulationen, illegaler Handel und Schmuggel sowie Steuerhinterziehung.

Verstöße dieser Art müßten entschieden bekämpft werden, wobei Unterdrückungsmit ideologischen Erziehungsmaßnahmen verbunden und keine Rücksichten auf hohe Ränge genommen werden dürften. Außerdem gelte es, möglichst schnell einschlägige Gesetzesbestimmungen zu erlassen und überdies alle Staatsangestellten dafür zu gewinnen, Korruptionsdelikte zur Anzeige bringen. Korruptionsdelikte seien in vierfacher Weise zu ahnden, nämlich (1) durch Überprüfung und Umerziehung, (2) Bekanntgabe der Verstöße, (3) Gerichtsverhandlungen und (4) durch Einziehung von Vermögensgegenständen, die im Wege der Korruption erworben wurden. Auf den einzelnen Ebenen, angefangen von der Zentrale (einschließlich der Ministerien) bis zu den Provinzen, seien "Ad-hoc-Komitees" einzusetzen, die

LAOS

sich mit den jeweils anfallenden Korruptionsvorwürfen befassen. Zu jenen Gütergruppen, die Korruption geradezu magisch anzuziehen scheinen, gehören Hölzer und Antiquitäten, die illegal ausgeführt werden. U.a. erging am 29. Juni ein Zirkular des Ministeriums für Information und Kultur, das den Export sämtlicher Antiquitäten verbietet, wenn vorher nicht expressis verbis eine Ausnahmegenehmigung erteilt wurde. Die Bestimmung nahm Bezug auf Art. 19 der Verfassung sowie auf § 103 des StGB. Immer wieder kommt es zu Verurteilungen. So deckte beispielsweise der Parteikontrollausschuß der Stadt Vientiane Anfang Juli einige Fälle der Veruntreuung von Staatsgeldern in Höhe von vermutlich 117 Mio Kip auf. Daraufhin wurden 13 "führende Kader" zur Rechenschaft gezogen. Auch Drogenhandel spielt im Zusammenhang mit den Korruptionsvorwürfen offensichtlich immer noch eine Rolle. So verurteilte beispielsweise das Volksgericht der Provinz Oudomsai Anfang Juli 1993 zwei Personen gem. § 135 StGB zu 5 Jahren Gefängnis, nachdem sie mit 1,2 kg Heroin ertappt worden waren. Das BSP-Wachstum lag 1992 also bei 7% und hält diesen Pfad möglicherweise bis Mitte der 90er Jahre bei. Die 232 US$ pro Kopf Jahres-BSP, die in den Statistiken für 1992 auftauchen, weisen Laos zwar als eines der fünf ärmsten Länder der Welt aus, geben aber ein etwas schiefes Bild, da die meisten Haushalte in Laos nach wie vor Subsistenzwirtschaft betreiben, die statistisch nicht in Erscheinung tritt. Außenpolitisch hat sich Laos seit dem Zusammenbruch der Sowjetunion und seit der "Abkoppelung" von Vietnam schnell verselbständigen können. Die intensivste Zusammenarbeit vollzieht sich inzwischen mit dem Nachbarn Thailand. Thailand ist erstens einmal der mit Abstand größte Investor in Laos, und zwar mit einem Kapitaltransfer von bisher 150 Mio US$ (= 40% der ausländischen Gesamtinvestitionen). Am meisten interessieren sich die thailändischen Investoren für den Textil-, den Hotel-, den Banken- und den Bausektor. Alle 8 in Laos errichteten ausländischen Banken sind thailändischer Provenienz, so daß es kein Wunder ist, daß der Mann auf der Straße vielfach den Eindruck gewinnt, die laotische Wirtschaft werde letztlich von Thailand gegängelt.

Besonders geschmeichelt zeigte sich Vientiane, daß der erste Besuch, den die neue kambodschanische Führung nach Bildung der Interimsregierung (Juni 1993) unternahm, nach Laos - und nicht etwa nach Hanoi oder nach Beijing - führte. Die kambodschanischen Gäste boten den Laoten dabei Durchfahrtsrechte zur Küste an und besuchten - um diese Offerte zu unterstreichen - die schon weitgehend fertiggestellte "Freundschaftsbrücke" von Laos nach Thailand. Den zweiten Rang in der Außenpolitik Vientianes nimmt - trotz der außenwirtschaftlichen Dominanz Japans - inzwischen längst wieder die Volksrepublik China ein, die ganz unverhohlen ihr Interesse bekundet, in jene alten Positionen zurückzukehren, die sie noch bis in die 70er Jahre hinein eingenommen, dann aber (größtenteils an Vietnam und die Sowjetunion) verloren hatte. So betätigen sich die Chinesen beispielsweise bereits wieder im Straßenbau, vor allem im südlichen Teil der Nationalstraße Nr. 13 und wecken damit Erinnerungen an ihre einstige "Straßendiplomatie" (Den Laoten ist diese chinesische Präsenz - als Gegengewicht zu Vietnam - durchaus willkommen!). Zweitens arbeiten beide Seiten wieder bei der Erschließung gemeinsamer Schiffahrtslinien zusammen, die zwischen der

LAOS

südchinesischen Provinz Yunnan und Nordlaos neubelebt werden. Drittens liefert China u.a. drei Yun-7-Passagierflugzeuge an Laos, bildet laotische Kader aus und fördert die Intensivierung des Grenzhandels.

Im Januar 1993 unterzeichneten beide Seiten außerdem ein Grenzprotokoll und ein Übereinkommen zum Schutz von Investitionen.

Auch mit den anderen vier Nachbarstaaten befindet sich Laos in Grenzgesprächen und hat z.T. bereits Grenzverträge geschlossen.

Wirtschaftsplanung

Wirtschaftlich befindet sich Laos in einer zwiespältigen Situation: Auf der einen Seite hat es vier Stärken (günstiges Einwohner/Boden-Verhältnis, Bauholz, Mineralien und hydroelektrisches Potential), leidet andererseits aber unter zwei Schwächen, nämlich seiner geographischen Abgeschlossenheit und den schlechten Straßen. Die Entwicklungspolitik hat sich daher auf optimale Nutzung des Potentials und auf Minimierung der Schwächemomente zu konzentrieren, wobei die Selbstversorgung mit Reis auf lokaler Ebene und die Verbesserung des Verkehrsnetzes innerhalb von Laos sowie zu seinen beiden Nachbarn Vietnam und Thailand hin im Vordergrund stehen.

1978/80 wurde ein Dreijahresplan, 1981/85 der erste und schließlich 1986/90 der zweite Fünfjahresplan vorgelegt, der die Landwirtschaft in den Mittelpunkt stellte und daneben die Erschließung weiterer Rohstoffquellen sowie den Ausbau des Verkehrs- und Kommunikationswesens betonte. Inzwischen läuft der dritte Fünfjahresplan (1991/95), demzufolge ein Durchschnitts-BIP-Wachstum von jährlich 6,6% angepeilt wird. Ferner stehen der Transport-, der Energie-, der Telekommunikations- sowie der Bewässerungssektor im Mittelpunkt der Planziele. Im Agrarbereich soll die Verarbeitung weiter zunehmen, beim Bergbau ein höheres Ergebnis erzielt werden.

Anfang Dezember 1992 ist der "Sozioökonomische Plan 1993-2000" von der III. Nationalversammlung verabschiedet worden. Dieser Perspektiventwurf folgt, ohne daß dies ausdrücklich betont würde, den chinesischen und vietnamesischen Modellen, unterscheidet sich äußerlich allerdings dadurch, daß im Gegensatz zu China und Vietnam nicht von Vervierfachung oder Verdoppelung die Rede ist. Vielmehr heißt es, daß in den nachfolgenden Jahren, d.h. also von 1993 bis 2000, sichergestellt werden müsse, daß die Volkswirtschaft (gemeint ist wohl das BSP) ein jährliches Durchschnittswachstum von 8% p.a. beibehält, daß die Inflation unter 10% p.a. bleibt, daß die Investitionen in den verschiedenen Sektoren pro Jahr mindestens 15% des BSP erreichen und daß auch sonst eine Stabilisierung der Wirtschaft, der Finanzen, der Preise und der Wechselkurse herbeigeführt wird.

Laos peilt somit im Planungszeitraum zwar nicht gerade eine Verdoppelung des Pro-Kopf-Einkommens an, möchte aber doch "irgendwo" in die Nähe davon kommen.

LAOS

Ausgangspunkt für Kalküle dieser Art sind die positiven Wachstumsergebnisse, die 1992 erzielt werden konnten.

Als flankierende - und letztlich wirtschaftsrelevante - "Orientierungen", wie sie dem Plan zugrunde liegen, werden angegeben: "Verbesserung der Solidarität und Harmonie" zwischen den Völkerschaften von Laos; Nutzung des nationalen Potentials vor allem im Bereich der Landwirtschaft, des Forstwesens und der Hydroenergie; Umwandlung der Subsistenz- und Halbsubsistenzwirtschaft in eine warenorientierte Marktwirtschaft und weitere Demokratisierung "nach den Richtlinien der Partei".

Als "Allgemeine Wirtschaftsziele" werden genannt: Aufrechterhaltung der Stabilität; Aufbau einer agro-forstwirtschaftlichen Struktur, die mit dem Sekundär- und Tertiärsektor möglichst eng verflochten sein soll; Herstellung einer warenorientierten Wirtschaft, in der auch verschiedene Formen des Eigentums und der Organisation wirken können; Entwicklung von Schwerpunktregionen, vor allem in den Provinzen Xieng Khouang, Bolikhamsai, Khammouane und Vientiane; Abschaffung des bürokratischen Zentralismus und der Subventionspraktiken bei gleichzeitig stärkerer Hinwendung zur Marktwirtschaft; Herausbildung von "fortgeschrittenen Dörfern", für die vor allem qualifizierte Kader ausgebildet werden müßten; Türöffnung für und Einwerbung von ausländischem Investitionskapital; Verbesserung des Erziehungs-, Ausbildungs- und Gesundheitswesens sowie Stärkung des autochthonen Wertesystems.

Der Perspektivplan geht realistischerweise davon aus, daß vor allem das Anfangsjahr unter einem guten Stern zu stehen habe. Aus diesem Grunde müsse die Volkswirtschaft 1993 gegenüber dem Vorjahr "um nicht weniger als 7%" zulegen, wobei das Wachstum der Landwirtschaft bei 5%, der Industrie bei 9% und des Dienstleistungswesens bei 10% liegen solle. Die Inflationsrate habe unterhalb von 10% zu bleiben. Gleichzeitig gelte es, dem Staatshaushalt zumindest 13% des BSP zuzuführen und darüber hinaus das Außenwirtschaftsdefizit zu verringern. Die Reisernte müsse 1993 bei 1,6 Mio t liegen. Gleichzeitig sei der Feldanbau zu diversifizieren, der Viehzuchtsektor auszuweiten und die Verarbeitung von Landwirtschaftsgütern verstärkt zu betreiben, so daß die Landwirtschaft im Endergebnis mit 55% des BSP beteiligt sei. Zur Stabilisierung der Ernteerträge gelte es, weitere Maßnahmen der Wassersicherung zu treffen und diesem Zweck 35% der Gesamtausgaben des Staatshaushalts zur Verfügung zu stellen.

Im Bereich der Forstwirtschaft müsse das Verbot der Ausfuhr von Rohholz weiter aufrechterhalten werden. Exportiert werden dürften nur bearbeitete Hölzer; gleichzeitig gelte es, der Schwendwirtschaft weiter Einhalt zu gebieten.

Industrie und Handwerk sollten 1993 mit 11% am BSP beteiligt sein. Zu diesem Zweck müsse vor allem die Energiezufuhr sichergestellt werden.

Besonderer Aufmerksamkeit bedürfe schließlich der Ausbau der Verkehrswege, vor allem der Nationalstraßen Nr. 13, 9, 8 und 20.

LAOS

Landwirtschaft

Der mit Abstand wichtigste Wirtschaftssektor in Laos ist nach wie vor die Landwirtschaft - und hier wiederum der Reisanbau. Der Beitrag der Landwirtschaft zum BSP liegt z.Zt. bei rd. 60%, soll aber bis zum Jahr 2000 zugunsten der Industrie so verändert werden, daß er bis dahin auf 55% gesunken ist.

Das Ziel des Reisanbaus für 1993 lag bei 1,6 Mio t - was einem Anstieg um 5% gegenüber dem Vorjahr entspräche. Der Anbau von Reis beansprucht mehr als 80% der gesamten landwirtschaftlich nutzbaren Anbaufläche von rd. 650.000 ha.

Die ständige Forderung der Planer, daß die Subsistenzwirtschaft in eine Warenwirtschaft umgewandelt werden müsse, hat reale Hintergründe, gelangen doch im allgemeinen weniger als 5% der gesamten Ernte in den Handel, während 95% von den Bauern selbst - oder aber zumindest innerhalb der betreffenden Reisbauerngemeinden - direkt verbraucht werden.

Eine besondere Hypothek des Reisanbaus besteht darin, daß das Bewässerungswesen immer noch unzureichend entwickelt ist. Dies hat zwei Folgen: Zum einen brechen die Ernteergebnisse sofort spürbar ein, wenn nicht genügend Niederschläge fallen; zum anderen erfolgt der Reisanbau im allgemeinen nur während der Monsunzeit, während die Monate der Trockenzeit nach wie vor "verschenkt" werden. Kein Wunder, daß dem Ausbau des Bewässerungswesens allerhöchste Priorität zukommt. Im Juni 1993 fand daher zu dieser Frage eine Konferenz statt, bei der noch weitere Projekte für den Zeitraum 1993-1996 sowie für die Periode 1996-2000 erörtert wurden. Teilnehmer waren nicht nur laotische Funktionäre, sondern auch Repräsentanten des UNDP und der JICA (Japanese International Cooperation Agency).

Bisher sind die Erntebeträge noch recht bescheiden und liegen in den Flußtälern bei 2,5-3 t/ha pro Jahr, in den höheren Lagen sogar nur bei rd. 1,5 t/ha. Die unbeholfenen Kollektivierungsmaßnahmen, die nach 1975 vorgenommen wurden, haben zu einem Rückgang der Ernten gegenüber früher geführt. Erst in den 80er Jahren hat man sich wieder auf die alten Tugenden besonnen und die Marktkräfte neu belebt.

Zu den Innovationsmaßnahmen gehört auch die Einführung neuer Reissorten, bei denen u.a. das IRRI (International Rice Research Institute) mit Sitz auf den Philippinen behilflich ist.

Bereits am 26. August 1991 hatte die Regierung einen Erlaß über den schonenden Umgang mit den Forstreserven herausgegeben. Im Juli 1993 wurden die Extraktionsmengen neu festgesetzt und dabei jeder Provinz bestimmte Quoten zugeteilt.

LAOS

Industrie

Zuverlässige Zahlen sind eine Rarität in Laos, vor allem innerhalb des Industriebereichs. Nach Angaben der Asian Development Bank lag das Wachstum im Industriebereich 1989 bei 11%, 1990 bei 14,5%, 1991 bei 12,5%, 1992 bei 11,2% und 1993 bei (geschätzten) 9,2%.

1991 belief sich die Zahl der Industriebetriebe auf 633 - 30% unterstanden zentraler Steuerung.

Eine wichtige Rolle spielt die Erzeugung von Strom, dessen Löwenanteil nach Thailand exportiert wird. Bereits 1992 erwirtschaftete Laos rd. 30% seiner Deviseneinnahmen mit der Ausfuhr von Elektroenergie.

Im Augenblick ist es dabei, seine Energiegewinnungsanlagen noch weiter auszubauen, um der wachsenden Nachfrage nach Stromexporten zu genügen. Im Zentrum der Planung steht gegenwärtig der Bau des Wasserkraftwerks Nam Theun 2, mit dem zwei australische Firmen beauftragt worden sind. Die neue Anlage soll über eine Kapazität von 600 MW verfügen.

Inzwischen hat Bangkok sein Interesse an einem nochmals erweiterten Strombezug bekundet, und zwar beim Besuch des thailändischen Ministerpräsidenten im Juni 1993. Die LDVR-Regierung gab in diesem Zusammenhang bekannt, daß sie bis zum Jahr 2000 ihre Produktionskapazität auf insgesamt 1.500 MW hochfahren wolle. Gegenwärtig ist die EGAT (Electricity Generating Authority of Thailand) dabei, die Stromverbindungen über den Mekong leistungsfähiger zu gestalten.

Thailand will aus Laos aber nicht nur elektrischen Strom, sondern auch Kohle beziehen. Zu diesem Zweck kam es im Juli 1993 zu Vereinbarungen zwischen thailändischen Bergwerksfirmen und den zuständigen laotischen Behörden.

Außenwirtschaft

Die Importe der LDVR lagen zwischen 1981 und 1991 durchschnittlich beim Dreifachen des Werts ihrer Exporte. In den Jahren 1992 und 1993 ist die Schere noch einmal ein Stück weiter auseinander gegangen, da jetzt nämlich die Exporte 71 bzw. 81 Mio US$, die Importe aber 257 bzw. 277 Mio US$ betrugen, also fast um das Dreieinhalbfache auseinander lagen (Angaben: AEB). Die Folgen: Laos hatte 1992 ein Handelsdefizit von 186 und 1993 eines von 196 Mio US$.

Die Hauptexportgüter der LDVR sind nach wie vor Elektrizität und landwirtschaftliche Produkte wie Tee, Kaffee und Zucker, während im Gegenzug Kapital- und Konsumgüter importiert werden. Der Export von Holz nimmt angesichts des Waldsterbens gezwungenermaßen ab.

Das laotische Investitionsgesetz vom Juli 1988 hat inzwischen Wirkung gezeigt: Zwischen 1989 und 1992 haben sich die meisten ausländischen Investitionen auf

LAOS

den Bereich des Handels und des Dienstleistungswesens konzentriert. An zweiter Stelle standen Industrie- und Handwerksinvestitionen, die im ersten Halbjahr 1993 sogar mit 24 Projekten (und einer Gesamtsumme von 33 Mio US$) an die Spitze zogen. Die Investitionen im Handel und im Dienstleistungssektor fielen im gleichen Zeitraum auf den zweiten Platz zurück (30 Projekte mit 23 Mio US$).

Innerhalb des Industriebereichs haben die Verarbeitungs- und Textilbetriebe ein schnelleres Wachstum verzeichnen können als andere Bereiche. Zwischen 1989 und 1992 wurden 45 Bekleidungsfabriken mit einer Gesamtsumme von 31,1 Mio US$ errichtet und 53 Betriebe der Verarbeitungsindustrie mit einer Gesamtsumme von 62,3 Mio US$.

Am 5. August 1993 gab der laotische Finanzminister bekannt, daß sein Land fünf Maßnahmen ergreifen wolle, um die ausländischen Investitionen ein weiteres Mal zu beschleunigen, nämlich (1) Einladung von noch mehr Investoren, (2) Erleichterungen im Steuersystem, (3) Eröffnung von lokalen und Überseebanken, (4) Erhöhung der Währungsreserven und (5) Verstärkung der Zusammenarbeit zwischen ausländischen Firmen und einheimischen Partnern.

Bei einem Investitionsseminar der LDVR in Bangkok gaben laotische Repräsentanten den Zuhörern zu verstehen, daß Laos im Begriff sei, ein neues Investitionsgesetz zu erlassen, das die Fehler des alten korrigiere. Die bisherige Praxis habe gezeigt, daß zahlreiche private Investoren, vor allem solche aus Thailand, zu wenig Eigenkapital mitbrächten und sich statt dessen auf die Verwertung von Krediten konzentrierten, die der LDVR von der Weltbank und von der ADB gewährt würden. Das Investitionsgesetz von 1988 müsse gerade in diesem Zusammenhang nachgebessert werden.

1992 hat Laos 127 Mio US$ an Entwicklungshilfemitteln für insgesamt 46 Projekte erhalten - vor allem im Verkehrsbereich. Gleichwohl ist das Straßensystem immer noch rudimentär, und viele Provinzhauptstädte können in der Monsunzeit nicht über Straßenverbindungen erreicht werden. Zwei Provinzhauptstädte, nämlich Phong Saly und Pukeo, können sogar in der Trockensaison nicht regulär über Landstraßen, sondern nur auf Nebenwegen angesteuert werden. Auch das Flußschiffahrtssystem liegt nach wie vor im argen.

Das Land braucht also in den nächsten Jahren noch Milliardenbeihilfen, wenn es sein Hauptproblem, nämlich die Herstellung eines brauchbaren Verkehrsnetzwerkes, lösen will. Hätte es dazu noch eines Beweises bedurft, so wäre er durch die "Freundschaftsbrücke" zwischen Laos und Thailand erbracht worden, die ja ebenfalls mit ausländischen Mitteln sowohl finanzieller als auch technischer Art erstellt wurde. Die LDVR wäre aus eigener Kraft zu einem solchen Projekt nicht imstande gewesen.

Im Juni 1993 gewährte der IMF der Regierung einen Kredit von 50 Mio US$ zwecks Durchführung von Reformmaßnahmen. Auch die ADB stellte eine Reihe von Geldern bereit, u.a. 13 Mio US$ für die Verbesserung der Wasserversorgung in sieben nord- und zentrallaotischen Städten sowie 600.000 US$ für städtische Entwicklungsprojekte in Vientiane.

LAOS

Beziehungen zur Bundesrepublik Deutschland

Seit 1966 hat Laos von der deutschen "Bundesanstalt für Kreditwesen und Wiederaufbau" Kredite in Höhe von rd. 50 Mio DM erhalten. Ende 1991 wurden diese Schulden erlassen, und zwar mit der Maßgabe, daß diese Erleichterung dem laotischen Umweltschutz zugute kommen solle.

Am 21. August 1991 wurde in Vientiane ein deutsch-laotisches Memorandum unterzeichnet, in dem alte Abmachungen zwischen Laos und der DDR auf eine "neue legale Basis" gestellt wurden. Grundsätzlich ist die Bundesrepublik als Nachfolgerin der DDR bereit, Projekte dieser Art (Forstschulen, Kaffeeproduktion etc.) fortzusetzen. Nach Angaben der UNDP leistete die DDR noch 1989 Entwicklungshilfe in Höhe von 8,6 Mio US$ für die Bereiche Ausbildung und Kaffeeanbau

Der bilaterale Warenverkehr findet auf niedrigem Niveau statt. In den ersten 6 Monaten 1993 bezog Deutschland laotische Waren in Höhe von 7,4 Mio DM (+25,4%). Der deutsche Export beziffert sich auf 0,6 Mio DM (-40%) im gleichen Zeitraum.

BREMEN ✒ BREMERHAVEN

TOP
IM FERNOST-VERKEHR

Freie Fahrt für alle Import- und Exportsendungen. Nach dem Motto: Schneller Containerumschlag: Ja! Warteschlange: Nein!

Wenn auch Sie so denken, dann sind wir - die Bremer Lagerhaus-Gesellschaft - Ihr richtiger Partner.

Die BLG sorgt dafür, daß Ihr Transportfahrplan eingehalten wird. Das Container-Terminal in Bremerhaven, direkt am Meer, ist ganz auf Tempo angelegt.

An der 2300 Meter langen Stromkaje ist immer Platz auch für die größten Containerschiffe. Schnell und sicher wandern die Container auf den Eisenbahnwagen, den LKW oder auf das Binnen- bzw. Feeder-Schiff. 19 High-Tech Containerbrücken sind dabei rund um die Uhr im Einsatz. So können im Containertransport via Bremerhaven bis zu 24 Stunden eingespart werden.

Wir haben viel Leistung auf Lager - überzeugen Sie sich davon. Ein Exemplar unserer Informationsbroschüre "Das ABC der BLG" liegt für Sie bereit.

BLG Bremer Lagerhaus-Gesellschaft, Überseehafen, Hafenhochhaus, 28079 Bremen, Tel. 0421/398-0, Fax 3983404

BREMER LAGERHAUS - GESELLSCHAFT
BREMEN/BREMERHAVEN. LOGISTIK. GUT.

J. Lambert Coldewey

LAOS

Tabelle 1: **Handelsstruktur Deutschland** [1] **- Laos**
Deutsche Exporte nach Laos
(Angaben in Mio DM)

SITC POSITION [2]	WARENKLASSE [3]	1990	1991	1992
0 - 9	INSGESAMT	1,4	1,3	2,0
5	Chemische Erzeugnisse	0,1	0,3	0,2
6	Bearbeitete Waren, vorwiegend nach Beschaffenheit gegliedert	0,3	0,2	0,13
7	Maschinenbau-, elektrotechn. Erzeugnisse und Fahrzeuge	0,8	0,7	1,6
8	Verschiedene Fertigwaren	0,1	0,1	0,06

1) Bis 1990 westdeutscher, ab 1991 gesamtdeutscher Handel.
2) Standard International Trade Classification (SITC Rev. II bis 1987, SITC Rev. III ab 1988).
3) Bezeichnungen der Warenklassen teilweise gekürzt; geringfügige Rundungsabweichungen bei Summenbildung möglich.

Tabelle 2: **Handelsstruktur Deutschland** [1] **- Laos**
Deutsche Importe aus Laos
(Angaben in Mio DM)

SITC POSITION [2]	WARENKLASSE [3]	1990	1991	1992
0 - 9	INSGESAMT	3,1	15,8	9,1
07	Kaffee, Tee, Kakao, Gewürze	0,5	0,4	1,1
2	Rohstoffe (andere als SITC 0 und 3)	0,02	0,2	0,05
6	Bearbeitete Waren, vorwiegend nach Beschaffenheit gegliedert	0,03	0,2	0,05
84	Bekleidung und Bekleidungszubehör	2,5	15,0	7,9

1) Bis 1990 westdeutscher, ab 1991 gesamtdeutscher Handel.
2) Standard International Trade Classification (SITC Rev. II bis 1987, SITC Rev. III ab 1988).
3) Bezeichnungen der Warenklassen teilweise gekürzt; geringfügige Rundungsabweichungen bei Summenbildung möglich.

Quelle: Statistisches Bundesamt, Wiesbaden

LAOS

Besonderheiten der bilateralen Wirtschaftsbeziehungen aus Sicht der B. Grimm Lao Promotion and Consulting Co. Ltd., Vientiane

Konstantes Wachstum in Laos

Wichtigste Neuerung im wirtschaftlichen Leben des Landes im zurückliegenden Jahr war die Umstellung des Fiskaljahres auf den Zeitraum 1. Oktober - 31. September. Ansonsten war die wirtschaftliche Lage der nach wie vor zu den am wenigsten entwickelten Ländern der Welt (LDC) zählenden Volksrepublik eher von Stabilität gekennzeichnet. Ihren Ausdruck findet diese Stabilität in einem relativ konstanten Wirtschaftswachstum, einer forcierten Fortsetzung der Privatisierung staatlicher Unternehmen und wachsenden Auslandsinvestitionen. Nach offiziellen Angaben betrug das Wachstum der Wirtschaft 1993 etwa 7-8%, wozu die Landwirtschaft mit einer Steigerung von 8,3%, die Industrie mit 9,1% und die Dienstleistungen mit 5,6% Zuwachs beitrugen. Größte Errungenschaft der Wirtschaftspolitik der laotischen Regierung ist die Senkung der Inflationsrate von über 80% im Jahre 1989 auf nunmehr weniger als 7%. Hinzu kommt der insgesamt stabile Wechselkurs der laotischen Währung Kip, der seit 4 Jahren nur wenig um 720 Kip pro US-Dollar schwankt. Stabilität drücken auch die von 33 Millionen Dollar 1992 auf nun 73 Millionen Dollar gewachsenen Währungsreserven aus.

1993 wurde eine Steuerreform in Angriff genommen, um die Einnahmen des Staatshaushaltes zu erhöhen. Beispielsweise wurde die Landwirtschaftssteuer, eine überholte Naturalsteuer, abgeschafft und durch eine einheitliche in Stadt und Land nach gleichen Prinzipien wirkende Grundsteuer ersetzt. Im Warenimport beschloß die Regierung einen Mindestzoll in Höhe von 5%, von dem nur ausländische Hilfslieferungen befreit sind. Eine Reihe von Verbrauchssteuern wurden erhöht und Abgaben, wie z.B. eine Fernsehgebühr und die Pflicht notarieller Beglaubigungen einer Reihe von Dokumenten durch die durchweg staatlichen Notariate, eingeführt. Dennoch bleibt der Staatshaushalt stark defizitär und wird zu rund 50% aus ausländischen Quellen gedeckt (115,4 Mrd Kip ausländische Hilfe und Kredite bei Gesamteinnahmen des Haushalts von 239,5 Mrd Kip). Bei den staatlichen Investitionen, die sich vor allem auf den Ausbau der Infrastruktur konzentrieren, beträgt das Verhältnis innerer zu äußeren Quellen etwa 1:10.

Seit 1988 hält Laos seine Tür ausländischen Investitionen offen. Dabei werden ausländischen Anlegern relativ günstige Bedingungen eingeräumt. Beispielsweise gibt es weder Beschränkungen in der Höhe der ausländischen Beteiligung noch bei der Höhe des Gewinntransfers. Größte Risikofaktoren bleiben, daß Ausländer in Laos keinen Grund und Boden erwerben dürfen sowie das noch immer nur in Ansätzen vorhandene Rechtssystem.

Dennoch nahmen die ausländischen Investitionen weiter zu. Insgesamt wurden seit Annahme des Auslandsinvestitionsgesetzes im Herbst 1988 bis September 1993 380 Investitionsvorhaben mit einem Volumen von insgesamt 560 Mio US-Dollar

LAOS

bewilligt, davon in den ersten neun Monaten 1993 116 Projekte mit 105 Mio Dollar. Einer deutlichen Zunahme der Zahl der Projekte steht der weiter sinkende Umfang pro Vorhaben gegenüber. Hauptquelle bleibt Thailand mit einem Anteil von fast 40% an Anzahl und Investitionsumfang. Bei den Branchen, in die investiert wird, gab es hingegen eine Verschiebung hin zu Vorhaben in Anbau und Verarbeitung landwirtschaftlicher Produkte. Interessant für europäische Investoren ist weiterhin die Textilbranche, da es für Laos seitens der Europäischen Union, anders als von den USA und Kanada, keine Quotierungen gibt. Unter den 57 genehmigten Projekten im Textilsektor finden sich dann auch die bislang einzigen drei deutschen Investitionen. Spektakuläre Investitionsvereinbarungen wie die zweier führender Firmen in der Goldsuche, die US-amerikanische Newmont Gold Comapny und die australische CRA Exploration, bleiben die Ausnahme. Das Gros der Investitionen (287) bewegt sich unter einer Million US-Dollar. Mit wachsendem Tempo fortgesetzt wurde die Politik der "Umwandlung von Staatsunternehmen in andere Eigentumsformen", wie es offiziell heißt. Dahinter verbirgt sich in der Regel deren Privatisierung. Bislang wurden 89 staatliche Unternehmen "umgewandelt" und mehr als 100 weitere stehen auf der aktuellen Privatisierungsliste. Mit der einzigen Brauerei des Landes und der Pepsi-Abfüllanlage in Vientiane ging die gesamte laotische Getränkeindustrie in diesem Jahr an die Thailand-Niederlassung der italienischen Firma Loxley und die Italo-Thai Company. Nur ein Bruchteil der Wirtschaftsunternehmen, so die Elektrizitätsgesellschaft und die Trinkwasserversorgung werden auch weiter in staatlicher Hand bleiben.

Im zurückliegenden Jahr erteilte Laos in weit größerem Umfang als bisher Genehmigungen für ausländische Investitionen nach dem Prinzip Build-Operate-Transfer (BOT). Dabei wird ein Vorhaben vollständig von einem ausländischen Partner finanziert und realisiert und diesem dann für einen festgelegten Zeitraum zur Nutzung überlassen bevor das Projekt an die laotische Regierung zu übergeben ist. Nach diesem Prinzip soll beispielsweise die Errichtung des Wasserkraftwerkes Nam Theun I/II erfolgen, dessen geplanten 600 MW installierter Leistung das Dreifache der derzeit verfügbaren Kraftwerksleistung des Landes ausmachen. Rentieren soll sich die Anlage durch den Export von Elektroenergie nach Thailand.

Nach BOT werden weitere Wasserkraftwerke errichtet, aber auch eine Brücke über den Nam Ngum unweit der laotischen Hauptstadt Vientiane. Die wohl aufsehenerregendste Vereinbarung nach dem Prinzip BOT ist der im Oktober zwischen der laotischen Regierung und der thailändischen Firma Shinawatra Computer and Communication unterzeichnete Vertrag. Danach wird der Thai-Partner knapp 70 Mio Dollar in den Ausbau der laotischen Telekommunikation investieren und erhält dafür für 15 Jahre das Recht, das Telefonnetz einschließlich Mobiltelefon und Paging sowie die Rundfunk- und Fernsehübertragungen des Landes zu betreiben.

Michael Schultze
B. Grimm Lao Promotion and Consulting Co. Ltd.

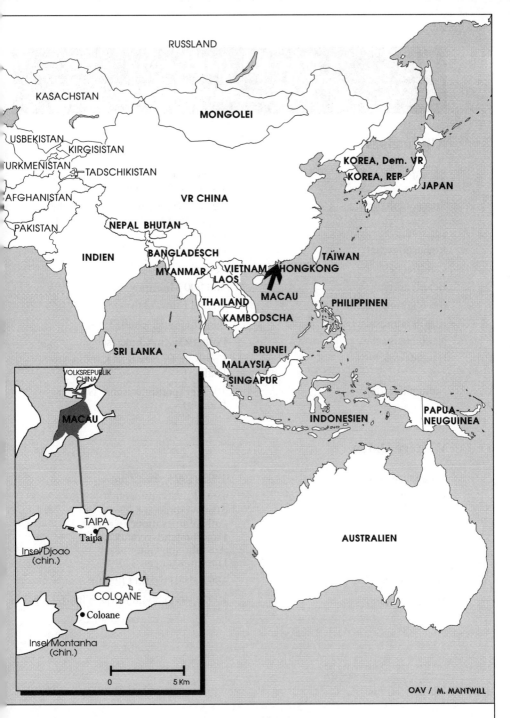

MACAU

MACAU (MACAO)
Dr. Yu-Hsi Nieh

Allgemeines

Staatsform:	Chinesisches Territorium unter portugiesischer Verwaltung
Staatsoberhaupt:	Staatspräsident der portugiesischen Republik, Mario Alberto Nobre Lopes Soares
Regierungschef:	Gouverneur Rocha Vieira
Landfläche:	18,7 qkm
Bevölkerung:	380.900 Mio Einwohner
Bevölkerungsdichte:	20.309 Einw./qkm
Bevölkerungswachstum:	(Geburtenüberschuß) 1,4%
Nationalsprache:	Portugiesisch, Chinesisch
Handelssprache	Englisch, Chinesisch (Kantonesischer Dialekt)
Nationalfeiertag:	10. Juni (portugiesischer Nationalfeiertag)

Weitere Daten

Arbeitslosigkeit:	1992 (1993) 2% (3%)
Verwendung des BIP:	1993 Privatverbrauch 30,4%; Staatsverbrauch 8,2%; Anlageinvestitionen 28,4%; Lagerbestandsveränderung 0,2%; Ausfuhr von Gütern und Dienstleistungen 32,9%
Fischfang :	1992 (1991) 2800 t (2500)
Stromerzeugung:	1992 (1991) 864,8 Mio kWh (763,8 Mio kWh)

MACAU

Maße und Gewichte:	Neben dem offiziellen metrischen System auch traditionelle Maßeinheiten unter der Bevölkerung: 10 fan = 1 tsun = 0,037 m, 10 tsun = 1 chek = 0,371 m; 10 tsin = 1 leung = 37,8 g, 16 leung = 1 kan = 0,605 kg, 100 kan = 1 tam = 60,48 kg
Abkommen mit der EU:	In allgemeine autonome Zollpräferenzen einbezogen

Statistisches Profil Macau

	1990	1991	1992
1. Bruttoinlandsprodukt (BIP)			
BIP zu Marktpreisen (Mio Macau Patacas MOP)	27.895,6	32.118,2	40.289,3
Reales BIP (Veränderung in %)	5,0	3,3	12,1
BIP pro Kopf zu Marktpreisen (MOP)	82.166	88.285	105.773
2. Wechselkurse (1 Pataca = 100 Aros = 1 MOP)			
MOP/US$ (Jahresdurchschnitt)	8,02	8,00	7,97
MOP/US$ (Jahresende)	8,03	8,01	7,97
MOP/DM (Jahresdurchschnitt)	4,98	4,84	5,12
MOP/DM (Jahresende)	5,38	5,27	4,93
3. Preise			
Inflationsrate (Jahresdurchschnitt)	8,0	9,6	7,7
4. Zinssätze			
Sichteinlagen (Jahresende)	5,25	3,25	1,25
5. Staatshaushalt			
Saldo (in % des BIP)	1,82	0	4,48
6. Monetärer Sektor			
Geldmenge M2 (Veränderung in %)	25,46	36,98	20,22
Inlandskredite (Veränderung in %)	18,33	19,84	29,36
7. Außenhandel			
Exporte (fob) (Mio MOP)	13.638,2	13.326,0	14.080,1
Importe (cif) (Mio MOP)	12.343,1	14.832,4	15.684,7
Exporte nach Deutschland (Mio DM)	358,3	404,7	384,0
Importe aus Deutschland (Mio DM)	13,3	10,2	22,1
8. Leistungsbilanz			
Güterexporte (fob) (Mio MOP)	13.638,2	13.326,0	14.080,1
Güterimporte (cif) (Mio MOP)	12.343,1	14.832,4	15.684,7
Handelsbilanzsaldo (Mio MOP)	1.295,1	-1.506,4	-1.604,6
Dienstleistungsexporte (Mio MOP)	11.971,2	14.301,1	18.093,6
Dienstleistungsimporte (Mio MOP)	2.234,5	1.967,9	3.236.6
Dienstleistungssaldo (Mio MOP)	9.736,7	12.333,2	14.857,0

Quelle: Institut für Asienkunde

MACAU

Wirtschaftliche und politische Lage 1993

- Verlangsamung des Wirtschaftswachstums
+ Rückgang der Inflation
+ Stabilität im Verhältnis zu China
- Zunehmende wirtschaftliche Konkurrenz in den Nachbarregionen

Prognose 1994

- Aufrechterhaltung des Trends zum sinkenden Wachstum
+ Beschleunigung der Wirtschaftsumstrukturierung mit weiterer Schrumpfung der verarbeitenden Industrie auf der einen Seite und Ausdehnung des Dienstleistungssektors auf der anderen
+ Aufrechterhaltung des stabilen Verhältnisses zur VR China

Bilaterale Wirtschaftsbeziehungen

+ Steigerung deutscher Exporte infolge der DM-Abwertung
- Schwache Vertretung deutscher Unternehmen in Macau

MACAU

Überblick und Besonderheiten

Nach der sino-portugiesischen Vereinbarung von 1987 soll Macau Ende 1999 an China zurückgegeben werden, aber wirtschaftlich weiterhin als Freihafen und unabhängige Zollregion mit freiem Kapitalfluß, eigenem Finanzwesen sowie eigener konvertierbarer Währung bestehen bleiben. Es braucht keine Steuereinnahmen an die chinesische Regierung abzuführen. Unter der Bezeichnung "Macau, China" darf es wirtschaftliche und kulturelle Beziehungen zu anderen Ländern und internationalen Organisationen unterhalten und dementsprechende Verträge abschließen.

Am 11. Januar 1991 ist Macau mit gemeinsamer Unterstützung von China und Portugal in die internationale Handelsorganisation GATT (Allgemeines Zoll- und Handelsabkommen) eingetreten. Auf der 15. Sitzung der sino-portugiesischen Liaisongruppe im November 1992 wurde u.a. das Übereinkommen getroffen, dem Beitritt Macaus in APTO (Asia-Pacific Telecommunications Organization) und CCC (Customs Cooperation Council) zuzustimmen.

Der Nationale Volkskongreß in Beijing hat am 31. März 1993 nach der genannten sino-portugiesischen Vereinbarung ein Grundgesetz verabschiedet, nach dem Macau ab 1999 eine Sonderverwaltungszone (SVZ) der VR China sein wird. Im großen und ganzen ist die Lösung der Macau-Frage eine Nachahmung des Hongkong-Modells. Da die portugiesische Enklave wirtschaftlich wie politisch mehr unter chinesischem Einfluß steht, läuft der Übergang hier allerdings relativ reibungsloser als in der britischen Kronkolonie.

Die VR China ist schon seit längerer Zeit der wichtigste externe Investor in Macau. Nach Angaben der "Macau Chinese Enterprises Association" kontrolliert China gegenwärtig 50% der Finanz-, 25% der Handels-, 40% der Immobilien- und 45% der Fremdenverkehrsbranche der portugiesischen Enklave. Einem Bericht der portugiesischen Nachrichtenagentur Lusa zufolge gibt es insgesamt 200 chinesische Firmen in Macau mit einem Gesamtvermögensbestand von 5 Mrd US$.

Wirtschaftlich ist Macau auch von Hongkong stark abhängig. Früher diente die portugiesische Enklave als "verlängerte Werkbank" der Industrie Hongkongs oder als "Freizeitpark" für Hongkongs Einwohner. Aber seit der Öffnung Chinas verliert sie diese Rollen zunehmend an die noch kostengünstige und attraktive benachbarte südchinesische Provinz Guangdong. Wie Hongkong ist auch Macau gezwungen, die Wirtschaft umzustrukturieren, nämlich von billigen Industrieproduktionen hin zu Dienstleistungen.

Nach offizieller Schätzung der Kolonialregierung hatte das Bruttoinlandsprodukt (BIP) Macaus als Generalindikator aller inländischen Wirtschaftsleistungen 1992 real ein Wachstum von 12,1% zu verzeichnen, weit über dem Ergebnis von 1991 mit 3,3%. 1993 zeigte sich die Konjunktur weiterhin positiv, allerdings wurde das Wachstum mit 8-9% niedriger geschätzt. Auch für das Jahr 1994 dürfte im Hinblick auf die restriktive Wirtschaftspolitik in der VR China und die Konjunktur-

MACAU

dämpfung in Hongkong auch die wirtschaftliche Entwicklung Macaus weiter abgeschwächt werden.

Wie im Vorjahr galt auch 1992 der Inlandsbedarf mit einer real auf 14,9% geschätzten Steigerung (1991:12,7%) als die Hauptstütze der Konjunktur. Während der Privatverbrauch gegenüber dem Vorjahr um 7,7% (6,2%) stieg und der Staatsverbrauch um 0,6% sank (+14,2%), nahmen die Anlageinvestitionen drastisch um 30,6% (19,5%) zu. Der anhaltende Investitionsboom ist hauptsächlich auf die Erweiterung der Infrastruktur zurückzuführen. Nach einem Wachstum von 8,7% im Jahr 1992 (1990 und 1991: 44,4% bzw 12,7%) stiegen die öffentlichen Ausgaben für Straßen-, Brücken- und Hafenanlagenvorhaben z.B. in den ersten fünf Monaten 1993 gegenüber dem Vorjahreszeitraum um 111% auf 278 Mio MOP (Juni 1993: 7,97 MOP = 1 US$). Der Trend wird sich sicherlich auch 1994 fortsetzen, da noch nicht alle großen Bauprojekte fertiggestellt sind.

Die privaten Investitionen hatten zwar 1992 mit 34% eine weitere Steigerungsrate (1991:20,6%) aufgewiesen, darunter sind aber die Investitionen für Produktionsgüter (Anlagen und Maschinen) um 8,1% gesunken, nach einem Zuwachs von 64,9% im Jahr 1991. Auch in der Baubranche stiegen 1992 die Bauflächen von neu fertiggestellten Wohngebäuden um 24,7% (1991:9,5%), von Büro- und Geschäftsgebäuden um 13,3% (76,2%); hingegen wurden zugleich 15,3% weniger Industriegebäude gebaut nach einer Zunahme von 3,8% im Jahr 1991. In den ersten fünf Monaten 1993 wurde gar kein neues Industriegebäude fertiggestellt.

Im Außenhandel gingen 1992 die Güterexporte nach einem Rückgang von 2,29% im Vorjahr wertmäßig nominell wieder nach oben, und zwar um 5,66% auf 14.080,1 Mio MOP, real jedoch (zu Preisen von 1982) nochmals um 1,7% zurück, nach einer Abnahme von 8,7% im Vorjahr. Auf der anderen Seite erhöhten sich die Güterimporte nominell um 5,75% auf 15.684,7 Mio MOP und real um 7,1%, nach 20,17% bzw. 9,8% im Vorjahr. Damit ergab sich 1992 ein Handelsdefizit von 1.604,6 Mio MOP, 6,52% mehr als 1991. In den ersten zehn Monaten von 1993 belief sich der Exportwert auf 11,6 Mrd MOP (-1,5% gegenüber dem Vorjahreszeitraum) und der Importwert auf 13,3 Mrd MOP (+2,4%). Das Handelsdefizit aus zehn Monaten mit 1,7 Mrd MOP lag bereits höher als das des gesamten Jahres 1992.

Neben dem Export bereitet Macau auch der Fremdenverkehr, eine andere wichtige Wirtschaftssäule, Sorgen. Die Touristenzahl, die 1992 noch einen Zuwachs von 2,3% zu verzeichnen hatte, fiel im ersten Halbjahr 1993 beim Jahresvergleich um 0,39%. Die Touristen sind größtenteils Bewohner von Hongkong, 1992 sank jedoch ihr Anteil von 81,4% (1991) auf 79,3% und lag im ersten Halbjahr 1993 bei 77,1%. Hingegen hat der Anteil der Besucher aus der VR China (meistens Transittouristen) in den ersten fünf Monaten 1993 beim Jahresvergleich von 0,1% auf 2,6% zugenommen.

Positiv für die Konjunktur ist die Preisentwicklung. 1992 sank die Inflationsrate von 9,6% (1991) auf 7,7%. Im zweiten Quartal 1993 nahm sie weiter auf 6,2% ab. Die Aufwertung des US-Dollar auf der einen Seite und die Abwertung der chinesi-

MACAU

schen Währung Renminbi auf der anderen trugen zu der Verbraucherpreisermäßigung bei, da die Macauer Währung MOP wie der Hongkong-Dollar an den US-Dollar gekoppelt ist und Lebensmittel überwiegend aus China eingeführt werden.
Auf dem Arbeitsmarkt fiel 1992 ebenfalls die Arbeitslosenrate von 3% (1991) auf 2% und lag im Februar 1993 bei 1,9%. Im Prozeß der bereits erwähnten Wirtschaftsumstrukturierung als Folge der zunehmenden Auslagerung arbeitsintensiver Produktionsstätten hat die verarbeitende Industrie Macaus 1992-1993 rund 10% Arbeitsplätze verloren. In der benachbarten südchinesischen Provinz Guangdong hat Macau bislang für 1.668 Projekte rund 1,5 Mrd US$ an Investitionen zugesagt.

Wirtschaftsplanung

Ende 1989 erstellte die Regierung einen "Fünfjahresplan" zur Produktionsdiversifizierung. Schwerpunkt des Planes ist die Einrichtung eines Industrieparks für die mittel- und hochtechnische Industrie zwischen den Inseln Taipa und Coloane mit einer Fläche von 4 ha. Auch die Großprojekte zum Bau eines neuen Flug- und Containerhafens sowie zur Erweiterung des Straßenverkehrsnetzes sollen der wirtschaftlichen Umstrukturierung dienen. Im August 1993 wurde ein weiteres großes Vorhaben, "The Nam Van Lakes Project", beschlossen, und zwar zur Landgewinnung durch Aufschüttung im Küstengebiet für den Bau von Wohnungen und Geschäftshäusern. Nach Durchführung des Projektes wird Macau seine Fläche um 20% vergrößert haben.

Ende 1993 wurde nach dreijährigen Bauarbeiten die zweite große Brücke zur Verbindung der Insel Taipa mit der Macau-Halbinsel fertiggestellt. Diese 4.426 m lange und 19,2 m breite Brücke mit einem Baukostenvolumen von 600 Mio MOP soll noch vor dem traditionellen chinesischen Neujahr, dem 10. Februar 1994, für den Verkehr freigegeben werden. Die 1992 begonnenen Bauarbeiten für den internationalen Flughafen (Kosten 7,3 Mrd MOP) sollen nach dem Plan Mitte 1995 beendet sein. Der neue Macau Ferry Terminal wurde bereits im November 1993 eröffnet.

Staatshaushalt

1992 betrugen die Regierungseinnahmen 10.699,8 Mio MOP (+39,65% gegenüber dem Vorjahr), davon entfielen 9,58% oder 1.025,2 Mio MOP (+31,5%) auf direkte und 6,43% oder 668 Mio MOP (+39,2%) auf indirekte Steuern, 32,95% oder 3.526 Mio MOP (+235,7%) auf Gewinne aus öffentlichen Betrieben und Vermögen und 37,1% oder 3.972,1 Mio MOP (+38,2%) auf andere laufenden Einnahmen einschließlich der Glücksspielkonzessionen. Die öffentlichen Gesamtausgaben beliefen sich auf 8.894 Mio MOP (+16,1%).

MACAU

Traditionell verfolgt die Regierung eine konservative Finanzpolitik; so wies der öffentliche Haushalt 1992 weiter einen Überschuß von 1.805,8 Mio MOP auf.

Verarbeitende Industrie, Energie

Die Industrie Macaus stützt sich überwiegend auf die Herstellung von Textilien, Spielzeugen, Elektrogeräten und Kunstblumen. Von den 1992 insgesamt 1.967 (- 4,8%) lizenzierten Industriebetrieben produzierten 237 (-10,9%) Textilien, 642 (-6,6%) Bekleidung, 17 (-41,4%) Kunststoffprodukte und 9 (-25%) Elektrogeräte und -vorrichtungen. Über die Produktionsmenge liegen keine Statistiken vor.

Im Baugewerbe wurden 1992 Gebäude mit einer Gesamtnutzfläche von 1.486.400 qm (+18% gegenüber dem Vorjahr) fertiggestellt, davon entfielen 937.000 qm (+24,7%) auf Wohnungen, 245.500 qm (+13,3%) auf Läden und Büros und 90.400 qm (-15,3%) auf die Industrie.

1992 (1991) verbrauchte Macau netto 966 Mio kWh (858 Mio kWh) Strom, davon wurden 101,2 Mio kWh (94,2 Mio kWh) aus China eingeführt.

Verkehr und Tourismus

Laut offiziellen Statistiken fuhren 1992 (1991) rund 6,22 Mio (6.08 Mio) Personen von Hongkong aus per Schiff nach Macau, darunter 4,93 Mio (4,95 Mio) Bürger von Hongkong, 0,42 Mio (0,42 Mio) Japaner, 71.800 (68.700) US-Bürger und 200.600 (179.200) Europäer. Die Touristen aus Hongkong machen meistens nur kurze Ausflüge (Glücksspiel). Die Kapazität der Hotels ist zu 67% (79%) ausgelastet.

Außenwirtschaft

Der Exportwert von Handelsgütern belief sich 1992 auf 14.080,1 Mio MOP (+5,7% gegenüber dem Vorjahr) und der Importwert auf 15.684,7 Mio MOP (+5,7%). Damit wies die Handelsbilanz ein Defizit von 1.604,6 Mio MOP auf (im Vorjahr Defizit von 1.506,4 Mio MOP).

Wichtige Ausfuhrgüter sind Textilien und Kleidung (1992 Anteil am Gesamtexportwert 76,3%), Spielzeug (4,9%), Elektroerzeugnisse (3%) und Schuhe (0,9%). Bei den Einfuhren handelt es sich hauptsächlich um Konsumgüter aller Art (1992 Anteil am Gesamtimportwert 26,6%), Rohstoffe und halbfertige Produkte (53,7%), Investitionsgüter (15,4%), Brennstoffe und Schmiermittel (4,2%).

Die wichtigsten Handelspartner Macaus sind die USA, China, Hongkong, Japan und Deutschland. Die USA hatten 1992 einen Anteil von 35,4% (im Vorjahr

MACAU

31,7%) an Macaus Gesamtexport, Hongkong 12,5% (13%), die Bundesrepublik Deutschland 12,1% (13,8) und die VR China 10% (8,4%). Bei den Importen stand Hongkong im gleichen Jahr mit einem Anteil von 32,9% (34,8%) an erster Stelle, die VR China mit 20,4% (21,5%) und Japan mit 18% (17,4%) an zweiter bzw. dritter Stelle.

Beziehungen zur Bundesrepublik Deutschland

Die Bundesrepublik ist der wichtigste Handelspartner Macaus in Europa. In den ersten sechs Monaten 1993 betrug das Gesamthandelsvolumen zwischen beiden Seiten 776,9 Mio MOP (Vorjahreszeitraum 712,3 Mio MOP). Die Ausfuhren in die Bundesrepublik fielen mit 633,2 Mio MOP (676,9 Mio MOP) um 6,5% und die Einfuhren aus der Bundesrepublik stiegen mit 143,7 Mio MOP (79,1 Mio MOP) um 81,7%.

Eine eigene deutsche diplomatische Vertretung in Macau gibt es nicht; zuständig ist das Generalkonsulat der Bundesrepublik in Hongkong. In der Bundesrepublik Deutschland werden die Interessen Macaus durch die diplomatischen und konsularischen Vertretungen von Portugal wahrgenommen.

MACAU

Tabelle 1: **Handelsstruktur Deutschland[1] - Macau**
Deutsche Exporte nach Macau
(Angaben in Mio DM)

SITC POSITION [2]	WARENKLASSE [3]	1990	1991	1992
0 - 9	INSGESAMT	13,3	10,2	22,1
0	Nahrungsmittel und lebende Tiere	0,3	0,7	0,7
1	Getränke und Tabak	-	0,02	0,06
5	Chemische Erzeugnisse	0,7	0,2	0,3
6	Bearbeitete Waren, vorwiegend nach Beschaffenheit gegliedert	1,0	1,3	2,0
7	Maschinenbau-, elektrotechn. Erzeugnisse und Fahrzeuge	9,8	7,4	17,8
8	Verschiedene Fertigwaren	1,1	0,5	1,2
9	Anderweitig nicht erfaßte Waren	0,06	0,03	0,005

1) Bis 1990 westdeutscher, ab 1991 gesamtdeutscher Handel.
2) Standard International Trade Classification (SITC Rev. II bis 1987, SITC Rev. III ab 1988).
3) Bezeichnungen der Warenklassen teilweise gekürzt; geringfügige Rundungsabweichungen bei Summenbildung möglich.

Quelle: Statistisches Bundesamt, Wiesbaden

MACAU

Tabelle 2: **Handelsstruktur Deutschland** [1] **- Macau**
Deutsche Importe aus Macau
(Angaben in Mio DM)

SITC POSITION [2]	WARENKLASSE [3]	1990	1991	1992
0 - 9	INSGESAMT	358,3	404,7	384,1
6	Bearbeitete Waren, vorwiegend nach Beschaffenheit gegliedert	0,3	1,2	1,1
7	Maschinenbau-, elektrotechn. Erzeugnisse und Fahrzeuge	0,2	4,7	1,5
darunter:				
76	Geräte für Nachrichtentechnik	-	4,6	1,3
8	Verschiedene Fertigwaren	357,4	398,8	381,4
darunter:				
84	Bekleidung und Bekleidungszubehör	329,1	377,9	358,1
89	Verschiedene bearbeitete Waren	26,5	18,4	21,4

1) Bis 1990 westdeutscher, ab 1991 gesamtdeutscher Handel.
2) Standard International Trade Classification (SITC Rev. II bis 1987, SITC Rev. III ab 1988).
3) Bezeichnungen der Warenklassen teilweise gekürzt; geringfügige Rundungsabweichungen bei Summenbildung möglich.

Quelle: Statistisches Bundesamt, Wiesbaden.

MACAU

Tabelle 3: **Außenhandel nach Waren**
(Angaben in Mio Patacas)

WARENGRUPPE	1991	1992
GESAMT-EXPORTE	13.326,1	14.080,2
davon:		
Textilien und Bekleidung	10.028,5	10.744,5
Elektronik	413,1	424,2
Reiseartikel	100,7	40,0
Schuhe	173,9	132,6
Spielzeug	767,2	689,2
GESAMT-IMPORTE	14.832,4	15.684,7
davon:		
Nahrungsmittel, Getränke, Tabak	1.230,8	1.379,2
Rohstoffe	8.241,8	8.429,2
Treib- und Brennstoff	658,9	666,5
Kapitalgüter	2.481,2	2.417,7
Andere Konsumgüter	2.219,8	2.791,7

Quelle: Government of Macau, Economic Bulletin, September 1993

MACAU

Tabelle 4: **Außenhandel nach Ländern**
(Angaben in Mio Patacas)

LAND	1991	1992
GESAMT-EXPORTE	13.326,1	14.080,2
davon:		
Hongkong	1.743,1	1.763,4
VR China	1.122,8	1.402,3
EU-Länder	5.092,2	4.867,6
Frankreich	1.195,6	1.256,5
Bundesrepublik Deutschland	1.836,7	1.697,0
Großbritannien	993,9	948,8
Japan	206,1	184,0
USA	4.228,1	4.983,3
GESAMT-IMPORTE	14.832,4	15.684,7
davon:		
Hongkong	5.165,6	5.160,1
VR China	3.192,2	3.203,6
Japan	2.574,3	2.823,8
EU-Länder	1.205,9	1.368,3
Taiwan	897,4	1.011,2
Südkorea	287,8	342,1
USA	685,8	807,9

Quelle: Government of Macau, Economic Bulletin, September 1993

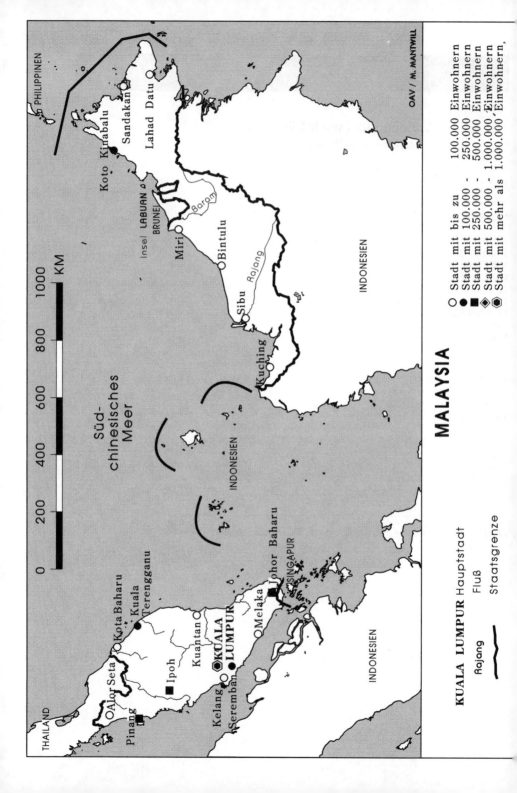

MALAYSIA

Dr. Klaus-A. Pretzell

Allgemeines

Offizielle Staatsbezeichnung:	Persekutuan Tanah (Bundesstaat) Malaysia
Staatsform:	Konstitutionelle Monarchie
Staatsoberhaupt:	König (Yang di-Pertuan Agong) Azlan Muhibbuddin Shah ibni al-Marhum Sultan Yussuff Izzuddin Ghafarullah-Lahu Shah (Sultan von Perak) (seit 4/89)
Regierungschef:	Ministerpräsident Datuk Seri Dr. Mahathir Mohamad (seit 7/81)
Landfläche:	329.758 qkm
Einwohnerzahl:	18,6 Mio Einwohner
Bevölkerungsdichte:	56,4 Einw./qkm
Bevölkerungswachstum:	2,3%
Wichtige Städte:	1992 Kuala Lumpur (1,23 Mio), Ipoh (468.765), Johor Bahru (442.250), Kelang (368.228), Petaling Jaya (351.179)
Amtssprache:	Bahasa Malaysia
Handelssprachen:	Englisch, Mandarin, Tamil
Nationalfeiertag:	31. August (Proklamation der Unabhängigkeit 1957)

Weitere Daten

Erwerbspersonen:	1993 (1992) 7,7 Mio (7,5)
Arbeitslosenquote:	1993 (1992) 3,0% (0,4%)
Analphabeten:	unter 20%

MALAYSIA

Entstehung des BIP zu festen Preisen:	1993[1] (1992) Verarbeitendes Gewerbe 30,1% (28,9%); Agrarwirtschaft 15,8% (16,6%); Bergbau 8,0% (8,6%); Bauwirtschaft 6,1% (6,0%); Dienstleistungen 41,9% (41,6%); Zölle, Gebühren -1,9% (-1,8%)
Wichtigste Agrarprodukte:	1993[1] (1992) Reis (Paddy) 1,79 (1,72) Mio t; Palmöl 6,14 (6,37) Mio t; Kautschuk 1,26 (1,22) Mio t; Holz 49,15 (52,98) Mio cbm
Wichtigste Bergbauprodukte:	1993[1] (1992) Erdöl 642.100 (659.000) bpd; Flüssiggas 9,2 (7,8) Mio t; Zinnkonzentrat 11.000 (14.339) t; Bauxit 376.418 (330.593) t; Kupfer 98.313 (111.593) t
Wichtige Industrieerzeugnisse:	1992 (Veränderung zu 1991 in %) Integrierte Schaltkreise 6,74 Mrd Stück (+5,1); Halbleiter 3,12 Mrd Stück (+16); Fernsehgeräte 5,56 Mrd Stück (+15); Raumbelüfter 2,52 Mio Stück (+30,6); Telecom-Kabel 21.650 t (+41.4); Kfz 399.000 Stück (-9,3); Gummihandschuhe 3,27 Mrd Paar (+46,8); Zement 8,36 Mio t (+12,2); Eisen-/Stahlstangen 1,58 Mio t (+22,2)
Elektrizitätserzeugung:	1993 5.909 MW
Abkommen mit Deutschland:	Deutsch-britisches Abkommen vom 20.3.28 über den Rechtsverkehr, Bekanntmachung vom 18.11.29 über die Ausdehnung des Abkommens auf Malaysia ab 25.11.29; Abkommen über die Förderung und den Schutz von Kapitalinvestitionen vom 22.12.60, seit 6.7.63 in Kraft, (unbegrenzt, Kündigungsfrist 1 Jahr); Doppelbesteuerungsabkommen vom 8.4.77, seit 11.2.79 in Kraft

MALAYSIA

Abkommen mit der EU: In die allgemeinen autonomen Zollpräferenzen einbezogen; Abkommen über den Handel mit handgefertigten Erzeugnissen, seit 1.1.76 in Kraft (unbegrenzt); Handels- und wirtschaftspolitisches Kooperationsabkommen zwischen EU-ASEAN vom 7.3.80, seit 1.10.80 in Kraft (automatische Verlängerung nach jeweils 2 Jahren, Kündigungsfrist 6 Monate); Textilabkommen vom 8.11.91 (Paraphierung)

[1] Vorläufige Zahlen

MALAYSIA

Statistisches Profil Malaysia

			1992	1993(S)	1994(S)	1995(P)
1. Bruttoinlandsprodukt (BIP)						
BIP	(Mio US$)		58267	65191	71363	78478
Reales BIP	(Veränd. in %)	1)	8,5	8,3	8,0	8,0
BIP pro Kopf	(US$)		3270	3612	3903	4237
Reales BIP pro Kopf	(Veränd. in %)	1)	7,1	6,9	6,6	6,6
2. Wechselkurse						
M$/US$ (Jahresdurchschnittskurs)			2,55	2,57	2,65	2,72
M$/US$ (Jahresendkurs)			2,61	2,68	2,70	2,75
M$/DM (Jahresdurchschnittskurs)			1,63	1,55	1,50	1,51
M$/DM (Jahresendkurs)			1,62	1,55	1,50	1,54
3. Preise		2)				
Inflationsrate	(%)		4,7	3,8	3,6	4,0
4. Zinssätze						
Diskontsatz	(% p.a.)	3)	8,0	8,8	8,5	9,0
Geldmarktsatz	(% p.a.)		8,5	9,3	9,0	9,5
5. Staatshaushalt		4)				
Saldo	(in % des BIP)		-2,0	-0,9	-1,1	-1,2
6. Monetärer Sektor		5)				
Inlandskredite	(Veränd. in %)		31,1	21,4	17,6	18,5
Geldmenge M2	(Veränd. in %)		15,0	18,0	14,0	15,0
7. Außenhandel						
Exporte (fob)	(Mio US$)		40705	46500	49000	53000
Importe (cif)	(Mio US$)		39959	43500	45500	49000
Deutsche Importe	(Mio DM)		3484	3242	3300	3500
Deutsche Exporte	(Mio DM)		2125	2012	2300	2600
8. Leistungsbilanz						
Güterexporte (fob)	(Mio US$)		39745	45550	48000	52000
Güterimporte (fob)	(Mio US$)		36894	40400	42500	46000
Handelsbilanzsaldo	(Mio US$)		2851	5150	5500	6000
Dienstleistungsexporte	(Mio US$)		7113	8020	10000	12000
Dienstleistungsimporte	(Mio US$)		11816	13040	15300	17500
Dienstleistungsbilanzsaldo	(Mio US$)		-4703	-5020	-5300	-5500
Übertragungen, privat (netto)	(Mio US$)		34	12	20	30
Übertragungen, öffentlich (netto)	(Mio US$)		90	50	30	40
Leistungsbilanzsaldo	(Mio US$)		-1728	192	250	570
9. Auslandsverschuldung						
Bruttobestand	(Mio US$)	5)	19837	20000	21000	22000
-in % des BIP			34,0	30,7	29,4	28,0
-in % der Exporterlöse (Güter und Dienstleistungen)			42,3	37,3	36,2	34,4
10. Schuldendienst						
tatsächliche Zahlungen	(Mio US$)		3073	3300	2500	2200
-Zinszahlungen	(Mio US$)		1136	1100	1000	900
-Amortisationen	(Mio US$)		1937	2200	1500	1300
Schuldendienstquote	(%)	6)	6,6	6,2	4,3	3,4
Zinsdienstquote	(%)	7)	2,4	2,1	1,7	1,4
11. Währungsreserven		5)				
Währungsreserven ohne Gold	(Mio US$)		17228	20000	21000	22000
-in Monatsimporten			4,24	4,49	4,36	4,16
Gold	(Mio US$)	8)	114	114	115	115

1) Auf Basis der Landeswährung.
2) Jahresdurchschnittswerte.
3) Jahresendwert.
4) Zentralregierung; Haushaltssaldo des Fiskaljahres (1.4.-31.3.) ist auf den BIP-Wert des Kalenderjahres bezogen.
5) Bestand am Periodenende.
6) Schuldendienst in % der Exporterlöse (Güter- und Dienstleistungen).
7) Zinsdienst in % der Exporterlöse (Güter- und Dienstleistungen).
8) Nationale Bewertung.
(S): Teilweise Schätzung.
(P): Prognose.

Quelle: F.A.Z GmbH - Informationsdienst (Länderanalysen)

MALAYSIA

Wirtschaftliche und politische Lage

+ Wahlsieg von Datuk Anwar Ibrahim zum stellv. UMNO-Vorsitzenden erhöht politische Stabilität
+ Wachstum auch 1993 relativ hoch, dennoch Fortschritte bei der Bewältigung der infrastrukturellen Engpässe
- Engpaßbeseitigung auf dem Arbeitsmarkt und bei der Elektrizitätsversorgung erfordert Zeit
-/+ Exportprobleme bei den traditionell starken Sektoren werden durch gute Ergebnisse im verarbeitenden Sektor entschärft
+ Im wesentlichen gesunde Haushalts- und Wirtschaftspolitik
+ Verstärkter Umweltschutz, nicht zuletzt im Subsektor Forsten
+ Ethische Erziehung
- Tabuisierung des Themas AIDS birgt Gefahren für die Zukunft

Prognose

+ Wirtschaftsdynamik ungebrochen
+ Weitere Verbesserung der Außenwirtschaftsbilanzen
+ Ausweitung der Überseemärkte, auch auf Südafrika und ggf. Israel
- Restrukturierung des verarbeitenden Sektors greift nur, wenn Investitionsbereitschaft auch der eigenen Business Community steigt

Bilaterale Beziehungen mit Deutschland

+ Deutschland liegt unter den Handelspartnern Malaysias noch immer an vierter Stelle, Exporte nach Deutschland haben deutlich zugenommen
- Importe aus Deutschland sind leicht zurückgegangen
- Engagement deutscher Investoren tendenziell schwächer

MALAYSIA

Überblick und Besonderheiten

Datuk Anwar Ibrahim wurde bei den Wahlen zum Präsidium der dominierenden Regierungspartei UMNO zum stellvertretenden Parteivorsitzenden gewählt. Er nahm die Position, die bislang von Ghafar Baba, einem Politiker der alten Garde, besetzt gehalten wurde, quasi im Handstreich. Wenige Wochen nachdem er am 23. August 1993 zum erstenmal öffentlich erklärt hatte, er werde gegen Ghafar kandidieren, zeigte sich, daß es ihm - ziemlich unbemerkt - gelungen war, eine starke Unterstützung in der Partei zu gewinnen. Seine Anhängerschaft rekrutierte sich aus der jüngeren Generation, zum Teil identisch mit dem aufstrebenden städtischen Mittelstand und einer Gruppe einflußreicher malaiischer Geschäftsleute, kurz: aus denjenigen, die eher auf den kühlen Kopf als auf das heiße Herz setzen und meinen, daß Anwar der Mann ist, Mahathirs Vision für 2020 zu verwirklichen. Anwar ist seit Beginn seiner politischen Laufbahn ein Protégé und insgeheim wohl seit langem designierter Nachfolger Mahathirs. Nach malaysischer Gepflogenheit ist der stellvertretende Parteivorsitzende quasi ex officio auch stellvertretender Ministerpräsident. Der Posten ist frei, da Ghafar Baba angesichts der anschwellenden Unterstützung für Anwar seine Ämter in Partei und Kabinett vorzeitig aufgegeben hatte. Dennoch wird Anwar sich noch etwas gedulden müssen, es könnte sonst so aussehen, als wäre Mahathir ein Opfer der Entwicklung. Die im Ausland hier und da zu vernehmende Befürchtung, der charismatische Gründer der muslimischen Jugendbewegung ABIM könnte nun darangehen, Malaysia in einen "orientalischen" Staat zu verwandeln, ist unbegründet. Anwar ist der Mann für die Gegenwart, da das Tempo der Entwicklung Malaysias rascher geworden ist und der neue malaiische Mittelstand bereit ist, aus dem Schatten jahrelanger Bevormundung herauszutreten.

Der im Oktober 1993 von Finanzminister Anwar vorgelegte Haushalt und die ihn begleitenden finanzpolitischen Vorschläge lassen erkennen, daß die Regierung auch weiterhin die richtigen Prioritäten setzt.

Die durch den Boom der letzten Jahre entstandenen Infrastrukturengpässe werden weniger als Problem denn als Herausforderung verstanden. Die Entwicklung der logistischen Einrichtungen (See- und Flughäfen) und der Verkehrswege (einschließlich Eisenbahn) ist ebenso offenbar und absehbar wie die der Energieversorgung und -verteilung. Die Beseitigung des Mangels an qualifizierten Arbeitskräften ist als unabdingbare Voraussetzung für die notwendige Modernisierung des verarbeitenden Sektors im Zweifel noch dringlicher und wird entsprechend ernst genommen.

Der verarbeitende Sektor, der seit den Jahren der beängstigenden Abhängigkeit des Landes von Textil- und Elektronikausfuhren aus der Lohnfertigung um vieles mannigfaltiger ("diversifizierter") geworden ist, sorgte 1992 für annähernd 70 Prozent aller Exporte des Landes. Die schwindende Bedeutung der (Roh-)Exporte von Primärerzeugnissen aus dem Agrar- und Bergbausektor, auch die hoffnungslose Lage der Zinnbergbaus, ist heute erträglich, weil die Bedeutung der die einheimi-

MALAYSIA

schen Rohstoffe verarbeitenden Industrie zunimmt und damit auch dazu beiträgt, daß die Preise für Rohstoffexporte, zum Beispiel für Holz, wieder anziehen. Modernisierung des verarbeitenden Sektors meint Abbau der arbeitsintensiven Lohnfertigung durch Automatisierung, vor allem aber Übergang zu technologisch fortgeschrittener Produktion mit zunehmendem Anteil eigener Kreativität. Ausländische Investitionen sind nach wie vor willkommen, ja notwendig, besonders die von nennenswertem Know-how und Technologietransfer begleiteten. Gleichzeitig bemüht sich die Regierung, die Investitionsfreudigkeit der eigenen Business Community weiter anzuregen, mit mäßigem Erfolg. Dafür gehen mehr und mehr malaysische Unternehmer selbst ins Ausland, um zu investieren und ihrerseits mit Know-how und Technologietransfer zu helfen (was die malaysische Regierung mit beträchtlichen Steuervorteilen fördert).

Zur Entspannung des Arbeitsmarktes hat das Land bereits eine Reihe von Maßnahmen eingeleitet. Das Bildungs- bzw. Ausbildungssystem wird von Grund auf überholt, u.a. durch zunehmende Einschaltung des privaten Sektors. Dennoch wird der Mangel an qualifizierten Arbeitskräften die Wirtschaft noch einige Zeit belasten: Immer mehr Firmen betreiben Abwerbung durch höhere Löhne, was im Einzelfall zu dem ärgerlichen "job-hopping" und insgesamt zu steigenden Lohnkosten führt. Zur quantitativen Verbesserung des Arbeitskräftepotentials wird versucht, den Anteil der Frauen zu erhöhen. Zur Zeit gehören 85% der Männer aber nur 48% der Frauen zu den Erwerbstätigen. Dies geschieht nicht zuletzt im Hinblick auf die große Zahl ausländischer Arbeitskräfte, gegenwärtig etwa 800.000, die jetzt durch ein neues Gesetz, das u.a. deutlich höhere Strafen für illegale Beschäftigung von Ausländern vorsieht, rigoros reduziert werden soll.

Eine Reihe der bei der Vorlage des Haushaltsentwurfs für das Fiskaljahr 1994/95 vorgeschlagenen finanzpolitischen Maßnahmen zielt - nicht zuletzt im Hinblick auf die möglicherweise schon im Sommer 1994 bevorstehenden allgemeinen Wahlen - auf die Entlastung von Bürgern mit niedrigen Einkommen. Dies hat dazu geführt, daß manche Beobachter abermals eine Zunahme der Inflation befürchten. Aber ähnliche Maßnahmen des vergangenen Jahres hatten diese Wirkung nicht. Vielmehr ist es gelungen, die Inflationsrate von 5% im Frühjahr 1993 auf 3,7% im Herbst zu reduzieren. Gleichzeitig ist das Pro-Kopf-Einkommen (in den 12 Monaten von Herbst 1992 bis Herbst 1993) um 11% auf 8.350 RM gestiegen. Das Wirtschaftswachstum wird 1993 über 8% liegen.

Staatshaushalt

Der gültige Haushaltsplan für das Fiskaljahr 1993 sieht Ausgaben in Höhe von insgesamt 42,236 Mrd RM vor: 32,315 Mrd für laufende Ausgaben und 9,921 Mrd für Entwicklungsausgaben. Die erwarteten Einnahmen belaufen sich auf 41,231 Mrd RM.

MALAYSIA

Der Entwurf für den Haushalt 1994 sieht reguläre Ausgaben in Höhe von 33,285 Mrd RM und Entwicklungsausgaben in Höhe von 13,350 Mrd RM vor. Insgesamt also 46,635 Mrd RM bei veranschlagten Einnahmen in Höhe von 44,730 Mrd RM. Es handelt sich also um einen mehr oder weniger ausgeglichenen Haushalt, auch wenn auf der Ausgabenseite die Aufwendungen für Entwicklungsaufgaben mit berücksichtigt werden. Das ist ein Novum in der malaysischen Haushaltsplanung, in der es bislang normal war, wenn die regulären Einnahmen die regulären Ausgaben deckten und die Mittel für Entwicklungsaufgaben als Sondermittel beschafft werden mußten.

Die Ansätze für 1994 liegen bei den Einnahmen um 8,5% (1993: +5,65%), bei den laufenden Ausgaben um 3% (1993: +10,02%) und bei den Entwicklungsausgaben um 34,6% (1993: +11,18%) über den revidierten Zahlen für 1993.

Die alljährlich mit dem Etat zusammen vorgeschlagenen finanzpolitischen Maßnahmen zielen diesmal auf steuerliche Entlastung von Bürgern mit niedrigeren Einkommen, die Steigerung des Bildungsniveaus (HRD) und die Förderung der Investitionsbereitschaft. So soll unter anderem

- die Ertragssteuer für alle Unternehmen am 1.1.1994 von 34% auf 32% gesenkt werden mit der Aussicht auf eine weitere Senkung auf 30% zum 1.1.1995
- die Möglichkeit der Reinvestitionsabschreibung (RA) für Unternehmen des verarbeitenden Gewerbes über den Termin des 31.12.1995 hinaus auf unbestimmte Zeit erhalten bleiben und
- RA für große Unternehmen, die ihre Aktivitäten in Malaysia ausdehnen oder modernisieren wollen, von 40% auf 50% des anrechenbaren Investitionsaufwandes erhöht werden.

Anzumerken ist, daß die Bundesregierung, auf deren Haushalt sich die o.a. Zahlen allein beziehen, nur einen Teil des staatlichen Sektors bildet. Hinzu kommen die Regierungen der 13 Bundesländer, vier Lokalregierungen und die NFPEs (Non-Financial Public Enterprises).

Agrarwirtschaft

Nach einer praktisch stagnierenden Entwicklung im Jahre 1991 nahm die Produktion im Agrarsektor 1992 um 2,6% zu. Dies gilt insbesondere für die wichtigen Primärerzeugnisse mit Ausnahme von Naturkautschuk und Kakao.

Die Produktion von Palmöl nahm um 3,8% zu (1991: +0,7%). Hauptgrund waren zusätzliche Ernten aus nun tragenden Neupflanzungen. Die Produktion von Schnittholz (saw log) stieg um 7,5%, deutlich stärker als 1991 (0,4%), aufgrund verstärkten Holzeinschlags in Sabah. Fischerei und Viehzucht konnten ein um 2% bzw. 8% besseres Ergebnis als im Vorjahr verzeichnen. Dagegen nahm die Pro-

Südostasien aktuell

Institut für Asienkunde Hamburg

Informationsauswertung über Südostasien

Dies erfordert, Informationen aus zahlreichen Quellen in mehreren Sprachen systematisch und kontinuierlich auszuwerten.

Dafür haben Sie keine Zeit! Wir lesen für Sie

und veröffentlichen die verarbeiteten Informationen über diese Länder für Interessierte in Politik, Medien und Wissenschaft leicht abfragbar in der alle zwei Monate erscheinenden Zeitschrift "Südostasien aktuell".

Wir informieren Sie im jeweiligen Berichtszeitraum über zusammenhängende Ereignisse in Südostasien allgemein, in den ASEAN-Ländern und über die Rolle Japans in der Region. Danach folgen Länderinformationen über Thailand, Malaysia, Singapur, Indonesien, Brunei, die Philippinen, Myanmar (Birma) und Papua-Neuguinea sowie ein Informationsteil für Laos, Kambodscha und Vietnam.

Wichtige Entwicklungen und Zusammenhänge werden in speziellen Artikeln analysiert. Ein Anhang enthält wichtige Gesetze, Erklärungen usw.

Studentenabonnement DM 60.- plus Porto Bei Vorlage der Immatrikulationsbescheinigung

Jahresabonnement, 6 Hefte, (zuzügl. Porto): DM 96.-
Einzelheft (zuzügl. Porto): DM 17.-
Bitte fordern Sie ein Probeheft an.
Zu bestellen beim Herausgeber:

Institut für Asienkunde
Rothenbaumchaussee 32 - D-20148 Hamburg
Telefon (040) 44 30 01-03 - Fax (040) 410 79 45

MALAYSIA

duktion von Naturkautschuk um 3% ab, nicht nur wegen der schlechten Preise aufgrund geringer Nachfrage in den Industrieländern, sondern auch wegen der Verringerung der Bestände (die allerdings z.T. durch Umstellung auf ertragreichere Gummibaumklone und verbesserte Sammelmethoden wettgemacht wurde) und wegen ungünstiger Wetterverhältnisse. Außerdem leidet gerade dieser Bereich der Landwirtschaft an einem besonders großen Mangel an Arbeitskräften.

Auch die Kakaoproduktion nahm weiter ab: 1991: -6,9%, 1992: -13%. Die Gründe waren ebenfalls schlechte Preise, schlechtes Wetter und (wie bei Kautschuk und Reis) eine Verringerung der Anbaufläche. Der Rückgang der Paddyproduktion fiel 1992 mit 3,9% deutlich geringer aus als im Vorjahr (-7,9%).

Die Lage im Jahre 1993 und die weiteren Aussichten sind eigentlich nur für den Subsektor Palmöl wirklich günstig. Ein Bericht der Regierung nimmt für 1993 eine Produktionssteigerung um 11,4% auf 7,1 Mio t an und für 1994 nochmals eine Steigerung um 2,1% auf 7,25 Mio t. Die Einnahmen aus der Palmölproduktion sollen im nächsten Jahr um 2,5% auf 5,99 Mrd RM steigen. Die Produktion von Kautschuk soll 1993 um 2,2% auf 1,19 Mio t und 1994 abermals um 1,7% auf 1,17 Mio t zurückgehen. Malaysia war einmal der bedeutendste Kautschukproduzent der Welt, heute rangiert es nach Thailand und Indonesien erst an dritter Stelle. Bei Kakao wird für 1993 ein Produktionsrückgang um 2,3% auf 215.000 t erwartet und für 1994 eine Stabilisierung auf diesem Niveau. Der Pfefferertrag soll 1993 um 15,4% auf 22.000 t zurückgehen, ebenfalls wegen eingeschränkter Anbaufläche.

Besonders bemerkenswert ist, daß auch die Produktion von Schnittholz abnehmen wird: 1993 um schätzungsweise 13,5% auf 37,7 Mio cbm und 1994 um 5,2% auf 35,7 Mio cbm. Für Nutzholz wird ein Produktionsrückgang um 5,1% auf 9 Mio cbm im Jahre 1993 angenommen. Der Grund für diese Entwicklung ist eine Politik, die den Export von nicht weiterverarbeitetem Holz nun auch für die Bundesländer Sabah und Sarawak stark einschränkt (nachdem er in Halbinselmalaysia schon seit 1985 ganz verboten ist), um die holzverarbeitende Industrie zu fördern und dem Raubbau in den malaysischen Tropenwäldern entgegenzuwirken.

Der Beitrag des Agrarsektors zum BIP ist von 17,2% im Jahre 1991 auf 16,3% im Jahre 1992 zurückgegangen. Sein Beitrag zum Export fiel von (1991) 15,7% auf 14,8%, sein Beitrag zur Beschäftigung von 26,8% auf 25,9%.

Bergbau und Energie

Das Wachstum im Bergbausektor hat sich im dritten Jahr in Folge verlangsamt und erreichte 1992 eine Rate von gerade noch einem Prozent nach +2,5% im Vorjahr. Begründet war diese Entwicklung in einem geringeren Wachstum der Rohölproduktion sowie in einem abermals starken Rückgang der Zinnproduktion (1992: -30,8%). Die Produktion von Erdgas nahm 1992 um 11,3% und damit ebenfalls

MALAYSIA

langsamer zu als 1991 (+15%). Im Ergebnis erreichte der Beitrag des Bergbausektors zum realen BIP im Jahre 1992 nur noch 8,6% nach 9,2% im Vorjahr.
Die Rohölproduktion (einschließlich Kondensate) stieg 1992 um 1,9% (1991: +4,2%) auf 659.017 Barrel pro Tag. Die Produktion von Flüssiggas (LNG) ging um 2,4% auf 7,797 Mio t zurück, nach einer Zunahme um 19,5% im Jahre 1991. Die Erdölreserven (in Lagerstätten) sind 1993 um 16% auf 4,3 Mrd Barrel, die Erdgasreserven um 13% auf 77 Mio Kubikfuß erweitert worden.

Die Produktion von Zinnkonzentraten, die zwischen 1989 und 1992 von 32.034 t auf 14.339 t zurückging, nahm in den ersten acht Monaten des Jahres 1993 (gegenüber demselben Zeitraum des Vorjahres) noch einmal um 20% auf 7.790 t ab. Der Grund für diese Entwicklung ist der anhaltende Preisverfall von über 30 RM/kg in der Zeit vor 1985 auf (vorübergehend) weniger als 11 RM/kg im September 1993. (Die Produktionskosten in Malaysias Zinnminen liegen bei 16 RM/kg).

Immer mehr Minen reduzieren ihre Fördermenge oder schließen ganz. Mitte 1993 beschloß auch die Malaysia Mining Corporation (MMC), einst der Welt größtes privates Zinnförderunternehmen, sich aus diesem Geschäft zurückzuziehen. Die Zahl der aktiven Zinnförderanlagen ging bis Ende 1992 auf 63 zurück, die Zahl der im Zinnbergbau beschäftigten Arbeitskräfte auf 4.672.

Die Zinnschmelzen im Lande verarbeiten zum größten Teil importiertes Erz, z.B. aus China, Australien, Peru und Portugal. Der Export von Zinnmetall ging in den ersten acht Monaten 1993 um 21% auf 24.629 t zurück, dagegen stieg der Inlandsbedarf um 8% auf 3.291 t.

Die Elektrizitätserzeugung liegt 1993 noch voll und ganz bei der Tenaga Nasional Berhad (TNB), die in diesem Jahr über eine Kapazität von insgesamt rund 5.900 MW verfügt, bei einem Spitzenlastbedarf von 5.120 MW. Diese Kapazität soll kontinuierlich weiter ausgebaut werden und 1996 - spätestens 1997 - deutlich über 9.000 MW erreichen. Die Pläne, auch private Unternehmen in die Stromversorgung mit einzubeziehen, sind mit einer Ausnahme bisher in den komplizierten Verhandlungen steckengeblieben. Die Ausnahme bildet YTL Power Generation Sdn. Bhd.. Dieses Unternehmen will bis 1996 zusätzliche 1.170 MW zur Verfügung stellen, wodurch sich die Gesamtkapazität auf knapp 11.000 MW erhöhen und um rund 4.300 MW über dem voraussichtlichen Maximalbedarf liegen würde.

In Ergänzung dieser Pläne wird die Versorgung mit Erdgas weiter vorangetrieben. Nach Vollendung der zweiten Ausbaustufe des Peninsular Gas Utilization Project (PGU II) im Dezember 1991 erstreckt sich die Pipeline mit Erdgas aus den Feldern vor der Ostküste der Halbinsel bis in die Ballungsgebiete an der Westküste. Nun ist es die Aufgabe der am 6. Mai 1992 gegründeten Gas Malaysia Sdn. Bhd., über den Bau eines Natural Gas Distribution System (NGDS) dafür zu sorgen, daß das Erdgas aus der PGU-II-Pipeline auch den Endverbraucher erreicht.

MALAYSIA

Verarbeitende Industrie

Die verarbeitende Industrie hat für 1992 ein reales Wachstum von 10,5% zu verzeichnen. Dieses Wachstum ist abermals deutlich geringer als im Vorjahr (1991: 13,9%, 1990: 15,7%, gemessen am Index of Manufacturing Production). Tatsächlich war die Entwicklung in den einzelnen Branchen recht unterschiedlich. Weniger gut waren die Ergebnisse in der Elektro-/Elektronikbranche (+13,5% nach +31,2% im Vorjahr), aber auch hier gibt es eine Ausnahme bei den Herstellern von Büromaschinen, die ein Wachstum von 387,5% verzeichnen konnten. Erheblich zurückgegangen ist u.a. die Produktion von Transportmitteln (-7,1%, nach +17,1% 1991) und von Tabakwaren. Aber auch die Mineralölverarbeitung, die chemische Industrie und die nichtmetallische Mineralien verarbeitende Industrie schlossen 1992 schlechter ab als im Vorjahr. Ausgesprochen gute Ergebnisse verzeichneten dagegen die Metallwarenindustrie mit einem Wachstum von 43,1% (nach 18,7% in 1991), die Textilindustrie (+11,1%, 1991: 3,7%), die holzverarbeitende Industrie (+14,2%, 1991: 5,2%) und die Eisen-/Stahl-/NE-Metallindustrie mit +18,3% (nach +10,5% im Vorjahr).

Für 1993 zeichnet sich ein positiver Trend ab. In den ersten neun Monaten legte die Metallwarenindustrie (gegenüber demselben Zeitraum in 1992) um 74,3% zu, gefolgt von der Textilindustrie (+32,1%), der holzverarbeitenden Industrie (24,2%) und der Elektro-/Elektronik-Industrie (+15,1%). Die Produktion von Fernsehgeräten stieg von 3,85 Mio (im Vorjahreszeitraum) auf 4,92 Mio Stück.

Auch die Kfz-Branche ist dabei, sich zu erholen, zumal der Umsatzrückgang im Jahre 1992, der im wesentlichen auf restriktive Maßnahmen des Staates zurückging, den nationalen Pkw-Hersteller Proton kaum getroffen hat. Für 1993 wird (unter veränderten fiskalischen Bedingungen) mit einem Umsatzplus von 8% gerechnet. Proton will einen Wagen der oberen Mittelklasse bauen und auf dem europäischen Markt weitere Anteile gewinnen. Erwähnenswert ist noch, daß Malaysia sich nun auch in der Luftfahrtindustrie engagiert.

Insgesamt dürfte das verarbeitende Gewerbe im Jahre 1993 eine Produktionssteigerung von 12,5% geschafft haben. Sein Beitrag zum BIP wird mit 30,1% angenommen; 1992 betrug er 28,9%.

Der verarbeitende Sektor ist dabei, sich den neuen Herausforderungen zu stellen. Mit günstigen Lohnkosten kann das Land nicht mehr konkurrieren. Darum setzt es auf Modernisierung. Modernisierung meint in den arbeitsintensiven Branchen, z.B. in der Textilindustrie, Automatisierung, im allgemeinen aber Anpassung an die technologische Entwicklung, damit höhere Veredelungsgrade und größere Fertigungstiefen erreicht werden können. In Ergänzung gilt es, die Qualifikation der Arbeitskräfte zu verbessern, was ganz offensichtlich zu den vorrangigen Zielen der Regierung gehört. Programm ist auch, die einheimische Rohstoffe verarbeitenden Industrien zu fördern, die Eigenfertigungsanteile in den Endprodukten zu erhöhen und, auf eigene Kreativität bauend, den Weg der Lohnfertigung zu verlassen. Die Förderung der eigene Rohstoffe verarbeitenden Industrie trägt bereits Früchte:

MALAYSIA

Spitzenreiter im Produktionswachstum waren in den ersten acht Monaten 1993 LPG (+65,6%: 617.557 t), Sperrholz (+57%: 1,63 Mio cbm), Telecom-Kabel (+44,5%) und Gummihandschuhe (+43,5%).

Ein gewisses Problem ergibt sich dadurch, daß die malaysischen Unternehmen noch immer zögern, den Anforderungen entsprechend zu investieren. Der starke Rückgang des ausländischen Engagements in den ersten neun Monaten 1993 (FDI -80%) wird von einem Rückgang der einheimischen Investitionen begleitet, auch wenn diese mit 46,3% nicht so stark abnahmen wie die FDIs.

Bauwirtschaft

Die Bauwirtschaft blieb gut beschäftigt und konnte 1992 ein Plus von 14% verzeichnen (1991: 14,6%). Garant der positiven Entwicklung ist die öffentliche Hand mit laufenden und neuen Infrastrukturvorhaben, darunter Großvorhaben wie dem neuen internationalen Flughafen, der zweiten Verbindung (Brücke) nach Singapur und den Sportanlagen für die Commonwealth-Spiele im Jahre 1998. Hinzu kam eine anhaltende Nachfrage nach Raum für gewerbliche Zwecke von Handel und Industrie. Im Wohnungsbau dominierte der Bau von Einheiten für gehobene Ansprüche in guter Lage. Der Bau einfacherer Wohnungen, vor allem im Rahmen des Special Low-Cost Housing Programme, wurde eher lustlos fortgesetzt.

Die im ganzen anhaltend lebhafte Konjunktur im Bausektor ließ die Nachfrage nach Baumaterialien, vor allem Zement und Stahl, auf hohem Niveau bleiben. Die eigenen Produktionskapazitäten werden ausgebaut, können die Importabhängigkeit aber erst in etwa drei Jahren lindern.

Verkehr und Dienstleistungen

Die Infrastrukturentwicklung hat nach wie vor hohe Priorität. Zu den weitgehend ausgebauten Haupthäfen des Landes kommen nun neue hinzu: der zweite Hafen im Bundesland Johor ist beschlossen und soll bei Tanjung Pelepas (40 km südwestlich von Johor Bahru) gebaut werden. Der Platz wurde wegen seiner Nähe zur geplanten zweiten Landverbindung zu Singapur gewählt. Die Regierung des Bundeslandes Sarawak will bei Senari einen neuen Hafen anlegen, um den Transportbedürfnissen des riesigen Industriegeländes "Sejingkat Industrial Estate" zu entsprechen. Vorgesehener Baubeginn war der Januar 1994. Der neue Hafen soll etwa 6,5 km von der Mündung des Sarawak River landeinwärts auf einer Fläche von 32 ha entstehen und eine Wassertiefe von 12 m haben.

Die Vorbereitungen für den Bau des zweiten internationalen Flughafens bei Sepang (s. "Wirtschaftshandbuch Asien-Pazifik 1993") sind voll im Gange. Der Airport wird von vier britischen Unternehmen in Zusammenarbeit mit Japans

MALAYSIA

Marubeni Corp. gebaut werden. Er soll zwei Start- und Landebahnen haben und im Januar 1998, rechtzeitig vor Beginn der Commonwealth-Spiele, in Betrieb gehen.

Das North South Highway-Projekt macht weiter Fortschritte. 1992 wurden weitere 93,6 km fertiggestellt. Mit der Vollendung des Projekts soll nun schon im Jahre 1994 zu rechnen sein. Grünes Licht hat die zweite Landverbindung nach Singapur: eine Hochbrücke zwischen Kelang Patah und Jurong (Singapur). Sie soll über eine 34 km lange Schnellstraße mit dem North South Highway verbunden werden.

Dem Beginn der Verwirklichung des geplanten Schnellverkehrssystems ("Light Rail Transit"-System) für Kuala Lumpur steht nichts mehr im Wege, nachdem das Bau (und Betreiber-) Konsortium, an dem auch das deutsche Unternehmen AEG Westinghouse beteiligt ist, im November 1993 ein Finanzierungsabkommen unterzeichnet hat. Für den Anfang vorgesehen ist eine 12 km lange Strecke, die von Ampang, zunächst nach SW, dann nach NO verlaufend, bis in die City (Jalan Sultan Ismail) führt. Ein ähnliches schienengebundenes Nahverkehrssystem ist für den industriellen Ballungsraum um Penang geplant.

Der Ausbau des Telekommunikationsnetzes soll schneller als bisher vorgesehen vorangetrieben werden. Das nach dem laufenden Fünfjahresplan bereitgestellte Investitonsbudget von 1,7 Mrd RM soll um 500 Mio RM aufgestockt werden. Somit stehen nun für den Ausbau des Telefonnetzes auf dem Lande 2,2 Mrd RM zur Verfügung. 275 Mio sollen für die Einrichtung öffentlicher Telefone ausgegeben werden. Zur Zeit sind erst vier Fünftel der 17.126 Dörfer des Landes an das öffentliche Fernsprechnetz angeschlossen. Die Telefondichte in Malaysia beträgt durchschnittlich 11,3 Anschlüsse pro 100 Einwohner, auf dem Lande aber nur 3,1 pro Hundert.

Die Versorgung vor allem der Ballungsräume im Westen der Halbinsel Malaysias mit Strom und Erdgas wird weiter vorangestrieben. (vgl. "Bergbau und Energie").

Insgesamt nahm das Wachstum des Dienstleistungssektors mit 9,9% im Jahre 1992 etwas gemächlicher zu als im Vorjahre, was vornehmlich darauf zurückzuführen ist, daß die "Government services" (allgemeine öffentlichen Dienstleistungen, Gesundheit, Erziehung usw.) nur um 5,7% wuchsen. Dagegen verzeichneten die öffentlichen Versorgungsunternehmen einen Zuwachs von 14% (1991: 10,7%) und auch die übrigen Subsektoren kamen (mit Ausnahme des Subsektors "Transport, Lagerhaltung und Kommunikation" (+9,8%)) auf zweistellige Zuwachsraten. Der Beitrag des Gesamtsektors zum BIP betrug 44,1%.

Tourismus

Nach einem deutlichen Rückgang der Einreisen im Jahre 1991 stieg die Zahl der Touristen im Jahr 1992 wieder um schätzungsweise 2,8% auf 6 Mio: ein eher schwaches Ergebnis, wenn man berücksichtigt, daß 1992 ein "Visit ASEAN Year" war. Als Grund wird die angespannte wirtschaftliche Lage in den "reichen" Ländern angenommen. In der Tat ging die Zahl der Besucher aus Japan, den USA,

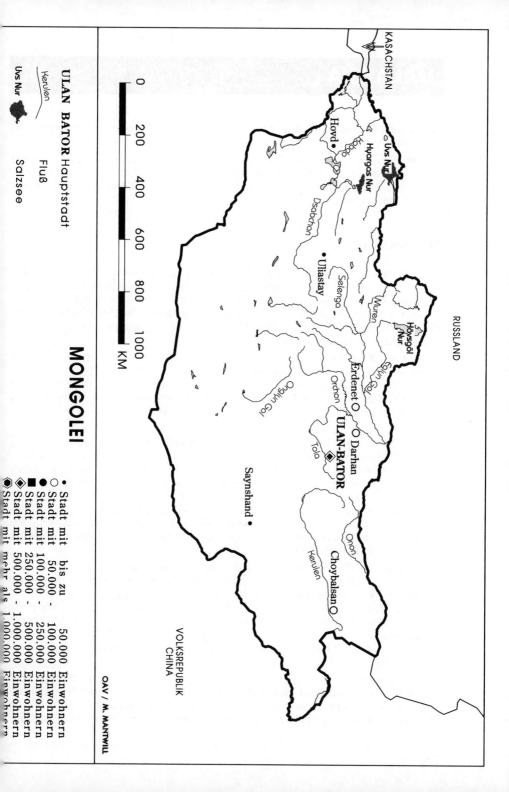

MALAYSIA

Großbritannien und Deutschland merklich zurück. Dafür gab es etwas mehr Einreisen aus Singapur.

Für 1994, ein "Visit Malaysia Year", werden 7,8 Mio Touristen erwartet. Fernziel (zum Ende des Jahrzehnts) ist ein Besucherstrom von 20 Mio Menschen, entsprechend einem Verhältnis von 1 zu 1, was die Zahl der Gäste im Vergleich zur Zahl der Bevölkerung angeht.

Außenwirtschaft

1992: Malaysias Exporte haben deutlich weniger zugenommen. Dasselbe gilt aber auch für die Importe. Das seit fünf Jahren zweistellige Wachstum der grenzüberschreitenden Lieferungen ermäßigte sich (von 1991 18,6%) auf 8,8%. Bei den Bezügen aus dem Ausland fiel das ebenfalls seit Jahren forsche Wachstum (von 1991 27,4%) auf 0,5% zurück. Der Wert der Brutto-Exporte belief sich auf 102,8 Mrd RM, der der Brutto-Importe auf 101,3 Mrd RM.

Gründe für diese Entwicklung waren, was den Export angeht, die schwächere Nachfrage im Ausland, z.T. schlechtere Preise und die hohe Bewertung der malaysischen Währung. Was den Import angeht, so kamen vor allem die schwächere Binnennachfrage, die langsamere Gangart im verarbeitenden Gewerbe und natürlich auch hier die Bewertung des Ringgit zum tragen.

Unter den Ausfuhren erzielten die Erzeugnisse des verarbeitenden Gewerbes in der Regel gute Preise. Dasselbe gilt für Nutzholz und Palmöl, dagegen waren die Preise für andere wichtige Primärerzeugnisse, vor allem auch Erdöl und Ergas, Zinn, Kautschuk und Kakao, deutlich zurückgegangen, so daß die Mehreinnahmen in jenen Bereichen die Verluste in diesen gerade ausglichen. Der Beitrag des verarbeitenden Sektors zu den Exporteinnahmen des Jahres 1992 betrug 69,8% (1991: 64,9%). Der Beitrag des Bergbaus belief sich auf 12% (Erdöl allein: 8,7%), der des Agrarsektors auf 17,4%. Zusammenfassend läßt sich sagen, daß nennenswert positive Wachstumsraten nur für die Erzeugnisse des verarbeitenden Sektors, Nutzholz und Palmöl zu verzeichnen waren.

Die Exporte in die ASEAN-Länder haben insgesamt zugenommen. Eine Ausnahme bildet Indonesien. Die Ausfuhren in die Philippinen wuchsen um 35,4% (1991: -15,7%), aber auf niedrigem Niveau (1,2 Mrd RM), die nach Singapur gingen (von 1991: 22,2%) auf +8,5% zurück, hatten aber immer noch einen Wert von knapp 24 Mrd RM oder 23,3% aller malaysischen Exporte. In die ASEAN-Länder insgesamt gingen 29,8% der Ausfuhren, in die EU 14,8%, nach Japan 13,2% und in die USA 18,6%. Dabei nahmen die Ausfuhren nach Japan um 9,6% ab, die in die USA aber um 19,6% zu.

Auf der Importseite ging die Einfuhr von Halbwaren zum erstenmal seit 1987 zurück (um 3,6% auf 41,9 Mrd RM, nach +21,1% im Jahre 1991). Hier fiel der Rückgang von Halbwarenimporten für den verarbeitende Sektor mit -5,7% wegen des hohen Anteils dieser Bezüge am Gesamtimport (etwa ein Drittel) besonders ins

MALAYSIA

Gewicht. Die Investitionsgüterimporte (+4,2%) machten 42% des Gesamtimports aus, Verbrauchsgüter (+2%) insgesamt 16,1%. Unter den Investitionsgütern nahmen Maschinen (+7,4%) und Transportausrüstungen (11,9%) am stärksten zu.

Die wichtigsten Lieferländer waren auch 1992 wieder Japan (25,9%), Singapur (15,9%), die USA (15,7%), Taiwan (5,6%) und Deutschland (4,2%). Dabei konnten Singapur, die USA und Taiwan ihre Anteile steigern, während die Lieferungen aus Japan (-0,4%) und vor allem Deutschland (-3,3%) anteilig zurückgingen.

In der Berechnung der Zahlungsbilanz 1992 waren die Warenexporte (fob) mit 101,246 Mrd RM, die Warenimporte (fob) mit 93,984 Mrd RM angesetzt, woraus sich für 1992 eine Warenhandelsbilanz von +7,262 Mrd RM ergab. Die Dienstleistungsbilanz schlug mit -11,978 Mrd RM zu Buche, die der Übertragungsbilanz mit 316 Mio RM. Daraus ergab sich eine Bilanz der laufenden Posten (Leistungsbilanz) von -4,4 Mrd RM (1991: -12,5 Mrd). Die Zahlungsbilanz schloß mit dem Rekordergebnis von 16,744 Mrd RM ab (1991: 3,43 Mrd RM).

Für 1993 wird angenommen, daß Malaysias Exporte Einnahmen in Höhe von 120 Mrd RM erbringen, 16,7% mehr als 1992. Das Defizit in der Dienstleistungsbilanz wird weiterhin da sein, aber die Exportleistung wird wohl so stark sein, daß am Ende eine positive Leistungsbilanz (in Höhe von über 500 Mio RM) zu verzeichnen sein wird: die erste seit 1989.

In den ersten acht Monaten 1993 haben die Exporte (gegenüber dem gleichen Zeitraum des Vorjahres) um 19%, die Importe um 12% zugenommen. Die Handelsbilanz für diesen Zeitraum ergab einen Überschuß von 3,99 Mrd RM.

Die Währungsreserven stiegen von 47,2 Mrd RM (Ende 1992) auf über 60 Mrd RM und die Schuldendienstquote ist von 5,7% auf 5,2% des Bruttoexportwerts zurückgegangen.

Investitionen

Die ausländischen Direktinvestitionen lagen mit 3,6 Mrd RM um annähernd 79% unter dem Wert des Vorjahreszeitraums (16,944 Mrd). Gleichzeitig gingen die Investitionen malaysischer Unternehmer um 46,3% zurück. Aber die Regierung sieht keinen Grund zur Beunruhigung, da 84% der für die Zeit des laufenden Malaysiaplans veranschlagten Investitionen in die industrielle Entwicklung (Planzahl: 31,4 Mrd US$) schon in der ersten Hälfte der Laufzeit genehmigt wurden. Insgesamt genehmigte die Regierung in den ersten neun Monaten 1993 497 Industrieprojekte mit einem Investitionsvolumen von 8,4 Mrd RM, wovon 3,654 Mrd aus dem Ausland und 4,746 Mrd aus dem Inland kamen.

MALAYSIA

Beziehungen zu Deutschland

Warenaustausch: Die malaysischen Exporte nach Deutschland haben 1992 (nach malaysischen Statistiken) mit 22,1% deutlich stärker zugenommen als 1991 (+10,4%). Insgesamt gingen 4,1% der malaysischen Exporte nach Deutschland. Nach Angaben des Statistischen Bundesamts wurden 1992 Waren im Werte von 3.484,3 Mio DM aus Malaysia importiert. Die deutschen Exporte nach Malaysia beliefen sich auf 2.173,7 Mio DM. Das sind, nach malaysischen Statistiken, 4,2% aller malaysischen Importe und 3,3% weniger als im Vorjahr.

Malaysia gehört zweifellos zu den bevorzugten Standorten deutscher Unternehmen in den ASEAN-Ländern, und deutsche Unternehmen sind in Malaysia besonders willkommen, da deutsche Investitionen in der Regel von nicht geringem Know-how- und Technologietransfer begleitet sind. Im Jahre 1992 beliefen sich die deutschen Nettodirektinvestitionen in Malaysia 124 Mio DM (1991: 57 Mio), aber der Bestand deutscher Direktinvestitionen in Malaysia betrug 1991 nicht mehr als 558 Mio DM.

Ein weiterer wichtiger Aspekt der deutsch-malaysischen Beziehungen ist der deutsche Beitrag zur Ausbildung von technischen Fachkräften über das German-Malaysian Institute (GMI), das 1993 seine Lehrtätigkeit aufgenommen hat.

Ferner gibt es seit Juni 1992 eine vertraglich vorbereitete Zusammenarbeit zwischen der Fraunhofer-Gesellschaft und dem malaysischen Institut für Normung und Industrieforschung (SIRIM) auf den Gebieten der angewandten Forschung und Entwicklung mit dem Ziel, Malaysia bei der Einführung fortgeschrittener Produktionstechniken ebenso wie bei der Verbesserung des Innovationamanagements zu unterstützen.

Eine besondere Rolle auf dem Gebiet der Zusammenarbeit deutscher und malaysischer Unternehmen spielte die bayrische Ingenieur-Firma Elsbett Construction, die einen Motor (im wesentlichen) entwickelte, der mit Palmöl zu betreiben ist und in Malaysias "Nationalauto" Proton Saga eingebaut werden könnte. Im Oktober 1992 wurden 20 Fahrzeuge mit einem Prototyp dieses Motors geliefert.

Insgesamt hat Deutschland zwischen 1980 und 1992 137 Projekte mit Investitionen in Höhe von 926 Mio RM finanziert, wodurch 17.370 Arbeitsplätze geschaffen wurden. Ende 1992 waren mehr als 200 deutsche Unternehmen in Malaysia tätig, darunter 90 mit Produktionsbetrieben.

MALAYSIA

Tabelle 1: **Handelsstruktur Deutschland** [1] **- Malaysia**
Deutsche Exporte nach Malaysia
(Angaben in Mio DM)

SITC POSITION [2]	WARENKLASSE [3]	1990	1991	1992
0 - 9	INSGESAMT	662,4	2231,9	2125,5
0	Nahrungsmittel und lebende Tiere	8,8	10,5	17,4
2	Rohstoffe (andere als SITC 0 und 3)	17,3	15,1	15,7
5	Chemische Erzeugnisse	193,0	204,7	228,8
6	Bearbeitete Waren, vorwiegend nach Beschaffenheit gegliedert	176,7	252,0	211,3
darunter:				
60	Waren für vollständige Fabrikationsanlagen	1,1	26,0	23,7
61-66	Waren aus mineralischen nicht-metallischen Stoffen	78,1	91,8	94,6
67-69	Metalle, Metallwaren	97,4	134,2	93,0
7	Maschinenbau-, elektrotechn. Erzeugnisse und Fahrzeuge	1162,5	1617,4	1504,9
darunter:				
70	Waren für vollständige Fabrikationsanlagen	2,6	91,9	166,1
71-74	Maschinenbauerzeugnisse	475,1	799,2	682,4
75-77	Elektrotechn. Erzeugnisse	459,0	545,1	521,0
78-79	Fahrzeuge	225,7	181,2	135,5
8	Verschiedene Fertigwaren	92,4	121,1	128,8
darunter:				
87	Meß-, Prüf- und Kontrollinstrumente	43,3	61,0	58,0

1) Bis 1990 westdeutscher, ab 1991 gesamtdeutscher Handel.
2) Standart International Trade Classification (SITC Rev. II bis 1987, SITC Rev. III ab 1988).
3) Bezeichnungen der Warenklassen teilweise gekürzt; geringfügige Rundungsabweichungen bei Summenbildung möglich.

Quelle: Statistisches Bundesamt, Wiesbaden

MALAYSIA

Tabelle 2: **Handelsstruktur Deutschland** [1] **- Malaysia**
Deutsche Importe aus Malaysia
(Angaben in Mio DM)

SITC POSITION [2]	WARENKLASSE [3]	1990	1991	1992
0 - 9	INSGESAMT	2311,4	3125,4	3484,4
0	Nahrungsmittel und lebende Tiere	227,5	235,0	218,9
darunter:				
07	Kaffee, Tee, Kakao, Gewürze	125,4	114,4	101,3
2	Rohstoffe (andere als SITC 0 und 3)	409,1	357,0	378,1
darunter:				
23	Rohkautschuk	173,6	157,2	162,2
24	Kork und Holz	228,3	197,5	214,3
4	Tierische und pflanzliche Öle, Fette und Wachse	144,7	182,2	204,9
darunter:				
42	Pflanzliche Fette und fette Öle	117,1	150,7	145,8
6	Bearbeitete Waren, vorwiegend nach Beschaffenheit gegliedert	136,3	156,9	195,4
darunter:				
61-66	Waren aus mineralischen nicht-metallischen Stoffen	95,4	114,1	129,1
7	Maschinenbau-, elektrotechn. Erzeugnisse und Fahrzeuge	911,6	1502,2	1676,9
darunter:				
75-77	Elektrotechn. Erzeugnisse	877,4	1433,1	1622,4
78-79	Fahrzeuge	17,2	36,4	9,2
8	Verschiedene Fertigwaren	405,1	582,1	619,0
darunter:				
84	Bekleidung und Bekleidungszubehör	227,9	315,6	310,2
87	Meß-, Prüf- und Kontrollinstrumente	92,1	129,3	163,6

1) Bis 1990 westdeutscher, ab 1991 gesamtdeutscher Handel.
2) Standart International Trade Classification (SITC Rev. II bis 1987, SITC Rev. III ab 1988).
3) Bezeichnungen der Warenklassen teilweise gekürzt; geringfügige Rundungsabweichungen bei Summenbildung möglich.

Quelle: Statistisches Bundesamt, Wiesbaden

MALAYSIA

Tabelle 3: **Außenhandel nach Waren**
(Angaben in Mio R)

WARENGRUPPE	1991	1992	1-6/1993
GESAMT-IMPORTE	100.831	101.441	25.049
davon:			
Nahrungsmittel und lebende Tiere	5.139	5.469	1.439
Getränke und Tabak	424	399	91
Rohstoffe	2.810	2.633	639
Treib- und Brennstoff	4.253	4.243	1.076
Tier. und pflanzl. Öle und Fette	395	331	98
Chemikalien	7.663	8.235	2.055
Bearbeitete Waren	15.924	16.275	3.974
Maschinen und Transportmittel	54.165	55.886	13.4232
Sonstige bearbeitete Waren	5.650	5.884	1.428
GESAMT-EXPORTE	94.497	103.657	26.747
davon:			
Nahrungsmittel und lebende Tiere	3.6522	3.762	903
Getränke und Tabak	169	192	44
Rohstoffe	11.140	14.659	2.571
Treib- und Brennstoff	14.659	13.272	3.446
Tier. und pflanzl. Öle und Fette	6.227	6.874	1.595
Chemikalien	1.667	2.137	552
Bearbeitete Waren	7.360	8.811	2.505
Maschinen und Transportmittel	38.866	45.434	12.281
Sonstige bearbeitete Waren	10.320	11.474	2.665

Quelle: *Bank Negara Malaysia, Quaterly Bulletin, September 1993*

MALAYSIA

Tabelle 4: **Außenhandel nach Ländern**
(Angaben in Mio R)

LAND	1991	1992
GESAMT-EXPORTE	94.497	103.657
davon:		
USA	15.984	19.273
ASEAN-Staaten	27.659	30.552
Singapur	22.030	23.883
Thailand	3.013	3.785
Philippinen	908	1.215
Indonesien	1.386	1.228
Brunei	323	382
Ostasien		
Japan	14.860	13.749
Hongkong	3.172	3.936
VR China	1.761	1.961
Indien	874	1.095
EU-Staaten	13.980	15.396
Großbritannien	4.139	4.175
Bundesrepublik Deutschland	3.421	4.155
Niederlande	2.280	2.523
Frankreich	1.309	1.436
Australien	1.614	1.731

Quelle: Bank Negara Malaysia, Quaterly Bulletin, September 1993

MALAYSIA

Tabelle 5: **Außenhandel nach Ländern**
(Angaben in Mio R)

LAND	1991	1992
GESAMT-IMPORTE	100.831	101.441
davon:		
USA	15.458	16.090
ASEAN-Staaten	20.054	20.731
Singapur	15.714	15.969
Thailand	2.452	2.529
Indonesien	1.390	1.618
Philippinen	494	611
Brunei	4	4
Ostasien		
Japan	26.289	26.400
VR China	2.213	2.485
Hongkong	2.061	2.303
Indien	782	905
EU-Staaten	13.763	12.672
davon:		
Großbritannien	4.669	3.465
Bundesrepublik Deutschland	4.397	4.289
Frankreich	1.384	1.335
Niederlande	909	858
Australien	3.233	2.699

Quelle: *Bank Negara Malaysia, Quaterly Bulletin, September 1993*

MALAYSIA

Besonderheiten der bilateralen Wirtschaftsbeziehungen aus Sicht der Deutsch-Malaysischen Industrie- und Handelskammer, Kuala Lumpur

Die wirtschaftlichen Beziehungen zwischen Malaysia und Deutschland sind vornehmlich durch Normalität gekennzeichnet. Bei einem in den letzten Jahren regelmäßig zu verzeichnenden Wachstum des Handelsaustausches, 1992 in einer Gesamthöhe von ca. 5,6 Mrd DM, ist ebenso regelmäßig ein Handelsbilanzüberschuß zugunsten Malaysias festzustellen gewesen. Dies wird aller Voraussicht nach auch in den kommenden Jahren so sein, wobei verfeinerte Prognosen angesichts einer noch deutlich spürbaren Rezession in Deutschland kaum möglich sind.

Die Bundesrepublik ist inzwischen der wichtigste europäische Absatzmarkt für malaysische Exporte und gleichfalls wichtigstes europäische Herkunftsland von malaysischen Importen. 4,1% aller Exporte gingen nach und 4,2% aller Importe kamen aus Deutschland. In beiden Richtungen des Außenhandels sind aber die Länder Japan, Singapur, USA und Taiwan deutlich wichtigere Handelspartner. Knapp 68% aller Importe Malaysias kamen 1992 aus diesen Ländern und knapp 52% der malaysischen Exporte gingen dorthin.

Die vorstehend genannten Zahlen können sich auch gar nicht anders darstellen, weil deutsche Firmen die Märkte in Asien vernachlässigt haben. Äußerst populäre und das europäische Straßenbild beherrschende deutsche Kfz sind in Asien und auch in Malaysia (fast) nicht sichtbar. Selbst Vertreter großer Unternehmen und Konzerne berichten bei Besuchen in der Kammer, man sei seit Mitte der 80er Jahre nicht mehr in Malaysia gewesen. Oft sind nicht einmal die geographischen Besonderheiten von West- und Ost-Malaysia bekannt.

Erfreulicherweise ist aber ein Umdenkungsprozeß feststellbar, zu dem nicht zuletzt die Aufklärungs- und Informationsarbeit der Malaysisch-Deutschen Handelskammer beigetragen hat.

Die Kammer begrüßt daher erstens die Formulierung eines neuen Asien-Konzeptes durch die Bundesregierung und zweitens ganz besonders die Bildung des Asien-Pazifik-Ausschusses (APA) der deutschen Wirtschaft.

Die verschiedenen Gremien der Kammer verbinden mit beiden Ereignissen große Hoffnungen auf eine deutlich verstärkte deutsche Präsenz in Malaysia und in Asien. Die deutsche Industrie kann es sich nicht leisten, die Wachstumsmärkte Asiens weiterhin zu vernachlässigen und nur gelegentlich und/oder beiläufig präsent zu sein.

Malaysia erwartet für das Jahr 1993 erneut ein durchschnittliches Wirtschaftswachstum von mehr als 8% und liegt damit zumindest in der ASEAN-Region im Spitzenfeld. In Kuala Lumpur und auch in verschiedenen Bundesstaaten sind Großprojekte bereits begonnen worden oder befinden sich in der letzten Planungsphase. Das Kuala Lumpur City Centre und der geplante neue Flughafen seien hier nur beispielsweise aufgeführt. Solche Großprojekte sind symptomatisch für die

MALAYSIA

Region und gleichzeitig für die deutsche mittelständische Wirtschaft von Interesse, weil neben den großen Bauvorhaben eine unendlich große Anzahl von Unterverträgen für Zulieferungen und Leistungen vergeben werden. Jedoch: wer nicht präsent ist, kann sich auch nicht beteiligen.

Kuala Lumpur, im Dezember 1993

Dr. Wedig von Bonin
Geschäftsführer

Ostasiatischer Verein e.V.
German Asia-Pacific Business Association

Unsere Leistungen sind Ihr Vorteil!

- **Informationsdienste**
  - OSTASIEN TELEGRAMM
  - ASIEN PAZIFIK Wirtschaftshandbuch
  - HOTLINE
  - ASIEN PAZIFIK REPORT (Mitgliederinformation)

- **Recherchen, Beratung, Vermittlung**
  - aktuelle Auskünfte
  - Online-Recherche-Dienst
  - fundierte Einzelberatung und Vermittlung

- **Länderausschüsse für 16 Länder**
  - erfahrene Referenten aus der Region
  - Erfahrungsaustausch unter Mitgliedern
  - wertvolle Tips und Hinweise

- **Delegationsreisen**
  - Ausbau der Handelsbeziehungen
  - Erforschung von Investitions- und Kooperationsmöglichkeiten

- **Aus- und Weiterbildung**
  - ASIEN-PAZIFIK Institut für Management
  - Vorträge und Schulungen
  - Firmenseminare

- **Online-Recherche-Dienst**
  - APOLDA (**A**sien-**P**azifik **O**n-**L**ine **DA**ten)
  - Wirtschaftsdaten Asien-Pazifik
  - Branchen-Analysen
  - Firmen- und Produkt-Informationen

Werden Sie Mitglied im OAV!
Ostasiatischer Verein e.V.
Trägerorganisation/Geschäftsführung
Asien-Pazifik-Ausschuß der Deutschen Wirtschaft (APA)
Neuer Jungfernstieg 21 · D-20354 Hamburg
Tel.: (040) 34 04 15 · Fax: (040) 34 18 15

MONGOLEI

Günter Siemers

Allgemeines

Offizielle Staatsbezeichnung:	Mongolei
Staatsform:	Republik
Staatsoberhaupt:	Punsalmaagiin Ochirbat (Präsident)
Regierungschef:	Puntsagiin Jasrai
Landfläche:	1,565 Mio qkm
Einwohnerzahl:	2,2 Mio (Januar 1993)
Bevölkerungsdichte:	1,4 Einw./qkm
Bevölkerungswachstum:	2,5%
Wichtige Städte:	Ulan Bator (Ulaanbataar) (Hauptstadt) 650.000 Einw. (1993); Darhan 90.000 Einw. (1991); Erdenet 56.100 Einw. (1989); Baganuur 25.000 Einw. (1984)
Nationalsprache:	Mongolisch
Handelssprache:	Mongolisch, Russisch, neuerdings etwas Englisch; etwa 1% der Einw. sprechen Deutsch
Nationalfeiertag:	11. Juli

Weiter Daten

Erwerbspersonen:	1991: 688.000
Arbeitslose:	1993/1992: 55.407 (64.367)
Analphabeten:	gering
Enstehung des BIP:	1990: Landwirtschaft 20,2%, Industrie 33,8%, Verkehr 11,3%, Handel und Gaststättengewerbe 9,1%
Wichtigste Agrarerzeugnisse:	1992 (1993): Getreide 493.900 (595.300) t; Kartoffeln 78.500 (97.500) t; Fleisch (Lebendgewicht der Tiere, staatl. Aufkauf) 102.500 (173.800) t

MONGOLEI

Wichtigste Bergbauprodukte:	1992: Kupferkonzentrat 300.200 t; Molybdänkonzentrat 3.500 t; Kohle 7,0 Mio t
Wichtigste Industrieerzeugnisse:	1992: Zement 132.500 t; Wirkwaren 705.800 m; Strickwaren 1,412 Mio Stck; Kaschmirhaar, gekämmt 97,6 t
Elektrizitätserzeugung:	1992: 2,407 Mrd kWh
Maße und Gewichte:	Allgemein metrisches System
Abkommen mit Deutschland:	Investitionsschutzabkommen vom 26.6.1991; Doppelbesteuerungsabkommen paraphiert
Abkommen mit der EU:	In allgemeine Zollpräferenzen einbezogen

MONGOLEI

Statistisches Profil

		1990	1991	1992	1993
1. Bruttoinlandsprodukt (BIP)					
BIP	(Mrd Tug)		10,465	14,714	
Reales BIP	(Veränd. in %)				
BIP pro Kopf	(Tug)		-2,1	-16,5	-14
Reales BIP pro Kopf	(Veränd. in %)		~5.000	~6.700	
2. Wechselkurse					
US$	(Jahresendkurs) 1)			40	40	395,0
Tug/DM	(Jahresdurchschnittskurs)				
Tug/DM	(Jahresendkurs) 1)			22,47	25.49	231,26
3. Preise					
Inflationsrate	(%)		n.a.	52,7	325,5
Terms of Trade	(Veränd. in %)				
4. Zinssätze					
Geldmarksatz	(% p.a.)				
Einlagenzinssatz	(% p.a.)				
Kreditzinssatz	(% p.a.)				
5. Staatshaushalt					
Saldo	(in % des BIP) 2)		-19,5		
6. Monetärer Sektor	4)				
Inlandskredite	(Veränd. in %)				
Geldmenge M2	(Veränd. in %)			56,2	
7. Außenhandel					
Exporte (fob)	(Mio US$) 3)		1.818,9	346,5	368,0
Importe (cif)	(Mio US$) 3)		840,9	391,5	399,9
Deutsche Exporte in die Mongolei	(Mio DM)		21,6	12,2	27,7
Deutsche Importe aus der Mongolei	(Mio DM)		4,6	6,8	6,6
8. Leistungsbilanz					
Leistungsbilanzsaldo	(Mio US$)		-644		
9. Auslandsverschuldung					
Bruttobestand	(Mrd Tug) 5) 6) 7)		10,4	10,6	39,99
in % des BIP					
10. Währungsreserven	5)				
Währungsreserven	(Mio US$)		20		
- in Monatsimporten			0,29		

1) Freier Kurs am 1.12.1993; vorausgehende Jahre offizieller Kurs
2) Zentralregierung
3) Der drastische Unterschied zum folgenden Jahr resultiert teilweise aus der Wechselkursänderung
4) Veränderung der Jahresendbestände
5) Bestand am Periodenende
6) Stand Juli
7) Stand 1. Dezember

Quelle: Mongolische Pressemeldungen und andere Berichte

MONGOLEI

Wirtschaftliche Lage 1993

+ Offene Demokratie
+ Entschlossener Übergang zur Marktwirtschaft
+ Ressourcen, die prinzipiell wirtschaftliche Autarkie ermöglichen
+/- Hoher Investitionsbedarf für Modernisierung und Wiederankurbelung der Wirtschaft
+/- Erhebliche ausländische Hilfe, die aber zu größerer Auslandsverschuldung führt
- Relativ kleiner Binnenmarkt mit z.Zt. begrenzter Kaufkraft
- Marktwirtschaftliche Institutionen z.T. noch im Aufbau begriffen
- Durch Änderung der Wirtschaftsverfassung gegenwärtig Stillstand vieler Betriebe, hohe Kreditzinsen, hohe Inflationsrate

MONGOLEI

Überblick und Besonderheiten

Während der 1990 vollzogene Übergang zur Demokratie inzwischen in der am 12.2.1992 in Kraft getretenen neuen Verfassung verankert ist und zu einem offenen politischen System - wenn auch mit einer bislang relativ schwachen parlamentarischen Opposition - geführt hat, ist die wirtschaftliche Krise, die durch Auflösung der langjährigen kommunistischen Zentralverwaltungswirtschaft und Abkoppelung von der früheren UdSSR als zentralem Außenwirtschaftspartner ausgelöst wurde, noch nicht überwunden.

Mit dem Internationalen Währungsfonds abgestimmte Maßnahmen haben bisher lediglich erste Hoffnungszeichen für eine Trendumkehr gebracht. Von Regierungsseite wird jedoch davon ausgegangen, daß ihre Politik in naher Zukunft in einer Stabilisierung resultiert. Damit wäre die Grundlage für eine Aufschwungphase geschaffen, für die das Land umfangreiche Ressourcen, insbesondere in der Viehwirtschaft und dem Bergbausektor, mitbringt und die einen Ausbau - vor allem durch kleinere und mittelgroße Betriebe - des noch relativ schwach entwickelten verarbeitenden Gewerbes und privaten Dienstleistungssektors einschließen dürfte. (Anmerkung: Die neueren Zahlen zur Wirtschaft weichen z.T. je nach Quelle etwas voneinander ab; die Tendenz wird davon jedoch nicht berührt.)

Die 1991 eingeleitete Privatisierung von mehr als der Hälfte des Staatsvermögens ist inzwischen weit fortgeschritten. Die Verteilung der kostenlosen Gutscheine für den Erwerb von Anteilen an Staatsbetrieben wurde am 30. Oktober 1993 abgeschlossen; 1,99 Mio Einwohner, d.h. 94,6% der Bevölkerung nach dem Stand vom 1.1.1991, machten von ihrem Recht (unabhängig vom Lebensalter) auf einen Gutschein über jeweils 10.000 Tug. Gebrauch. Nach dem Stand vom Juli 1993, d.h. weniger als zwei Jahre nach dem Anlaufen des Programms, waren bereits 90% des Dienstleistungssektors (einschl. Handel) und 80% der Viehwirtschaft sowie eine Reihe von Industriebetrieben in Privateigentum überführt. 1992 trug der private Wirtschaftssektor schon fast die Hälfte zum Bruttoinlandsprodukt (BIP) bei.

Die Hauptprobleme in der Anfangsphase nach der Abkehr vom sozialistischen Wirtschaftssystem, extreme Knappheit an Ersatzteilen und mineralischen Brennstoffen als Folge von Devisenmangel, konnten zwar auch jetzt noch nicht gelöst, aber mit ausländischer Unterstützung, der das gute politische Image der Mongolei zugute kam, wenigstens abgeschwächt werden. Neben sie ist jedoch ab etwa 1992 eine galoppierende Inflation getreten, die zum einen große soziale Probleme infolge wesentlich langsamer steigender Einkommen gebracht und zum andern die Darlehenszinssätze von Privatbanken in eine Höhe getrieben hat, was eine Kreditaufnahme praktisch nur noch für Händler, aber nicht mehr für Produktionsbetriebe möglich macht.

Die Inflationsrate lag 1991 bei 52,7%, 1992 bei 325,5%. Der Verbraucherpreisindex, gemessen durch einen "Korb" von 123 Warenarten und Dienstleistungen, stieg von 100 am 16.1.1991 auf 649,8 am 25.12.1992 und 1.359,5 am 25.6.1993,

MONGOLEI

d.h. die erfaßten Preise haben sich in 2 1/2 Jahren fast vervierzehnfacht bzw. sind im 1. Halbjahr 1993 um 109,2% gestiegen. Demgegenüber erhöhten sich die Einkommen im öffentlichen Dienst von Januar 1991 bis Oktober 1993 nur um das 2,3fache.

Eine wesentliche Ursache für die hohe Inflationsrate war die inzwischen völlige Freigabe der Preise (am 1.8.1993 wurde auch die rationierte Zuteilung von einigen Grundnahrungsmitteln zu offiziell festgesetzten Preisen abgeschafft), die es angesichts der vorher starken Unterversorgung mit Lebensmitteln und anderen Konsumgütern dem Handel erlaubte, hohe Gewinnspannen zu erzielen. Auf der Geldseite ging der inflationäre Druck von den hohen Zunahmen der Geldmengen und von der hohen Kreditvergabe durch Privatbanken aus.

So wurden in den ersten 10 Monaten 1993 7,6 Mrd Tugrik Bargeld zusätzlich in Umlauf gebracht, womit die Bargeldmenge auf das 2,7fache stieg; am 1.7.1993 hatte sie einen Stand von 4,0651 Mrd Tug., d.h. 1,3165 Mrd Tug. mehr als ein Jahr zuvor. Die Geldmenge M1 (Bargeld und Sichteinlagen) wuchs allein im Oktober 1993 um 4,3 Mrd Tug. (3,8 Mrd Tug. an Sichteinlagen, 500 Mio Tug. in neuen Noten), womit der Bargeldanteil an M1 bei 38,6% (Vormonat: 44,9%) lag. Die Geldmenge M2 (M1 plus Termineinlagen unter 4 Jahren) erhöhte sich im Oktober 1993 um 8,1 Mrd Tug. (etwa 21%) auf 46,5 Mrd Tug. bzw. in den ersten 10 Monaten 1993 um 256%! Die inzwischen 15 nicht staatlichen Banken der Mongolei nutzten die hohe Liquidität zu einer kaum restriktiven Kreditvergabe. Allein im Oktober 1993 stiegen die Kreditaußenstände um 5,7 Mrd Tug. - wovon allerdings 4 Mrd Tug. auf eine einmalige finanztechnische Operation entfielen - auf 41 Mrd Tug. (statt geplanter 36 Mrd Tug.). Von der Zentralbank (Bank of Mongolia) für das 4. Quartal 1993 verfügte monatliche Kreditlimits wurden dabei trotz hoher Konventionalstrafe von 8 Banken nicht eingehalten. Um die Liquidität auf dem Geldmarkt zu verringern, legte die Zentralbank daher Schatzbriefe (handelbar, Laufzeit drei Monate, Zinssatz 10% pro Monat) auf, für die in der ersten November-Woche Geschäftsbanken über ein Gesamtvolumen von 1 Mrd Tug. zeichneten. Diese Art der Geldmarktsteuerung soll in Zukunft verstärkt genutzt werden.

Die Einlagenzinsen der Privatbanken beliefen sich nach einer Übersicht der Zentralbank per 1.11.1993 je nach Bank bei Sichteinlagen auf 24,0% bis 100,0% und bei Termineinlagen auf 125,0% bis 151,8%, die Darlehenszinsen je nach Bank und Kreditnehmer auf 84,0% bis 360% pro Jahr.

Ohne die Möglichkeit einer rentablen Finanzierung von Neu- oder Rationalisierungsinvestitionen bzw. der Beschaffung von Ausgangsmaterial, z.T. angesichts leistungsfähiger Konkurrenz in einem Nachbarstaat, und nicht zuletzt infolge oft als überhöht beklagter, neu eingeführter staatlicher Steuern mußten nicht wenige Firmen ihre Tätigkeit wieder einstellen. Die Lage in der Finanzwirtschaft war einer der Gründe dafür, daß vor allem der Handel aufgeblüht ist, während die Produktion teilweise daniederliegt - eine für die Volkswirtschaft nicht eben gesunde Situation.

MONGOLEI

Die offizielle Arbeitslosenzahl sank zwar von 55.407 am 1.1.1992 leicht auf 54.042 am 1.1.1993, stieg dann aber sprunghaft auf 64.362 am 1.11.1993. Hinzuzuaddieren ist eine nicht unerhebliche Zahl von Arbeitslosen, die sich nicht haben registrieren lassen.

Vor diesem Hintergrund schrumpfte das BIP (zu konstanten Preisen von 1986) 1992 um etwa 14% (1991: -16,5%). 1993 dürfte es ebenfalls rückläufig sein (geplant: etwa -2%). Die Industrieproduktion fiel im 1. Halbjahr 1993 um rund 20%, erhöhte sich dabei jedoch für einige wichtige Exportgüter. Im Außenhandel stiegen 1992 die Aus- und Einfuhren etwas an. (Anm.: Zum vorausgehenden Jahr liegen hier unterschiedliche Zahlen vor.) Im 1. Halbjahr 1993 wuchsen die Exporte im Vergleich zur entsprechenden Vorjahresperiode um 21%, während die Importe um 19,1% zurückgingen, so daß in der Handelsbilanz ein erheblicher Überschuß erzielt wurde. Am 1.7.1993 trat ein liberalisiertes neues Gesetz zu ausländischen Investitionen in Kraft, von dem man sich einen stärkeren Kapitalzufluß verspricht.

Der Wechselkurs wurde mit Wirkung vom 28.5.1993 völlig freigegeben und hat sich bis Dezember auf einen Wert von etwa 1 US$ = 395 Tug. bzw. 1 DM = 230 Tug. stabilisiert.

Per 1.8.1993 waren in der Mongolei 31.843 "wirtschaftliche Einheiten" ("economic entities") registriert, davon 1.339 Staatsbetriebe, 3.318 "companies", 4.706 Genossenschaften und 22.358 in "private holders ownership"; Joint-Ventures waren 133 offiziell genehmigt. Von Jahresbeginn bis zu diesem Zeitpunkt wurden 645 ausländische und 46 inländische Warenzeichen eingetragen.

Entwicklungsplanung

Ein Vierjahresplan 1993-1996, den der Internationale Währungsfonds (IMF) finanziell unterstützt, sieht ein durchschnittliches jährliches BIP-Wachstum von real 3,5% vor, wobei das BIP 1993 um weniger als 2% schrumpfen und 1994 um 2,5 steigen soll. Die Inflationsrate soll bis 1995 auf unter 10% gedrückt werden.

Staatshaushalt

Der Haushaltsvoranschlag für 1992 sah bei Einnahmen von 5,0537 Mrd Tug. und Ausgaben von 6,7354 Mrd Tug. ein Defizit von 1,6817 Mrd Tug. vor.

Im 1. Halbjahr 1993 beliefen sich die Haushaltseinnahmen der Regierung auf 15,3 Mrd Tug., die Ausgaben auf 17,4 Mrd Tug., das Defizit auf 2,051 Mrd Tug. (Zahlen zum ganzen Jahr liegen hier nicht vor.). Damit konnte das Defizit in Relation zu den Einnahmen oder Ausgaben stark abgebaut werden.

Im Haushaltsvoranschlag 1994 wurden die Einnahmen mit 63,3 Mrd Tug., die Ausgaben mit 78,5 Mrd Tug. angesetzt. Das Defizit von 15,2 Mrd Tug. entspricht

MONGOLEI

7 bis 8% des erwarteten BIP - einer sehr hohen Rate, die sich nach Aussage des Finanzministers nicht wiederholen soll, aber für 1994 bewußt in Kauf genommen wurde, um der Wirtschaft durch Management-Ausbildung, durch Investitionen in die Kleinindustrie etc. Impetus zu geben. Es wird gehofft, das Defizit mit ausländischer Hilfe abdecken zu können.

1992 wurde mit der Einführung neuer Steuergesetze begonnen, die dem Staat im Rahmen der Marktwirtschaft eine feste Einnahmengrundlage geben sollen, z.T. aber als überzogen kritisiert wurden. Private Einnahmen werden ab 1.001 Tug./Monat besteuert; der Steuersatz beginnt mit 12,66 Tug. plus 2,4% des Einkommens über 1000 Tug., höchster Steuersatz (bei Monatseinkommen ab 12.001 Tug.) sind 2.051,26 Tug. plus 50% des Einkommens über 12.001 Tug (was bei einem Einkommen von 12.001 Tug. einem Steuersatz von 17,1% entspricht, bei einem Einkommen von z.b. 24.000 Tug. einem Steuersatz von 33,6%, usw. Bei Firmeneinnahmen wird der steuerpflichtige Betrag bis 1 Mio Tug. pro Jahr mit 8% besteuert; höchster Steuersatz sind (bei zu versteuernden Einnahmen über 30 Mio pro Jahr) 8,580 Mio Tug. plus 46% des Betrages über 30 Mio Tug. (was bei Einnahmen von 30.000.001 Tug./Jahr einem Steuersatz von 28,6% oder z.B. bei Einnahmen von 60 Mio Tug./Jahr einem Steuersatz von 39,3% entspricht); Staatsunternehmen können zum Wettbewerbsausgleich höher besteuert werden.

Grundsätzlich ist die Zentralregierung für die Festsetzung von 19 verschiedenen Abgabenarten (dar. Einkommensteuern, Zölle, Verkaufs- und Verbrauchssteuern, Kfz-Steuern, Stempelgebühren) zuständig, die Lokalverwaltung für 5 Abgabenarten (dar. Steuern für die Nutzung natürlicher Ressourcen).

Land- und Forstwirtschaft, Fischerei

In der Viehwirtschaft, die eine der beiden Hauptsäulen der Wirtschaft bildet, hat sich der "Großtier"-Bestand (worunter die folgenden fünf Tierarten gerechnet werden) zwar 1992 insgesamt leicht erhöht, war aber bei einzelnen Tierarten als Folge der gesamtwirtschaftlichen Situation rückläufig - was bei den Kamelen, deren Zahl auch 1991 bereits rückläufig war, als bedrohliche Tendenz angesehen wird. Bestand 1992 (1991): Schafe 14,635 (14,700) Mio; Ziegen 5,598 (5,200) Mio; Rinder 2,814 (2,800) Mio; Pferde 2,198 (2,300) Mio; Kamele 414.900 (475.200) Mio; Gesamtzahl 25,660 (25,475) Mio. 1993 wurden 8,6 Mio Jungtiere aufgezogen - die niedrigste Zahl seit 7 Jahren; 1,4 Mio Großtiere starben, davon 40% durch einen Klimaeinbruch in drei westlichen Aimags (Provinzen).

Der staatliche Aufkauf von tierischen Produkten zeigte ebenfalls eine deutliche Abwärtstendenz. Ergebnis 1992 (1991) u.a.: Fleisch (Lebendgewicht der Tiere) 102.500 (173.800) t; Milch 25,0 (38,3) Mio l; Butter 1.317 (2.800) t; Wolle 17.200 (25.999) t; Häute von Kamelen, Pferden und Rindern 425.500 (387.800); Häute kleinerer Tiere 3,15 (3,755) Mio.

MONGOLEI

Ebenso waren die Ernten rückläufig, z.T. weil nicht ausreichend Geldmittel für den Einsatz leistungsfähiger Maschinen zur Verfügung standen. Ergebnis 1992 (1991) u.a.: Getreide 493.900 (595.300) t; Kartoffeln 78.500 (97.500) t; sonstiges Gemüse 16.500 (23.300) t.

In der Forstwirtschaft, die gesamtwirtschaftlich keine sehr große Bedeutung hat, wurden 1991 (1990) 270.000 (509.000) cbm Schnittholz produziert bzw. 1990 2,390 Mio cbm Holz eingeschlagen, davon 1,350 Mio cbm Brennholz.

Die Fischerei ist naturgemäß auf Flüsse und Seen beschränkt und hat sehr geringen Umfang. Laut FAO wurden 1989 254 t Fisch angelandet.

Bergbau, Energie

Nach Angaben von Premierminister Jasrai im Dezember 1993 liefert allein das Kupfer-Molybdän-Kombinat von Erdenet 30% aller Einnahmen im Staatshaushalt und 50% der Exporteinnahmen. Das Kombinat ist ein Joint Venture mit der ehemaligen UdSSR und zählt derzeit 7.200 Beschäftigte, darunter 800 Ausländer. In den vergangenen 15 Jahren wurden dort 227,6 Mio t Erz (im Tagebau) abgebaut und 527.000 t Kupfer (im Konzentrat) sowie 21.000 t Molybdän gewonnen, was dem Unternehmen Einnahmen von 33 Mrd Tug. brachte. 1992 belief sich die Produktion auf 300.200 t Kupferkonzentrat und 3.500 t Molybdänkonzentrat. Der Entwicklungsplan 1993-97 sieht vor, den Jahresdurchsatz an Erz (von ca. 20 bis 25 Mio t in den letzten Jahren) auf 27 Mio t zu steigern.

Darüber hinaus verfügt die Mongolei über eine Reihe weiterer bereits bekannter Metallvorkommen, darunter solche mit seltenen Metallen, sowie Erdöllager (vgl. die beiden vorausgehenden Ausgaben des "Wirtschaftshandbuches Asien Pazifik") und z.T. bereits genutzte umfangreiche Kohlelager von ca. 100 Mrd t. Außer den o.a. Metallkonzentraten wurden 1992 u.a. 622.000 t Flußspat und 67.800 t Kalk sowie 1991 7,009 Mio t Kohle (überwiegend Braunkohle) produziert. Die noch geringe Goldproduktion soll zunächst auf 4 und längerfristig auf 10 t pro Jahr gesteigert werden. Die kommerzielle Erdölförderung, die 1969 eingestellt wurde, sollte noch 1993 wieder anlaufen; die Reserven werden auf 4 bis 5 Mrd barrels veranschlagt. Eine Eisenhütte in Darhan sollte ebenfalls gegen Ende 1993 in Betrieb gehen und 60% ihrer Produktion exportieren. Neben russischen Interessen sind u.a. auch amerikanische, südkoreanische, japanische und australische Unternehmen im Bergbausektor des Landes tätig. Investoren genießen 5 Jahre Steuerfreiheit und haben in den folgenden 5 Jahren nur 50% Steuern zu entrichten - mit Ausnahme des Goldbergbaus, in dem volle Steuern fällig sind.

Die Stromerzeugung fiel von 3,466 Mrd kWh 1990 (davon 3,068 Mrd kWh durch kohlebefeuerte und 398 durch ölbefeuerte Wärmekraftwerke; installierte Leistung der Wärmekraftwerke insgesamt 936 MW) auf 2,407 Mrd kWh 1992. Ursache für den Rückgang waren zum einen Kraftwerkausfälle durch technische Mängel und fehlende Ersatzteile, zum andern unzureichende Brennstoffversorgung, weil aus-

MONGOLEI

reichend Devisen für die benötigten Erdölprodukte fehlten und aus verschiedenen Gründen nicht immer ausreichend Kohle in den Kraftwerken - die daneben in der kalten Jahreszeit sehr wichtige Fernwärme für die Beheizung von Gebäuden liefern - zur Verfügung stand. Nach dem Stand von September 1993 schuldeten Kraftwerke den Kohlebergwerken rund 2 Mrd Tug., während umgekehrt Stromverbraucher den Kraftwerken rund 1 Mrd Tug. schuldeten. Aus der Sowjetunion bzw. Rußland wird durch ein Verbundnetz Strom eingeführt, jedoch in relativ begrenztem Umfang (1990 brutto 228 Mio kWh). Ein zusätzliches kohlebefeuertes Wärmekraftwerk mit einer installierten Leistung von 80 MW ist in Ulaanbaatar in Bau, der Bau eines Wärmekraftwerkes mit 600 MW in unmittelbarer Nachbarschaft zu der wichtigsten Kohlengrube, in Baga Nuur, im Gespräch. Die Asiatische Entwicklungsbank (ADB) finanziert die Durchführbarkeitsstudie für ein Wasserkraftwerk mit einer installierten Leistung von 160 bis 180 MW am Egyin-Fluß, für das die Planung ebenfalls bereits genehmigt wurde und das gegebenenfalls 1998 ans Netz gehen soll. Damit dürfte mittelfristig ausreichend elektrische Energie zur Verfügung stehen.

Verarbeitende Industrie

Die verarbeitende Industrie, die im wesentlichen auf dem Agrar- und dem Bergbausektor aufbaut, verzeichnete von 1989 bis 1992 einen Produktionsrückgang um 27,2%. Ursache dafür waren Rohmaterial-, Ersatzteil- und Energiemangel, der Import hochwertigerer ausländischer Erzeugnisse usw. Außer Metallkonzentraten, den angeführten tierischen Produkten und Schnittholz produzierte die verarbeitende Industrie 1992 u.a.: 132.500 t Zement; 39,1 Mio rote Ziegel; 14,9 Mio Silikatziegel; 705.800 m Wirkwaren; 1,037 Mio qm Teppich; 1.574 t Garn; 1,412 Mio Stück Strickwaren; 494.800 m Filz; 97,6 t Kaschmirhaar, gekämmt; 29,2 t Kaschmirhaar, gebauscht; 90.600 Kamelhaardecken; 7.057 t Wolle, gewaschen; 409.100 Paar Filzstiefel; 2,245 Mio Paar Lederschuhe; 141.100 Lederjacken; 3,337 Mio Stück Porzellangegenstände; 2,114 Mio Stück Glasgegenstände; 723 Farbfernsehgeräte (1991: 6.800); 2.965 hl reinen Alkohol; 767,3 t Seife; 5,237 Mio Kerzen. 1992 stellten u.a. die einzige Glasfabrik und eine Fabrik, die Fernsehgeräte, Radioempfänger und Telefone herstellte, wegen des starken Kostenanstiegs in der Beschaffung bzw. wegen Devisenmangels den Betrieb ein; die Teppichproduktion sank auf etwa 753.000 qm, die von Garnen auf 576 t. Sehr erfolgreich blieb hingegen das auf Kaschmirprodukte spezialisierte Unternehmen "Gobi", von dem die Regierung 25% Anteile zur Privatisierung freigab.

MONGOLEI

Verkehr und Dienstleistungen

Die Beförderungsleistung im Frachtverkehr lag 1991 bei 3,0126 Mrd Tonnenkilometern per Bahn, 1,3625 Mrd Tonnenkilometern auf der Straße und 4,1 Mio Tonnenkilometern per Flugzeug. Im Personenverkehr kam der Luftfahrt jedoch eine relativ wesentliche größere Bedeutung bei. Insgesamt wurden 1991 36,5 Mio t Fracht befördert. 1992 ging die Frachtbeförderung (insbesondere durch Kraftstoffverknappung) um 56,4% zurück. An der Grenze zu China werden die Bahnhofsanlagen ausgebaut, um eine schnellere Abfertigung der Züge zu ermöglichen.

Die einzige Fluggesellschaft, die staatliche "Mongolian Civil Air Transport" (MIAT), mußte wegen Mangels an Flugbenzin 1992 die Inlandsflüge kurze Zeit einstellen und konnte sie danach nur noch reduziert betreiben. Auf der anderen Seite wurde eine Modernisierung ihres aus älteren russischen Maschinen bestehenden Flugzeugparkes eingeleitet. Ab August ersetzte eine von der südkoreanischen Fluggesellschaft KAL geschenkte Boeing 727, für die Piloten und Wartungstechniker in Seoul ausgebildet wurden, auf der Strecke Beijing - Ulan-Bator - Rußland die russische Tupolev 154, und 4 der russischen Antonov-24 sind bis zum Frühjahr 1993 durch chinesische Yu-12 ersetzt worden. 1992 sank die Zahl der im Inlandsdienst transportierten Passagiere von im Vorjahr 800.000 stark, während die Passagierzahl im Auslandsdienst deutlich zunahm. Die MIAT fliegt Beijing, Hohot ("Innere Mongolei" der VR China) und mehrere russische Flughäfen, darunter Moskau, an. 1993 wurden Abkommen mit mehreren anderen Staaten geschlossen, die jeweils den Fluggesellschaften beider Länder den Linienverkehr zwischen Ulaanbaatar - das aus dem Ausland bereits von Aeroflot und der chinesischen CAAC bedient wird - und Bangkok, Singapur und Osaka ermöglichen.

Die Asiatische Entwicklungsbank (ADB) gewährte 1993 einen Kredit von 36 Mio US$ für den Ausbau und die Modernisierung des internationalen Flughafens von Ulaanbaatar, der eine moderne technische Ausstattung, eine verlängerte Rollbahn, erweiterte Passagierabfertigungsanlagen usw. erhalten soll.

In der Nachrichtenübermittlung ist von Ulaanbaatar, Darhan und Erdenet jetzt eine telefonische Direktwahl ins Ausland (weltweit) möglich. Die Zahl der Fax-Anschlüsse hat beträchtlich zugenommen; außerdem können beim Hauptpostamt in Ulaanbaatar, das über zwei Faxgeräte verfügt, Nachrichten zur Faksimile-Übermittlung aufgegeben werden.

Im Bankgewerbe sind neben die früher einzige Bank, die staatliche "Bank of Mongolia" (Mongolbank, Ardynbank), bis Herbst 1993 15 nicht staatliche Banken getreten (s.a. "Überblick"). Im Spätherbst 1993 verabschiedete das Parlament eine Gesetzesvorlage, nach der die Banken innerhalb eines Jahres ihre Kapitalbasis von 50 Mio Tug. auf 400 Mio Tug. erhöhen müssen.

MONGOLEI

Tourismus

1992 reisten etwa 5.000 (1991: etwa 14.000) Touristen in die Mongolei ein. Die Deviseneinnahmen aus dem Tourismus beliefen sich 1991 auf 6,8 Mio US$, darunter 2,8 Mio US$ aus dem Jagdtourismus, bei dem gegen hohe Prämien auch der Abschuß von Tieren zahlenmäßig sehr gering vertretener Arten zugelassen ist.

Außenwirtschaft

Die Exporte erhöhten sich 1992 um 21,5 Mio US$ auf 368,0 Mio US$, die Importe um 8,4 Mio US$ auf 399,9 Mio US$. (Anm.: Zu 1991 liegen hier jedoch unterschiedliche Zahlen vor.) Das resultierende Handelsbilanzdefizit von 31,9 Mio US$ war demgemäß um 13,1 Mio US$ niedriger als 1991. Im 1. Halbjahr 1993 lagen die Exporte um 31 Mio US$ (= 21%) höher als im entsprechenden Zeitraum 1992, während die Importe um 30 Mio US$ zurückgingen. Für die ersten 11 Monate 1993 schloß die Handelsbilanz bei Exporten im Wert von 324,4 Mio US$ und Importen im Wert von 330,2 Mio US$ mit einem geringen Defizit von 5,8 Mio US$ ab. Die Stabilisierung im Außenhandel wird als ein Hoffnungszeichen für eine allmähliche Verbesserung der gesamtwirtschaftlichen Lage angesehen.

1992 wurden 78% (1991: 88%) der Exporte und 68% (1991: 75%) der Importe mit kommunistischen oder früher kommunistischen Ländern abgewickelt. Wichtigste Handelspartner sind Rußland, die VR China und Japan. Ein nicht genau bekannter Prozentsatz des Außenhandels erfolgt als barter trade.

Auf vier Konferenzen von Geberstaaten und -organisationen, die 1991 und 1992 stattfanden, wurde der Mongolei Hilfe in Höhe von insgesamt 642,6 Mio US$ (297,1 Mio US$ Finanzhilfe, 232,8 Mio US$ Projekthilfe, 76,1 Mio US$ technische Hilfe, 36,6 Mio US$ Warenhilfe) zugesagt, auf der Geberkonferenz im September 1993 weitere 150 bis 170 Mio US$. Der jährliche Nettokapitalzufluß, der in den nächsten 3 Jahren (bis 1996) erforderlich ist, wird auf 150 bis 200 Mio US$ geschätzt - was dann auch den Aufbau einer gewissen Währungsreserve ermöglichen würde.

Neuere Zahlen zur Leistungs- und Zahlungsbilanz liegen hier nicht vor. Mittelfristig wird von einem Leistungsbilanzdefizit in Höhe von 15 bis 17% des BIP ausgegangen.

Die Auslandsverschuldung erreichte aufgrund des Zuflusses an ausländischen Krediten (und in Tugrik auch durch dessen De-facto-Abwertung durch Freigabe des Wechselkurses Ende Mai 1993) am 1.12.1993 39,99 Mrd Tug und hat sich damit in den letzten beiden Jahren sehr stark erhöht. Zu den aktuellen Devisenreserven liegen hier keine Angaben vor, doch dürften sie niedrig sein.

Um mehr ausländische Investitionen anzuziehen, verabschiedete das Parlament am 10. Mai ein neues, liberalisiertes Gesetz über ausländische Investitionen, das am

Schriftenreihe des
Asien-Pazifik-Institut für Management GmbH
Band Nr. 01, 145 S., DM 189,-

Günter Unterbeck (Hrsg.)

Investieren in der Demokratischen Volksrepublik Korea

Ein Leitfaden für Unternehmen

Der Herausgeber, einer der besten Kenner Nordkoreas, legt mit dieser ausführlichen Studie den bisher umfangreichsten Investitionsleitfaden für dieses Land vor. Neben allgemeinen Informationen über die politische Lage und praktischen Tips werden Einführungen in kulturelle Besonderheiten, Hinweise für Verhandlungen wie auch eine Liste konkreter Investitionsmöglichkeiten vorgestellt.
Von besonderem Interesse ist die Liste von Handelsbanken und Außenhandelsunternehmen, die in dieser Form erstmalig zusammengestellt und von den koreanischen Behörden exklusiv zur Verfügung gestellt wurde. Alle für den Investor wichtigen Gesetze werden in der aktuellen Fassung abgedruckt.

Der Verlag bietet regelmäßige Aktualisierungen an, die im Abonnent bezogen werden können. Einzelheiten auf Anfrage.

Bestellungen an:
Asien-Pazifik-Institut für Management GmbH
Odeonstr. 18, 30159 Hannover
Tel. 0511/9117-165, Fax 0511/9117-295

MONGOLEI

1. Juli 1993 in Kraft getreten ist (eine inoffizielle deutsche Übersetzung liegt dem Ostasiatischen Verein vor). Zu seinen wesentlichen Bestimmungen gehören u.a. (Text hier vereinfacht und nicht verbindlich):

- Sollten von der Mongolei unterzeichnete internationale Verträge eine von diesem Gesetz abweichende Regelung enthalten, so sind diese Verträge maßgebend.
- Ausländische Investitionen können in allen Bereichen der Produktion und der Dienstleistungen erfolgen, soweit nicht bestimmte Gebiete durch Gesetz davon ausgenommen sind.
- Die Investition kann erfolgen durch Gründung eines voll in ausländischem Eigentum befindlichen Unternehmens oder einer örtlichen Niederlassung oder Tochtergesellschaft eines ausländischen Unternehmens; durch Bildung eines Joint Venture mit mongolischer Beteiligung; durch Erwerb von Aktien oder sonstigen Anteilen an bestehenden mongolischen Unternehmen; durch den Erwerb von Rechten, Bodenschätze abzubauen und zu verarbeiten.
- Ausländische Investitionen dürfen nicht verstaatlicht oder einer rechtswidrigen Enteignung unterzogen werden. Eine Enteignung ist nur in öffentlichem Interesse und dann in einem rechtsstaatlichen Verfahren und gegen volle Entschädigung möglich; die Entschädigung ist unverzüglich zu leisten.
- Hinsichtlich des Besitzes, der Nutzung und der Verfügungsgewalt über seine Investitionen räumt die Mongolei dem ausländischen Investor Rechte ein, die nicht weniger vorteilhaft sind als die mongolischer Staatsbürger.
- Zu den Rechten des ausländischen Investors gehören: Verfügungsgewalt über seinen Besitz einschließlich der Möglichkeit, das aus dem Ausland eingebrachte Kapital ins Ausland zurückzuführen; Geschäftsführung oder Beteiligung an der Geschäftsführung auch bei Joint Ventures; das Recht, Gewinne und Dividenden, Erlöse aus dem Verkauf von Vermögen und Wertpapieren etc. sofort ins Ausland zu überweisen.
- Der ausländische Investor muß das geltende mongolische Recht einhalten, die Sitten und die Tradition des mongolischen Volkes achten und (im Bereich seiner Investition) den Schutz der Umwelt sicherstellen.
- Die Besteuerung von Joint Ventures erfolgt, soweit nicht durch Gesetze oder Verordnungen anders vorgesehen, gemäß dem mongolischen Steuerrecht.
- Die Einfuhr von technischer Ausrüstung und Maschinenanlagen für Unternehmen mit ausländischer Beteiligung erfolgt vom Zeitpunkt der Genehmigung der Unternehmensgründung durch das Handels- und Industrieministerium frei von Zollabgaben und Umsatzsteuern. Außer im Handel und in der Gastronomie besteht eine 5jährige Zollbefreiung bei der Einfuhr von für die Produktion benötigten Rohstoffen, Elementen, Ersatzteilen etc.

MONGOLEI

- Unternehmen mit ausländischer Beteiligung im Bereich Kraftwerke und Leitungsnetz, Fernstraßen, Eisenbahnen, Luftfracht und technische Anlagen sind 10 Jahre von der Entrichtung von Steuern befreit und erhalten in den darauffolgenden 5 Jahren eine Steuerermäßigung von 50%.
- Unternehmen mit ausländischer Beteiligung im Bereich Gewinnung und Verarbeitung von Bodenschätzen (außer Edelmetalle), Erdöl und Kohle, Hüttentechnik, chemische Produktion, Maschinenbau, Elektronik sind 5 Jahre von der Entrichtung von Steuern befreit und erhalten in den darauffolgenden 5 Jahren eine Steuerermäßigung von 50%.
- Unternehmen, die nicht unter die beiden vorgenannten Bereiche fallen, erhalten eine 3jährige Steuerbefreiung und in den darauffolgenden 3 Jahren eine Steuerermäßigung von 50%, wenn sie mehr als 50% ihrer Produktion exportieren.
- Unabhängig davon kann im Einzelfall auf Antrag der Regierung das Parlament eine Steuerbefreiung gewähren.
- Von einem Unternehmen mit ausländischer Beteiligung reinvestierte Gewinne bleiben steuerfrei.
- Ist ein Unternehmen mit ausländischer Beteiligung in mehr als einem der beiden oben erstgenannten Bereiche für befristete Steuerbefreiung tätig, so richten sich die gewährten Vergünstigungen nach dem Hauptgebiet der Tätigkeit.
- Die o.a. auf 3 bis 10 Jahre und Anschlußzeit gewährten Steuervergünstigungen entfallen, wenn für die Unternehmensgründung Coupons, die aufgrund des mongolischen Privatisierungsgesetzes ausgegeben wurden, eingesetzt werden.
- Grundstücke für ein Unternehmen mit ausländischer Beteiligung können im Rahmen bestimmter Rechtsvorschriften gepachtet werden. Der ursprüngliche Pachtvertrag soll eine Laufzeit von 60 Jahren nicht überschreiten; er kann einmal um bis zu 40 Jahre verlängert werden.
- In Unternehmen mit ausländischer Beteiligung sind vorrangig mongolische Staatsangehörige zu beschäftigen. Für Tätigkeiten, die eine besondere oder hohe Qualifikation erfordern, können jedoch auch Ausländer eingestellt werden.

Beziehungen zur Bundesrepublik Deutschland

Die Bundesrepublik setzt ihr Engagement in der Mongolei, das u.a. durch einen Besuch des Staatsministers im Auswärtigen Amt, Helmut Schäfer, im Juli 1992 und durch einen Besuch des Bundesministers für wirtschaftliche Zusammenarbeit, Carl-Dieter Spranger, im August 1992 zum Ausdruck kam, fort. 1991 und 1992 wurde öffentliche Hilfe in Höhe von insgesamt 69,6 Mio DM (dar. 25 Mio DM im Rahmen der finanziellen und 14 Mio DM im Rahmen der technischen Zusammenarbeit) zugesagt bzw. bewilligt. 1993 kamen bis zum Juni Zusagen in Höhe von 26,0 Mio DM (14 Mio DM finanzielle und 11 Mio DM technische Zusam-

MONGOLEI

menarbeit sowie 1 Mio DM für 15 Stipendiatenplätze) hinzu, womit sich die Gesamtzusagen auf 95,6 Mio DM erhöhten. Nicht in dieser Summe enthalten sind die Kosten für die Weiterführung der Hochschulausbildung von in der früheren DDR studierenden Mongolen, deren Zahl sich 1991 zunächst auf etwa 300 belief und 1993 bei etwa 160 bis 170 lag. Schwerpunkte der deutschen Entwicklungszusammenarbeit sind die Bereiche Förderung der Wirtschaftsreform und des privaten Sektors (Klein- und Mittelindustrie, Landwirtschaft), Umweltschutz, Aus- und Fortbildung und materielle Infrastruktur.

Das noch relativ kleine Außenhandelsvolumen der Mongolei mit der Bundesrepublik Deutschland hat sich 1992 stark erhöht: Die deutschen Importe blieben mit 6,6 Mio nahezu unverändert gegenüber dem Vorjahr (6,8 Mio DM), während die deutschen Exporte von 1991 12,2 Mio DM auf 27,7 Mio DM stiegen. Dem Vernehmen nach sind dabei auch erfolgreiche Geschäfte auf barter-Basis zustande gekommen.

MONGOLEI

Tabelle 1: **Handelsstruktur Deutschland** [1] **- Mongolei**
Deutsche Exporte in die Mongolei
(Angaben in Mio DM)

SITC POSITION [2]	WARENKLASSE [3]	1990	1991	1992
0 - 9	INSGESAMT	21,6	12,2	27,7
0	Nahrungsmittel und lebende Tiere	1,0	1,9	0,5
1	Getränke und Tabak	0,06	0,03	0,1
2	Rohstoffe (andere als SITC 0 und 3)	0,06	0,1	0,1
3	Mineralische Brennstoffe, Schmiermittel und verwandte Erzeugnisse	0,02	0,007	1,5
4	Tierische und pflanzliche Öle, Fette und Wachse	6,3	1,1	1,6
5	Chemische Erzeugnisse	2,1	2,3	7,4
6	Bearbeitete Waren, vorwiegend nach Beschaffenheit gegliedert	3,3	1,8	2,2
7	Maschinenbau-, elektrotechn. Erzeugnisse und Fahrzeuge	6,6	3,5	13,0
8	Verschiedene Fertigwaren	2,2	1,0	1,2
9	Anderweitig nicht erfaßte Waren	0,002	0,6	0,1

1) Bis 1990 westdeutscher, ab 1991 gesamtdeutscher Handel.
2) Standard International Trade Classification (SITC Rev. II bis 1987, SITC Rev. III ab 1988).
3) Bezeichnungen der Warenklassen teilweise gekürzt; geringfügige Rundungsabweichungen bei Summenbildung möglich.

Quelle: Statistisches Bundesamt, Wiesbaden.

MONGOLEI

Tabelle 2: **Handelsstruktur Deutschland** [1] **- Mongolei**
Deutsche Importe aus der Mongolei
(Angaben in Mio DM)

SITC POSITION [2]	WARENKLASSE [3]	1990	1991	1992
0 - 9	INSGESAMT	4,1	6,8	6,6
0	Nahrungsmittel und lebende Tiere	0,02	0,01	-
2	Rohstoffe (andere als SITC 0 und 3)	3,5	5,9	5,9
8	Verschiedene Fertigwaren	0,3	0,8	0,5
9	Anderweitig nicht erfaßte Waren	0,2	-	0,03

1) Bis 1990 westdeutscher, ab 1991 gesamtdeutscher Handel.
2) Standard International Trade Classification (SITC Rev. II bis 1987, SITC Rev. III ab 1988).
3) Bezeichnungen der Warenklassen teilweise gekürzt; geringfügige Rundungsabweichungen bei Summenbildung möglich.

Quelle: Statistisches Bundesamt, Wiesbaden

MONGOLEI

Tabelle 3: **Außenhandel nach Waren**
in die ehemalige Sowjetunion
(Exporte in Mio US$)

WARENGRUPPE	1989	1990
Nicht metallurgische Erze, Ton und Erden	53,0	51,9
Fleisch und Fleischwaren	51,2	45,7
Teppiche	43,4	52,5
Wolle	26,6	52,0
Rinder (Schlachttiere)	21,4	25,4
Pferde (Schlachttiere)	19,9	13,8
Nadelschnittholz	1,8	1,3

Tabelle 4: **Außenhandel nach Waren**
aus der ehemaligen Sowjetunion
(Importe in Mio US$)

WARENGRUPPE	1989	1990
Maschinen und Fahrzeuge	888,5	958,8
Erdöl	204,3	215,5
Ausrüstungen für den Bergbau	144,9	127,1
Ausrüstungen für die Stromversorgung	81,2	100,9
Anlagen für die Land- und Forstwirtschafft	80,1	44,3
Ausrüstungen für die Bauindustrie	26,1	32,9
Kfz-, Teile und Zubehör	81,8	105,0
Zucker und -waren	21,7	25,7
Mehl	10,0	14,2
Schuhe	8,2	7,9

Quelle: Statistisches Bundesamt, Wiesbaden

MONGOLEI

Besonderheiten der bilateralen Wirtschaftsbeziehungen aus der Sicht der Deutschen Botschaft in der Mongolei, Ulan Bator

Wirtschaftbeziehungen zur Mongolei - Ein erster Überblick

Deutschsprachige Ingenieure und Techniker, Textilarbeiterinnen und Metzger - in der Mongolei sind sie nicht ungewöhnlich. Das Land zwischen Taiga und Gobi gehörte zu den wichtigsten Entwicklungshilfepartnern der DDR und zu Tausenden wurden Arbeitskräfte in Leipzig, Berlin oder Dresden geschult. Heute wird die Zahl der deutschsprachigen Mongolen auf über 20.000 geschätzt, eine Zahl, die Deutsch angesichts der kleinen Bevölkerung von nur 2,2 Millionen Einwohnern an die zweite Stelle nach dem fast obligatorischen Russisch bringt. Allerdings holt Englisch bei den sprachbegabten Mongolen jetzt schnell auf. Deutschland zählt - und hier wurde die Sympathie für die DDR nahtlos auf das vereinigte Deutschland übertragen - zu den beliebtesten Partnerländern und steht in Europa sicherlich an Nummer eins. Genutzt haben deutsche Investoren diesen Bonus bislang allerdings kaum.

Die Wirtschaft in der Mongolei befindet sich seit der Wende zu Demokratie und Marktwirtschaft im Sommer 1992 auf steiler Talfahrt und es ist nicht sicher, ob das Ende der Leidensperiode bereits sichtbar ist. Es handelt sich um einen schmerzlichen, aber notwendigen Heilungsprozeß, den die Bevölkerung mit beeindruckender Geduld erträgt und damit zur politischen Stabilität der Regierung beiträgt.

Die Mongolei stand fast 70 Jahre lang unter kommunistischer Herrschaft und wurde wie eine 16. Republik der Sowjetunion behandelt. Der Umschwung begann 1990 mit machtvollen Demonstrationen, die zu freien Wahlen führten, aus denen die ehemalige Einheitspartei allerdings mit überwältigender Mehrheit als Sieger hervorging. Gleichwohl wußte sich eine junge Opposition eine Stimme zu verschaffen.

Die wirtschaftliche Krise traf das Land von der vierfachen Größe Deutschlands härter als irgendein anderes Land des ehemaligen Ostblocks. Andererseits begann der Umschwung bereits zu einem Zeitpunkt, als an einen Zerfall der Sowjetunion noch nicht gedacht wurde. So wurde der Mongolei viel Aufmerksamkeit und Sympathie zuteil, die in starker Unterstützung durch den Internationalen Währungsfond (IMF), die Weltbank und die Asiatische Entwicklungsbank, aber auch durch Hilfe aus den USA und Japan gekennzeichnet war. Deutschland, das zum Teil das Erbe der DDR in diesem Land antrat, eröffnete eine Botschaft und unterstützte als erste Nation die Mongolen bereits im Frühjahr 1991 mit humanitärer Hilfe. Die ärgsten Sorgen um Hungersnöte sind jetzt gebannt und die deutsche und internationale Hilfe kann sich auf strukturelle Hilfen richten. Immerhin flossen in den drei Jahren deutschen Engagements in der Mongolei fast 100 Mio DM an Ausbildungshilfe, technischer und finanzieller Zusammenarbeit in die Mongolei.

Ursächlich für die Wirtschaftskrise ist, wie in allen Staaten des ehemaligen COMECON, nicht die neue Wirtschaftsordnung, sondern einerseits die Tatsache,

MONGOLEI

daß verdeckte Arbeitslosigkeit, Ineffizienz und übergewichtige Bürokratie jetzt deutlich zu Tage treten und andererseits, daß die ehemaligen Märkte im Ostblock, die ihr Eigenleben nur aufgrund der früheren Abschottung bewahren konnten, weggebrochen sind. Das Bruttosozialprodukt hat sich um etwa ein Drittel reduziert, und auch günstige Prognosen des Entwicklungshilfeprogramms der Vereinten Nationen (UNDP) gehen bei moderatem Wachstum für 1996 davon aus, maximal den Stand von Anfang der achtziger Jahre zu erreichen. Die Kaufkraft der Konsumenten fiel um schätzungsweise 40 bis 60 Prozent verglichen mit 1990 und reduzierte sich 1993 erneut um ein Drittel.

Die Schwierigkeiten der Mongolei werden dadurch verschärft, daß ihre Wirtschaft eine Monostruktur aufweist. Rückgrat des Landes sind die nomadisierenden Viehzüchter mit ihren 25 Millionen Tieren, die aber in erster Linie nur zur Eigenversorgung dienen und aus hygienischen und zollrechtlichen Gründen auf den großen westlichen Fleischmärkten nicht vermarktet werden können. Exporterlöse stammen zu fast 60% aus einer großen Kupfermine und Experten sehen mit Besorgnis den Verfall der Kupferpreise und die zwangsläufig weiter sinkenden Gewinne. Daneben tragen Wolle, Kaschmir und Leder zu den Außenhandelserlösen bei.

Gleichzeitig sieht sich das Land mit einer enormen Auslandsverschuldung konfrontiert. Pro Kopf der Bevölkerung stehen 1.300 US$ zu Buche, bei einem Bruttosozialprodukt von etwa 60 $ pro Jahr eine große Belastung. Der überwiegende Teil stammt aus COMECON-Zeiten und die Verhandlungen mit dem Hauptgläubiger Rußland, der 11 Milliarden Transferrubel geltend macht, müssen abgewartet werden.

Schließlich kommen in der Mongolei besondere klimatische Faktoren zur Geltung. Die Vegetationsperiode beträgt nur 80 bis 100 Tage, im Winter sinkt das Thermometer bis auf 50 Grad unter Null und Ulan Bator hat eine Januar-Durchschnittstemperatur von -26 Grad C. Die Energieversorgung wäre schon bei bester westlicher Technologie und Finanzkraft schwierig. Vor welchen Aufgaben die mongolische Regierung angesichts der auch in Ulan Bator üblichen Fernwärme, der Plattenbauten und der Transportmängel steht, ist leicht vorstellbar. Praktisch kommt die Produktion der wenigen Industriegüter in den Wintermonaten zum Erliegen, für die Mongolen geht es jeden Winter aufs Neue ums Überleben.

Angesichts dieser Faktoren bemüht sich die Regierung um eine Umgestaltung der Wirtschaft. Einige Faktoren stimmen hoffnungsfroh. So liegt die Alphabetisierungsrate bei beeindruckenden 90 Prozent. Auf Rat des IMF schaffte die Regierung im Mai 1992 die verschiedenen offiziellen Wechselkurse ab und läßt den Tugrik frei floaten. Die galoppierende Inflation konnte eingefangen werden, auch wenn sie noch jenseits der 100 Prozent-Marke liegt. Der Wechselkurs blieb seit der Freigabe der Kurse weitgehend konstant. Die Regierung bemüht sich um eine Privatisierung weiter Bereiche der ehemaligen Zentralverwaltungswirtschaft, doch eine starre Bürokratie auf mittlerer Ebene verhindert oft noch die Umsetzung der geplanten Investitionsfreiheit und Privatisierung. Doch hier dürfte sich der ausländische Investor vor Problemen sehen, die mit vielen anderen

MONGOLEI

Entwicklungsländern vergleichbar sind. Dabei wirkt die Mongolei auf den ersten Blick europäischer als andere Staaten Asiens, wobei man nicht vergessen sollte, daß ein Drittel der Bevölkerung nomadisierende Viehzüchter sind, und die Zeit nur wenige Kilometer außerhalb der Hauptstadt Ulan Bator seit Jahrhunderten still zu stehen scheint.

Das Bankwesen der Mongolei befindet sich erst im Aufbau. Auch sind das Registrierungswesen für Unternehmen und für die Handelskammer [1] erst in einem Anfangsstadium. Ein Zukunftsmarkt ist nach mongolischer Ansicht der hier oft propagierte Rohstoffreichtum des Landes, wobei der Vergleich mit dem potentiell reichen Nachbarn Sibirien gezogen wird. Die Investitionen wären in diesem Sektor allerdings beträchtlich und die fehlende Infrastruktur wirft erhebliche Fragezeichen auf. Statistisch gibt es gerade 82 Zentimeter geteerte Straße pro Quadratkilometer. Als Staat ohne Seezugang, eingekeilt zwischen den Weltmächten China und Rußland, stellen die wenigen Grenzübergangsstellen Nadelöhre dar. Eisenbahntransporte über die Transsib nach Europa dauern drei Monate und länger bei hohen Kosten (ca. 2.000 US$/TEU), die Strecke über Wladiwostok oder Nakhodka ist mit 2.000 km zwar kürzer, aber ebenso zeitaufwendig. Von der chinesisch-mongolischen Grenze sind es nur 1.000 km zur See, aber die Umspurung von russischer Breitspur auf die in China übliche Normalspur verzögert Transporte. Über die Straße ist kein Export möglich und Luftfracht ist teuer und überfordert die Kapazitäten des Flughafens in Ulan Bator.

Der mongolische Außenhandel liegt bei 654 Millionen US$ mit einem leichten Handelsbilanzdefizit. Allerdings sind diese Zahlen zurückhaltend zu bewerten, da angesichts der Privatisierung und des bedeutenden Schwarzhandels wichtige Warenströme von der Statistik nicht erfaßt werden. Vermutlich sind die wahren Mengen positiver als offiziell bekannt. Die ehemals 95prozentige Ausrichtung auf Wirtschaftspartner aus dem COMECON, darunter zu über 80 Prozent auf Rußland, wurde diversifiziert. Nur noch 60 Prozent des Handels werden mit ehemaligen COMECON-Ländern abgewickelt, fast ausschließlich mit der GUS, während der Chinahandel binnen dreier Jahre von einem auf 14 Prozent stieg.

Zwischen Deutschland und der Mongolei besteht ein Investitionsschutzabkommen und ein Doppelbesteuerungsabkommen steht kurz vor dem Abschluß. Das mongolische Gesetz zur Förderung ausländischer Investitionen bedarf sicherlich noch der Interpretation und ein einheimischer Partner ist für die beschleunigte Abwicklung von Vorhaben nicht von Nachteil. Schwierigkeiten bereitet es, Hermes-Bürgschaften für die Mongolei zu erlangen. Angesichts der Devisenknappheit erfolgt die Abwicklung von Geschäften oft auf Barterebene, doch die Zahl der barterfähigen Güter ist begrenzt und der Wettbewerb der Händler entsprechend groß. Das größte Plus für die deutsche Wirtschaft ist die insbesondere in der Mittelschicht starke Deutschprägung.

Der deutsch-mongolische Außenhandel umfaßt lediglich 27,7 Mio DM deutsche Exporte und 6,6 Mio DM Importe (Zahlen von 1992). Der Warenaustausch mit Deutschland beschränkt sich neben den aus der Entwicklungshilfe geförderten

MONGOLEI

Projekten auf importierte Nahrungsmittel (Speiseöl, Konserven), pharmazeutische und chemische Erzeugnisse und beim Export neben den erwähnten Leder-, Woll- und Kaschmirlieferungen auf Spezialgebiete wie Naturdärme oder dank der vielen Heilkräuter (Edelweiß wächst auf der mongolischen Steppe wie in Deutschland das Gänseblümchen) auf Naturprodukte für die pharmazeutische Industrie. Interessant könnte die Mongolei für Textilproduzenten sein, da sie bislang kaum Quotenbeschränkungen unterliegt, ein günstiges Lohnniveau aufweist und gut geschultes Arbeiterpotential hat. Hongkonger Geschäftsleute haben diese Nische bereits entdeckt.

Peter Woeste, Legationsrat I. Klasse
Wirtschaftsreferent und Ständiger Vertreter des Botschafters in der Mongolei

[1] Anschrift der Handelskammer: c/o Ministerium für Handel und Industrie, J. Sambu Str., Ulaanbaatar 210638; Mongolei,Telex 79336 CHAMB MH, Fax: 976-1-324620, Tel.: 324620, deutschsprachige Mitarbeiter.

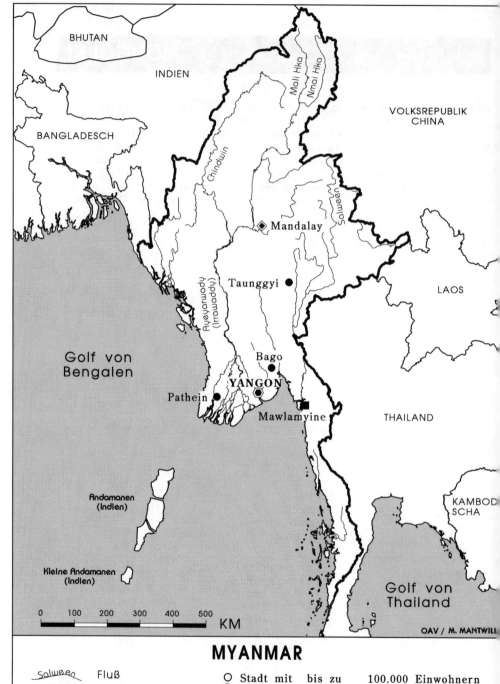

MYANMAR

Günter Siemers

Allgemeines

Offizielle Staatsbezeichnung:	Union von Myanmar
Staatsform:	Republik
Staatsoberhaupt:	"Senior General" Than Shwe als Vorsitzender des "State Law and Order Restoration Council" (SLORC) (seit 23.4.1992)
Regierungschef:	"Senior General" Than Shwe (seit 23.4.1992)
Gesamtfläche:	676.552 qkm
Einwohnerzahl:	42,33 Mio (30.9.1992)
Bevölkerungsdichte:	62,6 Einw./qkm
Bevölkerungswachstum:	1,88%
Wichtige Städte:	Yangon (Hauptstadt) 2.458.712 Einw.; Mandalay 532.895 Einw.; Mawlamyine (Moulmein) 219.991 Einw.; Bago (Pegu) 150.447 Einw.; Pathein (Bassein) 144.092 Einw.; (Volksz. 1983)
Nationalsprache:	Birmanisch
Handelssprache:	Birmanisch (im Außenhandel auch Englisch)
Nationalfeiertag:	4. Januar (Unabhängigkeitstag 1948)

Weitere Daten

Erwerbspersonen:	1992/93 (1991/92) 16,469 (16,007) Mio
Entstehung des BIP:	1992/93 (1991/92) Agrarsektor 46,5% (45,3%); Verarbeitendes Gewerbe 9,0% (8,8%); Dienstleistungen 16,2% (17,3%); Handel 22,2% (22,3%)

MYANMAR

Verwendung des BIP:	1992/93 (1991/92) Privater und Staatsverbrauch 86,9% (85,6%), Bruttoinvestitionen 13,4% (15,1%)
Wichtigste Agrarprodukte:	1992/93 (1991/92) Reis (Paddy) 14,915 (13,201) Mio t; Erdnüsse 451.000 (378.000) t; Sesam 257.000 (171.000) t; Zuckerrohr 3,285 (2,308) Mio t; Virginia-Tabak grün 17.000 (17.000) t
Fischfang:	(1990/91) 743,8 Tsd t
Forstwirtschaft:	(1990/91) Holzeinschlag: Teakholz 415000 cbt, sonstiges Hartholz 1,88 Mio cbt, Brennholz 18 Mio cbt
Wichtigste Bergbauprodukte:	1992/93 (1991/92) Erdöl 6,8 (5,5) Mio US barrels; Erdgas 42,520 (31,782) Mrd Kubikfuß; Kupferkonzentrat 35.000 (38.300) t; Wolframkonzentrat 84 (37) t; Scheelit 1.024 (1.025) t; Silber 210.000 (190.000) Feinunzen; Jade 145,8 (177,9) t; Edelsteine 956.200 (1.054.000) Karat
Wichtigste Industrieerzeugnisse:	Reis, enthülst 7,942 (7,021) Mio t; Zigaretten 1,229 Mrd (930 Mio) Stck; Baumwollgarn 12.400 (10.600) t; Longyi 2,824 (2,814)L Mio Stck; Zement 435.000 (443.000) t; Düngemittel 175.000 (100.000) t; Benzin 53,9 (41,9) Mio gallons; Heizöl 35,4 (33,9) Mio gallons
Elektrizitätserzeugung:	(Nur MEPE) 2,805 (2,677) Mrd kWh
Maße und Gewicht:	Metrisches System verbreitet; daneben andere Maße: 1 Viss = 1,633 kg; 1 basket (Kod) = 46 Pfund Reis (Paddy) bzw. 75 Pfund Reis, enthülst, u.a.
Abkommen mit Deutschland:	Protokoll vom 12.7.1962 über Wirtschaftshilfe
Abkommen mit der EU:	In allgemeine autonome Zollpräferenzen einbezogen

MYANMAR

Statistisches Profil Myanmar

			1990/91	1991/92	1992/93
1.	Bruttoinlandsprodukt (BIP)				
	BIP	(Mrd K)	151,9	178,6	230,9
	Reales BIP	(Veränd. in %)	+2,8	-1,0	+10.9
	BIP pro Kopf	(K)	3.725	4.297	5.455
	Reales BIP pro Kopf (Veränd. in %)		+0,9	-2,8	+8,9
2.	Wechselkurse (1 kyat = 100 Pyas)				
	Kyat (K)/US$	(Jahresende) Ank.	6,0202	5,9542	6,1330
		Verk.	6,1406	6,0732	6,2557
	Kyat (K)/US$	(Jahresende) Ank.	3,9739	3,9205	3,7633
		Verk.	4,0534	3,9990	3,8885
3.	Preise				
	Inflationsrate				
	(in Yangon, Kalenderjahr) (%)		17,6	32,3	21,9
	Terms of Trade	(Veränd. in%)	-8,0	-13,4	-19,2
4.	Zinssätze				
	Geldmarktsatz	(% p.a.)	n.a.	n.a.	n.a.
	Einlagenzinssatz	(% p.a.) (Kalenderjahr)	5,88	n.a.	n.a.
	Kreditzinssatz	(% p.a.) (Kalenderjahr)	8,00	n.a.	n.a.
5.	Staatshaushalt	1)			
	Saldo	(in% des BIP)	(-)4,5	(-)5,1	(-)4,1
6.	Monetärer Sektor	2)			
	Inlandskredite	(Veränd. in %)	n.a.	n.a.	n.a.
	Bargeldmenge	(Veränd. in %)	+45,9	+34,9	+40,7
7.	Außenhandel (einschl. Grenzhandel)				
	Exporte (fob)	(Mio K)	2,9619	2,9318	3,7105
	Importe (cif)	(Mio K)	5,5228	5,3367	6,1711
	Deutsche Importe (Mio DM) (Kalenderjahr)	3)	16,7	13,2	16,9
	Deutsche Exporte (Mio DM) (Kalenderjahr)	3)	65,2	56,1	32,3
8.	Leistungsbilanz (Mio K)				
	Güterexporte		6,0265	5,2854	6,1711
	Güterimporte		2,9663	2,7020	3,7110
	Handelsbilanzsaldo		-3,0602	-2,5834	-2,4601
	Leistungsbilanzsaldo		-856,7	+228,2	+54,8
9.	Auslandsverschuldung				
	(Kalenderjahr)				
	Bruttobestand	(Mio US$) 4)	4.675	4.853	4.5
10.	Währungsreserven				
	Währungsreserven ohne Gold	4)	1,8376	1,8162	1,9185
	- in Monatsimporten	5)	4,0	4,1	3,7

1) Zentralregierung ohne Staatsunternehmen.
2) Veränderung der Jahresbestände.
3) Ab 1991 umfassen gesamtdeutscher Handel.
4) Bestand am Periodenende: 1992/93 = Ende Sept. 1992.
5) Goldbestand wird den Währungsreserven zugewiesen.

Quelle: Institut für Asienkunde,
        Ostasiatischer Verein e.V.

MYANMAR

Wirtschaftliche und politische Lage 1993

+ Weitgehende wirtschaftliche Autarkie
+ Übergang zur Marktwirtschaft in einzelnen Sektoren beschleunigt
+ Aktivere Öffnung gegenüber dem Ausland
+ Verbesserung der Infrastruktur
+ Aussicht auf anhaltenden wirtschaftlichen Aufschwung
+/- Stabile, aber autoritäre Regierung, die Übergang zu "gelenkter Demokratie" betreibt
+/- Minimale ausländische Entwicklungszusammenarbeit
- Hohes Defizit im Staatshaushalt und hohe Zuwachsrate im Bargeldumlauf
- Relativ hohe Inflationsrate
- Starke Überbewertung des Kyat im Wechselkurs

MYANMAR

Überblick und Besonderheiten

Praktisch ohne ausländische Entwicklungszusammenarbeit hat Myanmar im Haushaltsjahr 1992/93 (hierzu vorläufige Zahlen, für 1991/92 revidierte vorläufige Zahlen) eine reale Zuwachsrate des Bruttoinlandsproduktes (BIP) von 10,9% erreicht. Selbst wenn man nach den Erfahrungen der letzten Jahre davon ausgeht, daß diese bereits kurz nach Abschluß des Rechnungsjahres vorgelegten Daten nachträglich nach unten revidiert werden, dürfte das reale BIP-Wachstum noch immer bei ca. 8% gelegen haben - nach +2,8% 1990/91 und -1,0% 1991/92 eine deutliche Trendumkehr.

Die begrenzt positive Tendenz in den politischen Rahmenbedingungen, ein etwas liberalerer Wirtschaftskurs, die Aussichten in bestimmten Wirtschaftssektoren und das in der Herausbildung begriffene Wachstumsdreieck Süd-China / Nord-Myanmar / Nord-Thailand lassen eine weitere Festigung und Expansion der Wirtschaftsbasis in den nächsten Jahren erwarten.

Mit der Wachstumsrate von 10,9% wurde das höchste reale BIP-Volumen seit 1986/87 erreicht. Das statistische Pro-Kopf-Einkommen erhöhte sich damit im Vergleich zum Vorjahr real um 8,9% bzw. zu laufenden Preisen um 26,9% auf 5.455 K (bei Zugrundelegung eines - unrealistischen - offiziellen Wechselkurses von grob 6:1 etwa 909 US$).

Wesentlicher Auftriebsfaktor war eine Erhöhung des privaten und des Staatsverbrauches (von der Statistik nicht getrennt ausgewiesen) um real 10,3% (bzw. zu laufenden Preisen um rund 1/3 auf 200,8 Mrd K). Die Bruttoinvestitionen nahmen hingegen mit real 4,1% nur mäßig zu; zu laufenden Preisen stiegen sie um 14,4% auf 30,9 Mrd K, wovon 47,8% durch den staatlichen, 0,3% durch den genossenschaftlichen und 51,9% durch den privaten Sektor getätigt wurden.

Ausländische Investitionen spielten dabei quantitativ nur eine untergeordnete Rolle: In den vier Jahren von 1989/90 bis 1992/93 beliefen sie sich auf insgesamt 3,710 Mrd K (bei Zugrundelegung eines Wechselkurses von 6:1 etwa 618 Mio US$), d.h. auf lediglich 12% der Bruttoinvestitionen allein des Rechnungsjahres 1992/93. Bedeutung haben sie jedoch qualitativ, d.h. durch in Verbindung damit eingebrachtes Know-how, Technologie etc. - bislang insbesondere im Erdöl-/Erdgas-Bereich, auf den 3,179 Mrd K entfielen, künftig zunehmend auch im Hotelgewerbe u.a.

Sektoral war der wirtschaftliche Erfolg 1992/93 vor allem auf die Landwirtschaft (hier ohne Tierzucht) zurückzuführen, die etwa 2/3 aller Erwerbstätigen beschäftigte und rund 39% zur Entstehung des BIP beitrug; sie erzielte durch Produktivitätssteigerung und eine reale Zuwachsrate von 15,2%. Durchweg gute Wachstumsraten erreichten aber auch andere Sektoren: Tierzucht und Fischerei (BIP-Beitrag 7,4%) 7,6%; Forstwirtschaft (BIP-Beitrag 1,8%) 5,9%; Bergbau (BIP-Beitrag 0,9%) 15,5%; verarbeitendes Gewerbe (BIP-Beitrag 9,0%) 13,7%; Verkehr (BIP-Beitrag 3,8%) 3,9%; Finanzwirtschaft (BIP-Beitrag 0,6%) 10,6%.

MYANMAR

Die Privatwirtschaft, die ja beim offiziellen Ende der Sozialismus-Periode (1988) nur in wenigen Sektoren völlig und in einigen weiteren teilweise ausgeschaltet war, konnte ihre Position leicht verbessern: Ihr Beitrag zum BIP erhöhte sich 1992/93 real um 1,2 Prozentpunkte auf 75,1%, während der des staatlichen Sektors um 0,9 Prozentpunkte auf 22,5% fiel; der genossenschaftliche Sektor blieb mit 2,4 (Vorjahr: 2,7)% weiterhin schwach.

Diese Zahlen reflektieren allerdings kaum das Interesse von privater Seite an wirtschaftlichen Aktivitäten und ihre Rolle in bestimmten Bereichen. So wurden bis zum 15.5.1993 nach offiziellen Angaben insgesamt 9.471 private Unternehmen eingetragen, darunter 5.020 Exporteure und Importeure und 907 geschäftliche Repräsentanten. Landwirtschaft (einschl. Tierzucht) und Fischerei werden fast ausschließlich auf privater Basis betrieben, in der Forstwirtschaft, dem verarbeitenden Gewerbe (hier allerdings zumeist mit Kleinbetrieben), dem Verkehrswesen, dem Handel etc. herrscht die Privatwirtschaft z.T. sehr stark vor; staatlich sind nach wie vor ganz die Stromwirtschaft, Nachrichtenübermittlung und soziale und Verwaltungsdienste; auch im Bergbau dominiert der Staat.

Eine gewisse Bereitschaft zur Reduzierung der staatlichen Rolle zugunsten der Privatwirtschaft ist vorhanden, wie in den Bereichen Ölpalmenplantagen, Leichtindustrie und Hotelgewerbe bereits demonstriert wurde und wie es auch Klauseln in den Verträgen der nach 1988 zur Kapitalakkumulation gebildeten insgesamt 9 "joint venture companies" (inländischen Beteiligungsgesellschaften) zeigen, die im Erfolgsfalle dem privaten Sektor den Erwerb von bis zu 50% (statt gegenwärtig 20%) des staatlichen Anteils erlauben. Erklärte derzeitige Regierungspolitik ist ein Nebeneinander von privatem, staatlichem und genossenschaftlichem Sektor - offenbar nicht zuletzt wegen eines gewissen Mißtrauens gegenüber privaten Manipulationen zur Preisgestaltung.

Die Inflationsrate, gemessen durch den Verbraucherpreisindex in Yangon, blieb weiterhin ein Problem. Zwar sank sie im Kalenderjahr 1992 gegenüber dem Vorjahr um fast 1/3 auf 21,9%, doch stiegen die Preise für manche Nahrungsmittel, darunter das Grundnahrungsmittel Reis, wesentlich stärker an. Bei Reis geht dies, wie etwas detailliertere Statistiken zeigen, nur teilweise auf ein kräftiges Anziehen der Erzeuger-Großhandelspreise zurück, wesentlich mehr jedoch auf die Gewinnspannen des Handels. So lag z.B. 1990 bei der billigeren "Ngasein"-Qualität der höchste Einzelhandelspreis um 50,1% über dem niedrigsten Erzeuger-Großhandelspreis, 1992 aber um 138,0%, bei der teureren "Emata"-Qualität 1990 um 56,9% und 1992 um 127,5% - obwohl das Land einen Reis-Überschuß produziert. Für die Bezieher von Löhnen und Gehältern bedeutete der Preisanstieg eine erhebliche Belastung, da ihre Einkommen wesentlich langsamer wuchsen. Selbständige leben hingegen z.T. in zunehmendem Wohlstand. Das regierende Militär griff dennoch nicht auf Preiskontrollen zurück, sondern förderte insbesondere 1993 zunehmend die Bildung von Genossenschaften, deren Läden für den Endverbraucher eine preislich faire Alternative zu übertreuerten rein kommerziellen Angeboten bieten sollen.

MYANMAR

Der Bargeldumlauf, der im Vorjahr bereits um hohe 34,9% zugenommen hatte, erhöhte sich 1992/93 wieder schneller: um 40,7%. Es wird allgemein davon ausgegangen, das mit diesem ebenfalls zur Inflation beitragenden Verfahren das Defizit im Staatshaushalt zumindest zu einem erheblichen Teil abgedeckt wird. 1993 wurde jedoch erstmals seit mehreren Jahrzehnten wieder die Auflage von (handelbaren) Regierungsobligationen angekündigt. Zunächst blieb allerdings offen, ob damit die Erweiterung der Bargeldmenge verlangsamt oder eine zusätzliche Ausgabensteigerung finanziert werden soll.

Leicht verbessert hat sich 1992/93 die außenwirtschaftliche Position. Trotz starken Importanstieges konnte durch eine noch erheblich größere Ausweitung der Exporte das Defizit in der Handelsbilanz praktisch auf dem Vorjahresstand gehalten werden. Das Zahlungsbilanzdefizit blieb minimal, die Währungsreserven erhöhten sich geringfügig auf den Importwert von etwa 3,7 Monaten. Die Auslandsverschuldung lag gegen Ende des Rechnungsjahres bei 4,5 Mrd US$, einem für die gegenwärtigen Verhältnisse zwar relativ hohen, bei stärkerer Expansion der Exporte aber durchaus wieder reduzierbaren und damit nicht besorgniserregenden Volumen.

Der offizielle Wechselkurs lag laut Deutsche Bundesbank Ende September 1992 bei 1 US$ = 5,81 K (Ank.) bzw. 5,92 K (Verk.), ein Jahr danach bei 1 US$ = 5,99 K (Ank.) bzw. 6,11 K (Verk.). Dem stand dem Vernehmen nach im Herbst 1993 ein Schwarzmarktkurs von ca. 120 K pro US$ gegenüber. Die im Februar 1993 neu eingeführten "Foreign Exchange Certificates" (FECs) mit Dollar-Parität, die anders als Devisen jeder Staatsbürger auch ohne Lizenz besitzen und verwenden darf, wurden im Herbst 1993 mit etwa 1:110 gehandelt. Die Regierung ist sich der Problematik der künstlichen Überbewertung des Kyat für ausländische Handelspartner und Investoren sehr bewußt und scheint diese auch nicht als Dauerlösung anzusehen, hat aber offenbar noch nicht die Finanzmittel zur Verfügung, die Auswirkungen einer drastischen Kyat-Abwertung oder Wechselkurs-Freigabe auf die Binnenwirtschaft abzufangen.

Wie schon 1992/93, wurde auch 1993/94 wieder zum "Jahr der Wirtschaft" erklärt und das reale BIP-Wachstum erneut auf 5,8% veranschlagt. Dabei wurde von folgenden sektoralen Zuwachsraten ausgegangen: Landwirtschaft (ohne Tierzucht) 8,4%; Tierzucht und Fischerei 5,9%; Forstwirtschaft 6,8%; Bergbau 5,6%; verarbeitendes Gewerbe 7,3%; Energiewirtschaft 4,6%; Baugewerbe -18,3%; Verkehr 2,2%; Nachrichtenübermittlung 1,0%; Finanzwirtschaft 5,7%; Handel 6,5%. Der private und Staatsverbrauch soll 8,7% wachsen und von 80,2% auf 82,4% des BIP steigen; die Investitionen sollen hingegen um 9,1% bzw. von 17,3% auf 14,9% des BIP zurückgehen. Für die Importe wurde die Zuwachsrate auf 11,9% und für die Exporte auf 7,5% veranschlagt. Damit dürfte sich die außenwirtschaftliche Position im Rechnungsjahr 1993/94 zunächst wieder etwas verschlechtern, obwohl mittelfristig mit einer deutlichen Erhöhung der Exporte und der Deviseneinnahmen aus dem Tourismus zu rechnen ist.

Mit dem wirtschaftlichen Fortschritt einer geht eine begrenzte politische Liberalisierung, die im Frühjahr 1992 nach einem Wechsel an der Spitze des regierenden

MYANMAR

"State Law and Order Restoration Council" (SLORC) begann. U.a. wurden die nächtliche Ausgangssperre und die Übertragung von Kriegsgerichtsbarkeit (außerhalb der Streitkräfte) auf Wehrbereichskommandeure völlig aufgehoben, eine Freilassung von politischen Gefangen mit jeweils weniger als zwei Jahren Reststrafe eingeleitet, die bisher rund 2.000 Häftlinge betroffen hat, und die Vorbereitungen für die Ausarbeitung einer neuen Verfassung wiederaufgenommen. Für einen unbestimmten Zeitpunkt in der Zukunft - eventuell 1995 - steht damit offenbar der Übergang zu einer "gelenkten Demokratie" mit Anlehnung an Gegebenheiten in Indonesien in Aussicht.

Einen innenpolitischen Durchbruch könnte die Vereinbarung eines Waffenstillstandes mit der "Kachin Independence Organisation" (KIO) Anfang Oktober 1993 darstellen; auch die DAB (Democratic Alliance of Burma), Dachorganisation der meisten in Myanmar nicht legalen regierungsgegnerischen Organisationen, hat - offenbar infolge thailändischen Druckes auf zwei wichtige Mitgliedsorganisationen - ihre Bereitschaft zu Vorverhandlungen über Waffenstillstandsverhandlungen bekanntgegeben. In beiden Fällen ist die schwierige Lösung der anstehenden Fragen noch völlig offen. Sollte es jedoch zu einer Einigung kommen, so würde nicht nur der ganz überwiegende Teil des (ohnehin auf grenznahe Gebiete beschränkten) Kampfgeschehens ein Ende finden, sondern auch einem wesentlichen Bestandteil ausländischer Kritik der Boden entzogen. Binnen- wie außenwirtschaftlich dürfte sich ein solches Resultat mittelfristig in deutlich verbesserten Ergebnissen niederschlagen.

Entwicklungsplanung

Nach der vorzeitigen Aussetzung des ursprünglich bis 1993/94 laufenden 20-Jahres-Rahmenplanes 1988 und danach lediglich Jahresplänen ist mit dem Haushaltsjahr 1992/93 ein neuer Vierjahresplan angelaufen, zu dem jedoch keine näheren Angaben veröffentlicht wurden. Er sieht für die gesamte Laufzeit ein reales Wirtschaftswachstum von 20% vor, für 1992/93 5,8% und für 1993/94 6,6% (die beiden letzteren Werte sind im Ergebnis bzw. der Jahresplanung bereits abgeändert worden). Zu den wichtigen vorgesehenen Wachstumsbereichen gehören u.a. Agroindustrie, Fischerei, Forstwirtschaft und Tourismus.

Staatshaushalt

Für das Haushaltsjahr (1.4.-31.3.) 1992/93 wurde kurz vor Ende ein Nachtragshaushalt in Kraft gesetzt. Durch ihn wurden für die Regierung zusätzliche Ausgaben von 7,3902 Mrd K genehmigt (darunter nach Ministerien für die Bauwirtschaft 1,6599 Mrd K, Verteidigung 1,2970 Mrd K, Erziehung 929,4 Mio K, Gesundheit 803,6 Mio K; 50,5% der Gesamtsumme entfielen auf Investitionen), für die

MYANMAR

Staatsunternehmen 8,1408 Mrd (davon 14,3% Investitionen), für die Entwicklungskomitees und "municipalities" 775,118 Mio K (davon 77,0% Investitionen).

Damit wurden die Ausgaben gegenüber dem ursprünglichen Haushaltsvoranschlag bei der Regierung um 35,8%, bei den Staatsunternehmen um 18,9% und bei den Entwicklungskomitees mit ihrem vergleichsweise sehr niedrigen Finanzvolumen um 72,6% erhöht. Im Vergleich zum Nachtragshaushalt 1991/92 lagen die Mehrausgaben der Regierung jedoch um 1,84 Mrd K niedriger, die der Staatsunternehmen um 4,25 Mrd K höher und die der Entwicklungskomitees um 353 Mio K niedriger.

Angaben zur Einnahmenseite oder einer Defizitdeckung sind in dem Gesetz zum Nachtragshaushalt nicht enthalten. Es ist daher anzunehmen, daß zur Finanzierung der Ausgaben auch eine Erhöhung der Bargeldmenge eingesetzt wurde.

Der Haushaltsvoranschlag 1993/94 sieht die folgenden Einnahmen und Ausgaben vor:

Regierungshaushalt: Einnahmen 16,2846 Mrd K, Ausgaben 24,4828 Mrd K, Defizit 8,1982 Mrd K. Im Vergleich zum Haushaltsvoranschlag 1992/93 (ohne Nachtragshaushalt) sind damit die Einnahmen um 15,7%, die Ausgaben um 18,5% und das Defizit entsprechend um 24,5% höher angesetzt worden.

Von den Einnahmen sollen 62,2% aus Steuern und Abgaben kommen (9,2% aus Einkommensteuern), weitere 19,3% aus Einnahmen von den Staatsunternehmen (die unmittelbar gegenüber dem Staat abrechnen). Die ausländische Hilfe wurde auf ganze 341,655 Mio K (= 2,1%) veranschlagt.

Angaben zur Deckung des Defizites sind auch hier nicht im Haushaltsgesetz enthalten. Bemerkenswert ist jedoch, daß die Regierung am 5.11.1993 in einer Presseerklärung mitteilte, die Zentralbank werde per 1.12.1993 Regierungsobligationen auflegen. Die Schuldverschreibungen (Denominierung 10.000 K und 100.000 K) haben eine Laufzeit von 3 und von 5 Jahren und werden mit 10% bzw. 10,5% pro Jahr verzinst (Zinszahlungen halbjährlich, jeweils am 15.3. und 15.9.); auf die Zinsen wird eine "Einkommensteuer" von 15% erhoben. Der Erwerb ist sowohl durch Privatpersonen (einzeln oder gemeinsam) wie auch durch juristische Personen möglich, die Papiere sind handelbar. Erstmals seit Einführung des Sozialismus (1962, beendet 1988) bedient sich die Regierung damit wieder des Instrumentes der Regierungsobligationen zur Finanzierung von Ausgaben. Zunächst blieb offen, ob sie zur Defizitdeckung im Rahmen des o.a. Haushaltsvoranschlages oder eines neuen Nachtragshaushaltes eingesetzt werden sollen. In jedem Fall ist aber davon auszugehen, daß damit die Erhöhung der Bargeldmenge geringer bleibt als ohne sie und auf diese Weise auch einer höheren Inflationsrate entgegengewirkt wird.

Von den Ausgaben entfallen 64,5% auf laufende Ausgaben, beachtliche 30,2% auf Investitionen, 1,6% auf den Schuldendienst, etc. Nach dem Zuständigkeitsbereich von Ministerien verteilen sich die Mittel wie folgt: Verteidigung 35,3% (Vorjahr: 35,7%); Erziehung 17,7%; Inneres und Religionsangelegenheiten 7,4%;

MYANMAR

Bauwirtschaft 7,0%; Gesundheitswesen 6,9%; Landwirtschaft (ohne Tierzucht) 5,1%; usw.

Staatsunternehmen: Einnahmen 49,1973 Mrd K, Ausgaben 50,9937 Mrd K, Defizit 1,7964 Mrd K. Im Vergleich zum vorausgehenden Voranschlag wurden damit die Einnahmen um 18,8%, die Ausgaben um 18,2% und das Defizit um 5,3% höher angesetzt. 5,3% der Ausgaben entfallen auf Kapitalinvestitionen. Die Unternehmen rechnen nach wie vor direkt gegenüber der Regierung ab, was ihnen u.U. Wettbewerbsvorteile bringen kann; sie dürften dafür aber weniger flexibel als Privatunternehmen sein.

Entwicklungskomitees und "municipalities": Einnahmen 1,7476 Mrd K, Ausgaben 1,6094 Mrd K, Überschuß 138,2 Mio K. Die Einnahmen wurden damit um 43,3% höher angesetzt als im Vorjahr, die Ausgaben um 50,8%, der Überschuß ging minimal zurück.

An dem Gesamtwerk auffallend sind vor allem zwei Punkte: zum einen die sehr starke Expansion der Tätigkeit der Staatsunternehmen, die angesichts nur beschränkter Investitionen vor allem in einer stärkeren Nutzung vorhandener Kapazitäten bestehen dürfte, und zum andern der hohe Investitionsanteil bei den Regierungsausgaben, der keineswegs auf den militärischen Bereich beschränkt ist und damit wirtschaftliche und soziale Auftriebskräfte mobilisiert.

Land- und Forstwirtschaft, Fischerei

Im Mittelpunkt der Landwirtschaftspolitik stehen derzeit eine über die Deckung des Eigenbedarfs hinaus auch die Schaffung von Exportkapazitäten in der Reisproduktion, die Erreichung von Autarkie bei Ölsaaten für die Speiseölherstellung, eine Steigerung der Ernte von Bohnen und Hülsenfrüchten vor allem unter Exportgesichtspunkten sowie höhere Ernten bei Produkten, die Ausgangsbasis für die einheimische Agroindustrie sind.

Zu dem hervorragenden Ergebnis der Landwirtschaft (hier ohne Tierzucht) 1992/93 trug besonders die Reisernte bei, die gegenüber dem Vorjahr um 1,7 Mio t (= 13%) auf 14,9 Mio t erhöht werden konnte. Auch bei einer Reihe anderer Agrarprodukte wurden gute Ergebnisse erzielt (in Klammern jeweils Vorjahresergebnis): Weizen 144.000 (143.000) t; Mais 205.000 (191.000) t; Erdnüsse 451.000 (378.000) t; Sesam 257.000 (171.000) t; Jute 32.000 (27.000) t; Baumwolle 74.000 (63.000) t; Zuckerrohr (für die Weiterverarbeitung) 3,285 (2,308) Mio t; Kautschuk 15.000 (dito) t; Virginia-Tabak (grün) 17.000 (dito) t. Rückläufig war die Ernte von Kartoffeln mit 147.000 (156.000) t.

Begünstigt wurden die Ergebnisse von guten Witterungsverhältnissen. Weitere wesentliche Gründe waren eine Erhöhung der bewässerten Anbaufläche um 0,3 Mio acres (10,7%) auf 3,1 Mio acres und eine Erweiterung der Brutto-Anbaufläche um etwa 1,3 Mio acres (5,1%) auf 26,7 Mio acres. An der letzteren Zunahme war die Nutzung von brachliegendem Land mit etwa 0,7 Mio acres beteiligt; etwa 0,5

MYANMAR

Mio acres wurden erstmals für eine dritte Jahresernte genutzt. Der Kunstdünger-Input erhöhte sich um 60.000 t auf 210.000 t, die noch relativ bescheidene Mechanisierung der Landwirtschaft wurde ausgeweitet.

Bei der Reisernte strebt die Regierung für das Haushaltsjahr 1993/94 eine neuerliche Steigerung um etwa 14% an; dieses Volumen soll dann in den nächsten Jahren noch einmal um 25% wachsen. Damit würde sich das Reisexportvolumen gegenüber 1992/93 stark erhöhen (falls ausreichend moderne Mühlen zur Verfügung stehen) und durch das hohe Angebot am Markt voraussichtlich auch eine verbraucherfreundlichere Preisgestaltung bewirkt.

Die Landwirte können nach offiziellen Angaben inzwischen jedoch frei entscheiden, womit sie die von ihnen genutzten Felder bebauen; der Staat kauft Agrarprodukte für eine preisgünstige Versorgung des öffentlichen Dienstes u.a. auf, zahlt dabei aber die üblichen Erzeugerpreise.

Der Tierbestand bei den wichtigeren Haustierarten nahm 1992/93 entweder zu oder blieb gleich. Er umfaßte 9,5 Mio Rinder (dar. 6,4 Mio Zugtiere), 2,1 Mio Büffel, 1,4 Mio Schafe und Ziegen, 2,6 Mio Schweine, 26,5 Mio Stück Geflügel, 4,7 Mio Enten. In der Produktion von Tierfutter und der Entenzucht wurde je ein Joint Venture mit ausländischen Partnern gebildet. Die Fleischproduktion stieg um 7,7% auf 118,1 Mio Viss (1 Viss = 1,633 kg), der durchschnittliche Fleischverbrauch je Einwohner war 2,8 Viss.

Zur Forstwirtschaft wurde 1993 offiziell angekündigt, daß keine der Holzeinschlaglizenzen für thailändische Firmen im Grenzgebiet zu Thailand über das Jahresende hinaus verlängert werde; zur Begründung wurden Verstöße mancher Firmen (wie Einschlag außerhalb des eigenen Konzessionsgebietes etc.) angeführt. Weiter im Innern Myanmars, wo anders als im Grenzgebiet auch kein Kahlschlag betrieben wurde, sollen ausländische Firmen aber prinzipiell weiter zugelassen werden.

Die Produktion von Teakholz wurde 1992/93 etwas gesenkt: bei Rundholz um 3,6% auf 330.200 Kubiktonnen, bei Schnittholz um 17,2% auf 53.812 t. Demgegenüber stieg sie bei sonstigen Harthölzern drastisch: um 43% auf 772.900 Kubiktonnen Rundholz und 21,9% auf 163.900 Kubiktonnen Schnittholz. Bei Teak wurden 58% des Rundholzes und 49% des Schnittholzes exportiert, bei den sonstigen Harthölzern 53,9% des Rundholzes und kein Schnittholz. Wie schon in den vorausgehenden Jahren, lag in beiden Bereichen die Zahl der neu angepflanzten Schößlinge wesentlich höher als die Zahl der eingeschlagenen Bäume; seit etwa Anfang der 1980er Jahre wird auf diese Weise eine Erholung der Bestände herbeigeführt (davor war der Einschlag höher als die Neuanpflanzungen), die allerdings vom Alter der Bäume her erst nach dem Jahr 2000 zum Tragen kommen wird.

Der Brennholzeinschlag erhöhte sich leicht auf 17,948 Mio Kubiktonnen. Entgegen dem von Kritikern oft verbreiteten Bild resultiert der Rückgang der Waldfläche - die aber immer noch bei über 40%, nach offiziellen Angaben sogar bei 50%

MYANMAR

der Gesamtfläche liegen soll - somit nicht vorwiegend aus dem Hartholzexport, sondern im wesentlichen aus dem Brennholzeinschlag.

Offiziell seit 1993 strebt die Regierung eine Reduzierung der Rundholzausfuhren zugunsten des Exportes von Schnittholz oder Verarbeitungsprodukten davon an, da damit in Relation zum Holzeinschlag sehr viel höhere (Devisen-)Einnahmen erzielt werden können. Außerdem wurde ein Programm auf Dorfebene zur Schaffung von Brennholzplantagen mit schnell wachsenden Bäumen initiiert, das in einigen Jahren zunehmend zur Schonung von Waldbeständen beitragen soll.

In der Fischerei wurden mit 488,2 Mio Viss 5,0% mehr Fisch und sonstige Meerestiere angelandet als 1991/92, davon 75,0% aus der Meeresfischerei. Die Fischproduktion durch Aquakulturen erreichte mit 34,8 Mio Viss mehr als das Doppelte des Vorjahresergebnisses, die Gesamtfläche der Fischteiche erhöhte sich auf 64.051 acres. Außerdem wird eine Krokodilfarm betrieben. Zuchtperlen wurden 6.500 (Vorjahr: 3.318) Monme geerntet.

Bergbau und Energie

Der Kohlenwasserstoffbereich, in welchen der Großteil der ausländischen Investitionen in den letzten Jahren geflossen ist, gewinnt wieder zunehmend an Gewicht für Myanmar. 1992/93 stieg die Erdölförderung um 23,6% auf 6,8 Mio barrels und die Erdgasförderung um 33,8% auf 42,520 Mrd Kubikfuß.

Trotz der im Vergleich zu "Erdölländern" sehr niedrigen Fördermenge von weniger als 19.000 bpd dürfte die Eigenproduktion jedoch derzeit schätzungsweise 20% des Eigenbedarfes decken. Ein Anstieg auf 25.000 bpd oder mehr durch fündig gewordene Versuchsbohrungen zeichnet sich ab.

Wesentlich größere Bedeutung kommt nach dem gegenwärtigen Stand in absehbarer Zeit jedoch der Erdgasförderung zu. Allein drei Vorkommen könnten, wenn sich die ersten Ergebnisse von Versuchsbohrungen (Yetagon Nr.1 und 2, Yadana Nr.1) 1993 bestätigen, zusammen mehr als 95 Mrd Kubikfuß Erdgas pro Jahr liefern - mehr als das Doppelte der Fördermenge 1992/93. Für ein zusammen mit der französischen Firma "Total" bereits im Erschließungsstadium befindliches, auf 2 bis 4 Bio Kubikfuß geschätztes Vorkommen im Golf von Mataban ist die Förderung - die 1997 anlaufen soll - auf etwa 145 Mrd Kubikfuß/Jahr veranschlagt worden. 3/4 dieses Volumens sollen per Pipeline nach Thailand exportiert werden, wobei die technisch und preislich günstigere Route allerdings auch durch Landgebiet in Myanmar führen würde, in dem zwei bewaffnete Kampforganisationen ethnischer Minderheiten aktiv sind. Eine Beilegung dieses Konfliktes (s. Einleitung) könnte daher allen Beteiligten Vorteile bringen.

Die Gewinnung metallischer Mineralien konnte für die Mehrzahl der Produkte 1992/93 gesteigert werden. Ausgewählte Ergebnisse: Kupferkonzentrat 35.000 t; Wolfram-Konzentrat (67%) 84 t; Mischkonzentrat Zinn / Wolfram / Scheelit 1.024 t; Zinn, raffiniert (99,9%) 189 t; Blei, raffiniert 3.500 t; Silber, raffiniert

MYANMAR

210.000 Feinunzen; Zink-Konzentrate 5.000 t. Die Produktion von Kalkstein stieg auf 2,05 Mio long tons, die von Kohle auf 77.900 long tons, die von Jade fiel auf 145,8 t und die von Edelsteinen auf 956.200 Karat.

In der Energiewirtschaft erhöhte sich 1992/93 die installierte Leistung gegenüber dem Vorjahr um 48 MW auf nach wie vor niedrige 1.151 MW. Davon entfielen 838 MW (dar. 34% durch Wasserkraftwerke, 43% durch erdgasbefeuerte und 11% durch sonstige Wärmekraftwerke, 12% durch Dieselgeneratoren) auf das staatliche "Myanmar Electric Power Enterprise" (MEPE); die Stromerzeugung durch das MEPE nahm um 128 Mio kWh auf 2,805 Mrd kWh zu. 315 Städte und 927 Dörfer waren an das Stromnetz angeschlossen.

Es gibt Engpässe in der Stromversorgung, doch haben diese offenbar kein gravierendes Ausmaß. Um sie kurzfristig zu beheben, werden Mini-Wasser- und Wärmekraftwerke gebaut. Darüber hinaus sind "normale" kleinere Wasserkraftwerke in Bau. Die Durchführbarkeitsstudie für ein 240-MW-Wasserkraftwerk in relativer Nähe zum bestehenden Hochspannungsnetz ist abgeschlossen, jedoch wurde noch nichts über eine konkrete Finanzierung bekannt. Erhebliches weiteres Wasserkraftpotential ist vorhanden, außerdem steht in wenigen Jahren voraussichtlich beträchtlich mehr Erdgas für die Stromerzeugung zur Verfügung. In jüngster Zeit ist wieder der - offenbar von Thailand gewünschte - Bau von Wasserkraftwerken an der Grenze zu Thailand im Gespräch, für den vor einigen Jahren (noch ohne das Vorliegen von Durchführbarkeitsstudien) eine installierte Leistung von zusammen 6.000 MW genannt worden war.

Verarbeitende Industrie

Trotz seiner noch begrenzten gesamtwirtschaftlichen Bedeutung umfaßte das verarbeitende Gewerbe 1992/93 insgesamt 38.992 Betriebe mit 1,2 Mio Beschäftigten - davon 35.817 mit weniger als 10 Beschäftigten, 2.433 mit 10 bis 50 Beschäftigten, 276 mit 51 bis 100 Beschäftigten und 466 mit über 100 Beschäftigten. In der letzteren Kategorie waren 425 Betriebe in staatlichem, 22 in genossenschaftlichem und nur 19 (= 6,9%) in privatem Besitz, während der private Anteil bei der kleinsten Betriebsgröße bei 96,7%, in der darüberliegenden Kategorie bei 78,0% und bei den Betrieben mit 51 bis 100 Beschäftigten bei 24,3% lag. Ein begrenzter Anteil staatlicher Betriebe wurde allerdings an Privatunternehmer verpachtet oder hat private Beteiligungen zugelassen.

Von offizieller Seite wurde festgehalten, daß sich durch das private Unternehmertum im Binnen- und Außenhandel die Versorgung mit Rohmaterialien verbessert hat und durch die Bildung von Joint Ventures durch Staatsunternehmen mit ausländischen Partnern die Produktion gestiegen ist. Die Exporte des verarbeitenden Gewerbes sind 1992/93 auf fast das Vierfache des Vorjahrswertes (von 82 Mio K auf 312 Mio K) gestiegen; 37,5% dieser Exporte erfolgten durch Staatsbetriebe, 0,3% durch genossenschaftliche und 62,2% durch private Betriebe.

MYANMAR

Nach den vorläufigen Daten erhöhte sich 1992/93 die Produktion einer Reihe wichtiger Erzeugnisse, darunter (in Klammern revidiertes Ergebnis 1991/92): Reis, enthülst 7,942 (7,021) Mio t; Speiseöl 120 (81) Mio Viss; Zucker 61.000 (53.000) t; Zigaretten 1,229 Mrd (930 Mio) Stück; Baumwollgarn 12.400 (10.600) t; Longyi (Wickelröcke) 2,824 (2,814) Mio Stück; (sonstige) Bekleidung 28 (23) Mio Stück; Säcke 20 (15) Mio Stück; Papier 14.300 (13.700) t; Düngemittel 175.000 (100.000) t; Benzin 53,9 (41,9) Mio gallons; Kerosin 1,4 (0,5) Mio gallons; Dieselöl 105,2 (92,4) Mio gallons; Heizöl 35,4 (33,9) Mio gallons; ; Methanol 105.000 (70.900) t; Leuchtstoffröhren 300.000 (141.000) Stück; Trockenzellbatterien 6,250 (5,228) Mio Stück. Rückläufig war die Produktion u.a. bei den folgenden Produkten: Seife 26.000 (27.000) t; Ziegelsteine 121 (126) Mio Stück); Zement 435.000 (443.000) t; Flachglas 500 (2.400) t; Glühbirnen 1,0 (1,387) Mio Stück); Fernsehempfänger 3.556 (14.059) Stück; Kraftfahrzeuge (einschl. Traktoren) 665 (1.001) Stück. In der Zigarettenindustrie wurde 1993 ein weiteres Joint Venture mit ausländischer Beteiligung gebildet, in der Textilindustrie die Fabrik des inzwischen vierten Partnerschaftsunternehmens mit ausländischer Beteiligung eingeweiht. Die seit drei Jahren in Myanmar tätige Firma Pepsi-Cola, die zu den wenigen Großbetrieben mit privaten einheimischen Partnern gehört, gab eine Erhöhung ihrer Getränkeproduktion ab Juni 1993 von bisher etwa 3 Mio Kästen auf eine Kapazität von 8 Mio Kästen bekannt.

Dienstleistungen

Nach der Beförderungsleistung staatlicher Träger (zu der im Verkehrssektor ebenfalls starken Privatwirtschaft enthält das offizielle statistische Jahrbuch keine Angaben) haben sich die Ergebnisse 1992/93 bei der Eisenbahn leicht (auf 2,878 Mrd Passagiermeilen bzw. 397 Mio Frachttonnenkilometer) und im Straßenverkehr erheblich (auf 1,920 Mrd Passagiermeilen durch Omnibusse und 84 Mio Tonnenmeilen im Frachtverkehr) erhöht. Die Binnenschiffahrt verzeichnete einen mäßigen Rückgang (auf 509 Mio Passagiermeilen bzw. 329 Mio Frachttonnenmeilen), die Küsten- und Überseeschiffahrt einen leichten Rückgang auf 14 Mio Passagiermeilen und einen leichten Anstieg auf 2,575 Mrd Frachttonnenmeilen. In der Luftfahrt ging der Binnenverkehr leicht auf 120 Mio Passagiermeilen und 0,8 Mio Frachttonnenmeilen zurück, während sich im Auslandsdienst die Fluggastbeförderung deutlich auf 36 Mio Passagiermeilen erhöhte und die Frachtbeförderung unverändert bei 0,3 Mio Frachttonnenmeilen lag.

Generell ist ein aktiver Ausbau des Verkehrssektors im Gange. Darüber hinaus haben seit März 1991 Consultants der Firma "ND Lea International Ltd." zusammen mit einheimischen Fachleuten ein Gesamtkonzept für den Ausbau des Verkehrsnetzes erarbeitet. Der Entwurf für die Endfassung dieser "Myanmar Comprehensive Transport Study", deren Erstellung von der UNDP mit 2,15 Mio US$ bezuschußt wurde, ist im April 1993 vorgelegt worden.

MYANMAR

Im Eisenbahnverkehr sind im Berichtszeitraum weitere neue Teilstrecken in Betrieb genommen und Lokomotiven und Waggons (darunter bequeme 1.-Klasse-Wagen aus Südkorea) importiert worden. Auf einigen Strecken betreibt die staatliche Eisenbahngesellschaft Frachtverkehr mit privaten Partnern.

Im Straßenbau gehört zu den wichtigsten laufenden Projekten eine Verbreiterung der Strecke Yangon-Mandalay auf 6 Fahrbahnen. Damit wird der Tatsache Rechnung getragen, daß sich Mandalay aufgrund seiner relativen Nähe zur VR China zu einem Boom-Zentrum entwickelt hat und daß von See her die Landstrecke nach Südwest-China (Yünnan u.a.) vom Hafen von Yangon aus kürzer ist als von der chinesischen Küste. Am 7.4.1993 ist eine Straßenverbindung zwischen Zhangfeng (Provinz Yünnan) und Bhamo (einem weiter nördlich von Mandalay gelegenen Verkehrsknotenpunkt in Myanmar) offiziell dem Verkehr übergeben worden.

In der Luftfahrt hat die staatliche Fluggesellschaft "Myanmar Airways" (MA) am 19.2.1993 ein Joint Venture mit dem in Singapur ansässigen Konsortium "High Sonic Enterprise Pte. Ltd." (de facto offenbar zwei auslandschinesischen Geschäftsleuten, die zusammen mit MA jeder zu einem Drittel beteiligt sind) gebildet, das die Bezeichnung "Myanmar Airways International" (MAI) trägt. Die MAI hat nach Angaben ihres geschäftsführenden Direktors Landerechte in 37 Staaten und befliegt zunächst mit einer von den "Royal Brunei Airlines" (einschl. der britischen Piloten) gecharterten Boeing 757-200ER die Strecke nach Bangkok an 6 Tagen, nach Singapur an 3 Tagen und nach Hongkong an 2 Tagen pro Woche. Der Einsatz weiterer Maschinen bei Ausweitung des Flugnetzes ist vorgesehen. "Myanmar Airways" betreibt nur noch den Inlandsflugdienst. Mandalay und Bagan (frühere Schreibweise: Pagan) können bereits direkt aus dem Ausland angeflogen werden. Die Arbeiten für den Bau eines neuen internationalen Flughafens von Mandalay (in Tada-U) sind angelaufen.

Im Dienstleistungsbereich haben im Berichtszeitraum mehrere zusätzliche private Geschäftsbanken eine Lizenz erhalten. Durch Gesetz vom 23.7.1993 ist eine staatliche Generalversicherungsgesellschaft, "Myanmar Insurance", mit einem Grundkapital von 300 Mio K bzw. einem eingezahlten Kapital von 150 Mio K gebildet worden; sie ist u.a. tätig in den Bereichen Lebensversicherung, Unfallversicherung, Haftpflichtversicherung, Feuerversicherung, Seefrachtversicherung, Schiffsversicherung, Flugversicherung, Reiseversicherung etc.

Tourismus

Der Fremdenverkehr ist kurzfristig einer der wichtigsten Wachstumssektoren der myanmarischen Wirtschaft.
Die Zahl der ausländischen Touristen, die in der Vergangenheit auf dem Höhepunkt etwas über 40.000 erreicht hatte, ist von 1991 8.061 auf 1992 11.430 gestiegen (Kurzausflügler im Grenzverkehr nicht eingerechnet), hat sich dann aber in den fünf Monaten von April bis August 1993, die außerhalb der "Saison" liegen,

MYANMAR

auf 17.607 (im entsprechenden Vorjahrszeitraum: 5.829) erhöht. Für die nähere Zukunft wird eine Touristenzahl von jährlich 500.000 angestrebt wobei Verhältnisse wie im Nachbarland Thailand mit seinem weitaus größeren Fremdenverkehr jedoch vermieden werden sollen. Dazu ist jedoch ein drastischer Ausbau der touristischen Infrastruktur erforderlich, der insbesondere seit 1992 in Gang gekommen ist.

Gegenwärtig ist die Zimmerkapazität noch relativ gering; im August 1993 standen in staatlichen und privaten Hotels, Motels und Rasthäusern landesweit lediglich ca. 2.500 Zimmer zur Verfügung. Eine Reihe von Hotelgroßbauten mit Zimmerkapazitäten von jeweils mehr als 200 bis 600 ist jedoch in neuerer Zeit mit verschiedenen ausländischen Partnern vertraglich vereinbart worden oder bereits im Gang - z.T. auf BOT-Basis mit Übergabe des Hotels nach 30 Jahren an den myanmarischen Staat. Darüber hinaus entstehen dem Vernehmen nach immer mehr meist private kleinere Hotels oder Pensionen. Ebenso hat eine ganze Reihe von Reiseagenturen und Transportunternehmen für den Reiseverkehr eine Lizenz erhalten.

Die Beschränkung touristischer Besuche auf Gruppenreisende wurde im Oktober 1992 aufgehoben. Rund ein Jahr danach wurde offiziell angekündigt, die Befristung der Aufenthaltsdauer mit Touristenvisum werde in der nahen Zukunft von gegenwärtig zwei auf vier Wochen verlängert werden. Bereits im April 1993 wurden die Formalitäten bei der Einreise etwas erleichtert: Ausländer müssen die mitgeführten Devisen, wenn ihr Wert bei weniger als 2.000 US$ liegt, nicht mehr registrieren lassen. Um dem verbreiteten Schwarzmarkt-Umtausch von Devisen entgegenzuwirken, wurden im Februar 1993 sog. "Foreign Exchange Certificates" (FECs) mit US$-Parität eingeführt (Näheres s. in der Einleitung).

Außenwirtschaft

Einer Zunahme der Importe 1992/93 um 15,6% auf 6,1711 Mrd K stand eine Steigerung der Exporte um 26,6% auf 3,7105 Mrd K gegenüber. Trotz recht ungünstiger Entwicklung der Terms of Trade - von 1991/92 65,7 zu 1992/93 53,1 (1985/86 = 100) - wuchs damit das Defizit in der Handelsbilanz nur um 2,3% auf allerdings hohe 2,4606 Mrd K. (Aufgeschlüsselte Daten zum Außenhandel werden jeweils nur für das vorausgehende Rechnungsjahr veröffentlicht.)

1991/92 entfielen von Ausfuhren im Wert von 2,9318 Mrd K allein 1,0107 Mrd K auf landwirtschaftliche Erzeugnisse (darunter Reis 251,0 Mio K, Bohnen und Hülstenfrüchte 428,9 Mio K), 943,3 Mio K auf forstwirtschaftliche Erzeugnisse, 156,1 Mio K auf Fischereiprodukte, 113,6 Mio K auf Mineralien und Edelsteine, etc.

Die Importe im Gesamtwert von 5,3367 Mrd K verteilten sich wie folgt: Konsumgüter 579,5 Mio K (dar. Nahrungsmittel 168,2 Mio K, Medikamente und Pharmazeutika 121,0 Mio K); Rohmaterialien und Ersatzteile für die Industrie 1,5256

MYANMAR

Mrd K; Kapitalgüter 1,5682 Mrd K (dar. Transportgerät 638,1 Mio K, Maschinen und Ausrüstung 470,6 Mio K, Baumaterial 412,6 Mio K).
Von den Exporten gingen 1991/92 1,0496 Mrd K bzw. 35,8% nach Südostasien (Singapur 569,9 Mio K, Thailand 373,2 Mio K) und 1,2736 Mrd K bzw. 43,4% in andere asiatische Länder (VR China 433,9 Mio K, Indien 320,6 Mio K, Hongkong 205,6 Mio K) - d.h. insgesamt 79,2% nach Asien, aber nur 2,9% nach Afrika, 2,3% in EU-Staaten, 0,4% nach Nordamerika.
Herkunftsgebiete für die Importe waren Südostasien mit 1,8944 Mrd K bzw. 35,5% (Thailand 791,2 Mio K, Singapur 663,5 Mio K, 362,3 Mio K) und andere asiatische Länder mit 2,4125 Mrd K bzw. 45,2% - d.h. asiatische Länder mit einem Anteil von 80,7%, hingegen die EG mit nur 10,8%, Nordamerika mit 3,0%, usw.
Die Zahlungsbilanz blieb 1992/93 mit -34,5 Mio K wie schon im Vorjahr (-21,4 K) fast ausgeglichen. Dazu trugen trotz Halbierung der ausländischen Investitionen - die angesichts einer nicht sehr hohen Zahl von Projekten je nach deren Stand naturgemäß erheblich schwanken können - u.a. die Einnahmen aus dem Tourismus, die sehr positive Bilanz bei den privaten Dienstleistungen und Übertragungen, nicht rückzahlbare Zuschüsse in Höhe von 454,3 Mio K sowie (erstmals seit einer Reihe von Jahren) der Bezug von umgerechnet 102,7 Mio K vom Internationalen Währungsfonds (IMF) bei.
Die Auslandsverschuldung, bei der offenbar Grundschulden derzeit im allgemeinen nicht getilgt werden, hatte gegen Ende des Rechnungsjahres 1992/93 einen Stand von 4,5 Mrd US$, die Währungsreserven beliefen sich um dieselbe Zeit auf umgerechnet 1,9185 Mrd K, die zur Deckung der Importe von mehr als 3,7 Monaten ausreichten.
Tourismus, Erdgas u.a. dürften die außenwirtschaftliche Situation in wenigen Jahren deutlich verbessern bzw. durch das erhöhte Importpotential zu einer weiteren Belebung der Wirtschaft beitragen.

Beziehungen zu Deutschland

Der Außenhandel mit der Bundesrepublik Deutschland war nach der deutschen Statistik 1992 für Myanmar weniger defizitär als im Vorjahr, was allerdings wesentlich auf eine Verringerung des ohnehin nicht sehr umfangreichen bilateralen Handels zurückging. Die deutschen Einfuhren erhöhten sich 1992 um rund 28% auf 16,9 Mio DM, die deutschen Ausfuhren sanken um mehr als 18% auf 32,3 Mio DM, woraus ein myanmarisches Defizit von etwa 15,4 Mio DM resultierte.
Das letzte kleine Projekt der deutschen Entwicklungszusammenarbeit lief vor dem Hintergrund des EU-Boykotts in der Entwicklungszusammenarbeit 1993 aus, die Hermes-Versicherung bleibt weiter ausgesetzt.
Angesichts der positiven Tendenz der 1992 einsetzenden politischen und wirtschaftlichen Veränderungen in Myanmar organisierte der Ostasiatische Verein e.V.

MYANMAR

eine deutsche Wirtschaftsdelegation, die sich Ende Februar 1993 zu einem dreitätigen Besuch in Yangon aufhielt. Die Delegation, die sich über das normale Anliegen der Pflege wirtschaftlicher Kontakte hinaus vor allem auch als "fact finding mission" sah, traf u.a. mit sechs Ministern, mit der Leitung und zahlreichen Mitgliedern der Industrie- und Handelskammer von Myanmar, der Leitung der Außenhandelsbank usw. zusammen. Dabei zeigte sich u.a., daß im privaten Wirtschaftssektor Myanmars ein starkes Interesse an Joint Ventures mit ausländischen Partnern vorhanden ist und offenbar auch Kapital zur Verfügung steht. Ein weiteres Resultat des Besuches war die Organisation einer deutschen Delegation speziell für den Tourismus-Bereich, die Anfang 1994 in Myanmar weilte und von den Teilnehmern als erfolgreich bezeichnet wurde.

Tabelle 1: **Handelsstruktur Deutschland** [1] **- Myanmar**
Deutsche Exporte nach Myanmar
(Angaben in Mio DM)

SITC POSITION [2]	WARENKLASSE [3]	1990	1991	1992
0 - 9	INSGESAMT	65,2	56,1	32,3
0	Nahrungsmittel und lebende Tiere	0,3	0,4	1,7
1	Getränke und Tabak	0,03	0,02	0,006
2	Rohstoffe (andere als SITC 0 und 3)	0,2	0,2	0,04
3	Mineralische Brennstoffe, Schmiermittel und verwandte Erzeugnisse	0,4	0,1	0,06
5	Chemische Erzeugnisse	15,5	4,4	5,1
6	Bearbeitete Waren, vorwiegend nach Beschaffenheit gegliedert	15,9	7,7	7,0
7	Maschinenbau-, elektrotechn. Erzeugnisse und Fahrzeuge	28,3	38,4	15,0
8	Verschiedene Fertigwaren	4,5	1,5	1,0
9	Anderweitig nicht erfaßte Waren	0,03	3,4	2,3

1) Bis 1990 westdeutscher, ab 1991 gesamtdeutscher Handel.
2) Standard International Trade Classification (SITC Rev. II bis 1987, SITC Rev. III ab 1988).
3) Bezeichnungen der Warenklassen teilweise gekürzt; geringfügige Rundungsabweichungen bei Summenbildung möglich.

Quelle: Statistisches Bundesamt, Wiesbaden

MYANMAR

Tabelle 2: **Handelsstruktur Deutschland** [1] **- Myanmar**
Deutsche Importe aus Myanmar
(Angaben in Mio DM)

SITC POSITION [2]	WARENKLASSE [3]	1990	1991	1992
0 - 9	INSGESAMT	16,7	13,2	16,9
0	Nahrungsmittel und lebende Tiere	5,3	7,2	8,7
2	Rohstoffe (andere als SITC 0 und 3)	10,1	4,1	4,5
6	Bearbeitete Waren, vorwiegend nach Beschaffenheit gegliedert	0,8	1,1	0,6
7	Maschinenbau-, elektrotechn. Erzeugnisse und Fahrzeuge	0,3	0,06	0,2
8	Verschiedene Fertigwaren	0,2	0,4	2,1
9	Anderweitig nicht erfaßte Waren	0,02	0,3	0,8

1) Bis 1990 westdeutscher, ab 1991 gesamtdeutscher Handel.
2) Standard International Trade Classification (SITC Rev. II bis 1987, SITC Rev. III ab 1988).
3) Bezeichnungen der Warenklassen teilweise gekürzt; geringfügige Rundungsabweichungen bei Summenbildung möglich.

Quelle: Statistisches Bundesamt: Wiesbaden

MYANMAR

Tabelle 3: **Außenhandel nach Waren**
(Angaben in Mio Kyat)

WARENGRUPPE	1990/91	1991/92 [1]	1-8/93 [1]
GESAMT-EXPORTE	2952,6	2925,9	2317,8
davon:			
Staatlicher Sektor	1589,6	1395,0	944,5
Privater Sektor	1363,0	1530,9	1373,3
Reis	172,2	251,0	200,8
Mais	12,7	28,1	27,3
Matpe	147,4	185,7	96,1
Pedesein	106,9	127,9	122,1
Andere Hülsenfrüchte	260,6	115,3	349,0
Ölkuchen	12,1	13,7	14,1
Rohgummi	3,3	34,1	48,3
Felle und Häute	2,3	1,7	0,8
Frische und getrocknete Garnelen	114,5	113,2	120,4
Fisch und Fischprodukte	35,7	31,8	6,5
Teakholz	739,7	488,5	367,6
Andere Harthölzer	259,3	260,5	223,0
Metalle	71,6	48,4	10,7
Sonstige	1014,3	1226,0	731,1
GESAMT-IMPORTE	5522,8	5336,7	3119,2
davon:			
Kapitalgüter	1905,6	1568,2	1095,0
Halbfabrikate	1661,6	1525,6	517,5
Konsumgüter	1955,6	2242,9	150,7

[1] Vorläufige Zahlen

Quelle: *Central Statistical Organization Yangon,*
Selected Monthly Economic Indicators, July - Aug. 1993

MYANMAR

Tabelle 4: **Außenhandel nach Ländern**
(Angaben in Mio US$)

LAND	1990	1991	1992
GESAMT-EXPORTE	402,20	532,06	636,72
davon:			
USA	9,35	26,64	37,82
Bundesrepublik Deutschland	8,68	7,25	9,88
Japan	28,37	44,90	42,97
Frankreich	3,29	2,95	3,95
Niederlande	3,06	1,84	3,12
Großbritannien	4,66	4,44	7,96
VR China	33,29	96,09	119,10
Hongkong	22,88	33,70	44,61
Indien	44,21	46,56	51,22
Indonesien	10,11	2,65	2,90
Südkorea	8,99	4,28	5,44
Singapur	46,21	81,03	89,13
Sri Lanka	12,54	13,81	15,18
GESAMT-IMPORTE	667,44	1068,73	1074,74
davon:			
USA	280,89	236,18	203,83
Japan	110,77	90,80	106,10
Bundesrepublik Deutschland	31,84	37,77	22,52
Frankreich	15,18	9,22	5,45
Niederlande	16,59	12,60	19,23
Großbritannien	25,72	16,01	17,58
VR China	137,68	314,42	284,28
Hongkong	8,63	14,65	16,57
Indien	1,44	4,23	4,65
Malaysia	31,62	73,72	98,61
Singapur	119,24	295,82	325,39
Südkorea	23,33	31,74	34,36

Quelle: Direction of Trade Statistics, International Monetary Fund, 1993

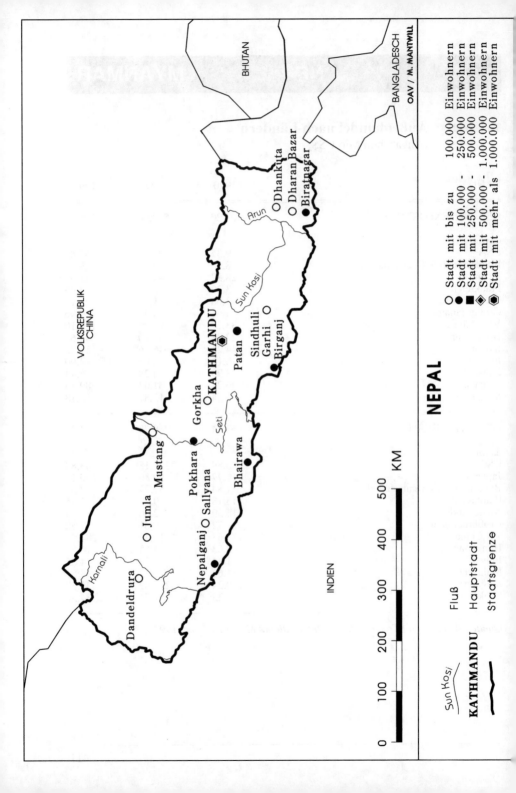

NEPAL

Dagmar Keiper

Allgemeines:

Offizielle Staatsbezeichnung	Königreich Nepal
Staatsform:	Konstitutionelle Monarchie
Staatsoberhaupt:	König Birendra Bir Bikram Shah Deva
Premierminister:	Girija Prasad Koirala
Landfläche:	141.000 qkm
Bevölkerung:	19,4 Mio Einwohner (Mitte 1991)
Bevölkerungsdichte:	138 Einw./qkm
Bevölkerungswachstum:	2,5% (1991-2000; WB-Prognose)
Wichtige Städte:	Kathmandu (Hauptstadt): (0,5 Mio Einw.); mit Patan und Bhadgaon (0,85 Mio Einw.)
Nationalsprache:	Nepali
Handelssprache:	Englisch
Nationalfeiertag:	28. Dezember (Geburtstag des Königs)

Weitere Daten

Erwerbspersonen:	8,9 Mio (1993)
Analphabetenrate:	74,4% (1990) (87% davon Frauen)
Entstehung des BIP:	1991 Landwirtschaft 59%; Industrie 14%; Verarb. Gewerbe 5%; Dienstleistungssektor 27%; Staatsverbrauch 8%; Bruttoanlageninv. 16%; Vorratsveränderung 3%
Wichtigste Agrarprodukte:	1992 (Mio t) Reis 3,502; Mais 1,231; Weizen 0,836
Wichtigste Industrieerzeugnisse:	1989 Zement 217.666 t; Eisenstäbe 28.409 t; Jutewaren 16.000 t
Elektrizitätserzeugung:	868,9 Mio kWh (1990/91)
Maße und Gewichte:	Metrisches System

NEPAL

Abkommen mit Deutschland:	Abkommen über Kapitalhilfe vom 17.5.54, vom 2.1.76, vom 11.11.76 und vom 18.10.77; Abkommen über technische Zusammenarbeit vom 30.5.74 (Laufzeit 5 Jahre, automatische Ver-längerung); Abkommen über wirtschaft-liche und technische Hilfe sowie Schuldenerlaß vom 19.11. 78; Abkommen über finanzielle Zusammenarbeit vom 30.11.78, vom 30.12.80, vom 18.11.81 und vom 25.11.82; Vertrag über Förderung und Schutz von Kapitalanlagen vom 20.10.86, seit 7.7.88 in Kraft
Abkommen mit der EU:	Seit 1.7.1971 in die allgemeinen autonomen Zollpräferenzen einbezogen

NEPAL

Statistisches Profil Nepal

			1990	1991	1992	1993 (S)
1. Bruttoinlandsprodukt (BIP)						
BIP	(Mio US$)		1892,5	1998,5	1457,0	2150,0
Reales BIP	(Veränd. in %)	1)	3,6	5,6	7,05	4,2
BIP pro Kopf	(US$)		102	107	148(S)	110,5
Reales BIP pro Kopf	(Veränd. in %)	1)	1	0,2	0,03	0,5
2. Wechselkurse (1 Nepalesischer Rupie= 100 Paisa)						
NR/US$	(Jahresdurchschnittskurs)		21,95	37,50	42,71	43,04
NR/US$	(Jahresendkurs)		24,00	42,69	43,2	46,4
NR/DM	(Jahresdurchschnittskurs)		13,64	22,42	27,16	27,92
NR/DM	(Jahresendkurs)		16,06	28,27	30,16	(7.12)
3. Preise						
Inflationsrate	(%)		11,5	9,8	17,1	6
Terms of Trade	(Veränd. in %)		5,5	25,0	n.a.	n.a.
4. Zinssätze						
Geldmarktsatz	(% p.a.)		11	13	9.	n.a.
Einlagenzinssatz	(% p.a.)				n.a.	
Kreditzinssatz	(% p.a.)		14,42	n.a.	n.a.	n.a.
5. Staatshaushalt		2)3)				
Saldo	(in % des BIP)		-12	-10,5(S)	n.a.	n.a.
6. Monetärer Sektor		4)				
Inlandskredite	(Veränd. in %)		13,6	17,6	17,6	13,7
Geldmenge M2	(Veränd. in %)		18,5	22,6	23,9	n.a.
7. Außenhandel						
Exporte (fob)	(Mio US$)		209,8	263,9	374,0	n.a.
Importe (cif)	(Mio US$)		686,5	757,9	792,3	n.a.
Deutsche Importe (cif) aus Nepal (Mio DM)		5)	142,7	126,6	252,4	136,6(8)
Deutsche Exporte (fob) nach Nepal (Mio DM)		5)	27,0	10,6	44,7	6,6(8)
8. Leistungsbilanz						
Güterexporte (fob)	(Mio US$)		217,9	274,5	376,3	n.a.
Güterimporte (fob)	(Mio US$)		-666,6	-756,9	-752,1	n.a.
Handelsbilanzsaldo	(Mio US$)		-448,7	-482,4	-375,8	n.a.
Dienstleistungsexporte	(Mio US$)		204,4	239,8	273,8	n.a.
Dienstleistungsimporte	(Mio US$)		-167,3	-183,9	-225	n.a.
Dienstleistungsbilanzsaldo	(Mio US$)		37,1	55,9	48,8	n.a.
Übertragungen, privat (netto)	(Mio US$)		60,4	53,7	45,7	n.a.
Übertragungen, öffentlich (netto)	(Mio US$)		48,2	57,5	83,2	n.a.
Leistungsbilanzsaldo	(Mio US$)		-303,0	-315,3	-198,1	n.a.
9. Auslandsverschuldung		6)				
Bruttobestand	(Mio US$)		1621	1769	n.a.	n.a.
-in % des BIP			85,6	53,5	n.a.	n.a.
-in % der Exporterlöse	(Güter und Dienstleistungen)		403,2	370	n.a.	n.a.
10. Schuldendienst						
Gesamtzahlungen	(Mio US$)		73	n.a.	n.a.	n.a.
-Zinszahlungen	(Mio US$)		30	n.a.	n.a.	n.a.
-Amortisationen	(Mio US$)		43	n.a.	n.a.	n.a.
Schuldendienstquote	(%)	7)	18,3	n.a.	n.a.	n.a.
Zinsdienstquote	(%)		7,4	n.a.	n.a.	n.a.
11. Währungsreserven		6)			(8/92)	(8/93)
Währungsreserven ohne Gold	(Mio US$)	7)	295,3	397,0	467,4	575
-in Monatsimporten			5,5	n.a.	n.a.	n.a.
Gold	(Mio US$)		6,5	6,5	6,5	n.a.

1) Auf Basis der Landeswährung.
2) Zentralregierung.
3) Fiskaljahre vom 16.7.-15.7.
4) Veränderung der Jahresendbestände.
5) Zahlenangaben bis 1990 beziehen sich nur auf den westdeutschen Handel mit Nepal. Ab 1991 umfassen sie den gesamtdeutschen Handel.
6) Bestand am Periodenende.
7) Goldbestand wird offiziell gesondert ausgewiesen.
(S) Schätzung.

Quelle: WORLD BANK: World Debt Tables, 1992-93
IMF: International Financial Statitics, Nov.'93

NEPAL

Länderrating

Die wirtschaftliche Situation Nepals ist aufgrund der quantitativen ökonomischen Parameter (23 Punkte) schlecht. Unter Berücksichtigung qualitativer Kriterien können insgesamt 38 Punkte erreicht werden, was allerdings nur zu einer Bewertung der aktuellen Wirtschaftslage als unter dem Durchschnitt mit gehobenem Kreditrisiko reicht.

Wirtschaftliche und politische Lage 1993

+ Senkung der Inflationsrate von etwa 20% auf 10%
- Stagnierende Agrarproduktion nach Unwetter
- Keine Reduzierung der Staatsbediensteten
+ Nachhaltige Steigerung der Exporte
+ Verringerung des Handelsbilanzdefizites
+ Fortsetzung der Wirtschaftsreformen
- Zuspitzung der innenpolitischen Situation und Regierungskrise
- Massive Kritik der Gewerkschaften und der Opposition an der Strukturanpassung

Prognose für 1994

- Instabile innenpolitische Lage
+/- Ob die Privatisierungspolitik sowie der Abbau personeller Überkapazitäten in der staatlichen Administration fortgesetzt werden kann, ist fraglich
- Kurzfristig keine substantielle Steigerung der Agrarproduktion möglich
+ Weitere Exportsteigerung und Diversifizierung der Exportpalette
+ Interesse ausländischer Investoren ist vorhanden

NEPAL

Bilaterale Wirtschaftsbeziehungen

Nach Japan erhält Nepal von der Bundesrepublik die größte entwicklungspolitische Unterstützung; 1992/93 flossen DM 177 Mio nach Nepal. Seit die Regierung Koirala im Amt ist, haben sich die bilateralen Beziehungen deutlich verbessert. Der bilaterale Handel hat sich in den vergangenen Jahren verfünffacht. Die deutsche Außenhandelsstatistik weist (1992) Nepal bei der Einfuhr Platz 73, bei der Ausfuhr Platz 123 und in der Reihe der Partnerländer nach Gesamtumsatz Platz 87 zu.

NEPAL

Überblick und Besonderheiten

Die Erwartungen, die in die 1991 begonnene nepalesische Wirtschaftsreform gesetzt wurden, konnten mit den konkreten wirtschaftlichen Ergebnissen und Entwicklungen der Finanzjahre (FJ) 1991/92 und 1992/93 nicht erfüllt werden. Bereits 1991/92 hatte ein schlechter Monsun für stagnierende landwirtschaftliche Erträge gesorgt und zu einem Absinken der landwirtschaftlichen Wachstumsrate auf 3,1% (5,5% 1990/91) geführt. Diese Entwicklung wurde begleitet von einer Inflationsrate von über 20% sowie einer massiven Ausdehnung der Geldmenge (M2); im FJ 1992/93 verschlechterte sich die ökonomische Lage weiter. Die ungleichgewichtige Entwicklung von Einnahmen und Ausgaben, gekennzeichnet durch einen Einnahmerückgang von 50% bei gleichzeitigem 50%igem Zuwachs der Staatsausgaben, führten zu einer Verdreifachung des Haushaltsdefizits gegenüber dem Vorjahreszeitraum. Sollte die Regierung diesen negativen Trend nicht überwinden können, würde - nach Einschätzung der Weltbank - die Zielvorgaben des ESAF (Enhanced Structural Adjustment Facility)-Kredits weit übertroffen werden, dessen Laufzeit drei Jahre beträgt (Juli 1992 - Juli 1995).

Positiv zu vermerken ist die Drosselung der Inflationsrate auf 8,9% zum Jahresende 1992; gegenüber 21% im Juli 1992.

Der von der Regierung präsentierte 8. Fünfjahresplan (FJP) 1992/93-1996/97 hat die ökonomischen Zielsetzungen der internationalen Finanzinstitute, die den Transformationsprozeß der nepalesischen Wirtschaft unterstützen, übernommen. Die wirtschaftlichen Wachstumsraten werden mit 4,5% p.a. angegeben (in den vergangenen drei Jahren betrug sie 3,7%), der Preisanstieg soll 1994/95 bei 5% p.a. und das Leistungsbilanzdefizit bei 9,6% des BIP liegen. Nach wie vor ist die fiskalische Disziplin der Regierung der Kernpunkt der weiteren Entwicklung, die sich in einer Geldmengenerweiterung von maximal 12,1%, im Gegensatz zu 21% 1991/92, niederschlagen soll. Als probate Mittel zur Erreichung dieser Ziele werden u.a. die nachdrückliche Priorisierung der laufenden Entwicklungsausgaben angesehen, die Verbreiterung der internen Ressourcenmobilisierung, die Begrenzung der Lohnkosten für die Angestellten im öffentlichen Dienst mittels einer Verwaltungsreform und die Privatisierung von Staatsbetrieben.

Im Laufe des Jahres 1993 wurden weitere Reformen zur Liberalisierung der Wirtschaft implementiert. Es sollte jedoch nicht außer acht gelassen werden, daß Nepal ein Agrarstaat ist, der durch Massenarmut gekennzeichnet ist. Etwa 90% der Bevölkerung leben direkt oder indirekt von der Landwirtschaft, die von 1976-1985 eine Wachstumsrate von 2% p.a. aufwies und damit unter dem Niveau des Bevölkerungswachstums von über 2% lag.

Es herrscht Nahrungsmittelknappheit, sowohl auf individueller wie auf nationaler Ebene. Obgleich die Gesundheitsversorgung verbessert werden konnte, haben die wenigsten Nepalesen Zugang zu den Einrichtungen des Gesundheitswesens. Entsprechend gehört die Lebenserwartung von nur 52 Jahren zu den niedrigsten der

NEPAL

Welt und die Kindersterblichkeit zu der höchsten weltweit (von 1000 Kindern sterben 189 im Alter bis zu fünf Jahren).

Das prioritäre Entwicklungsziel der Regierung Koirala ist die Beseitigung der Armut, was angesichts der angespannten ökonomischen und finanziellen Situation des Staates und der Komplexität der Probleme eine langfristige Herausforderung ist. Einerseits sind die Ergebnisse der Wirtschaftsreformen der Regierung aus der jüngsten Vergangenheit wenig zufriedenstellend, andererseits verengen sich die finanziellen Spielräume des Staates kontinuierlich, so daß die Ressourcenallokation für dringend notwendige Programme zur Armutsbekämpfung sehr schwierig ist.

Die Modelle der Vergangenheit haben sich als unwirksam erwiesen und Nepal immer mehr in die Verschuldung getrieben; während die interne Ressourcenmobilisierung von 10% bis 12% des BIP (1970-1990) stagnierte, stiegen die Ausgaben der Regierung von weniger als 10% des BIP 1970 auf ca. 20% des BIP 1990.

Die innenpolitische Situation des Landes ist gekennzeichnet durch die äußerst umstrittene Stellung des Premierministers, der als Regierungschef nicht nur mit der erwähnten, wachsenden Kritik an seiner Politik konfrontiert ist (es gab mehrere Generalstreiks in der Jahresmitte), sondern auch in seiner eigenen Partei nicht ohne Gegner ist.

Die ungeklärten Todesumstände zweier Oppositionspolitiker mündeten in regierungsfeindlichen Demonstrationen und Kundgebungen, die mehrere Todesopfer unter den Teilnehmern forderten und bei denen etwa 200 Menschen verhaftet wurden.

Diese innenpolitischen Turbulenzen kumulierten gemeinsam mit den negativen Auswirkungen der Flutkatastrophe auf die ökonomische und soziale Lage in einer Krisensituation, die die Regierung bis jetzt nicht überwinden konnte und die zu vorgezogenen Neuwahlen führen könnte.

Wirtschaftsplanung

Die enge wirtschaftliche Verknüpfung zwischen Nepal und Indien läßt der nepalesischen Regierung keine großen Spielräume bei der Entwicklung makroökonomischer Rahmenbedingungen und ordnungspolitischer Richtungsentscheidungen. Der indischen Strukturanpassung konnte Nepal nur mit einem eigenen Reformprogramm begegnen. Seit zwei Jahren wird das nepalesische Wirtschaftssystem einer Liberalisierung unterzogen, die auch Eingang in den laufenden 8. FJP gefunden hat. Zielsetzungen für die Regierung Koirala ist die Beseitigung der Massenarmut und die Verbesserung der sozialen Situation (Ausbau des Gesundheits- und Bildungssystems, Hebung der Alphabetenrate etc.).

Fortschritte in dieser Richtung werden noch immer durch ein hohes Haushaltsdefizit und die ineffiziente Abwicklung von Entwicklungsprojekten verhindert. So

NEPAL

kritisiert die Weltbank v.a. die amtlichen Entscheidungsprozesse, die durch wenig effektive Institutionen und inkompetente Entscheidungsträger gekennzeichnet sind. Davon sind nicht nur die entwicklungspolitischen Großprojekte negativ betroffen, sondern auch die Implementierung kleinerer Projekte nimmt Schaden.

Die fiskalische Konsolidierung, die Priorität hat, muß demnach begleitet werden von einer Rationalisierung und Effektivierung der institutionellen und administrativen Abläufe.

Mittelfristige Zielvorgaben für die Sanierung des nepalesischen Haushalts ist eine Reduzierung des Defizits von 8,7% des BIP (1991/92) auf 8,3% (1992/93) und schließlich auf 7,8% 1994/95. Voraussetzung dafür ist, daß die Staatseinnahmen in dieser Periode kontinuierlich um 0,5% des BIP ansteigen. Um dies zu realisieren, favorisiert die Weltbank erstens ein zweistufiges Steuersystem für Importprodukte, das auf den Handel ausgedehnt wird und schließlich in einer Mehrwertsteuer münden soll, zweitens eine Steuererhöhung für alkoholische Getränke, Bier und Zigaretten, sowie drittens eine Anhebung der Abgaben und Gebühren. Eine Anpassung der Importzölle soll ebenfalls folgen.

Obgleich der Schuldendienst das Staatsbudget belastet und Ausgabensteigerungen aufgrund aktueller Entwicklungen, wie z.B. der Beseitigung der Flutschäden, unvermeidbar sind, gehen Berechnungen der Weltbank von einer möglichen Minderung der Ausgaben um 0,25% des BIP für 1994/95 aus.

Im Laufe des Jahres 1993 wurden weitere Reformschritte implementiert, die den begonnenen Liberalisierungsprozeß nachhaltig unterstützen sollen. So ist seit Februar 1993 die Nepalesische Rupie (NR) im Handelsverkehr frei konvertibel und die Regierung hofft mit dieser Maßnahme eine positive Entwicklung im Exportsektor zu initiieren. Darüber hinaus wurde von der nepalesischen Zentralbank den Beziehern von Gehältern, Pensionen und Personen mit regelmäßigen Zuwendungen aus dem Ausland die Einrichtung von Devisenkonten erlaubt.

Als ein zweiter wichtiger Reformschritt hat die Regierung die Subventionen für Düngemittel, mit Ausnahme für Urea, abgeschafft. Damit wird versucht, die Privatwirtschaft in die Produktion und den Vertrieb von Düngemitteln besser einzubinden und bestehende Ungleichgewichte in der Düngemittelanwendung zu beheben.

Als Kompensation der verteuerten Importe aufgrund der Abwertung der NR im Zuge der Freigabe des Wechselkurses wurden die Einfuhrzölle auf eine Spannweite von 3% bis 12% reduziert (vorher betrugen sie zwischen 5% und 20%) sowie die Verbrauchs- und Verkaufssteuern für Industrieprodukte gesenkt.

Die zum Ende des FJ 1992/93 gelungene Senkung der Inflationsrate auf 7,5% gegenüber dem Vorjahr (20,8%) sowie der Zuwachs des BIP um 3% im Vergleich zu 1991/92 (nach Angaben der Nepal Rastra Bank) waren als wichtige und gute Resultate der Reformpolitik interpretiert worden, obgleich damit noch keine Verbesserung des Staatshaushalts gelungen war.

NEPAL

Die Unwetter zur Jahresmitte 1993 mit großflächigen Überschwemmungen und Erdrutschen führten zu Preissteigerungen, Rationierungen und weiterer Nahrungsmittelknappheit. Diese zusätzlichen Belastungen der nepalesischen Wirtschaft werden das FJ 1994/95 nachdrücklich beeinflussen.

Staatshaushalt

Die Wirtschaftsstrategie der Regierung und die Ressourcenallokation in ihrem Budget stehen unter der Prämisse, die Basis für das wirtschaftliche Wachstum durch eine neue Rollenverteilung zwischen Staats- und Privatsektor zu verbreitern und durch die Reduzierung des staatlichen Engagements im Wirtschaftsprozeß, z.B. über die Privatisierung von Staatsunternehmen, eine Entlastung des Staatshaushalts zu erzielen.

Dem Staat wird allerdings weiterhin eine wichtige Rolle bei der Verbesserung der infrastrukturellen Bedingungen zukommen, ebenso wie im sozialen und Gesundheitssektor. Um die anvisierten Entwicklungsziele zu erreichen, muß nach Weltbank-Berechnungen über einen Zeitraum von drei Jahren eine jährliche Investitionsrate von etwa 21% des BIP realisiert werden, davon sollten 50% aus internen Finanzmitteln bereitgestellt werden. Auch die Erfüllung dieser Zielvorgabe würde Nepal mittelfristig nicht von der Notwendigkeit befreien, einen entscheidenden Anteil seiner Entwicklungsvorhaben extern, d.h. mit ausländischer Hilfe, zu realisieren.

Die Auslandsverschuldung hat denn auch in den vergangenen Jahren deutlich zugenommen. Gemessen als Anteil am BIP stieg sie von 10,1% (1980/81), über 33% (1987/88) auf 52% (1990). Belastungen für die Zahlungsbilanz sind moderat, da die Auslandsschulden zum überwiegenden Teil sehr günstige Kredite sind und damit die Schuldendienstrate im Verhältnis zum Export, Dienstleistungen und privaten Überweisungen relativ gering ist; dennoch stieg sie kontinuierlich von 4,2% (1983/84) über 7,8% (1987/88) auf 18,3% (1990). Der größte Teil der Kredite ist multilateral (81,6%, 1991) und werden zu über 51% von den internationalen Finanzorganisationen, v.a. der IDA (51,7%) bereitgestellt. Kommerzielle Kredite werden mit US$ 96 Mio angegeben und tragen nur marginal zur Auslandsverschuldung bei.

Die bereits angesprochene ineffiziente Verwendung von internationalen Entwicklungshilfegeldern hat in den Entwicklungshilfeorganisationen zu grundsätzlicher Kritik geführt. Es wird die Frage gestellt, ob sich in Nepal nicht eine "Empfängermentalität" herausgebildet habe, die Eigenleistungen im Keim ersticke, und ob die reichlich fließenden Finanzhilfen immer mehr als willkommene Einnahme zur Deckung des Budgetdefizites betrachtet werden. Das jährliche Haushaltsdefizit hat sich in den vergangenen 18 Jahren um das 26fache vergrößert (in diesem Zeitraum floß internationale Hilfe in Höhe von NR 55 Mrd nach Nepal). Es

NEPAL

betrug 1992/93 NR 16 Mrd und übertraf damit die gesamten Staatseinnahmen (NR 14,8 Mio) um 7,5%.

In seiner Budgetrede für das Haushaltsjahr 1993/94 verkündete der nepalesische Finanzminister die Absicht, das Defizit auf dem Stand von 1993/94 einzufrieren, d.h. es auf 8,2% der Staatseinnahmen zu begrenzen. Angesichts der Schäden, die durch die Unwetter des Sommers 1993 verursacht wurden und Hunderttausende obdachlos machten, ist dieses Ziel sehr wahrscheinlich nicht zu erreichen, auch angesichts der Tatsache, daß das finanzielle Ausmaß der Schäden auf NR 10 Mrd geschätzt wird (das ist die Hälfte der staatlichen Einnahmen).

Das Budget 1992/93 belief sich auf über NR 33 Mrd, davon waren zwei Drittel für Entwicklungsausgaben vorgesehen, die zu knapp 70% mit ausländischer Finanzhilfe finanziert wurden. Im Vergleich zum Haushalt von 1991/92 wies das Budget 1992/93 eine Steigerung von 45% für Entwicklungausgaben aus; das Gesamtvolumen stieg um 37% und die laufenden Ausgaben um 25% gegenüber dem Vorjahr. In den budgetierten Entwicklungsausgaben wird eine Schwerpunktveränderung der Ressourcenallokation deutlich: Kam bis zum Ende der 80er Jahre dem Energiesektor eine prioritäre Stellung zu, so sind im Haushalt 1992/93 die Investitionen in das Verkehrs- und Nachrichtenwesen mit NR 4,3 Mrd der größte Haushaltsansatz, gefolgt von NR 3,5 Mrd für das Bildungswesen und NR 3,2 Mrd für die Land- und Forstwirtschaft.

Land- und Forstwirtschaft

Der insgesamt schlechte wirtschaftliche Verlauf des FJ 1991/92 (etwa 3,1% Wachstum des BIP; 1990/91: 5,5%) wurde von den niedrigen Ernteerträgen, verursacht durch geringe Niederschläge, mit beeinflußt. 1990/91 betrug das landwirtschaftliche Wachstum noch 2,8% gegenüber 0,6% 1991/92.

Insgesamt wurden 1991/92 6,8 Mio t Nahrungsmittel geerntet, was z.B. bei Reis einen Produktionsrückgang von etwa 8% bedeutete. Reis, Weizen, Mais und Hirse machen 75% der gesamten Getreideproduktion aus und bei sinkenden Ernteerträgen kann die ohnehin problematische Versorgung der Bevölkerung mit Nahrungsmitteln nur über Importe verbessert werden. Seit Juli 1992 hat Nepal 13.000 t Reis und 10.714 t Weizen aus Indien importiert; Mitte des Jahres 1993 mußten nochmals 40.000 t Reis und 20.000 t Weizen aus dem Nachbarland eingeführt werden.

Die Regierung bemühte sich, staatliche Getreidevorräte anzulegen, aber es gelang ihr bisher nur, unzureichende Mengen Getreide auf dem Markt aufzukaufen, denn die meisten in der Landwirtschaft tätigen Menschen (93% der erwerbstätigen Bevölkerung, in keinem anderen Land der Welt sind soviele Menschen im Agrarsektor tätig) produzieren für den eigenen Bedarf (Subsistenzproduktion). Obgleich der Anteil der Landwirtschaft 1990/91 am BIP noch 59% betrug, nahm sein Anteil an der Ausfuhr von über 60% 1983/84 auf 22% 1991/92 ab. Die Pro-

NEPAL

duktivität in der Landwirtschaft ist gering und nur schwierig zu steigern; der Zugang der Bauern zu modernen Inputs ist bisher von der Regierung nur ungenügend gefördert worden, so daß die Produktionssteigerungen in der Vergangenheit nur über eine Ausdehnung der landwirtschaftlichen Nutzfläche geschah; angesichts der schon bestehenden ökologischen Probleme und des anhaltenden Bevölkerungsdrucks auf bebaubares Land eine sehr kostspielige und wenig sinnvolle Methode.

Die Produktionsentwicklung bei den cash crops ist etwas positiver verlaufen. Diese Produkte, v.a. Jute und Rohrzucker, haben einen Anteil von 35% (1991/92) am gesamten Feldanbau und ihr Ernteertrag stieg 1991/92 gegenüber dem Vorjahr um 9%. Die Rohrzuckerernte stieg im selben Zeitraum um 17% und es wurde 19% mehr Jute produziert; für beide Produkte wurde die Anbaufläche um jeweils über 10% vergrößert; Rohrzucker wird auf 37.000 ha und Jute auf 15.492 ha angebaut. Bei allen anderen Anbauprodukten wie Tabak, Ölsaaten, Gemüse etc. fiel der Ernteertrag gegenüber dem Vorjahr.

Die Forstwirtschaft ist traditionell ein wichtiger Wirtschaftszweig in der nepalesischen Ökonomie. Aufgrund der nachhaltigen Zerstörung und durch Abholzung der Waldbestände (deren Anteil sank von 60% der Landesfläche Anfang der 50er Jahre auf etwa 30% Anfang der 80er Jahre, was etwa 8 Mio ha entspricht) ist das ökologische Gleichgewicht zerstört. Deshalb hat die Regierung ein langfristiges Wiederaufforstungs- und Umweltschutzprogramm aufgelegt, das massiv von ausländischen Gebern unterstützt wird. 1990/91 wurden 6.237 ha wieder aufgeforstet und die Regierung kontrolliert den Holzverkauf über staatliche Firmen.

Bergbau und Energie

Die überwiegende Mehrzahl der nepalesischen Bevölkerung (79%) deckt ihren Energiebedarf mit Holz, während 11% der Bevölkerung Zugang zu elektrischem Strom haben. In der zunehmenden Abholzung der Wälder und der damit einhergehenden Erosion der Böden liegt eine der Hauptursachen für das Ausmaß der Überschwemmungen von 1993. Die starken Regenfälle verursachten Schäden an dem Kudekhani Wasserkraftwerk, so daß es mit anderen kleineren Kraftwerken abgeschaltet werden mußte. Kudekhani, mit japanischer Hilfe gebaut, liefert mit seiner 90 MW Leistung ein Viertel der jährlich erzeugten Energie. Insgesamt werden z. Zt. in Nepal 238 MW p.a. erzeugt, was angesichts eines geschätzten Wasserkraftpotentials (das größte Potential weltweit) von 82.000 MW p.a. ein recht bescheidenes Ergebnis ist. Diese niedrigen Produktionszahlen an elektrischer Energie (der jährliche Neubedarf wird auf etwa 30 MW geschätzt) hat auch negative Auswirkungen auf die Wirtschaftsreformen der Regierung. Denn unzureichende Versorgung und zahlreiche Störungen und Unterbrechungen bei der Stromlieferung beeinträchtigen die industrielle Produktion und haben einen abschreckenden Effekt auf potentielle Auslandsinvestoren.

NEPAL

Eine substantielle Erhöhung der Energieerzeugung sollen nun private Investoren in diesem Sektor gewährleisten. Die Planung sieht mehrere kleinere Wasserkraftwerke (1 bis 50 MW) sowie größere Einheiten mit bis zu 660 MW Leistung vor. Die staatlichen Rahmenbedingungen zur Investitionsförderung sind bereits installiert und bestehen u.a. in einem ganz geringen Importzoll für Ausrüstungen, Anlagen und Maschinen für den Kraftwerksbau. Darüber hinaus soll das Stromnetz vergrößert werden und insbesondere die Elektrizitätsversorgung der ländlichen Gebiete gewährleisten, bzw. verbessern.

Von Mitte der 80er Jahre bis 1990/91 hat sich sowohl die Energieproduktion als auch der Verbrauch verdoppelt. Der größte Abnehmer sind die privaten (städtischen) Haushalte 38% (1990/91), während die Industrie nur 30% verbrauchte.

Nepals Bodenschätze sind bisher nur unzureichend erforscht; allerdings stützen die Gesteinsformationen im Terai und im Shiwa-Tal Vermutungen, daß dort größere Erdgas- und Erdölvorkommen (geschätztes Vorkommen: 300 - 700 Mio Barrel) lagern.

Gegenwärtig werden an verschiedenen Orten Braunkohle, Steinkohle, Ölschiefer und Magnesit (nachgewiesene Reserven: 180 Mio t) abgebaut.

Verarbeitende Industrie

Die verarbeitende Industrie, einschließlich des Bergbaus, hat einen 8,4%-Anteil am BIP und beschäftigt nur knapp 1% der erwerbstätigen Bevölkerung. Innerhalb des verarbeitenden Sektors entfällt auf die Agroindustrie mit 40% der größte Anteil, die Textilindustrie trägt 23% (einschließlich der Teppichindustrie) bei. Dominantes Strukturelement in diesem Sektor ist das Kleingewerbe. Unter anderem konnte die Produktion von Schuhen, Baumwollstoffen und Kunststofferzeugnissen positive Entwicklungen verzeichnen.

Auch der industrielle Sektor wurde negativ von den schweren Regenfällen und den Überschwemmungen des Sommers 1993 betroffen. Tagelang war die Elektrizitätsversorgung wenn nicht ganz unterbrochen, so doch nur über drei bis vier Stunden pro Tag gewährleistet und Gütertransporte waren nicht möglich. Die nepalesische Industrie- und Handelskammer geht von einem Rückgang in der industriellen Produktion von 10 - 12% in der ersten Hälfte des FJ 1993/94 aus.

Die 1992 begonnene Politik zur Förderung der Industrie, als ein Bestandteil der Wirtschaftsreformen, und die verstärkte Einbindung der Privatwirtschaft in diesen Sektor, konnte sich noch nicht materialisieren.

Diese neue Politikrichtung reduziert die Rolle des Staates auf einige wenige Wirtschaftsbereiche, die von übergeordnetem nationalen Interesse sind (alle anderen sollen privatisiert werden), und auf ordnungspolitische Erfordernisse, wie z.B. der

NEPAL

Etablierung eines freien Wettbewerbes für die verschiedenen wirtschaftlichen Akteure.
Bei diesen Plänen spielt das Investitionsinteresse ausländischer Unternehmen eine wichtige Rolle. Investitionsanreize sendete die Regierung bereits aus: Im Onewindow-system sollen die erforderlichen Genehmigungen innerhalb von 30 Tagen bearbeitet sein, Steuerfreiheit zwischen fünf und 12 Jahren wird garantiert, ebenso die freie Repatriierung von Gewinnen und freie Preisgestaltung. Außerdem hat Nepal als 127. Staat Ende 1992 die Konvention der Multilateral Investment Guarantee Agency (MIGA) unterzeichnet.

Verkehr und Dienstleistungen

Das nepalesische Transportsystem ist durch die "eingeschlossene" Lage des Landes bestimmt. Es gibt keinen direkten Zugang zum Meer und fast alle Transitwege führen durch Indien. Die Nutzung des Hafens von Calcutta, der über eine Bahnlinie (über 500 km) erreicht werden kann, regelt der indisch-nepalesische Transitvertrag. Unterschiedliche Spurweiten der beiden Eisenbahnstrecken machen ein Umladen der Fracht notwendig, was zu Zeitverlusten und zusätzlichen Kosten führt. Nepalesische Schätzungen gehen davon aus, daß Nepals ungünstige Verkehrsposition die Volkswirtschaft jährlich 10 bis 15% des BIP kostet.

Das Straßennetz konnte seit 1975 in seinem Umfang verdoppelt werden. 1992 gab es 7615 km Straßen; davon waren 40% asphaltiert (3072 km), 22% Schotterstraßen (1678 km) und 38% lediglich Erdstraßen (2865 km). Die Regierung plant, das Straßennetz mit bi- und multilateraler Hilfe zu vergrößern und somit das Transportsystem für die angestrebte verstärkte Wirtschafts- und Investitionstätigkeit zu verbessern. Mit japanischer Hilfe ist ein Brückenbauprojekt geplant, das Kathmandu mit neuen Industriestandorten im Osten der Hauptstadt verbinden soll. Japan arbeitet ebenfalls an einem Transportentwicklungsplan für das gesamte Kathmandu-Tal mit.

Angesichts der zunehmenden Verkehrsdichte und der damit einhergehenden Luftverschmutzung ist eine Entlastung Kathmandus dringend notwendig. Dahinter steht auch das Bestreben, die alte Königsstadt mit ihren architektonischen Besonderheiten als attraktives Touristenziel zu erhalten. Ein Teil der Entlastungspläne beziehen auch die Umsiedelung einiger Industriebetriebe in das Umland mit ein, so z.B. das Teppichgewerbe. Allerdings sind die größten Umweltverschmutzer auf den Straßen zu finden: die primitiven Lastkraftwagen und die indischen Motorräder, die minderwertigen Treibstoff nur ungenügend verbrennen.

Insgesamt ist der Straßenbau seit Beginn der 70er Jahre kein prioritäres Entwicklungsziel mehr. Angesichts der hohen Instandhaltungskosten und vor dem Hintergrund, daß lediglich 3000 km des Straßennetzes ganzjährig befahrbar sind, hat sich die Regierung auf einen angemessenen Ausbau des bestehenden Netzes und der jeweils notwendigen Anschlußverbindungen konzentriert.

NEPAL

Tourismus

Dieser Sektor erwirtschaftet nach der Teppichindustrie die höchsten Deviseneinnahmen (28%) des Landes. Sein Anteil am BIP beträgt 3,7% und zeigt hohe Wachstumsraten. So stiegen die Einnahmen aus der Tourismusbranche von 1991 auf 1992 um 21% (NR 2,26 Mrd); 1992 kamen ca. 335.000 Besucher nach Nepal, 1991 waren es 293.000 (+14%).

Sehr wahrscheinlich handelt es sich bei diesem Sektor um den dynamischsten der nepalesischen Wirtschaft, der bereits kurzfristig eine treibende Kraft für die nepalesische Wirtschaftsentwicklung sein wird.

Die Regierung hat mit der Etablierung eines "Tourism Council" (Mai 1992) der Bedeutung des Sektors Rechnung getragen. Die Prognosen gehen davon aus, daß bis 1995 475.000 und bis 2010 bis zu 950.000 Besucher das Land bereisen werden. Die dafür notwendige zusätzliche Einrichtung von 10.000 Betten wird in einem "Tourismus-Entwicklungsprogramm" der Regierung in Angriff genommen, das von der Asiatischen Entwicklungsbank unterstützt wird. Parallel dazu werden Investitionen in diesen Wirtschaftsbereich, v.a. im Hotelgewerbe, mit Steuer- und Zollbefreiungen, vereinfachtem Zugang zu notwendigen Devisen und Importlizenzen belohnt; für ausländische Investoren werden darüber hinaus spezielle Förderungen angeboten.

Probleme des kontinuierlich ansteigenden Besucherstroms sind erstens die notwendigen Importe für die Beherbergung und Versorgung der Gäste, die nur gegen Devisen, die in Nepal knapp sind, bezogen werden können; zweitens die mit den meisten Einreisen verbundenen Trekking-Touren in den Bergen. Obgleich die Bergsteiger die Auflage haben, ihren erforderlichen Energieverbrauch mit alternativen Brennmaterialien statt Holz sicherzustellen, steht die Erfolgsrate in Frage. Eine drastische Erhöhung der Expeditionsgebühren im Sommer 1993, von US$ 10.000 auf US$ 50.000 pro Expedition, wird allenfalls die Lukrativität des Sektors unterstreichen; für den Herbst des Jahres 1993 wurden 65 Expeditionen genehmigt. Darüber hinaus muß jede Expedition, unabhängig von ihrer Teilnehmerzahl, sogenannte Garantiegebühren hinterlegen. Diese Gebühren sind je nach Gipfelziel unterschiedlich und betragen zwischen US$ 2.000 und US$ 4.000. Sie sollen die Bergsteiger dazu verpflichten; ihren verursachten Abfall in ihr Herkunftsland zurückzuführen. Der Betrag wird nach Versand des Abfalls zurückerstattet. Neben den damit verbundenen logistischen Problemen wird eine Überprüfung nicht einfach sein. Vor dem Hintergrund der teuren Expeditionsgebühren dürfte es nicht selten sein, daß die Bergsteiger ihr Geld nicht zurückverlangen und sich so von der Verpflichtung des Abtransports freikaufen.

Die Auswirkungen auf die Beschäftigungssituation sind bisher eher als enttäuschend zu bezeichnen. Nur knapp 8.000 Menschen sind in der Tourismusbranche beschäftigt, etwa 50% davon im Hotelgewerbe.

NEPAL

Außenwirtschaft

Der nepalesische Im- und Export war lange Zeit kaum diversifiziert und der Handel mit Indien war dominant. So betrug 1974/75 der indische Anteil 82% und der Handel mit Drittländern nur 18%. Diese Relationen haben sich mittlerweile verändert: 1990/91 betrug der Handel mit Drittländern 70% und mit Indien 30%, dennoch bleibt das Nachbarland der wichtigste Handelspartner.

Die Außenhandelsbilanz ist permanent negativ und betrug im FJ 1991/92 etwa NR 19 Mrd (eine Steigerung von 14,6% gegenüber 1990/91).

Die Devisenreserven betrugen im FJ 1992/93 über US$ 580 Mio und reichten zur Finanzierung von neun Importmonaten.

Die Zusammensetzung der Hauptausfuhrgüter ist seit Jahren unverändert: An der Spitze stehen Teppiche (1990/91: NR 3,7 Mrd), Textilien und Bekleidung, Felle und Häute. Hinzu kommen Jute und Juteprodukte.

Die wichtigsten Importwaren sind nach wie vor: Erdölprodukte, chemische Erzeugnisse, Düngemittel, Maschinen sowie elektrische und elektronische Geräte und Kraftfahrzeuge. Die Steigerung der Importrate betrug 1991/92 7% gegenüber dem FJ 1990/91. Die Regierung ist seit Mitte 1992 verstärkt bemüht, die Exportwirtschaft zu fördern und somit das Handelsbilanzdefizit zu verringern. So können Exportproduzenten u.a. auf Vorprodukte und Einsatzmittel gezahlte Steuern zurückfordern.

Wie bereits erwähnt, nimmt Indien als Handelspartner eine prioritäre Stellung ein. Dieser bilaterale Handel wies 1990/91 ein Gesamtvolumen von NR 9,4 Mrd auf und betrug 30% des gesamten nepalesischen Außenhandels. Nepal versucht in jüngster Zeit seine Handelsbeziehungen zu diversifizieren und richtete Wirtschaftsinformationsbüros in den USA und Europa ein.

1990/91 bezog Nepal 32% seiner Importe aus Indien, 14% aus Singapur und 14% aus Japan.

Nachdem Indien in der Vergangenheit die meisten nepalesischen Exporte aufnahm, wurde diese Position im FJ 1990/91 von der Bundesrepublik übernommen. Hintergrund dieser Entwicklung ist der Konflikt der beiden Nachbarländer über die Handelsbedingungen. Indien bleibt zweitgrößter Abnehmer und an der dritten Stelle stehen die USA.

Beziehungen zur Bundesrepublik Deutschland

Die Bundesrepublik stellte bei einem Ende 1992 veranstalteten Investment Forum in Nepal nach Indien und China die drittgrößte Delegation, was ein starkes Interesse der deutschen Unternehmer an Nepal verdeutlichte. Die bundesdeutsche

NEPAL

Delegation unterzeichnete wertmäßig den größten Anteil (40% = US$ 166 Mio) der Letters of Intent.

Im Gegenzug plante die Nepal German Chamber of Commerce and Industry eine Delegiertenreise nach Deutschland.

Nach neuesten Angaben der nepalesisch-deutschen Industrie- und Handelskammer hat sich der bilaterale Handel in den vergangenen fünf Jahren verfünffacht. Im FJ 1991/92 exportierte Nepal Güter im Werte von NR 5,98 Mrd in die Bundesrepublik (davon 96% Teppiche, NR 5,7 Mrd; Mitte der 80er Jahre NR 620 Mio) und importierte Waren im Werte von NR 790 Mio. Die deutsche Außenhandelsstatistik weist für 1992 Nepal in der Reihe der Partnerländer beim Gesamtumsatz Platz 87, beim Import Platz 73 und beim Export Platz 123 zu. Im ersten Halbjahr 1993 betrug der Wert der nepalesischen Exporte DM 136,6 Mio, im selben Zeitraum importierte Nepal deutsche Güter für DM 6,6 Mio.

Nach Japan ist die Bundesrepublik die zweitwichtigste Gebernation. Die entwicklungspolitischen Rahmenbedingungen haben sich seit der Amtsübernahme der Regierung Koirala deutlich verbessert. Deutschland unterstützt Nepal 1992/93 mit DM 177 Mio.

NEPAL

Tabelle 1: **Handelsstruktur Deutschland** [1] **- Nepal**
Deutsche Exporte nach Nepal
(Angaben in Mio DM)

SITC POSITION [2]	WARENKLASSE [3]	1990	1991	1992
0 - 9	INSGESAMT	27,0	17,5	32,8
5	Chemische Erzeugnisse	5,2	3,6	4,7
6	Bearbeitete Waren, vorwiegend nach Beschaffenheit gegliedert	2,7	2,1	3,6
7	Maschinenbau-, elektrotechn. Erzeugnisse und Fahrzeuge	16,6	6,9	20,3

Tabelle 2: **Handelsstruktur BRD** [1] **- Nepal**
Deutsche Importe aus Nepal
(Angaben in Mio DM)

SITC POSITION [2]	WARENKLASSE [3]	1990	1991	1992
0 - 9	INSGESAMT	142,7	207,9	263,5
6	Bearbeitete Waren, vorwiegend nach Beschaffenheit gegliedert	139,4	201,9	247,9
darunter: 65	Garne, Gewebe	138,3	200,5	247,0
8	Verschiedene Fertigwaren	2,3	4,8	11,9

1) Bis 1990 westdeutscher, ab 1991 gesamtdeutscher Handel.
2) Standard International Trade Classification (SITC Rev. II bis 1987, SITC Rev. III ab 1988).
3) Bezeichnungen der Warenklassen teilweise gekürzt; geringfügige Rundungsabweichungen bei Summenbildung möglich.

Quelle: Statistisches Bundesamt, Wiesbaden

NEPAL

Tabelle 3: **Außenhandel nach Waren** [1]
(Angaben in Mio NR)

WARENGRUPPE	1990/91 [2]	1991/92	1992/93 1. Quartal
GESAMT-EXPORTE	7.387,5	13.939,4	3.915,4
davon:			
Lebende Tiere und Nahrungsmittel	986,5	2.096,4	6.71,9
Getränke und Tabak	11,2	4,1	0,8
Rohstoffe	312,1	477,7	121,8
Tierische und pflanzliche Fette u. Öle	201,9	120,2	34,2
Chemikalien und Medikamente	17,7	31,2	8,3
Bearbeitete Waren nach Beschaffenheit gegliedert	4.312,3	7.627,5	2.288,3
Maschinen und Fahrzeuge	0,1	0,3	-
Verschiedene Fertigwaren	1.545,7	3.582,0	790,1

1) Auf Basis der Zollzahlen nach SITC
2) Fiskaljahr 16. Juli-15.Juli

Quelle: Nepal Rastra Bank, Economic Bulletin, Oktober 1992

NEPAL

Tabelle 4: **Außenhandel nach Waren** [1)]
(Angaben in Mio NR)

WARENGRUPPE	1990/91 [2)]	1991/92	1992/93 1. Quartal
GESAMT-IMPORTE	23.226,5	32.951,3	7.781,7
davon:			
Nahrungsmittel und lebende Tiere	1.820,5	3.670,2	732,1
Getränke und Tabak	257,0	152,1	85,9
Rohstoffe	2.013,4	3.750,5	614,8
Min. Brennstoffe und Schmiermittel	2.278,3	3.685,2	781,1
Tierische und pflanzliche Fette und Öle	741,7	801,3	129,7
Chemikalien und Medikamente	3.051,1	4.437,1	785,5
Bearbeitete Waren nach Beschaffenheit gegliedert	5.950,8	8.750,6	1.999,4
Maschinen und Fahrzeuge	5.990,8	5.873,2	2.201,6
Verschiedene Fertigwaren	1.120,7	1.656,5	442,4
Waren und Vorgänge nicht nach Beschaffenheit gegliedert	2,2	174,6	9,2

1) Auf Basis der Zollzahlen nach SITC
2) Fiskaljahr 16. Juli - 15. Juli

Quelle: Nepal Rastra Bank, Economic Bulletin, Oktober 1992

NEPAL

Tabelle 5: **Außenhandel nach Ländern**
(Angaben in Mio NR)

LAND	1989/90	1990/91
IMPORTE		
Indien [1]	4.674,5	7.772,4
Singapur	2.944,2	3.377,1
Japan	1.628,8	3.128,5
Neuseeland	830,4	1.215,3
VR China	891,6	1.102,4
Frankreich	595,9	725,6
Korea (Rep.)	787,4	518,1
Deutschland [2]	565,1	495,7
Taiwan	224,5	389,3
Polen	297,4	363,8
EXPORTE		
Indien [1]	602,5	1.701,2
Frankreich	37,8	59,1
Deutschland [2]	1.368,0	2.728,8
USA	1.442,2	1.400,5
Schweiz	422,5	497,1
Belgien	152,9	174,5
Großbritannien	254,2	169,0
Italien	108,7	146,2

1) Schätzung
2) Einschl. Handel mit der DDR bzw. den neuen Bundesländern

Quelle: Trade Promotion Centre, Nepal Rastra Bank, 1992

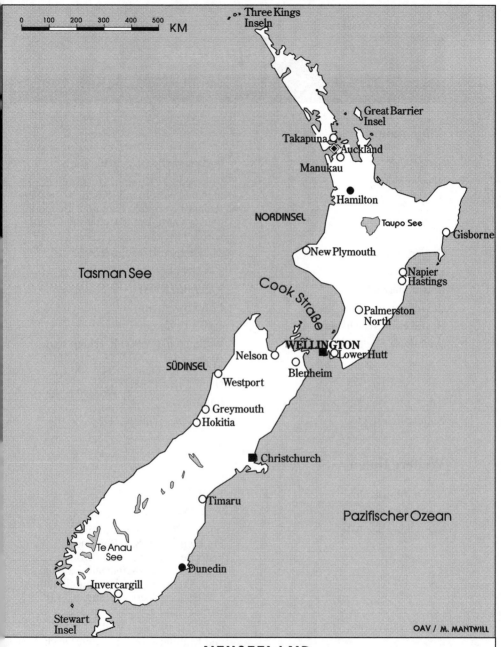

NEUSEELAND
Heinz Kolbe

Allgemeines

Staatsform:	Parlamentarische Demokratie
Staatsoberhaupt:	Elizabeth II., Königin von Großbritannien und Nordirland (Königin von Neuseeland), vertreten durch die Generalgouverneurin Dame Catherine Tizard, GMG, DBE
Regierungschef:	Ministerpräsident Jim Bolger
Landfläche:	270.534 qkm
Einwohnerzahl:	3,45 Mio (1993)
Bevölkerungsdichte:	12,8 Einw./qkm
Bevölkerungswachstum:	1,1% (1993)
Wichtigste Städte:	Wellington 326.900 E. (Hauptstadt); Auckland 910.200 E.; Christchurch 312.600 E.; Dunedin 111.200 E.; Hamilton 151.800 E.
Amts- und Handelssprache:	Englisch
Nationalfeiertag:	6. Februar (Waitangi Day)

Weitere Daten

Beschäftigtenzahl:	1,646 Mio (1993)
Arbeitslosigkeit:	9,7% (1993)
Entstehung des BIP:	(in %) 1992/93: Land-, Forst- und Fischwirtschaft 8,9; Bergbau 1,5; Verarbeitende Industrie 17,5; Strom, Gas, Wasser 3,1; Bauwirtschaft 4,2; Handel 14,0; Transport und Kommunikation 8,4; Banken, Versicherungen 14,0; Dienstleistungen 28,4
Wichtigste Agrarprodukte:	(in Tsd t) 1990/91: Wolle 227, Rind- und Kalbfleisch 537; Lammfleisch 383; Hammelfleisch 145; Butter 216; Käse 127; Milchpulver 234

NEUSEELAND

Fischfang:	1990/91: 572.000 t
Holzeinschlag:	1990/91: 13,306 Mio qbm
Bergbauprodukte:	1989/90: Erdöl und -kondensate 81,63 Petrajoules; Erdgas 179,67 Petrajoules; Kohle 2,58 Mio t; Eisensandkonzentrate 2,30 Mio t
Stromerzeugung:	1993: etwa 33 Mrd kWh
Wichtigste Industrieerzeugnisse:	1991/92: Zellstoff 1,34 Mio t; Papier 797.000 t; Spanplatten 155.000 cbm; Zement 581.000 t; Düngemittel 994.000 t
Abkommen mit Deutschland:	Deutsch-Britisches Abkommen über den Rechtsverkehr vom 20.3.1928, Ausdehnung auf Neuseeland seit 1.1.1930; Handelsabkommen vom 20. April 1959, in Kraft seit 1.4.1959; Doppelbesteuerungsabkommen vom 20.10.1978, in Kraft seit 21.12.1980; Vereinbarung über wissenschaftliche Zusammenarbeit in der Antarktis vom 26.6.1981; Abkommen über wissenschaftlich-technologische Zusammenarbeit vom 2.12.1988
Abkommen mit der EU:	Abkommen über den Handel mit Hammel-, Lamm- und Ziegenfleisch vom 14.10.1980

NEUSEELAND

Statistisches Profil Neuseeland

				1991	1992	1993(S)	1994(P)
1.	Bruttoinlandsprodukt (BIP)		1)				
	BIP	(Mio NS$)		43182	39362	41532	43656
	Reales BIP	(Veränderung in %)	2)	+0,3	-2,1	+1,7	+3,4
	BIP pro Kopf	(NS$)		12642	11295	12038	12516
	Reales BIP pro Kopf	(Veränderung in %)	2)	-1,3	-3,2	.+2,6	+1,4
2.	Wechselkurse (1 Neuseeländischer Dollar= 100 cents)						
	NZ$/US$ (Jahresdurchschnittskurs)			1,73	1,86	1,86	1,86
	NZ$/US$ (Jahresendkurs)			1,85	1,94	1,81	1,83
	NZ$/DM (Jahresdurchschnittskurs)			1,17	1,20	1,14	1,14
	NZ$/DM (Jahresendkurs)			1,22	1,20	1,04	1,06
3.	Preise (Jahresdurchschitt)		3)				
	Inflationsrate	(%)		2,6	1,1	1,0	1,1
	Terms of Trade	(Veränderungen in %)		-5,4	-2,3	2,2	3,7
4.	Zinssätze		3)				
	Diskontsatz	(% p.a.)		8,3	9,2	6,2	6,0
	Staatsanleihenrendite	(% p.a.)		9,9	7,9	7,5	6,7
5.	Staatshaushalt		4)				
	Saldo	(in % des BIP)		-3,6	-3,9	-1,8	-2,6
6.	Monetärer Sektor		2)				
	Inlandskredite	(Veränderung in %)		9,9	9,8	8,0	10,0
	Geldmenge M2	(Veränderung in %)		11,0	10,0	4,0	6,0
7.	Außenhandel						
	Exporte fob	(Mio US$)		9626	9829	10812	11560
	Importe cif	(Mio US$)		8414	9211	10353	11160
	Deutsche Importe (cif)	(Mio DM)	5)	616	621	633	646
	Deutsche Exporte (fob)	(Mio DM)	5)	448	474	498	523
8.	Leistungsbilanz						
	Güterexporte (fob)	(Mio US$)		9555	9772	10749	11490
	Güterimporte (fob)	(Mio US$)		7482	8108	9080	11550
	Handelsbilanzsaldo	(Mio US$)		2073	1664	1669	-60
	Dienstleistungsexporte	(Mio US$)		2577	2623	2925	2966
	Dienstleistungsimporte	(Mio US$)		5868	5734	5730	5730
	Dienstleistungsbilanzsaldo	(Mio US$)		-3291	-3111	-2805	-2764
	Übertragungen privat (netto)	(Mio US$)		728	741	750	750
	Übertragungen öffentlich (netto)	(Mio US$)		-45	-56	-60	-60
	Leistungsbilanzsaldo	(Mio US$)		-534	-763	-446	-2134
9.	Auslandsverschuldung						
	Bruttobestand	(Mio US$)		36875	34678	35110	34910
	in % des BIP			87,0	88,1	84,5	80,0
	in % der Exporterlöse						
	(Güter und Dienstleistungen)			-26,0	-28,2	-30,6	-32,9
10.	Schuldendienst						
	Gesamtzahlungen	(Mio US$)		4624	4147	3913	3827
	- Zinszahlungen			n.a.	n.a.	n.a.	n.a.
	- Amortisationen			n.a.	n.a.	n.a.	n.a.
	Schuldendienstquote	(%)		15,3	14,2	13,2	12,8
	Zinsdienstquote	(%)		n.a.	n.a.	n.a.	n.a.
11.	Währungsreserven						
	- ohne Gold	(Mio US$)		2959	3079	3630	3400
	- in Monatsimporten			4,2	4,0	4,2	3,7
	Gold	(Mio US$)		n.a.	n.a.	n.a.	n.a.

1) Finanzjahre (1. Juli - 30. Juni)
2) Auf Basis der Landeswährung.
3) Jahresdurchschnittswerte.
4) Zentralregierung (Finanzjahr).
5) Ab 1991 gesamtdeutscher Handel.
(S) Schätzung.
(P) Prognose.

Quelle: HWWA, Institut für Wirtschaftsforschung

NEUSEELAND

Länderrating

In Neuseeland sind mit dem Wahlerfolg von Ministerpräsident Jim Bolger und seiner Konservativen Partei alle Unsicherheiten über die künftige Wirtschaftspolitik beseitigt worden, die seit Jahren zu einem Wandel der Volkswirtschaft von einer dirigistischen zu einer der liberalsten in der OECD geführt hat. Neuseeland verzeichnet einen moderaten Wirtschaftsaufschwung bei niedrigen Preisauftriebtendenzen. Der Aufschwung könnte sich noch durch erhöhte Weltmarktpreise für Nahrungsmittel, durch die verbesserten Wirtschaftsbeziehungen mit Australien und der verstärkten Ausrichtung des Handels nach Südostasien verstärken. Auch sind die GATT-Verhandlungen für Neuseeland bisher recht vorteilhaft gelaufen. Das Kreditrisiko in Neuseeland ist erheblich gesunken.

Wirtschaftliche und politische Lage 1993

+ Fortsetzung des wirtschaftlichen Aufschwungs
+ Verhaltene Wirtschafts- und Finanzpolitik
+ Erhöhung der Wettbewerbsfähigkeit auf internationalen Märkten

Prognose für 1994

+ Fortsetzung der liberalen Wirtschaftspolitik
+ Weiterer Anstieg des realen Bruttoinlandsprodukts
+ Weiterhin niedrige Inflationsrate
- Anhaltend hohe Arbeitslosigkeit

NEUSEELAND

Überblick

Neuseeland befindet sich derzeit in einer der längsten Wachstumsperioden der vergangenen zwanzig Jahre. Das gesamtwirtschaftliche Wachstum, der Preisanstieg, die Zahlungsbilanz und die Entwicklung der staatlichen Finanzen liegen im Bereich der langfristig vergebenen Ziele. Das reale Bruttoinlandsprodukt ist weiter gewachsen, so daß für das Wirtschaftsjahr 1993/94 (April - März) eine Zunahme von 3% erwartet werden kann. Das Haushaltsdefizit wird wahrscheinlich auf 1,8% des Bruttoinlandsproduktes abnehmen. Die Ausnutzung der industriellen Kapazitäten hat sich in den letzten zwei Jahren ständig verbessert. Die Unternehmer erwarten weiterhin steigende Gewinne. Auch die Einstellung der Verbraucher ist sehr optimistisch. Negativ bleibt demgegenüber die anhaltend hohe Arbeitslosigkeit von etwa 10%.

Bei den Parlamentswahlen im November hat die Konservative Partei von Ministerpräsident Jim Bolger eine knappe Mehrheit erreicht, damit ist im wesentlichen mit einer Fortsetzung der bisherigen Wirtschaftspolitik zu rechnen.

Das Privatisierungsprogramm wird wahrscheinlich wegen des Widerstandes weiter Teile der Bevölkerung nicht in seiner ursprünglichen Fassung durchgeführt. Unter der Labour-Regierung waren bis 1990 große staatliche Firmen wie Telecom, Petrocorp., State Insurance Corp., Post Bank, Air New Zealand, New Zealand Steel u.a.m. privatisiert worden. Seitdem wurden Nutzungsrechte in den staatlichen Forstbeständen an private Firmen vergeben. In letzter Zeit erfolgte die Übereignung der staatlichen Bahnen an die amerikanische Firma Wisconsin Central Transportation. Damit hat sich der neuseeländische Staat völlig aus der Verkehrswirtschaft zurückgezogen. Seit Beginn der Privatisierung hat die öffentliche Hand etwa 13 Mrd NZ$ eingenommen. Zurückgestellt wurde nunmehr der Verkauf der Electricity Corp., der Housing Corp. und anderer staatlicher Firmen.

Nach einer Studie des Londoner National Institute of Economic and Social Research hat sich Neuseeland in weniger als acht Jahren von dem OECD-Land mit den meisten Kontrollen und staatlichen Beschränkungen zu dem liberalsten OECD-Land gewandelt. In wichtigen Wirtschaftszweigen wie Finanzen, Verkehr und Energie wurden alle Beschränkungen des Zutritts zu diesen Märkten aufgehoben. Abgeschafft wurden die allgemeinen Lohn- und Preiskontrollen. Beseitigt wurden die staatlichen Monopole in der Elektrizitätswirtschaft, im Fernmeldewesen und in den Postdiensten. Unbeschränkt ist der Zutritt zu einer Reihe freier Berufe und kommerzieller Gewerbe, für die früher eine Genehmigung benötigt wurde. Auch die Vorschriften für Öffnungszeiten im Einzelhandel wurden gelockert.

Jahrzehntelang hatte Neuseeland die verarbeitende Industrie mit hohen Zöllen, Einfuhrlizenzen, Kapitalkontrollen und starren Wechselzinsen geschützt. Die Reformen hatten zur Folge, daß sich die Binnenpreise den internationalen anglichen und erhebliche Produktivitätssteigerungen erzielt wurden. Die Einfuhrzölle

NEUSEELAND

sind jetzt auf OECD-Durchschnitt gesenkt worden, wenngleich noch erhebliche Unterschiede der Abgaben für die einzelnen Waren bestehen.

Die Beschränkungen im Kapitalverkehr sind fast vollständig aufgehoben worden. Auslandsinvestitionen - in Wertpapieren oder als Direktinvestitionen - sind im wesentlichen unbeschränkt möglich. Auch die Währungspolitik wurde vereinfacht. Die neuseeländische Zentralbank ist seit 1989 weitgehend von der Regierung unabhängig und hat mit ihrer Geldmengenpolitik für stabile Preise zu sorgen.

Reformiert wurde auch die staatliche Finanzpolitik. So ist eine umfassende Mehrwertsteuer mit wenigen Ausnahmen auf den inländischen Endkonsum eingeführt worden, während die Einkommensteuersätze verringert wurden. Um das Steuersystem gegenüber der Wirtschaft möglichst neutral zu halten, gibt es jetzt weniger sonstige indirekte Steuern und Steuervergünstigungen. Eingeschränkt wurde auch das großzügige System der Sozialleistungen. Die Hilfe für Arbeitslose wurde begrenzt. Ein weites Feld staatlicher Reformen besteht in den Bestrebungen, staatliche Unternehmen zu privatisieren und staatliche Institutionen, z. B. Schulen, Krankenhäuser usw., vermehrt dem privaten Wettbewerb auszusetzen. Zunehmend werden Gebühren für staatliche Leistungen erhoben.

Nach Meinung des Londoner Wirtschaftsinstituts sind selbst Subventionen und verbilligte Finanzierung in der Landwirtschaft beseitigt worden - anders als z. B. in der Europäischen Union.

Nach den weitgehenden Reformen und der Belebung der Wirtschaft sowie der gestiegenen internationalen Wettbewerbsfähigkeit hat das World Economic Forum im neuesten World Competitiveness Report Neuseeland unter den 24 OECD-Ländern hinsichtlich der weltweiten Konkurrenzsituation auf dem 8. Platz eingestuft. Vorher hielt Neuseeland nur den 15. Rang. Australien z. B. verbesserte sich nur vom 16. auf den 14. Platz. Hervorzuheben sind für Neuseeland die Stärke der Volkswirtschaft und auch die gestiegenen Leistungen des inländischen Managements.

Land- und Forstwirtschaft, Fischerei

Die landwirtschaftliche Produktion ist in diesem Jahr kräftig gestiegen. Erfolge wurden vor allem bei Molkereiprodukten und bei Gemüse und Obst erzielt. Die günstigen Preise führten zu einem höheren Einsatz von Düngemitteln in der Viehwirtschaft und im Ackerbau. Das Wachstum dürfte in den nächsten Jahren anhalten, wobei die Verhältnisse auf den Weltmärkten und politische Ereignisse eine große Rolle spielen. Die Preise für agrarische Produkte und der Absatz werden von der Subventions- und Absatzpolitik Europas und den USA, der weltwirtschaftlichen Entwicklung und den neuseeländischen Marktinitiativen stark beeinflußt. Wichtig sind vor allem die Ergebnisse der GATT-Verhandlungen.

Die Preise für Wolle bleiben wegen der geringen Nachfrage aus China, Europa und Japan gedrückt. Zu der Flaute trugen die verlangsamte weltwirtschaftliche

NEUSEELAND

Entwicklung, die außerordentlich großen Wollvorräte in Australien und eine Änderung der Verbrauchergewohnheiten bei. Die Bestände nehmen weiter zu, weil Wollfarmer und der Handel ihr Angebot wegen der niedrigen Preise zurückhielten. Eine wesentliche Verbesserung der Lage der Wollwirtschaft ist erst 1995 zu erwarten, wenn sich die Erholung der Weltwirtschaft festigt. In den letzten Jahren ist der Schafbestand wegen der schlechten Absatzverhältnisse und ungünstiger Wetterbedingungen erheblich reduziert worden. Die Wollproduktion hat sich dadurch in der Saison 1992/93 um 15% verringert.

Der neuseeländische Absatz von Rindfleisch ist zu 85% von den USA abhängig. Die Preise sind leicht gestiegen, erforderlich wäre aber die Öffnung neuer Märkte. Die Viehbestände sind trotz der Ungewißheit über künftige Absatzmöglichkeiten erhöht worden.

Die Produktion von Molkereiprodukten ist in der laufenden Saison weiter gestiegen. Die Preise für Milchpulver, Butter und Käse werden sich voraussichtlich erhöhen, so daß die Aussichten für diesen Bereich der Landwirtschaft günstig sind.

Die Kiwifruchtfarmen befinden sich in einer Krise. Die Konkurrenz aus Italien und Chile hat zu sehr niedrigen Prisen in Europa und den USA geführt. Im Jahre 1991 erreichten die Ausfuhren von Kiwifrüchten noch einen Wert von rund 470 Mio NZ$. Bis 1995 wird sich der neuseeländische Anteil am Weltmarkt wahrscheinlich auf 27% verringern. Vor zehn Jahren kamen noch rd. 62% aller Kiwifrüchte aus Neuseeland. Auf die erheblich niedrigeren Einnahmen aus dem Exportgeschäft reagieren die Farmer vorwiegend mit Produktionseinschränkungen.

Die Exporte von Hirsch- und Rehfleisch sowie anderem Wildbret erreichten 1992 rd. 105 Mio NZ$. Derzeit sind 5000 Farmen mit der Zucht dieser Tiere beschäftigt. Hauptabnehmer ist Deutschland, das 1992 Wildbret im Wert von 42 Mio NZ$ kaufte.

Im Rahmen der Diversifizierung der Landwirtschaft soll auch die Produktion und der Export von Schafskäse erheblich zunehmen. Bisher dienten die Schafe fast ausschließlich der Woll- und Fleischproduktion.

Die neuseeländische Forstwirtschaft verzeichnete bis 1992 eine kräftige Zunahme des Holzeinschlags und Holzexports. Auch in den nächsten Jahren bestehen günstige Entwicklungsaussichten. Das Land verfügt über große nutzbare Waldbestände, während andere Holzexporteure in Indonesien, Malaysia und Nordamerika auf verringerte Reserven zurückgreifen müssen. Andererseits nimmt die Konkurrenz vor allem aus Chile und Australien erheblich zu. Die Besitzverhältnisse in der Forstwirtschaft haben sich in den letzten Jahren völlig geändert, weil der größte Teil der staatlichen Forstbestände zur Nutzung an große private Firmen freigegeben wurde. Zuletzt sind große Weichholzplantagen an die amerikanische ITT Rayonier verkauft worden. Die großen inländischen Holz- und Papierfirmen nutzen die Waldbestände nicht nur für die Verarbeitung in ihren Fabriken, sondern auch für den Export.

NEUSEELAND

Die Fischwirtschaft entwickelt sich nicht günstig. Etwa 20% werden direkt exportiert, die anderen 80% werden zu Konserven verarbeitet Jährlich werden Fische und Fischwaren im Werte von rd. 1 Mrd NZ$ exportiert. Der Fischfang wird allerdings in den nächsten Jahren voraussichtlich nicht steigen. Größere Chancen für diesen Wirtschaftsbereich bestehen in der zunehmenden Weiterverarbeitung und Veredelung der Fangerzeugnisse. Bis zum Jahr 2000 wird ein Umsatz in der Fischwirtschaft von 2 Mrd NZ$ im Jahr erwartet.

Bergbau, Energie

Der Sektor wird hauptsächlich bestimmt von der Öl- und Gasproduktion, die mit multi-internationalen Gesellschaften entwickelt wird. Die Aussichten für diesen Bereich sind wegen der hohen Exporte aus den GUS-Ländern gering. Neue Reserven sollen erschlossen werden.

Die Goldproduktion erhöhte sich 1992 um 45% auf rd. 320.000 Feinunzen. Die hohe Zuwachsrate ist auf die Inbetriebnahme mehrerer Goldminen zurückzuführen. Weitere Produktionssteigerungen werden mit der Reaktivierung der Förderung an der Westküste der Südinsel durch neue technische Verfahren erwartet.

Neuseeland verfügt über größere Vorkommen an Kohle, die aber im Inland kaum gebraucht werden und für den Export zu teuer sind. Neue Absatzchancen sollen in Südostasien bestehen.

Die Eisenvorkommen im Mineralsand an den Küsten werden fast ausschließlich von der BHP Neuseeland in ihrem Stahlwerk verwertet. Ein Teil wird nach Japan exportiert.

Industrie

Die neuseeländische Industrie hat 1992 erheblich mehr für Investitionen ausgegeben. Nach Berechnungen des Industrieverbandes Manufacturers's Federation sind die Aufwendungen für Maschinen und Ausrüstungen um 40% gestiegen. Die Einfuhren von Investitionsgütern nahmen 1992 gegenüber dem Vorjahr um rd. 19% auf 2,58 Mrd NZ$ zu. Bei den Halbfabrikaten ergab sich eine Einfuhrzunahme von 16% auf 7,4 Mrd NZ$. Die Zunahme der Investitionen ist vor allem auf die verbesserte Gewinnsituation der Unternehmen zurückzuführen.

Zu den expansivsten Industriezweigen gehört vor allem die Metallverhüttung sowie die Chemie- und Kunststoffindustrie. Jährliche Investitionszuwächse von bis zu 20% sind auch in der Textil- und Bekleidungsindustrie, im Holzverarbeitungssektor sowie in der Metallverarbeitung zu erwarten.

Die Industrieunternehmen leiden aber weiterhin unter den hohen Kreditzinssätzen, die bei 10% liegen. Kredite für Industrieinvestitionen werden nur äußerst zögernd

NEUSEELAND

vergeben. Dies wirkt sich bremsend auf den Erholungsprozeß der Industrie aus. Zudem hat in den späten 80er Jahren ein erheblicher Abbau von Industriekapazitäten stattgefunden. Fachleute beziffern die Einnahmeverluste auf jährlich 3 Mrd NZ$. Die Exportleistung würde um rd. 20% über dem jetzigen Niveau liegen.

Andererseits haben die enormen Produktivitätssteigerungen, nicht zuletzt durch die umfassenden Arbeitsmarktreformen, zu dem Anstieg der Ausfuhr von Industriegütern beigetragen. Bei der langjährigen Schwäche der Inlandsnachfrage sahen sich die Unternehmen veranlaßt, erhöhte Verkaufsanstrengungen auf den Auslandsmärkten zu unternehmen. Die Möglichkeiten nach höheren Produktivitätssteigerungen scheinen aber erschöpft zu sein. Hohe Neuinvestitionen in Maschinen und Anlagen sind erforderlich.

Außenwirtschaft

Die neuseeländische Ausfuhr nahm 1992/93 (Juli-Juni) nochmals kräftig um 6,6% auf 19,2 Mrd NZ$ zu. Exportfördernd wirkte sich die Abwertung des neuseeländischen Dollars aus, durch die neuseeländische Waren in wichtigen Abnehmerländern erheblich billiger wurden. Daneben haben Reformen, z. B. im Arbeitsablauf der Häfen, die Kosten für Exportleistungen nachhaltig gesenkt. Wichtigste Ausfuhrgüter sind traditionell weiterhin agrarische Produkte wie Fleisch, Milchpulver, Butter, Käse, Kasein, Früchte und Wolle sowie Holz und Holzerzeugnisse und Fischwaren, obgleich die Weltmarktpreise dieser Produkte unter Druck stehen. Beachtliche Fortschritte sind in den letzten Jahren im Export von industriell hergestellten Waren (ohne Berücksichtigung der unmittelbaren Verarbeitung von Agrarprodukten) erzielt woren. Die einschneidenden Rationalisierungsmaßnahmen und die Arbeitsmarktreformen verbesserten die Produktivität in zahlreichen Industriezweigen und erhöhten die Wettbewerbsfähigkeit von Industrieerzeugnissen im Ausland. Ihr Anteil am Gesamtexport stieg auf über 20% und dürfte tendenziell weiter zunehmen.

Die vier wichtigsten Abnehmerländer von neuseeländischen Produkten sind Australien (3.771 Mio NZ$), Japan (2.789 Mio NZ$), die USA (2.252 Mio NZ$) und Großbritannien (1.216 Mio NZ$). Deutschland nimmt mit 489 Mio NZ$ den 6. Platz ein.

Im Rahmen des Abkommens über eine engere wirtschaftliche Zusammenarbeit (Closer Economic Relations/CER) nahmen die neuseeländischen Ausfuhren nach Australien seit 1990/91 um 28% überdurchschnittlich zu. Nach Japan und den USA sind sie im gleichen Zeitraum nur um 7% bzw. 9% gestiegen. Beachtlich ist aber auch die Zunahme der neuseeländischen Ausfuhr um rd. 14% in die Europäische Union und nach den ASEAN-Ländern (+27%).

Nach der Stagnation in den letzten Jahren erhöhte sich die neuseeländische Einfuhr 1992/93 infolge der konjunkturellen Belebung der Inlandsnachfrage um 13% auf 17,3 Mrd NZ$. Überdurchschnittliche Zunahmen waren vor allem bei Maschinen,

NEUSEELAND

Kraftfahrzeugen, feinmechanischen Erzeugnissen und Kunststoffwaren zu verzeichnen. Auch bei der Einfuhr liegen Australien (3.748 Mio NZ$), die USA (3.199 Mio NZ$), Japan (2.652 Mio NZ$) und Großbritannien (1.062 Mio NZ$) auf den ersten Plätzen. Deutschland hielt mit 728 Mio NZ$ den 5. Rang. Die Einfuhren Neuseelands aus Australien nahmen seit 1990/91 um 20% zu. Ein deutlicher Vorteil Australiens als Lieferland für Neuseeland im Rahmen der Wirtschaftsgemeinschaft ist bisher nicht erkennbar, denn die Einfuhr Neuseelands aus den USA stieg z.B. im gleichen Zeitraum um 23%. Geringer waren aber die Zuwachsraten der Importe aus Japan (+14%), aus der Europäischen Union (+15%) und aus Deutschland (+5%).

Der bilaterale Handel zwischen Neuseeland und Australien soll im Rahmen der Freihandelszone (Closer Economic Relation/CER) weiter erleichtert werden. Inzwischen wird auch an einer weitgehenden Vereinheitlichung der Handels- und Unternehmensgesetze gearbeitet. Der freie Kapital- und Investitionsverkehr muß auch noch geschaffen werden. Denkbar wäre, daß beide Länder eine Währungsunion eingehen. Die weitergehende wirtschaftliche Vereinigung von Australien und Neuseeland könnte die internationale Wettbewerbsfähigkeit beider Länder erheblich steigern. Der bilaterale Handel zwischen beiden Ländern weist kräftige Zuwachsraten auf.

Beziehungen zu Deutschland

Die deutsche Ausfuhr nach Neuseeland ist mit der konjunkturellen Belebung im Jahre 1992 um 6,6% auf 473,5 Mio DM gestiegen, nachdem sie in den letzten Jahren erheblich gesunken war. Ausgeführt wurden hauptsächlich chemische Erzeugnisse, Maschinen, Kraftfahrzeuge und elektrotechnische Erzeugnisse. Die kräftige Zunahme der deutschen Einfuhr aus Neuseeland seit 1988 setzte sich 1992 wegen der gedrückten Preise für agrarische Produkte und Wolle nicht mehr fort. Mit 620,8 Mio DM war die Einfuhr nur um 1% höher als im Vorjahr. Das Defizit im deutsch-neuseeländischen Außenhandel zu ungunsten Deutschlands nahm leicht, auf 147,3 Mio DM, ab. Eingeführt werden aus Neuseeland hauptsächlich Agrarprodukte, wie Fleischwaren, Obst, Südfrüchte und Wolle. Beachtlich ist auch der weitere Anstieg der Einfuhr von chemischen Produkten.

Bis zur Jahresmitte 1993 importierte Deutschland für 278 Mio DM Waren und Dienstleistungen aus Neuseeland. Sollte sich dieser Trend bis zum Jahresende gehalten haben, muß für das Gesamtjahr 1993 mit einem Rückgang der deutschen Einfuhren von 5 bis 6% gerechnet werden.

Die deutsche Ausfuhr nach Neuseeland besteht fast ausschließlich aus Industriegütern. Im Jahre 1992 wurden vor allem chemische Erzeugnisse im Werte von 129,8 Mio DM exportiert. Es folgten Maschinen und Ausrüstungen (104,6 Mio DM), Kraftfahrzeuge (69,7 Mio DM), elektrotechnische Erzeugnisse (51,0 Mio DM) sowie feinmechanische und optische Produkte (15,6 Mio DM).

NEUSEELAND

Weiter wichtige Ausfuhrwaren blieben Metallerzeugnisse, Garne, Gewebe und Bekleidung sowie Papier und Papierwaren. In den ersten 6 Monaten 1993 beliefen sich die deutschen Exporte nach Neuseeland auf 258,1 Mio DM - eine Zunahme von 5,5% zum Vergleichszeitraum des Vorjahres.

Das ausgezeichnete politische Verhältnis zwischen Neuseeland und Deutschland wurde 1993 durch den Besuch des Bundespräsidenten Dr. Richard von Weizsäcker dokumentiert. Der Präsident warnte vor der Gründung neuer Wirtschaftsgemeinschaften, die zu einer Einschränkung des Welthandels führen könnten und empfahl einen zügigen Abschluß der GATT-Runde. Im Frühjahr 1993 hatte mit Dr. Klaus Kinkel zum ersten Mal in der Nachkriegsgeschichte ein deutscher Außenminister Neuseeland besucht. Diskutiert wurde über allgemeine Fragen der Weltpolitik, über die Durchsetzung einer Anti-Nuklearpolitik und von globalen Umweltschutzmaßnahmen. Als ein richtiger Schritt für den Ausbau der deutsch-neuseeländischen Beziehungen wird die Einrichtung des neuseeländischen Handelsbüros für Europa und des Generalkonsulats in Hamburg angesehen. Andererseits wurde festgestellt, daß sich Neuseeland zunehmend nach der asiatisch-pazifischen Region orientiert.

NEUSEELAND

Tabelle 1: **Handelsstruktur Deutschland [1] - Neuseeland**
Deutsche Exporte nach Neuseeland
(Angaben in Mio DM)

SITC POSITION [2]	WARENKLASSE [3]	1990	1991	1992
0 - 9	INSGESAMT	507,9	448,1	473,5
0	Nahrungsmittel und lebende Tiere	4,1	4,6	5,4
1	Getränke und Tabak	3,6	2,5	2,7
2	Rohstoffe (andere als SITC 0 und 3)	3,5	3,1	3,0
4	Tierische und pflanzliche Öle, Fette und Wachse	1,2	2,4	1,2
5	Chemische Erzeugnisse	104,3	102,7	112,1
6	Bearbeitete Waren, vorwiegend nach Beschaffenheit gegliedert	82,6	71,9	75,9
7	Maschinenbau-, elektrotechn. Erzeugnisse und Fahrzeuge	249,2	209,1	210,9
8	Verschiedene Fertigwaren	57,4	49,8	60,5
9	Anderweitig nicht erfaßte Waren	1,3	1,3	1,1

1) Bis 1990 westdeutscher, ab 1991 gesamtdeutscher Handel.
2) Standard International Trade Classification (SITC Rev. II bis 1987, SITC Rev. III ab 1988).
3) Bezeichnungen der Warenklassen teilweise gekürzt; geringfügige Rundungsabweichungen bei Summenbildung möglich.

Quelle: Statistisches Bundesamt, Wiesbaden

NEUSEELAND

Tabelle 2: **Handelsstruktur Deutschland** [1] **- Neuseeland**
Deutsche Importe aus Neuseeland
(Angaben in Mio DM)

SITC POSITION [2]	WARENKLASSE [3]	1990	1991	1992
0 - 9	INSGESAMT	577,2	615,5	620,8
0	Nahrungsmittel und lebende Tiere	362,0	391,3	384,9
darunter:				
01	Fleisch und Zubereitungen von Fleisch	117,8	144,6	177,0
05	Gemüse und Früchte	223,6	226,6	190,5
2	Rohstoffe (andere als SITC 0 und 3)	117,7	138,5	123,5
5	Chemische Erzeugnisse	67,7	55,7	70,9
9	Anderweitig nicht erfaßte Waren	10,6	5,7	7,8

1) Bis 1990 westdeutscher, ab 1991 gesamtdeutscher Handel.
2) Standard International Trade Classification (SITC Rev. II bis 1987, SITC Rev. III ab 1988).
3) Bezeichnungen der Warenklassen teilweise gekürzt; geringfügige Rundungsabweichungen bei Summenbildung möglich.

Quelle: Statistisches Bundesamt, eigene Berechnungen

NEUSEELAND

Tabelle 3: **Außenhandel nach Waren**
(Angaben in Mio NZ$)

WARENGRUPPE	1990/91	1991/92
GESAMT-EXPORTE	15.918	17.980
davon:		
Nahrungs- und Genußmittel	7.407	8.848
darunter:		
Fleisch	2.584	3.007
Fische	749	1.078
Molkereiprodukte	2.015	2.375
Gemüse	185	262
Früchte	873	892
Öle und Fette	96	125
Brenn- und Treibstoffe	576	501
Chemische Erzeugnisse	339	441
Häute und Felle	626	626
Holz und Holzwaren	799	976
Zellstoff	398	386
Papier, Papierwaren	319	359
Wolle	1.051	1.180
Eisen, Stahl u. Waren daraus	434	436
Aluminium u. -waren	780	695
Maschinen, Apparate	578	551
Elektrot. Erzeugnisse	264	314
Transportmittel	320	393
GESAMT-IMPORTE	15.329	15.493
davon:		
Nahrungs- und Genußmittel	1.133	1.213
Erdöl, Erdölderivate	1.277	1.094
Chemische Erzeugnisse	1.668	1.907
Kunststoffe, Kunststoffwaren	632	682
Papier, Papierwaren	374	441
Spinnstoffe, Textilien, Kleidung	893	998
Eisen, Stahl u. -waren	496	580
NE-Metalle u. -waren	497	486
Maschinen, Apparate	2.160	2.120
Elektrotechnische Erzeugnisse	1.827	1.528
Kraftfahrzeuge	1.511	1.517
Luftfahrzeuge	634	550
Feinmechan. u. optische Erzeugn.	486	492

Quelle: New Zealand Department of Statistics, External Trade, 1992

NEUSEELAND

Tabelle 4: **Außenhandel nach Ländern**
(Angaben in Mio NZ$)

LAND	1990/91	1991/92
GESAMT-EXPORTE	15.918	17.980
davon:		
Australien	2.938	3.387
Japan	2.604	2.729
USA	2.064	2.289
Großbritannien	1.024	1.164
Korea (Rep.)	719	767
Malaysia	395	470
Taiwan	316	432
Bundesrepublik Deutschland	372	415
Hongkong	241	363
VR China	186	361
Singapur	226	287
Kanada	232	268
Belgien	166	237
Indonesien	166	233
Frankreich	168	217
Italien	253	213
Saudi Arabien	181	205
Mexiko	130	188
Iran	114	187
Fidschi	195	178

Quelle: New Zealand Department of Statistics, External Trade, 1992

NEUSEELAND

Tabelle 5: **Außenhandel nach Ländern**
(Angaben in Mio NZ$)

LAND	1990/91	1991/92
GESAMT-IMPORTE	15.329	15.493
darunter:		
Australien	3.117	3.428
USA	2.611	2.810
Japan	2.337	2.376
Großbritannien	1.069	939
Bundesrepublik Deutschland	696	640
Saudi Arabien	532	508
Taiwan	385	429
Singapur	219	358
VR China	218	354
Italien	357	351
Frankreich	335	270
Kanada	276	262
Korea (Rep.)	246	243
Hongkong	184	207
Schweden	546	187
Vereinigte Arab. Emirate	193	183
Niederlande	171	169

Quelle: *New Zealand Department of Statistics, External Trade, 1992*

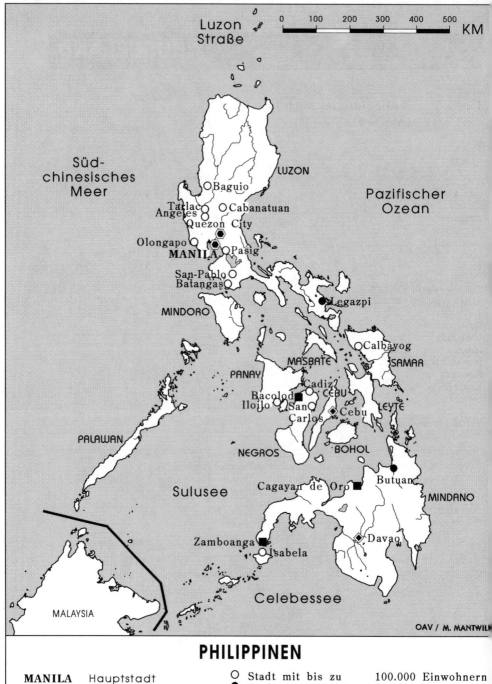

PHILIPPINEN
Günter Siemers

Allgemeines

Offizielle Staatsbezeichnung:	Republik Philippinen
Staatsform:	Republik
Staatsoberhaupt und Regierungschef:	Präsident Fidel V. Ramos
Landfläche:	rd. 300.000 qkm
Bevölkerung:	65,5 Mio Einw.
Bevölkerungsdichte:	214,2 Einw./qkm
Bevölkerungswachstum:	2,21%
Wichtige Städte:	(1990/Mio Einwohner) Hauptstadt: Manila (1,599), Groß-Manila ("Metropolitan Manila Area" - mit Manila, Quezon City, Pasay, Caloocan u.a.) (7,929); Quezon City (1,667); Davao City (0,850); Caloocan City (0,761); Cebu City (0,610); Zamboanga City (0,442)
Nationalsprache:	Pilipino
Handelssprachen:	Englisch, Pilipino
Nationalfeiertag:	12. Juni (Proklamation der Unabhängigkeit 1898)

Weitere Daten

Erwerbspersonen:	1992 (1991): 24,618 Mio (22,980)
Arbeitslosigkeit:	1992 (1991): 8,6% (9,0)
Entstehung des BIP	1992 (1991): Agrarsektor 21,7% (21,0); Bergbau 1,2% (1,4); Verarbeitendes Gewerbe 24,5% (25,4); Dienstleistungssektor 45,0% (44,9)

PHILIPPINEN

Wichtigste Agrarerzeugnisse:	1992 (1991): Gesamternte 64,5 (64,1) Mio t; Reis (Palay) 9,1 (9,7) Mio t; Mais 4,6 (4,7) Mio t; Kokosnüsse 11,4 (11,3) Mio t; Zuckerrohr 21,5 (21,8) Mio t; Bananen 3,1 (3,0) Mio t; Ananas 1,1 (1,1) Mio t
Wichtigste Bergbauprodukte:	1992 (1991): Gold 22,7 (25,9) t; Silber 30,9 (39,1) t; Kupfer 123.500 (148.000) t; Kohle 1,6 (1,3) Mio t
Wichtigste Industrieerzeugnisse:	1992 (1991): (Wertindex der Produktion im Januar, 1985 = 100); Nahrungsmittel 227,3 (119,3); Textilien 190,4 (182,6); Bekleidung 193,7 (224,0); Elektromaschinen 235,5 (236,1)
Elektrizitätserzeugung:	1992 (1991): 25,682 (25,538) Mrd kWh
Abkommen mit Deutschland:	Handelsabkommen vom 28.2.1964 (i.K. seit Unterzeichnung); Verhandlungsprotokoll vom 3.3.1964; Protokoll über Schiffahrtsbeziehungen vom 3.3.1964; Investitionsförderungsvertrag vom 3.3.1964 (nicht ratifiziert); Doppelbesteuerungsabkommen vom 22.7.1983 (i.K. seit 14.12.1984)
Abkommen mit der EU:	In allgemeine autonome Zollpräferenzen einbezogen; Abkommen über handgefertigte Erzeugnisse vom 10.5.1971 (i.K. seit 1.9.1971); Textilabkommen vom 28.6.1986 (i.K. auf Ratsbeschluß vom 11.12.1986, paraphiert am 15.11.1991); Kooperationsabkommen ASEAN-EU vom 7.3.1980 (i.K. seit 1.10.1981)

PHILIPPINEN

Statistisches Profil Philippinen

			1992	1993(S)	1994(S)	1995(P)
1.	**Bruttoinlandsprodukt (BIP)**					
	BIP	(Mio US$)	52462	57322	63024	69764
	Reales BIP	(Veränd. in %) 1)	0,0	1,5	3,0	4,0
	BIP pro Kopf	(US$)	816	875	943	1023
	Reales BIP pro Kopf	(Veränd. in %) 1)	-2,1	-0,5	1,0	2,0
2.	**Wechselkurse (1 Peso = 100 Centavos)**					
	Pesos/US$ (Jahresdurchschnittskurs)		25,51	25,50	25,80	26,30
	Pesos/US$ (Jahresendkurs)		25,10	25,60	26,00	26,50
	Pesos/DM (Jahresdurchschnittskurs)		16,34	15,41	14,58	14,61
	Pesos/DM (Jahresendkurs)		15,55	14,83	14,44	14,89
3.	**Preise**	2)				
	Inflationsrate	(%)	8,9	7,6	8,5	7,0
4.	**Zinssätze**					
	Diskontsatz	(% p.a.) 3)	7,6	6,0	7,0	8,0
	Staatsanleihen-Rendite	(% p.a.) 2)	16,0	12,0	13,0	13,5
5.	**Staatshaushalt**	4)				
	Saldo (in % des BIP)		-1,2	-1,8	-1,2	-0,8
6.	**Monetärer Sektor**	5)				
	Inlandskredite	(Veränd. in %)	17,6	15,0	11,0	13,0
	Geldmenge M2	(Veränd. in %)	13,4	11,0	8,0	9,0
7.	**Außenhandel**					
	Exporte (fob)	(Mio US$)	9752	10922	12451	14195
	Importe (cif)	(Mio US$)	15449	18230	20417	23276
	Deutsche Importe (cif) von den Philippinen	(Mio DM)	1174	1344	1398	1468
	Deutsche Exporte (fob) auf die Philippinen	(Mio DM)	976	1093	1159	1251
8.	**Leistungsbilanz**					
	Güterexporte (fob)	(Mio US$)	9824	11003	12543	14299
	Güterimporte (fob)	(Mio US$)	14519	17132	19188	21875
	Handelsbilanzsaldo	(Mio US$)	-4695	-6130	-6645	-7575
	Dienstleistungsexporte	(Mio US$)	7497	8247	9236	10345
	Dienstleistungsimporte	(Mio US$)	4618	5449	6103	6958
	Dienstleistungsbilanzsaldo	(Mio US$)	2879	2797	3133	3387
	Übertragungen, privat (netto)	(Mio US$)	473	500	550	550
	Übertragungen, öffentlich (netto)	(Mio US$)	344	350	450	450
	Leistungsbilanzsaldo		-999	-2482	-2512	-3188
9.	**Auslandsverschuldung**					
	Bruttobestand	(Mio US$)	32589	34000	36000	38000
	-in % des BIP		62,1	59,3	57,1	54,5
	-in % der Exporterlöse (Güter u. Dienstleistungen)		188,1	176,6	165,3	154,2
10.	**Schuldendienst**					
	Gesamtzahlungen	(Mio US$)	4887	3500	3900	3900
	-Zinszahlungen	(Mio US$)	1472	1600	1700	1800
	-Amortisationen	(Mio US$)	3415	1900	2200	2100
	Schuldendienstquote (%)	6)	28,2	18,2	17,9	15,8
	Zinsdienstquote (%)	7)	8,5	8,3	7,8	7,3
11.	**Währungsreserven**	5)				
	Währungsreserven ohne Gold	(Mio US$)	4403	5500	5000	5500
	-in Monatsimporten		2,76	2,92	2,37	2,29
	Gold	(Mio US$) 8)	935	1000	1000	1000

1) Auf Basis der Landeswährung.
2) Jahresdurchschnittswerte.
3) Jahresendwerte.
4) Zentralregierung.
5) Bestand am Periodenende.
6) Schuldendienst in % der Exporterlöse (Güter- und Dienstleistungen).
7) Zinsdienst in % der Exporterlöse (Güter- und Dienstleistungen).
8) Nationale Bewertung.
(S) Schätzung.
(P) Prognose.

Quelle: F.A.Z GmbH - Informationsdienste (Länderanalysen)

PHILIPPINEN

Länderrating

+ Gesamtwirtschaftliche Situation überdurchschnittlich
+ Kreditrisiko moderat

Wirtschaftliche und politische Lage 1993

+ Präsident Ramos geht wirtschaftliche und politische Probleme aktiv an
+ Teildaten zeigen mäßigen gesamtwirtwschaftlichen Wiederaufschwung
+ Währung trotz Wechselkurs-Freigabe stabil
+ Bewaffneter Aufstand stark rückläufig
+ Position des Präsidenten stabil, Ansehen groß
- Probleme in der Stromversorgung erst teilweise beigelegt
- Weiterer Anstieg der Auslandsverschuldung bei durch Umschuldungen rückläufigem Schuldendienst

Ein guter Start im Skandinavienhaus

Dazu entstehen exklusive Büros im Ostturm des historischen Pelikan-Gebäudes für

- **Rechtsanwälte**
- **Unternehmensberater**
- **Steuerfachleute**
- **Übersetzer**

Fertigstellung Mitte 1994. Mieterwünsche können noch berücksichtigt werden.

PELIKAN VIERTEL
HANNOVER

...immer eine gute Adresse

SKANDINAVIENHAUS
Ansprechpartner:
IBC-Hannover
Tel. 05 11/60 09-222
Fax 05 11/60 09-233

*Das Skandinavienhaus ermöglicht ausländischen, insbesondere skandinavischen Unternehmen einen guten Start im deutschen Markt.
In Zusammenarbeit mit der Wirtschaftsförderung Niedersachsens (IPA) und der Stadt Hannover bietet es interessierten Unternehmen individuelle und gezielte Unterstützung.*

PHILIPPINEN

Überblick und Besonderheiten

Der 1992 zum Präsidenten gewählte Ex-General Fidel V. Ramos hat sich als weitsichtiger politischer Führer erwiesen, der in einer gleichbleibend offenen Demokratie zentrale Probleme entschlossen und z.T. unkonventionell angeht. Dies hat ihm hohen Popularitätsgewinn bei Meinungsumfragen gebracht und dem Land Vertrauen in politische Stabilität gegeben, das unter Präsidentin Aquino zumindest seit Ende 1989 nur noch begrenzt vorhanden war. Auf dieser Grundlage zeichnet sich auch in der Wirtschaft eine Stabilisierung ab, die Anfang eines zunehmenden Aufschwunges sein könnte.

Tenor in vielen Reden des Präsidenten ist die Aufforderung an die Filipinos, das Vertrauen auf die eigene Leistungsfähigkeit zurückzugewinnen und sich vom Verlaß auf Hilfe von außen - die aber weiter genutzt werden soll - zu lösen. In dieselbe Richtung zielt sein Grundsatzprogramm "Philippines 2000", das zwei Komponenten hat: zum einen die Schaffung einer modernen, leistungsfähigen Wirtschaft, zum andern die Schaffung eines politischen, sozialen und kulturellen Klimas, welches sie ermöglicht und unterstützt.

Die letztere Komponente umfaßt insbesondere die Wiederherstellung von Ruhe und Ordnung im Land sowie eine korrekt und effizient arbeitende Verwaltung. Dazu sollen die bewaffneten Aufstandsbewegungen auf dem Verhandlungswege beendet, die Streitkräfte modernisiert (aber auch numerisch reduziert), der öffentliche Dienst von Korruption gesäubert und die Kriminalität allgemein verstärkt bekämpft werden.

Hinsichtlich der Aufstandsbewegungen wurden erstmals seit einer Reihe von Jahren konkrete politische Erfolge erzielt: Mit allen drei Rebellenkategorien - Ex-Putschisten aus den Reihen des Militärs, aufständischen Muslimen und kommunistischen Revolutionären - wurden Gespräche geführt. Eine Einigung mit der ohnehin geringen Zahl von Ex-Militärs erscheint rascher möglich. Mit der Muslim-Organisation MNLF wurde im November 1993 ein Waffenstillstand als Basis für weitere Verhandlungen ab Februar 1994 geschlossen. Die maoistisch orientierte "Communist Party of the Philippines" ist gespalten und z.T. zu Verhandlungen mit der Regierung bereit, die Zahl ihrer Guerilleros auf weniger als 9.000 - von etwa 25.500 auf dem Höhepunkt 1987 - gesunken.

Im Kampf gegen die Korruption im öffentlichen Dienst wurden durch die Ablösung höchster Polizeioffiziere deutliche Zeichen gesetzt. Schwere Straftaten, darunter Kidnapping, sollen durch die auf Betreiben der Regierung gegen Ende 1993 wiedereingeführte Todesstrafe eingedämmt werden. Der Versuch allerdings, auch die Stellenüberbesetzung im öffentlichen Dienst abzubauen, stieß auf verbreiteten passiven Widerstand.

Die Wirtschaftsform bezeichnete Ramos in seinem Bericht zur Lage der Nation Ende Juli 1993 als oligarchisch und aus der Kolonialzeit übernommen. Zur Schaffung vergleichbarer Wettbewerbsverhältnisse müßten die Struktur von Protektionismus und Kontrollen demontiert und die gegen das öffentliche Interesse arbei-

PHILIPPINEN

tenden Monopole und Kartelle restrukturiert werden, gleichzeitig aber auch Filipinos und in den Philippinen ansässige Unternehmen unterstützt werden, die ihre Leistungsfähigkeit, Wettbewerbsfähigkeit und ihr gesellschaftliches Bewußtsein unter Beweis gestellt hätten. Die Basis der Partizipation an der Wirtschaft müsse erweitert werden, die Wirtschaft für alle offen sein, die neues Kapital, neue Kenntnisse, neue Ideen und einen neuen Grad von Effizienz einbrächten. Globale Wettbewerbsfähigkeit müsse im eigenen Land beginnen; die Regierung werde in ihrer Kampagne gegen schädliche Monopole und Steuerhinterzieher nicht nachgeben; die Verabschiedung gesetzlicher Maßnahmen gegen Monopole und Preisabsprachen durch das Parlament sei dringend erforderlich.

Zu den konkreten Zielen, die nach den Regierungsplänen bis zum Ende der Präsidentschaft von Ramos (1998) erreicht werden sollen, gehören eine durchschnittliche jährliche Wirtschaftswachstumsrate von real 6 bis 8%, eine Erhöhung des statistischen Pro-Kopf-Einkommens auf 1.000 US$ und eine Senkung des unterhalb der Armutsgrenze lebenden Bevölkerungsteiles auf 30%.

1992 haben sich optimistische Prognosen zur gesamtwirtschaftlichen Entwicklung noch nicht erfüllt, doch wurde trotz der Krise in der Stromversorgung, die nach den Berechnungen einer multisektoralen Arbeitsgruppe zu einem Einnahmeausfall in der Industrie in Höhe von 2,24 Mrd US$ führte, insgesamt eine positive Trendumkehr erzielt: Das Bruttosozialprodukt (BSP) wuchs real um 0,7% (Vorjahr: 0,1%), das Bruttoinlandsprodukt (BIP), welches im Vorjahr noch um real 0,8% geschrumpft war, blieb mit -0,1% nahezu konstant.

Als Auftriebsfaktoren wirkten vor allem der private Verbrauch, für den rund 76% des BIP verwendet wurden, mit einer realen Zuwachsrate von 3,3%, und die Kapitalinvestitionen (22,3% des BIP), von denen rund die Hälfte in Ausrüstung ging, mit einer realen Zuwachsrate von 14,5%. Der Staatsverbrauch hingegen schrumpfte vor dem Hintergrund der Bemühungen um eine Konsolidierung des Budgets und des mit dem Internationalen Währungsfonds (IMF) vereinbarten Sparprogrammes real um 4,3%.

Das Volumen der vom Board of Investments (BOI) genehmigten Investitionen blieb mit 99 Mrd P zwar erheblich unter dem von der Regierung anvisierten Betrag von 125 Mrd P, lag aber immer noch 17% höher als im Vorjahr. Die ausländischen Investitionen gingen nach Angaben der Zentralbank um 21% auf 327,9 Mio US$ zurück - wofür neben philippinischen Gegebenheiten auch die Wirtschaftslage in den Industriestaaten Ursache gewesen sein dürfte. An der Spitze lag weiterhin Japan mit 154,3 Mio US$ (- 18,2% gegenüber dem Vorjahr), gefolgt von den USA mit 56,1 Mio US$ (- 25,3%).

Auf der Produktionsseite registrierten der Agrarsektor, bei dem eine anhaltende Dürreperiode die Landwirtschaft schädigte, eine reale Schrumpfung um 0,4%, das durch die Stromkrise beeinträchtigte verarbeitende Gewerbe um 1,7%, der Handel um 1,4% und die öffentlichen Dienstleistungen um 1,9%. Demgegenüber erzielte der gesamtwirtschaftlich allerdings nicht sehr bedeutende Bergbausektor eine reale Zuwachsrate von 6,7%, das Baugewerbe von 2,7%, die Versorgung mit Strom, Gas

PHILIPPINEN

und Wasser von 4,2% und der Verkehrssektor von 1,7%. Beim Handel, der Finanzwirtschaft und den privaten Dienstleistungen lag die reale Zuwachsrate jeweils unter 1%.

Die Inflationsrate belief sich im Jahresdurchschnitt auf 8,9% - ein erheblicher Abschwung von den 18,7% des Vorjahres. Dies ging teilweise auf die Ausgabendisziplin der öffentlichen Hände zurück: Das "consolidated public sector deficit" (CPSD) - die Summe der Defizite des Staatshaushaltes, des "Oil Price Stabilization Fund" (OPSF), von 14 einbezogenen staatlichen Nichtfinanzinstituten, der staatlichen Finanzinstitute (einschl. des Sozialversicherungssystems SSS), des "Government Service Insurance System" (GSIS) und der Kommunalverwaltungen -, das sich 1990 noch auf 5,3% des BIP belaufen hatte und 1991 1,6% des BIP entsprach, konnte auch 1992 auf 1,9% des BIP begrenzt werden. Dabei fiel das Defizit im Staatshaushalt von 1990 3,5% auf 1991 2,1% und 1992 1,2% des BIP. Der Bargeldumlauf stieg 1992 mäßig um 7,1% (1991: 12,0%), die Geldmenge M1 um 10,6%, M2 um 11,2% und M3 ("domestic liquidity") um 11,0%.

Der Rückgang der Inflationsrate ging mit einer Zinssenkung einher. So sank der Zinssatz auf Regierungsobligationen mit einer Laufzeit von 91 Tagen von 35,2% bei der ersten Auktion 1991 auf 12,4% bei der Auktion am 12.3.1993. Auf Bankeinlagen mit einer Kündigungsfrist von 3 Monaten zahlten Geschäftsbanken nach einer Zentralbankumfrage in der ersten Märzwoche 1993 bis zu 12,5%, nur in Ausnahmefällen noch 15 bis 16%.

Auch auf dem Arbeitsmarkt konnte eine - wenn auch noch unzureichende - Verbesserung erzielt werden: 24,618 Mio Erwerbstätigen standen 1992 2,322 Mio Arbeitslose gegenüber. Dies entsprach einer Arbeitslosenrate von 8,6% (Vorjahr: 9,0%). Hinzu kam eine hohe Unterbeschäftigtenrate von 19,9% (Vorjahr: 22,1%). Das Arbeitslosen- und Armutsproblem in den Philippinen ist u.a. das Resultat des hohen Bevölkerungswachstums (1992: 2,21%). Einer unter Ramos - dem ersten nicht katholischen Präsidenten des Landes - eingeleiteten Kampagne zur Geburtenkontrolle wurde von der in den Philippinen vorherrschenden katholischen Kirche heftiger Widerstand entgegengesetzt.

In der Außenwirtschaft wurde 1992 bei einer starken Exportsteigerung, aber einem fast doppelt so schnellen Anwachsen der Importe ein Rekorddefizit von fast 4,7 Mrd US$ erzielt. Dank einer sehr positiven Dienstleistungbilanz etc. schloß die Zahlungsbilanz jedoch mit einem Überschuß von 445 Mio US$ ab. Die Währungsreserven blieben mit 5,22 Mrd US$ sehr hoch. Die Auslandsverschuldung erhöhte sich begrenzt, doch ging das Verhältnis von Auslandsverschuldung zum BIP von 1986 94% auf 1992 58,5% und das Verhältnis von Auslandsverschuldung zu den Warenexporten im selben Zeitraum von 305,2% auf 181,9% zurück. Die Schuldendienstrate (d.h. die Relation Schuldendienst : Export von Waren und Dienstleistungen), die zu Beginn der Schuldenkrise 1983 bei 33,5% gelegen hatte, stand 1992 bei 18,0%.

Für 1993 wurde das reale BSP-Wachstum zunächst auf 4,5% veranschlagt. Zur Ankurbelung der Wirtschaft wollte die Regierung von ihren Gesamtinvestitionen

PHILIPPINEN

bereits 55 bis 60% im 1. Halbjahr tätigen (statt etwa 40 bis 45% im 1. Halbjahr 1992), ohne die mit dem IMF vereinbarte Ausgabengrenze von 3% des BSP im ganzen Jahr zu überschreiten. Im Ergebnis blieb, soweit es sich im Herbst 1993 abzeichnete, das "Pump Priming"-Programm der Regierung aber erheblich hinter der Planung zurück. Der Minister für Wirtschaftsplanung führte als Ursache dafür insbesondere durch die Bürokratie bedingte Verzögerungen in der Freigabe von Mitteln für Projekte, vor allem in abgelegeneren Gebieten, an. Neuere Projektionen gehen von einem BIP-Wachstum von ca. 2,5% für das Kalenderjahr aus, wofür eine erwartete Beschleunigung der wirtschaftlichen Aktivitäten im 2. Halbjahr Voraussetzung ist.

Im 1. Halbjahr 1993 wuchs das BIP real um 0,69% (1. Halbjahr 1992: 0,13%) und das BSP real um 1,79% (1. Halbjahr 1992: 0,61%). Hinter diesen Zahlen steht aber ein deutlicher Aufschwung im 2. Quartal 1993: BIP 1. Quartal + 0,17%, 2. Quartal + 1,7%; BSP 1. Quartal + 0,92%, 2. Quartal + 3,5%. Zur Konjunkturbelebung trugen sowohl ein erhöhter Verbrauch als auch eine erhebliche Steigerung der Investitionstätigkeit bei. Im Vergleich zum entsprechenden Zeitraum 1992 lagen die Bruttoanlageinvestitionen im 1. Halbjahr 1993 mit 81 Mrd P (darunter 45 Mrd P aus dem Inland in Kapitalgüter) um 11,6% höher, die vom BOI genehmigten Investitionen mit 47 Mrd P (davon rund 75% aus dem Inland) sogar um 111%. Obwohl die Regierung 1993 auf Verhandlungen mit dem IMF über einen neuen Kredit wegen erwarteter Differenzen über bestimmte Limits verzichtete (diese aber voraussichtlich 1994 aufnehmen wird), stiegen auch die ausländischen Direktinvestionen um 38,7% auf fast 199 Mio US$, davon 73,3 Mio US$ aus Großbritannien, 26,9 Mio US$ aus Japan, 26,5 Mio US$ aus den (britischen) Virgin Islands, 9,4 Mio US$ aus Hongkong, 8,0 Mio US$ aus Luxemburg, 7,5 Mio US$ aus Deutschland, 6,7 Mio US$ aus den Niederlanden, etc. Die Inflationsrate, die für das gesamte Jahr auf 7,4% veranschlagt wurde, lag im März 1993 (im Vergleich zum entsprechenden Vorjahrsmonat) bei 6,6%, im Juli saisonbedingt wieder höher bei 7,8%.

Exporte und Importe wuchsen im 1. Halbjahr 1993 erneut kräftig, ebenso das Defizit in der Handelsbilanz. Die Zahlungsbilanz schloß nach den ersten fünf Monaten mit einem beträchtlich gestiegenen Überschuß ab. Der Peso blieb trotz der 1992 vollzogenen Wechselkursfreigabe für laufende Transaktionen stabil - so sehr, daß der Exportsektor eine Intervention der Zentralbank forderte. Diese reagierte mit mehrfachen Diskontsatzsenkungen: am 16.3.1993 von 14,3% auf 12,8%, am 27.7.1993 auf 9,4%, am 7.9.1993 schließlich auf 8,8%.

Die Auslandsverschuldung erreichte Ende März 1993 einen Stand von 33,018 Mrd US$; davon entfielen 27,051 Mrd US$ auf den öffentlichen Sektor, dabei zu 82,1% in Form von mittel- und langfristigen Darlehen. Die Bruttowährungsreserven hatten nach einem Rekordvolumen von 6,70 Mrd US$ im April 1993 Ende Juli einen Stand von 5,521 Mrd US$, die Nettowährungsreserven am 23.7.1993 von 2,045 Mrd US$.

PHILIPPINEN

Neue wirtschaftliche Wachstumszentren könnten die von den USA geräumten Militärstützpunkte werden.

Der frühere Marine-Stützpunkt Subic Bay mit einem Areal von grob 6.000 ha verfügt über einen ausgezeichneten Tiefwasserhafen, Docks, Lagerhallen, einen eigenen Flughafen, Wohnblöcke und Freizeitanlagen, die von der philippinischen "Subic Bay Metropolitan Authority" (SBMA) intakt gehalten werden. Genutzt und ausgebaut werden soll er insbesondere als Warenumschlagzentrum Luft/Schiff und umgekehrt auch für umliegende Länder, als Touristengebiet und Kongreßzentrum sowie für die Ansiedlung vor allem von Leichtindustrie (in einem 300 ha großen Industriepark). Zu den Investitionsanreizen gehören eine Befreiung von lokalen und nationalen Steuern außer einem Steuersatz von 5% auf die Bruttoeinnahmen. Bis zum 17.8.1993 unterzeichnete die SBMA Verträge mit 28 Firmen über ein Investitionsvolumen von 8,77 Mrd P, die mehr als 10.000 Arbeitsplätze schaffen sollen.

Der frühere Luftwaffenstützpunkt Clark Air Base, der allerdings Schäden durch den Ausbruch des Vulkans Mt. Pinatubo und durch Plünderer erlitten hat, verfügt u.a. über 2 Landebahnen von je 3,2 km Länge mit zugehörigen Einrichtungen, ein 50-MW-Kraftwerk (das durch ein 100-MW-Kraftwerk auf BOT-Basis ergänzt werden soll), eine eigene Wasserversorgung mit einer Speicherkapazität von etwa 4 Mio gallons, sehr hochwertige Telekommunikationseinrichtungen, Lagerhallen, Wohnungen etc. Er soll zu einem internationalen Flughafen (ca. 100 km von Manila entfernt) ausgebaut werden. Darüber hinaus sind vorgesehen: eine Industrieansiedlungszone auf einer Fläche von 1.020 ha, ein Tourismuszentrum mit Freizeitpark, Sporteinrichtungen usw., sowie ein größeres Geschäfts- und Wohnzentrum. Auch hier werden umfangreiche Investitionsanreize eingeräumt. Nach dem Stand vom August 1993 wollen etwa 30 Firmen in Kürze ihre Tätigkeit auf dem Gelände aufnehmen und drei ausländische Unternehmen bemühten sich um den Zuschlag für den Flughafenkomplex auf BOT-Basis.

Kritiker haben den philippinischen Regierungen der letzten Zeit eine zu starke Intervention in die Wirtschaft statt Schaffung günstiger Bedingungen für private Investitionen vorgeworfen, darunter die Förderung hoher Kreditzinsen durch hohe, mit Kreditaufnahme abgedeckte Haushaltsdefizite und die Ermöglichung einer Inflationsrate, mit der die Einkommensentwicklung nicht Schritt hielt. Die Regierung Ramos verfolgt zwar weiter die Politik eines staatlichen "pump priming", ist aber offensichtlich gleichzeitig und nicht ohne Erfolg bestrebt, der Wirtschaft ein günstigeres Investitionsklima zu bieten. Hierzu gehört auch ein verstärkter Zugang zu günstigen Darlehen - nicht nur durch niedrigere Anleihezinsen, sondern auch durch eine geplante Öffnung des Landes gegenüber ausländischen Banken.

PHILIPPINEN

Staatshaushalt

Die im Haushaltsvoranschlag der Regierung für 1993 vorgesehenen Ausgaben von 330,2 Mrd P wurden vom Repräsentantenhaus zunächst mit geringen Abstrichen gebilligt, vom Senat jedoch drastisch reduziert. In der Fassung, die schließlich Anfang Januar d.J. Präsident Ramos in Kraft setzen konnte, wurden die Ausgaben nur noch auf 309,4 Mrd P (etwa 12,4 Mrd US$) veranschlagt, wovon allein 100 Mrd P (32,3%) auf den Schuldendienst der Regierung gegenüber dem In- und Ausland entfielen. Das Haushaltsdefizit belief sich auf 22,1 Mrd P.

Im 1. Halbjahr 1993 blieben die Einnahmen jedoch mit 114,607 Mrd P erheblich hinter den geplanten 128,146 Mrd P zurück, was u.a. auf eine gedämpftere gesamtwirtschaftliche Entwicklung als erwartet zurückgeführt wurde. Da aber gleichzeitig die Ausgaben nur 123,572 Mrd P statt der vorgesehenen 147,993 Mrd P erreichten (u.a. durch bürokratische Verzögerungen in der Freigabe von Projektmitteln trotz der von der Regierung angestrebten Ausgabenbeschleunigung zur Ankurbelung der Wirtschaft), lag das Defizit ebenfalls weit unter dem eingeplanten Niveau. Die Inlandsverschuldung der öffentlichen Hand hatte im Mai 1993 einen Stand von 554,42 Mrd P, wovon 492,057 Mrd P (88,8%) auf die Zentralregierung entfielen.

Der von der Regierung im Parlament eingebrachte Haushaltsvoranschlag 1994 sah bei Ausgaben von rund 362 Mrd P (etwa 13,4 Mrd US$) und Einnahmen von 319,2 Mrd P ein Defizit von 42,8 Mrd (etwa 1,58 Mrd US$) vor. Das Repräsentantenhaus verabschiedete ihn im November 1993 mit einem praktisch unveränderten Ausgabevolumen von 362,5 Mrd P, wovon 117,8 Mrd P (32,5%) auf den Schuldendienst der Regierung (gegenüber dem In- und Ausland) entfielen. Die Mittel für den Schuldendienst können aufgrund eines nach wie vor in Kraft befindlichen Erlasses des früheren Präsidenten Marcos nicht gekürzt werden, sondern müssen automatisch bereitgestellt werden. Das endgültige Haushaltsvolumen stand bei Abfassung dieses Berichtes noch nicht fest.

Im Rahmen der Bestrebungen zur Konsolidierung des Budgets versucht die Regierung Ramos, die Staatseinnahmen durch verstärktes Vorgehen gegen Steuerhinterziehung erheblich zu erhöhen. So unterzeichnete der Präsident am 28.12.1992 ein Gesetz, durch das die Höchststrafe für dieses Delikt von früher 10.000 P oder zwei Jahren Haft heraufgesetzt wurden. Wer seine Steuererklärung wieder zurückzieht, nachdem ihr Eingang von der zuständigen Behörde durch Stempel bestätigt wurde, wird jetzt mit einer Geldstrafe von 10.000 bis 20.000 P sowie Haft nicht unter zwei und nicht über vier Jahren bestraft, wer falsche Angaben in der Steuererklärung oder in Dokumenten in Verbindung mit der Steuererklärung macht, mit einer Geldstrafe von 30.000 bis 50.000 P und einer Haftstrafe von zwei bis sechs Jahren. Am 7.9.1993 hat die Finanzbehörde formell Klage gegen den Wirtschaftsmagnaten Lucio C. Tan und eine Anzahl Mitarbeiter erhoben, denen die Hinterziehung von 7,686 Mrd P an Steuern durch die von Tan kontrollierte Fortune Tobacco Corp.

PHILIPPINEN

vorgeworfen wird - während der Präsident der Firma das angewandte Verfahren als legal bezeichnete.

Land- und Forstwirtschaft, Fischerei

Der Agrarsektor ist, obwohl sein BIP-Beitrag etwas unter dem des verarbeitenden Gewerbes liegt, mit einem Anteil von mehr als 45% an der Gesamtzahl der Erwerbstätigen - im Vergleich zu gut 10% beim verarbeitenden Gewerbe - noch immer wichtigster Wirtschaftssektor in den Philippinen.

1992 blieb die Gesamternte in der Landwirtschaft mit 63,488 Mio t um etwa 1% unter dem Vorjahresergebnis - u.a. als Folge einer Dürre und des Rückgangs der landwirtschaftlich genutzten Fläche um 3,6% auf 12,511 Mio ha. Insbesondere sank die Ernte von Reis (Palay) um 5,6% auf 9,129 Mio t, von Mais um 2,1% auf 4,559 Mio t, von Zuckerrohr um 1,4% auf 21,5 Mio t und von Kassava um 1% auf 1,798 Mio t. Einen leichten Anstieg verzeichnete u.a. die Produktion von Kokosnüssen mit 11,405 Mio t (+ 1,0%), von Bananen mit 3,059 Mio t (+ 3,7%) und von Ananas mit 1,135 Mio t (+ 1,6%), einen starken Anstieg die von Tabak mit 116.700 t (+ 37,0%).

Auch der Tierbestand war teilweise rückläufig, wie die folgenden Zahlen für 1992 (1991) zeigen: Wasserbüffel 2,577 (2,647) Mio; Rinder 1,658 (1,676) Mio; Ziegen 2,240 (2,102) Mio; Schweine 8,022 (8,006) Mio; Geflügel 63,127 (65,491) Mio; Enten 8,512 (8,268) Mio.

Im 1. Halbjahr 1993 zeichnete sich eine Besserung ab: Die Bruttowertschöpfung stieg im Vergleich zur entsprechenden Vorjahresperiode real um 4,3% (für den gesamten Agrarsektor real um 2,5%). Die Maisernte lag mit 1,341 Mio t um 16,6% höher. Zuckerrohr wurde im Erntejahr 1992/93 auf 377.000 ha (Vorjahr: 370.718 ha) angebaut, so daß die Rohzuckerproduktion um 2,4% auf 2,058 Mio t wuchs. Für Reis wurde nach dem Stand von Anfang November 1993 eine Jahresernte von 9,7 Mio t, d.h. über 6% mehr als im Vorjahr, erwartet.

In der Fischerei wurden 1992 2,6256 Mio t Fisch und sonstige Meeresprodukte angelandet - 1% mehr als 1991. Von dem Gesamtvolumen entfielen 804.900 t auf die kommerzielle Fischerei, 736.400 t auf Aquakulturen und 1,0843 Mio t auf den lokalen Salz- und Süßwasserfischfang.

Der Holzeinschlag wurde aus Gründen des Umweltschutzes weiter gedrosselt. Mit 1,749 Mio cbm lag er 1992 18,3% niedriger als 1991. 10,1% des Gesamtvolumens waren Brennholz, weitere 8,1% dienten der Herstellung von Holzkohle.

PHILIPPINEN

Bergbau und Energie

Im Metallbereich des Bergbausektors ging die Produktion 1992 vielfach zurück - so bei Gold um 12,3% auf 22,7 t, bei Silber um 21,0% auf 30,9 t, bei Kupfer um 16,6% auf 123.500 t. Bei den Nichtmetallen fiel die Produktion von Kalkstein, aber stieg z.B. die Salzgewinnung leicht auf 495.800 t. Die Kohleförderung erhöhte sich um 21,1% auf 1,582 Mio t. Der Goldbergbau erzielte im 1. Halbjahr 1993 eine Zuwachsrate von 1,26%, die zusammen mit der drastischen Steigerung der Erdölförderung in einer Wachstumsrate des Bergbausektors von 7,44% resultierte.

Im Kohlenwasserstoffbereich steuern die Philippinen auf eine zumindest annähernde Autarkie zu. Im 1. Halbjahr 1993 erhöhte sich die Erdölförderung im Vergleich zum entsprechenden Vorjahreszeitraum wertmäßig um 263% auf 559 Mio P. Der Bedarf an Erdöl wurde für 1993 auf 265.000 bpd veranschlagt und wird 1995 voraussichtlich 300.000 bpd erreichen. Durch die laufende Exploration sind größere bzw. eine hohe Förderung erlaubende Erdöllager bestätigt worden, im wesentlichen offshore vor Palawan. Die kommerziell nutzbaren Reserven des Erdölfeldes West Linapacan werden nach den Ergebnissen von Versuchsbohrungen 1993 auf wenigstens 159 Mio barrels veranschlagt, die des Feldes Malampaya auf 300 Mio barrels. Die Förderung aus West Linapacan soll in wenigen Jahren auf 50.000 bpd gesteigert werden, und allein aus dem Lager von Malampaya - das in tieferen geologischen Schichten weitere Erdöleinschlüsse enthalten könnte - wird ab 1997/98 eine Förderung von 150.000 bis 200.000 bpd erwartet. Im 1. Halbjahr 1994 wollen zehn im Erdölsektor der Philippinen tätige Konsortien rund 100 Mio US$ in die Exploration investieren.

Der Gesamtenergieverbrauch der Philippinen erhöhte sich 1992 um 8,2% auf 132,51 Mio barrels Heizöläquivalent (BFOE). Von dieser Energiemenge wurden 37,45 (Vorjahr: 40,61) Mio BFOE im Inland erzeugt (0,54 Mio BFOE Öl, 5,09 Mio BFOE Kohle, 7,33 Mio BFOE Wasserkraft, 9,83 Mio BFOE geothermische Energie, 14,66 Mio BFOE nicht-konventionelle Energiequellen) und 95,05 (Vorjahr: 81,55) Mio BFOE importiert (92,52 Mio BFOE Erdöl, der Rest: Kohle).

Die häufigen Stromausfälle ("brown-outs" - auf Luzon zeitweilig bis zu 8 Stunden oder mehr pro Tag) haben nicht nur zu beträchtlichen Produktionsausfällen geführt, sondern auch zu Einkommens- und Arbeitsplatzverlusten bei den Beschäftigten sowie mutmaßlich einer geringeren Investitionsbereitschaft bei potentiellen ausländischen Investoren. Sie gehen zu einem sehr erheblichen Teil auf Versäumnisse in der Regierungszeit Aquino zurück, ältere Kraftwerke zu überholen und rechtzeitig zusätzliche Kapazitäten zu schaffen. So erhöhte sich die installierte Leistung im ganzen Land von 1988 6.640 MW auf 1992 lediglich 6.950 MW und die Stromerzeugung von 1988 24,538 auf 1992 25,682 Mrd kWh. Präsident Ramos bildete bereits kurz nach seiner Wahl 1992 wieder ein Energieministerium. Im April 1993 billigte das Parlament Sonderrechte, die ihm u.a. erlauben, auch ohne Ausschreibung Verträge über den Neubau oder die Über-

PHILIPPINEN

holung von Kraftwerken etc. abzuschließen, die staatliche "National Power Corporation" (Napocor) zu reorganisieren und in ihre Strompreisgestaltung einzugreifen. Durch eine Reihe von Sofortmaßnahmen konnten die "brown-outs" ab Spätherbst 1993 auf durchschnittlich etwa 2 Stunden pro Tag reduziert werden. Ein Ausbau der installierten Leistung auf 12.186 MW - also fast das Doppelte der derzeitigen Kapazität - im Jahre 2000 ist geplant, geht aber von optimistischeren Wirtschaftswachstumsraten aus als derzeit erzielt.

Verarbeitende Industrie

Der Produktionswertindex (bezogen auf 1985 = 100) für die wichtigsten Unternehmen des verarbeitenden Gewerbes erhöhte sich von 234,7 im Mai 1991 auf 251,6 im Mai 1992 und 297,5 im Mai 1993. Zu den Branchen mit dem höchsten Indexstand gehörten im Mai 1993: Verkehrsausrüstung 1.645,6; Nichtedelmetalle 320,9; Elektromaschinen 315,2; Bekleidung 260,9; Erdölprodukte 250,7; Erzeugnisse aus nichtmetallischen Mineralien 247,3. Absolute Produktionszahlen führt das im Herbst 1993 erschienene offizielle statistische Jahrbuch der Philippinen nur bis 1989 an.

Positiv hat sich die Montage von Kraftfahrzeugen entwickelt. So konnten im September 1993 angesichts gesunkener Kreditzinsen und erwarteter Preissteigerungen 4.866 Kfz (September 1992: 2.866) verkauft werden. In den ersten 9 Monaten 1993 belief sich der Absatz auf 32.902 Kfz - im Vergleich zu 19.844 im entsprechenden Vorjahrszeitraum. Nach einer Pressemeldung beabsichtigt das "Board of Investments" (BOI), das "Motor Vehicle Development Program" bis 1998 stufenweise auslaufen zu lassen, so daß dann eine unbegrenzte Einfuhr von Kfz-Teilen möglich sein wird, die allerdings aus Exporteinnahmen der Branche finanziert werden muß. Die Mercedes-Benz AG beabsichtigte, im 4. Quartal 1993 durch ihren philippinischen Partner mit der Montage eines Mercedes-Pkw-Modells zu beginnen.

Sehr erfolgreich sind die vier "Export Processing Zones" (Mactan, Cavite, Bataan, Baguio City) und fünf andere Sonderzonen für das verarbeitende Gewerbe (Laguna Technopark, Luisita Industrial Park - im Besitz der Familie der früheren Präsidentin Corazon Aquino in Concepcion, Tarlac -, Laguna Industry and Science Park of the Philippines, First Cavite Industrial Estate, Laguna International Industrial Park). In alle zusammen wurden in den ersten 10 Monaten 1993 2,16 Mrd P investiert - 12% mehr als von Januar bis Oktober 1992. 1,23 Mrd P davon gingen in die EPZs, der Rest in die anderen Sonderzonen. Die Exporte aus den EPZs erreichten 1992 insgesamt 1,7 Mrd US$ und in den ersten fünf Monaten 1993 881 Mio US$. Die staatliche "Export Processing Zone Authority" strebt für den Zeitraum 1994-98 Neuinvestitionen von insgesamt 7,7 Mrd P an, womit sich das Investitionsvolumen auf 20 Mrd P erhöhen würde.

PHILIPPINEN

Verkehr und Dienstleistungen

Im Verkehrsbereich ging die Beförderungsleistung der Staatsbahn - die infolge des insularen Charakters der Philippinen allerdings ohnehin keine sehr bedeutende Rolle spielt - 1992 drastisch zurück: auf 466.800 (Vorjahr: 654.900) Passagiere und 4.900 (Vorjahr: 11.600) t Fracht.

Zur Beförderungsleistung im Straßenverkehr enthält das offizielle statistische Jahrbuch keine Angaben. Die Zahl der registrierten Kraftfahrzeuge sank 1992 auf 1.679.563 (Vorjahr: 1.715.366), die Straßenlänge erhöhte sich um rund 850 km auf 135.141 km, wovon jedoch nur 6.986 km asphaltiert und weitere 5.064 km betoniert sind.

In der internationalen Schiffahrt sank die Zahl der Schiffe, die philippinische Häfen anliefen, 1992 auf 10.597 (Vorjahr: 14.457) und ihre Nettotonnage auf 63,939 (Vorjahr: 88,549) Mio t.

Ein starker Zuwachs wurde hingegen im internationalen Luftverkehr erzielt: Die Zahl der Flüge erhöhte sich auf 29.874 (Vorjahr: 25,828), die Zahl der ankommenden Passagiere auf 2,519 (Vorjahr: 2,117) Mio. Der stark belastete internationale Flughafen von Manila soll ausgebaut werden. Nach der Bereitstellung eines Kredites von 175 Mio US$ durch den japanischen "Overseas Economic Cooperation Fund" wurde im November 1993 die Ausschreibung für den Bau eines zweiten Flughafenterminals angekündigt, durch den die Kapazität der Passagierabfertigung von gegenwärtig 5 bis 7 Mio auf 25 Mio pro Jahr wachsen soll und dessen Fertigstellung für 1997 vorgesehen ist. Der von philippinischen Wirtschaftsmagnaten angebotene Bau eines dritten Terminals dürfte davon abhängen, ob auf dem ehemaligen amerikanischen Militärstützpunkt Clark Air Base in rund 100 km Entfernung von Groß-Manila ein weiterer internationaler Flughafen entsteht. Außerdem ist der Bau eines neuen Flughafens für den Inlandsverkehr in der Nähe des bestehenden von Manila geplant. Die seit 1992 überwiegend in privatem Besitz befindlichen "Philippine Airlines" (PAL) wollen die vom früheren Management eingeleitete Verjüngung der Luftflotte fortsetzen, streben aber einen Aufschub des Liefertermines der ersten beiden von sechs bestellten Langstreckenflugzeugen des Typs Airbus 340-200 an. Die Konditionen für den Kauf von vier Boeing 747-400 wurden bereits neu verhandelt.

Das Telefonnetz des Landes wird sich in den nächsten Jahren erheblich verbessern. Aufgrund der 1993 von Präsident Ramos herausgegebenen Executive Order 109 müssen die Telefongesellschaften ihre Netze ausbauen. Auf dieser Grundlage sollen innerhalb von fünf Jahren rund 2,9 Mio neue Telfonanschlüsse installiert werden. Der Branchenführer "Philippine Long Distance Telephone Co." (PLDT) kündigte im September 1993 die Installation von 956.795 Neuanschlüssen (654.000 in Groß-Manila, 302.795 anderweitig) bis 1996 an. Ein im Oktober 1993 gebildetes Joint Venture mit Beteiligung aus Singapur plant den Aufbau eines Telefonnetzes, das den Umfang des PLDT-Netzes zu diesem Zeitpunkt (1,2 Mio Anschlüsse) erreichen soll. Eine erhebliche Leistungsverbesserung ist auch von der von

PHILIPPINEN

Präsident Ramos verfügten obligatorischen technischen Verbindung der Telefonnetze untereinander zu erwarten, während bislang die PLDT nach eigenem Ermessen Verbindungen zwischen lokalen bzw. regionalen Netzen herstellte. Zum Bankwesen lagen im Herbst 1993 dem Parlament zwei Gesetzesvorlagen (House Bill 8226 und Senate Bill 839) vor, durch welche weiteren ausländischen Banken der Zugang zu den Philippinen eröffnet und ihre Tätigkeit erleichtert werden sollte. Seit Inkrafttreten des "General Banking Act" von 1948 dürfen nur 4 ausländische Banken in den Philippinen arbeiten: Citibank, Bank of America, Hongkong and Shanghai Banking Corporation, Standard Chartered Bank. Kritiker haben darauf hingewiesen, daß ein offeneres Bankwesen erheblich zum wirtschaftlichen Erfolg beitragen könnte, und auf die Präsenz ausländischer Banken in anderen Ländern der Region verwiesen (z.B. Singapur 36, Südkorea 51, Japan 91, Hongkong 136).

Mit Wirkung vom 6.7.1993 ist eine neue Zentralbank der Philippinen ("Bangko Sentral ng Pilipinas", BSP) gebildet worden, welche die bisherige Zentralbank ersetzt hat, die durch Übernahme umfangreicher Schulden philippinischer Unternehmen und Banken im Gefolge der Schuldenkrise von 1983 zuletzt mit 308 Mrd P (etwa 11,4 Mrd US$) verschuldet war und zur Bedienung der Schulden umfangreiche Kredite aufnehmen mußte, was zur Erhöhung der Kreditzinsen beitrug. Die neue Zentralbank verfügt über ein eingezahltes Kapital von 50 Mrd P (davon 10 Mrd P sofort, die volle Summe innerhalb von zwei Jahren; sie ist schuldenfrei und muß sich mit 75% ihrer eventuell erwirtschafteten Gewinne an der Tilgung der in eine Liquidierungsgesellschaft übertragenen Schulden der bisherigen Zentralbank beteiligen. Von ihrem Entscheidungsgremium, dem 7köpfigen "Monetary Board", müssen 5 (statt früher 2) der Mitglieder hauptberuflich in der Privatwirtschaft tätig sein.

Tourismus

Die Zahl der ausländischen Besucher hat sich 1992 um 21,2% auf 1.152.952 (darunter 36.031 aus Deutschland) erhöht, das Volumen der Einnahmen aus dem ausländischen Tourismus um 47,5% auf 842,0 Mio US$. Der Fremdenverkehr beschäftigte 1992 etwa 800.000 Personen, die Gesamteinnahmen aus dem in- und ausländischen Tourismus beliefen sich auf 61,5 Mrd P (etwa 2,28 Mrd US$). Im 1. Halbjahr 1993 lag die Touristenzahl mit 628.780 um 18,8% höher als im entsprechenden Vorjahreszeitraum.

Ein von Präsident Ramos im Mai 1993 gebilligter mittelfristiger "Tourism Master Plan" sieht vor, bis zum Jahre 2010 die Zahl der ausländischen Touristen auf 5 Mio (pro Jahr) und das Jahresvolumen der Deviseneinnahmen aus dem Fremdenverkehr auf 12 Mrd US$ zu steigern; die Zahl der Beschäftigten in diesem Bereich würde sich dann auf 2,7 Mio erhöhen. Ballungszentren sollen dabei Luzon, die Visayas und Mindanao sein. Bis zum Jahre 2000 sollen in den entsprechenden Ausbau

PHILIPPINEN

dieser Gebiete wenigstens 8,3 Mrd P (307 Mio US$) an öffentlichen und 2,5 Mrd P (92,6 Mio US$) an privaten Mitteln investiert werden.

Außenwirtschaft

Im Außenhandel wuchsen 1992 die Exporte um 11,1% auf 9,8243 Mrd US$ und die Importe um 20,5% auf 14,5189 Mrd US$; dadurch erhöhte sich das Defizit in der Handelsbilanz um 46,2% auf 4,6946 Mrd US$. Im 1. Halbjahr 1993 stiegen die Exporte im Vergleich zur entsprechenden Vorjahrsperiode um 11,9% auf 5,135 Mrd US$, die Importe - besonders durch eine vermehrte Nachfrage nach Kapitalgütern - um 19,8% auf 8,037 Mrd US$. Das Handelsbilanzdefizit lag mit 2,9 Mrd US$ um 37% über dem entsprechenden Vorjahrswert.

Hauptabnehmerland für die Warenausfuhren waren die USA mit 3,7128 Mrd US$ (37,8%), gefolgt von Japan mit 1,7454 Mrd US$ (17,8%), Deutschland mit 521,7 Mio US$ (5,3%), Malaysia mit 518,8 Mio US$ (5,3%), Großbritannien mit 466,8 Mio US$ (4,8%), usw. Der Handel mit den USA wird durch das amerikanische "Generalized System of Preferences" (GSP) begünstigt, in dessen Rahmen die Philippinen als Entwicklungsland Exporte im Wert von 1,05 Mrd US$ zollfrei (mit einer Pauschalabgabe von lediglich 5%) liefern können. Falls nicht erneut verlängert, läuft das GSP im Juli 1994 aus. Nach Warenarten hatten an den Exporten Kokosnußprodukte einen Anteil von 6,7%, Obst und Gemüse von 5,1%, "verschiedene Verarbeitungsprodukte u.a." von 78,0%.

Wichtigste Lieferländer waren 1992: Japan 3,0868 Mrd US$ (21,3%), USA 2,6190 Mrd US$ (18,0%), Taiwan 959,5 Mio US$ (6,6%), Saudi-Arabien 873,6 Mio US$ (6,0%), Hongkong 720,9 Mio US$ (5,0%), Südkorea 696,8 Mio US$ (4,8%), Deutschland 669,9 Mio US$ (4,6%), Singapur 550,9 Mio US$ (3,8%) usw. Ihr von der EU zugewiesene Importquoten schöpfen die Philippinen nicht voll aus. Eine Aufschlüsselung der Importe nach Warenarten führt das offizielle statistische Jahrbuch nicht an.

In der Zahlungsbilanz (vgl. Tabelle 6) sank der Überschuß 1992 um 68,3%, lag aber immer noch bei 445 Mio US$. Im 1. Halbjahr 1993 wurde hingegen ein Überschuß von 739 Mio US$ erzielt - im Vergleich zu lediglich 80 Mio US$ im entsprechenden Vorjahreszeitraum.

Entwicklung der Zahlungsbilanz

Aus Tabelle 6 kann man die Entwicklung der Zahlungsbilanz für den Zeitraum 1992 im Vergleich zum Jahre 1991 erkennen. Im Gegensatz zu ihrer chronisch defizitären Handelsbilanz haben die Philippinen somit in den übrigen Bereichen der Zahlungsbilanz positive Resultate vorzuweisen. Hierzu trugen u.a. Überweisungen der rund 3 Mio im Ausland lebenden Filipinos, die auf jährlich ca.

PHILIPPINEN

5 Mrd US$ veranschlagt werden, und bi- sowie multilaterale Entwicklungszusammenarbeit bei. Die öffentliche ausländische Entwicklungshilfe (ODA) belief sich 1992 auf 1,66 Mrd US$ - rund 61% mehr als im Vorjahr mit 1,003 Mrd US$ - bzw. im 1. Halbjahr 1993 auf 838,1 Mio US$ oder 34% mehr als im 1. Halbjahr 1992 (625,5 Mio US$). Die Nutzungsquote der zur Verfügung stehenden ODA lag in den ersten 6 Monaten 1993 bei 76,9%.

Es bleibt abzuwarten, wie sich der "Common Effective Preferential Tariff" (CEPT) auf die Philippinen auswirken wird, der nach den letzten hier vorliegenden Meldungen gegen Ende 1993 in Kraft treten soll und einen stufenweisen Zollabbau innerhalb der ASEAN im Zeitraum von 15 Jahren vorsieht, so daß dann die Freihandelszone AFTA entsteht. In ihrer endgültigen Liste im Oktober 1993 haben sich die Philippinen verpflichtet, die gestaffelten Zollreduzierungsbestimmungen auf insgesamt 4.451 Waren bzw. 79,61% der bisher zu verzollendenden Produkte anzuwenden, während 1.140 Warenarten bislang ausgenommen sind. Mit ihrer Liberalisierung des ASEAN-Handels liegen die Philippinen damit an zweitletzter Stelle unter den ASEAN-Mitgliedsstaaten. Lediglich Indonesien bleibt mit 78,39% hinter ihnen, bei den übrigen ASEAN-Mitgliedern außer Malaysia (87,57%) liegt der Freigabe-Anteil jeweils bei über 90%. Die hohen Zuwachsraten im philippinischen Außenhandel zeigen jedoch eine wachsende Dynamik und Konkurrenzfähigkeit an.

Beziehungen zur Bundesrepublik Deutschland

Mit der 3. Stelle unter den Abnehmerländern und der 7. Stelle unter den Lieferländern nahm Deutschland 1992 weiterhin einen wichtigen Platz unter den Handelspartnern der Philippinen ein.

Nach der deutschen Statistik sanken 1992 die deutschen Einfuhren aus den Philippinen geringfügig um 2,6% auf 1,1737 Mrd DM, während die deutschen Ausfuhren in die Philippinen um 13,5% auf 976,2 Mio DM stiegen. Damit ging das deutsche Defizit in der bilateralen Handelsbilanz um 20,0% auf 195,5 Mio DM zurück.

In den ersten sechs Monaten 1993 entwickelte sich das bilaterale Außenhandelsvolumen erfreulich: 1.115,1 Mio DM (+10,7%). Die Philippinen lieferten dabei Waren und Dienstleistungen in Höhe von 603,6 Mio DM nach Deutschland (+10,0%). Deutschland exportiert 11,5% mehr als im Vorjahreszeitraum: 511,5 Mio DM.

Die deutschen Investitionen haben nur etwa 1% Anteil an den gesamten ausländischen Investitionen, sind aber breit gestreut. Es gibt etwa 60 deutsche Firmen mit Investitionen im verarbeitenden Gewerbe. Die Firma Telefunken hat inzwischen mehr als 3.500 Beschäftigte in den Philippinen.

Nach philippinischen Angaben sollte die öffentliche deutsche Entwicklungszusammenarbeit 1993 um 11,7% auf 67 Mio DM, darunter 27 Mio DM an nicht zurückzuzahlenden Mitteln, steigen. Die Schwerpunkte der deutschen Entwick-

PHILIPPINEN

lungszusammenarbeit liegen in den Bereichen Umweltschutz, ländliche und landwirtschaftliche Entwicklung, Gesundheitsfürsorge, Familienplanung, Förderung der Klein- und Mittelindustrie sowie Energiewirtschaft.
Im November 1993 besuchte eine OAV/BDEX-Delegation mit Erfolg Manila und Cebu. Es waren neun deutsche Unternehmen vertreten.

Tabelle 1: **Handelsstruktur Deutschland** [1] **- Philippinen**
Deutsche Exporte nach den Philippinen
(Angaben in Mio DM)

SITC POSITION [2]	WARENKLASSE [3]	1990	1991	1992
0 - 9	INSGESAMT	971,0	860,3	976,2
5	Chemische Erzeugnisse	145,8	143,3	161,8
6	Bearbeitete Waren, vorwiegend nach Beschaffenheit gegliedert	68,4	63,9	79,3
7	Maschinenbau, elektrotechn. Erzeugnisse und Fahrzeuge	636,8	564,2	625,7
darunter:				
72	Arbeitsmaschinen für besondere Zwecke	122,5	63,9	96,8
76	Geräte für die Nachrichtentechnik	102,0	97,6	74,3
77	Elektrische Maschinen, Apparate, Geräte und Einrichtungen	161,2	178,0	203,8
8	Verschiedene Fertigwaren	72,7	53,6	59,7

1) Bis 1990 westdeutscher, ab 1991 gesamtdeutscher Handel.
2) Standard International Trade Classification (SITC Rev. II bis 1987, SITC Rev. III ab 1988).
3) Bezeichnungen der Warenklassen teilweise gekürzt; geringfügige Rundungsabweichungen bei Summenbildung möglich.

Quelle: *Statistisches Bundesamt, Wiesbaden*

PHILIPPINEN

Tabelle 2: **Handelsstruktur Deutschland [1] - Philippinen**
Deutsche Importe von den Philippinen
(Angaben in Mio DM)

SITC POSITION [2]	WARENKLASSE [3]	1990	1991	1992
0 - 9	INSGESAMT	933,8	1204,7	1173,7
0	Nahrungsmittel und lebende Tiere	133,8	134,1	107,6
4	Tierische und pflanzliche Öle, Fette und Wachse	141,4	108,3	104,3
7	Maschinenbau-, elektrotechn. Erzeugnisse und Fahrzeuge	219,5	306,4	419,0
8	Verschiedene Fertigwaren	312,5	418,7	393,1
darunter:				
84	Bekleidung und Bekleidungszubehör	210,6	296,8	268,8

1) Bis 1990 westdeutscher, ab 1991 gesamtdeutscher Handel.
2) Standard International Trade Classification (SITC Rev. II bis 1987, SITC Rev. III ab 1988).
3) Bezeichnungen der Warenklassen teilweise gekürzt; geringfügige Rundungsabweichungen bei Summenbildung möglich.

Quelle: Statistisches Bundesamt, Wiesbaden

PHILIPPINEN

Tabelle 3: **Außenhandel nach Waren**
(Exporte in Mio US$)

WARENGRUPPE	1990	1991	1992
GESAMT-EXPORTE	8.186	8.840	9.824
Kokosnußprodukte	503	447	643
Kokosnußöl	361	299	481
Zuckerprodukte	133	136	110
Obst und Gemüse	326	393	371
Bananen	149	173	158
Ananas	89	95	96
Fischereierzeugnisse	294	353	290
Krabben, Garnelen	219	273	211
Andere Agrarprodukte *)	137	150	142
Forstw. Erzeugnisse	94	73	57
Bauholz	19	20	19
Sperrholz	59	44	31
Bergbauerzeugnisse	723	583	627
Kupferkonzentrate	207	174	140
Kupfer	281	195	217
Gold	90	64	156
Eisenerz	81	78	63
Erdölderivate	155	175	150
Industrielle Fertigerzeugnisse	5.707	6.403	7.298
Elektron. u. elektrotechn. Prod.	1.964	2.293	2.753
Bekleidung	1.776	1.861	2.140
Textilgarne u. -gewebe	93	100	121
Schuhe	109	141	144
Reiseartikel u. Handtaschen	43	45	53
Holzerzeugnisse	117	117	113
Möbel	189	177	181
Chemieprodukte	261	304	268
Maschinen und Fahrzeuge	150	181	288
Nahrungsmittel und Getränke	207	233	220
Eisen und Stahl	77	53	23
Spielwaren und Sportartikel	67	117	149
Korbwaren	128	122	133
Andere Industrieerzeugnisse	336	439	469
Wiederausfuhren	95	82	96

*) hauptsächlich Kaffee, Abacafasern, Tabak, Naturkautschuk, Seetang

Quelle: *National Statistics Office (NSO), 1993*

PHILIPPINEN

Tabelle 4: **Außenhandel nach Waren**
(Importe in Mio US$)

WARENGRUPPE	1990	1991	1992
GESAMT-IMPORTE	12.206	12.051	14.520
Kapitalgüter	3.122	2.952	4.023
Spezial- und Kraftwerksmaschinen	1.282	1.047	1.434
Büromaschinen	126	151	369
Telekommunikationsausrüstungen	972	1.186	1.471
Nutzfahrzeuge	295	186	271
Flugzeuge, Schiffe	305	238	305
Präzisionsger., Optik, Fototechnik	142	144	173
Rohstoffe und Zwischenprodukte	5.808	5.851	6.759
Unverarb. Rohstoffe	862	841	947
Weizen	220	172	235
Ungenießbare Rohstoffe	532	597	612
Baumwolle	76	80	78
Kunstfasern	83	91	103
Erze	162	211	192
Halbverar. Rohstoffe	4.946	5.010	5.812
Futtermittel	174	153	186
Chemieprodukte	1.367	1.320	1.492
Org. u. anorg. Chemikalien	439	437	466
Pharmazeutika	148	142	171
Kunstharze	332	327	376
Industrieerzeugnisse	1.794	1.714	2.139
Papier u. Papierprodukte	139	125	155
Textilgarne u. -gewebe	547	539	642
Eisen und Stahl	572	564	676
NE-Metalle	177	170	209
Metallprodukte	132	146	176
Stickereiprodukte	426	514	502
Vorerzeugnisse f. d. Elektroindustrie	1.106	1.208	1.401
Brenn-, Treib- u. Schmierstoffe	1.842	1.784	2.050
Rohöl	1.583	1.400	1.627
Konsumgüter	1.061	990	1.242
Langlebige Gebrauchsgüter	392	478	620
Kraftfahrzeuge	215	256	334
Nahrungsmittel und Getränke	669	512	622
Einfuhren f. die Lohnveredelung	373	474	446

Quelle: National Statistics Office (NSO), 1993

PHILIPPINEN

Tabelle 5: **Außenhandel nach Ländern**
(Angaben in Mio US$)

LAND	1990	1991	1992
GESAMT-EXPORTE	8.186	8.840	9.824
USA	3.095	3.066	3.713
Japan	1.616	1.764	1.746
Bundesrepublik Deutschland	391	503	522
Hongkong	331	392	464
Großbritannien	351	372	467
Singapur	240	230	253
Korea (Rep.)	230	228	176
Taiwan	210	210	287
EU-Staaten	1.448	1.642	1.794
ASEAN-Raum	584	615	910
GESAMT-IMPORTE	12.206	12.051	14.519
USA	2.366	2.425	2.620
Japan	2.232	2.347	3.087
Taiwan	806	825	960
Korea (Rep.)	478	609	697
Hongkong	555	596	721
Saudi Arabien	547	643	874
Bundesrepublik Deutschland	533	466	670
Singapur	487	456	551
Australien	370	381	407
Malaysia	273	215	388
EU-Staaten	1.365	1.247	1.703
Mittlerer Osten	1.559	1.305	1.566
ASEAN-Raum	1.078	926	1.258

Quelle: National Statistics Office (NSO), 1993

PHILIPPINEN

Tabelle 6: **Entwicklung der Zahlungsbilanz**
(Angaben in Mio US$)

	1992	1991
Handelsbilanz	-4.695	-3.211
Dienstleistungsbilanz	2.879	1.351
Übertragungen (netto)	817	827
Leistungsbilanz	-999	-1.033
Ausländische Investitionen (netto)	737	654
Mittel- u. langfristige Kredite (netto)	666	922
Kurzfristiges Kapital (netto)	350	369
Fehler und Auslassungen	-497	-151
Kapitalbilanz	787	1.749
Monetarisierung von Gold	130	245
Revaluierung, dar. Schuldenreduzierung	527	264
Zahlungsbilanz	445	1.405

Quelle: National Statistical Coordination Board, Manila

PHILIPPINEN

Besonderheiten der bilateralen Wirtschaftsbeziehungen aus der Sicht der Europäischen Handelskammer auf den Philippinen, Manila

Trotz aller widrigen Umstände, die die Wirtschaft des Landes in 1993 belastet haben, ist dennoch ein, wenn auch geringes, Wachstum erzielt worden.
Daher besteht auch berechtigte Hoffnung, daß kräftigeres wirtschaftliches Wachstum in 1994 erreicht wird. Dabei spielt die wesentlich verbesserte Energieversorgung eine entscheidende Rolle. Schon 1993 war ein Anziehen der Importe im Bereich der Investitionsgüter und der Rohstoffe zu verspüren: Dieser Trend wird sich im laufenden Jahr fortsetzen.

Obwohl Philippinen nicht zum "Flavor of the Month" der Investoren gehören, sind die Erfolgschancen und die Sicherheit in diesem Land für Investoren weitaus größer als in den Nachbarländern, die sich mehr im Blickfeld befinden. Die eingeleiteten Wirtschaftsreformen und die liberale Haltung gegenüber Auslandsinvestitionen zeigen Wirkung. Für 1994 wird eine wesentliche Belebung der Investitionsneigung erwartet. Schon während der im Herbst 1993 von der Kammer durchgeführten Investitionsreisen nach Deutschland (dekorative Keramik und Software) war das Interesse an strategischen Allianzen zwischen Firmen in Deutschland und in den Philippinen deutlich zu verspüren. Wir gehen mit Zuversicht in das neue Jahr.

Henry J. Schumacher
Geschäftsführender Vizepräsident

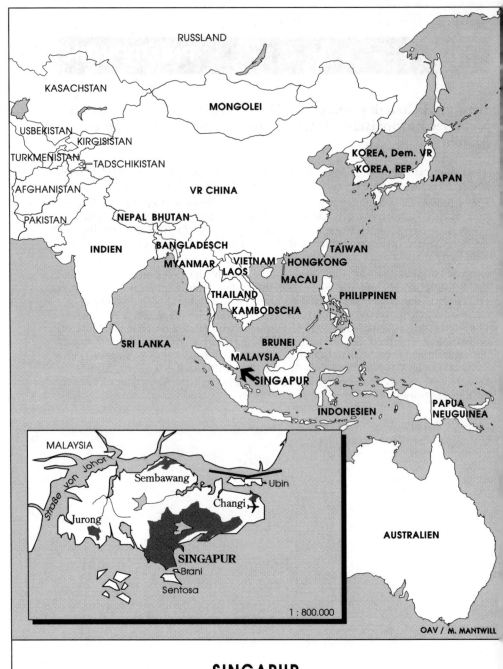

SINGAPUR

Ubin Insel
— Staatsgrenze

SINGAPUR
Dr. Manfred Pohl

Allgemeines

Staatsform:	Republik
Staatsoberhaupt:	Präsident Wee Kim Wee
Regierungschef:	Goh Chok Tong
Landfläche:	645 qkm
Einwohnerzahl:	2,9 Mio Einw.
Bevölkerungsdichte:	4.496 Einw./qkm
Amts- und Handelssprache:	Englisch, Chinesisch (Mandarin), Malaiisch, Tamil
Nationalfeiertag:	9. August (Unabhängigkeitstag 1965)

Weitere Daten

Erwerbspersonen:	1,6 Mio (1993)
Arbeitslosenquote:	1992: 1,5% (1991: 1,9%)
Entstehung des BIP:	Nach Sektoren (%) 1992: Verarbeitende Industrie 28,7; Handel 17,6; Bauwirtschaft 5,4; Banken und Geschäftsdienstleistungen 30,4; Transport und Kommunikation 14,1; Landwirtschaft und Fischerei 0,3
Wichtigste Industrieerzeugnisse:	(Produktionswert Mrd S$): Elektron. Erzeugnisse 27,63; Mineralölprodukte 3,61; Elektromaschinen (u. Bauteile) 2,37; Transportmaschinen 3,71; and. Maschinen 3,12; Chemieerzeugnisse

SINGAPUR

Abkommen mit Deutschland:	Deutsch-britisches Abkommen über den Rechtsverkehr vom 20.3.1928 - Ausdehnung auf Singapur vom 13.4.1929 (seit 25.11.29 in Kraft); Abkommen über kulturelle und wissenschaftliche Zusammenarbeit vom 31.5.1990; Doppelbesteuerungsabkommen vom 19.2.1972 (seit 28.9.73 in Kraft); Luftverkehrsabkommen vom 15.2.1969, in Kraft seit 14.8.1971; Vertrag vom 3.10.1973 über die Förderung und den gegenseitigen Schutz von Kapitalanlagen (in Kraft seit 1.10.1975)
Abkommen mit der EU:	In die allgemeinen autonomen Zollpräferenzen einbezogen; Handels- und wirtschaftspolitisches Kooperationsabkommen zwischen EU-ASEAN vom 7.3.1980 (seit 1.10.1980 in Kraft, automatische Verlängerung nach jeweils 2 Jahren, Kündigungsfrist 6 Monate); Textilabkommen vom 25.10.1991 (Paraphierung)

SINGAPUR

Statistisches Profil Singapur

			1992	1993(S)	1994(S)	1995(P)
1. Bruttoinlandsprodukt (BIP)						
BIP	(Mio US$)		46025	52138	57729	63141
Reales BIP	(Veränd. in %)	1)	5,8	9,8	8,0	7,0
BIP pro Kopf	(US$)		16333	18139	19690	21114
Reales BIP pro Kopf	(Veränd. in %)	1)	3,7	7,6	5,9	4,9
2. Wechselkurse						
S$/US$	(Jahresdurchschnittskurs)		1,63	1,62	1,62	1,64
S$/US$	(Jahresendkurs)		1,64	1,60	1,63	1,63
S$/DM	(Jahresdurchschnittskurs)		1,04	0,98	0,92	0,91
S$/DM	(Jahresendkurs)		1,02	0,93	0,93	0,92
3. Preise						
Inflationsrate	(%)		2,3	2,4	3,5	2,5
Terms of Trade	(veränd. in %)		-2,9	0,0	0,1	-1,0
4. Zinssätze						
Geldmarktsatz	(% p.a.)		2,74	2,70	3,00	3,20
Einlagenzinssatz	(% p.a.)		2,86	2,30	2,50	3,00
Kreditzinssatz	(% p.a.)		5,95	5,40	5,50	6,00
5. Staatshaushalt		2)3)				
Saldo	(in % des BIP)		7,3	6,5	6,1	5,5
6. Monetärer Sektor		4)				
Inlandskredite	(Veränd. in %)		5,5	12,8	9,8	8,9
Geldmenge M2	(Veränd. in %)		8,9	10,3	9,0	8,2
7. Außenhandel						
Exporte (fob)	(Mio US$)		63483	74340	80287	85907
Importe (cif)	(Mio US$)		72177	86615	94410	100075
Deutsche Exporte (fob)	(Mio DM)		3221	3579	3900	4250
Deutsche Importe (cif)	(Mio DM)		3701	4056	4300	4600
8. Leistungsbilanz						
Güterexporte (fob)	(Mio US$)		61570	70482	76121	81449
Güterimporte (fob)	(Mio US$)		66470	77086	82482	87431
Handelsbilanzsaldo	(Mio US$)		-4900	-6604	-6361	-5982
Dienstleistungsexporte	(Mio US$)		26214	27652	29588	31363
Dienstleistungsimporte	(Mio US$)		17740	19719	21297	22787
Dienstleistungsbilanzsaldo	(Mio US$)		8474	7933	8291	8576
Übertragungen privat (netto)	(Mio US$)		-416	-460	-480	-500
Übertragungen öffentlich (netto)	(Mio US$)		-230	-266	-270	-300
Leistungsbilanzsaldo	(Mio US$)		2928	603	1180	1794
9. Auslandsverschuldung						
Bruttobestand	(Mio US$)		4584	4700	4800	4600
- in % des BIP			10,0	9,0	8,3	7,3
- in % der Exporterlöse (Güter und Dienstleistungen)		4)	5,2	4,8	4,5	4,1
10. Währungsreserven						
Währungsreserven	(Mio US$)	5)	39885	46000	49000	52000
- in Monatsimporten	(%)		5,7	5,7	5,7	5,7

1) Auf Basis der Landeswährung.
2) Zentralregierung; ab 1990 Schätzung.
3) Fiskaljahr vom 1.April bis 31.März.
4) Bestand am Periodenende.
5) Goldbestand wird offiziell nicht gesondert ausgewiesen, sondern den Währungsreserven zugewiesen.
(S) Schätzung.
(P) Prognose.

Quelle: F.A.Z GmbH Informationsdienste

SINGAPUR

Wirtschaftliche und politische Lage 1994

+   Singapur trägt seine Wachstumskraft in die Region - Investitionsoffensive in den Nachbarländern
+   Singapurs Leistungsbilanz verbessert sich wieder
+/- Singapurs Inflationsrate durch Einführung einer Umsatzsteuer kurzfristig erhöht

Prognose 1995

+/- Wachstumsabschwächung in Singapur wird von anderen ASEAN-Staaten kompensiert
+   Leichte Abwertungstendenz stützt den Export Singapurs

Wirtschaftsbeziehungen zu Deutschland

+   Deutscher Export nach Singapur erholt
+   Zunahme des deutschen Singapur-Handels

BE PART OF OUR DIVERSITY IN EAST ASIA!

Our technical and commercial team in Singapore know their way around East Asia - the countries, the people, the business.

We supply chemical specialities and raw materials to the paint and lacquer, the printing ink, the rubber and the plastics industries.

If you want your products to be marketed and distributed with experience and extensive know-how, why not make use of our services?

Call Axel Möller in Hamburg or Ian Jacobs in Singapore.

Japan
Tokio
Korea
Taiwan
Hongkong
Thailand
Philippines
Malaysia
NRC
Singapore
Indonesia

NORDMANN, RASSMANN GMBH & CO.

Kajen 2 · D-20459 Hamburg · Tel. (40) 36 87 379 · Fax (40) 36 87 249

Area Representative Office Singapore · 10 Anson Road · # 22-03 International Plaza · Singapore 0207 · Tel. (65) 222 90 05 · Fax (65) 224 88 96

SINGAPUR

Gesamtwirtschaftliche Entwicklung

Der Jahresabschluß 1992 endete mit einem Wachstumssaldo, der im großen und ganzen den Zielvorgaben der Regierung von ca. 4-6% (BIP real 5,8%) entsprach, wenn auch in einzelnen Kernsektoren der Wirtschaft die Abkühlung allzu deutlich ausfiel. Dennoch begrüßte die singapurische Regierung die Abflachung des extensiven Wachstums, weil die Produktionsfaktoren Arbeit und Grundflächen an ihre Grenzen stoßen. Aus sozialpolitischen Erwägungen will man in Singapur keinen weiteren Zustrom ausländischer Arbeitskräfte zulassen, da schon jetzt besonders im Dienstleistungsbereich bei den niedrigen Einkommensgruppen der Anteil ausländischer Arbeitnehmer hoch ist. Unverändert hält die Regierung an den Abgaben für die Beschäftigung ausländischer Arbeitskräfte fest, um die Anwerbung einzudämmen. Die ohnehin schon überaus dichte Bebauung im Stadtstaat setzt der räumlichen Expansion Grenzen, auch die Neulandgewinnung kann hier keine Abhilfe schaffen. Abhilfe versprechen sich die singapurischen Planer von der Expansion in das sog. "Wachstumsdreieck" Johore-Batam/Bintan-Singapur, also die Auslagerung arbeitskräfteintensiver Fertigungen in die beiden Nachbarländer Indonesien (Insel Batam) und Malaysia (Bundesstaat Johore).

Der Nachfrageschub ließ besonders in der verarbeitenden Industrie 1992 deutlich nach, dennoch blieb die Auslastungsrate der meisten Betriebe vergleichsweise hoch, da viele Unternehmen den Nachfragerückgang zur Lagerauffüllung nutzten. Gut im Rennen lag unverändert die Werftindustrie, die durch Reparaturaufträge Kapazitätsauslastungen bis weit nach 1993 vorweisen konnte. Bis an die Grenze ihrer Kapazitäten war die Bauwirtschaft ausgelastet, zweifellos die Boom-Branche des Jahres 1992. Auch die Druck- und Papierindustrie, die Elektronikbranche sowie die Metallwaren-Industrie hatten eine gute Auftragslage. Über unzureichende Kapazitätsauslastungen klagten die Sektoren Chemie, Textilien und Bekleidung sowie einige Bereiche des Maschinenbaus. Die Banken verzeichneten steigende Kreditnachfrage, wobei die Nachfrage nach Wohnungsbaukrediten (Jan.-Sept. 92, 8,2 Mrd S$ oder +23,8%) und nach Baukrediten für gewerbliche Räume (9,4 Mrd S$, selber Zeitraum, +12,8%) deutlich anzogen. Der Bereich Handel erzielte von Januar bis September 1992 nur Zuwächse um 1,3% (1991: 6,1%), aber der ansteigende Touristenstrom glich diese Rückgänge per Saldo wieder aus. Insgesamt besuchten 4,5 Mio Touristen den Stadtstaat zwischen Januar und September 1992 (+12,7%), die Belegungsrate der Hotels lag dadurch bei 83%.

Nach einem realen BSP-Wachstum im ersten Quartal 1993 von 7,3% wurde im zweiten Quartal ein kräftiger Zuwachs von 10,1% gegenüber dem Vergleichszeitraum 1992 verzeichnet. Dadurch bedingt mußte die singapurische Regierung ihre Wachstumsprognose für 1993 von ursprünglich 6-7% auf 7,5-8% nach oben revidieren. Diese Zuwachsraten liegen deutlich über dem angestrebten selbsttragenden Wachstum von durchschnittlich 4-6%, und es gab bereits Stimmen, die vorsichtig vor Überhitzung warnten. Der Preisauftrieb wird für 1993 auf durchschnittlich 2,5% geschätzt (1992: 2,3%).

SINGAPUR

Zu dem Wachstum trugen alle Bereiche bei, aber die kräftigsten Zuwächse gab es im Finanzsektor (+20%) und in der verarbeitenden Industrie (s.u.). Die verarbeitende Industrie legte im zweiten Quartal 1993 um 11,5% zu, nachdem sie in 1992 nur Zuwächse von insgesamt 2,5% verzeichnen konnte. Die Chemieproduktion war im ersten Quartal noch geschrumpft, im zweiten Quartal legte sie um 14% zu; als Grund wird die gestiegene Auslandsnachfrage genannt, die im zweiten Quartal um 20% anzog. Der Warenexport stieg insgesamt im zweiten Quartal um 22%, die Ausfuhr von Dienstleistungen um 8,4%.

Die singapurischen Devisenreserven erreichten im Juni 1993 kumulativ 211,7 Mrd US$ in Sonderziehungsrechten und 355 Mio US$ beim IWF sowie 70,3 Mrd US$ in Gold und Auslandswährungen. Wirtschaftliche Schwäche in den wichtigsten Industrieländern wird von der Singapore International Airlines (SIA) als Grund für die Gewinnrückgänge im Zeitraum bis September 1993 genannt; ein weiterer Grund war danach der starke Singapur-Dollar. Nach vorläufigen Ergebnissen lagen die operativen Gewinne der SIA-Gruppe bei 398 Mio S$ (-79 Mio S$ oder -16,5%), die Vorsteuer-Gewinne sanken um 75 Mio S$ auf 424 Mio S$. Dennoch bleibt SIA die wohl erfolgreichste Airline der Welt; als größtes börsennotiertes Unternehmen Singapurs verfügte sie Ende September 93 über ein Netto-Kapitalpolster von 1,3 Mrd S$.

Im zweiten Quartal 1993 stieg die Produktivität insgesamt um 7,2%, in der verarbeitenden Industrie sogar um 15%. Im gleichen Zeitraum fielen die Geschäftskosten um 1,6% und die Lohnstückkosten sogar um 5,3%. Damit greifen die Regierungsmaßnahmen offensichtlich, die auf Wahrung der Konkurrenzfähigkeit Singapurs abzielen; führende Politiker des Stadtstaates, allen voran Ministerpräsident Goh Chok Tong, warnen unermüdlich davor, angesichts wirtschaftlicher Erfolge in der Anspannung nachzulassen. Grobe, undifferenzierte Kritik an "westlichen Industrieländern" schafft dann stets das Lehrstück, mit dem die Singapuri zu immer neuen Anstrengungen aufgefordert werden. Ganz nach dem Vorbild seines ehemaligen Regierungschefs Lee Kuan Yew, der als reisender Redner weltweit "am Westen und seinen Werten" massiv Kritik übt (und damit viel Beifall in Südost- und Ostasien findet...), zeichnet auch der jetzige Regierungschef ein ähnliches Bild von "dem Westen": Im Juli attackierte Goh die westlichen Industrieländer, die jetzt in einer Rezession seien, weil ihre Regierungen notwendige, aber politisch unpopuläre Anpassungsmaßnahmen versäumt hätten, dadurch sei ihre Konkurrenzfähigkeit verloren gegangen. Überhöhte Sozialausgaben hätten die Staatshaushalte dieser Länder ins Defizit gedrückt, sie seien daher nicht in der Lage, Mittel für eine schnelle wirtschaftliche Erholung freizusetzen. Singapur müsse solche Fehler vermeiden, war die Botschaft.

Standortpolitik: Neue Projekte

Die singapurische Standortpolitik ist darauf gerichtet, alle logistischen und wirtschaftspolitischen Voraussetzungen zu schaffen, um durch Erweiterung des Bran-

SINGAPUR

chenspektrums in der verarbeitenden Industrie wie auch im Dienstleistungsbereich die Attraktivität des Stadtstaates und damit langfristig seine Überlebensfähigkeit zu sichern; die Expansionsstrategie zielt dabei auf Industriebereiche mit hoher Wertschöpfung, arbeitskräfteintensive Fertigungen sollen aus dem Stadtstaat ferngehalten werden.

Stetig verbesserte Infrastruktur und ein breites Angebot von Kommunikationseinrichtungen modernsten Standards bilden dabei die Grundlage. Geplant ist u.a. der Bau eines sog. "Mega-Ports", der den Anforderungen des Güterumschlags im 21. Jahrhundert gerecht werden soll; weiter soll das Schnellbahn-Netz ausgebaut werden, ein Straßenring-Tunnel um den Stadtkern ist in Planung. Die singapurische Regierung sucht schon seit Jahren durch drastische Gebührensätze für Straßennutzung und Beschränkung der Zulassung von Neuwagen ("Versteigerunggssystem" der Zulassungen) den Individualverkehr im Innenstadt-Bereich einzuschränken; ab 1995 wird es ein elektronisches Mautsystem geben, mit dem die effiziente Abschöpfung der Gebühren gewährleistet sein soll. Auf dem Flughafen Changi wird ein neuer, dritter Terminal gebaut und das Telekommunikationsnetz wird weiter ausgebaut. Für ausländische Investoren ist dabei auch der Gebrauch von Satelliten-Antennen auf Antrag zulässig, während "normale" singapurische Haushalte keine "Schüsseln" anschließen dürfen, weil die Regierung Singapurs den unkontrollierten Empfang ausländischer TV-Sendungen unterbinden will.

Außenwirtschaft

Überraschend starke Nachfrage in den wichtigsten Exportmärkten Singapurs ließ die nicht-ölbezogenen Exporte im ersten Halbjahr 1993 um 21,3% anwachsen, mehr als das Dreifache im Vergleichszeitraum 1992 mit 6,1%. Starke Nachfrageschübe aus den USA, Europa, Malaysia und Japan lösten den Wachstumsschub aus. An der Spitze der Exporte standen Computer und elektronische Erzeugnisse wie IC, Diskettenlaufwerke, Computer-Teile und Peripheriegeräte sowie Videorecorder.

Das Außenhandelsvolumen erreichte im ersten Halbjahr 1993 insgesamt 140 Mrd S$ (+18,6%), dabei stiegen die Exporte um 18% auf 67,6 Mrd S$, die Importe um 18,5% auf 72,3 Mrd S$; die Re-Exporte erreichten 20 Mrd S$ (+18,3%). Beobachter erwarten für das zweite Halbjahr eine leichte Abflachung der Zuwachsraten auf 15-18%, weil die Nachfrage nach Computern und Elektronik-Geräten nachlassen dürfte. Hauptziellländer der singapurischen Ausfuhren waren insgesamt die Nachbarstaaten in der asiatisch-pazifischen Region, dorthin gingen 54% aller singapurischen Exporte. Die Spitze hielt unverändert Malaysia, mit größerem Abstand folgte Japan. Hier ist allerdings das bilaterale Handelsbilanzdefizit Singapurs mit einem Partner am höchsten: Im ersten Quartal 1993 waren die singapurischen Importe aus Japan dreimal so hoch wie die Exporte (6,6 Mrd S$ zu 2,1 Mrd S$) nach Japan. Das singapurische Handelsbilanz-Defizit erreichte in den

SINGAPUR

ersten fünf Monaten 1993 ein Volumen von 7,69 Mrd S$ gegenüber 5,2 Mrd S$ im gleichen Zeitraum 1992.

Der wichtigste einzelne Ausfuhrmarkt aber waren unverändert im ersten Halbjahr 1993 die USA, dorthin gingen 20% der singapurischen Exporte und von dort wurden 17% aller Einfuhren bezogen. Die Nachfrage aus den USA wurde vor allem durch notwendige Auffüllung von Lagerbeständen bei den Computer- und Elektronikanbietern ausgelöst. Im Juni stiegen die Exporte in die USA nur um 10%, während im Mai die Zuwächse noch bei 26% gelegen hatten; die Ausfuhren in die EU lagen im Juni 93 bei einem Zuwachs von 30%, während im Mai die Zuwächse noch 64% betragen hatten.

Seit Anfang 1993 veröffentlicht das singapurische Trade Development Board auch Zahlen über den Handel mit den indochinesischen Staaten; danach erreichten die singapurischen Ausfuhren nach Vietnam in den ersten fünf Monaten 1993 ein Volumen von 663 Mio S$, die Einfuhren von dort 223,4 Mio S$. Die Exporte Singapurs nach Kambodscha erreichten im selben Zeitraum 225 Mio S$, bezogen wurden von dort waren für 15,4 Mio S$. der Handel mit Laos ist nur mit 7,4 Mio S$ singapurischer Ausfuhren angegeben, die Importe von dort sind zu vernachlässigen. Die absoluten Zahlen mögen gering erscheinen, aber Singapur setzt auf eine Annäherung der drei indochinesischen Staaten an die ASEAN und damit auf weitere Expansion.

Die singapurische Regierung drängt seit einigen Jahren die eigenen Unternehmen, verstärkt im Ausland durch Investitionen aktiv zu werden; bisher zeigten Singapurs Unternehmer wenig Bereitschaft, z.B. in China oder den USA zu investieren. "Go regional, go global!" heißt der Slogan, der einheimischen Unternehmen mehr internationale Erfahrung vermitteln soll. Die Regierung erhofft sich vor allem über Rückflüsse aus Gewinntransfers singapurischer Auslandsbetriebe, die Abflüsse von Gewinntransfers ausländischer Unternehmen in Singapur auszugleichen. Im Mittelpunkt des Interesses steht China; dort erhofft sich die singapurische Regierung sowohl einen neuen Markt wie auch neue Fertigungsstandorte. Zusammen mit den staatlichen Wirtschaftsplanern des Stadtstaates sollen an ausgewählten Standorten "neue Singapurs" entstehen, d.h. völlig durchgeplante Industriestädte, die in ihrem Zuschnitt Industriestandorte, Dienstleistungszentren und Wohngebiete vereinigen.

Verarbeitende Industrie

Die Entwicklung in der verarbeitenden Industrie während des 1. Quartals 1993 zeigte im Vergleich zu den Zeiträumen 1991 und 1992 gute Erholungstendenzen mit einem Zuwachs von 7,6%. Die Unternehmen zeigten sich vorsichtig optimistisch und die singapurische Regierung rechnet 1993 mit einem Gesamtwachstum im verarbeitenden Sektor von 7%.

SINGAPUR

Die Investitionen in der verarbeitenden Industrie legten ebenfalls kräftig zu: 1992 waren insgesamt 3,48 Mrd S$ zugesagt worden, im ersten Quartal 1993 waren es bereits wieder 1,2 Mrd S$; davon hatten ausländische Investoren 1,1 Mrd S$ an Investitionszusagen gemacht, 715 Mio S$ allein aus den USA, die meisten im Bereich Industriechemikalien. 190 Mio S$ kamen aus Europa, vor allem aus Deutschland und Frankreich, auch hier, waren es Chemikalien sowie Elektronikerzeugnisse.

Bauindustrie

Während die verarbeitende Industrie direkt von dem Nachfrageschub aus den USA, Europa und Japan profitieren konnte, mußte die Bauwirtschaft des Stadtstaates Rückschläge hinnehmen. Im ersten Quartal 1993 ermäßigten sich die Auftragseingänge um 24% auf 2,6 Mrd S$ gegenüber dem gleichen Zeitraum 1992, davon waren 1,918 Mio S$ öffentliche Aufträge (-19,5%) und 684 Mio S$ private Orders (-35,5%). Diese Rückgänge trafen nicht nur das Bau-Hauptgewerbe, sondern auch die Zulieferer und die Baustoffbranche. Dennoch sind die Baukapazitäten gut ausgelastet, da es noch Auftragsbestände aus 1992 gibt.

Werften und Hafenbetrieb

Der Werftensektor Singapurs mußte im ersten Halbjahr 1993 Rückschläge hinnehmen. So verzeichnete eine der größten Werftengruppen des Stadtstaates, die Sembawang Shipyard, einen Rückgang der Netto-Gewinne um 15% gegenüber dem Halbjahreszeitraum 1992. Die Netto-Gewinne lagen Januar bis Juni 1993 bei 46,6 Mio S$, während sie im selben Zeitraum 1992 bei 54,8 Mio S$ gelegen hatten, die Einnahmen erreichten 1993 insgesamt 353,8 Mio S$, 1992 waren es noch 373,9 Mio S$. Als Gründe für diese Rückgänge nannte Sembawang die härtere internationale Konkurrenz sowie Einnahme-Rückgänge und sinkende Margen in der Schiffsreparatur, die rund die Hälfte aller Einnahmen der Gruppe ausmachen; Einnahmen in diesem Bereich sanken um 17%, die Gewinne um 24% im ersten Halbjahr 1993. Gewinndrückend wirkten sich auch Verluste aus vier neu gegründeten Unternehmen der Gruppe aus, die zusammen 5,8 Mio S$ Verluste erwirtschafteten. Gesunkene Frachtraten haben Reeder dazu bewogen, Reparaturen ganz zurückzustellen oder im Volumen zu reduzieren; so sank der durchschnittliche Auftragswert je Reparatur von 2 Mio S$ (1992) auf 1,75 Mio S$ (1993). Damit spiegelt die Ertragslage von Sembawang die Situation der gesamten Werftindustrien Singapurs (und Malaysias) wider.

Die Reederei-, Bergungs- und Schleppersektion (Hafendienste) der Sembawang-Gruppe, die Sembawang Maritime, konnte dagegen im ersten Halbjahr 1993 deutliche Gewinnsteigerungen verzeichnen; vor Steuer stiegen die Gewinne um

SINGAPUR

60% auf 12,9 Mio S$ (8 Mio US$), allerdings fielen die Einnahmen um 14% auf 59,4 Mio S$ (1. HJ 1992: 69 Mio S$). Als Grund für diese Entwicklung nannte Sembawang Maritime den Abbau von Auslandsgeschäften. Gestiegene Nachfrage nach Seetransporten und Charter-Aufträge sowie mehrere erfolgreiche Bergungsprojekte im 1. Halbjahr 1993 trugen zur guten Geschäftsentwicklung von Sembawang Maritime bei, die auch in der zweiten Jahreshälfte 1993 erwartet wird (AWSJ, 26.7.93). Die "Singapore Shipbuilding & Engineering" konnte ebenfalls durch zwei Container-Neubauten sowie von anderen Schiffseinheiten Gewinnsteigerungen von 22% auf 16 Mio S$ verzeichnen; die Umsätze stiegen um 43% auf 107,9 Mio S$.

An der Börse gelten die Werften-Werte noch immer als Renner, sowohl institutionelle Anleger wie Privatkundschaft bevorzugten diese Werte neben Bank-Werten, als die Halbjahresergebnisse der wirtschaftlichen Entwicklung Singapurs bekanntgegeben wurden und die singapurische Börse einige Tage hektischer Handelsaktivitäten mit Rekord-Tagesumsätzen erlebte.

Die singapurische Hafenbehörde (Port of Singapore Authority, PSA) hat den ersten Teilauftrag zum Bau eines neuen Container-Zentrums im Rahmen des "Mega-Port"-Projekts vergeben: Die japanische Firma Penta Ocean Construction Co. wird zusammen mit der singapurischen Firma Econ Piling Pte. Ltd. im Rahmen eines Joint Ventures (Wert: 373 Mio S$, d.h. 232 Mio US$) Neuland-Aufspülung und Bau eines Container-Terminals an der singapurischen Westküste abwickeln. Nach Angaben der PSA ist dieser Auftrag der bisher größte, den die Behörde vergeben hat; das Projekt bildet die erste Stufe des neuen Container-Hafens in Pasir Panjang. Die Arbeiten umfassen Neulandgewinnung von 129 ha und den Bau von acht Liegeplätzen für Container-Schiffe mit einer Gesamtlänge von 2.730 m; die Arbeiten begannen im September 1993 und sollen 1997 abgeschlossen sein.

Elektroniksektor in Schwierigkeiten

Nach einem starken Jahresbeginn zeigte die singapurische Elektronikindustrie zur Jahresmitte 1993 Schwächesymptome; im 3. und 4. Quartal 1992 konnte die Branche noch Zuwächse von 13,6% bzw. 24,7% verzeichnen, im 1. Quartal 1993 waren es noch kräftige 26%. Dieser Trend dürfte sich für die restlichen Quartale 1993 jedoch nicht fortsetzen. Vor allem der internationale Preissturz bei Diskettenlaufwerken, rund ein Viertel der singapurischen Elektronikproduktion, hat die Trend-Abschwächung bewirkt. Dabei liegen die singapurischen Produktionskapazitäten gegenwärtig (7/1993) über dem Bedarf. Singapurische Anlagen fertigen rund die Hälfte aller weltweit nachgefragten Disketten-Laufwerke. Trotz Preisverfall aber ist die Nachfrage nach Computern immer noch groß, so daß für 1993 insgesamt mit Zuwächsen um 20% gerechnet wird. Zuwächse verzeichneten auch die Hersteller von Halbleitern und die Anbieter von Software. Die singapurische Regierung beobachtet die Entwicklungsschwankungen in der Elektroniksparte stets mit größter Sorgfalt, da Produkte aus diesem Sektor ca. ein Drittel der singapurischen

SINGAPUR

Industrieproduktion stellen und damit starke Auswirkungen auf die gesamtwirtschaftliche Lage des Stadtstaates haben.

Finanzdienstleistungen

Dieser Sektor trug im ersten Halbjahr 1993 mit 20% Zuwachs kräftig zum Wachstumsschub der Gesamtwirtschaft bei; das Anleihengeschäft verzeichnete deutliche Zuwächse, der Hauptschub aber kam vom Börsengeschäft. Allein im zweiten Quartal vervierfachten sich die Aktienumsätze auf 26,6 Mrd S$ (NZZ, 16.8.93). Die positiven Signale aus den wichtigsten Wirtschaftszweigen sowie die guten Halbjahresergebnisse beim Wirtschaftswachstum ließ das Börsengeschäft expandieren, wobei insbesondere die privaten Anleger den Umsatz steigerten.

Singapore International Monetary Exchange (Simex) verzeichnete im ersten Halbjahr 1993 Zuwächse im Handelsvolumen um 42% auf insgesamt 7,4 Mrd US$, wobei sich insbesondere der Handel mit Eurodollars und Nikkei-Futures sowie Optionskontrakte gut entwickelten. Die Kontrakte über Eurodollars stiegen im ersten Halbjahr 1993 um 18% auf fast drei Millionen Kontrakte, Nikkei-Futures und -Optionen schossen um 81% in die Höhe und erreichten 2,24 Mio Kontrakte.

Nach eigenen Angaben stiegen die Gewinne der Keppel Bank in der ersten Jahreshälfte 1993 um 62% auf 26,5 Mio S$ (16,4 Mio US$) gegenüber 16,4 Mio S$ im Vergleichszeitraum 1992. Die Netto-Gewinne schnellten um 74% auf 15,6 Mio S$ (1992: 8,9 Mio S$) hoch. Ausschlaggebend für diese Entwicklung waren nach Keppels Angaben die besseren Zinsmargen, der Anstieg des Kreditvolumens und gestiegene nicht-zinsgebundene Einnahmen (AWSJ, 29.7.93).

Beziehungen zur Bundesrepublik Deutschland

Im Jahre 1992 setzte sich die rückläufige Tendenz im bilateralen Handelsaustausch zwischen dem Stadtstaat und Deutschland fort: Mit einem Volumen von 3,2 Mrd DM lagen die deutschen Ausfuhren nach Singapur wiederum 1,3% unter dem Wert von 1991; damit bestätigte sich auch im Handel mit Singapur der generell schwächere Trend bei den deutschen Exporten nach Asien insgesamt. Bei den deutschen Einfuhren aus Singapur wurde ein kräftiger Zuwachs um 7,3% auf 3,7 Mrd DM verzeichnet, nachdem bereits 1991 bedingt durch die deutsche Wiedervereinigung ein Zuwachs um 17,5% erzielt wurde. Auch für 1993 wird auf der Ausfuhrseite kaum eine bessere Tendenz erwartet; in den ersten beiden Monaten dieses Jahres wurde bereits eine Schrumpfung um 6% gegenüber den Vergleichsmonaten 1992 verzeichnet. Jedoch erreichte der Handelsaustausch in beiden Richtungen zusammen im ersten Quartal 1993 einen Zuwachs um 12,8% auf ca. 2,5 Mrd DM, davon ca. 1,35 Mrd DM (1,259 Mrd S$) singapurische Exporte nach Deutschland (+17,7% gg. Vergleichszeitraum 1992). Die deutschen Ausfuhren nach Singapur

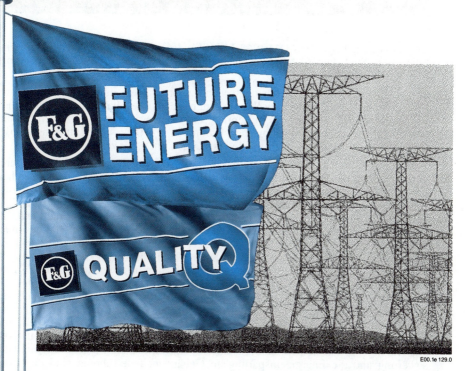

Power, energy, dynamics – these will become as vital as the very air we breathe.

Our society can no longer function without electricity - the most vital form of energy today. And more so in the future.

It is therefore essential for our power supply systems to be kept safe and reliable. That's the ultimate end product.

Where it begins is with companies who serve the industry worldwide and for whom reliability is their starting block.

Companies like F&G.

But that's not where it ends. For at F&G we pride ourselves on fashioning the future - in an innovative as well as a reliable way.

The pioneering solutions to problems of design, manufacture and service provided by F&G day after day merely serve to enhance our reputation as the most reliable partner for utility boards and the industry in general. F&G is one of the leading international manufacturers and suppliers of technological products and services to the highest quality. F&G sets new standards in reliability for switchgear, power cables and accessories, flexible cables, fibre optics, earth leakage circuit breakers and special purpose electrical machinery ...

Don't take our word for it. Ask any satisfied F&G customer. Any time. There's no limit to F&G reliability.

F&G - Power for the Future

**FELTEN & GUILLEAUME
ENERGIETECHNIK AG**
D-51 058 Cologne · Germany

SINGAPUR

stiegen auf ca. 1.000 Mio DM (943 Mio S$), das waren rund 3% der Gesamteinfuhren des Stadtstaates, damit ist die Bundesrepublik der größte Handelspartner Singapurs in der EU.

Die Handelsstruktur wurde bei deutschen Exporten 1992 durch Erzeugnisse des Maschinenbaus, elektrotechnische Erzeugnisse sowie Fahrzeuge (zusammen 61,5% der deutschen Ausfuhren) geprägt, die singapurischen Lieferungen bestanden vor allem aus elektrotechnischen Produkten (74,1%), wobei ein Anstieg der singapurischen Exporte in diesem Produktbereich um 9,2% verzeichnet wurde.

Mit großer Aufmerksamkeit ist die deutsche Besuchsdiplomatie in Singapur registriert worden; der Besuch des Bundeskanzlers im Februar 1993 wurde als Zeichen gewertet, daß Deutschland trotz der Probleme in Osteuropa und der fortgesetzten Anstrengungen im Einigungsprozeß Südostasien wieder mehr Aufmerksamkeit zuwenden will. Die vereinbarte Zusammenarbeit zwischen Singapur und Deutschland bei Entwicklungsprojekten in Afrika und der VR China ist dabei von besonderer Bedeutung, weil sich der Stadtstaat in Zukunft besonders auf Musterprojekte in China (sog. "zweite Singapurs", z.B. in Suzhou und Shandong) konzentrieren will; Kooperationen mit deutschen Firmen wären hier durchaus vorstellbar. Die Gründung eines Zentrums für Umwelttechnologien in Singapur, das zwischen der EU und Singapur vereinbart worden ist, bietet ebenfalls für deutsche Unternehmen einen interessanten Ansatz. Kooperationen zwischen der singapurischen und deutschen Bauindustrie wurden am 31.3.1993 vertraglich vereinbart, es geht um Zusammenarbeit bei bautechnischen Planverfahren, Bautechniken sowie um die Ausbildung von Fachleuten, den Austausch von Marktdaten, Fragen der Qualitätssicherung und die Energieeinsparung an Gebäuden; federführend sind das Bundesministerium für Raumordnung, Bauwesen und Städtebau in Bonn sowie das singapurische Ministerium für Entwicklung.

Von Januar bis Juni 1993 erhöhte sich das Gesamtvolumen des bilateralen Außenhandelsumsatzes um 9% auf 3,519 Mrd DM. Der deutsche Export stieg dabei um 12,9% auf 1647,9 Mio DM. Die Einfuhr aus Singapur legte um 102 Mio DM auf 1871,2 Mio DM (+5,8%) im Vergleich zum Vorjahreszeitraum zu.

SINGAPUR

Tabelle 1: **Handelsstruktur Deutschland** [1] **- Singapur**
Deutsche Exporte nach Singapur
(Angaben in Mio DM)

SITC POSITION [2]	WARENKLASSE [3]	1990	1991	1992
0 - 9	INSGESAMT	3291,6	3261,5	3220,7
0	Nahrungsmittel und lebende Tiere	12,4	15,8	20,4
1	Getränke und Tabak	5,7	8,1	6,1
2	Rohstoffe (andere als SITC 0 und 3)	14,4	13,6	15,4
darunter:				
24	Kork und Holz	0,4	0,6	0,3
3	Mineralische Brennstoffe, Schmiermittel und verwandte Erzeugnisse	10,0	5,0	12,4
4	Tierische und pflanzliche Öle, Fette und Wachse	2,1	2,1	1,7
5	Chemische Erzeugnisse	343,2	329,8	354,9
darunter:				
58	Kunststoffe (außer Primärformen)	20,1	23,3	24,8
6	Bearbeitete Waren, vorwiegend nach Beschaffenheit gegliedert	434,7	410,8	434,4
darunter:				
61 - 66	Waren aus mineralischen nicht-metallischen Stoffen	148,1	155,3	169,4
67 - 69	Metalle, Metallwaren	280,4	254,6	264,8
7	Maschinenbau-, elektrotechn. Erzeugnisse und Fahrzeuge	2129,3	2087,2	1979,6
darunter:				
70	Waren für vollständige Fabrikationsanlagen	49,6	65,9	0,5
71 - 74	Maschinenbauerzeugnisse	901,6	908,3	893,5
75 - 77	Elektrotechnische Erzeugnisse	815,6	831,4	679,1
78 - 79	Fahrzeuge	362,5	281,5	406,5
8	Verschiedene Fertigwaren	284,9	320,4	332,4
darunter:				
84	Bekleidung und Bekleidungszubehör	2,1	12,9	14,1
87	Meß-, Prüf- und Kontrollinstrumente	87,8	116,9	102,9
97	Gold, Goldmünzen	6,3	19,8	12,0

1) Ab 1991 gesamtdeutscher Handel.
2) Standard International Trade Classification (SITC Rev. II bis 1987, SITC Rev. III ab 1988).
3) Bezeichnungen der Warenklassen teilweise gekürzt; geringfügige Rundungsabweichungen bei Summenbildung möglich.

Quelle: Statistisches Bundesamt, Wiesbaden

SINGAPUR

Tabelle 2: **Handelsstruktur Deutschland** [1] **- Singapur**
Deutsche Importe aus Singapur
(Angaben in Mio DM)

SITC POSITION [2]	WARENKLASSE [3]	1990	1991	1992
0 - 9	INSGESAMT	2934,6	3448,5	3700,7
0	Nahrungsmittel und lebende Tiere	23,5	28,6	26,6
2	Rohstoffe (andere als SITC 0 und 3)	150,4	49,4	42,3
darunter:				
24	Kork und Holz	45,4	31,3	23,2
5	Chemische Erzeugnisse	37,3	86,0	128,8
6	Bearbeitete Waren, vorwiegend nach Beschaffenheit gegliedert	120,0	124,7	141,3
darunter:				
61 - 66	Waren aus mineralischen nicht metallischen Stoffen	30,0	46,1	63,2
67 - 69	Metalle, Metallwaren	90,0	78,6	78,1
7	Maschinenbau-, elektrotechn. Erzeugnisse und Fahrzeuge	2327,4	2673,4	2896,7
darunter:				
71 - 74	Maschinenbauerzeugnisse	123,0	144,2	131,2
75 - 77	Elektrotechnische Erzeugnisse	2193,1	2513,6	2744,0
78 - 79	Fahrzeuge	11,3	15,6	21,5
8	Verschiedene Fertigwaren	278,3	419,0	392,6
darunter:				
84	Bekleidung und Bekleidungszubehör	107,4	185,2	152,4
87	Meß-, Prüf- und Kontrollinstrumente	27,0	33,0	68,2
9	Anderweitig nicht erfaßte Waren	84,9	64,9	64,6
darunter:				
97	Gold, Goldmünzen	5,9	3,3	1,9

1) Ab 1991 gesamtdeutscher Handel.
2) Standard International Trade Classification (SITC Rev. II bis 1987, SITC Rev. III ab 1988).
3) Bezeichnungen der Warenklassen teilweise gekürzt; geringfügige Rundungsabweichungen bei Summenbildung möglich.

Quelle: Statistisches Bundesamt, Wiesbaden

SINGAPUR

Tabelle 3: **Außenhandel nach Waren**
(Angaben in Mio S$)

WARENGRUPPE	1991	1992	1-6/1993
EXPORTE			
Nahrungsmittel	3.033	2.987	1.380
Getränke und Tabak	1.841	1.969	1.097
Rohstoffe	2.522	2.278	1.068
Mineralische Brennstoffe	17.371	13.510	7.418
Tierische u. pflanzl. Fette	722	747	334
Chemikalien und Chemische Erzeugisse	6.680	6.732	3.922
Bearbeitete Waren	7.320	7.115	3.839
Maschinen u. Transportmittel	51.697	56.939	32.382
Sonstige bearbeitete Waren	9.229	9.593	4.607
Waren und Vorgänge nicht nach Beschaffenheit gegliedert	1.465	1.482	862
IMPORTE			
Nahrungsmittel	4.645	4.837	2.444
Getränke und Tabak	1.557	1.652	1.051
Rohstoffe	2.092	1.867	993
Mineralische Brennstoffe	16.050	14.987	7.667
Tierische u. pflanzl. Fette	849	876	488
Chemikalien und Chemische Erzeugnisse	8.307	8.855	4.848
Bearbeitete Waren	14.998	15.046	7.763
Maschinen u. Transportmittel	53.433	56.331	33.886
Sonstige bearbeitete Waren	10.792	11.718	6.466
Waren und Vorgänge nicht nach Beschaffenheit gegliedert	1.473	1.359	736

Quelle: Trade Development Board, Economic Bulletin, Nov. 1993

SINGAPUR

Tabelle 4: **Außenhandel nach Ländern**
(Angaben in Mio US$)

LAND	1991	1-11/92	1-11/93
GESAMT-EXPORTE	101.880	93.214	108.737
davon:			
USA	20.103	19.661	22.074
Japan	8.836	7.104	8.155
Hongkong	7.347	7.277	9.386
Thailand	6.401	5.849	6.236
Malaysia	15.236	11.692	15.378
Taiwan	3.621	3.760	4.206
VR China	1.485	1.567	2.778
EU-Staaten			
davon:			
Bundesrepublik Deutschland	4.263	3.955	4.369
Großbritannien	3.082	2.721	3.279
Frankreich	1.190	1.366	1.592
Australien	2.517	2.257	2.465
GESAMT-IMPORTE	114.195	105.739	125.062
davon:			
USA	18.030	17.381	20.326
Japan	24.370	22.233	27.328
Malaysia	17.383	15.309	20.478
Taiwan	4.681	4.260	4.969
VR China	3.839	3.329	3.500
Hongkong	3.434	3.210	3.937
Thailand	3.629	3.890	5.132
EU-Staaten			
davon:			
Bundesrepublik Deutschland	3.650	3.458	3.787
Großbritannien	3.286	2.939	3.291
Frankreich	2.933	2.681	2.891
Australien	2.149	1.799	2.168

Quelle: Trade Development Board, News Release, Nov. 1993

SINGAPUR

Besonderheiten der bilateralen Wirtschaftsbeziehungen aus der Sicht der German Business Association, Singapur

Singapur hat in den letzten 20 Jahren ein stürmisches Wachstum hinter sich und befindet sich heute auf dem Weg vom Schwellenland zum Industrieland. Nach dem "World Competitiveness Report" ist Singapur die wettbewerbsfähigste Volkswirtschaft der Schwellenländer. Nach der Rangliste des "Business Environment Risk Information (BERI)" der attraktivsten Investitionsstandorte ist Singapur nach der Schweiz und Japan auf Rang 3 plaziert (gemeinsam mit der Bundesrepublik Deutschland).

Der Stadtstaat ist gekennzeichnet durch hohe politische und soziale Stabilität, einen hohen Ausbildungsstand mit einer der höchsten Alphabetenrate Asiens. Englisch ist Geschäftssprache. Die meisten Singapurer sind jedoch bilingual und oft fließend in Englisch, Mandarin, Malaiisch oder Tamil. Durch die ethnische Vielfalt und die Mehrsprachigkeit ist Singapur das natürliche Tor für Geschäftsaktivitäten mit der Region, ganz besonders mit China, Vietnam und Kambodscha.

Das Investitionsklima Singapurs wird durch eine Reihe von Faktoren positiv beeinflußt. Hier ist vor allem die politisch stabile Lage des Landes zu nennen, ferner seine Funktion als "Drehscheibe Südostasiens", die Effizienz der Behörden, das Bildungsniveau der Bevölkerung, hervorragende Verkehrsanbindungen sowie Fernmeldeeinrichtungen nach dem letzten Stand der Technik, eine liberale Politik gegenüber dem Auslandskapital sowie attraktive gesetzliche Investitionsanreize. Deutlich gestiegen ist die Bedeutung Singapurs als internationaler Finanzplatz.

Zwar liegt das Lohnniveau in Singapur erheblich höher als in den Nachbarländern, doch gibt es nach Erhebungen des BERI in Singapur die besten und harmonischsten Arbeitnehmer/Arbeitgeberbeziehungen. Die singapurischen Arbeitgeber sind fleißig und aufgeschlossen für moderne Technologien.

Singapur hat eine hervorragende Infrastruktur, die allen Ansprüchen einer modernen Industriegesellschaft gerecht wird. Dies gilt insbesondere für den Hafen, den Flughafen und das Telekommunikationsnetz. Durch den Zugang zu weitentwickelten Finanz- und Handelsdienstleistungen ist Singapur nicht nur eine Basis der verarbeitenden Industrie, sondern ein totales Businesszentrum. Durch die strategisch günstige geografische Lage hat sich Singapur zu einem Welthandelszentrum entwickelt.

In Singapur herrscht freie Marktwirtschaft mit keinerlei Restriktionen für ausländische Kapitaleigner. Die Einfuhr von Kapital und die Repatriierung von Gewinnen ist frei gestattet. Für Joint Ventures ist lokales Kapital reichlich vorhanden.

Die singapurische Regierung ist unternehmensfreundlich. Bürokratische Verfahrensweisen sind auf ein Minimum beschränkt. Es gibt keine Korruption. Die singapurische Regierung hat in der Vergangenheit bewiesen, daß sie rasch auf veränderte weltwirtschaftliche Bedingungen reagieren kann.

SINGAPUR

Ausländische Investoren und Handelspartner sind in Singapur sehr willkommen, da sie zum technologischen Fortschritt beitragen und singapurischen Unternehmen neue Märkte eröffnen.

Singapur liegt strategisch im Herzen von Südostasien, eine Region mit reichen natürlichen Rohstoffen und einer Bevölkerung von ca. 320 Mio Menschen.

Die Beziehungen zwischen Deutschland und der Republik Singapur sind freundschaftlich und problemfrei. Deutschland genießt aufgrund stabiler politischer Verhältnisse und wirtschaftlicher Leistungskraft ein hohes Ansehen. Im Einsatz für die Aufrechterhaltung einer freien Weltwirtschaftsordnung sieht man in Deutschland einen Verbündeten.

Mit dem Anfang 1995 in Betrieb gehenden "Deutschen Industrie- und Handelszentrum" verfügt die mittelständische deutsche Wirtschaft über einen idealen Anlaufpunkt in Asien.

Im "German Singapore Institute" werden Techniker und Werkmeister an deutschen Maschinen fachgerecht ausgebildet.

Gute Zusammenarbeit besteht zwischen den deutschen Institutionen in Singapur, insbesondere der "German Business Association" und der deutschen Botschaft. Investoren und Handelspartner erhalten auch effiziente Unterstützung vom Singapore Trade Development Board und vom Economic Development Board.

Durch die exzellente Versorgungslage, die hohe Sicherheit, die Vielfalt der internationalen Schulen und durch seine Kosmopolität ist Singapur auch der ideale Stützpunkt für "Expatriates". Die Deutsche Schule Singapur, eine anerkannte deutsche Auslandsschule, führt bis zum Abitur und genießt einen hervorragenden Ruf.

Schwachstellen des Standortes Singapur sind der Arbeitskräftemangel in Teilbereichen der Wirtschaft, hohe Kosten insbesondere für qualifizierte Arbeitskräfte und für gewerbliche und private Immobilien.

Dirk Paulsen
Präsident

MITDENKEN! VEREINSBANK.

»Geschäfte im Ausland?«
»Auch über das Finanzielle hinaus.«

Bei Import, Export, Auslandsinvestitionen sollten Sie sich rundum auf Ihre Bank verlassen können, finden wir. Gut zu wissen, daß die Vereinsbank mit Filialen, Repräsentanzen, Tochtergesellschaften und Beteiligungen auf vier Kontinenten die Voraussetzungen hat, Ihnen umfassenden Service in allen Fragen des Außenhandels zu bieten. Auch über den finanziellen Part hinaus.

Zentralbereich Ausland,
Alter Wall 22,
20457 Hamburg,
Tel. (0 40) 36 92-01,
Fax (0 40) 36 92-3241.

Zentralbereich Auslandskunden,
Kardinal-Faulhaber-Straße 1,
80333 München,
Tel. (0 89) 21 32-1,
Fax (0 89) 21 32-6415.

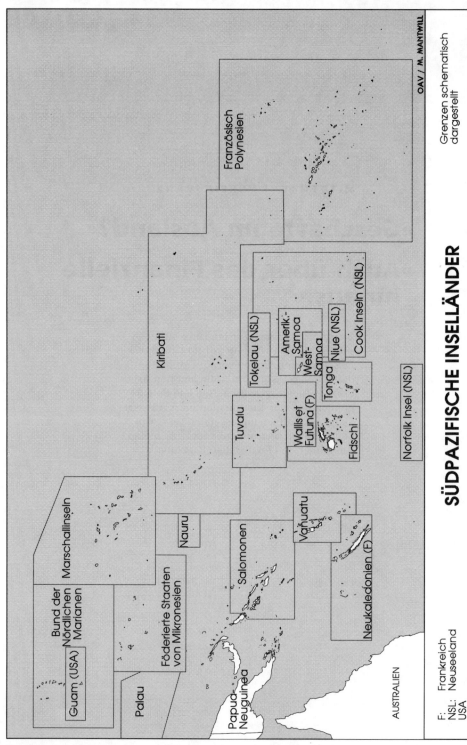

SÜDPAZIFISCHE INSELLÄNDER
Heinz Kolbe

Allgemeines

Landfläche:	548.665 qkm
Meeresfläche:	23.380 Mio qkm
Einwohnerzahl:	5,84 Mio Einwohner
Bevölkerungsdichte:	10,6 Einw./qkm
Bevölkerungswachstum:	2,9%
Unabhängige Staaten:	Cook Inseln (freie Assoziierung mit Neuseeland), Fidschi, Kiribati, Nauru, Papua-Neuguinea, Salomonen, Tonga, Tuvalu, Vanuatu, Westsamoa
Australisches Gebiet:	Norfolk Insel
Neuseeländische Gebiete:	Niue, Tokelau Inseln
Französische Überseegebiete:	Neukaledonien, Polynesien, Wallis-et-Futuna
Amerikanisches Gebiet:	Amerikanisch Samoa
Britische Kolonie:	Pitcairn Insel
Größere Staaten und Gebiete:	Papua-Neuguinea (3,8 Mio Einw.), Fidschi (740.000), Salomonen (330.000), Polynesien (190.000), Neukaledonien (175.000), Westsamoa (170.000), Vanuatu (160.000), Tonga (100.000)
Amts- und Handelssprache:	Englisch (mit Ausnahme der französischen Überseeterritorien)

Weitere Daten

Währungseinheiten:	Eigene Währungseinheiten in den selbständigen Staaten in Anlehnung an die australische oder neuseeländische Währung; in den französischen Gebieten in Anlehnung an die französische Währung
Wichtigste Agrarprodukte:	Kopra, pflanzliche Öle und Fette, Zucker, Kaffee, Kakao, Gewürze, Früchte, Holz, Fisch

SÜDPAZIFIK

Wichtigste Bergbauprodukte:	Gold, Kupferkonzentrate, Ferronickel, Silber, Phosphat, Erdöl
Wichtigste Industrieprodukte:	Nahrungsmittel, Bekleidung, Handarbeiten, Zement, Möbel und Holzprodukte
Abkommen mit Deutschland:	Verschiedene Abkommen über finanzielle Zusammenarbeit mit Papua-Neuguinea, Fidschi und anderen Ländern
Abkommen mit der EU:	Abkommen von Lome' IV vom 15.12.89 mit Kiribati, Papua-Neuguinea, Westsamoa, Salomonen, Tonga, Tuvalu und Vanuatu (seit 1.9.91 in Kraft, 10 Jahre gültig)

SÜDPAZIFIK

Statistisches Profil Südpazifik *⁾

	1990	1991	1992	1993(S)	1994(P)
1. Bruttoinlandsprodukt (BIP)					
BIP (Mio US$)					
Reales BIP (Veränd. in %) 1)	-0,5	6,1	4,6	6,0	6,0
BIP pro Kopf (US$)					
Reales BIP pro Kopf (Veränd. in %) 1)	-2,3	4,1	2,6	4,0	4,0
2. Wechselkurse					
Kip/US$ (Jahresdurchschnittskurs)					
Kip/US$ (Jahresendkurs)					
3. Preise					
Inflationsrate (%)	7,5	6,0	6,5	6,0	7,0
4. Zinssätze					
Einlagenzinssatz (% p.a.)					
5. Staatshaushalt					
Saldo (in % des BIP)					
6. Monetärer Sektor					
Inlandskredite (Veränd. in %)					
Geldmenge M2 (Veränd. in %)					
7. Außenhandel					
Exporte (fob) (Mio US$)	1768	2041	2130	2721	2800
Importe (cif) (Mio US$)	1979	2386	2354	2467	2600
Deutsche Exporte (fob) nach Südpazifik (Mio DM) 2)	404,8	366,1	342,1	340,0	340,0
Deutsche Importe (cif) aus dem Südpazifik (Mio DM) 2)	139,4	100,0	121,9	122,0	130,0
8. Leistungsbilanz					
Güterexporte (fob) (Mio US$)					
Güterimporte (cif) (Mio US$)					
Handelsbilanzsaldo (Mio US$)					
Dienstleistungsbilanzsaldo (Mio US$)					
Übertragungen, privat (netto) (Mio US$)					
Übertragungen, öffentlich (netto) (Mio US$)					
Leistungsbilanzsaldo (Mio US$)	-124	-618	-408	-62	0
9. Auslandsverschuldung 3)					
Bruttobestand (Mio US$)	3304	3002	2828	2790	2800
- in % des BIP					
- in % der Exporterlöse (Güter u. Dienstleistungen)					
10. Währungsreserven					
Währungsreserven (Mio US$)					
- in Monatsimporten					

*) Fidschi, PNG, Salomonen, Tonga, Vanuatu, Westsamoa.
1) Auf Basis der Landeswährung.
2) Zahlenangaben bis einschließlich 1990 beziehen sich auf den Handel Westdeutschlands mit den Südpazifischen Inselländern. Ab 1991 umfassen sie den gesamtdeutschen Handel.
3) Bestand am Periodende.
(S) Schätzung.
(P) Prognose.

Quelle: HWWA, Institut für Wirtschaftsforschung, Hamburg

SÜDPAZIFIK

Länderrating

Für Papua-Neuguinea und Fidschi ergeben sich weitere Wachstumschancen. Der Aufschwung in Papua-Neuguinea basiert auf der weiteren Erschließung von Bergbauvorkommen. In Fidschi nimmt die Industrialisierung nach der weitgehenden Liberalisierung ausländischer Investitionen mit der Beruhigung der politischen Lage zu. Auch steigen die Einnahmen aus dem Tourismus. Die anderen südpazifischen Inselländer Vanuatu, Salomonen und Westsamoa müssen die Schäden erst beseitigen, die verschiedene Wirbelstürme angerichtet haben. Im Durchschnitt ergibt sich demnach das folgende Bild:

Wirtschaftliche und politische Lage 1993

+ Reale Zunahme des Bruttoinlandprodukts um + 6%
+ Inflationsrate mit 6% relativ niedrig
- Höhere Leistungsbilanzen
- Abnehmende Exporteinnahmen

Prognose für 1993

+ Reale Zunahme des Bruttoinlandprodukts um + 6%
- Anstieg der Preise
+ Zunahme der Exporteinnahmen
- Aufnahme neuer Auslandskredite
+ Anstieg der Weltmarktpreise für landwirtschaftliche Produkte mit Mineralien

SÜDPAZIFIK

Überblick

Das wirtschaftliche Wachstum der südpazifischen Inselstaaten blieb auch im Jahre 1992 mit einer durchschnittlichen Zunahme des realen Bruttoinlandsprodukts um etwa 5% recht kräftig. Dazu hat vor allem *Papua-Neuguinea* beigetragen, weil dort der Bergbau- und Erdölsektor weiterhin expandierte. Das reale Bruttoinlandsprodukt ist um 10% gestiegen. Damit ist der größte Fortschritt seit dem Erhalt der Unabhängigkeit im Jahre 1975 erzielt worden. Die einzelnen Wirtschaftsbereiche entwickelten sich jedoch sehr unterschiedlich. Die Produktion und der Export von Gold und Erdöl nahmen bedeutend zu, wenngleich einige Bergbauprojekte nicht zum geplanten Zeitpunkt realisiert wurden. Trotzdem darf Papua-Neuguinea weiterhin mit hohen Wachstumsraten im Bergbau rechnen. Auch leistet die Finanzpolitik mit höheren Staatsausgaben zur Wirtschaftsförderung einen erheblichen Beitrag zur Unterstützung des Aufschwungs. Relativ günstig ist auch die Entwicklung im Land- und Forstwirtschaftsbereich. Hier wirken sich positiv die Preisstützungsmaßnahmen für agrarische Exporterzeugnisse und das Programm zur Zinsverbilligung aus. In der Industrie und im Handel ist allerdings die Beschäftigung gesunken. In der Bauwirtschaft kam es zu einem Einbruch. Die Inflationsrate ermäßigte sich 1993 vor allem aufgrund der geringeren Zunahme der Preise für australische Importwaren auf 5% nach 7% in den Jahren 1991 und 1992.

In *Fidschi* hat die wirtschaftliche Erholung im Zusammenhang mit dem neuen Aufschwung im Tourismus und dem Ausbau der exportorientierten Industrie seit 1991 angehalten. Das reale Bruttoinlandsprodukt ist 1992 hauptsächlich aufgrund der auf 422.000 t erhöhten Zuckerproduktion und der Zunahme der Touristenzahl auf 280.000 um etwa 3% gestiegen. Die Industrieproduktion übertraf den Stand ein Jahr zuvor um 10%, und die Beschäftigung nahm um 21% zu. Gleichzeitig hat sich die Inflationsrate, gemessen an der Veränderung des Verbraucherpreisindex, von 6,5% im Jahre 1991 auf 4,6% im Jahre 1992 verringert. Auch außenwirtschaftlich ist eine günstige Entwicklung zu verzeichnen, nahmen doch die Devisenreserven bis Ende 1992 auf 297 Mio US$ zu. Anfang 1993 wurde die Wirtschaft Fidschis durch mehrere Wirbelstürme empfindlich getroffen. Es entstanden erhebliche Zerstörungen in der Landwirtschaft sowie im Straßen- und Nachrichtenwesen, deren Beseitigung, auch bei australischen Hilfen, erhebliche inländische Finanzmittel erfordern. Die Gewinnung von Zuckerrohr wird 1993 voraussichtlich um ein Drittel zurückgehen. Insgesamt dürfte das wirtschaftliche Wachstum deshalb nicht so groß wie 1992 sein.

In *Tonga* hat sich der kräftige Aufschwung der Wirtschaft im Jahre 1992 verhalten fortgesetzt. Seit einigen Jahren trägt vor allem die Landwirtschaft zum Wachstum bei. Erhebliche Erfolge wurden bei dem Export von Fruchtkonzentraten nach Japan erzielt. Sie glichen die durch die lang anhaltende Trockenheit verursachten Verluste bei anderen Agrargütern mehr als aus. Demgegenüber hat sich die Flaute in der Bauwirtschaft noch verstärkt. Auch die Ausgaben für öffentliche Dienstleistungen verringerten sich. Die Produktion im gewerblichen Bereich nahm nach der zweijährigen Rezession wieder etwas zu. Der Tourismus entwickelte sich

SÜDPAZIFIK

günstig. Für die nächsten Jahre ist ein weiterer Aufschwung zu erwarten. Die Investition und der Konsum dürften zunehmen. Das chronische Defizit in der Leistungsbilanz wird weiterhin durch Überweisungen aus dem Ausland von dort lebenden Tongaern und die Entwicklungshilfe ausgeglichen. Die Regierung strebt den Abbau dieser Abhängigkeiten durch die Erweiterung des Tourismus, die Diversifikation der Exporte und die Erhöhung der Einnahmen im Inland an.

Auf den *Salomonen* hat die Aufwärtsentwicklung der Wirtschaft in den letzten Jahren angehalten. 1992 nahm das reale Bruttoinlandsprodukt um 5% zu. Für 1993 ist ein ähnlich hohes Ergebnis zu erwarten. Die Wachstumserfolge werden bei relativ stabilen Verhältnissen erzielt. Die Anstiegsrate des Verbraucherpreisindex konnte von 15% auf 10% im Jahre 1992 gedrückt werden. Das Defizit im öffentlichen Haushalt wurde deutlich verringert. Gleichzeitig erhöhten sich bei zunehmenden Exporteinnahmen die Devisenbestände.

Die wirtschaftlichen Aktivitäten in *Westsamoa* waren 1992 und 1993 hauptsächlich auf die Beseitigung der schweren Schäden gerichtet, die Wirbelstürme Ende 1991 und Anfang 1993 in der Landwirtschaft und in der Infrastruktur verursacht hatten. Für 1992 ergab sich ein Rückgang des Bruttosozialprodukts um 5%; 1993 dürfte jedoch ein geringes Wachstum erzielt worden sein. Die Wirtschaft hat sich nicht zuletzt durch zahlreiche ausländische Finanzhilfen wieder erholt. Die laufenden öffentlichen Ausgaben wurden wesentlich gekürzt, um mehr Geld für Wiederaufbauprojekte zur Verfügung zu haben. Insgesamt verringerte sich das Defizit im Staatsbudget auf 10% des Bruttoinlandsprodukts. Die Deckung erfolgte fast ausschließlich durch ausländische Hilfe.

Die Wirtschaft *Vanuatus* wurde im Jahre 1992 durch mehrere Wirbelstürme beeinträchtigt, die erhebliche Schäden in der Landwirtschaft anrichteten. Negativ wirkte sich auch die Unsicherheit über den künftigen Kurs der Wirtschafts- und Investitionspolitik aus. Das reale Bruttoinlandsprodukt stagnierte und die Zahlungsbilanz verschlechterte sich. Für 1993 ist jedoch mit einem Wachstum von 2% bis 3% zu rechnen. Der Anbau von Kopra und anderen landwirtschaftlichen Produkten hat sich wieder erholt. Besser entwickelten sich auch der Tourismus und die davon abhängigen Dienstleistungsbereiche. Grundsätzlich bekennt sich die derzeitige Regierung zu einem marktwirtschaftlichen Kurs. Die Investitionsgesetzgebung gegenüber Ausländern wurde jedoch verschärft. Die Politik zielt offenbar darauf ab, den Einheimischen größere Chancen in der Wirtschaft einzuräumen.

Die *neukaledonische Wirtschaft* hat sich von dem Rückschlag der jahrelangen politischen Wirren wieder erholt. Die Zahl der Beschäftigten ist seit dem Abschluß des Matignon-Abkommens Mitte 1988 um 16% auf 42.000 gestiegen; die Arbeitslosigkeit blieb jedoch wegen des starken Bevölkerungswachstums mit 12% relativ hoch. Positiv entwickelte sich der Tourismus nach dem Einbruch im Jahre 1988. Im Jahre 1992 besuchten Neukaledonien rd. 80.000 Personen. Der Boom in der Bauwirtschaft hält an. Die Verbraucherpreise steigen jährlich nur um etwa 4%.

SÜDPAZIFIK

Die natürlichen Voraussetzungen für die wirtschaftliche Entwicklung der südpazifischen Inselländer sind sehr unterschiedlich.

Fidschi, Papua-Neuguinea, die Salomonen und Vanuatu verfügen über eine relativ große Bevölkerung, die auf großen vulkanischen Inseln mit fruchtbarem Boden lebt. Neben der Landwirtschaft bestehen aufgrund des Vorhandenseins von Mineralien, Forstbeständen und reichen Fischgründen zusätzliche Entwicklungschancen. Ein weiteres Potential liegt im Tourismus. Für diese Länder besteht mittelfristig die Aussicht, wirtschaftlich selbständig zu werden, wenn sie politisch stabil bleiben, das ökonomische Management verstärken und vermehrt ausländische Investitionen anziehen.

Weniger aussichtsreich ist die wirtschaftliche Zukunft für *Samoa* und *Tonga*, obgleich auch ihre Bevölkerung vergleichsweise groß ist. Die landwirtschaftlich nutzbaren Böden sind gut und eignen sich für den Anbau verschiedener Feldfrüchte, die zur Lebensversorgung und zum Export beitragen könnten. Bisher sind aber keine Vorkommen an Mineralien entdeckt worden. Wahrscheinlich gibt es solche in den umliegenden Meeresgebieten. Möglich wäre der Ausbau der Fremdenverkehrswirtschaft. Beide Länder dürften aber weiterhin stark von ausländischen Finanzhilfen und Überweisungen der im Ausland tätigen Mitbürger abhängig bleiben.

Ungünstig sind demgegenüber die natürlichen Voraussetzungen für wirtschaftliches Wachstum in *Kiribati*, *Tuvalu*, auf den *Cookinseln* und *Niue*. Die kleine Bevölkerung lebt auf Atollen mit einer geringen Landfläche, deren Boden sich kaum für die Landwirtschaft eignet. Mineralische Vorkommen sind bisher auch in den umliegenden Gewässern nicht entdeckt worden. Diese Inseln werden wohl auch langfristig von ausländischen Finanzhilfen abhängig bleiben. Auch *Nauru* wird nach der voraussehbaren Einstellung des Phosphatabbaus zu dieser Ländergruppe gehören.

Bei den hohen Geburtenraten wird sich die Bevölkerung auf den südpazifischen Inseln bis 2010 wahrscheinlich auf 10 Mio verdoppeln. Das gilt insbesondere für die *Salomonen* und *Vanuatu*. Die Bevölkerung von *Papua-Neuguinea* dürfte von derzeit 3,7 Mio auf 5,2 Mio zunehmen. Für die *Salomonen* wird ein Anstieg von derzeit 318.000 auf 661.000 und für *Vanuatu* eine Zunahme von 158.000 auf 290.000 erwartet. Die damit verbundene Erhöhung der Erwerbsbevölkerung dürfte zu einem dramatischen Anstieg der Arbeitslosigkeit führen, wenn nicht das wirtschaftliche Wachstum wesentlich gesteigert wird.

Finanzpolitik

Die südpazifischen Inselstaaten sind hinsichtlich ihrer Ausgabenpolitik in den letzten Jahren wieder zurückhaltender geworden, weil die Schuldenlast und ihre Bedienung erheblich zunahmen. Zudem verlangten der Internationale Währungsfond und die Weltbank die bessere Anpassung der Ausgaben an die wirtschaftli-

SÜDPAZIFIK

chen Möglichkeiten der Länder. Nur *Papua-Neuguinea* hat sich in letzter Zeit über diese Auflagen hinweggesetzt, um private Investitionen zu fördern sowie Wachstum und Beschäftigung zu steigern. Andererseits bestehen in Papua-Neuguinea noch erhebliche Strukturprobleme. Die Wirtschaft wächst nicht "harmonisch". Die Produktion im Bergbau- und Mineralölsektor nimmt zwar erheblich zu, aber in den übrigen Bereichen stagnieren die Investitionen und die Beschäftigung. Auch sollte eine größere Flexibilität auf dem Arbeitsmarkt, bedeutende Verbesserungen im landwirtschaftlichen Marketing und in der Ausbildung von Fachkräften erzielt werden. Von großer Bedeutung ist auch die Schaffung von Ruhe und Ordnung im gesellschaftlichen Leben.

Mit der Eindämmung der Ausgaben riskierten aber vor allem mittlere Länder eine wirtschaftliche Rezession, denn schließlich ist dort die öffentliche Hand zumeist der wichtigste Arbeitgeber. Die Ausgaben konnten auch nicht ohne weiteres gekürzt werden, weil z.B. einmal eingeführte Subventionen für die private Wirtschaft und Sozialleistungen nur schwer zurückzunehmen sind. Eine Erhöhung der öffentlichen Einnahmen wird über eine effektivere Erhebung von Steuern und Einführung von Abgaben für öffentliche Dienstleistungen angestrebt. Im allgemeinen sind bereits indirekte Steuern eingeführt worden, die eine breitere Grundlage auf der Einnahmenseite des öffentlichen Budgets schaffen. Der moderatere Ausgabenkurs hat jedenfalls den *Salomonen*, *Westsamoa*, *Fidschi* und *Papua-Neuguinea* zu einer günstigen wirtschaftlichen Entwicklung verholfen.

Auch im Südpazifik werden unwirtschaftliche staatliche Firmen privatisiert. Dieser Prozeß war anfänglich besonders ausgeprägt in *Fidschi*, auf den *Salomonen*, *Papua-Neuguinea* und *Westsamoa*. Am weitesten fortgeschritten ist die Privatisierung in *Amerik. Samoa*, während sich *Papua-Neuguinea* neuerdings zurückhaltend verhält. In *Tonga* bleiben die meisten Betriebe weiterhin in öffentlicher Hand; sie werden aber zunehmend nach privatwirtschaftlichen Grundsätzen geführt.

Zahlreiche Inselländer haben nationale Entwicklungsbanken errichtet, um die ausländischen Finanzhilfen wirksamer zu verwenden. Die nationalen Entwicklungsbanken gewähren hauptsächlich Kredite für kleinere Projekte in der Landwirtschaft und Industrie, im Transportwesen und im Tourismus. Die Asiatische Enwicklungsbank und die Europäische Union haben für die nächsten Jahre die Finanzierung zahlreicher Projekte in verschiedenen sozialen und wirtschaftlichen Bereichen zugesagt.

Land- und Forstwirtschaft, Fischerei

Im Rahmen der Entwicklungsplanung stehen die Förderung der Landwirtschaft und die Erweiterung der Selbstversorgung mit Nahrungsmitteln im Mittelpunkt. Die nachhaltige Erhöhung der Produktion ist in zahlreichen Inselstaaten aber nur bedingt möglich, weil häufige Wirbelstürme immer wieder erhebliche Zerstörun-

SÜDPAZIFIK

gen auf den Plantagen anrichten. Außerdem hält die Abwanderung von Arbeitskräften aus den ländlichen Gebieten an. Eine intensivere Entwicklungspolitik müßte auf die Ausbildung der Arbeitskräfte und die Förderung der wirtschaftlichen Rahmenbedingungen gerichtet sein. Die südpazifischen Inselstaaten sind zudem vom Export weniger Produkte und damit auch stark von den Schwankungen der Weltmarktpreise für landwirtschaftliche Produkte abhängig. Aufgrund der gedrückten Abnahmepreise hat sich z.B. die Produktion von Kaffee und anderen landwirtschaftlichen Produkten für den Export in *Papua-Neuguinea* weiter verringert. In den ländlichen Gegenden nimmt dadurch die Unterbeschäftigung erheblich zu. Die Abwanderung in die städtischen Zonen führt aber zu einer Erhöhung der sozialen Probleme durch Arbeitslosigkeit. Die von zahlreichen internationalen und nationalen Institutionen gestützte Diversifizierung der landwirtschaftlichen Produktion kommt wegen des geringen Ausbildungsstandes der Bevölkerung, mangelnder Marketing-Konzeptionen und der ungenügenden Infrastruktur nur langsam voran.

Die Nutzung der teilweise großen Waldbestände im Südpazifik hat in den letzten Jahren nachgelassen. In *Papua-Neuguinea* hat die Regierung zeitweise den Holzeinschlag sogar untersagt. Die künftige Nutzung soll sich nach ökologisch vertretbaren Maßen ausrichten, weil sonst die wirtschaftlich verwendbaren Waldbestände innerhalb weniger Jahre abgeholzt wären. Für die Wiederaufforstung setzen sich im Rahmen der nationalen Forsterhaltungs- und Forstwirtschaftsprogramme zahlreiche Länder, darunter auch Deutschland, ein.

Die großen Fischbestände im Südpazifik werden hauptsächlich von Gesellschaften der Anrainerstaaten genutzt. Ihre Gebührenzahlungen sind für die meisten Inselstaaten eine willkommene Ergänzung ihrer öffentlichen Einkommen. *Papua-Neuguinea* und *andere Inselländer* drängen jedoch verstärkt darauf, daß diese Gesellschaften Fischverteilungs- und -verarbeitungsanlagen auf den Inseln errichten. Größere Konservierungsanlagen für Thunfisch bestehen bereits in *Amerikanisch Samoa*, auf den *Salomonen* und in *Fidschi*. Neue Fabriken sind in *Papua-Neuguinea* geplant.

Bergbau, Energie

Die vulkanischen Südsee-Inseln verfügen zumeist nur über geringe wirtschaftlich ausbeutbare Vorkommen an mineralischen Bodenschätzen. In ihren umliegenden Meeresgebieten sind zwar vor Jahren umfangreiche metallhaltige Mineralsande entdeckt worden, aber ihre sehr kostspielige Förderung wurde nicht in Angriff genommen. Die westliche Welt verfügt über zahlreiche andere, leichter zugängliche Vorkommen und wird zudem noch durch Lieferungen aus der ehemaligen UdSSR, China und Nordkorea mehr als notwendig versorgt.

SÜDPAZIFIK

Trotz alledem verzeichnet Papua-Neuguinea einen kräftigen Bergbauboom. Der Förderausfall in dem weltgrößten Kupfertagebau Bougainville wurde durch das Bergwerk Ok Tedi ausgeglichen. In Planung ist ein Kupferbergwerk am Frieda River. Nach der Aufnahme der Goldförderung in der Porgera-Mine in der Enga-Provinz und durch ein Vorkommen auf der Insel Misima ist Papua-Neuguinea zum siebtgrößten Produzenten von Gold in der Welt aufgerückt. Weitere Goldvorkommen werden auf ihre wirtschaftliche Abbauwürdigkeit untersucht.

Im Erdölvorkommen von Kutubu im nördlichen Hochland wurde die Förderung Mitte 1992 aufgenommen. In der Nähe von Kutubu ist weiteres Erdöl entdeckt worden. Eine kleine Raffinerie stellt Dieselöl und Flugbenzin für den lokalen Bedarf her. Für eine größere Raffinerie bei Port Moresby interessiert sich eine japanische Firma. Die Weiterverarbeitung erfolgt derzeit in Singapur und Australien. Vorgeschlagen wird auch ein Methanol-Werk auf Basis des Pandora-Erdgasfeldes und die Herstellung von Düngemitteln und Sprengstoff. Ein weiteres großes Erdölvorkommen soll bei Gobe im südlichen Hochland erschlossen werden. Dies wäre sinnvoll, weil es in der Nähe der Pipeline liegt, die für das erste Erdölvorkommen Kutubu angelegt wurde.

Neukaledonien verfügt über fast die Hälfte der bekannten und wirtschaftlich nutzbaren Nickelreserven in der Welt und ist der drittgrößte Produzent. Es bestehen Pläne, die Nickelerzförderung und die Aufbereitung zu Ferronickel zu erweitern. Mit einer australischen Firma soll eine neue Nickelmine erschlossen werden. Die Förderung von Chromerzen ist aus wirtschaftlichen Gründen aufgegeben worden.

In *Fidschi* nimmt der Abbau und Export von Gold ständig ab. Neben der bestehenden Goldmine Vatukoula werden Bohrungen durchgeführt, um neue Vorkommen zu finden. Als aussichtsreich wird ein Kupfervorkommen bei Namosi auf der Insel Viti Levu angesehen. In den flachen Gewässern bei Suva sind mehrere Vorkommen von Naturgas und Erdöl entdeckt worden. Die Explorationsarbeiten sollen verstärkt werden. Noch ist *Fidschi* vollständig auf die Einfuhr von Mineralölerzeugnissen angewiesen.

Auf den *Salomonen* besteht die Möglichkeit, ein Goldvorkommen auf der Insel Linadalearal zu nutzen. In *Vanuatu* gibt es Goldvorkommen auf den Inseln Santo und Efate, deren Erschließung bisher nicht vorangekommen ist.

Auf *Nauru* wird weiterhin Phosphat abgebaut. Die Erschöpfung der Vorräte ist aber in den nächsten Jahren in Sicht. Auch *Franz. Polynesien* verfügt über große Phosphatvorkommen auf der Insel Tuanotu, die auf ihren wirtschaftlichen Abbau noch von einer australischen Firma geprüft werden.

Industrie

Die südpazifischen Inselländer decken ihren Bedarf an Investitionsgütern und Halbfabrikaten sowie einen großen Teil der Konsumgüternachfrage durch Einfuhren. Deshalb wurde in den letzten Jahren verstärkt die Errichtung von

SÜDPAZIFIK

gewerblichen Betrieben angestrebt, um diese Einfuhren zu substituieren. In *Papua-Neuguinea* sind im Rahmen eines nationalen Programmes zur Förderung der privaten Wirtschaft und innerhalb weniger Monate bereits 90 Anträge von Inländern zur Gründung neuer Betriebe eingegangen. Das Programm soll mit 20 Mio Kina gefördert werden. Die Industrie ist gegenwärtig nur mit 12% an der Entstehung des Bruttoinlandsprodukts beteiligt. Die Exporte von Industriewaren haben einen Anteil von 5% am Gesamtexport. Eine merkliche Zunahme der Ausfuhren von Industriegütern wurde jedoch von *Fidschi* erreicht, das exportorientierte Betriebe durch die Einrichtung eines zoll- und steuerfreien Systems angezogen hat. Gegenwärtig bestehen etwa 120 steuerlich begünstigte Firmen, die 11.400 Personen beschäftigen. In Vanuatu werden land- und forstwirtschaftliche Produkte verarbeitet. Wichtige Industriezweige sind Fleischkonservenfabriken und Gerbereien, die Konservierung von Fischen sowie die Herstellung von Zement und Bekleidungsartikeln. In Westsamoa ist neben den traditionellen Verarbeitungsbetrieben eine Firma für die Montage und den Export von elektrischen Ausrüstungen für Kraftfahrzeuge mit 100 Beschäftigten entstanden. Auch *Tonga* und *andere Inselländer* fördern die Ansiedlung von Betrieben durch die Schaffung von Industrieparks und die Befreiung von Steuern und Zöllen.

Verkehr

Die größeren Transportkapazitäten der modernen Container-Schiffe und Flugzeuge verändern auch die Verkehrsstrukturen im Südpazifik. Die Frachter laufen nur noch Häfen an, deren Frachtaufkommen ausreichend ist. Lokale Reedereien müssen dann für die Verteilung auf kleinere Inseln sorgen. Die von den Anrainerstaaten des Pazifiks betriebenen Fluggesellschaften bedienen nur noch wichtige Flugplätze wie Guam, Saipan, Fidschi, Amerikanisch Samoa, Tahiti und einige weitere. Mit ihren geringen finanziellen Mitteln haben Fluggesellschaften der südpazifischen Kleinstaaten nur eine Existenzchance, wenn sie die wenig frequentierten innerregionalen Inbringer-Fluglinien bedienen. Die *Cook Inseln*, *Kiribati*, *Nauru*, *Niue* und *Tuvalu* hatten eine engere Zusammenarbeit im Flugverkehr beschlossen. Die Gründung einer gemeinsamen Fluggesellschaft kam aber nicht zustande.

Tourismus

Der Tourismus hat in den letzten Jahren erheblich zur wirtschaftlichen Entwicklung der südpazifischen Länder beigetragen. Neben *Franz. Polynesien* und *Neukaledonien* sind die *Nördlichen Marianen*, die *Cookinseln*, *Fidschi*, *Guam*, *Samoa*, *Tonga* und *Vanuatu* wichtige Touristenzentren geworden. Die kleineren Inselländer und Atolle haben große Schwierigkeiten, die Fremdenverkehrswirtschaft aus-

SÜDPAZIFIK

zubauen, weil ihnen besondere natürliche Attraktionen fehlen und die Verkehrsanbindung zur übrigen Welt unzulänglich ist. Außerdem wären erhebliche Investitionen in Hotels, in Schiffs- und Straßenverbindungen sowie für die Ausbildung von Service-Personal auf den Inseln notwendig. Hinzu kommt noch die Rücksichtnahme auf den Umweltschutz und auf einheimische Sitten und Gebräuche. In den südpazifischen Ländern stellen Australier, Neuseeländer und Besucher aus den USA das Hauptkontingent an Touristen, während Guam und die Nördlichen Marianen vor allem von Japanern besucht werden.

Im Jahre 1991 haben etwa 740.000 Ausländer die südpazifischen Inseln besucht. Der Tourism Council of the South Pacific (TCSP) rechnet für das Jahr 2000 mit einer Besucherzahl von 1,1 Mio Die Zahl der deutschen Besucher stieg 1991 um 5% auf 31.500 Personen. Nach den neuesten Statistiken ist der Tourismus im Jahr 1992 vor allem in Fidschi, Franz. Polynesien, Neukaledonien, auf den Cookinseln (+25%), Westsamoa (+11%) und Papua-Neuguinea (+8%) wesentlich gestiegen.

Beziehungen zu Deutschland

Die deutschen Ausfuhren in den Südpazifik erhöhten sich 1992 im Zusammenhang mit dem beachtlichen Wirtschaftswachstum in einer Reihe von Inselstaaten recht kräftig. Sie nahmen um 24% auf 122,0 Mio DM zu, nach einem Rückgang von 22% im Jahre 1991. Erhebliche Steigerungen der Exporte wurden in die größten Abnehmerländer *Neukaledonien*, *Franz. Polynesien* und *Papua-Neuguinea* sowie auf die *Salomonen* erzielt, während die Ausfuhr nach *Fidschi* deutlich abnahm. Für 1993 liegen wegen der Umstellung der deutschen Außenhandelsstatistik auf EU-Normen beim Statistischen Bundesamt noch keine Angaben vor. Vermutlich ist aber der deutsche Export in den Südpazifik weiter gestiegen.

Die deutschen Einfuhren aus dem Südpazifik verringerten sich 1992 um 6,5% auf 342,1 Mio DM hauptsächlich wegen des Rückgangs der Bezüge von Kupfererzen aus *Papua-Neuguinea* und von Ferronickel aus *Neukaledonien*. Rückläufig war vor allem auch der Wert der Einfuhr von Kaffee aus *Papua-Neuguinea* wegen der niedrigen Weltmarktpreise.

Hauptausfuhrgüter in den Südpazifik sind weiterhin Kraftfahrzeuge, Maschinen, chemische Erzeugnisse und Metallwaren. Eingeführt werden vor allem Kupfererze, Ferronickel, Kaffee, Kakao und Kopra.

Für die ersten fünf Jahre des Lome IV-Abkommens sind mit einer Reihe von südpazifischen Ländern von der Europäischen Union Richtprogramme für die Entwicklungshilfe abgeschlossen. Schwerpunkte bilden die Landwirtschaft und die Infrastruktur.

SÜDPAZIFIK

Tabelle 1: **Außenhandel von Deutschland mit den südpazifischen Ländern nach Waren**
(Angaben in Mio DM)

WAREN	1990	1991	1992
GESAMT-EXPORTE	126,7	98,3	122,0
darunter:			
Nahrungs- und Genußmittel	6,0	5,0	2,2
Rohstoffe, Salz	2,5	2,2	2,4
Chemische Erzeugnisse	9,0	7,3	8,4
Metallwaren	6,8	7,9	6,7
Maschinen	15,3	17,6	27,4
Elektrotechn. Erzeugnisse	8,0	6,4	1,2
Feinmechan. u. optische Erzeugnisse	1,6	1,3	1,2
Kraftfahrzeuge	33,2	30,2	41,3
Luftfahrzeuge	43,5	0,2	7,1
GESAMT-IMPORTE	403,9	365,9	342,1
darunter:			
Kakao	35,8	21,1	26,3
Gewürze	0,9	0,5	0,5
Kopra	23,6	20,2	20,0
Öle und Fette	10,1	17,8	13,4
Kaffee	102,1	85,4	63,2
Kupfererze	176,2	143,8	149,6
Ferronickel	46,8	68,6	55,1

Quelle: Statistisches Bundesamt, Wiesbaden

SÜDPAZIFIK

Tabelle 2: **Außenhandel von Deutschland mit den südpazifischen Ländern**
(Angaben in 1000 DM)

LÄNDER UND GEBIETE	1990	1991	1992
GESAMT-IMPORTE	**403.890**	**365.949**	**342.128**
Fidschi	2.225	3.575	7.056
Kiribati (Gilbert Inseln)	1.489	591	137
Nauru	116	13	26
Papua-Neuguinea	331.444	272.605	257.002
Salomonen	4.519	3.782	4.884
Tonga	43	29	43
Tuvalu (Ellice Inseln)	-	1	274
Vanuatu (Neue Hebriden)	12.637	13.422	14.301
Westsamoa	2.067	118	798
Cook-, Niue- Tokelau-Inseln	399	585	1.354
Norfolk Inseln	92	67	41
Neukaledonien	47.537	68.649	55.367
Franz. Polynesien	1.287	529	844
Wallis-et-Futuna	39	-	-
Amerikanisch Samoa, Ozeanien	1	1	1
GESAMT-EXPORTE	**126.666**	**98.329**	**121.965**
Fidschi	6.159	8.290	6.141
Kiribati (Gilbert Inseln)	315	931	1.034
Nauru	348	476	386
Papua-Neuguinea	11.962	15.083	25.963
Salomonen	1.287	1.326	5.098
Tonga	657	358	258
Tuvalu (Ellice Inseln)	21	10	12
Vanuatu (Neue Hebriden)	302	375	626
Westsamoa	4.073	3.482	3.607
Cook-, Niue-, Tokelau-Inseln	1.323	4.400	5.267
Norfolk Inseln	1.269	739	1.696
Neukaledonien	47.605	35.662	39.105
Franz. Polynesien	48.351	24.475	29.013
Wallis-et-Futuna	211	22	35
Amerikanisch Samoa, Ozeanien	3.300	3.003	3.724

Quelle: Statistisches Bundesamt, Wiesbaden

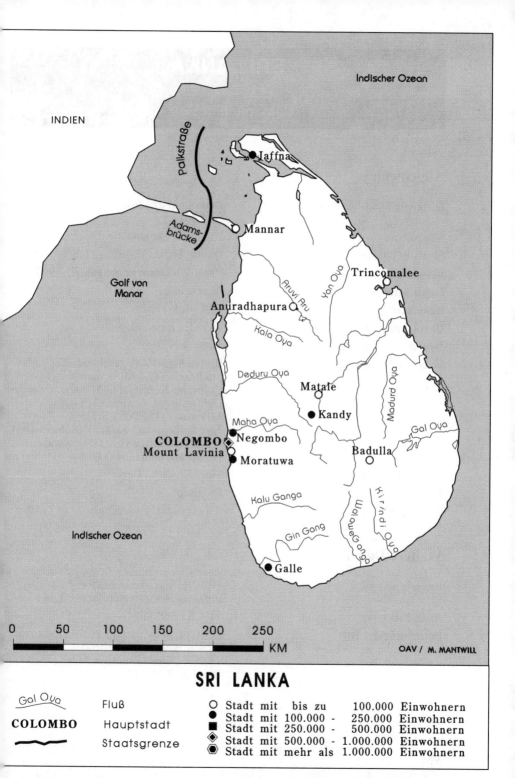

SRI LANKA

Dr. Joachim Betz

Allgemeines

Offizielle Staatsbezeichnung:	Demokratische Sozialistische Republik Sri Lanka
Staatsform:	Präsidiale Demokratie
Staatsoberhaupt:	Dingiri Banda Wijetunga (ab 2.5.1993)
Regierungschef:	Ranil Wickremesinghe (ab 7.5.1993)
Landfläche:	65.000 qkm
Bevölkerung:	17,4 Mio (1992)
Bevölkerungsdichte:	265 Mio Einw./qkm (1992)
Bevölkerungswachstum:	1,0% (1992)
Wichtige Städte:	(Einwohner 1990, geschätzt): Colombo-Stadtregion (2,1 Mio), darunter: Colombo-Kernstadt (720.000); Dehiwala-Mt. Lavinia (215.000); Moratuwa (155.000), Sri Jayewardenepura-Kotte (Parlamentssitz) (118.000); Jaffna (130.000); Kandy (110.000); Galle (84.000)
Nationalsprachen:	Singhalesisch, Tamil
Handelssprache:	Englisch
Nationalfeiertag:	4. Februar (Unabhängigkeitstag 1948)

Weitere Daten

Erwerbspersonen:	(1992/Mio) Öffentl. Sektor: 1,288, organisierter, privater Sektor: 1,341
Analphabetenrate:	11,4% (1992)
Entstehung des BIP:	(1992) Landwirtschaft 26,8%; Industrie 18,9%, davon verarbeitendes Gewerbe 13,2%; Dienstleistungen 51,9%; Bergbau 2,4%

SRI LANKA

Verwendung des BIP:	1992: Investitionen 23,4%; Ersparnis 15,1%; Konsum 83,5%
Wichtigste Agrarprodukte:	1992: Tee 179 Mio kg; Kautschuk 105 Mio kg; Reis 2300 Mio kg; Kokosnüsse 2380 Mio Stück
Wichtigste Industrieerzeugnisse:	1992 in Mrd SLR: Nahrungsmittel und Tabak 34,16; Textilien, Bekleidung und Lederwaren 48,83; Chemiekalien, Gummi und Plastik 21,22; Bergbauprodukte 9,89
Elektrizitätserzeugung:	3539,9 GWh (1992)
Maße und Gewichte:	1 acre = 0,405 ha 1 pound = 0,454 kg 1 mile = 1,609 km
Abkommen mit Deutschland:	Handelsabkommen vom 1.4.1955 (mit unbegrenzter Laufzeit); Investitionsförderungsvertrag vom 8.11.1963, seit 7.12.1966 in Kraft (Laufzeit seit 1972 unbegrenzt mit einjähriger Kündigungsfrist); Doppelbesteuerungsabkommen vom 13.9.1979, seit 20.02.1982 in Kraft
Abkommen mit der EU:	In allgemeinen Zollpräferenzen einbezogen; Abkommen über handelspolitische Zusammenarbeit vom 22.7.1975 seit 1.12.1975 in Kraft; Abkommen über handgewebte Seiden- und Baumwollstoffe seit 1.6.1975 in Kraft (Laufzeit unbegrenzt); Textilabkommen am 25.10.91 paraphiert

SRI LANKA

Statistisches Profil Sri Lanka

			1990	1991	1992	1993(S)
1. Bruttoinlandsprodukt (BIP)						
BIP	(Mio US$)		8136	9054	9799	10358
Reales BIP	(Veränd. in %)	1)	6,2	4,8	4,3	5,7
BIP pro Kopf	(US$)		420	460	494	515
Reales BIP pro Kopf	(Veränd. in %)	1)	4,4	3,8	3,5	4,7
2. Wechselkurse						
SLR/US$ (Jahresdurchschnittskurs)			40,06	41,84	44,39	48,8
SLR/US$ (Jahresendkurs)			40,24	42,58	46,00	50,3
SLR/DM (Jahresdurchschnittskurs)			24,93	24,91		
SLR/DM (Jahresendkurs)			26,15	28,02		
3. Preise						
Inflationsrate	(%)		21,5	12,2	11,4	11,0
Terms of Trade	(Veränd. in %)		-0,8	+3,7	+3,6	
4. Zinssätze						
Geldmarktsatz	(% p.a.)		21.56	25.42	n.a.	n.a.
Einlagezinssatz	(% p.a.)		19.42	18.54	18.33	18.50
Kreditzinssatz	(% p.a.)		13.00	13.83	13.00	16.50
5. Staatshaushalt		2)3)				
Saldo	(in % des BIP)		-9,9	-11,6	-7,4	-7,0
6. Monetärer Sektor		4)				
Inlandskredite	(Veränd. in %)		17,1	12,0	14,2	
Geldmenge M2	(Veränd. in %)		19,1	23,2	16,6	11,0
7. Außenhandel						
Exporte (fob)	(Mio US$)		2293	2587	3129	
Importe (cif)	(Mio US$)		2965	3497	3948	
Deutsche Exporte (fob)	(Mio DM)	5)	157,9	152,9	190,2	115,8[8]
Deutsche Importe (cif)	(Mio DM)	5)	282,3	379,3	415,1	190,8[8]
8. Leistungsbilanz						
Güterexporte (fob)	(Mio US$)		1975	2040	2519	
Güterimporte (fob)	(Mio US$)		2689	3061	3477	
Handelsbilanzsaldo	(Mio US$)		-714	-1021	-966	
Dienstleistungsexporte	(Mio US$)		440	547	619	
Dienstleistungsimporte	(Mio US$)		639	779	836	
Dienstleistungsbilanzsaldo	(Mio US$)		-199	-232	-217	
Übertragungen, privat (netto)	(Mio US$)		362	402	465	
Übertragungen, öffentlich (netto)	(Mio US$)		178	203	183	
Leistungsbilanzsaldo	(Mio US$)		-298	-485	-346	
9. Auslandsverschuldung		6)				
Bruttobestand	(Mio US$)		5040	5758	5990	
-in % des BIP			61,94	63,60	61,13	
-in % der Exporterlöse (Güter u. Dienstleistungen)			10,37	9,39	10,80	
10. Währungsreserven		6)				
Währungsreserven ohne Gold	(Mio US$)	7)	447	724	980	1500
-in Monatsimporten			2,0	2,8	3,4	4,9

1) Auf Basis der Landeswährung.
2) Zentralregierung.
3) Fiskaljahre vom 01.10. - 30.09.
4) Veränderung der Jahresendbestände.
5) Ab 1991 gesamtdeutscher Handel.
6) Bestand am Periodenende.
7) Goldbestand wird offiziell nicht gesondert ausgewiesen, sondern den Währungsreserven zugewiesen.
8) 1. Halbjahr 1993.
(S) Schätzung.

Quelle: Deutsches Überseeinstitut, OAV

SRI LANKA

Wirtschaftliche und politische Lage 1993

+ Fortsetzung der Reformpolitik und der Privatisierung trotz des politischen Übergangs
+ deutliche Beschleunigung des wirtschaftlichen Wachstums
+ Fortbestand der positiven Haltung gegenüber ausländischen Direktinvestitionen
+ unproblematische Auslandsverschuldung
- mühsame und nicht ausreichende fiskalische Konsolidierung
- keine Lösung der ethnischen Krise in Sicht

Prognose für 1994

+ weiter erhebliches Wirtschaftswachstum
+ Fortsetzung der Reformen erwartet
- nur geringe Minderung der politischen Konflikte erwartet
- Nachlassen haushaltspolitischer Disziplin im Wahljahr vermutet

SRI LANKA

Überblick und Besonderheiten

Die innenpolitische Szene in Sri Lanka war 1993 geprägt durch Attentate auf politische Führungsfiguren des Landes. Am 23. April wurde der Führer der oppositionellen DUNF (Democratic United National Front), Ex-Minister Lalith Athuladhmudali, von einem Unbekannten niedergestreckt. Da Athuladhmudali zusammen mit einem weiteren ehemaligen Kabinettskollegen 1991 ein Amtsenthebungsverfahren gegen Staatspräsident Premadasa angestrengt hatte und aus der regierenden UNP (United National Party) ausgeschlossen war, gleichzeitig aber die Wahlen zu den Provinzräten anstanden, für die er sich gute Hoffnungen machen konnte, vermuteten seine Anhänger die Regierung als Drahtzieher des Attentats und entluden ihren Ärger mit Attacken auf öffentliche Gebäude. Der Staatspräsident wurde aber eine Woche später (beim Umzug zum 1. Mai) selbst das Opfer eines Anschlages, als dessen Urheber ein LTTE-Kommandant aus Jaffna ausgemacht wurde. Beide Attentate führten nicht zu den einst bekannten kommunalen Ausschreitungen gegen die Tamilen. Die Trauer über den Tod des Staatspräsidenten hielt sich in Grenzen, hatte sich dieser doch durch scharfes Vorgehen gegen politische Gegner und autoritären Führungsstil unbeliebt gemacht, wenngleich er auch eine sehr konziliante Politik gegenüber den Tamilen verfolgte und damit einen Keil zwischen diese und die LTTE (Liberation Tigers of Tamil Eelam) zu treiben versuchte. Hier ist auch das Tatmotiv zu suchen.

Nach dem Mord wurde eine Ausgangssperre über die ganze Insel verhängt und eine schnelle Bestellung des Nachfolgers, des bisherigen Premierministers Dingiri Banda Wijetunga, vorgenommen. Wijetunga galt als politisches Leichtgewicht und wurde zunächst allgemein als schwache Übergangsfigur angesehen. In der Tat definierte der neue Präsident sein Amt anders als der Vorgänger und suchte einen Ausgleich mit dem Parlament, das Premadasa zu einer Art Statistenrolle degradiert hatte. Er zeigte sich auch gegenüber den Tamilen konzilianter als zunächst erwartet und sprach eine Einladung an die LTTE zu Verhandlungen aus.

Die Provinzwahlen in Sri Lanka wurden erwartungsgemäß von der UNP gewonnen, die sich in vier Provinzen (von sechs) als Mehrheit durchsetzte, aber leichte Einbußen hinnehmen mußte. In der größten südwestlichen Provinz (mit der Hauptstadt Colombo) siegte eine hauptsächlich aus der SLFP (Sri Lanka Freedom Party) bestehende Allianz unter der Spitzenkandidatin Chanrika Kumaranatunga, der Tochter von Sirivamo Bandaraiake.

Der ethnische Konflikt auf der Insel begann sich leicht zu entspannen. Während des Frühjahrs fanden deutliche Rückzugsbewegungen der LTTE auf die nördliche Halbinsel statt, unterbrochen von mehreren Attacken auf die srilankische Armee. Im Osten der Insel hatte sich die Situation bis Mitte des Jahres so weit entspannt, daß eine Rückkehr von Flüchtlingen dorthin und die Schließung des Flüchtlingslagers möglich schien. Die Kontrolle der LTTE beschränkte sich dort auf nur noch schmale Küstenstreifen. Die Rebellen demonstrierten aber im November erneut bei einem Überraschungsangriff auf eine Flottenbasis, bei der Hunderte srilankischer

SRI LANKA

Soldaten ihr Leben lassen mußten, ihre militärische Stärke. Regierungstruppen hatten alle Mühe, den Vormarsch zurückzudrängen.

Wirtschaftsplanung

Nach einer wirtschaftspolitisch turbulenten Phase, hat sich Sri Lanka ab Ende 1989 mehreren Strukturanpassungsprogrammen der Weltbank unterworfen, die auch eine umfassende Restrukturierung und Privatisierung des öffentlichen Wirtschaftssektors vorsahen. An diesen Bemühungen hat die Regierung auch im Berichtszeitraum festgehalten. Das fünfte Politische Rahmenpapier (Herbst 1992) sieht Armutsverringerung und eine Beschleunigung des Wirtschaftswachstums (auf 6% p. a.) vor, eine weitere Verringerung des Haushaltsdefizits (auf 6,5% des BIP im Jahre 1995) und des Leistungsbilanzdefizits (auf 4,5% des BIP), während gleichzeitig einstellige Inflationsraten angezielt werden. Mit den bisherigen Anpassungsbemühungen ist Sri Lanka seinen südasiatischen Nachbarn deutlich vorausgeeilt und hat eine rasche Verbesserung seiner Wirtschaftsleistungen erzielen können. Allerdings stockten die fiskalischen Konsolidierungsbemühungen um die Jahreswende 1992/93, so daß sich der IWF genötigt sah, Mittel aus der Erweiterten Strukturanpassungsfazilität zurückzuhalten. IWF und Weltbank mahnten auch einen weiteren Abbau der Subventionen und eine Beschleunigung des Privatisierungsprogramms an. Die neue Regierung reagierte alsbald mit Maßnahmen zur Haushaltskonsolidierung und der Privatisierung eines großen, staatseigenen Hotels in Colombo. Gleichzeitig wurde die Privatisierung der beiden großen, staatlichen Versicherungsgesellschaften angekündigt. Allerdings wurden auch kurze Zeit später wahlwirksam (Provinzratswahlen im Mai) Gehalts- und Pensionsanhebungen im öffentlichen Dienst avisiert. Die beiden großen Staatsbanken wurden mit Hilfe staatlicher Anleihen auf den Standard der Bank für Internationalen Zahlungsausgleich gebracht; gelenkte Kreditprogramme drastisch reduziert. Eine völlige Privatisierung der Banken (wie auch der Plantagen) unterbleibt aber aus politischen Rücksichten. Air Lanka ist ein weiterer Problemfall. Die öffentliche Fluglinie bestellte im Frühjahr sechs weitere Flugzeuge, ein Schritt, der es ihr noch mehr erschweren wird, mittelfristig Rentabilität zu erreichen. Zum Jahresende kündigte die Regierung ihren neuen Staatshaushalt an, der ein fast ausgeglichenes Budget vorsieht. Der verbleibende Rest kann ohne Probleme durch ausländische Hilfsgelder finanziert werden. Dafür mußten aber die angekündigten Gehaltserhöhungen (s.o.) verschoben sowie neue Ausbildungssubventionen zurückgenommen werden.

SRI LANKA

Wirtschaftsentwicklung

Begünstigt durch ein umfassendes Strukturanpassungsprogramm und nur wenig beeinträchtigt von den ethnischen Konflikten und den Attentaten, wuchs die srilankische Wirtschaft mit einem beachtlichen Tempo. Wurden 1992 immerhin 4,4% erreicht, so legte die Wirtschaft, bedingt durch günstige klimatische Bedingungen, im Jahre 1993 um 5,7% zu. Die marktorientierten Reformen brachten eine deutliche Reaktion des privaten Sektors: Die private Investitionsquote stieg von 8,8% des BIP (1988) auf 16,7% (1992). Der Löwenanteil der Investitionen floß in das verarbeitende Gewerbe. Entsprechend hoch war dort die wirtschaftliche Dynamik (1992: +9%), während sie in der Landwirtschaft und bei den Dienstleistungen bis Ende 1992 eher gedämpft blieb. Die Regierung hat das Haushaltsdefizit bis 1992 nur langsam reduzieren können, hauptsächlich durch geringere Transfers an die Staatsunternehmen und Kürzungen der Kapitalausgaben. Die laufenden Ausgaben, insbesondere für Verteidigung, Löhne im öffentlichen Dienst und für die Schuldenbedienung, zeigten aber wachsende Tendenz. Angesichts nicht ausreichender fiskalischer Konsolidierung, hatte die Geldpolitik eine hohe Last zu tragen. Entsprechend stiegen die Zinsraten auf dem lokalen Kapitalmarkt. Bis zum Frühjahr 1993 stieg das Haushaltsdefizit wieder. Entsprechend zeigte die Inflationsrate (zur Jahresmitte 12,2%, im Vorjahr 11,4%) eher eine Tendenz zur Beschleunigung.

Staatshaushalt

Als Folge der ernsthaften Anpassungs- und Stabilisierungsbemühungen ist das srilankische Haushaltsdefizit von 11,6 (1991) auf 7,4% des BIP (1992) gesunken.

In den ersten fünf Monaten des Jahres 1993 nahmen die Haushaltsausgaben aber weit stärker zu als die Steuereinnahmen (38 zu 10%), eine Folge auch der Inflationsbekämpfung, die die Bedienung der internen Schulden teurer machte. Das Finanzministerium reagierte Ende August mit einer globalen Ausgabensperre in Höhe von 10% und setzte den Kurs eines verringerten Geldmengenwachstums fort.

Landwirtschaft

Der Plantagensektor, der am meisten unter der letztjährigen Dürre gelitten hatte, zeigte das stärkste Wachstum. Nach einem deutlichen Rückgang im Vorjahr legte die Teeproduktion bis Ende Juli kräftig zu (+37%) und die Teepreise stiegen deutlich. Der Absatz machte angesichts starker russischer Nachfrage keine Probleme. Die Kautschukproduktion stieg ebenfalls um über 20%, hingegen zeigten sich bei Kokosnüssen die verzögerten Folgen der Dürre. Die Produktion von Reis, dem wichtigsten Nahrungsmittel, wies ein befriedigendes Wachstum auf (Frühjahrsernte: + 3,6%).

SRI LANKA

Verarbeitende Industrie

Das verarbeitende Gewerbe entwickelte sich weiter dynamisch. Besonders rasch war 1992 das Wachstum im Textilsektor (+ 31%) bei Holz und bei Papier. Da unlängst 130 neue Textilfabriken ihre Tore öffneten, wird die Textilverarbeitung weiter deutlich zulegen. Die Aktienkurse erholten sich von den Schwächetendenzen des Vorjahres. Ausländische Investoren zeigten steigendes Interesse am Aktienerwerb.

Außenwirtschaft

Das Leistungsbilanzdefizit des Landes hat sich 1992 deutlich reduziert, da die Exporte um 20%, die Importe dagegen nur um 10% zunahmen. Das verbleibende Defizit (686 Mio SZR) war recht moderat (5,5% des BIP) und erlaubte angesichts des externen Kapitalzuflusses eine Erhöhung der Währungsreserven auf ein Niveau, das den Importen von 3,3 Monaten entsprach. In der ersten Jahreshälfte nahmen die Importe aber wieder rascher als die Ausfuhren zu, und das Handelsbilanzdefizit stieg um 42%. Der Anteil der Fertigwaren am Export hat sich weiter erhöht (1992: 69%), bei den Importen zeigten die Kapitalgüter die stärksten Wachstumsraten. Auf dem Treffen des Hilfskonsortiums im Juni in Paris, erhielt Sri Lanka die Zusage für eine finanzielle Unterstützung in Höhe von 840 Mio US$ für 1994, 15 Mio US$ mehr als für 1993. Die Geber hoben die Verbesserung der Menschenrechtssituation, die Reduktion des Haushaltsdefizits und die Privatisierungen hervor, kritisierten aber die hohen Rüstungsausgaben. Als Folge der anhaltenden Kapitalzuflüsse und auch der Gastarbeiterüberweisungen, stiegen die srilankischen Devisenreserven bis zum Spätsommer 1993 auf etwa 1,6 Mrd US$. Die praktisch auf Null gesunkene Schwarzmarktprämie für den Währungsumtausch zeigte den erfolgreichen Abbau der Devisenkontrollen. Die srilankische Rupie setzte im Jahresverlauf (gegenüber den Haupthandelswährungen) ihre gelinde Talfahrt fort. Die externe Verschuldung des Landes stieg bis Ende 1992 nochmals mäßig auf 5,8 Mrd US$ (inkl. kurzfristiger Schulden und IWF-Ziehungen 6,7 Mrd). Der weitaus größte Teil entfällt auf öffentliche Geber (5,18 Mrd), freilich kommen private Geldgeber und der IWF für nennenswerte Anteile auf. Die Schuldenindikatoren Sri Lankas bewegen sich in einem ziemlich undramatischen Bereich. So erreichte die Schuldendienstquote 1992, selbst unter Einschluß aller kurzfristigen Schulden und der Rückzahlungen an den IWF, nur bescheidene 14%. Ausländische Investitionen in Sri Lanka sind seit Beginn der umfassenden Liberalisierungspolitik phänomenal angestiegen: Die Zahl der gebilligten Projekte stieg von 80 (1989) auf 369 (1992), das Investitionsvolumen von 2,25 auf 24,1 Mrd SLRs. Der Anstieg der Direktinvestitionen setzte sich auch 1993 fort. Investitionsschwerpunkt blieb mit weitem Abstand der Textilsektor, es folgen Gummi- und Lederwaren sowie Elektroartikel.

SRI LANKA

Beziehungen zur Bundesrepublik Deutschland

Im bilateralen Handel zwischen Deutschland und Sri Lanka stiegen 1992 die deutschen Exporte erstmals wieder stärker als die Importe. Ausfuhren aus der Bundesrepublik in Höhe von 187,6 Mio DM standen Importe von 415,1 Mio DM gegenüber. Sri Lankas Ausfuhren in die Bundesrepublik haben v.a. im Textilbereich große Zuwachsraten verzeichnet, aber auch bei Leder-, Gummi- und Jutewaren. Der Anstieg ist auch der Hilfe geschuldet, die die Bundesrepublik Sri Lanka bei der Exportförderung hat zukommen lassen. Importe aus der Bundesrepublik konzentrieren sich nach wie vor auf Kapitalgüter, Chemikalien und Kraftfahrzeuge. Bei den privaten Direktinvestitionen in Sri Lanka spielt die Bundesrepublik nur eine geringe, von den europäischen Staaten allerdings die wichtigste Rolle (rd. 8% vom Gesamt).

Zusagen an Sri Lanka im Rahmen der deutschen Entwicklungshilfe sind in den letzten Jahren eher zurückgegangen, u.a. auch wegen der Menschenrechtsverletzungen. Die letzte Zusage im Rahmen der Finanziellen Hilfe belief sich auf 5,4 Mio DM.

Tabelle 1: **Handelsstruktur Deutschland** [1] **- Sri Lanka**
Deutsche Exporte nach Sri Lanka
(Angaben in Mio DM)

SITC POSITION [2]	WARENKLASSE [3]	1990	1991	1992
0 - 9	INSGESAMT	157,9	152,9	187,6
5	Chemische Erzeugnisse	31,0	27,6	28,9
6	Bearbeitete Waren, vorwiegend nach Beschaffenheit gegliedert	51,0	54,3	64,1
7	Maschinenbau-, elektrotechn. Erzeugnisse und Fahrzeuge	56,5	50,2	66,0
8	Verschiedene Fertigwaren	12,2	14,3	22,0

[1] Bis 1990 westdeutscher, ab 1991 gesamtdeutscher Handel.
[2] Standard International Trade Classification (SITC Rev. II bis 1987, SITC Rev. III ab 1988).
[3] Bezeichnungen der Warenklassen teilweise gekürzt; geringfügige Rundungsabweichungen bei Summenbildung möglich.

Quelle: Statistisches Bundesamt, Wiesbaden

SRI LANKA

Tabelle 2: **Handelsstruktur Deutschland** [1] **- Sri Lanka**
Deutsche Importe aus Sri Lanka
(Angaben in Mio DM)

SITC POSITION [2]	WARENKLASSE [3]	1990	1991	1992
0 - 9	INSGESAMT	282,3	379,3	415,1
0	Nahrungsmittel und lebende Tiere	33,4	39,8	39,3
2	Rohstoffe (andere als SITC 0 und 3)	31,2	23,3	26,5
6	Bearbeitete Waren, vorwiegend nach Beschaffenheit gegliedert	26,0	31,7	36,7
8	Verschiedene Fertigwaren	183,5	261,1	284,8
darunter: 84	Bekleidung und Bekleidungszubehör	170,8	243,7	263,1

[1] Bis 1990 westdeutscher, ab 1991 gesamtdeutscher Handel.
[2] Standard International Trade Classification (SITC Rev. II bis 1987, SITC Rev. III ab 1988).
[3] Bezeichnungen der Warenklassen teilweise gekürzt; geringfügige Rundungsabweichungen bei Summenbildung möglich.

Quelle: Statistisches Bundesamt, Wiesbaden

SRI LANKA

Tabelle 3: **Außenhandel nach Waren**
(Angaben in Mio SLRs)

WARENGRUPPE	1990	1991
GESAMT-EXPORTE	79.481	84.378
Landwirtschaftliche Produkte	28.886	26.537
Tee	19.823	17.867
Kautschuk	3.080	2.641
Kokosnuß	2.783	2.619
Sonstige Industriegüter	41.510	50.736
Textilien und Bekleidung	25.163	33.261
Erdölerzeugnisse	3.974	3.289
Mineralien	3.484	2.562
Edelsteine	2.933	2.358
Andere	551	204
Sonstige	5.601	4.543
GESAMT-IMPORTE	107.729	126.643
Konsumgüter	28.420	32.357
Nahrungsmittel und Getränke	15.624	16.749
Reis	1.758	1.589
Mehl	1.387	1
Zucker	5.173	5.139
Andere	7.306	10.020
Sonstige	12.796	15.608
Grundstoffe, Produktionsgüter	55.757	64.265
Erdöl	14.372	12.887
Düngemittel	2.958	2.430
Chemikalien	4.754	3.643
Weizen	3.791	3.303
Textilien und Bekleidung	13.454	20.611
Andere	16.428	21.391
Investitionsgüter	23.412	29.792
Maschinenbauerzeugnisse	9.885	11.881
Transportmittel	4.537	7.607
Baumaterial	6.365	6.840
Andere	2.625	3.464
Sonstige	139	229

Quelle: Central Bank of Sri Lanka, Annual Report 1991

SRI LANKA

Tabelle 4: **Außenhandel nach Ländern**
(Angaben in Mio US$)

LAND	1990	1991	1992
GESAMT-EXPORTE	1.983,50	2.038,80	2.508,30
davon:			
USA	504,40	595,27	779,50
Japan	111,25	119,90	137,70
Belgien/Luxemburg	98,65	93,85	121,30
Frankreich	54,29	90,03	122,80
Bundesrepublik Deutschland	142,26	207,97	227,40
Niederlande	59,07	77,20	90,30
Italien	29,88	45,59	48,60
Großbritannien	108,88	119,30	148,20
Bangladesch	23,88	4,38	5,00
Hongkong	20,27	20,68	18,10
Indien	20,20	10,50	11,50
Singapur	40,20	41,79	46,00
Thailand	21,60	19,40	20,30
GESAMT-IMPORTE	2.685,00	3.054,10	3.468,00
davon:			
USA	150,65	132,88	195,60
Japan	368,90	321,26	395,00
Belgien/Luxemburg	44,40	84,70	113,60
Frankreich	46,10	35,80	93,70
Bundesrepublik Deutschland	109,49	101,00	122,70
Italien	18,90	17,25	27,50
Niederlande	19,80	60,00	49,00
Großbritannien	145,90	251,20	199,60
Südafrika	83,40	91,69	100,90
VR China	112,70	129,70	114,10
Hongkong	120,30	243,80	307,50
Indien	118,00	192,00	211,20
Indonesien	39,40	33,35	46,20
Korea (Rep.)	127,80	192,67	230,60
Malaysia	114,80	114,77	120,20
Singapur	102,50	255,10	280,70
Thailand	85,20	91,80	107,40

Quelle: Direction of Trade Statistics, International Monetary Fund, 1993

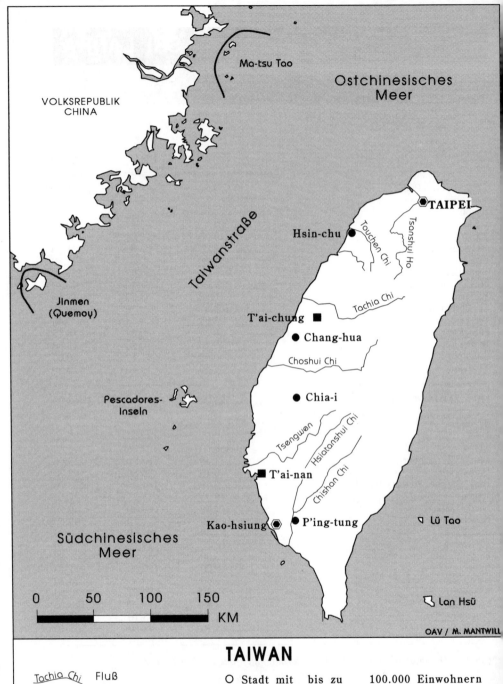

TAIWAN
Dr. Yu-Hsi Nieh

Allgemeines

Offiziele Staatsbezeichnung:	Republik China
Staatsform:	Republik
Staatsoberhaupt:	Lee Teng-hui (Li Denghui)
Regierungschef:	Lien Chan (Lian Zhan)
Landfläche:	36.000 qkm
Einwohnerzahl:	20,86 Mio (Ende Aug. 1993)
Bevölkerungsdichte:	579 Einw./qkm (Ende Aug. 1993)
Bevölkerungswachstum:	(Geburtenüberschuß): 1,08% (Ende Aug. 1993)
Wichtige Städte:	(Juli 1993/Einwohner) Taipei (Hauptstadt) 2.671.260; Kaohsiung 1.404.645
Amts- und Handelssprache:	Chinesisch bzw. Englisch
Nationalfeiertag:	10. Oktober
Weitere Feiertage:	Neujahr, Frühjahrsfest (traditionell chinesisches Neujahr nach Mondkalender), Tag der Jugend (29. März), Drachenbootsfest (5. Mai nach Mondkalender), Mondfest (15. Aug. nach Mondkalender), Geburtstag von Konfuzius - Lehrertag (28. Sept.), Tag der Rücknahme von Taiwan (25. Okt.), Geburtstag von Chiang Kai-shek (31. Okt), Geburtstag von Sun Yat-sen (12. Nov.), Verfassungstag (25. Dez.)

Weitere Daten

Erwerbspersonen:	1992 (1991) 8,63 Mio (8,44), davon 12,34% (12,95) im Industrie- und 48,04% (47,12) im Dienstleistungssektor
Arbeitslosenquote:	1992 (1991) 1,51% (1,51)

TAIWAN

Entstehung des BIP:	1992 (1991) Agrarsektor 3,52% (3,7); Industriesektor 41,43% (42,47); Dienstleistungen 11,4
Verwendung des BSP:	1992 (1991) Privater Verbrauch 54,69% (52,99); Staatlicher Verbrauch 17,19% (17,42); Bruttoanlageinvestitionen 22,78% (21,1); Lagerbestandsveränderung 0,96% (0,6); Ausfuhren 43,63% (47,3); Einfuhren -41,2 (-42,4)
Wichtigste Agrarerzeugnisse:	1992 (1991) Reis 1.628 (1,819) Mio t; Zuckerrohr 5,668 (4,536) Mio t; Tee 20.164 (21.380) t; Bananen 196.970 (196.663) t; Zitrusfrüchte 526.599 (544.251) t; Schweine 14,474 (16,134) Mio Stck; Hähnchen 258 (234) Mio Stck; Fischfang 1,330 (1,317) Mio t; Holzeinschlag 71.910 (74.190) cbm
Wichtigste Bergbauprodukte:	1992 (1991): Kohle 334.821 (402.575) t; Erdgas 630,9 (765,69) Mio cbm; Salz 25.732 (195.319) t; Marmor 14,604 (11,837) Mio t; Kalkstein 16,885 (15,351) Mio t; Dolomit 254.411 (362.686)t; Schwefel 118.621 (125.819)t
Elektrizitätserzeugung:	1992 (1991): 93.885 (89.639) kWh, davon 56,5% (56,1) aus Wärmekraft, 34,6% (37,8) aus Kernkraft und 8,9% (6,1) aus Wasserkraft
Wichtigste Industrieerzeugnisse:	1992 (1991): Baumwollgarn 197.133 t (206.353); Baumwollgewebe 568,639 Mio m (608,703); Bekleidung aller Art 64,065 Mio Dtzd. (73,14); PVC 1.042.564 t (978.435); PE 360.107 t; (334.318); Fernsehgeräte 2,623 Mio Stück (3,539); Telefone 9,775 Mio Stück (9,814); Mikrocomputer 3,265 Mio Stück (2,466); Fotoapparate 10,243 Mio Stück (12,164); Fahrräder 5,989 Mio Stück (7,466); Motorräder 1,345 Mio Stück (1,1,74); Werkzeugmaschinen 748.921 Stück (768.367); Kfz 437.063 (405.195)

TAIWAN

Maße und Gewichte:	Neben den offiziellen metrischen Einheiten auch traditionell taiwanesisches System: 1 ts'un = 3,0303 cm, 10 ts'un = 1 chik = 0,30303 m; 1 p'ing = 3,30579 qm, 30 p'ing = 1 mu = 0,99174 a, 2.934 p'ing = 1 chia = 96,9917 a; 1 ch'ien = 3,75 g, 10 ch'ien = 1 liang = 37,5 g, 16 liang = 1 chin = 0,6 kg, 100 chin = 1 tan = 60 kg
Abkommen mit Deutschland:	Keine
Beziehungen mit der EU:	Keine Zollpräferenz, autonome Regelung der EU über den Handel mit Textilerzeugnissen bis 31.12.1986, ab 1.1.1987 für fünf Jahre verlängert, weitere Verlängerung ist vorgesehen

CTA Anlagenbau GmbH

Trebuser Straße 49 * D-15517 Fürstenwalde/Spree

Telefon (03361)62400 * Telefax (03361) 62840

ÖTEC

Die CTA Anlagenbau GmbH bietet ein umfangreiches Leistungsprofil:

Ökologieanlagen

- **Ingenieurbüro**

  Tankanlagen

  Vorplanung, Genehmigungsplanung, Ausführungsplanung für nachstehende Anlagen: Engineering

- **Industrieanlagenbau**

  Chemieanlagen

  Lieferung, Montage, Inbetriebnahme, Service für

  * Tankanlagen für brennbare Flüssigkeiten
  * Heizölversorgungstanklager
  * Tankstellen
  * Flüssiggasanlagen
  * Entlade- und Beladeanlagen für Schienen-, Straßen- und Wasserfahrzeuge

- **Heizungsanlagen für Haushalt, Gewerbe und Industrie**

  * Heizungsanlagen für Haushalt, Gewerbe und Industrie
  * Sanitäranlagen
  * Sanierung von Gasleitungen

- **Stanzerei**

  spanlose Umformung durch Pressen, Stanzen, Tiefziehen

TAIWAN

Statistisches Profil Taiwan

			1992	1993(S)	1994(S)	1995(P)
1. Bruttoinlandsprodukt (BIP)						
BIP	(Mio US$)		206585	214410	228159	246454
Reales BIP	(Veränd. in %)	1)	6,0	6,1	6,5	6,2
BIP pro Kopf	(US$)		9932	10188	10714	11438
Reales BSP pro Kopf	(Veränd. in %)	1)	4,8	4,9	5,3	5,0
2. Wechselkurse						
NT$/US$ (Jahresdurchschnittskurs)			25,16	26,60	27,70	28,20
NT$/US$ (Jahresendkurs)			25,40	27,00	28,00	27,80
NT$/DM (Jahresdurchschnittskurs)			16,13	16,08	15,65	15,67
NT$/DM (Jahresendkurs)			15,78	15,64	15,56	15,62
3. Preise		2)				
Inflationsrate	(%)		4,5	3,5	4,0	4,2
4. Zinssätze						
Diskontsatz	(% p.a.)	3)	5,63	5,50	6,00	6,50
5. Staatshaushalt		4)				
Saldo	(in % des BSP)		-2,5	-1,9	-1,4	-1,0
6. Monetärer Sektor		5)				
Inlandskredite	(Veränd. in %)		28,5	17,5	23,0	21,0
Geldmenge M2	(Veränd. in %)		19,6	11,6	15,0	14,0
7. Außenhandel						
Exporte (fob)	(Mio US$)		81419	85800	92500	99500
Importe (cif)	(Mio US$)		72181	78000	85000	93000
Deutsche Importe (cif)	(Mio DM)		7426	7277	7500	8000
Deutsche Exporte (fob)	(Mio DM)		4978	5824	6400	6700
8. Leistungsbilanz						
Güterexporte (fob)	(Mio US$)		80723	84216	88000	92000
Güterimporte (fob)	(Mio US$)		67926	72534	77500	83000
Handelsbilanzsaldo	(Mio US$)		12797	11682	10500	9000
Dienstleistungsexporte	(Mio US$)		17982	20150	21500	22000
Dienstleistungsimporte	(Mio US$)		22478	24500	26000	27000
Dienstleistungsbilanzsaldo	(Mio US$)		-4496	-4350	-4500	-5000
Übertragungen, privat (netto)	(Mio US$)		-168	-350	-300	-280
Übertragungen, öffentlich (netto)	(Mio US$)		-39	-20	-25	-20
Leistungsbilanzsaldo	(Mio US$)		8094	6962	5675	3700
9. Auslandsverschuldung		5)				
Bruttobestand	(Mio US$)		20500	21000	21500	22000
-in % des BIP			9,9	9,8	9,4	8,9
-in % der Exporterlöse (Güter und Dienstleistungen)			20,8	20,1	19,6	19,3
10. Währungsreserven		5)				
Währungsreserven ohne Gold	(Mio US$)		82306	83000	84000	85000
-in Monatsimporten			10,9	10,3	9,7	9,3
Gold	(Mio US$)	6)	6002	5900	6000	6500

1) Auf Basis der Landeswährung.
2) Jahresdurchschnittswerte.
3) Jahresendwerte.
4) Zentralregierung. Abgrenzung gemäß IWF. Haushaltssaldo des Fiskaljahres vom 1. Juli des Vorjahres bis 30. Juni des laufenden Jahres, bezogen auf das Bruttosozialprodukt des laufenden Kalenderjahres.
5) Bestand am Periodenende.
6) Nationale Bewertung.
(S): Schätzung.
(P): Prognose.

Quelle: F.A.Z. GmbH Informationsdienste (Länderanalysen)

TAIWAN

Wirtschaftliche und politische Lage 1993

+/- Spaltung der Regierungspartei vorerst abgewendet, doch Fraktionskonflikt um die Festlandspolitik geht weiter
+/- Kürzung des Entwicklungsplans konzentriert knappere Mittel
+/- Handelsbilanz stabilisiert sich nach kräftigen Importzuwächsen mit leicht sinkendem Überschuß
- Wachstumsrate verharrt auf dem mäßigen Vorjahresniveau

Prognose 1994

+ Konjunkturbelebung im Schlepptau der Industrieländer
+ Haushaltskonsolidierung begrenzt monetäre Expansion, Inflationsrate bleibt relativ gering
+/- Wirtschaftliche Konsolidierungspolitik in der VR China vermindert den Annäherungsdruck

Bilaterale Wirtschaftsbeziehungen

+/- Direkte Flugverbindungen und Wirtschaftskontakte verbessern die Beziehungen, können über die politischen Hemmnisse jedoch nicht hinwegtäuschen

TAIWAN

Überblick und Besonderheiten

Das Wirtschaftswachstum von Taiwan hat 1993 weiter etwas an Tempo verloren. Die Zuwachsrate des Bruttosozialprodukts (BSP) betrug den amtlichen Angaben des DGBAS (Directorate-General of Budget, Accounting and Statistics) zufolge im ersten Quartal beim Jahresvergleich real 6,29% (im vorjährigen Vergleichszeitraum 6,62%) und im zweiten Quartal 6,15% (6,26%). Für das 3. und 4. Quartal wurde vom DGBAS im August 1993 eine Wachstumsrate von jeweils 5,96% (5,03%) und 5,92% (6,21%) geschätzt. Davon ausgehend soll es für das ganze Jahr 1993 ein Wachstum von 6,08% geben, was nicht nur hinter dem Ziel des Sechsjahresplanes von 7% im Durchschnitt liegt, sondern auch unter der ursprünglichen offiziellen Voraussage von 6,6%, die im Mai 1993 bereits auf 6,33% gesenkt wurde. Nach einer jüngsten Meldung hat das DGBAS im November seine Schätzung weiter auf 6% herabgesetzt. 1992 lag das Wachstum bei 6,02%, nach 7,24% im Jahre 1991.

Das Pro-Kopf-BSP, das 1992 eine Höhe von 10.202 US$ erreichte, soll 1993 nach der DGBAS-Schätzung vom August weiter auf 10.578 US$ steigen. Infolge der angehobenen BSP-Basiszahl erwartet man in Zukunft auch in Taiwan kaum noch zweistellige Wachstumsraten wie zuletzt 1986 (12,57%) und 1987 (11,87%). Das CEPD (Council for Economic Planning and Development) rechnet für 1994 ebenfalls mit einer mäßigeren Wachstumsrate von 6,2%, und zwar unter der Voraussetzung einer Belebung der Weltwirtschaft und Aktivierung der inländischen privaten Wirtschaft.

Nach CEPD ist der verlangsamte Verbrauch der öffentlichen Hand hauptsächlich dafür verantwortlich, daß 1993 das Planziel des Wirtschaftswachstums von 7% nicht erreicht werden konnte. Infolge der Regierungssparmaßnahmen und des Rückstands bei Ausführung öffentlicher Investitionsprojekte habe die öffentliche Hand zum Wirtschaftswachstum statt der ursprünglich geschätzten 2,3% nur 1% beigetragen. In einer Konjunkturanalyse vom November prognostizierte das DGBAS, daß der Staatsverbrauch 1994 nach einer geschätzten minimalen Zunahme von 0,4% im Berichtsjahr 1993 real um 1,7% sinken werde. Zugleich werde die reale Steigerung des Privatverbrauchs ebenfalls von 7,7% (1993) auf 7,1% zurückgehen. Das Nachlassen der Privatnachfrage sei in erster Linie auf die sinkenden Spekulationsgewinne als Folge der Flaute auf dem Aktien- und Immobilienmarkt zurückzuführen.

Gegenüber dem Vorjahr sind 1993 auch die Investitionen und der Außenhandel langsamer gewachsen. Die Inlandsanlageinvestitionen hatten im ersten Quartal eine reale Zunahme von 11,02% (12,74% im entsprechenden Vorjahreszeitraum) und im zweiten Quartal eine von 10,56% (12,58%) zu verzeichnen. Für das ganze Jahr wurde vom DGBAS eine Zuwachsrate von 10,09% (13,66%) geschätzt, davon bei Regierungsinvestitionen 13,38% (17,97%), staatlichen Unternehmen 1,69% (1,79%) und der privaten Wirtschaft 12,28% (17,80%). Ferner sind von Januar bis August 1993 den Statistiken des Wirtschaftsministeriums zufolge 35.221 neue

TAIWAN

Firmen gegründet worden, 12,82% weniger als im entsprechenden Zeitraum 1992. Einschließlich Kapitalerhöhung lagen die neuen Kapitalanlagen mit einem Gesamtvolumen von 605,5 Mrd NT$ sogar um 33,83% niedriger. Einen deutlichen Rücklauf hatten auch die Investitionen aus dem Ausland in den ersten neun Monaten beim Jahresvergleich zu verzeichnen, und zwar um 12,43% von 971,4 Mio US$ auf 850,7 Mio US$. Andererseits haben die vom Wirtschaftsministerium genehmigten taiwanesischen Investitionen im Ausland in den ersten drei Quartalen gegenüber dem Vorjahreszeitraum um 38,37% von 744 Mio US$ auf 1.029,4 Mio US$ zugenommen.

Im Außenhandel stiegen 1993 Taiwans Importe schneller als die Exporte. Während der ersten drei Quartale wurden Waren im Wert von 63.299,2 Mio US$ aus- und für 57.564,7 Mio US$ eingeführt, 4,5% bzw. 8,1% mehr als vor einem Jahr. Damit schrumpfte der Handelsüberschuß gegenüber dem Vorjahreszeitraum um 22,1% auf 5.734,5 Mio US$. Für das ganze Jahr 1993 sollen einer DGBAS-Schätzung vom November zufolge die Exporte mit einem Gesamtvolumen von 85.400 Mio US$ eine Zunahme von 4,8% und die Importe mit 77.200 Mio US$ eine Zunahme von 7,3% erreichen, nach Steigerungen von 6,95% bzw. 14,5% im Jahr 1992. Von einem optimistischen Konjunkturtrend in den Industriestaaten ausgehend prognostizierte das DGBAS, daß 1994 die Exporte wieder schneller um 8,21% auf 92.400 Mio US$, die Importe um 7,9% auf 83.400 Mio US$ sowie der Handelsüberschuß um 11% auf 9.000 Mio US$ zunehmen würden.

Günstig für die Konjunktur war mit 2,76% der verlangsamte Anstieg der Verbraucherpreise in den ersten zehn Monaten 1993, d.h. ein Rekordtiefstand seit fünf Jahren. Für das ganze Jahr soll die Inflationsrate nach Schätzung des CEPD und des DGBAS bei 2,9-3,5% (im Vorjahr 4,46%) liegen, 1994 bei 3,67-3,8%. Schneller gestiegen sind aber die Großhandels-, Im- und Exportpreise, und zwar um 2,56%, 4,56% und 5,24% in den ersten zehn Monaten, für das ganze Jahr 1993 werden sie vom DGBAS auf 2,21%, 4,58% und 4,18% geschätzt, nach -3,05%, -4,68% und -4,72% im Vorjahr 1992. Der durchschnittliche Monatslohn erhöhte sich im Juli 1993 gegenüber dem vorjährigen Vergleichsmonat um 7,95% auf 29.915 NT$ (umgerechnet 1.110 US$) und die Stücklohnkosten um 1,83%, während die Produktivität um 4,76% zunahm.

Aufgrund der steigenden Lohnkosten und der explodierenden Bodenpreise sowie infolge der zunehmenden Streiks und Umweltschutzbewegungen hält die Industrie seit Jahren nicht nur, wie bereits erwähnt, ihre Investitionen zurück sondern lagerte auch immer mehr Produktionsstätten ins Ausland, vor allem die arbeitsintensiven Fabriken auf das chinesische Festland sowie in andere südostasiatische Länder, aus. Andererseits schafft aber die Ausdehnung der Dienstleistungsbranche ständig neue Arbeitskräfte. Im August 1993 lag die Gesamtzahl der Erwerbstätigen mit 8,863 Millionen um 1,82% höher als im entsprechenden Vorjahresmonat. Während in den ersten acht Monaten die Beschäftigungszahl in der Landwirtschaft um 4,57%, in der verarbeitenden Industrie um 3,45% gegenüber dem Vergleichszeitraum des vorigen Jahres sank, erhöhte sie sich in den Bereichen Finanzen, Versicherung und Immobilien um 11,26% und im Sektor "Business Services" um

TAIWAN

22,33%. Das Baugewerbe hatte dank der umfangreichen Projekte seitens der öffentlichen Hand ebenfalls eine zweistellige personelle Steigerungsrate von 12,79% zu verzeichnen. Die Arbeitslosenquote lag im August mit 1,9% noch etwas niedriger als im August 1992 mit 1,92%.

Die Gewichtsverschiebung der Produktion läßt eine Wirtschaftsumstrukturierung erkennen. Zwischen 1986 und 1993 ist der Anteil der Industrie an der Bruttoinlandsproduktion (BIP) von 47,64% auf 41,43% gesunken, hingegen hat der Anteil der Dienstleistungsbranche von 46,82% auf 55,05% zugenommen. Der BIP-Anteil der Industrie lag in den ersten drei Quartalen 1993 schätzungsweise bei 40,45% und der der Dienstleistungen bei 56,21%, nach 41,4% bzw. 55,18% im entsprechenden Zeitraum 1992. Selbst in der verarbeitenden Industrie sank im gleichen Zeitraum die Produktion der arbeitsintensiveren Leichtindustrie gegenüber dem Vergleichszeitraum um 5,29%, während die der kapitalintensiven Schwerindustrie um 6,91% zulegte.

Wirtschaftsplanung

Das Exekutivyuan (Kabinett) hat am 31. Januar 1991 einen Plan für den nationalen Aufbau 1991-1996 beschlossen. Der Sechsjahresplan hat vier Hauptziele, nämlich Anhebung des Volkseinkommens, Verstärkung des Industriepotentials, Nivellierung der regionalen Entwicklungen und Verbesserung der Lebensqualität. Er umfaßte ursprünglich über 775 Projekte mit einer Gesamtkostenveranschlagung von 8.200 Mrd NT$, davon entfallen 33,7% auf Verkehr und Kommunikation, 12,1% auf Energieerschließung, 11,3% auf städtischen Wohnungsbau, 9,6% auf Sozialpolitik, 9,5% auf Kultur und Bildung, 5,4% auf Bewässerung und Hochwasserschutz und 4,1% auf Industrie.

Wegen technischer oder finanzieller Schwierigkeiten ist die Ausführung des Sechsjahresplans bislang nur schleppend vorangekommen. Zahlreiche Projekte werden zeitlich gestreckt bzw. vorläufig eingestellt. Einem Zwischenbericht des CEPD zufolge sollen nun nur noch 634 Vorhaben übriggeblieben und das Investitionsvolumen auf 6 Billionen NT$ reduziert worden sein. Überraschend hat der Legislativyuan (Parlament) am 16. Juli 1993 die von der Regierung vorgeschlagenen zweiten Teilausgaben für den Bau einer Hochgeschwindigkeitsbahn zwischen der Hauptstadt Taipei im Norden und der Hafenstadt Kaohsiung (Gaoxiong) im Süden Taiwans für die zwei Finanzjahre (Juli-Juni) 1994 und 1995 in Höhe von insgesamt 94,46 Mrd NT$ (rd. 3,6 Mrd US$) gestrichen. Das Bauprojekt für die 345 km lange Strecke mit einem Kostenumfang von 426 Mrd NT$ (16,4 Mrd US$) gilt als ein wichtiger Teil des Sechsjahresplans - um den Auftrag bewerben sich vor allem deutsche und französische Firmen mit ihren Zugpferden ICE und TGV. In den vergangenen zwei Finanzjahren waren vom Legislativyuan für die Planung und Vorbereitungsarbeiten bereits 2,56 Mrd NT$ gebilligt worden. Bei den gestrichenen Ausgaben handelt es sich um Gelder für die Landbeschaffung. Da die Regierung das Bauprojekt nicht aufgeben will, muß sie das

TAIWAN

Parlament veranlassen, darüber nochmals abzustimmen oder ein neues Sonderbudget vorlegen. Eine Überlassung der Finanzierung an private Investoren, wie es das Parlament verlangt hat, scheint unrealistisch, weil diese bislang kaum Interesse an derart gigantischen und langfristigen Investitionen gezeigt haben.

Staatshaushalt

Im Fiskaljahr 1993 (1. Juli 1992 - 30. Juni 1993) hatte die Regierung insgesamt 1.704,7 Mrd NT$ Einnahmen (+1,06% gegenüber dem Vorfiskaljahr) und 1.764,1 Mrd NT$ Ausgaben (+7,71%); daraus ergab sich ein Defizit in Höhe von 59,4 Mrd NT$ (im Vorfiskaljahr ein Defizit von 42 Mrd NT$). Für das Fiskaljahr 1994 (1. Juli 1993 - 30. Juni 1994) sieht der von dem Gesetzgebungsyuan am 28. Mai 1993 verabschiedete Etat der Zentralregierung Ausgaben in Höhe von 1.065 Mrd NT$ vor, 3,5% höher als im Vorfiskaljahr - die niedrigste Zuwachsrate seit zehn Jahren. Im Vergleich zum ursprünglichen Regierungsentwurf bedeutet dies eine Kürzung um 3,87% oder 42,8 Mrd NT$. Er ist auch um 5 Mrd NT$ niedriger als im Fiskaljahr 1993 und stellt die erstmalige Etatsenkung beim Jahresvergleich überhaupt in der Geschichte der Republik China dar.

Nach dem Regierungsentwurf entfallen von den Gesamtausgaben (1.107 Mrd NT$) 22,8% auf die Verteidigung (-1,9% gegenüber dem Vorfiskaljahr), 17,3% auf die Wirtschaft (+1%), 15,2% auf Bildung, Wissenschaft und Kultur (+3,8%), 10,3% auf den Schuldendienst (+12,6%), 10,1% auf die allgemeine Verwaltung (+7,9%), 8,9% auf Sozialpolitik (+9,6%), 8,6% auf Renten- und Pensionszahlungen (+5,1%) und 2,8% auf den Umweltschutz (+4,7%). Bei den von der Zentralregierung veranschlagten Gesamteinnahmen von 859,2 Mrd NT$ sollen 76,3% aus Steuern (+9,1%) und 15,3% aus Gewinnen der staatlichen Unternehmen zufließen (-6,5%). Das Defizit von 248,5 Mrd NT$ soll über staatliche Schuldverschreibungen in Höhe von 193,5 Mrd NT$ und aus überschüssigen Mitteln vergangener Etats in Höhe von 55 Mrd NT$ finanziert werden. Neben dem regulären Haushalt hat die Regierung noch in spezielle Mehrjahresbudgets 361,8 Mrd NT$ zur Fortführung von sechs Verkehrsprojekten in den kommenden zwei Fiskaljahren sowie 302,2 Mrd NT$ zum Kauf von amerikanischen und französischen Kampfflugzeugen (F-16 bzw. Mirage 2000) für insgesamt zehn Fiskaljahre einschließlich des laufenden abgestellt, die allein durch Anleihen gedeckt werden. Wie bereits erwähnt, hat der Gesetzgebungsyuan von diesen Sonderbudgets 94,46 Mrd NT$ zum Bau der Hochgeschwindigkeitsbahn für die zwei Fiskaljahre 1994 und 1995 gestrichen.

Angesichts des verlangsamten Wirtschaftswachstums rechnet das Finanzministerium für das Fiskaljahr 1995 (Juli 1994 - Juni 1995) wie in den zwei Vorfiskaljahren 1993 und 1994 mit einer ebenfalls mäßigen Zunahme der Steuereinnahmen der Zentralregierung von rd. 10%. Somit wird dem Ministerium zufolge eine Vergrößerung des Defizits im Etat der Zentralregierung erwartet, und zwar bis auf eine Rekordhöhe von einem Drittel der Gesamtausgaben. Ende Juli 1993 betrugen die

TAIWAN

ausstehenden Schulden der Zentralregierung 551.287 Mio NT$, 38,1% mehr als vor einem Jahr.

Landwirtschaft

1992 betrug die Fläche des Kulturlandes 875.951 ha (883.544 ha im Vorjahr), davon entfielen 465.000 ha (473.000 ha) auf Naßreis- und 411.000 ha (411.000 ha) auf Trockenfelder. Im Durchschnitt hat jede der 789.536 (815.520) Bauernfamilien 1,11 (1,08) ha Ackerfläche. Einschließlich der Forstwirtschaft, Fischerei und Viehzucht hatte der Agrarsektor 1992 insgesamt 1.064.000 (1.092.000) Erwerbstätige. Die gesamte Produktion von 1992 ist gegenüber dem Vorjahr um 2,8% gesunken. In der Fischerei lagen die Fangmengen aller Sorten mit 1,33 Mio t um 0,98% höher als 1991, und in der Forstwirtschaft war der Holzeinschlag (Nutz- und Brennholz) mit 71.910 cbm 3,07% geringer als vor einem Jahr. Die Schlachtungen von Schweinen machten 13,1 Mio Stück aus (-1,6%) und die von Hähnchen 258 Mio Stück (+10,13%). Als wichtigste Ernten betrugen 1992 die Produktionen von Reis 1,628 Mio t (-11,7%), von Tee 20.164 t (-5,69%), von Zuckerrohr 5,668 Mio t (+24,96%), von Bananen 195.970 t (-0,35%) und von Zitrusfrüchten 526.599 t (-3,24%).

Bergbau, Energie

1992 sank der Generalproduktionsindex des Bergbaus beim Jahresvergleich von 59,10 (1986 = 100) auf 52,16. Die Jahresproduktion von Kohle als dem wichtigsten Rohstoff auf der Insel betrug 335.000 t (im Vorjahr 403.000 t).

Ende 1992 lagen die bekannten Vorräte an Kohle bei 170 Mio t, Gold bei 5,5 Mio t, Marmor bei 363.148 Mio t, Dolomit bei 112,33 Mio t, Bauxit bei 5 Mio t, Kalkstein bei 349,8 Mio t, Erdgas bei 16.398 Mio cbm und Erdöl bei 0,764 Mio kl.

Der gesamte Endverbrauch an Primärenergie stieg 1992 gegenüber dem Vorjahr um 9,47% auf 63,39 Mio kl ÖE (Öleinheiten), davon entfielen 57,514 Mio kl ÖE auf den inländischen Verbrauch und 3,65 Mio kl ÖE auf den Export. Der Bedarf wurde zu 94,9% durch Einfuhr und zu 5,1% durch eigene Quellen gedeckt. Der Anteil der einzelnen Energieträger betrug 52,6% bei Rohöl und Ölprodukten, 25% bei Kohle, 3,5% bei Wasserkraft, 5,3% bei Erdgas und 13,5% bei Kernbrennstoff. 40% des Inlandsverbrauchs 1992 waren für Elektrizitätserzeugung. Die installierte Kapazität von 57 Kraftwerken betrug insgesamt 19.246,8 MW; es wurden 93.885 Mio kWh (im Vorjahr 89.639 Mio kWh) Strom erzeugt, darunter 53.088 Mio kWh oder 56,5% von Wärme-, 32.471 Mio kWh oder 34,6% von Kern- und 8.326 Mio kWh oder 8,9% von Wasserkraftwerken. Vom Gesamtstromverbrauch in Höhe von 85.920 Mio kWh (80.977 Mio kWh) entfielen 58.041 Mio kWh oder 68,1% auf die Industrie und 27.249 Mio kWh oder 31,9% auf Haushalt und Gewerbe.

TAIWAN

Verarbeitende Industrie

Der Generalindex der Industrieproduktion, der 1992 um 3,61% gestiegen war, hatte vom Januar bis September 1993 gegenüber dem gleichen Vorjahreszeitraum einen Zuwachs von 3,06% zu verzeichnen. Bei den einzelnen Industriezweigen wies der Produktionsindex der verarbeitenden Industrie in den ersten neun Monaten 1993 ein Wachstum von 1,85% (im ganzen Jahr 1992: +3,12%) auf, davon sank der Index bei Konsumgütern um 7,89% (-3,55%), bei Produktionsgütern gab es einen Zuwachs von 6,07% (+5,40%) und bei Investitionsgütern eine Steigerung von 8,32% (+10,89%). Die Schwerindustrie ist mit einer Produktionszunahme von 6,91% (+6,88%) im gleichen Zeitraum gewachsen, hingegen schrumpfte die Produktion der Leichtindustrie um 5,29% (-1,79%). Hier zeichnet sich die kontinuierliche Produktionsumstrukturierung seit 1986 ab.

Auch im Hausbaugewerbe und in den Versorgungsbranchen (Wasser, Strom und Gas) legte der Produktionsindex im genannten Zeitraum der ersten neun Monate 1993 deutlich zu, und zwar um 25,83% bzw. 8,14% (im ganzen Jahr 1992: 18,67% bzw. 4,99%). Hingegen rutschte die Produktion der Bergbaubranche weiter um 0,34% (-11,74%) ab.

Die wichtigsten Industrieprodukte und ihre Produktionsmengen (1992) sind Baumwollgarn 197.133 t (-4,47% gegenüber 1991), Baumwollgewebe 568,639 Mio m (-6,58%), Bekleidung aller Art 64,06 Mio Dutzend (-12,41%), PVC 1.042.564 t (+6,55%), PE 360.107 t (+7,77%), Fernsehgeräte 2,623 Mio Stück (-25,88%), Telefone 9,78 Mio Stück (-3,97), Elektronikrechner 16,15 Mio Stück (-48,7%), Mikrocomputer 3,27 Mio Stück (+32,4%), Computerterminals 1,42 Mio Stück (-23,25%), Fotoapparate 10,24 Mio Stück (-15,79%), Fahrräder 5,99 Mio Stück (-19,5%), Motorräder 1,345 Mio Stück (+14,56%) und Werkzeugmaschinen 748.921 Stück (-2,53%).

Verkehr

Im Jahr 1992 hatte der Transportsektor eine Zuwachsrate von 5,7% (6,3% im Vorjahr) und der Nachrichtendienst eine von 17% (8,2%) zu verzeichnen. Die gesamte Streckenlänge der Eisenbahn beträgt 2.789,4 km, davon sind 1.107,7 km für den Linienverkehr bestimmt. Insgesamt wurden im ganzen Jahr 149 Mio (137 Mio im Vorjahr) Fahrgäste und 17,79 Mio t (16,42 Mio t) Güter auf den Schienen befördert (Zahlen betreffen nur die Taiwan Railway Administration).

Die Gesamtlänge der Straßen dehnte sich von 19.490 km auf 19.539,6 km aus, davon sind 16.929,4 km (16.817,9 km) Asphalt-, 2.055,1 km (2.110,9 km) Schotter- und 555,1 km (561,4 km) unbefestigte Straßen. Die Zahl der registrierten Kraftfahrzeuge stieg gegenüber dem Vorjahr von 12.574.943 auf 13.870.077, darunter 10.057.307 (9.232.889) Motorräder, 22.072 (20.756) Busse, 729.555 (660.548) Lkw und 3.033.651 (2.636.228) Pkw. Auf den Fernstraßen wurden im

TAIWAN

ganzen Jahr 664 Mio (712 Mio) Passagiere und 268 Mio t (254,3 Mio t) Güter befördert.

Beim Luftverkehr wurden im ganzen Jahr 1992 insgesamt 373.598 (+18,9%) Flugbewegungen gezählt, 26,697 Mio (+24,87%) Fluggäste und 812.200 t (+14%) Fracht befördert, die Anteile der internationalen Luftfahrt betrugen jeweils 77.542 bei Bewegungen (+13,73%), 12,117 Mio bei Fluggästen (+16,9%) und 763.300 t bei Fracht (+13,9%).

Der Schiffsbestand belief sich 1992 auf 14.639 (im Vorjahr 14.291) Einheiten mit 9.663.601 (9.234.833) BRT, darunter 32 (27) Passagierschiffe mit 11.188 (10.470) BRT, 522 (502) Frachter mit 7.995.049 (7.570.769) BRT und 43 (43) Gemischtschiffe mit 43.875 (43.875) BRT. Insgesamt wurden in den fünf großen Seehäfen 345,28 (332) Mio t Güter umgeschlagen, davon entfielen 214,2 (207,45) Mio t auf Kaohsiung, 85,27 (86,97) Mio t auf Keelung und 34,67 (27,55) Mio t auf Taichung.

Im Fremdenverkehr wurden 1992 rechnerisch insgesamt 1.873.327 (im Vorjahr 1.854.506) Touristen aus dem Ausland registriert, darunter 1.649.726 (1.629.448) Ausländer und 223.601 (225.058) Überseechinesen. Zugleich machten 4.214.734 einheimische Bürger eine Auslandsreise, 848.658 mehr als im Vorjahr. Die drastische Auslandsreisesteigerung ist hauptsächlich auf die weitere offizielle Liberalisierung von Reisen nach dem chinesischen Festland zurückzuführen.

Außenwirtschaft

Das Handelsvolumen hatte 1992 mit einem Wert von 153.446 Mio US$ eine Zuwachsrate von 14,4% (im Vorjahr 14,03%) zu verzeichnen. Der Exportwert stieg mit 81.470 Mio US$ um 6,95% (13,3%) und der Importwert mit 71.976 Mio US$ um 14,5% (14,9%). Die Bilanz wies einen Überschuß von 9.494 Mio US$ auf, 3.823 Mio US$ oder 28,7% weniger als 1991.

Wie bereits erwähnt, ist der Exportwert von Januar bis September 1993 gegenüber dem gleichen Vorjahreszeitraum um 4,5% auf 63.299,2 Mio US$ gestiegen, zugleich erhöhte sich der Importwert mit 57.564,7 Mio US$ um 8,1%, die Handelsbilanz wies somit einen Überschuß von 5.734,5 Mio US$ aus, 22,1% weniger als vor einem Jahr. Die Auftragseingänge lagen in den ersten neun Monaten mit 63.707 Mio US$ um 6,55% höher als im Vorjahresvergleichszeitraum.

Die USA bleiben nach wie vor der wichtigste Handelspartner und zugleich auch der größte Absatzmarkt Taiwans. In den ersten neun Monaten 1993 hatten die Exporte in die USA einen Wert von 17.497,1 Mio US$ (-1% gegenüber dem Vorjahreszeitraum) und die Importe aus den USA einen Wert von 12.414,8 Mio US$ (+9,6%). Taiwans Exportüberschuß gegenüber den USA ist beim Jahresvergleich somit wieder um 20% auf 5.082,3 Mio US$ gesunken. Gegenüber Japan als dem zweitwichtigsten Handelspartner und größten Lieferanten Taiwans beliefen sich der Export- und Importwert im gleichen Zeitraum auf 6.752,1 Mio US$

TAIWAN

(-0,2%) bzw. 17.218,9 Mio US$ (+6,7%) mit einem Defizit von 10.466,8 Mio US$ (Defizit 9.357 Mio US$ im Vorjahreszeitraum) zuungunsten Taiwans.

Seit 1990 ist Hongkong infolge seiner Position als wichtigster Transitort im indirekten Handel zwischen beiden Seiten der Taiwan-Straße noch vor Japan zum zweitgrößten Abnehmer taiwanesischer Produkte geworden. Über 40% des Exportvolumens Taiwans nach Hongkong sind für das chinesische Festland bestimmt. Hauptsächlich dank der rapiden Zunahme des "chinesisch-chinesischen" indirekten Handels hatte Taiwans Export nach Hongkong in den ersten neun Monaten 1993 mit einem Wertvolumen von 13.647,5 Mio US$ weiter ein ungewöhnlich hohes Wachstum von 23,3% gegenüber dem Vorjahreszeitraum zu verzeichnen, weit über der obengenannten Durchschnittszuwachsrate des Gesamtexports, die 4,5% betrug. Der Import aus Hongkong wies vom Januar bis September 1993 mit 1.274,6 Mio US$ eine Abnahme von 5,9% auf.

In den ersten neun Monaten 1993 ist Taiwans Export nach Europa mit 9.602,5 Mio US$ um 8% gefallen, hingegen der Import aus dieser Region mit 10.353,1 Mio US$ um 11,4% gestiegen, ein Überschuß zugunsten Taiwans von 750,6 Mio US$ gegenüber Europa ist geblieben, 37,8% unter dem vergleichbaren Vorjahresergebnis.

Beziehungen zur Bundesrepublik Deutschland

Die Bundesrepublik Deutschland ist der größte Handelspartner Taiwans in Europa. Sie hatte 1992 wertmäßig einen Anteil von 5,44% (im Vorjahr 4,8%) an Taiwans Gesamtimporten und 4,42% (5,09%) an Taiwans Gesamtexporten. Damit ist sie unverändert Taiwans drittgrößter Lieferant (hinter Japan und den USA) sowie viertwichtigster Absatzmarkt (hinter den USA, Hongkong und Japan). Das Wertvolumen der Importe Taiwans aus der Bundesrepublik betrug nach taiwanesischen Statistiken 98,882 Mrd NT$ (+21,93%) und das der Exporte Taiwans in die Bundesrepublik 90,537 Mrd NT$ (-12,76%), damit hatte Taiwan ein Handelsdefizit von 8,345 Mrd NT$. Nach deutschen Angaben hatte Taiwan jedoch mit 7,426 Mrd DM Exporten und 4,978 Mrd DM Importen nach bzw. aus Deutschland einen Handelsüberschuß von 2,448 Mrd DM zu verzeichnen. Der Unterschied ist darauf zurückzuführen, daß Taiwan im Gegensatz zu Deutschland den Transithandel über Hongkong bei seinen Angaben nicht berücksichtigte.

In den ersten neun Monaten 1993 führte Taiwan Waren im Wert von 2.595,58 Mio US$ in die Bundesrepublik aus (-2,13%) und Waren im Wert von 3.247,3 Mio US$ aus der Bundesrepublik ein (+9,32%). Daraus ergab sich ein Handelsdefizit von 651,72 Mio US$ gegenüber Deutschland (im Vorjahreszeitraum ein Defizit von 318,5 Mio US$). Dabei ist allerdings, wie bereits erwähnt, der Transithandel über Hongkong nicht berücksichtigt. Die von Taiwan in die Bundesrepublik ausgeführten Waren sind hauptsächlich Büromaschinen, EDV-Geräte, elektronische Erzeugnisse, Textilien, Transporteinrichtungen, Metallwaren, Schuhe

TAIWAN

und Schirme, Kunststoff- und Kautschukprodukte. Zu den wichtigsten eingeführten deutschen Waren gehören Maschinen, Straßenfahrzeuge, chemische Erzeugnisse, elektrotechnische Geräte, Eisen- und Stahlwaren.

Taiwan will nicht nur seine Marktposition in der Bundesrepublik nach der deutschen Vereinigung erweitern, sondern auch die Bundesrepublik im Hinblick auf ihre geographische Lage in Mitteleuropa zu einer Drehscheibe seines Europahandels ausbauen. Allein in Hamburg sind rund 70 taiwanesische Firmen vertreten, einschließlich der Evergreen Marine Corporation, der größten Container-Reederei der Welt, die vor einigen Jahren ihre Hauptverwaltung in Europa von London nach Hamburg verlagerte. Dieser folgte 1992 auch die große staatliche Reederei Yangming Marine Transport Corp.

Auch die Wirtschaft der Bundesrepublik verstärkt seit einiger Zeit ihre Interessen in Taiwan infolge dessen Marktöffnung, der merklichen Aufwertung des Neuen Taiwan-Dollar sowie der steigenden Einkommen der Inselbevölkerung. Die bereits angelaufene Industrieumstrukturierung in Taiwan von arbeits- zu kapitalintensiver Produktion, die fortgesetzte Modernisierung der Infrastruktur sowie die Verschärfung von Umweltschutzbestimmungen kommen insbesondere dem deutschen Maschinenbau mit hoher Technologie und Qualität zugute. Vor allen Dingen streben die deutschen Unternehmen an, sich an den Bauarbeiten der großen Projekte wie z.B. der Nord-Süd-Hochgeschwindigkeitseisenbahn im Rahmen des taiwanesischen Sechsjahresplans zu beteiligen.

Zwischen der Bundesrepublik und Taiwan bestehen keine diplomatischen Beziehungen. Das Deutsche Kulturzentrum und das Deutsche Wirtschaftsbüro in Taipei vertreten inoffiziell die deutschen Interessen auf der Insel. Im August 1988 wurde zwischen dem Taiwan-Ausschuß der deutschen Wirtschaft und dem Counterpart in Taiwan, der Euro-Asia Trade Organization, ein Protokoll unterzeichnet, das die Schiffahrtslinien beider Seiten von der Doppelbesteuerung befreit.

Taiwan unterhält in den deutschen Großstädten Bonn, Berlin, Hamburg und München jeweils ein halbamtliches "Taipei Wirtschafts- und Kulturbüro" sowie in Frankfurt, Düsseldorf und Hamburg ein "Taipei Handelsbüro".

Bei den inoffiziellen Beziehungen Taiwans zu Deutschland kam es zu einem Durchbruch, nachdem sich die Wirtschaftsminister beider Seiten, Vincent C. Siew (Xiao Wanchang) und Jürgen W. Möllemann, im September und November 1992 in Bonn bzw. Taipei gegenseitig besucht hatten. Im Juli 1993 wurde nach langjährigen Verhandlungen eine direkte Flugverbindung zwischen Taiwan und Deutschland aufgenommen.

TAIWAN

Tabelle 1: **Handelsstruktur Deutschland** [1] **- Taiwan**
Deutsche Exporte nach Taiwan
(Angaben in Mio DM)

SITC POSITION [2]	WARENKLASSE [3]	1990	1991	1992
0 - 9	INSGESAMT	3899,5	4429,9	4977,9
darunter:				
2	Rohstoffe (andere als SITC 0 und 3)	46,0	74,4	70,3
3	Mineralische Brennstoffe, Schmiermittel und verwandte Erzeugnisse	11,7	13,3	14,7
5	Chemische Erzeugnisse	792,6	908,6	938,6
6	Bearbeitete Waren, vorwiegend nach Beschaffenheit gegliedert	478,7	538,9	615,6
darunter:				
65	Garne, Gewebe	48,9	58,7	78,4
61-66	Waren aus mineralischen nicht-metallischen Stoffen	162,8	205,6	259,1
67-69	Metalle, Metallwaren	309,3	327,6	350,5
7	Maschinenbau-, elektrotechn. Erzeugnisse und Fahrzeuge	2279,6	2560,8	2922,4
darunter:				
70	Waren für vollständige Fabrikationsanlagen	52,9	204,6	171,4
71-74	Maschinenbauerzeugnisse	1070,6	1062,5	1365,8
75-77	Elektrotechnische Erzeugnisse	454,6	594,9	578,4
78-79	Fahrzeuge	701,5	698,8	806,7
8	Verschiedene Fertigwaren	244,0	267,8	331,5
darunter:				
87	Meß-, Prüf- und Kontrollinstrumente	121,3	131,3	155,9
89	Verschiedene bearbeitete Waren	58,1	67,0	91,7

[1] Ab 1991 gesamtdeutscher Handel.
[2] Standart International Trade Classification (SITC Rev. II bis 1987, SITC Rev. III ab 1988).
[3] Bezeichnungen der Warenklassen teilweise gekürzt; geringfügige Rundungsabweichungen bei Summenbildung möglich.

Quelle: Statistisches Bundesamt, Wiesbaden

TAIWAN

Tabelle 2: **Handelsstruktur Deutschland** [1] **- Taiwan**
Deutsche Importe aus Taiwan
(Angaben in Mio DM)

SITC POSITION [2]	WARENKLASSE [3]	1990	1991	1992
0 - 9	INSGESAMT	2162,9	6139,8	7425,1
0	Nahrungsmittel und lebende Tiere	211,8	24,2	20,6
darunter:				
05	Gemüse und Früchte	157,5	15,6	11,4
2	Rohstoffe (andere als SITC 0 und 3)	9,9	22,6	23,5
5	Chemische Erzeugnisse	18,6	106,3	102,6
6	Bearbeitete Waren, vorwiegend nach Beschaffenheit gegliedert	335,6	863,5	976,6
darunter:				
65	Garne, Gewebe	97,3	237,2	160,4
61 - 66	Waren aus mineralischen nicht-metallischen Stoffen	233,7	440,1	420,4
67 - 69	Metalle, Metallwaren	101,7	423,4	556,2
7	Maschinenbau-, elektrotechn. Erzeugnisse und Fahrzeuge	511,0	3230,4	4259,9
darunter:				
71 - 74	Maschinenbauerzeugnisse	46,8	260,2	304,8
75 - 77	Elektrotechnische Erzeugnisse	444,6	2748,8	3633,4
78 - 79	Fahrzeuge	19,6	221,4	321,7
8	Verschiedene Fertigwaren	1072,0	1827,3	2004,0
darunter:				
83	Reiseartikel, Handtaschen u.ä.	100,7	128,4	115,1
84	Bekleidung und Bekleidungszubehör	416,7	446,3	503,1
85	Schuhe	180,7	290,7	180,5
87	Meß-, Prüf- und Kontrollinstrumente	2,5	55,3	55,6
89	Verschiedene bearbeitete Waren	297,8	643,6	718,1

[1] Ab 1991 gesamtdeutscher Handel.
[2] Standart International Trade Classification (SITC Rev. II bis 1987, SITC Rev. III ab 1988).
[3] Bezeichnungen der Warenklassen teilweise gekürzt; geringfügige Rundungsabweichungen bei Summenbildung möglich.

Quelle: Statistisches Bundesamt, Wiesbaden

TAIWAN

Tabelle 3: **Außenhandel nach Waren**
(Exporte in Mio US$)

WARENGRUPPE	1991	1992	1-9/1993
Maschinenbau- u. elektrotechn./			
elektron. Produkte	26.300,4	29.697,9	24.496,2
Elektronikprodukte	8.183,6	8.688,0	7.399,8
Informationstechn. Ausrüst.	5.652,8	6.442,2	4.648,5
Industriemaschinen	6.795,9	7.536,0	5.313,3
Elektromaschinen	2.539,3	2.783,8	2.448,9
Haushaltsgeräte	1.004,0	1.034,8	699,2
Textilien u. Bekleidung	11.998,6	11.843,2	8.898,4
Fasern, Garne, Gewebe	6.751,8	6.940,4	5.482,6
Bekleidung	3.520,3	3.130,1	2.071,8
Metalle u. Metallprodukte	5.806,0	6.464,3	5.369,2
Eisen u. Stahl	2.875,7	3.293,4	2.824,9
NE-Metalle	2.930,3	3.170,9	2.544,3
Kunststoffe u. -produkte	5.170,9	5.454,5	4.268,0
Schuhe	3.810,6	3.703,5	2.239,3
Spielwaren, Sportausrüstungen	3.044,2	3.318,6	2.152,1
Transportmittel u. -ausrüst.	3.929,9	4.199,4	3.515,4
Präzisionsgeräte, Uhren und			
Musikinstrumente	2.035,2	2.202,1	1.604,9
Möbel	1.695,8	1.839,7	1.367,0
Tiere u. tierische Produkte	1.958,4	2.001,2	1.498,4
Leder u. Pelzwaren	1.262,7	1.172,8	791,1

Quelle: Ministry of Finance, Taipei 1993

TAIWAN

Tabelle 4: **Außenhandel nach Waren**
(Importe in Mio US$)

WARENGRUPPE	1991	1992	1-9/1993
Maschinenbau- u. elektrotechn./			
elektron. Produkte	18.567,8	22.350,1	18.006,1
Elektronikerzeugnisse	7.107,1	9.051,1	7.617,8
Industriemaschinen	6.170,0	7.293,9	5.693,8
Elektromaschinen	1.806,1	2.089,9	1.884,8
Informationstechn. Produkte	1.689,5	1.920,5	1.302,1
Metalle u. Metallprodukte	8.079,9	8.358,4	7.495,4
Chemische Erzeugnisse	7.126,9	7.147,9	5.706,9
Bergbauprodukte	6.546,3	6.412,7	4.940,3
Rohöl	3.203,8	3.051,4	2.194,7
Transportmittel u. -ausrüst.	3.964,6	6.048,8	4.626,3
Gold, Edelsteine, Schmuckwaren	1.454,0	2.240,7	1.377,0
Gold	1.289,1	1.983,2	1.178,5
Textilien	2.601,9	2.731,4	2.071,2
Präzisionsgeräte, Uhren			
Musikinstrumente	2.016,8	2.306,7	1.941,0
Kunststoffe u. -produkte	1.752,0	1.876,7	1.511,8
Holz u. Möbel	1.344,9	1.684,9	1.446,3
Getreide u. Ölsaaten	2.006,3	2.135,3	1.569,8
Nahrungsmittel, Getränke	1.239,3	1.507,4	1.212,7
Papier u. Zellstoffe	1.426,5	1.578,2	1.247,9

Quelle: Ministry of Finance, Taipei 1993

TAIWAN

Tabelle 5: **Außenhandel nach Ländern**
(Exporte in Mio US$)

LAND	1991	1992	1-9/1993
USA	22.317,4	23.572,1	17.497,1
Hongkong	12.430,5	15.416,0	13.647,5
Japan	9.167,0	8.894,2	6.752,1
Bundesrepublik Deutschland	3.868,9	3.602,2	2.596,7
Singapur	2.401,6	2.508,2	2.162,1
Niederlande	2.170,8	2.194,7	1.554,9
Großbritannien	2.071,6	2.205,0	1.626,0
Kanada	1.624,2	1.643,1	1.172,1
Malaysia	1.464,9	1.600,5	1.236,9
Thailand	1.440,2	1.809,9	1.484,6

Quelle: Ministry of Finance, Taipei 1993

Tabelle 6: **Außenhandel nach Ländern**
(Importe in Mio US$)

LAND	1991	1992	1-9/1993
Japan	18.860,4	21.790,0	17.218,9
USA	14.113,8	15.771,9	12.414,8
Bundesrepublik Deutschland	3.011,6	3.919,5	3.249,1
Australien	2.018,1	2.055,6	1.599,6
Hongkong	1.944,5	1.780,9	1.274,6
Korea (Rep.)	1.747,1	2.300,9	1.905,7
Saudi Arabien	1.679,3	1.464,7	1.097,2
Singapur	1.445,9	1.697,0	1.369,7
Malaysia	1.409,4	1.829,2	1.434,3
Indonesien	1.234,3	1.406,4	1.211,5

Quelle: Ministry of Finance, Taipei 1993

TAIWAN

Besonderheiten der bilateralen Beziehungen aus der Sicht des Deutschen Wirtschaftsbüros Taipei

Rezession, Arbeitslosigkeit und Krise sind die Schlagworte, mit denen zur Zeit in Europa die Volkswirtschaften beschrieben werden. Im chinesischen Teil von Asien scheinen diese Ausdrücke unbekannt zu sein. Betrachtet man die Entwicklung der Region, wird der Grund schnell deutlich. Der chinesische Großwirtschaftsraum wächst mit einer fast unvorstellbaren Dynamik und Geschwindigkeit zusammen, wobei die Volksrepublik China, Taiwan und Hongkong als Hauptakteure agieren. Dabei werden Strukturen geschaffen, die die Weltwirtschaft bis weit ins nächste Jahrtausend prägen werden.

Von den europäischen Ländern wird diese Entwicklung bisher kaum wahrgenommen, so betrug der Anteil dieser Länder an den ausländischen Investitionen in der VR China 1992 nur magere 3%. Im Gegensatz dazu investieren taiwanesische Unternehmen in erheblichem Umfang in der Volksrepublik und bauen sich damit eine Basis auf, die ihnen die Teilnahme an dem wichtigsten Markt der Zukunft sichert. Es wird geschätzt, daß bis Ende 1992 taiwanesische Unternehmen mehr als 10 Milliarden US$ in der VR China investiert haben. Zusätzlich bewegt sich der Handel zwischen der VR China und Taiwan auf Rekordniveau, so haben die Exporte von Taiwan in die Volksrepublik 1993 um 26% zugenommen.

Die großen Unterschiede zwischen Taiwan und Europa beim Marktengagement in der Region können an einem Beispiel verdeutlicht werden: Deutsche Unternehmen sind in den letzten Jahren 38 Joint Ventures mit der VR China eingegangen, taiwanesische Unternehmen über 4000. Aus diesen Zahlen wird deutlich, daß das Geschäft mit der VR China fraglos zu einem entscheidenden Teil über Taiwan laufen wird. Hierbei begünstigen familiäre Bindungen, fehlende Sprachbarrieren und die Übereinstimmung der Geschäftspartner bei der charakteristischen chinesischen Handelsmentalität Taiwans Stellung als herausragenden Partner im Geschäft mit der VR China.

Hier gilt es für deutsche Unternehmen, die Zeichen der Zeit zu erkennen und von Taiwan aus den riesigen Markt des Großwirtschaftsraumes China zu erschließen. Bislang lag die Hauptbetonung auf dem bilateralen Handel zwischen Deutschland und Taiwan. So stieg der Gesamthandel zwischen den beiden Ländern in den letzten Jahren erheblich, von 1979 bis 1992 von 1,3 Mrd US$ auf 7,5 Mrd US$.

Es wurde somit in den letzten Jahren eine hervorragende Basis von Geschäftskontakten geschaffen, um gemeinsam auf dem Markt des Großwirtschaftsraumes Chinas zu operieren. So kann z.B. die Kombination von deutschem Know-how und die taiwanesische Erfahrung im Chinahandel zu einer erfolgreichen Eroberung des chinesischen Marktes führen.

Die Zukunft deutscher Unternehmen wird immer stärker von einem erfolgreichen Engagement im Großwirtschaftsraumes China abhängen. Aus diesem Grund sollte die Geschäftspolitik deutscher Unternehmen noch wesentlich stärker auf

TAIWAN

Geschäftsbeziehungen mit dem Dreieck Deutschland, Taiwan und VR China ausgerichtet werden. Die in dieser Region eroberten Marktanteile werden angesichts des immensen Potentials sicherlich von überproportionaler Bedeutung sein.

Jürgen Franzen
Delegierter der Deutschen Wirtschaft

THAILAND

Dr. Klaus-A. Pretzell

Allgemeines

Offizielle Staatsbezeichnung:	Königreich Thailand
Staatsform:	Konstitutionelle Monarchie
Staatsoberhaupt:	König Bhumibol Adulyadej (Rama IX)
Regierungschef:	Ministerpräsident Chuan Leekpai (seit 1.1.1992)
Landfläche:	513.115 qkm
Einwohnerzahl:	58,8 Mio (1993)
Bevölkerungsdichte:	112 Einw./qkm
Bevölkerungswachstum:	1,2%
Wichtige Städte:	Bangkok (Metropolis Area) 6 Mio Einw., Nonthaburi 227.050, Nakhon Ratchasima 226.525, Chiang Mai 178.203, Songkhla 153.437
Nationalsprache:	Thai
Handelssprache:	Englisch, auch chinesische Dialekte
Nationalfeiertag:	5. Dezember (Geburtstag des Königs 1927)

Weitere Daten

Erwerbspersonen:	1993 (1992) 33 Mio (32,39)
Arbeitslosigkeit:	1993 (1992) 3,3% (3,2)
Entstehung des BIP:	zu lfd. Preisen 1993 (1992) Agrarwirtschaft 11,7% (12,3); Verarb. Gewerbe 30,1% (29,1); Bauwirtschaft 7,0% (6,8); Dienstleistungen u.a. 52,2% (51,8)
Wichtigste Agrarprodukte:	1993 (1992) Reis 19,3 Mio t (20,01), Kautschuk 1,5 Mio t (1,43), Mais 3,8 Mio t (3,5), Zuckerrohr 50 Mio t (48,4), Tapioka 21,5 Mio t (22,0)

THAILAND

Wichtigste Bergbauprodukte:	1992 Erdgas 301,7 Mrd Kubikfuß, Kondensate 9,6 Mio Barrel, Rohöl 9,15 Mio Barrel, Braunkohle 15,6 Mio t, Zinnkonzentrat 11.485 t
Wichtigste Industrieerzeugnisse:	1992 Bier 325 Mio l, Spirituosen 294 Mio l, Zucker 4,857 Mio t, Synthetikfasern 360.000 t, Zement 21,7 Mio t, Stahlstangen 975.000 t, Automobile 323.961 Stück, Krafträder 863.185 Stück, Erdölprodukte 17,3 Mio l
Elektrizitätsverbrauch:	Kapazität Anfang 1993: 10.000 MW
Abkommen mit Deutschland:	Luftverkehrsabkommen vom 5.3.62; Doppelbesteuerungsabkommen vom 10.7.67 (seit 4.12.1968 in Kraft); Abkommen über finanzielle Zusammenarbeit vom 2.5.86; Vollstreckungshilfeabkommen vom 26.5.93
Beziehungen zur EU:	Thailand ist in die allgemeinen autonomen Zollpräferenzen einbezogen. Abkommen über den Handel mit handgefertigten Erzeugnissen (seit 1.9.71, unbegrenzt); Abkommen über den Handel mit handgewebten Seiden- und Baumwollgeweben (seit 1.1.73, unbegrenzt); Textilabkommen vom 7.10.91 (Paraphierung); Handels- und wirtschaftspolitisches Kooperationsabkommen zwischen EU-ASEAN vom 7.3.1980 (seit 1.10. 1980 in Kraft, automatische Verlängerung nach jeweils 2 Jahren, Kündigungsfrist 6 Monate)

THAILAND

Statistisches Profil Thailand

			1992	1993(S)	1994(S)	1995(P)
1.	Bruttoinlandsprodukt (BIP)	1)				
	BIP	(Mio US$)	103386	116042	129565	145492
	Reales BIP	(Veränd. in %) 1)	7,2	7,5	8,0	8,3
	BIP pro Kopf	(US$)	1787	1972	2166	2392
	Reales BIP pro Kopf	(Veränd. in %) 1)	5,4	5,7	6,2	6,5
2.	Wechselkurse					
	Baht/US$ (Jahresdurchschnittskurs)		25,40	25,30	25,50	25,70
	Baht/US$ (Jahresendkurs)		25,52	25,30	25,60	25,80
	Baht/DM (Jahresdurchschnittskurs)		16,28	15,29	14,41	14,28
	Baht/DM (Jahresendkurs)		15,85	14,66	14,63	14,49
3.	Preise	2)				
	Inflationsrate	(%)	4,1	3,8	4,2	4,5
4.	Zinssätze					
	Diskontsatz	3)	11,0	9,0	8,0	9,0
	Staatsanleihen-Rendite	2)	10,8	10,8	10,0	10,0
5.	Staatshaushalt	4)				
	Saldo	(in % des BIP)	2,4	1,9	1,5	1,3
6.	Monetärer Sektor	5)				
	Inlandskredite	(Veränd. in %)	18,3	19,0	18,0	19,0
	Geldmenge M2	(Veränd. in %)	15,6	18,0	17,0	18,0
7.	Außenhandel					
	Exporte (fob)	(Mio US$)	31650	34815	37948	40984
	Importe (cif)	(Mio US$)	39150	43457	46933	50688
	Deutsche Exporte (fob)	(Mio DM) 6)	2630	3207	3592	3951
	Deutsche Importe (cif)	(Mio DM) 6)	2920	3207	3463	3775
8.	Leistungsbilanz					
	Güterexporte (fob)	(Mio US$)	32106	35317	38495	41575
	Güterimporte (fob)	(Mio US$)	36261	40250	43470	46947
	Handelsbilanzsaldo		-4155	-4933	-4975	-5373
	Dienstleistungsexporte	(Mio US$)	10157	11274	12402	13518
	Dienstleistungsimporte	(Mio US$)	13007	14308	15309	16381
	Dienstleistungsbilanzsaldo	(Mio US$)	-2850	-3033	-2908	-2863
	Übertragungen, privat (netto)	(Mio US$)	275	300	320	350
	Übertragungen, öffentlich (netto)	(Mio US$)	50	80	110	130
	Leistungsbilanzsaldo	(Mio US$)	-6680	-7587	-7452	-7756
9.	Auslandsverschuldung					
	Bruttobestand	(Mio US$)	39424	40000	41000	42000
	-in % des BIP		38,1	34,5	31,6	28,9
	-in % der Exporterlöse (Güter und Dienstleistungen)		93,3	85,9	80,6	76,2
10.	Schuldendienst					
	Gesamtzahlungen	(Mio US$)	5956	5550	5100	4450
	-Zinszahlungen	(Mio US$)	2702	1850	1600	1450
	-Amortisationen	(Mio US$)	3254	3700	3500	3000
	Schuldendienstquote	(%) 6)	14,1	11,9	10,0	8,1
	Zinsdienstquote	(%) 7)	6,4	4,0	3,1	2,6
11.	Währungsreserven	5)				
	Währungsreserven ohne Gold	(Mio US$)	20359	24000	25000	26000
	-in Monatsimporten		4,96	5,28	5,10	4,93
	Gold	(Mio US$) 8)	823	840	860	870

1) Auf Basis der Landeswährung.
2) Jahresdurchschnittswerte.
3) Jahresendwerte.
4) Haushaltssaldo des Finanzjahres (1.10.-30.9.) ist auf den BIP-Wert des Kalenderjahres bezogen.
5) Bestand am Periodenende.
6) Zahlenangaben bis 1990 beziehen sich nur auf den westdeutschen Handel mit Thailand. Ab 1991 umfassen sie den Gesamtdeutschen Handel.
7) Schuldendienst in % der Exporterlöse (Güter- und Dienstleistungen).
8) Zinsdienst in % der Exporterlöse (Güter- und Dienstleistungen).
9) Nationale Bewertung.
(S) Schätzung.
(P) Prognose.

Quelle: F.A.Z GmbH - Informationsdienste (Länderanalysen)

THAILAND

Wirtschaftliche und politische Lage 1993

+ Prodemokratische Koalitionsregierung erweist sich als relativ stabil und überlebensfähig
+ Militär verzichtet weitgehend auf politische Einflußnahme
+ Neuer Mittelstand, Wirtschaftsverbände unterstützen Demokratisierung
+/- Politische und wirtschaftliche Prioritäten richtig, Maßnahmen z.T. bereits erfolgreich, in wichtigen Bereichen (z.B. Infrastruktur Bangkok) aber behindert
- Konjunkturbelebung durch schwache Exportentwicklung und strukturelle Schwächen in den Bereichen Infrastruktur, Wissenschaft und Technologie, Management und Verwaltung sowie Arbeitskräftepotential behindert
- Bewertung der internationalen Wettbewerbsfähigkeit gering
- Weiterhin schwaches Interesse an Investitionen in Thailand
+ Binnennachfrage belebt
+ Schutz des geistigen Eigentums verbessert

Prognose 1994

+ Politische Stabilisierung, Fortsetzung von Demokratisierung und Dezentralisierung wahrscheinlich
+/- Kooperation mit Nachbarstaaten auf dem südostasiatischen Festland wird mit Nachdruck betrieben, rasche Erfolge unwahrscheinlich
- Rasche Erholung der Konjunktur wegen struktureller Probleme im Lande und Konjunkturschwäche bei den wichtigsten Außenwirtschaftspartnern nicht in Sicht

Bilaterale Wirtschaftsbeziehungen mit Deutschland

- Geringer Handelsaustausch, baldige Belebung unwahrscheinlich
- Geringe deutsche Investitionen, rasche Zunahme nicht in Sicht

THAILAND

Überblick und Besonderheiten

Starke Aktiva sind das Ergebnis der Wahlen vom 13. September 1992, aus denen die Democrat Party als stärkste Partei hervorging, und die infolge dieser Wahlen mögliche prodemokratische Regierung unter Ministerpräsident Chuan Leekpai. Chuan hat - wie seine Vorgänger - die von der Verfassung gegebene Möglichkeit genutzt und Praktiker aus der Business Community in sein Wirtschaftskabinett geholt, die zum Teil auch Regierungserfahrung haben. Überdies wird der demokratische Kurs der Regierung von der Business Community, von ihren Spitzenverbänden und privaten Vereinigungen herausragender Wirtschaftsführer, seit dem Sommer 1992 offen und wirksam unterstützt. Natürlich bedeutet diese neue Konstellation der politischen Kräfte nicht, daß Thailands Probleme nun rasch gelöst werden können.

Die Konjunkturabschwächung der letzten zwei Jahre wird allgemein begrüßt. Die Wirtschaft hat die Chance, auf ein Wachstumstempo "zurückzufallen", das sie auch durchhalten kann. Der Boom der späten 80er Jahre hat das Land in manchen Bereichen über die infrastrukturelle Leistungsfähigkeit hinaus strapaziert. Fasziniert von Wachstum und Gewinnen hat man versäumt, diese Leistungsfähigkeit rechtzeitig weiter zu entwickeln.

Nun sind die Infrastrukturengpässe (vor allem in den Bereichen Transport und Telekommunikation) und der Mangel an "human resources" ebenso wie der Verlust an stabiler Umwelt zu Problemen geworden, die zu bewältigen Jahre in Anspruch nehmen wird, in dem günstigen Fall einer anhaltenden politischen Stabilität, auf die man heute immerhin hoffen kann.

Ministerpräsident Anand hat den neuen Kurs eingeleitet und durch eine Reihe von gesetzgeberischen Maßnahmen abgesichert. Dennoch hat die Regierung Chuan Leekpai zu kämpfen. Die Regierung hat umfangreiche Investitionen vorgesehen, aber es kommt immer noch vor, daß sie nicht eingesetzt werden können, sei es, daß die politischen Entscheidungen sich verzögern, sei es, daß ihre Implementierung nicht durchsetzbar ist. Der jüngste Fall einer politisch bedingten Verzögerung ist die des U-Bahn-Baus in Bangkok. Früher war Korruption der häufigste Grund für das Warten auf bessere Verkehrsbedingungen. Dieser Grund entfällt heute (weitgehend). Dafür spielt Prestigedenken noch immer eine Rolle. Im Falle des U-Bahn-Baus kann man sich nicht darüber einigen, welche Behörde, das heißt: welche der Koalitionsparteien, für den Bau verantwortlich zeichnen - und sich dann mit dem Erfolg schmücken - darf. Aber auch wenn die politische Entscheidung rasch fällt, kann es sein, daß die Bürokratie, eine wie von Ewigkeit her etablierte Beamtenschaft mit "ewigen" hierarchischen Strukturen und Rechten, die Implementierung verhindert, wenn sie nicht opportun erscheint.

Human Resources Development, vor allem die Ausbildung von (technischen) Facharbeitern und Ingenieuren als dringend erforderliche Voraussetzung für die Anpassung der verarbeitenden Industrie an die neuen Bedingungen, wird noch über die Jahrtausendwende hinaus nicht in der Lage sein, den Bedarf zu decken. Dabei

THAILAND

ist es wichtig, daß Thailand sich rasch auf eine technologisch fortgeschrittene Produktionsweise einstellt, da es im Bereich der arbeitsintensiven Industrien mit einer zunehmenden Konkurrenz aus den Nachbarstaaten in der Mekong-Region rechnen muß. Es ist dabei, sich gesetzgeberisch auf den Schutz ausländischer Technologie vor unbefugter Nutzung einzulassen; jetzt fehlen vor allem die Arbeitskräfte, die den höheren Anforderungen gewachsen sind, und die Investoren, die die benötigte Technologie mitbringen, denn auch der Bereich Forschung und Entwicklung wurde in der Vergangenheit stark vernachlässigt.

Über die Notwendigkeit einer Verbesserung der Sekundarerziehung ist man sich seit langem einig, aber praktisch geschah kaum etwas. Nun endlich will die Regierung Chuan Nägel mit Köpfen machen. Im August 1993 wurde berichtet, daß sie den privaten Sektor aufgefordert hat, sich (stärker) in der Aus- und Weiterbildung von Arbeitskräften zu engagieren. Die Kosten, die den Unternehmen dadurch entstehen, sollen steuerabzugsfähig sein. Zu den Vorstellungen der Regierung gehört die Gründung von branchenspezifischen "labor skill development institutes", gefördert von einem "labor (skill) development board", das die Regierung selbst einrichten will. Gegenwärtig sind 80 Prozent der thailändischen Arbeitskräfte ungelernte Arbeiter mit niedrigem Bildungsstand. Immer mehr von ihnen sehen ihrer Entlassung entgegen, da die Unternehmen Maschinen anschaffen wollen, um die Qualität ihrer Produkte zu verbessern.

Im übrigen ist die Verbesserung der Sekundarerziehung eine der wichtigsten Voraussetzungen für die Entschärfung der Einkommensdisparität und damit auch für einen Erfolg der Demokratie in Thailand.

Der vierte Bereich dringend notwendiger Ressourcenentwicklung ist der Umweltschutz. Umweltschutz ist ein relativ neues Thema in Thailand, wird jetzt aber zunehmend ernstgenommen. Das in jüngster Zeit verabschiedete Paket von Umweltschutzgesetzen gilt als das am weitest gehende in Asien, auch darum, weil die Gesetze mit rigorosen Strafen bewehrt sind. Allerdings sind die Möglichkeiten, diesen Gesetzen tatsächlich Geltung zu verschaffen, noch begrenzt.

Das reale Wachstum des Bruttoinlandsprodukts erreichte 1988 mit +13,2% seinen Höhepunkt. Danach ging diese Wachstumsrate ständig zurück: 1989: 12,3%, 1990: 10,0%, 1991: 8,2%, 1992: 7,4%. Die für 1993 angenommene BIP-Wachstumsrate wurde bereits mehrere Male korrigiert. Bei der letzten Korrektur vertreten die "Bank of Thailand" und die Entwicklungsbehörde (NESDB) unterschiedliche Prognosen. Die Zentralbank setzt nun statt 7,8% nur noch 7,5% an. Dagegen hat das NESDB seine ursprünglich vorsichtige Annahme von 7,7% nach oben korrigiert: 7,9%. Beide Institutionen gehen davon aus, daß die wirtschaftliche Entwicklung Thailands in der zweiten Jahreshälfte lebhafter sein wird als in der ersten, beide teilen die Ansicht, daß die Exportentwicklung schuld daran ist, daß die Erwartungen für das erste Halbjahr nicht erfüllt wurden.

THAILAND

Wirtschaftsplanung

Zu den herausragenden (wirtschafts)politischen Prioritäten der Regierung Chuan Leekpai gehören die Dezentralisierung von Wirtschaft und Verwaltung und die Verbesserung der Lebensqualität auf dem Lande, Aufgaben, die im Interesse der Demokratisierung des Landes überfällig sind.

Daneben ist sich die Regierung der Bedeutung der Außenwirtschaft wohl bewußt. Annähernd drei Viertel des Bruttoinlandsproduktes und 35 Prozent des Volkseinkommens sind vom Außenhandel abhängig. Mehr als die Hälfte aller Exporte gehen in die Märkte der USA, Japans und der EU. Und etwa 75 Prozent aller Kapitalgüter und Rohmaterialien werden importiert.

Dementsprechend beteiligt sich Thailand aktiv an der Liberalisierung des internationalen Handels, was den Abbau eigener Handelsschranken einschließt. Die aktive Mitwirkung an der Liberalisierung des internationalen Handels schließt konstruktive Beiträge (Vorschläge) in der Uruguay-Runde ebenso ein wie die Initiative zur Schaffung einer ASEAN-Freihandelszone (AFTA), die von Thailands Interimsministerpräsidenten Anand Panyarachun ausging (obwohl die Idee ursprünglich wohl aus den Philippinen kommt). Der Abbau eigener Handelsschranken und andere Formen der Deregulierung im eigenen Land sollen vor allem die eigene Wirtschaft fördern und fordern, d.h. konkurrenzfähiger machen.

Ein relativ neuer Aspekt der thailändischen Außenwirtschaft ist die Zusammenarbeit mit Birma, Yünnan (Südchina), Laos, Kambodscha und Vietnam im Rahmen einer Ko-Prosperitätszone am Mekong, in der Thailand sich als Dienstleistungszentrum sieht. Die Vorbereitungen darauf laufen, seit Ministerpräsident Chatichai die Devise vom "turning the battlefield into a marketplace" ausgegeben hat. Zu diesen Vorbereitungen gehört die bereits 1990 eingeleitete Finanzreform, die Liberalisierung des Devisenverkehrs (seit dem 21. Mai 1990 wird Artikel 8 des IWF-Abkommens auch international Banking Facility BIBF), einer Einrichtung, die die Bedingungen für offshore-Geschäfte ausgewählter Banken (darunter Deutsche und Dresdner Bank) auf thailändischem Boden regelt. Dazu gehört auch die Einrichtung von multifunktionalen Außenposten thailändischer Entwicklungshilfe (im weitesten Sinne) in den Nachbarländern, zunächst "Thai Centres" genannt, dann umbenannt, Beispiel: "Thai-Cambodian Cooperation Centre", um zu verhindern, daß man sie als trojanische Pferde einer imperialistischen Wirtschaftspolitik betrachtet.

Für Thailand bedeutet der Aufbau einer Ko-Prosperitätszone am Mekong auch eine wichtige Ergänzung seiner Dezentralisierungspolitik und die Sicherung wichtiger Rohstoffquellen, vor allem der Versorgung mit hydroelektrischer Energie. Ob oder wie bald diese neue Wachstumszone auch für ausländische Investoren interessant wird, muß sich zeigen.

Thailands Interesse an einer solchen Kooperation im Norden trifft auf ein ebenfalls großes Interesse in Yünnan. Und da Kambodscha noch immer ein Unsicherheitsfaktor ist, gibt es bereits konkrete Vorstellungen von einer kleinen Lösung: das

THAILAND

Wachstumsviereck, das Teile von Thailand, Birma, Yünnan und Laos einschließt. Vorboten dieser Lösung sind das Projekt einer bereits festgelegten Ringstraße und die bereits erfolgte Genehmigung einer Luftverkehrsverbindung zwischen den (städtischen) Zentren der vier Regionen.

Staatshaushalt

Der Haushaltsplan für das Fiskaljahr 1992/93 hatte ein Volumen von 560 Mrd Baht (+21,6% gegenüber dem Vorjahresetat) und wies, bei Nettoeinnahmen von 534 Mrd Baht, zum erstenmal seit zwei Jahren wieder eine Deckungslücke auf, die aber nicht einmal einem Prozent des BIP entsprach.

Der Haushaltsplan für 1993/94 hat ein Volumen von 625 Mrd Baht. Das sind 11,6% mehr als für das vorangegangene Fiskaljahr veranschlagt worden waren. Die Summe der Ausgaben entspricht 17,6% des prognostizierten BIP von 1993 (etwa 3.550 Mrd Baht). An erwarteten Einnahmen wurden netto 600 Mrd Baht angesetzt.

Die Anteile für Investitionen und Entwicklungsausgaben der öffentlichen Hand sind die höchsten in der Geschichte der thailändischen Haushaltsplanung. Für Investitionen sind 34,2% des Gesamtetats (213,5 Mrd Baht) veranschlagt worden und nicht weniger als 46% für die Entwicklung in der Provinz (vornehmlich auf dem Lande), nämlich 70% der Mittel des Ministeriums für Landwirtschaft und Agrargenossenschaften, 88% der Mittel des Verkehrsministeriums, 74% der Mittel des Innenministeriums und 74% der Mittel des Bildungsministeriums. Das sind hohe Anteile angesichts der Tatsache, daß 80% der Steuern in Bangkok bezahlt werden. Aber die Regierung hält diese Ausgaben im Hinblick auf die große Bedeutung ihrer Dezentralisierungspolitik für gerechtfertigt. Ein Indiz für das Bemühen, die alten strukturellen Probleme des Landes jedenfalls an dieser Stelle ernsthaft anzugehen, mag auch sein, daß der Erziehungsminister rund 100 Mrd Baht erhielt, während sich der Verteidigungsminister mit 800 Mio Baht zufrieden geben mußte.

Agrarwirtschaft

Große Trockenheit und extrem niedrige Wasserspiegel in den größeren Stauseen verhinderten, daß rechtzeitig gepflanzt werden konnte. Dies gilt vor allem für die wichtigen Getreide Reis und Mais, aber auch für Sojabohnen. So erbrachte die Reisernte, beide Ernten 1992 zusammen, mit 20,1 Mio t nur 1,4% mehr als im Vorjahr. Die Maisproduktion ging leicht (um 2,8%) auf 3,5 Mio t zurück, die Sojabohnenernte deutlicher (um 11,4%) auf 380.000 t.

Die Produktion von Zuckerrohr, Tapioka und Kautschuk stieg infolge günstiger Preise, vergrößerter Anbauflächen und früherer Anpflanzung ertragreicherer

THAILAND

Gummibaumklone zum Teil bemerkenswert. Bei Kautschuk um 25,9% auf 2,88 Mio t, bei Tapioka um 4,3% auf 22 Mio t, bei Zuckerrohr um 2% auf 48,4 Mio t. Die Palmölernte nahm um 6% auf 890.000 t zu, aber die Erträge von Kaffee gingen um 14,4% auf 66.000 t zurück.

Die Fischerei brachte deutlich bessere Ergebnisse, da mehr in fremden Gewässern, vor allem vor Indonesien und Myanmar, gefischt werden konnte. Außerdem wirkten sich die Verringerung der Produktionskosten (Preissenkung für Dieselöl) und steigende Verkaufserlöse aufgrund steigender Nachfrage positiv aus.

Die Leistung der Viehwirtschaft lag geringfügig über der der vergangenen Jahre. Die Ergebnisse der Forstwirtschaft lagen erheblich unter denen des Vorjahres, v.a. eine Folge wachsenden Umweltbewußtseins und abnehmender Korruption in den Behörden.

Was die neuere Entwicklung angeht, so leidet Thailand vor allem unter dem Rekordergebnis der Reisernte, die im Reiswirtschaftsjahr 1993 weltweit ca. 519 Mio t Paddy erbrachte. Diese Ernte erlaubte einigen Ländern, ihren Eigenbedarf besser zu decken, was sich für das Exportland Thailand negativ auswirkte. Dennoch dürfte das Land der weltweit führende Reisexporteur bleiben, und auch die Preise erholten sich im Herbst 1993, als Japan sich entschloß, zum erstenmal seit 1984 wieder Reis zu importieren und 130.000 t Reis aus Thailand orderte. Die Reisproduktion im Reisjahr 1993/94 wird wegen Wassermangels deutlich eingeschränkt werden müssen, und die Regierung drängt die Reisbauern in besonders häufig von Trockenheit betroffenen Gebieten, auf den Obstbau überzugehen.

Thailand hat sich im Hinblick auf die AFTA entschlossen, seine Palmölwirtschaft wettbewerbsfähiger zu machen. Zu diesem Zweck soll die Anbaufläche für Ölpalmen innerhalb der nächsten fünf Jahre von 160.000 auf 320.000 ha erweitert, sollen überalterte Bestände durch ergiebigere Arten ersetzt, soll ein Palmölforschungsinstitut und eine Palmölholding (als Gemeinschaftsunternehmen von Pflanzern, Verarbeitern und Behörden) gegründet werden.

Aufforstung: Die bewaldete Fläche Thailands hat sich von 273.642 qkm (53% der Gesamtfläche) im Jahre 1961 auf etwa 156.600 qkm (30,5%) im Jahre 1984 verringert. Seither ist der Waldbestand noch weiter zurückgegangen, trotz Holzeinschlagsverbots auch in den letzten Jahren. Dem will die Regierung nun durch ein Aufforstungsprogramm entgegenwirken, nachdem in den nächsten 15 Jahren 34,7 Mio Rai bzw. 5,552 Mio ha neu bewaldet werden sollen.

Bergbau und Energie

Die Produktion von Mineralien für den Export, also von Zinn, Wolfram, Flußspat und Blei, ging 1992 aufgrund ungünstiger Marktlage zurück. Dagegen stieg die Produktion für den Eigenbedarf, vor allem die von mineralischen Energieträgern, deutlich an. Eine Ausnahme bildete der Subsektor Steinbruch wegen der nachlassenden Konjunktur in der Bauwirtschaft.

THAILAND

In den ersten 9 Monaten des Jahres 1992 erreichte der kommerzielle Verbrauch von Energie einen Durchschnitt von 713.640 Barrel pro Tag [Erdöläquivalent]. Das entsprach einer Steigerung von 7,1% gegenüber dem Vorjahreszeitraum. 85% der insgesamt verbrauchten Energie kam aus Erdöl und Erdgas. Die eigene Produktionskapazität lag hier bei 300.140 bpd. Das heißt, 60% der insgesamt verbrauchten Energie mußte importiert werden. Die hauptsächlich in Form von Rohöl und Erdölprodukten importierte Energie erreichte einen Durchschnitt von 431.600 bpd. (Der Import von Kohle ging wie der Verbrauch von Kohle um 34,3% zurück. Der Import von Elektrizität fiel um 20,8%).

Thailands Stromerzeugungskapazität liegt gegenwärtig bei etwa 10.000 MW, der Bedarf in der täglichen Spitzenlastzeit lag im Herbst 1993 bei 9.800 MW. Die Regierung plant, die Kapazität innerhalb der nächsten fünf Jahre um 5.400 MW zu steigern. Allerdings werden die Ressourcen für neue Kapazitäten - gedacht ist vor allem an Braunkohle und Wasserkraft - den zunehmenden Bedarf nicht lange befriedigen können. Darum ist jetzt auch die Nutzung von Kernkraft im Gespräch, vom Senat befürwortet, vom Repräsentantenhaus einstweilen noch abgelehnt. Im übrigen engagiert sich Thailand für die Zusammenarbeit mit Myanmar, Laos und Yünnan im Rahmen einer Ko-Prosperitätszone (s.o.) auch im Hinblick auf die Wasserkraftressourcen in Laos und Myanmar.

Verarbeitende Industrie

Im verarbeitenden Gewerbe wuchs die Produktion im Jahre 1992 um 9,3%, 1991 waren es 10%. Besonders starke Wachstumsraten verzeichneten die importsubstituierenden Industriezweige. Die Produktion für den Export litt deutlich darunter, daß die wichtigsten Abnehmerländer auch wirtschaftliche Schwierigkeiten haben.

Zu den Branchen mit befriedigenden Wachstumsraten gehörten die Hersteller von Automobilen und Transportausrüstungen, Baumaterialien und Erdölprodukten. Nahrungsmittel und Textilien verzeichneten gegenüber dem Vorjahr geringere Wachstumsraten.

Besonders stark war der Rückgang bei Textilien (insgesamt), wo die Wachstumsrate von 1991 16,2% auf 1992 4,8% fiel. Eine immer noch starke Entwicklung gab es bei den Erzeugern von Garnen und synthetischen Fasern. Die Nahrungsmittelindustrie litt unter dem Rückgang der Absetzbarkeit von Konserven (außer Ananas in Dosen). Eine gute Entwicklung verzeichneten hier die Hersteller von Zuckererzeugnissen. Die Produktion von Tabakwaren wuchs nur mäßig, wegen der Liberalisierung des Imports von Zigaretten und der Kampagne gegen das Rauchen.

Im Kfz-Sektor nahm die Produktion vom 3. Quartal an wieder kräftig zu, nach einem deutlichen Rückgang im Vorjahr. An Automobilen und Motorrädern wurden um die 30 Prozent mehr produziert als 1991. Die Produktion von Baumaterialien, v.a. Zement und Stahlstangen, stieg befriedigend. Die Produktionssteigerung bei

THAILAND

Erdölerzeugnissen (+15%, Vorjahre +7%) geht v.a. darauf zurück, daß im 3. Quartal eine neue Raffinerie den Betrieb aufnahm.

Im Jahre 1993 blieb der Automobilmarkt weiterhin im Aufschwung. Auch die Prognose ist so gut, daß japanische Firmen weitere Investitionen in Thailand planen. Ein weiterer Boomsektor ist die Kunststoffverarbeitung, die ihre Rohstoffe in zunehmendem Maße einführen muß.

Die Bauwirtschaft verzeichnete 1992 ein Wachstum, das mit 5% (Quelle: Zentralbank) wieder deutlich unter dem des Vorjahres (17,5%) liegt. Hauptgrund ist ein Überangebot an Fabrik-, Büro- und Ladenraum, an teuren Wohnungen und Golfplätzen. Nur Wohnungen für mittlere und niedrige Einkommen finden noch Abnehmer. Die Aufträge der öffentlichen Hand nahmen zu, hätten aber zahlreicher sein können. Dies gilt vor allem für 1993.

Investitionen

Die Statistik des Board of Investment (BoI) weist über die Entwicklung der Investitionstätigkeit in Thailand folgende Zahlen aus:

Jahre	1. Halbjahr 1993 (1992)	1992	1991	1990
Anträge auf Projektförderung (Anzahl)	484 (208)	444	632	1916
Vorgesehene Investitionen in Mrd Baht	106,1 (113,1)	213,1	282,6	524,8

Im 1. Halbjahr 1993 kamen 92 Anträge auf BoI-Förderung aus Japan, 81 aus Europa, 27 aus den USA und 16 aus Hongkong. Die Anzahl der Anträge aus Europa ist besonders stark zurückgegangen. Sie liegt um 238 Prozent unter der Anzahl im 1. Halbjahr 1992.

Das insgesamt schwache Interesse an Investitionen in Thailand wird mit steigenden Produktionsfaktorkosten und Infrastrukturproblemen begründet. Tatsache ist, daß umliegende Länder, nach Indonesien und den Philippinen nun zunehmend auch China und Vietnam soviel günstigere Faktormärkte zu bieten haben, daß auch schon thailändische Unternehmen daran denken, arbeitskostenintensive Fertigungen ins benachbarte Ausland zu verlegen.

Andererseits ist darauf hinzuweisen, daß die Dezentralisierungspolitik der Regierung Chuan Leekpai Erfolge zeitigt. So läßt sich in der Förderzone 3, also in den

THAILAND

bedürftigsten und entlegensten Provinzen Thailands, bereits im 2. Quartal eine deutliche Belebung der Investitionstätigkeit ausmachen. Von den 106,1 Mrd Baht für die im 1. Halbjahr 1993 vorgeschlagenen Projekte sollten mehr als die Hälfte, nämlich 66,7 Mrd Baht, in diese Zone fließen. Verglichen mit dem 1. Halbjahr 1992 hat sich die Zahl der Anträge auf Genehmigung von Vorhaben in der Provinz im 1. Halbjahr 1993 merklich erhöht: im Süden um 343% auf 62, im Norden um 227% auf 72, im Nordosten um 206% auf 52.

Verkehr und Dienstleistungen

Die Beseitigung der Infrastrukturengpässe, vor allem in Bangkok, und die infrastrukturelle Unterfütterung der Dezentralisierungsbestrebungen der Regierung machen Fortschritte, in manchen Bereichen (Telekom, Fernstraßen, logistische Einrichtungen) sogar ohne besondere Probleme. Schwieriger wird es, wo Projekte wie Kraftwerke und chemische Fabriken auf den Widerstand eines geschärften Umweltbewußtseins stoßen (Beispiel: Ao Pai Kraftwerk). Bedrückend aber ist die Lage in Bangkok, soweit es um die Beseitigung der Verkehrsmisere durch Schnellstraßen und Massenverkehrsmittel geht.

Von acht wichtigen Projekten dieser Kategorie machen nur zwei, darunter die Mautstraße zum Flughafen Don Muang, normale Fortschritte. Ein drittes, der 20 km lange zweite Abschnitt des Bangkok-Expressway-Systems, litt vom Tage der Fertigstellung im April 1993 an, bis zum Tage der Eröffnung durch Gerichtsbeschluß am 31.8.93, unter unüberwindlichen Differenzen zwischen der ETA/Expressway and Rapid Transit Authority und der Bangkok Expressway Company Ltd, die die Schnellstraße (aufgrund eines BOT-Kontrakts) gebaut hat, vor allem über die Höhe der Maut und die Verteilung der Einnahmen.

Von den vier "alten" Massenverkehrsprojekten sind drei Gegenstand politischer Auseinandersetzungen. Hinzu kommt seit dem Sommer 1993 die mit deutscher Beteiligung geplante U-Bahn von Bangkok als neuer Fall einer politisch bedingten Verzögerung.

Langfristige Plänen zufolge sollen in Thailand bis zum Jahre 2013 Autobahnen mit einer Gesamtlänge von 4.300 km gebaut werden: 14 Hauptrouten, durch die jedenfalls die wichtigsten Städte des Landes verbunden werden sollen. Kosten etwa 356 Mrd Baht zu Preisen von 1990.

Große Pläne gibt es auch im Eisenbahnsektor: Das längst veraltete, zumeist eingleisige Schienennetz soll durch weitgehend parallel laufende zweigleisige Strecken ersetzt werden: Länge rund 2.700 km, Kosten etwa 76,8 Mrd Baht. Zu den wichtigen längerfristigen Infrastrukturvorhaben der Regierung gehört auch die Verbesserung der Trinkwasserversorgung auf dem Lande mit einem projektierten Investitionsaufwand von 145,2 Mrd Baht.

MANNESMANN

Mannesmann Technologie – eine breite Basis für Kooperation

Ingenieurgeist und kreatives Engagement der Mannesmann-Mitarbeiter haben „Mannesmann-Technologie" weltweit zu einem Begriff gemacht. Er steht für eine beeindruckende Anzahl von ehrgeizigen Projekten, die wir gemeinsam mit unseren Kunden neu durchdacht und gelöst haben. Mannesmann bietet Erfahrung auf breiter Basis: im Maschinen- und Anlagenbau, in der Fahrzeugtechnik, auf dem Gebiet der hydraulischen, elektrischen und pneumatischen Antriebstechnik, in der Meß-, Automatisierungs- und Informationstechnik, in der Telekommunikation sowie bei der Stahlröhrenproduktion und im weltweiten Handel.
Mit 132.000 Mitarbeitern in über 160 Ländern kann bei Mannesmann die Nähe zum Kunden wirklich wörtlich genommen werden. Bei uns finden Sie für Ihr Problem immer das richtige Team von Spezialisten – bereit, mit Ihnen gemeinsam die für Sie beste Lösung zu erarbeiten.

mannesmann technologie

Mannesmann AG
Postfach 10 36 41
D-40027 Düsseldorf
Telefon (02 11) 8 20-0
Telefax (02 11) 8 20-25 54
Telex 8 581 481

THAILAND

Eine bemerkenswerte Entwicklung im Dienstleistungssektor ist eine starke Konjunkturbelebung im Bereich der Informationstechnologie, v.a. bei Computer Software und verwandten Dienstleistungen, offenbar mit bedingt durch die Ausdehnung und Verschärfung des Copyright-Gesetzes.

Tourismus

Die Tourismusindustrie erwartet für 1993 ein Wachstum von 5,8 Prozent auf 5,5 Mio Einreisen. 1992 waren es 5,136 Mio (+2%), im nächsten Jahr sollen es 6 Mio werden. Der Fremdenverkehr trägt 5% zum Bruttoinlandsprodukt Thailands bei.

Die politische Entwicklung im Frühsommer 1992 mag zu Einbußen geführt haben. Das war aber eine vorübergehende Erscheinung. Und wenn die Wachstumsraten im Berichtszeitraum nicht mehr so groß sind wie in den achtziger Jahren, dann hängt das auch mit infrastrukturellen Unzulänglichkeiten und dem Image Thailands in bestimmten Kreisen westlicher Länder zusammen. Hinzu kommen schließlich auch Konjunkturprobleme, so daß Thailand einen deutlichen Rückgang der Einreisen gerade kaufkräftiger Touristen beklagt. So ging die Zahl der Touristen aus Japan im 1. Halbjahr 1993 um 11,7% zurück, und zwar gegenüber dem 1. Halbjahr 1992, das ohnehin keine Rekordergebnisse brachte. Auf der anderen Seite stieg die Zahl der Touristen aus China und Taiwan. Aus China kamen im 1. Halbjahr 1993 rund 150.000 Personen, das waren 238% mehr als im 1. Halbjahr 1992. Aus Taiwan kamen 36% mehr. Die stärkste Gruppe waren jedoch die Malaysier mit 439.000 Besuchern.

Außenwirtschaft

Nach Angaben der Zentralbank haben die Exporte im 1. Halbjahr 1993 (gegenüber demselben Zeitraum des Vorjahres) um 10% auf 427,3 Mrd Baht zugenommen. Im zweiten Halbjahr soll sich diese Entwicklung noch verbessern, so daß man jetzt für 1993 insgesamt mit einer Steigerung von 11,5% (gegenüber dem Vorjahr) auf 909,0 Mrd Baht rechnet. Anzumerken ist, daß man bei den höheren Erwartungen für das 2. Halbjahr 1993 davon ausgeht, daß sich die Lage in den Ländern der wichtigsten Handelspartner verbessern wird.

Im Jahre 1992 beliefen sich die Warenexporte auf einen Wert von rund 824 Mrd Baht. Die exportstärksten Produktgruppen des verarbeitenden Gewerbes waren Textilien und Bekleidung (113 Mrd) und Computer und -teile (55 Mrd). Der Export von landwirtschaftlichen Erzeugnissen erbrachte 123,5 Mrd, der Export der Fischwirtschaft 48,6 Mrd Baht.

THAILAND

Wichtigste Importgüter waren 1992 Kapitalgüter (429,4 Mrd), Rohmaterialien und Halbwaren (329,2 Mrd), Konsumgüter (109,7 Mrd), Rohöl (46 Mrd) und Erdölprodukte (37,7 Mrd Baht). Insgesamt belief sich die Importrechnung auf etwas über 1 Billion Baht.

Auch im ersten Halbjahr 1993 standen Textilien/Bekleidung und Computer/-teile ganz oben auf der Liste der wichtigsten Exporte. (Zahlen über die Importe im 1. Halbjahr 1993 lagen bei Redaktionsschluß noch nicht vor).

Die wichtigsten Handelspartner Thailands waren 1992 wieder Japan, die USA, Singapur und Deutschland. Unter den Lieferländern stand Japan mit einem Anteil von 28,7% an der Spitze, vor den USA (12,9%). Unter den Abnehmerländern rangierten die USA mit 22,4% vor Japan (17,5%). Die EU lieferte 14,1% aller thailändischen Importe und nahm 19,7% seiner Exporte ab. Die Veränderungen gegenüber dem Vorjahr betrugen jeweils weniger als einen Prozentpunkt. Deutschland lieferte 5,2% (1991: 5,5%) der thailändischen Importe und nahm 4,4% (1991: 5,2%) seiner Exporte ab.

Für 1993 insgesamt erwartet die Bank of Thailand ein Handelsbilanzdefizit von 255,0 Mrd Baht (1992: 214,5). Das Leistungsbilanzdefizit wird sich voraussichtlich (von 1992: 169,9 Mrd) auf 203,0 Mrd Baht erhöhen. Die Inflationsrate wird nach der Annahme der Zentralbank 3,7% betragen.

Beziehungen zu Deutschland

Deutsche sind in Thailand besonders willkommen. Historische Erfahrungen haben in Thailand eine Neigung zu Deutschland entstehen lassen (die manchmal vielleicht stärker bedacht werden könnte). Im übrigen sind deutsche Unternehmen auch darum gern gesehen, weil man die Abhängigkeit von Japan und den USA reduzieren möchte. Deshalb ist Europa wichtig für Thailand, und in Europa vor allem Deutschland, weil es als wirtschaftlich stark und als besonders fairer Partner angesehen wird, der nicht nur seinen Vorteil, sondern auch die Entwicklung des Gastlandes im Blick hat.

In diesem Lichte gilt das deutsche Engagement in Thailand als zu schwach, vor allem das der mittelständischen Unternehmen. Das Volumen deutscher Investitionen liegt zwischen 700 Mio und 1 Mrd DM. Deutschland liegt auf der Liste der ausländischen Investoren an 10. Stelle.

Nachdem deutsche Unternehmen schon in früheren Jahren Aufträge im Rahmen der Infrastrukturentwicklung erhalten haben, ergab sich 1993 erneut eine deutsche Beteiligung, nämlich am Projekt "METRO 2000", das den Bau einer Untergrundbahn für Bangkok vorsieht. (Allerdings ist noch nicht sicher, ob dieses Projekt verwirklicht werden wird).

Eine seit 1985 wichtige Brücke ist das mit einer Fachmesse verbundene Deutsche Technologiesymposium, das im November 1993 zum vierten Male stattfand.

Ostasiatischer Verein e.V.
German Asia-Pacific Business Association

Our service is your advantage!

- **Information Service**
  - OSTASIEN TELEGRAMM (East Asia Telegram)
  - ASIEN PAZIFIK Wirtschaftshandbuch (Asian Pacific Yearbook)
  - HOTLINE
  - ASIEN PAZIFIK REPORT (Newsletter for members)

- **Research, Consultations, "Matching"**
  - up-to-date information
  - Online data bank research
  - indepth private consultations and company "matching"

- **Regional Commitees for 16 countries**
  - experienced regional consultants
  - exchange of information and experiences among members
  - valuable tips and advice

- **Delegation trips**
  - strengthening of trade relations
  - investigation into investment and cooperation possibilities

- **Training and Further Education**
  - ASIA-PACIFIC Institute for Management
  - lectures and training courses
  - company seminars

- **Online Research Service**
  - APOLDA (**A**sia-**P**acific **O**n-**L**ine **DA**ta)
  - economic data (reports on the region)
  - branch analyses
  - company and product information

Join our Association!
Ostasiatischer Verein e.V.
Foundation/Management of the
Asia Pacific Committee of German Business (APA)
Neuer Jungfernstieg 21 · D-20354 Hamburg
Tel.: (040) 34 04 15 · Fax: (040) 34 18 15

THAILAND

Was die entwicklungspolitische Zusammenarbeit angeht, so ergaben die deutsch-thailändischen Regierungsverhandlungen vom September 1993 Neuzusagen in Höhe von 20 Mio DM für die Technische Zusammenarbeit. Außerdem stehen für die TZ noch 2,5 Mio DM aus reprogrammierten Mitteln zur Verfügung.

Der deutsche Handel mit Thailand nahm auch 1992 keinen Aufschwung. Die deutschen Importe erhöhten sich um 16,6 Mio DM (0,6%) auf 2.926,4 Mio DM, die deutschen Exporte nahmen um 200,3 Mio DM (6,9%) auf 2.711,2 Mio DM ab.

TAILORED TECHNOLOGY FOR BULK MATERIALS HANDLING AND MINING SYSTEMS

In over 250 years of business and technical development, TAKRAF has become one of the leading suppliers of large volume bulk materials handling systems throughout the world. Systems include

- spreaders,
- stockpile equipment,
- belt conveyors,
- bucketwheel excavators,
- stacker / reclaimers and
- port facilities.

TAKRAF Lauchhammer GmbH
Leipzig
Theklaer Str. 42
D - 04287 Leipzig
Phone 49-341-2423-500
Fax 49-341-2423-510

TAKRAF has complete in house capability to design, engineer supply, and erect complete installations for the mining, ore processing and power generation industries. In addition, TAKRAF will provide mine planning analysis to identify the most cost effective methods to develop a project.

THAILAND

Tabelle 1: **Handelsstruktur Deutschland** [1] **- Thailand**
Deutsche Exporte nach Thailand
(Angaben in Mio DM)

SITC POSITION [2]	WARENKLASSE [3]	1990	1991	1992
0 - 9	INSGESAMT	2240,2	2910,6	2711,2
0	Nahrungsmittel und lebende Tiere	40,3	66,3	60,4
darunter:				
05	Gemüse und Früchte	22,8	38,9	26,3
2	Rohstoffe (andere als SITC 0 und 3)	11,1	20,9	24,3
3	Mineralische Brennstoffe, Schmiermittel und verwandte Erzeugnisse	3,8	3,2	4,0
4	Tierische und pflanzliche Öle, Fette und Wachse	3,4	2,6	2,1
5	Chemische Erzeugnisse	368,0	340,8	389,6
6	Bearbeitete Waren, vorwiegend nach Beschaffenheit gegliedert	275,2	368,5	322,1
darunter:				
61-66	Waren aus mineralischen nicht-metallischen Stoffen	123,5	178,7	137,7
67-69	Metalle, Metallwaren	140,1	189,8	147,2
7	Maschinenbau-, elektrotechn. Erzeugnisse und Fahrzeuge	1406,2	1953,6	1725,3
darunter:				
70	Waren für vollständige Fabrikationsanlagen	114,8	257,2	52,9
71-74	Maschinenbauerzeugnisse	760,6	975,5	796,3
75-77	Elektrotechn. Erzeugnisse	202,7	349,6	356,6
78-79	Fahrzeuge	328,1	371,3	519,6
8	Verschiedene Fertigwaren	99,6	121,8	142,5
darunter:				
87	Meß-, Prüf- und Kontrollinstrumente	43,4	48,5	61,7

1) Ab 1991 gesamtdeutscher Handel
2) Standard International Trade Classification (SITC Rev. II bis 1987, SITC Rev. III ab 1988)
3) Bezeichnungen der Warenklassen teilweise gekürzt; geringfügige Rundungsabweichungen bei Summenbildung möglich

Quelle: Statistisches Bundesamt, Wiesbaden

THAILAND

Tabelle 2: **Handelsstruktur Deutschland** [1] **- Thailand**
Deutsche Importe aus Thailand
(Angaben in Mio DM)

SITC POSITION [2]	WARENKLASSE [3]	1990	1991	1992
0 - 9	INSGESAMT	2218,6	2913,5	2926,4
0	Nahrungsmittel und lebende Tiere	515,0	591,3	611,1
darunter:				
03	Fische, Krebstiere u.ä.	128,5	163,2	156,0
05	Gemüse und Früchte	271,7	307,5	304,3
2	Rohstoffe (andere als SITC 0 und 3)	92,0	97,1	78,1
darunter:				
23	Rohkautschuk	55,6	65,2	51,0
28	Metallurgische Erze	21,1	16,0	1,5
4	Tierische und pflanzliche Öle, Fette und Wachse	1,5	1,0	0,3
5	Chemische Erzeugnisse	16,1	23,0	26,1
6	Bearbeitete Waren, vorwiegend nach Beschaffenheit gegliedert	286,1	343,3	340,7
darunter:				
61-66	Waren aus mineralischen nicht-metallischen Stoffen	248,6	309,6	299,7
7	Maschinenbau-, elektrotechn. Erzeugnisse und Fahrzeuge	381,2	521,0	596,0
darunter:				
71-74	Maschinenbauerzeugnisse	35,1	60,0	78,3
75-77	Elektrotechn. Erzeugnisse	340,8	448,8	511,9
8	Verschiedene Fertigwaren	885,3	1282,7	1225,1
darunter:				
84	Bekleidung und Bekleidungszubehör	438,7	580,3	528,0
87	Meß-, Prüf- und Kontrollinstrumente	2,1	6,4	12,4
9	Anderweitig nicht erfaßte Waren	17,7	21,4	18,4

1) Ab 1991 gesamtdeutscher Handel
2) Standard International Trade Classification (SITC Rev. II bis 1987, SITC Rev. III ab 1988)
3) Bezeichnungen der Warenklassen teilweise gekürzt; geringfügige Rundungsabweichungen bei Summenbildung möglich

Quelle: Statistisches Bundesamt, Wiesbaden

THAILAND

Tabelle 3: **Außenhandel nach Waren**
(Angaben in Mio Bath)

WARENGRUPPE	1991	1992	1-6/1993
GESAMTEXPORTE	725.630	824.644	424.201
davon:			
Lebensmittel	192.016	210.961	94.778
Getränke u. Tabak	3.401	4.494	2.340
Rohstoffe	36.984	40.519	19.144
Mineral. Brennstoffe	7.220	8.088	3.992
Speiseöle u. -fette	166	168	90
Chemikalien	13.998	15.203	8.940
Verarbeitete Produkte	120.871	136.153	77.115
Maschinen	175.692	220.133	123.219
Sonst. Produkte	172.947	187.500	93.596
Reexporte	2.335	1.425	987
GESAMTIMPORTE	958.832	1.033.244	566.179
davon:			
Lebensmittel	41.915	44.826	20.576
Getränke u. Tabak	5.625	5.378	3.395
Rohstoffe	59.356	65.801	33.779
Mineral. Brennstoffe	87.662	83.759	43.406
Speiseöle u. -fette	684	982	533
Chemikalien	88.345	104.321	56.174
Verarbeitete Produkte	236.249	224.361	115.733
Maschinen	388.770	440.712	261.508
Sonst. Produkte	45.943	58.015	28.024
Gold	4.283	5.089	3.049

Quelle: Customs Department, Ministry of Finance, Bangkok 1993

THAILAND

Tabelle 4: **Außenhandel nach Ländern**
(Angaben in Mio Bath)

LAND	1991	1992	1-6/1993
GESAMT-EXPORTE	725.630	824.644	424.201
davon:			
USA	154.362	185.006	93.149
Singapur	59.619	71.686	42.491
Hongkong	34.411	38.271	21.633
Malaysia	17.458	21.374	10.233
Korea (Rep.)	11.724	13.543	6.345
Taiwan	12.067	15.705	9.049
VR China	8.553	9.801	6.298
EU-Staaten			
davon:			
Bundesrepublik Deutschland	37.502	36.255	17.986
Niederlande	31.833	35.662	16.341
Großbritannien	26.235	29.758	13.378
Frankreich	17.799	18.770	9.677
Italien	13.406	13.814	6.003
Australien	11.817	13.334	5.940
GESAMT-IMPORTE	958.832	1.033.244	566.179
davon:			
USA	101.783	121.218	68.436
Japan	281.665	302.373	173.600
Singapur	76.287	75.438	39.284
Taiwan	45.673	57.085	28.965
VR China	29.239	30.979	13.738
Korea (Rep.)	40.675	45.353	25.948
Hongkong	19.805	12.519	6.453
EU-Staaten			
davon:			
Bundesrepublik Deutschland	53.486	54.959	29.643
Großbritannien	21.118	23.984	12.152
Frankreich	13.274	23.598	12.046
Italien	13.883	15.816	12.363
Schweiz	16.787	13.937	6.795
Australien	16.894	23.167	11.685

Quelle: Customs Department, Ministry of Finance, Bangkok 1993

THAILAND

Besonderheiten der bilateralen Wirtschaftsbeziehungen aus der Sicht der Deutsch-Thailändischen Handelskammer, Bangkok

Im Jahre 1993 hat Thailand einen weiteren Schritt nach vorne getan. Durch die Entlassung der Social Action Party aus der Regierungskoalition (Chuan I) und der Hineinnahme der Seritham Party (Chuan II) im September 1993 hat sich die soziale und demokratische Akzeptanz der Regierung bei den progressiven Kräften des Landes weiter verstärkt. In diesem Zusammenhang hat auch die Einrichtung eines eigenen Ministeriums für Arbeit und Soziales bessere Voraussetzungen für eine ausgewogene Entwicklung in den Beziehungen zwischen Arbeitgebern und Arbeitnehmern geschaffen.

Auf der Basis einer derart stabilisierten Regierung hat sich das Wirtschaftswachstum des Landes auf ca. 7,5% eingependelt und sogar gegenüber dem Vorjahr leicht erhöht (7,4% in 1992).

In ihrem zweiten Regierungsjahr zeigt die Regierungspolitik erste Erfolge ihrer Prioritäten: Liberalisierung und Deregulierung im Wirtschaftsbereich, Modernisierung der Gesetze, Überschaubarkeit der Verwaltung und Fortsetzung des Kampfes gegen die Korruption.

Nach einer zweijährigen Stagnationsphase sind auch die Zahlen ausländischer und inländischer Investitionen wieder steigend. In den ersten acht Monaten des Jahres 1993 haben die beim BOI eingereichten Anträge auf Investitionsförderung um 155% gegenüber dem Vorjahr zugenommen. Unter den ausländischen Investoren hat Japan mit 119 Projektanträgen gegenüber 114 Anträgen von europäischen Firmen, 52 aus Taiwan und 36 aus den USA die Nase weiterhin vorn. Auch zeichnen sich erste Erfolge ab, Investitionen aus dem Großraum Bangkok in die Randprovinzen zu bringen. Deutschland ist jedoch für Thailand im Investitionsbereich nur der 10. wichtigste Wirtschaftspartner (ca. 1% der ausländischen Investitionen), was anerkanntermaßen nicht dem Marktpotential Thailands und dem potentiellen deutschen Investitionsangebot entspricht.

Die liberalen Wirtschaftsbeziehungen zwischen Deutschland und Thailand haben 1993 wieder Auftrieb erhalten. Bekanntlich nahm der deutsche Export nach Thailand 1992 (DM 2,7 Milliarden) gegenüber 1991 (DM 2,9 Milliarden) um 6,9% ab - eine Folge der zurückhaltenden Investitionstätigkeit in Thailand (Maiunruhen, Wahlen, Regierungsbildung). Auch der thailändische Export nach Deutschland war 1992 im Vergleich zu 1991 nicht ganz zufriedenstellend. Gegenüber 1991 (DM 2,91 Milliarden) stieg er 1992 nur geringfügig (0,6%) auf DM 2,92 Milliarden - was mit der unnatürlich hohen Nachfrage Deutschlands im Jahre 1991 als Folge der Wiedervereinigung zu erklären ist.

Im Jahre 1993 nahm (auf der Basis der Zahlen der ersten 4 Monate) der thailändische Export nach Deutschland um ca. 7% zu. Angesichts der Rezession in Deutschland ist es besonders erfreulich, daß der deutsche Export nach Thailand sogar um ca. 20% zulegte (ebenfalls Schätzung wie oben). Somit dürfte für 1993

THAILAND

wieder mit einem klaren Exportüberschuß Deutschlands im Verhältnis zu Thailand zu rechnen sein.

Das von der Deutsch-Thailändischen Handelskammer im November 1993 durchgeführte Fourth German Technology Symposium & Exhibition (GTS93) hat ein starkes deutsches Firmeninteresse an Thailand gezeigt. Mehr als 140 deutsche Firmen hielten technische Vorträge und stellten ihre Produkte auf dem Ausstellungsteil einem interessierten thailändischen Fachpublikum von mehr als 7.600 Firmenvertretern, Regierungsstellen und Ingenieuren vor. Die nächste GTS-Veranstaltung wird im November 1996 stattfinden, und zwar wieder im Queen Sirikit National Convention Center, dem repräsentativen Konferenz- und Ausstellungsgelände des Landes.

Die vom 25.-26.4.1994 von der Deutsch-Thailändischen Handelskammer in Bangkok veranstaltete Fünfte Asien-Pazifik-Konferenz der Deutschen Wirtschaft wird das Klima für ein stärkeres Firmenengagement in der asiatisch-pazifischen Region, und damit auch in Thailand, weiter verbessern. Thema der Konferenz, an der hochrangige Regierungs-, Verbands-, Außenhandelskammer- und Firmenvertreter teilnehmen werden, ist "Deutschland als Wirtschaftspartner in der asiatisch-pazifischen Region".

Dr. Paul Strunk
Geschäftsführer

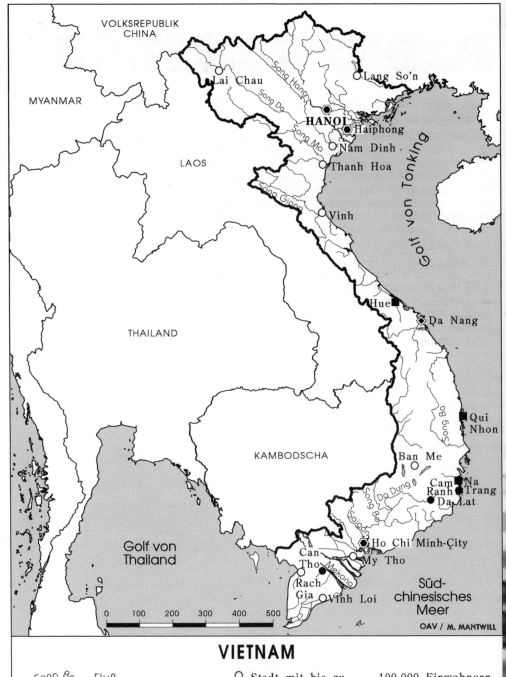

VIETNAM

Dr. Oskar Weggel

Allgemeines

Staatsform:	Sozialistische Republik (seit 1976)
Staatspräsident:	Le Duc Anh, Vorsitzender des Staatsrats
Regierungschef:	Vo Van Kiet, Vorsitzender des Ministerrats
Gesamtfläche:	329.566 qkm
Einwohnerzahl:	(1993) 70 Mio, davon 13% Minderheiten
Bevölkerungsdichte:	212 Einw./qkm; jedoch über 1000 Einw./qkm im Delta des Roten Flusses
Bevölkerungswachstum:	2,25% (1991/92)
Wichtige Städte:	(1991/Einw.) Hanoi (Hauptstadt) rd. 3 Mio; Ho-Chi-Minh-Stadt rd. 4 Mio; Haiphong rd. 1,5 Mio; Da Nang 600.000; Hue 300.000; Na Trang 280.000
Nationalsprache:	Vietnamesisch
Handelssprache:	Französisch, Englisch
Nationalfeiertag:	2. September (Verkündung der Unabhängigkeit Vietnams 1945)

Weitere Daten

Erwerbspersonen:	(1992) 33 Mio
Arbeitslosenquote:	(% der Bevölkerung über 20): unter 10%
Entstehung des BIP:	(1992) Land- und Forstwirtschaft, Fischerei 47%; Industrie 23; Handel 18; andere 12
Wichtigste Agrarprodukte:	(1992) Reis 24 Mio t in Reisäquivalenten, davon 1,9 Mio exportiert; Zuckerrohr 6 (5,9); Maniok 2,6 (2,4); Süßkartoffeln 2,3 (2,1); Gemüse, Mais, Bananen, Ananas, Kokosnüsse, Erdnüsse, Kaffee, Tee, Kautschuk

VIETNAM

Fischfang:	1991: 1,07 Mio t (1990: 1,06, d.h. erstmals über 1 Mio t-Marke); Exporte für 205 Mio US$, darunter hauptsächlich Garnelen
Holzeinschlag:	1991: rd. 2 Mio cbm; wegen schwerer Waldschäden seit 1992 Produktionssenkung
Bergbauprodukte:	1991: "reine Kohle" 4,3 Mio t (vermutete Kohlevorräte: 15-20 Mrd t); Naturphosphate: rd. 2 Mio t; Salz
Erdöl und Erdgas:	1992: Rohöl 37,8 Mio Barrel - fast 10 Mio mehr als 1991; bis zum Jahre 2000 ist eine Jahresförderleistung zwischen 20 und 30 Mio t Erdöl sowie zwischen 3 und 4 Mrd cbm Erdgas angepeilt
Elektrizitätserzeugung:	1992: rd. 10 Mrd kWh; Schwierigkeiten bereitet der Transport von Elektrizität, in dessen Verlauf nach offiziellen Angaben rd. 30% verlorengehen
Wichtigste Industrieprodukte:	1992 (91): Zement 2,4 Mio t (3,18); Rohstahl 80.000 t (130.000); Kunstdünger 520.000 t (434.000); Ziegel 3,8 Mrd Stück, Fahrräder 4 Mio Stück, Textilien 360 Mio m (308); Papier 90.000 t (108.000); Latex 51.000 t
Abkommen mit Deutschland:	Abkommen vom 5.9.74 über Kapitalhilfe (ruhte von 1979 bis 1990); Regierungsabkommen "über Finanzierungshilfen zur Existenzgründung und beruflichen Eingliederung von Fachkräften der SRV" vom 9. Juni 1992
Abkommen mit der EU:	Investitionsschutzabkommen vom 3.4.93. In Allgemeine Zollpräferenzen einbezogen; Abkommen über Textilien und Bekleidung (am 15.12.1993 paraphiert)

VIETNAM

Statistisches Profil Vietnam

			1990	1991	1992	1993(S)	1994(P)
1. Bruttoinlandsprodukt (BIP)							
BIP		(Mio US$)	14234	14960	16202	17417	18845
Reales BIP	(Veränd. in %) 1)		5,1	6,0	8,3	7,5	8,2
BIP pro Kopf		(US$)	200	220	234	247	269
Reales BIP pro Kopf	(Veränd. in %) 1)		8,7	9,7	6,4	5,7	8,9
2. Wechselkurse (1 Dong= 10 Hao= 100 Xu)							
Dong/US$	(Jahresdurchschnittskurs)		4500	9782	11003	10648	10300
Dong/US$	(Jahresendkurs)		6510	12050	10710	10840	10050
Dong/US$	(Jahresdurchschnittskurs)		2855	5850	6998	6386	5988
Dong/US$	(Jahresendkurs)		4357	7922	6619	6332	5982
3. Preise							
Inflationsrate		(%) 2)	67,5	67,6	17,5	4,8	5,0
4. Zinssatz							
Einlagenzinssatz		(% p.a.) 2)	n.a.	2,1	1,0	n.a.	n.a.
Kreditzinsen		(% p.a.) 2)	n.a.	4,2	2,7	n.a.	n.a.
5. Staatshaushalt							
Saldo		(in % des BIP)	-7,9	-2,5	-3,8		
6. Monetärer Sektor		3)					
Inlandskredite	(Veränd. in %)		n.a.	n.a.	n.a.	n.a.	n.a.
Geldmenge M2	(Veränd. in %)		n.a.	n.a.	n.a.	n.a.	n.a.
7. Außenhandel							
Exporte (fob)		(Mio US$)	2404	2087	2475	3000	3700
Importe (cif)		(Mio US$)	2754	2338	2506	3100	4000
Deutsche Exporte (fob)		(Mio DM)	37,825	117,228	78,103	167,4	235
Deutsche Importe (cif)		(Mio DM)	61,920	167,029	363,625	385,2	570
8. Leistungsbilanz							
Handelsbilanzsaldo		(Mio US$)	-350	-251	-31	-100	-300
Dienstleistungsbilanzsaldo			n.a.	n.a.	n.a.	n.a.	n.a.
Übertragungen			n.a.	n.a.	n.a.	n.a.	n.a.
Leistungsbilanzsaldo		(Mio US$)	-213,0	-442,0	n.a.	n.a.	n.a.
9. Auslandsverschuldung							
Bruttobestand		(Mrd US$)	14,6	15,3	15,4	16,8	17,5
10. Schuldendienst	(% der Exporte)		5,5	5,6	7,5	8,0	8,5
11. Währungsreserven		(Mio US$)	94	93	n.a.	n.a.	n.a.

1) Auf Basis der Landeswährung; Fiskaljahr von 1.1. - 31.12.
2) Jahresdurchschnittswerte
3) Bestand am Periodenende
n.a. nicht angegeben
(S) Schätzung
(P) Prognose

Quelle: Institut für Asienkunde, Ostasiatischer Verein e.V.

VIETNAM

Überblick und Besonderheiten

Seit 1986 befindet sich Vietnam in einer stürmischen Umbruchsphase und läßt mit seiner Atemlosigkeit und seinem Wandlungstempo manchmal an einen rasenden Zug denken, der in Gefahr ist, aus den Gleisen zu springen. Damals, im November 1986, tagte der VI. Parteitag, mit dem der Übergang von der zentralen Planungs- zur Marktwirtschaft begann. 1988 ergingen drei Betriebsregelungen (für Staats-, Kollektiv- und Privatunternehmen), die Unternehmens(teil)autonomie dekretierten, sowie das neue Gesetz für ausländische Investitionen, das erstaunlich liberale Klauseln enthielt. Im April 1988 kam auch der "Politbürobeschluß Nr. 10" heraus, der als Magna Charta der Landwirtschaftsreform gelten darf und der die definitive Einführung des Kontraktsystems mit sich brachte, durch das die gesamte Landwirtschaft von einer bisher subordinativen auf eine koordinative Basis gestellt wurde: Der einzelne Haushalt war von jetzt an nicht mehr Befehlsempfänger, sondern Vertragspartner der Dorfgemeinde und konnte Grundstücke auf eine Dauer von bis zu 15 Jahren zugeteilt erhalten.

Die Umbrüche in Osteuropa führten zwar zu leidenschaftlichen Auseinandersetzungen beim 8. Plenum (März 1990) und zu Rückkehrforderungen, doch blieb das Land am Ende dann doch bei seinem 1986 eingeschlagenen Reformkurs.

1991 brach der wichtigste Verbündete der SRV, nämlich die Sowjetunion, zusammen - mit der Folge, daß fast die gesamte bisherige Auslandshilfe für Vietnam schlagartig versandete und Hanoi vor Grundsatzentscheidungen bisher ungekannten Ausmaßes gestellt wurde. In dieser Situation beschloß die KPV, nicht etwa auf die Bremse zu treten, sondern nun erst recht auf das Reformpedal zu treten. Begleitet war dieses neue Stadium von heftigen Auseinandersetzungen um marxistisch-leninistische Grundpositionen und um das Verhältnis zwischen Demokratie und Pluralismus. Die Partei rang sich dabei zu dem Beschluß durch, zwar weiterhin am "Sozialismus" festzuhalten, also "Gesicht" zu wahren, im übrigen aber voll auf Westkurs zu gehen und zum ersten Mal auch die eigene Vergangenheit aufzuarbeiten.

Hand in Hand mit der Westorientierung wurden auch die ersten Wirtschaftssonderzonen eröffnet, vor allem im Umkreis der beiden wichtigsten Hafenstädte Saigon und Haiphong.

Die neue Politik konnte trotz des rabenschwarzen Hintergrunds, vor dem sie sich vollzog, bereits im nachfolgenden Jahr 1992 die ersten Erfolge verbuchen: Gegenüber 1991 stieg der Bruttoproduktionswert der Landwirtschaft beispielsweise um 4,4%, die Getreideproduktion kletterte auf 24 Mio t und der Reisexport auf etwa 2 Mio t. Der industrielle Produktionswert nahm sogar um 15% zu und nicht zuletzt gab es erstaunliche Erfolge bei der Kautschukproduktion sowie bei der Erdölgewinnung. Vor allem durchbrach die Rohölförderung 1992 die 5 Mio t-Schallmauer. Aufgrund der Zunahme der Exporte von Reis und vor allem von Rohöl konnte Vietnam zum ersten Mal seit 1945 eine positive Außenhandelsbilanz vorweisen.

VIETNAM

Zu Beginn des Jahres 1993 herrschte bereits eine veritable Aufbruchstimmung, die man unter den Tenor stellen könnte: "Wer das schreckliche Jahr 1991 überstehen konnte, hält auch alles andere durch".

Und wie stand es um die politischen Reformen? Anfang 1989 hatten sich folgende Hauptelemente einer politischen Reform abgezeichnet: (1) Trennung zwischen Partei und Administration; (2) Reduktion des Personals sowie Verringerung des Staatsapparats um überflüssige Ministerien (Verwaltungsvereinfachung); (3) Übertragung zahlreicher bisheriger Ministerialbereiche auf Wirtschaftssektoren, also Ersetzung der Bürokratie durch Management. Lediglich die "strategischen Industrien" sollten nach wie vor direkt unter Regierungskontrolle verbleiben, so z.b. Bergbau, Transport, größere Seehäfen, Elektrowerke, Banken und Flughäfen; (4) Staatsmonopole sollten eingeschränkt werden, ebenso übrigens wie die Zahl der in der Wirtschaft beschäftigten Regierungsangestellten; gleichzeitig sei (5) das Kontraktsystem soweit wie möglich auszuweiten.

Wer allerdings geglaubt hatte, daß nunmehr - sozusagen als Konsequenz - auch der KPV-Einfluß nachließe, wurde durch den VII. Parteitag der KPV vom Juni 1991 eines Besseren belehrt; sprach sich der Kongreß doch eindeutig gegen Mehrparteien- und für das Einparteiensystem aus.

Allerdings kam es zu einer Neudefinition der KPV-Aufgaben. Die gegenwärtige Entwicklung Vietnams befinde sich keineswegs schon in einem vollsozialistischen Stadium, hieß es nun, sondern erst im "Anfangsstadium des Sozialismus". Die von der Parteipropaganda jahrelang so liebevoll gepflegte These vom "Überspringen des kapitalistischen Stadiums" war damit wie eine heiße Kartoffel fallengelassen worden. Jetzt waren also plötzlich kapitalistische Methoden wieder hoffähig, da durch sie ja der "Aufbau des Sozialismus" beschleunigt werden könne!

Gleichzeitig richtete die Partei ihr Auge auf das Jahr 2000 und erarbeitete eine wirtschaftliche und gesellschaftliche Entwicklungsstrategie, die den Marktmechanismus und die Produktion (anstelle des Klassenkampfs) in den Vordergrund stellte. So entstand ein Zwei-Phasen-Plan, der vorsieht, daß in den ersten fünf Jahren (1991-1995) die Wirtschaftskrise des Landes überwunden und daß dann im zweiten Jahrfünft (1995-2000) die Wirtschaft dergestalt weiterentwickelt werden sollte, daß sich das nationale Pro-Kopf-Einkommen von 200 US$ i.J. 1990 auf 400 US$ i.J. 2000 verdoppelt.

Am 15. April 1992 wurde eine neue Verfassung (genauer: ein "revidierter" Text der Verfassung) verabschiedet, in der einerseits das Führungsmonopol der KPV erneut beschworen, gleichzeitig (!) aber auch ein Prinzipienkatalog für die Einführung der Warenwirtschaft festgelegt wurde.

Die KPV sprach sich zwar für Demokratie, nicht aber für Pluralismus aus. Demokratie sei lediglich einer von mehreren Aspekten, in denen sich Pluralismus äußern könne.

Ziel der KPV sei es, einer sozialistischen Demokratie zum Leben zu verhelfen und in diesem Zusammenhang vor allem für Transparenz bei den Wahlen zu sorgen.

VIETNAM

Parallel zur Autonomisierung der Betriebe wurde die bisherige Partei- und Staatsorganisation im Wirtschaftsbereich weitgehend aufgelöst und die Zahl der dort beschäftigten Kader von 200.000 auf 130.000 reduziert.

Summa summarum hat sich die KPV bis Ende 1993 auf einen Kurs eingependelt, der sich mit den Schlagworten "sozialistische Marktwirtschaft unter monopolistischer Parteiführung" charakterisieren läßt. Man braucht kein Prophet zu sein, um vorauszusagen, daß hier eine contradictio in adiecto entstanden ist, die auf die Dauer nicht gutgehen kann. Schon mittelfristig dürften die Marktelemente stärker, die Parteiführungsanteile schwächer werden: Je mehr die KPV ihrem Ziel, Wohlstand zu schaffen, näherkommt, um so stärker wachsen jene (vor allem mittelständischen) Kräfte, die an der Macht partizipieren und damit zugleich den Monopolismus zurückdrängen wollen - ein Nullsummenspiel zu ungunsten der KPV!

Nach wie vor gibt es zwar ein Tauziehen in der vietnamesischen Führung zwischen Reformverfechtern und -gegnern, doch haben sich die Reformer beim VII. Parteitag im Juni 1979 mit fast all ihren Programmvorstellungen durchsetzen können. Damals wurde das erste Parteiprogramm der KPV-Geschichte und außerdem ein Zehnjahres-Perspektivplan mit Blick auf das Jahr 2000 abgesegnet. Im Parteiprogramm wurde festgestellt, daß sich Vietnam immer noch im "Anfangsstadium des Sozialismus" befinde, d.h. in einer Phase, die mit ausgereiftem Sozialismus noch lange nichts zu tun habe und in der es deshalb zulässig sein müsse, auch Elemente der Marktwirtschaft und des Privateigentums an Produktionsmitteln hinzunehmen, soweit sie sich als geeignet erwiesen, das Land wirtschaftlich voranzubringen. Die alte These vom "Überspringen der kapitalistischen Phase" war damit endgültig über Bord geworfen worden.

Im zweiten Dokument, dem Zehnjahres-Perspektivplan, wurde zunächst einmal eine ungeschminkte Beschreibung der Ausgangslage gegeben, dann aber gleichzeitig auch ein optimistisches Ziel gesetzt: Im Zeitraum zwischen 1990 und 2000 nämlich solle sich das Pro-Kopf-Einkommen verdoppeln und zuletzt 400 US$ p.a. erreichen. Um dieses Verdoppelungsziel zu erreichen, seien folgende Prinzipien zu verwirklichen: (1) Entwicklung einer "multisektoralen Wirtschaft mit vielen Formen des Eigentums", (2) Türöffnung und "internationale Arbeitsteilung", (3) Errichtung kleiner und mittlerer Produktionseinheiten bei gleichzeitiger Aufgabe der bisherigen "Vorliebe für Riesenprojekte", (4) Anpassung der Industrialisierung und Modernisierung an die Gegebenheiten des Landes. Im Klartext bedeutete dies eine Abwendung von allen stalinistischen Dogmen, vor allem von der Schwerindustrie-Priorität, die ja schon einmal, nämlich beim VI. Parteitag, als untauglich bezeichnet worden war!

In Abschnitt III des Dokuments werden noch die Schwerpunktregionen der künftigen Entwicklungspolitik aufgeführt, vor allem die Schlüsselstädte Hanoi und Haiphong im Norden sowie Ho-Chi-Minh-Stadt, Bien Hoa und Da Nang im Süden.

Was die KPV letztlich anstrebt, ist also eine freie Marktwirtschaft unter KP-Führung und ohne politischen Pluralismus!

VIETNAM

Die vietnamesische Volkswirtschaft steht auf einer Art Kippe zwischen Alt und Neu, vor allem zwischen Marktautonomie und Interventionismus. Das Aufkommen marktwirtschaftlicher Kräfte zeigt sich nicht zuletzt im Privatisierungstempo, das vor allem in Ho-Chi-Minh-Stadt schnell zunimmt. Allein in den ersten 8 Monaten d.J. 1993 wurden 858 Privatunternehmen in der Stadt neu zugelassen. Anfang September gab es hier 1.615 Privatunternehmen mit einem registrierten Kapital von 121 Mio US$, von denen allein 1993 42 Mio eingebracht worden waren. Das Durchschnittskapital für einen Privatbetrieb liegt somit immerhin schon bei etwa 75.200 US$.

Von den genehmigten Betrieben sind 72,5% Gesellschaften mit beschränkter Haftung und 2,4% Anteilsgesellschaften; 24,6% stehen im Alleineigentum des Unternehmers.

Trotz all dieser marktfreundlichen Signale ist die Wirtschaft aber bei genauerem Hinsehen immer noch ein "duales System", insofern nämlich einerseits ein starker bürokratisch gelenkter Staatssektor weiterbesteht, während auf der anderen Seite sich ein weitgehend unregulierter privater Sektor herausentwickelt.

Das Fortbestehen der Staatswirtschaft, das ja auch mit zur Verlängerung der Subventions-Krankheit beiträgt, hängt damit zusammen, daß es sich die vietnamesische Führung einfach nicht leisten zu können glaubt, ganze Betriebsketten zusammenbrechen zu lassen und damit noch mehr Arbeitslose in Kauf zu nehmen.

Wenn die KPV sichergehen will, daß die makrowirtschaftliche Lenkung wirklich jene Steuerungskräfte auslöst, die einer Marktwirtschaft den konstitutionalisierenden Rahmen liefern, so wird sie sich bemühen müssen, alle interventionistischen Störungen auszuschalten, also alle marktfeindlichen Kräfte zu bannen. Nach all den Direkteingriffen, wie sie in der Wirtschaftspolitik der KPV jahrzehntelang an der Tagesordnung waren, erfordert diese neue Ausrichtung wahrhaft herkuleische Anstrengungen.

Auch außenpolitisch begann Vietnam sein Haus zu ordnen: 1989 zog es seine Truppen aus Kambodscha zurück, versöhnte sich anschließend mit den ASEAN-Staaten und sogar mit Thailand, unterschrieb den "Treaty of Amity and Cooperation", womit es einen Fuß in die Tür zur ASEAN setzte, söhnte sich mit China aus und öffnete ausländischen Investoren die Tore noch weiter als bisher.

Am Ende blieb lediglich der Zugang zu den USA versperrt, die nach wie vor die MIA(missing in action)-Frage zum Vorwand nahmen, um nicht das innenpolitisch heiße Thema Vietnam anfassen zu müssen. Immerhin verzichtete Washington mit Erklärung vom 2. Juli 1993 auf eine weitere amerikanische Blockade gegen internationale Kredite an Vietnam. Vor allem die Weltbank und der IMF erhielten damit grünes Licht, an die SRV Kredite zu gewähren - und damit letztlich vor allem der notleidenden Infrastruktur auf die Beine zu helfen. Mit Präsidentenerlaß vom 3. Februar 1994 hat Clinton das 19 jahreswährende Handelsembargo aufgehoben. Damit sind nicht automatisch alle Wirtschaftsbereiche normalisiert.

VIETNAM

Wirtschaftsplanung

Gegenwärtig läuft der 5. Fünfjahresplan (1991-1995), der seinerseits mit dem oben erwähnten Zehnjahres-Perspektivplan bis zum Jahr 2000 vernetzt ist. Weit wichtiger als der Fünfjahresplan freilich sind inzwischen die jeweiligen Einjahrespläne. So waren beispielsweise bei der 10. Tagung der VIII. Nationalversammlung Anfang 1992 folgende Ziele für das laufende Jahr bekanntgegeben worden, die, wie die tatsächlichen Ergebnisse (in Klammern!) zeigen, zum ersten Mal nach langer Zeit in der Tat auch realistisch waren, nämlich: Nationaleinkommen +4,5% (8,3%), Landwirtschaftsproduktion +3,3% (6,3%), Industrieproduktion +6-7% (10,9%), Exportwert +16% (25%) und Getreideproduktion 22 - 22,5 Mio t (in Wirklichkeit aber 24 Mio). Gleichzeitig gelte es, (1) die Inflation zu bekämpfen, (2) die Investitionen zu steigern, (3) Verbesserungen im Wirtschafts- und Technologiebereich zu erzielen, (4) die Wirtschaftsverwaltung zu verbessern und (5) den Kampf gegen Verbrechen, vor allem gegen Korruption und Schmuggel, fortzusetzen.

Vietnam hat die hier vorgegebenen Einzelziele bei weitem übertroffen und auch vier der fünf Kampfaufgaben zu seiner Zufriedenheit lösen können. Lediglich Korruption und Schmuggel sind zu einem Krebsübel geworden, gegen das die Verwaltung wie gegen Windmühlenflügel ankämpft. Längst hat es sich herausgestellt, daß die Selbstreinigungsmechanismen und auch die formellen Kontrollmechanismen in Partei und Staat nicht mehr ausreichen, um das Übel zu steuern. Greifbare Erfolge ließen sich höchstwahrscheinlich nur dann erzielen, wenn zwei weitaus schärfere Kontrollwaffen zugelassen würden, nämlich eine verstärkte Kontrolle der Kaderschaft durch die Volksvertretungen, vor allem aber durch eine kritische Presse. Beides würde allerdings das Führungsmonopol der Partei annagen - und wird deshalb vorerst tabuisiert bleiben! Das derzeit geltende Pressegesetz läßt keine privaten Medien zu und auch das neue Veröffentlichungsgesetz vom Juli 1993 ist äußerst restriktiv gefaßt.

Was die Wachstumszahlen insgesamt anbelangt, so steht die vietnamesische Wirtschaft nicht schlecht da: Das BIP wuchs 1992 um 8,3% - verglichen mit lediglich 4,7% i.J. 1991. Die Inflation konnte im selben Jahr bei 17,5% abgebremst werden, während sie ein Jahr vorher noch auf 67% hochgeschossen war. Damit hatte Vietnam sein bestes Ergebnis seit fast einem Jahrzehnt erreicht - und der Dong gilt mittlerweile sogar als eine der stabilsten Währungen Asiens. Gegenüber dem US-Dollar konnte er fast 37% wettmachen (Parität Ende 1992: 1 US$ = 1.400 D).

Die offiziellen Reserven, einschließlich der Goldbestände, wuchsen 1992 auf 165 Mio US$ an - eine Summe, die in etwa den Importen von vier Wochen entspricht. Dies ist nicht viel, bedeutet aber gegenüber dem Zustand zu Beginn der 90er Jahre fast eine Verzehnfachung!

VIETNAM

Landwirtschaft

Die Getreideproduktion lag 1992 bei 24 Mio t Reisäquivalenten - gegenüber nur 21,7 Mio i.J. 1991. Im gleichen Zeitraum stiegen die Exporte von 1,2 Mio auf 1,9 Mio. Mit seinen Reisexporten steht Vietnam hinter Thailand und den USA nach wie vor weltweit an dritter Stelle.

Allerdings sind die Bauern trotz guter Ernteergebnisse in eine Zwickmühle geraten: Einerseits klettern nämlich die Kosten für Produktionsgüter (u.a. für Dünger, Insektizide etc.) sowie für Dienstleistungen ständig in die Höhe, während andererseits der Reispreis zurückgeht. Möglicherweise ist das reale bäuerliche Pro-Kopf-Einkommen angesichts dieser einander entgegengesetzten Trends i.J. 1992 um 50% zurückgegangen.

Schwierigkeiten haben die Bauern nicht zuletzt damit, den Reis ihrer Winter- und Frühjahrsernte - also einer der insgesamt drei Jahresernten - zu verkaufen. Denn entweder können die staatlichen Stellen diese Mengen rein quantitativ nicht verkraften oder aber nur niedrigere Preise zahlen, so daß viele Bauernhaushalte ihre Kosten nicht mehr zu decken vermögen. Überdies wird nur ein Teil des Überschusses den strengen Exportkriterien gerecht.

Kopfzerbrechen bereitet zweitens das wachsende Gefälle zwischen städtischen und dörflichen Einkommen. Hier könnte langfristig eine neue Zeitbombe zu ticken beginnen.

Eine statistische Ermittlung in 17 Dörfern und 5 Provinzen zeigte, daß 10,34% der untersuchten Haushalte wohlhabend waren und 8% sogar zu den Nouveaux Riches gehörten. Auf der anderen Seite jedoch gab es eine wachsende Zahl von ärmer werdenden Haushalten. Abhilfe war dringend vonnöten. So fanden denn Mitte 1993 gleich zwei Konferenzen statt, und zwar auf Zentral- und Regionalebene.

Das 5. Plenum des VII. ZK beschloß Anfang Juni 1993 Einzelheiten zur Erneuerung des seit 1979 laufenden dörflichen Reformprozesses - in Stichworten: Fortsetzung der "multisektoralen" Wirtschaftsweise mit stärkerer Betonung der Forst-, Fisch- und Viehzuchtbetriebe; Ausbau der Kleinindustrie sowie des Handwerks und des Dienstleistungssektors auf den Dörfern; stärkere Zusammenarbeit der Dörfer mit wissenschaftlichen Institutionen; Entflechtung der Betriebssysteme; Erneuerung der staatlichen Unternehmen auf dem Land, die vor allem für den Ausbau der Infrastruktur zuständig sein sollen; sorgfältigerer Umgang mit dem knappen Boden und weitere Bodenerschließung; Verbesserung der makrowirtschaftlichen Rahmen, angefangen von der Vermarktung über die Kreditgewährung bis hin zur Steuererhebung und zur Förderung der Forst- und der Fischwirtschaft; Subventionen für die Wirtschaft in den Bergregionen und hier wiederum vor allem für die ethnischen Minoritäten.

All diese Förderungs- und Unterstützungsmaßnahmen kosten freilich Geld, das angesichts der Ebbe in der Staatskasse wohl nur schwer zu beschaffen sein dürfte, wenn nicht früher oder später höhere internationale Hilfeleistungen eintreffen.

VIETNAM

Eine weitere Konferenz über landwirtschaftliche Probleme wurde Ende Juli 1993 in Ho-Chi-Minh-Stadt abgehalten. Sie rief - im Beisein Ministerpräsident Vo Van Kiets! - zum "Kampf gegen Hunger und Armut (!) im Mekongdelta" auf.

Auch die Aufforstung hat neue Impulse bekommen, vor allem im Raum Hanoi und mit Unterstützung des World Food Program.

Am 14. Juli 1993 erließ die Nationalversammlung ein neues Bodengesetz, das nicht nur die Verpachtung von Boden an Ausländer zuläßt, sondern Pachtüberlassungen an vietnamesische Bauern auf eine Dauer zwischen 20 und 50 Jahren vorsieht. Das neue Gesetz ist ungewöhnlich liberal und macht erst kurz vor der Anerkennung von Privateigentum an Grund und Boden Halt. Die Bauern haben die Erlaubnis, Bodenrechte (eine Art Erbpachtrecht) zu kaufen, zu verkaufen, zu übertragen und zu vererben. Daß das Eigentum beim Staat verbleibt, schadet nicht, da die Überlassungszeiten großzügig geregelt sind, so daß sich größere Investitionen für die "Pächter" durchaus lohnen. Das Gesetz scheint den endgültigen Abschied von der kollektiven Landwirtschaft, vor allem aber vom alten Genossenschaftswesen zu markieren. Leicht gefallen sind dem Gesetzgeber die neuen Bestimmungen allerdings kaum; hat doch kein anderes Gesetz so lange Debatten in der Nationalversammlung ausgelöst wie das neue Bodenrecht!

In den vergangenen vier Jahren hat Vietnam insgesamt 5,76 t Reis ausgeführt und damit ungefähr 1 Mrd US$ eingenommen.

Reis ist nach Rohöl zum zweitwichtigsten Exportgut geworden. Große Teile der Ausfuhren gingen nach Rußland und in den Irak, wo sie jeweils zum Abbau von Altschulden beitragen sollten. Weitere Mengen wurden nach Kuba exportiert, wobei den Kubanern großzügige Zahlungsziele eingeräumt wurden.

Japan erwägt, nachdem die eigene Landwirtschaft 1993 wegen plötzlicher "Reisbräune" Produktionseinbußen von bis zu 10% hat hinnehmen müssen, Reisimporte. Möglicherweise kann gerade Vietnam davon profitieren.

Auch die Tee-Exporte Vietnams haben kräftig zugenommen und lagen in den ersten acht Monaten d.J. 1993 bei 9.000 t. Gegenwärtig werden in Vietnam 70.000 ha Hügelland mit Tee bestellt. Bis zum Jahre 2000 sollen es 140.000 ha sein. Tee wird bisher in mehr als 20 Länder exportiert.

Verarbeitende Industrie

Die Industrieproduktion hat im Zeichen von Doi Moi (Reformen) erneut kräftig zugenommen und stieg 1992 um 11,5% - 1994 dürften es sogar 12,4% werden. Besonders kräftig haben zu diesem Erfolg die vietnamesisch-ausländischen Joint Ventures und die seit 1991 neu zum Leben erwachten Privatbetriebe beigetragen, während staatliche Betriebe vielfach rote Zahlen schreiben und auf Halde produzieren, wobei sie gleichzeitig den ohnehin schon notleidenden Rohstoffsektor noch zusätzlich belasten.

VIETNAM

Ein weiteres Treibrad für das schnelle Industriewachstum war die Zulassung von neuen Wirtschaftssonderzonen. 1991 bereits war in Ho-Chi-Minh-Stadt die SEPZONE (Saigon Export Processing Zone) mit einem Areal von 58 ha eröffnet worden. 1992 kamen die HEPZONE (Haiphong Export Processing Zone) mit einem Areal von 1.500 ha sowie eine weitere Zone in Da Nang hinzu.

Infolge der Bombardements während des Zweiten Indochinakriegs waren die meisten Großindustriebetriebe des Nordens auf die Dörfer verlegt worden und leiden dort heutzutage unter den schlechten Verkehrsanbindungen. Hinzu kommen häufige Elektrizitätsengpässe - ein Erbübel Vietnams.

Das Herz der Industrie, vor allem der Leichtindustrie, schlägt inzwischen längst wieder in Ho-Chi-Minh-Stadt, die nicht weniger als ein Drittel des gesamten einschlägigen Aufkommens erwirtschaftet.

Bei allen Mängeln ist es für Vietnam tröstlich, daß zahlreiche Bodenschätze vorhanden sind, nämlich Kohle, Mangan und Titanerz, Chromit, Bauxit, Apatit, Zinn, Kupfer, Zink, Blei, Nickel, Graphit und Gold. Woran es allerdings immer noch fehlt, ist ein systematischer Überblick über ihr Vorkommen.

Eine der Hauptschwächen der Wirtschaft ist nach wie vor der Transportengpaß: Vor allem das Eisenbahn- und Straßenwesen, das weitgehend noch auf dem Stand der französischen Kolonialzeit verharrt, bedarf dringend der Erneuerung - angefangen vom Schienennetz über Signaleinrichtungen bis hin zum rollenden Material. Zur Zeit gibt es ein Schienennetz von rd. 3.200 km, das jedoch, vor allem im Brückenbereich, höchst schadhaft ist. Die Züge rollen deshalb nur langsam und brauchen für die 1.300 km von Hanoi nach Ho-Chi-Minh-Stadt beinahe 50 Stunden.

1993 besaß Vietnam ein Straßennetz von 105.000 km, die allerdings nur zu etwa einem Fünftel befestigt waren. Sieht man von einigen großzügig angelegten und asphaltierten Straßen ab, die in den 60er und 70er Jahren zumeist mit amerikanischer Hilfe gebaut wurden, so handelt es sich fast ausschließlich um "Buckelpisten", die zumeist auch noch landwirtschaftlich verwertet, d.h. also beispielsweise von den Bauern zum Trocknen von Getreide oder Rübenschnitzeln genutzt werden. Auch mit Fahrzeugen ist Vietnam nicht gerade üppig ausgestattet. Doch stehen inzwischen zahlreiche ausländische Hersteller Schlange vor den Türen Vietnams, u.a. Peugeot, Daewoo (Südkorea), Mitsubishi und neuerdings auch Chrysler, Mercedes-Benz und BMW.

Auch bei den Häfen besteht Nachholbedarf. Vietnam besitzt 5.000-6.000 km Küste und zahlreiche Häfen, von denen jedoch nur zwei, nämlich Saigon und Haiphong internationale Bedeutung haben. Der Hafen von Saigon setzt zwei Drittel der gesamten SRV-Seehafentonnage um.

VIETNAM

Außenwirtschaft

Im Jahre 1991 verschwand auf einen Schlag - und noch dazu völlig überraschend - der mit Abstand wichtigste Wirtschaftspartner Vietnams, nämlich die Sowjetunion, und hinterließ bei ihren SRV-Beziehungen einen Trümmerhaufen, nachdem vorher rd. 70% aller Außenwirtschaftsbeziehungen Vietnams zur Sowjetunion stattgefunden hatten.

Unter diesen Umständen hat Vietnam seine zwei bereits beim VI. Parteitag (1986) beschlossenen Hauptstrategien, nämlich zur Erweiterung der Exportindustrie und zur Suche nach Joint Venture-Partnern, noch einmal zusätzlich bekräftigen müssen.

Was zunächst die Exporte anbelangt, so haben sich die Angebote Vietnams schnell erweitert: Dies gilt vor allem für Öl und Kohle, aber auch für verarbeitete landwirtschaftliche Rohstoffe wie Kautschuk, Tee, Kaffee, Naturseide, nicht zuletzt aber auch für Leichtindustrieprodukte, seien es nun traditionelle Handwerksartikel oder aber Fahrräder, Lederwaren und vor allem die schnellwachsende Schuhindustrie, die sich als ausgesprochener Renner erweist und mit deren (bisher 61) staatlichen Fabriken Vietnam bis zum Jahre 2000 etwa 350 Mio US$ Umsatz erzielen will.

Alles in allem hat sich sowohl der Außenhandel insgesamt als auch der Exportanteil am Außenhandel eindrucksvoll entwickelt: Nach offiziellen Angaben betrugen die Exporte i.J. 1992 2,5 Mrd US$, die Importe dagegen nur 2,45 Mrd, so daß ein leichtes Plus zu verzeichnen war! In diese Angaben nicht miteingeschlossen sind allerdings die Schmuggelzahlen, die wieder einmal beträchtlich gewesen sein dürften und bei denen erfahrungsgemäß die Importe höher zu liegen pflegen als die Exporte, so daß im realen Endergebnis dann doch ein Minus herauskommen dürfte. Hauptsächlich sind die Exporterfolge zwei Gütern zuzuschreiben, nämlich der Getreide- und der Erdölausfuhr, die zusammengenommen etwa zwei Drittel aller Auslandsverkäufe bestritten.

1992 produzierte Vietnam 37,8 Mio Barrel Öl - und damit fast 10 Mio mehr als 1991. Da das Land vorerst nur über geringe Raffinierungskapazitäten verfügt, ist es gezwungen, den Großteil seines Rohöls zu exportieren und im Gegenzug Petroleum-Fertigprodukte einzuführen.

Eindrucksvolle Erfolge konnte Vietnam bei den ausländischen Investitionen verbuchen: Zwischen dem Erlaß des Investitionsgesetzes vom Januar 1988 und Ende 1992, also in genau fünf Jahren, waren 4,63 Mrd US$ an ausländischem Kapital nach Vietnam geflossen - mit rasch wachsender Tendenz. Allein i.J. 1992 war die Gesamtsumme der ausländischen Investitionen genauso hoch gewesen wie in den vorangegangenen vier Jahren 1988 bis 1991.

Bis zum Jahr 2000 erhofft sich Vietnam einen ausländischen Kapitaltransfer in Höhe von 14 Mrd US$. Zu diesem Zweck sehen die Regierungspläne vor, die jährliche Ölproduktion um 20-25 Mio t bis zum Jahr 2000 auszudehnen und außerdem zwei Ölraffinerien zu bauen, die jährlich 10 Mio t Rohöl verarbeiten. Ferner

VIETNAM

will Vietnam die Erschließung und Verarbeitung von Eisenerz, Kupfer, Phosphat und anderen Mineralien vorantreiben und zu diesem Zweck auch eine Reihe von weiteren Exportverarbeitungszonen eröffnen.

Allein im 1. Hj. 1993 genehmigte das für Gemeinschaftsunternehmen mit dem Ausland zuständige "Staatskomitee für Kooperation und Investitionen" (SCCI) weitere 135 Projekte mit einer Gesamtsumme von 1,65 Mrd US$ - mehr als doppelt so viel wie in den ersten sechs Monaten d.J. 1992.

Im Juli 1993 beschlossen 8 japanische Banken, in Ho-Chi-Minh-Stadt Filialen zu eröffnen. Bis dahin hatten sich bereits 30 ausländische Banken in Ho-Chi-Minh-Stadt etabliert.

Am 28.4.1993 wurde das außenwirtschaftliche Schiedswesen neugeordnet: Es entstand das "VIAC" ("Vietnam International Arbitration Center"), das die bisherigen beiden Schiedskomitees "Foreign Trade Arbitration Committee" und "Maritime Arbitration Committee" zusammenfaßte und das organisatorisch an die staatliche Industrie- und Handelskammer angebunden ist.

Beziehungen zur Bundesrepublik Deutschland

Die Hoffnungen, die Vietnam auf das wiedervereinigte Deutschland gesetzt hatte, haben sich bisher kaum erfüllt.

Zwar hat das wiedervereinigte Deutschland die meisten der ehemaligen DDR-Entwicklungsprojekte fortgeführt, hat seinen Außenhandel mit Vietnam i. J. 1992 um 55% gegenüber dem Vorjahr auf 440 Mio DM gesteigert und am 9. Juni 1992 mit Hanoi ein Regierungsabkommen über "Finanzierungshilfen zur Existenzgründung und beruflichen Eingliederung von Fachkräften der SRV" geschlossen, in dessen Anhang sich übrigens auch ein Protokoll über den freiwilligen Verzicht Vietnams auf Bestrafung der Rückkehrer befindet, doch zeigt das Investitionsverhalten der deutschen Wirtschaft eine Zurückhaltung, die sich keineswegs mit der noch nicht gelösten "Hermes"-Frage erklären läßt. Unter sämtlichen EU-Staaten steht die deutsche Wirtschaft mit knappem Abstand vor Luxemburg an vorletzter Stelle der EU-Investoren. Angeführt wird die Liste der Investoren von Taiwan (231 Mio US$), gefolgt von Hongkong (210), Japan (206), Frankreich (180), Südkorea (108), Großbritannien (95), Niederlande (82), Singapur (72), Indonesien (62), Italien (25). Zwischen 1988 und 1993 gingen rd. 2 Mrd US$ in die Industrie, rd. 1 Mrd in den Öl- und Gasbereich, 851 Mio in den Hotel- und Dienstleistungssektor und 223 Mio in die Landwirtschaft. Es schließen sich - in der Reihenfolge der Investitionshöhe - das Finanz- und Bankwesen, das Transportwesen und die Aquakultur an.

Insbesondere vom Auswärtigen Amt gingen 1993 Impulse aus, um die ungeklärte Schuldenfrage zu regeln und somit der deutschen Wirtschaft durch eine Ausweitung der Hermes-Bürgschaften und Kapitalanlagegarantien den Weg nach Vietnam zu ebnen. Eine OAV-Analyse ergab, daß bei der Gewährung "normalen" Bürg-

VIETNAM

schaften Vietnam-Geschäfte in Höhe von 0,72 Mrd DM (Stand 15.2.94) zu machen wären.

Auch nach dem Fall des US-Handelsembargos konnte sich die Bundesregierung nicht zu einer Entscheidung durchringen, die die Wettbewerbsnachteile der deutschen Wirtschaft in diesem Bereich wettmachen. Deutschland sollte das vietnamesische Sprichwort beherzigen: "Büffel, die zu spät zum Tümpel kommen, finden nur noch schmutziges Wasser."

Tabelle 1: **Handelsstruktur Deutschland** [1] **- Vietnam**
Deutsche Exporte nach Vietnam
(Angaben in 1000 DM)

SITC POSITION [2]	WARENKLASSE [3]	1990	1991	1992
0 - 9	INSGESAMT	37,8	117,2	78,4
5	Chemische Erzeugnisse	4,3	13,1	14,3
darunter:				
54	Med. und pharmaz. Erzeugnisse	1,0	3,6	6,2
59	Chemische Erzeugnisse und Waren	0,4	1,6	3,5
6	Bearbeitete Waren, vorwiegend nach Beschaffenheit gegliedert	5,1	17,4	17,0
darunter:				
64	Papier und Pappe	0,1	0,1	4,1
65	Garne, Gewebe	1,6	13,6	8,1
66	Waren aus nicht-metallischen mineralischen Stoffen	0,9	1,6	2,1
7	Maschinenbau-, elektrotechn. Erzeugnisse und Fahrzeuge	23,2	78,5	30,8
darunter:				
72	Arbeitsmaschinen für besondere Zwecke	9,3	18,2	10,1
74	Maschinen, Apparate für verschiedene Zwecke	5,5	16,7	4,8
76	Geräte für die Nachrichtentechnik	0,04	9,4	8,6
77	Andere elektrische Maschinen u.ä.	5,6	4,9	4,2
8	Verschiedene Fertigwaren	3,1	5,1	7,3

1) Bis 1990 westdeutscher, ab 1991 gesamtdeutscher Handel.
2) Standard International Trade Classification (SITC Rev. II bis 1987, SITC Rev. III ab 1988).
3) Bezeichnungen der Warenklassen teilweise gekürzt; geringfügige Rundungsabweichungen bei Summenbildung möglich.

Quelle: Statistisches Bundesamt, Wiesbaden

VIETNAM

Tabelle 2: **Handelsstruktur Deutschland** [1] **- Vietnam**
Deutsche Importe aus Vietnam
(Angaben in Mio DM)

SITC POSITION [2]	WARENKLASSE [3]	1990	1991	1992
0 - 9	INSGESAMT	61,9	167,0	364,0
0	Nahrungsmittel und lebende Tiere	8,8	13,7	17,9
darunter:				
03	Fische, Krebstiere u.ä.	4,0	7,9	8,1
05	Gemüse und Früchte	0,7	0,7	2,6
07	Kaffee, Tee, Gewürze	4,0	4,6	6,6
2	Rohstoffe (andere als SITC 0 und 3)	4,2	3,7	9,3
darunter:				
22	Ölsaaten und ölhaltige Früchte	0,9	0,5	7,5
6	Bearbeitete Waren, vorwiegend nach Beschaffenheit gegliedert	4,2	7,9	14,1
darunter:				
65	Garne, Gewebe	3,4	5,3	6,1
66	Waren aus nicht-metallischen mineralischen Stoffen	0,6	2,1	5,6
8	Verschiedene Fertigwaren	44,6	139,6	316,7
darunter:				
83	Reiseartikel, Handtaschen u.ä.	1,9	7,4	12,8
84	Bekleidung und Bekleidungszubehör	40,3	127,9	282,7
85	Schuhe	1,1	2,5	17,8

1) Bis 1990 westdeutscher, ab 1991 gesamtdeutscher Handel.
2) Standard International Trade Classification (SITC Rev. II bis 1987, SITC Rev. III ab 1988).
3) Bezeichnungen der Warenklassen teilweise gekürzt; geringfügige Rundungsabweichungen bei Summenbildung möglich.

Quelle: Statistisches Bundesamt, Wiesbaden

VIETNAM

Tabelle 3: **Außenhandel nach Waren**
Exporte in jeweiligen Einheiten

WARENGRUPPE	EINHEIT	1990	1991	1992
Steinkohle	1.000 t	788,5	1.164,9	1.568,3
Rohöl	1.000 t	2.616,7	3.930,0	5.400,0
Zinn	t	1.808,0	2.331,0	3.727,0
Naturkautschuk	1.000 t	75,9	61,0	75,0
Tee	1.000 t	16,1	10,0	12,5
Reis	1.000 t	1.624,4	1.000,0	1.950,0
Kaffee	1.000 t	89,6	80,7	98,0
Erdnüsse	1.000 t	155,8	159,4	70,5
Fleisch	1.000 t	16,2	25,0	11,8
Meeresprodukte	Mio $/Rbl	239,1	267,0	305,0
Webwaren	Mio $/Rbl	178,1	93,2	160,9

Quelle: General Statistical Office, Hanoi 1993

Tabelle 4: **Außenhandel nach Waren**
Importe in jeweiligen Einheiten

WARENGRUPPE	EINHEIT	1990	1991	1992
Metalle	1.000 t	324,3	114,3	265,8
Brennstoffe	1.000 t	2.860,8	2.625,3	3.331,2
Düngemittel	1.000 t	2.085,3	1.998,8	2.829,1
Rohbaumwolle	1.000 t	58,8	32,8	7,2
Textilien	Mio m	30,7	19,8	n.a.
Traktoren	Stück	1.604,0	148,0	n.a.
Lieferwagen	Stück	3.726,0	808,0	n.a.
Pharmazeutika	Mio $/Rbl	35,7	29,5	n.a.

n.a.: nicht angegeben

Quelle: General Statistical Office, Hanoi 1993

VIETNAM

Besonderheiten der bilateralen Wirtschaftsbeziehungen aus der Sicht des OAV-Represantative Office in Vietnam, Hanoi

Bis 1989 verzeichneten die Wirtschaftsbeziehungen zwischen der Bundesrepublik und Vietnam eine stagnierende, ja eher rückläufige Entwicklung. Dagegen gehörte die ehemalige DDR zu den wichtigsten Handels- und Wirtschaftspartnern Vietnams. Die Ursachen dafür waren wohl bekannt. Bilateral gesehen, waren es in erster Linie der Ausfall der Hermes-Deckung, das bis Ende 1989 noch bestehende Berlin (West)-Problem und das Fehlen völkerrechtlicher Rahmenbedingungen.

Mit der Wiederaufnahme der entwicklungspolitischen Zusammenarbeit (1990) zeichnet sich eine spürbare Besserung dieser Beziehungen ab. Der Handelsaustausch nimmt seit 1990 stetig zu, wobei Vietnam seit 1991 einen immer höheren Exportüberschuß erzielt. Mit der fortschreitenden Verbesserung der politischen Zusammenarbeit wurden auch die notwendigen völkerrechtlichen Rahmenbedingungen geschaffen. Dazu gehören die Unterzeichnung des Rahmenabkommens über die Technische Zusammenarbeit (1991), des Reintegrationsabkommens (1992), des Abkommens über die gegenseitige Förderung und den Schutz von Investitionen und des Seefahrt-Abkommens (1993). Gegenwärtig werden weitere Abkommen über die Doppelbesteuerung und Zusammenarbeit in der Luftfahrt ausgehandelt, deren Abschluß in absehbarer Zeit zu erwarten ist.

Mit der Eröffnung des Vertretungsbüros der OAV-Arbeitsgemeinschaft Vietnam Repräsentanz im Februar 1989 in Hanoi, der 19 deutsche Firmen und Banken angehörten, hat der OAV praktisch den Weg für das Engagement der deutschen Wirtschaft in Vietnam geebnet.

Dem OAV-Büro in Hanoi kommt es als Hauptaufgabe zu, die Mitglieder der Arbeitsgemeinschaft bei der Geschäftsanbahnung zu unterstützen und ihnen wie auch ihren vietnamesischen Partnern als eine Kontaktstelle zu dienen.

Diese Aufgabenstellung und seine fast fünfjährige praktische Arbeit vor Ort haben es dem OAV und seinem Vertretungsbüro Hanoi möglich gemacht, die Entwicklung der bilateralen Wirtschaftsbeziehungen unmittelbar zu verfolgen und auch mitzugestalten.

Anders als einige andere Wirtschaftsmächte (USA, Frankreich, Japan) war Deutschland zu keiner Zeit Kolonialmacht in Vietnam. Mehr noch wies die jüngere Geschichte beider Länder manche wichtigen Parallelen auf. Mit der Vereinigung im Oktober 1990 übernahm das geeinte Deutschland auch die Resultate der guten Beziehungen der alten DDR zu Vietnam. Es sind vor allem die langjährige enge Wirtschaftskooperation, der gute Ruf der deutschen Maschinen und die Technik sowie Zuverlässigkeit deutscher Geschäftspartner.

Außer Vietnam gibt es kein zweites Land in Asien, aus dem so viele Menschen in Deutschland gelebt, gearbeitet, studiert oder eine Berufsausbildung erhalten haben. Ein Teil von ihnen sitzt heute an wichtigen Schaltstellen der vietnamesischen Politik und Wirtschaft und hat großes Interesse an der wirtschaftlichen

VIETNAM

Zusammenarbeit mit Deutschland. Vietnam strebt ein Wirtschaftssystem an, das viele ähnliche Elemente wie die soziale Marktwirtschaft in Deutschland enthalten sollte. Diese findet z. B. seinen Niederschlag in der entwicklungspolitischen Zusammenarbeit zwischen beiden Ländern. Auch in der Reform des vietnamesischen Bankensystems finden sich Erfahrungen des deutschen Bankensystems wieder.

Von der Wirtschaftsstruktur, dem Entwicklungsstand und auch von den natürlichen Bedingungen her bestehen gute Voraussetzungen für eine beiderseitig vorteilhafte Zusammenarbeit: Deutschland verfügt über ein großes Wirtschaftspotential, eine der höchst entwickelten Industrien der Welt mit entsprechend hohen Löhnen und braucht für seine Exportindustrie neue Märkte - Vietnam hat einen großen Nachholbedarf in der Entwicklung, besitzt umfangreiche Bodenschätze; die Menschen sind fleißig, fingerfertig und verfügen über einen allgemein guten Bildungsstand; Vietnam gehört noch zu den Billiglohn-Ländern in Asien und sucht zuverlässige Partner, mit denen es längerfristig vertrauensvoll zusammenarbeiten kann. Auch den Vietnamesen ist es bekannt, daß die meisten deutschen Firmen auf längerfristig vertrauensvolle Zusammenarbeit ausgerichtet sind.

Vielen Mitgliedern der OAV-Arbeitsgemeinschaft Vietnam Repräsentanz ist es gelungen, die genannten besonderen Vorzüge effizient für ihre Geschäftstätigkeit und Zusammenarbeit mit Vietnam zu nutzen. Nach anfänglichen Schwierigkeiten sind sie inzwischen sehr erfolgreich geworden. Dazu gehören die Siemens AG, einer der wichtigsten Partner der Post und Telekommunikation Vietnams, die Handelsfirmen Johs. Rieckermann aus Hamburg und Melchers & Co. aus Bremen, aber auch die Boehringer Mannheim GmbH u. a.

Insgesamt gesehen ist die bisherige Entwicklung der bilateralen Wirtschaftsbeziehungen trotz dieser positiven Besonderheiten unbefriedigend. Nach jüngsten Angaben rangiert Deutschland in der Liste der Auslandsinvestoren in Vietnam erst an der 23. Stelle, weit hinter den neuen Tigern Asiens, aber auch Dänemark und Belgien. Auch im Handelsaustausch mit Vietnam ist die deutsche Bilanz seit 1991 zunehmend negativ. Die deutschen Maschinen sind sehr viel teurer als die aus anderen Ländern. Manche deutsche Exporteure sehen sich gezwungen, wegen Ausfall der Hermes-Deckung einen Preiszuschlag zu verlangen. Andere Länder wie Japan, Frankreich, Italien, Belgien usw. konnten sich mit Vietnam auf eine Regelung der Schuldenfrage bereits einigen und verschaffen ihrer Wirtschaft somit günstige Voraussetzungen für den Einstieg in den vietnamesischen Markt.

Von vietnamesischer Seite hört man auch, daß vielen deutschen Firmen der Mut zum Risiko fehlt. Es mag richtig sein, daß man den Einstieg auf einen neuen, unbekannten Markt, gründlich erwägen und vorbereiten muß. Es gibt aber mehr als genügend gute Beispiele dafür - nicht nur bei den asiatischen Wettbewerbern, sondern auch bei vielen europäischen Firmen einschließlich der o.g. OAV-Mitglieder - wie man mit Vietnam erfolgreich zusammenarbeiten kann.

Die guten Resultate der Doi Moi-Politik Vietnams in den letzten Jahren, aber auch die gegenwärtige Entwicklung zeigen, daß dieses Land nun auf dem besten Weg

VIETNAM

ist, sich auch in den nächsten Jahren wirtschaftlich erfolgreich zu entwickeln. Es hat den festen Vorsatz, seine internationalen Beziehungen weiterhin zu diversifizieren, und rechnet dabei auch sehr stark mit Deutschland. Der deutschen Wirtschaft werden gute Chancen in diesem Land eingeräumt.

Bui Chinh Yen
Repräsentant

Ihre Vertriebsorganisation im Export technischer Güter

 terramar GMBH

Dorotheenstraße 82, D-22301 Hamburg
Tel.: 0 40/2 70 73-0, Fax: 0 40/2 70 73-2 86, Telex: 214 015 tera d

Mit Niederlassungen in:
Fernost: TEAM-Singapore, TERRATRACO-Malaysia, BINA KOPPIN-Indonesien, BRECKWOLDT-Korea, BREWO-Thailand, BRECKWOLDT-Hongkong
sowie Vertretungen in:
Taiwan und den Philippinen
und einem Verkaufsprogramm von:
Maschinen und Anlagen für: Verpackung, Lebensmittelherstellung und -verarbeitung, Kunststoff- und Gummiverarbeitung, Papier- und Folienveredelung; Druckereien und Reproanstalten; Elektroinstallationsmaterial; Sanitär- und Baumaterialien; Nutzfahrzeuge; KFZ-Ersatzteile; Reifen; elektrische und Handwerkzeuge; Werkstatteinrichtungen; Werkzeugmaschinen.

MITARBEITER

Berg, Anke-Maria, (Informationsvermittlerin im Ostasiatischen Verein), Selektion und Bearbeitung der Außenhandelsstatistiken

PD Dr. Betz, Joachim, (Wissenschaftlicher Mitarbeiter im Institut für Allgemeine Überseeforschung), Indien, Sri Lanka

Bosse, Frederike, (Wissenschaftliche Mitarbeiterin im Institut für Asienkunde), Japan

Dr. van Ess, Hans, (Länderreferent im Ostasiatischen Verein, Südostasien), Ostasienhandel 1992/1993

Gosche, Andreas, (Länderreferent im Ostasiatischen Verein, Südostasien), Redaktion

Keiper, Dagmar, (Wissenschaftliche Mitarbeiterin im Institut für Allgemeine Überseeforschung), Bangladesch, Bhutan, Nepal

Kolbe, Heinz, (Wissenschaftlicher Mitarbeiter im HWWA-Institut für Wirtschaftsforschung), Australien, Neuseeland, Südpazifische Inseln

Leung, Susanne, (Sachbearbeiterin im Ostasiatischen Verein), Texterstellung und Bearbeitung der Außenhandelsstatistiken

Ludwig, Christiane, (Sachbearbeiterin im Ostasiatischen Verein), Texterstellung und Bearbeitung der Außenhandelsstatistiken

Dr. Machetzki, Rüdiger, (Wissenschaftlicher Referent des Instituts für Asienkunde), Brunei, Indonesien, Korea (Republik)

Dr. Nieh, Yu-Hsi, (Wissenschaftlicher Referent im Institut für Asienkunde), Taiwan, Hongkong, Macau

Dr. Pohl, Manfred, (Wissenschaftlicher Referent im Institut für Asienkunde), Korea (DVR), Singapur

Dr. Pretzell, Klaus-A., Wissenschaftlicher Referent im Institut für Asienkunde), Malaysia, Thailand

Rhode, Miriam, (Wissenschaftliche Mitarbeiterin im Institut für Asienkunde), Japan

Schier, Peter, (Wissenschaftlicher Referent im Institut für Asienkunde), Kambodscha

Schilling, Gunther, (Redakteur der F.A.Z. GmbH Informationsdienste), Statistische Profile der F.A.Z. GmbH Informationsdienste

Dr. Schüller, Margot, (Wissenschaftliche Referentin im Institut für Asienkunde), VR China

Siemers, Günter
(Wissenschaftlicher Referent im Institut für Asienkunde),
Myanmar, Mongolei, Philippinen

Dr. Weggel, Oskar, (Wissenschaftlicher Referent im Institut für Asienkunde), Laos, Vietnam